파이썬의 엑셀,
판다스 라이브러리

엑셀 예제로 배우는 파이썬 데이터 분석

파이썬의 엑셀, 판다스 라이브러리

엑셀 예제로 배우는 파이썬 데이터 분석

추천사

우리는 하루가 다르게 급변하는 변화의 시대를 살고 있습니다. 변화를 예측하고 그에 맞춰 행동하기 위해서는 데이터 분석이 필수이며, 그 중요성은 아무리 강조해도 지나치지 않습니다. 이 책은 데이터 분석에 입문하는 이들에게 최고의 길잡이가 되어줄 것입니다. 이 책을 통해 데이터 분석에 도전하는 독자들이 빠르게 변화하는 세상 속에서 성공할 수 있기를 기원합니다.

이성주 서울대학교 공과대학 산업공학과 교수

개인이 직접 수집한 데이터를 분석하는 소규모 통계 문제에서부터 빅데이터를 활용한 거대한 인공지능 개발에 이르기까지, 데이터 과학의 활용 범위는 매우 광범위합니다. 그러나 데이터의 규모가 증가하고 구조가 복잡해짐에 따라 데이터 과학에 입문하기 위한 문턱도 높아지고 있습니다. 데이터 과학에 빠르게 입문하는 좋은 방법 중 하나는 데이터를 쉽고 효율적으로 조작할 수 있는 도구를 배우는 것입니다. 파이썬의 판다스 라이브러리는 초보자도 쉽게 따라할 수 있을 정도로 직관적이며 동시에 강력한 기능을 제공하는 뛰어난 데이터 분석 도구입니다. 이 책은 판다스의 기초부터 데이터를 효율적으로 다루는 방법까지 실용적인 예제들과 함께 차근차근 설명합니다. 데이터 과학과 판다스에 입문하는 독자들이 중급 이상의 수준에 빠르게 도달할 수 있도록 최적의 학습 경험을 제공합니다.

이와 함께, 이 책은 이미 판다스를 활용하고 있는 전문가들을 위한 심화 내용도 충실히 다룹니다. 다양한 실전 문제를 통해 실제 데이터 분석 환경에서 적용할 수 있는 팁을 풍부하게 제공합니다. 빠르게 변화하는 기술 환경에 발맞추어 고급 데이터 처리 기법을 습득하면 전문가로서의 생산성을 더욱 높일 수 있습니다. 판다스의 기초부터 응용까지 체계적으로 다루고 있는 이 책은 데이터 분석의 전 과정을 익히고자 하는 모든 독자에게 필독서가 될 것입니다. 입문자와 전문가 모두를 위한 길라잡이인 이 책을 통해 기대 이상의 데이터 과학적 성과를 이루시기 바랍니다.

차유진 KAIST 신경과학-인공지능 융합 연구센터 연구조교수

김판다 님의 책은 파이썬 데이터 분석의 모든 것을 담은 완벽한 가이드북입니다. IT 스타트업의 대표로서, 저 역시 매일 비즈니스와 서비스의 성장을 측정하는 다양한 데이터를 다룹니다. 방대한 데이터를 신속하고 정확하게 분석하는 것은 매우 중요합니다. 이 책은 파이썬의 데이터 분석을 처음 접하는 초심자도 쉽게 이해할 수 있도록 기초부터 시작해, 실무에서 바로 사용할 수 있는 판다스 라이브러리의 다양한 기술을 제공합니다. 이를 통해 독자들은 데이터 분석의 기초를 튼튼히 다질 수 있어 입문에 큰 도움이 될 것입니다.

뿐만 아니라, 이 책은 단순히 판다스의 기능을 나열하는 것을 넘어, 데이터를 다루는 전체 과정에 대한 깊이 있는 통찰을 제공합니다. 판다스를 사용하여 데이터를 효율적으로 처리하고, 분석하며, 시각화할 수 있는 다양한 팁과 노하우가 담겨 있습니다. 특히, 엑셀에 파이썬이 통합되면서 판다스의 활용성이 더욱 높아진 점은 매우 고무적입니다. 이 책은 데이터 분석을 통해 비즈니스 인사이트를 얻고자 하는 모든 이들에게 필수적인 지침서가 될 것입니다. 김판다 님의 책을 통해 데이터 분석의 전문가로 성장하시길 바랍니다.

박정현 주식회사 비브리지 대표

베타리더 리뷰

이전에는 일부 분야와 직군에서만 데이터 분석 역량이 필요했으나, 오늘날에는 다양한 분야와 직군에서 요구됩니다. 많은 사람들이 엑셀을 통해 데이터 분석을 하려고 하지만, 데이터는 너무 방대하고 복잡해져서 엑셀만으로는 한계에 부닥칠 때가 있습니다.

업무 중 클라이언트로부터 수백만에서 수천만 행의 데이터를 받았을 때 당황하지 않고 오히려 즐기듯이 업무를 할 수 있었던 것은 Python과 Pandas 덕분이었습니다. 이를 통해 Pandas 라이브러리에도 어느 정도 익숙해졌다고 생각하던 차에 이 책을 보면서 다시 초심자의 마음으로 돌아가서 처음부터 차근차근 공부를 다시 해봐야겠다는 생각이 들었습니다. 과거에는 어렵게 돌아 돌아서 해결했던 문제가 이 책에서 나오는 여러 방법들을 통해 함수 하나로 쉽게 해결할 수 있다는 것을 깨달았기 때문입니다.

Pandas는 데이터 분석에서 널리 알려진 도구 중 하나로, 인터넷에 매우 많은 정보가 있습니다. 하지만 전체 내용을 배우기 전에는 무엇을 모르는지조차 몰라 자신에게 필요한 정보를 정확하게 찾기가 어렵습니다. 이 책은 Pandas의 기능을 기초부터 상세하게 설명하여 입문서로서 훌륭할 뿐만 아니라, 어느 정도 익숙하게 사용하는 숙련자들에게도 지름길을 제시할 수 있는 훌륭한 나침반이 될 수 있을 것입니다.

이재진 공인회계사

이 책은 데이터를 다루는 지식과 기술에 누구나 쉽게 접근할 수 있도록 저자만의 방식으로 그 내용을 가공하여 필요한 사람들에게 촘촘하게 닿도록 한다. 또한, 책을 읽는 내내 독자가 무엇을 궁금해할지, 무엇을 어려워할지 미리 알아채서 필요한 곳을 알아서 긁어준다. 마치 공식 다큐멘테이션의 입문자 버전인 것처럼 방대하고 친절한 해설이 돋보인다. 이제 SQL로 무장한 데이터베이스 전문가가 아니더라도 방대한 데이터를 자유자재로 다룰 수 있을 것 같다.

이는 독자가 한 명이라도 더 필요한 지식으로부터 소외되지 않고, 그로 인해 불편을 겪지 않도록 하고자 하는 저자의 신념이 있기 때문일 것이다. 회사에 얽히고설킨 수많은 엑셀 파일들을 어서 판다스로 정리하고 싶다. 혹시 그 속에서 숨어있던 보석 같은 정보를 찾을 수도 있지 않을까?

이충헌 클랩트 엔시니어

이 책은 파이썬 데이터 분석의 기본을 탄탄히 다져주며, 초심자도 쉽게 이해할 수 있도록 친절하게 안내합니다. 초반부에서는 판다스의 기초 개념과 사용법을 상세히 설명하여, 독자들이 차근차근 학습할 수 있도록 돕습니다. 풍부한 예제를 통해 독자들이 이론을 실제로 적용해 볼 수 있도록 구성되어, 판다스를 처음 접하는 사람들도 데이터 분석의 기초를 확실히 다질 수 있습니다.

후반부로 갈수록 실전에서 데이터를 다루기 위한 방법과 고급 기능들이 소개되는데, 이는 숙련자들에게도 유용한 참고서가 됩니다. 꼼꼼한 설명 덕분에 놓치기 쉬운 세부적인 부분까지 이해할 수 있어 데이터 분석의 깊이를 더해줍니다.

책의 구성을 통해 데이터 분석을 처음 시작하는 사람들은 기본기를 탄탄히 다질 수 있고, 데이터 분석을 어느 정도 알고 있는 사람들에게는 더 깊이 있는 내용을 제공하여 실무에 바로 적용할 수 있도록 돕습니다. 판다스의 다양한 기능들을 체계적으로 배우고, 이를 실제 데이터에 적용하는 과정을 통해 독자들은 데이터 분석 능력을 한층 더 발전시킬 수 있습니다.

이 책은 데이터 분석을 공부하는 학생, 직장인, 연구원 등 모든 이들에게 유익한 참고서가 될 것입니다. 실무에서 바로 적용할 수 있는 데이터 분석 기술을 배우고 싶다면, 좋은 동반자가 되어줄 것입니다. 데이터 분석을 공부하는 모든 분들께 강력히 추천합니다.

김보경 교육 과정 기획자

지은이의 말

데이터는 새로운 원유로 불리며, 현대 사회에서 그 중요성이 나날이 커지고 있습니다. 데이터 분석을 통해 기업은 전략적 결정을 내릴 수 있고, 연구자는 새로운 통찰을 얻을 수 있으며, 개인은 자신의 업무 효율성을 극대화할 수 있습니다. 그 중요성을 반영하듯 수많은 사람들이 데이터를 다루는 직군에 종사합니다. 그렇지만 그와 함께 데이터 분석의 과정에서 고통받는 이들 역시 많아지고 있습니다. 데이터만 전문적으로 다루는 데이터 분석가들조차 큰 스트레스를 받기는 마찬가지입니다.

데이터를 다루는 사람이라면, 최소한 수집한 원시 데이터를 원하는 방향으로 바꾸는 과정이 고통스러운 시간이 되는 것은 피해야 하지 않을까요? 저는 이것을 '데이터 인권'이라는 단어로 부르고자 합니다. 데이터를 스트레스 받지 않고 편하게 다룰 수 있다면, 데이터 인권을 지키고 있는 것이지요. 그만큼 데이터 분석의 '과정'은 데이터를 다루는 사람의 삶의 질에 큰 영향을 미치며, 경쟁력, 자신감, 나아가 자기존중감까지 관련있다고 생각합니다.

이 책에서 다루는 판다스(Pandas)는 파이썬의 강력한 데이터 조작 라이브러리로, 대량의 데이터를 효율적으로 처리하고 분석할 수 있게 해줍니다. 엑셀 같은 전통적인 스프레드시트 프로그램의 한계를 극복하고자 하는 여러분에게 새로운 가능성을 열어줄 것입니다. 이미 마이크로소프트도 판다스의 효용성을 인정해 파이썬과 판다스 라이브러리를 사용할 수 있도록 업데이트하였습니다. 이 책은 판다스를 통해 데이터 분석을 시작하고, 심화할 수 있는 통로를 제공함으로써 독자가 데이터 인권을 지키는 데 도움을 주고자 합니다.

또한 이 책을 집필하기 이전, 저는 현재 코딩책이 입문서와 전문가용 서적 두 가지로 양분되어 있다는 것에 깊이 공감하였습니다. 저 역시 입문서로 구매한 책들을 실제 코딩할 때는 거의 참고하지 않는 경우가 많았습니다. "입문자와 전문가 모두에게 도움되는 한 권의 책을 만들 수는 없을까?"라는 고민 끝에 이 책을 집필하게 되었습니다. 그래서 초심자도 쉽게 이해할 수 있도록 내용을 풀어 썼으며, 개발자들의 최대 질문 사이트인 stackoverflow에서 1,000개에 가까운 질문을 처리한 경험을 바탕으로 중급자들이 실제로 판다스를 사용할 때 어려움을 겪는 부분을 설명하여, 실전적으로 꼭 필요한 부분들을 담았습니다. 또한 판다스 숙련자들에게 필요한 고급 기술도 심화 파트에서 심도 있게 다루었습니다.

이 책이 데이터를 다루는 직종에 종사하거나 그러한 직종을 희망하지만 원하는 바를 아직 이루지 못한 분들에게 도움이 되기를 바랍니다. 또한 독자 여러분이 수많은 원시 데이터와 빅데이터로부터 자신이 원하는 데이터를 스트레스 없이 정확하게 산출할 수 있는 역량을 갖추길 바랍니다.

끝으로, 검토와 교정에 참여해 책의 완성도를 높여 주신 김민지 조교님께 감사드립니다.

목차

추천사 • 4
베타리더 리뷰 • 6
지은이의 말 • 8

CHAPTER 01　판다스 입문

1.1 판다스 소개 24
  1.1.1 판다스 라이브러리란? 24
  1.1.2 마이크로소프트의 엑셀에 탑재된 판다스 25
  1.1.3 판다스의 장점 26
1.2 파이썬 개발 환경 28
  1.2.1 구글 코랩 소개 28
  1.2.2 코랩 사용법 29

CHAPTER 02　파이썬 기초와 넘파이 라이브러리

2.1 변수와 자료형 32
  2.1.1 변수 32
  2.1.2 정수 33
  2.1.3 실수 33
  2.1.4 문자열 34
  2.1.5 불 36
  2.1.6 리스트 37
  2.1.7 튜플 39
  2.1.8 딕셔너리 40
2.2 제어문과 함수 42
  2.2.1 제어문 42
  2.2.2 함수 44
2.3 클래스와 객체, 라이브러리 45
  2.3.1 클래스와 객체 45
  2.3.2 라이브러리 47
  2.3.3 넘파이 라이브러리 48

CHAPTER 03　데이터 프레임과 시리즈

- 3.1 　데이터 프레임　52
  - 3.1.1 　데이터 프레임이란?　52
  - 3.1.2 　데이터 프레임의 구조 확인하기　54
  - 3.1.3 　데이터 프레임 생성하기　58
  - 3.1.4 　매개변수와 인수, 기본값　60
- 3.2 　시리즈　62
  - 3.2.1 　시리즈란?　63
  - 3.2.2 　시리즈 생성하기　63
  - 3.2.3 　시리즈의 구조 확인하기　65
- 3.3 　파일에서 데이터 프레임 불러오기　66
  - 3.3.1 　엑셀 파일에서 데이터 프레임 불러오기(read_excel)　67
  - 3.3.2 　CSV 파일에서 데이터 프레임 불러오기(read_csv)　73
- 3.4 　데이터 프레임 저장하기　74
  - 3.4.1 　딕셔너리로 변환하기(to_dict)　75
  - 3.4.2 　파일로 저장하기(to_excel, to_csv)　75
  - 3.4.3 　함수와 메서드, 속성　77
- 3.5 　데이터 프레임 탐색하기　78
  - 3.5.1 　데이터 프레임의 간단한 정보 파악하기(info 등)　78
  - 3.5.2 　데이터 프레임의 일부만 가져오기(head, tail)　81
  - 3.5.3 　데이터 프레임의 기술 통계 확인하기(describe)　82
  - 3.5.4 　각 열의 유일 값 확인하기(unique, nunique)　83
  - 3.5.5 　유일 값의 빈도수 파악하기(value_counts)　84
  - 3.5.6 　히스토그램 그리기(hist)　85
  - 3.5.7 　데이터 프레임과 시리즈 시각화하기(plot)　86

CHAPTER 04　인덱스

- 4.1 　인덱싱과 슬라이싱　90
  - 4.1.1 　대괄호 인덱싱　90
  - 4.1.2 　대괄호 인덱싱으로 열 생성하기　93
  - 4.1.3 　대괄호 인덱싱으로 열 수정하기　94
  - 4.1.4 　대괄호 슬라이싱　95
  - 4.1.5 　키 인덱싱과 슬라이싱(loc 인덱서)　96

		4.1.6 loc 인덱서로 행과 열 생성하기	99

        4.1.7 로케이션 인덱싱과 슬라이싱(iloc 인덱서)   101
        4.1.8 인덱싱과 슬라이싱 정리   105

4.2 데이터를 추출하는 함수들   106
        4.2.1 행과 열 삭제하기(drop)   106
        4.2.2 열 이름으로 필터링(filter)   110
        4.2.3 자료형으로 열 선택하기(select_dtypes)   112
        4.2.4 판다스의 함수와 원본 변경하기   114

엑셀 예제 1 타이타닉 침몰 사고 승객 데이터 인덱싱과 슬라이싱   115

4.3 인덱스와 컬럼즈를 다루는 함수들   118
        4.3.1 인덱스 설정하기(set_index)   118
        4.3.2 인덱스 리셋하기(reset_index)   120
        4.3.3 인덱스와 컬럼즈 변경하기(배정)   121
        4.3.4 인덱스와 컬럼즈 변경하기(set_axis)   122
        4.3.5 열 이름 변경하기(rename)   123
        4.3.6 매핑과 매퍼   124
        4.3.7 데이터 재배열하기(reindex)   125
        4.3.8 인덱스명 변경하기(rename_axis)   126
        4.3.9 인덱스 클래스를 리스트로 변환하기(tolist)   127

4.4 멀티 인덱스 소개   127
        4.4.1 멀티 인덱스와 레벨   127
        4.4.2 멀티 인덱스의 구조 변경하기(stack, unstack)   129

CHAPTER 05 연산

5.1 판다스 연산 입문   132
        5.1.1 벡터화 연산   132
        5.1.2 연산자와 연산 함수   133

5.2 시리즈의 연산   135
        5.2.1 시리즈와 단일 값의 연산   136
        5.2.2 시리즈 간의 연산   137
        5.2.3 데이터 프레임에서 열 간의 연산   139

5.3 데이터 프레임의 연산   142
        5.3.1 데이터 프레임과 단일 값의 연산   142
        5.3.2 데이터 프레임 간의 연산   144

| | | 5.3.3 | NaN을 대체해 연산하기(연산 함수의 fill_value) | 145 |
| | | 5.3.4 | 데이터 프레임과 시리즈의 연산(브로드 캐스팅) | 146 |

엑셀 예제 2　주식 종목들의 일별 주가 추이 분석　149

5.4 통계 함수 적용하기　152
　　5.4.1　집계 함수　153
　　5.4.2　누적 통계 함수　154
　　5.4.3　매개변수 axis와 축 지정　155
　　5.4.4　그 외 다양한 통계 함수　157

엑셀 예제 3　다양한 통계 함수 실습하기　160

CHAPTER 06　데이터 정제하기

6.1 데이터 정제하기 입문　168
　　6.1.1　데이터 분석 과정 소개　168
　　6.1.2　데이터 정제하기란?　168

6.2 정렬　169
　　6.2.1　단일 열을 기준으로 정렬하기(sort_values)　169
　　6.2.2　오름차순과 내림차순　170
　　6.2.3　복수의 열을 기준으로 정렬하기　171
　　6.2.4　인덱스나 컬럼즈를 기준으로 정렬하기(sort_index)　172

6.3 필터링　173
　　6.3.1　불리언 인덱싱이란?　173
　　6.3.2　단일 요건 불리언 인덱싱　175
　　6.3.3　다중 요건 불리언 인덱싱　177
　　6.3.4　불 자료형 객체를 생성하는 함수　178
　　6.3.5　특정 열의 값을 기준으로 데이터의 일부만 가져오기(nlargest, nsmallest)　183
　　6.3.6　무작위로 데이터 추출하기(sample)　185

엑셀 예제 4　OECD 국가 GDP 데이터에서 원하는 데이터 추출하기　186

6.4 결측값 처리하기 1　188
　　6.4.1　결측값 확인하기(isna)　189
　　6.4.2　결측값을 포함한 데이터 삭제하기(dropna)　189
　　6.4.3　결측값 대체하기(fillna)　191

6.5 이상치와 중복 데이터 처리　193
　　6.5.1　이상치 처리하기(clip)　193
　　6.5.2　중복 데이터 확인 및 제거(duplicated, drop_duplicates)　195

6.5.3　중복 데이터 처리 함수의 활용　　　　　　　　　　　　　　　　　197
　6.6　**자료형 변환과 소수점 처리**　　　　　　　　　　　　　　　　　　　198
　　6.6.1　여러 가지 자료형으로 변환하기(astype)　　　　　　　　　　　　199
　　6.6.2　수치형으로 변환하기(to_numeric)　　　　　　　　　　　　　　202
　　6.6.3　소수점 처리하기　　　　　　　　　　　　　　　　　　　　　　203
　6.7　**치환과 매핑**　　　　　　　　　　　　　　　　　　　　　　　　　205
　　6.7.1　데이터 치환하기(replace)　　　　　　　　　　　　　　　　　　205
　　6.7.2　데이터 매핑하기(map)　　　　　　　　　　　　　　　　　　　208
　　6.7.3　replace 함수와 map 함수의 차이　　　　　　　　　　　　　　209
　엑셀 예제 5　미국 레스토랑 고객의 팁 데이터 정제하기　　　　　　　　211

CHAPTER 07　데이터 결합하기

　7.1　**데이터 프레임 연결하기**　　　　　　　　　　　　　　　　　　　　216
　　7.1.1　데이터 프레임 연결하기(concat)　　　　　　　　　　　　　　　216
　　7.1.2　외부 조인과 내부 조인　　　　　　　　　　　　　　　　　　　218
　7.2　**데이터 프레임 병합하기**　　　　　　　　　　　　　　　　　　　　220
　　7.2.1　엑셀의 vlookup 방식으로 병합하기(merge)　　　　　　　　　　220
　　7.2.2　다중 요건 vlookup을 merge 함수로 수행하기　　　　　　　　　223
　　7.2.3　merge 함수의 병합 방식　　　　　　　　　　　　　　　　　　224
　엑셀 예제 6　메이저 리그에서 시즌별로 팀 홈런에서 본인 홈런 비중이 높은 타자 집계하기　226
　7.3　**업데이트**　　　　　　　　　　　　　　　　　　　　　　　　　　　229
　　7.3.1　데이터 프레임 업데이트하기(update)　　　　　　　　　　　　229
　　7.3.2　데이터 프레임 업데이트하기(combine_first)　　　　　　　　　231
　7.4　**범위로 병합하기**　　　　　　　　　　　　　　　　　　　　　　　231
　　7.4.1　범위로 병합하기(merge_asof)　　　　　　　　　　　　　　　232
　　7.4.2　그룹을 나누어 범위로 병합하기　　　　　　　　　　　　　　　233
　엑셀 예제 7　인쇄소의 매출 데이터로 판매 금액 산출하기　　　　　　　235

CHAPTER 08　열 가공하기

　8.1　**열 가공하기**　　　　　　　　　　　　　　　　　　　　　　　　　240
　　8.1.1　열 가공하기란?　　　　　　　　　　　　　　　　　　　　　　240
　　8.1.2　다양한 열 가공하기 소개　　　　　　　　　　　　　　　　　　241

8.2 다양한 연산으로 열 가공하기   242
    8.2.1   객체 간 연산으로 열 가공하기   242
    8.2.2   객체 내 연산으로 열 가공하기   242
    8.2.3   수학적 연산으로 열 가공하기   243

8.3 순위 매기기   245
    8.3.1   순위 매기기(rank)   245
    8.3.2   rank 함수의 다양한 동점자 처리 방식   246

8.4 불리언 마스킹   248
    8.4.1   불리언 인덱싱으로 불리언 마스킹   248
    8.4.2   판다스 함수로 불리언 마스킹(mask, where)   250
    8.4.3   넘파이의 np.where 함수로 불리언 마스킹   253
    8.4.4   넘파이의 np.select 함수로 불리언 마스킹   255

8.5 수치형 데이터의 범주화   258
    8.5.1   수치로 구간을 나누어 범주화(cut)   259
    8.5.2   백분위수로 구간을 나누어 범주화(qcut)   261

엑셀 예제 8   학생들의 키와 몸무게 데이터로 열 가공하기 (1)   263

8.6 결측값 처리하기 2   268
    8.6.1   전후방의 데이터로 결측값 대체하기(ffill, bfill)   268
    8.6.2   결측값 보간하기(interpolate)   271

8.7 행 간의 연산으로 열 가공하기   272
    8.7.1   데이터 이동하기(shift)   273
    8.7.2   행 간의 차이 구하기(diff)   274
    8.7.3   행 간의 변동률 구하기(pct_change)   275

엑셀 예제 9   삼성전자 주가 분석   276

CHAPTER 09   apply

9.1 apply 함수 소개   280
    9.1.1   apply 함수가 필요한 이유   280
    9.1.2   apply 함수의 기능   280

9.2 시리즈에 apply 함수 적용하기   281
    9.2.1   시리즈에 apply 함수 적용하기   281
    9.2.2   사용자 정의 함수와 apply   283
    9.2.3   lambda 함수와 apply   284

9.2.4	시리즈에 apply 함수 적용할 때 유의할 점	286
9.2.5	lambda 함수 추가 학습	287

엑셀 예제 10 학생들의 키, 몸무게 데이터로 열 가공하기 (2) — 290

9.3 데이터 프레임에 apply 함수 적용하기 — 292
- 9.3.1 데이터 프레임에 apply 함수 적용하기 — 292
- 9.3.2 데이터 프레임에 apply 함수 적용할 때 축 지정 — 294
- 9.3.3 복수 열의 데이터를 입력하는 lambda 함수를 각 행에 적용하기 — 296
- 9.3.4 apply와 map 함수 비교 — 299

엑셀 예제 11 지하철역 데이터 전처리 및 분석하기 — 301

CHAPTER 10 문자열 다루기

10.1 문자열을 다루는 함수 — 308
- 10.1.1 판다스의 문자열을 다루는 함수를 배우는 이유 — 308
- 10.1.2 판다스의 문자열을 다루는 함수들의 특징 — 308

10.2 문자열을 다루는 다양한 함수 — 309
- 10.2.1 인덱싱과 슬라이싱 — 310
- 10.2.2 문자열의 길이 반환하기(str.len) — 311
- 10.2.3 문자열의 공백 제거하기(str.strip 외) — 312
- 10.2.4 문자열 분할하기(str.split) — 313
- 10.2.5 문자열 치환하기(str.replace 외) — 315

엑셀 예제 12 GDP 관련 데이터 수치형으로 변환하기 — 318

- 10.2.6 문자열 포함 여부 확인하기(str.contains 외) — 322
- 10.2.7 문자열 추출하기(str.extract) — 324

10.3 정규 표현식 — 325
- 10.3.1 정규 표현식이란? — 325
- 10.3.2 정규 표현식의 주요 문법 — 325
- 10.3.3 판다스의 문자열 함수에 정규 표현식 활용하기 — 330
- 10.3.4 정규 표현식을 활용해 문자열 추출하기(str.extractall 외) — 332

엑셀 예제 13 커피 프랜차이즈의 서초구와 강남구 매장 수 집계하기 — 335

CHAPTER 11 피벗과 언피벗

11.1 피벗 테이블 — 340
- 11.1.1 피벗 테이블을 사용하는 이유 — 340

	11.1.2 피벗 테이블과 집계 함수	341
	11.1.3 피벗 테이블 생성하기(pivot_table)	342
	11.1.4 복수의 인수를 입력해 피벗 테이블 생성하기	345
	11.1.5 인수로 함수를 입력하는 방법	347
	11.1.6 그룹화에만 적용되는 집계 함수(first, last)	347
	11.1.7 문자열 피벗(pivot)	349
	11.1.8 빈도수를 집계하는 교차표 생성하기(crosstab)	351
엑셀 예제 14	타이타닉 침몰 사고에서 과연 여성과 아이를 먼저 구조했을까?	352
11.2	**언피벗**	356
	11.2.1 언피벗이 필요한 이유	356
	11.2.2 stack 함수로 언피벗	357
	11.2.3 melt 함수로 언피벗	359
	11.2.4 stack 함수와 melt 함수의 언피벗 수행의 차이점	361
엑셀 예제 15	마트의 매출 데이터로 다양한 새로운 피벗 테이블 생성하기	362

CHAPTER 12   데이터 그룹화하기

12.1	**groupby 함수로 열 가공하기**	368
	12.1.1 groupby 함수가 필요한 이유	368
	12.1.2 그룹 내에서 함수 적용하기(groupby)	369
	12.1.3 groupby 함수로 순위 매기기(rank)	371
엑셀 예제 16	동명이인 구분하기	373
	12.1.4 groupby 함수로 행 간의 연산하기(shift 외)	376
	12.1.5 groupby 함수로 전후방 값으로 결측값 대체하기(ffill, bfill 함수)	377
	12.1.6 groupby 함수로 누적 합 구하기(cumsum)	379
	12.1.7 groupby 함수로 순번 구하기(cumcount)	382
엑셀 예제 17	주식 ohlcv 데이터로 groupby 함수를 사용해 다양한 열 가공하기	384
	12.1.8 집계 결과를 열로 생성하기(transform)	389
	12.1.9 transform 함수로 사용자 정의 함수 적용하기	391
엑셀 예제 18	그룹을 나누어 표준점수를 구해 학생들의 성적 부여하기	395
12.2	**groupby 함수로 집계하기**	398
	12.2.1 groupby 함수로 집계 함수 적용하기	398
	12.2.2 groupby 함수로 집계하기와 피벗 테이블의 차이	399
	12.2.3 groupby 함수와 agg 함수로 집계하기	402
	12.2.4 문자열의 결합(join)	404

12.2.5	agg 함수로 사용자 정의 함수 적용하기	404
12.2.6	agg 함수와 transform 함수의 차이	406

엑셀 예제 19 타이타닉 침몰 사고의 승객 통계 데이터로 다양한 집계하기   407

12.3 groupby 심화   409

12.3.1	groupby 함수의 여러 가지 매개변수	410
12.3.2	그룹바이 객체	412
12.3.3	groupby 함수와 head, tail, sample	413
12.3.4	그루퍼	413
12.3.5	transform 함수를 활용한 다양한 그룹 필터링(all, any)	414

엑셀 예제 20 아우디 중고차 가격 집계하기   416

CHAPTER 13 시계열 데이터

13.1 시계열 데이터 소개   422

13.1.1	시계열 데이터의 종류	422
13.1.2	datetime 자료형	423
13.1.3	시계열 데이터의 학습 주안점	424

13.2 시계열 데이터로 변환 및 인덱싱   425

13.2.1	시계열 데이터로 변환하기(to_datetime)	425
13.2.2	기타 시계열 변환 함수들	427
13.2.3	파일에서 datetime 자료형을 지정하여 데이터 프레임 불러오기	428
13.2.4	DatetimeIndex의 인덱싱과 슬라이싱	428
13.2.5	특정 시간대의 데이터 추출하기(at_time, between_time)	431

엑셀 예제 21 시계열 데이터가 포함된 온라인 쇼핑몰 데이터 다루기 (1)   432

13.3 시계열 데이터 생성과 주기   434

13.3.1	주기	434
13.3.2	시계열 데이터 생성(date_range)	435

13.4 시계열 데이터 그룹화하기   439

13.4.1	그룹화로 열 가공하기(resample)	439
13.4.2	resample 함수와 groupby 함수 비교	441
13.4.3	그룹 집계하기(resample)	442
13.4.4	resample 함수에 agg 함수 적용하기	444
13.4.5	groupby 함수와 resample 함수를 동시에 적용하기	446

엑셀 예제 22 시계열 데이터가 포함된 온라인 쇼핑몰 데이터 다루기 (2)   447

13.5 특정 시계열 데이터 추출   451

13.5.1	특정 시계열 데이터 추출하는 다양한 메서드(dt 접근자)	451
13.5.2	문자열로 변환하기(strftime)	454
13.5.3	period 자료형으로 변환하기(to_period)	455

엑셀 예제 23 시계열 데이터가 포함된 온라인 쇼핑몰 데이터 다루기 (3)   456

13.6 그 외 시계열 데이터를 다루는 함수들   458
- 13.6.1 시간대 변환   458
- 13.6.2 시간 간격 생성하기(DateOffset)   459
- 13.6.3 시계열 그루퍼 생성하기(Grouper)   460
- 13.6.4 영업일만 배열로 생성하기(bdate_range)   462
- 13.6.5 업샘플링(asfreq 외)   463

엑셀 예제 24 비트코인 구매 일지의 업샘플링 수행하기   467

CHAPTER 14 판다스 심화 1

14.1 알아두면 유용한 판다스 함수들   476
- 14.1.1 열 이름 일괄적으로 변경하기(add_prefix, add_suffix)   476
- 14.1.2 열의 데이터를 반환한 뒤 삭제하기(pop)   476
- 14.1.3 특정 위치에 열 생성하기(insert)   477
- 14.1.4 열 생성하기(assign)   478
- 14.1.5 쿼리문으로 필터링하기(query)   479
- 14.1.6 행이나 열의 로케이션 반환하기(get_loc)   481
- 14.1.7 인덱스 클래스를 데이터 프레임이나 시리즈로 변환하기(to_frame, to_series)   482
- 14.1.8 데이터 프레임 연결하기(join)   483
- 14.1.9 연속적인 메서드 사용하기(pipe)   483
- 14.1.10 범주형 데이터 인코딩하기(factorize)   485
- 14.1.11 원 핫 인코딩 수행하기(get_dummies)   486
- 14.1.12 문자열 시리즈의 원 핫 인코딩 수행하기(str.get_dummies)   487
- 14.1.13 셀의 리스트를 행으로 전개하기(explode)   488
- 14.1.14 복수 열을 기준으로 인코딩하기(ngroup)   488
- 14.1.15 데이터 프레임이나 시리즈가 완전히 동일한지 확인하기(equals)   489
- 14.1.16 두 객체의 서로 다른 부분 반환하기(compare)   490
- 14.1.17 가로 형식 데이터 프레임을 세로 형식으로 변환하기(wide_to_long)   491
- 14.1.18 HTML 표에서 데이터 프레임 불러오기(read_html)   493

14.2 알아두면 유용한 넘파이 함수들   494
- 14.2.1 넘파이의 난수 생성 함수   494

14.2.2 두 배열 중 큰 값 반환하기(np.fmax)   495
14.2.3 각 행이나 각 열을 개별적으로 정렬하기(np.sort)   496

14.3 인덱스 클래스   497
14.3.1 인덱스 클래스 생성하기   497
14.3.2 인덱스 클래스에 적용하는 함수들   498

14.4 멀티 인덱스   500
14.4.1 멀티 인덱스의 생성   501
14.4.2 멀티 인덱스를 보유한 데이터 프레임의 인덱싱   504
14.4.3 멀티 인덱스를 다루는 함수들   509
14.4.4 구간 인덱스   513

CHAPTER 15 판다스 심화 2

15.1 이동 집계와 누적 집계   518
15.1.1 이동 집계(rolling)   518
15.1.2 누적 집계(expanding)   520
15.1.3 이동 집계와 누적 집계 심화   521

15.2 카테고리 자료형   523
15.2.1 카테고리 자료형을 사용하는 이유   523
15.2.2 카테고리 자료형으로 변환하기   525
15.2.3 카테고리 자료형의 다양한 메서드   528

15.3 시각화   531
15.3.1 색상   531
15.3.2 plot 함수의 매개변수   535
15.3.3 영역을 분할해 하위 그래프 생성하기   539

15.4 판다스 팁   541
15.4.1 과학적 표기법   541
15.4.2 자릿수마다 쉼표로 구분하기   541
15.4.3 소수를 백분율로 표현하기   542
15.4.4 엑셀 파일의 모든 시트 한 번에 합치기   543
15.4.5 하나의 데이터 프레임을 그룹으로 시트를 나누어 엑셀 파일로 저장하기   545
15.4.6 불리언 인덱싱에 lambda 함수 입력하기   546
15.4.7 rename 함수에 lambda 함수를 적용해 열 이름 변경하기   546
15.4.8 정렬의 기준에 함수를 적용해 정렬하기(매개변수 key)   547
15.4.9 정규 표현식이 캡처 그룹으로 문자열의 위치 교환하기   548

15.4.10	파이썬의 join 함수로 정규 표현식 패턴 생성하기	550
15.4.11	시리즈나 데이터 프레임을 역순으로 변환하기	550
15.4.12	오브젝트 열 내에서 개별 원소의 자료형 파악하기	551
15.4.13	비중이 낮은 범주를 통합하기	552
15.4.14	map함수로 멀티 인덱스를 단일 인덱스로 변환하기	554
15.4.15	cummin과 cummax 함수로 특정 시점 기준으로 필터링	555
15.4.16	NaN이 아닌 첫 번째 값 반환하기	558
15.4.17	셀 안의 리스트와 딕셔너리를 별도의 열로 확장하기	558
15.4.18	수치형 데이터인 열만 집계하기	560
15.4.19	그룹마다 소계를 집계한 행 생성하기	561
15.4.20	복수의 열을 순서와 상관없이 동일한 그룹을 설정해 그룹화하기	562
15.4.21	엑셀의 날짜 데이터를 숫자로 불러올 때 datetime으로 변환하기	564
15.4.22	기간의 마지막 날짜와의 차이 구하기	565
15.4.23	시계열 주기로 데이터 이동하기	566
15.4.24	구간 인덱스로 범주화하기	566
15.4.25	인덱스의 데이터를 사용해 apply 함수 적용하기	568

CHAPTER 16 실전 데이터 분석

16.1	볼린저 밴드와 주가 동향 분석	572
16.2	머니볼과 야구 데이터 분석	575
16.3	축구 국가대표 A매치 결과 분석	584
16.4	프랜차이즈의 거리 분석	599
16.5	빅데이터와 증권사 잔고 분석	615

CHAPTER

01
판다스 입문

본 책은 QR코드를 통해 각 챕터에 포함된 코드와 풀 컬러 그림 등을 확인할 수 있습니다. 또한 판다스와 구글 코랩의 버전 업데이트에 따른, 변동이 필요한 코드, 변동된 코드 출력 정보도 확인할 수 있습니다.

1.1 판다스 소개

1.2 파이썬 개발 환경

1.1 판다스 소개

우리는 데이터의 세상에 살고 있다. 하루에도 엄청난 양의 데이터가 생성되며 이 데이터 속에는 가치 있는 정보와 지식이 숨겨져 있다. 데이터는 숫자나 문자의 단순한 나열이 아니다. 이는 새로운 발견을 가능하게 하고, 비즈니스의 성장을 이끌며, 사회적 문제에 대한 해결책을 제시한다.

현대 사회에서 데이터를 다루는 능력은 선택이 아닌 필수이다. 많은 직장인은 업무의 대부분을 데이터를 다루는 데 투자한다. 데이터 분석, 데이터 기반의 의사 결정 그리고 데이터를 통한 새로운 비즈니스 모델의 창출은 직장인들의 주요 업무 중 하나이다. 이는 데이터를 다루는 기술이 개인의 경쟁력을 크게 좌우한다는 사실을 의미한다.

파이썬의 판다스 라이브러리는 데이터 처리 기술을 몇 단계 도약시키는 강력한 도구이다. 판다스는 사용자가 방대한 데이터를 효율적으로 조작하고 분석하도록 돕는다. 이전에는 불가능하던 데이터 처리 작업을 수행하게 해주고 기존 작업도 몇 배나 빠르게 수행하게 한다.

이 책은 판다스의 기본에서 시작하여 심화 기법까지 단계별로 안내한다. 독자는 이 책을 통해 데이터 분석의 기초를 다지고 실제 업무에 적용하는 고급 기술을 습득할 것이다. 데이터 분석의 세계로 첫발걸음을 떼려는 이들과 데이터 처리 기술을 향상하려는 이들에게 이 책은 좋은 길잡이가 될 것이다.

1.1.1 판다스 라이브러리란?

데이터 분석 분야에서 파이썬은 풍부한 라이브러리(library) 덕분에 특히 높은 인기를 자랑한다. 라이브러리는 특정 작업을 수행하는 데 필요한 코드와 기능들의 모음이다. 이는 새로운 작업을 수행할 때마다 동일한 코드를 반복해서 작성하는 대신 필요한 기능을 라이브러리를 통해 쉽게 재사용하도록 해준다. 쉽게 말해 라이브러리는 누군가가 이미 만들어둔 함수 모음이며, 라이브러리를 활용해 해당 함수들을 사용한다.

판다스(Pandas)는 데이터 분석 분야에서 필수적인 라이브러리로 자리매김하고 있다. 판다스는 데이터를 효율적으로 처리하고 분석하는 다양한 기능을 제공한다. 특히 데이터 프레임(data frame)이라는 클래스를 통해 표 데이터를 쉽게 조작하고 분석하게 해준다. 이는 엑셀 등 스프레드시트 프로그램에서 작업하는 것과 유사하지만, 데이터를 훨씬 더 강력하고 유연하게 처리한다. 실제로 엑셀 파일과 CSV 파일의 데이터도 손쉽게 데이터 프레임으로 불러와 강력한 판다스 함수로 데이터를 처리한다.

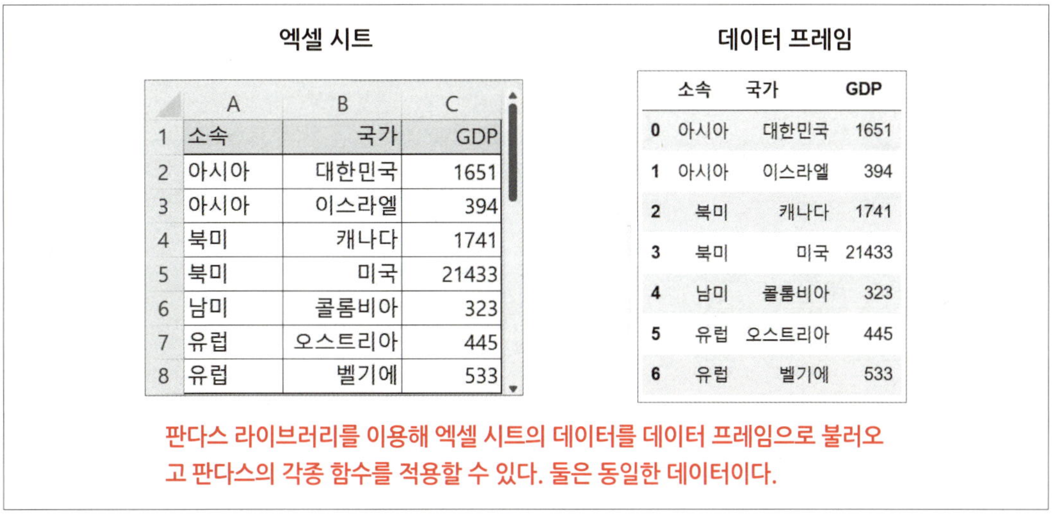

엑셀 시트				데이터 프레임		
	A	B	C		소속	국가	GDP
1	소속	국가	GDP	0	아시아	대한민국	1651
2	아시아	대한민국	1651	1	아시아	이스라엘	394
3	아시아	이스라엘	394	2	북미	캐나다	1741
4	북미	캐나다	1741	3	북미	미국	21433
5	북미	미국	21433	4	남미	콜롬비아	323
6	남미	콜롬비아	323	5	유럽	오스트리아	445
7	유럽	오스트리아	445	6	유럽	벨기에	533
8	유럽	벨기에	533				

판다스 라이브러리를 이용해 엑셀 시트의 데이터를 데이터 프레임으로 불러오고 판다스의 각종 함수를 적용할 수 있다. 둘은 동일한 데이터이다.

[그림 1-1] 엑셀 시트에서 불러온 데이터 프레임

요약하면 판다스는 표 데이터 처리에 특화된 라이브러리로서 엑셀 및 csv 파일의 데이터를 손쉽게 데이터 프레임으로 다룬다. 또한 여러분에게 표 데이터를 효율적으로 다루게 해주는 많은 함수를 제공하는 라이브러리이다.

1.1.2 마이크로소프트의 엑셀에 탑재된 판다스

마이크로소프트가 자사의 엑셀에 파이썬을 탑재했다. 이를 통해 엑셀의 사용성과 기능성이 대폭 향상되고 데이터 분석가들은 많은 변화를 경험할 것이다.

엑셀은 표 데이터를 스프레드시트 형태로 처리한다. 따라서 엑셀에서 파이썬을 탑재했다는 것은 표 데이터를 처리하는 데 파이썬을 활용하겠다는 것이고, 그것은 파이썬에서 표 데이터 처리에 특화된 판다스를 엑셀에서 사용하겠다는 의미이다. 실제로 엑셀에 탑재된 파이썬에서는 판다스를 별도의 설치 없이 사용하도록 설정되어 있다. 이제 엑셀 사용자들은 판다스의 강력한 데이터 분석 기능을 엑셀 환경에서 직접 활용할 수 있게 되었다.

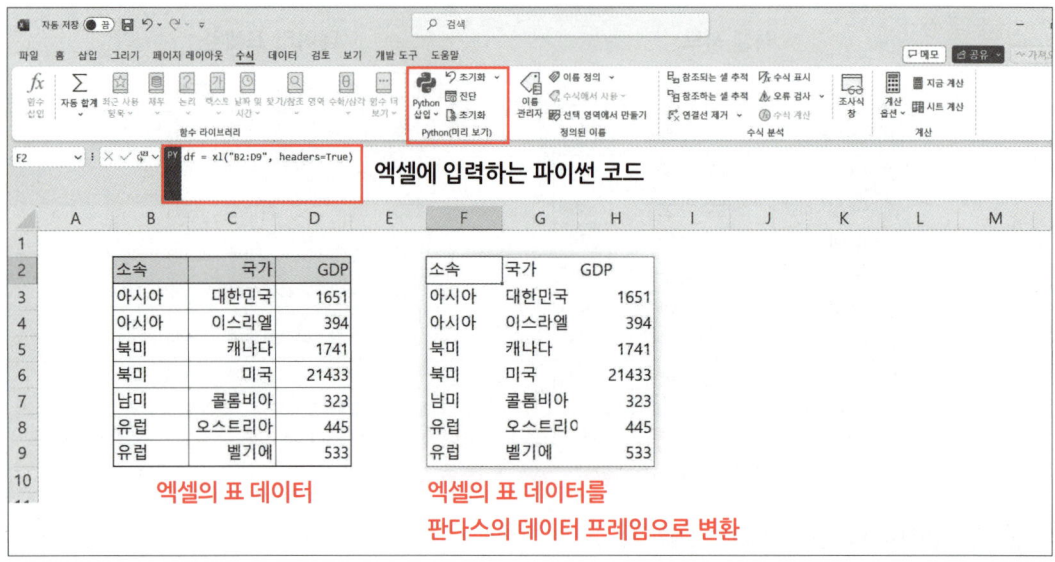

[그림 1-2] 엑셀에 탑재된 판다스

이는 표 데이터 처리를 위한 판다스의 탁월한 활용성을 마이크로소프트도 인정했고, 여러분이 판다스를 배워두면 추후 엑셀에서도 활용이 가능하다는 의미이다.

1.1.3 판다스의 장점

그렇다면 어떤 장점 때문에 마이크로소프트가 판다스를 엑셀에 탑재한 것일까? 판다스의 장점은 다음처럼 요약할 수 있다.

첫째, 판다스는 대용량 데이터의 처리 속도가 매우 빠르다. 이를 통해 사용자는 방대한 양의 데이터를 효율적으로 관리하고 분석하며, 데이터 전처리 및 분석 작업을 신속하게 수행한다. 실제로 100만 행의 데이터도 효율적인 코드로 처리하면 0.1초 이내의 실행 시간이 소요된다.

둘째, 판다스의 코드 작성이 직관적이다. 판다스의 함수는 명료하고 직관적인 방식으로 설계되어 사용자가 데이터를 쉽게 이해하고 작업하게 해준다.

셋째, 인덱스를 활용한 데이터의 갱신 및 관리가 탁월하다. 판다스는 인덱스를 사용하여 데이터를 명확하게 구분하고, 이를 기반으로 데이터를 쉽게 업데이트하거나 수정하도록 지원한다.

넷째, 열과의 상호 작용이 용이하다. 판다스는 열 기반의 데이터 조작이 쉽도록 설계되어 특정 열에 대한 연산이나 데이터 처리 작업을 간편하게 수행한다. 이뿐만 아니라 특정 열의 데이터로 그룹화하여 데이터를 처리하는 그룹화 연산에도 큰 강점이 있다.

다섯째, 벡터화 연산을 지원한다. 벡터화 연산을 통해 여러 데이터에 대한 연산을 한 번에 수행하여,

코드의 실행 속도를 향상하고 효율성을 높인다.

마지막으로, 판다스는 시계열 데이터를 다루는 데 특히 뛰어나다. 본래 판다스는 금융 데이터를 손쉽게 다루고자 탄생한 라이브러리이다. 그리고 금융 데이터는 시간에 따른 데이터 분석이 필요하므로 판다스는 본래 용도에 맞게 강력한 시계열 데이터 처리 기능을 제공한다.

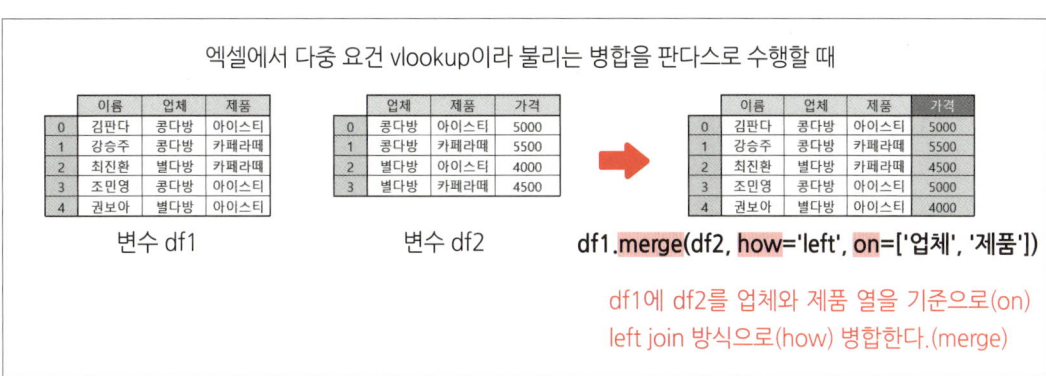

[그림 1-3] 판다스로 vlookup 방식의 병합 수행하기

예시를 통해 판다스의 장점을 살짝 경험해 보자. [그림 1-3]의 첫 번째 표는 각 사람이 선택한 음료를 나타내는 데이터이며 변수 df1로 지정되었다. 두 번째 표는 각 메뉴의 가격을 나타내는 데이터이며 변수 df2로 지정되었다. 그런데 df2의 가격 정보를 df1에 병합하고 싶다면 어떻게 해야 할까? 엑셀에서는 이러한 병합을 vlookup 함수로 수행한다. 특히 이때는 업체와 제품이라는 두 개의 열을 기준으로 vlookup을 수행해야 하기 때문에 '다중 요건 vlookup'이라고 한다.

판다스는 열과의 상호 작용이 뛰어나다. 그래서 이런 다중 요건 vlookup도 기준 열을 복수로 지정하는 것만으로 간편하게 수행할 수 있다. 또한 판다스의 코드는 인간의 언어와 흡사할 정도로 직관적이다.

```
# df2 merge to df1 by left join based on '업체', '제품'
df1.merge(df2, how='left', on=['업체', '제품'])
```

그리고 예시의 코드는 규모가 크지 않은 데이터이지만 이 데이터가 100만 행에 이르더라도 0.1초 수준의 시간에 코드가 실행될 정도로 빠른 처리 능력을 자랑한다.

여담으로 파이썬이 엑셀에 탑재되어, 이러한 다중 요건 vlookup을 손쉽게 수행하는 것만으로도 판다스는 학습 가치가 충분하다.

1.2 파이썬 개발 환경

개발 환경은 파이썬 코드를 작성하고 실행하는 데 사용하는 애플리케이션이다. 이제 엑셀에서도 버전에 따라 파이썬 코드를 작성하고 실행하나, 판다스를 학습하려면 아무래도 파이썬 전용 개발 환경이 필요하다. VSCode, 파이참, 주피터 노트북 등 다양한 개발 환경에서 파이썬 언어를 지원하지만, 이 책은 입문자들이 쉽게 실습하고 AI로 코드를 검토할 수 있는 구글 코랩을 사용한다.

1.2.1 구글 코랩 소개

[그림 1-4] 구글 코랩 로고[1]

구글 코랩(Colab)은 구글에서 제공하는 무료 IPython NoteBook 환경이다.[2] 데이터 분석, 머신 러닝 프로젝트, 교육 목적 등 다양한 분야에서 활용되며, 파이썬을 별도로 설치하지 않고도 브라우저를 통해 파이썬 코드를 작성하고 실행할 수 있다.

강력한 컴퓨팅 리소스를 무료로 제공하므로, 사용자가 고성능 하드웨어 없이도 복잡한 데이터 분석이나 머신 러닝 모델을 학습시킬 수 있다. 구글 드라이브와 연계해 파일 업로드, 공유, 협업이 용이하며, 노트북 내에서 마크다운[3]을 사용해 노트를 추가하거나 이미지, 링크, 테이블을 삽입해 자료를 풍부하게 할 수 있다.

구글 코랩은 데이터 과학자, 연구원, 학생들 사이에서 인기가 높다. 복잡한 환경 설정이나 설치 없이 프로젝트에 바로 착수할 수 있어, 프로젝트 진행 속도가 빨라지기 때문이다.

---

1 "Google Colaboratory SVG Logo", 위키백과, 2024년 4월 24일 접속, https://en.m.wikipedia.org/wiki/File:Google_Colaboratory_SVG_Logo.svg
2 IPython NoteBook 환경에서 코드를 작성한 파일은 확장자가 ipynb이다.
3 마크다운은 간단한 텍스트를 기반으로 html과 같은 웹페이지 문서를 쉽게 작성할 수 있는 언어이다.

1.2.2 코랩 사용법

구글 코랩은 별도의 설치 없이 브라우저에서 파이썬 코드를 사용한다. 따라서 아래 주소로 웹사이트에 접속만 하면 된다. 혹은 구글 검색창에 '구글 코랩'을 검색하면 손쉽게 해당 웹페이지에 접속된다.

https://colab.research.google.com/

구글 코랩 웹페이지에 접속하면 ipynb 문서가 열리고, 해당 문서에서 파이썬 코드를 작성하고 실행한다. 구글 코랩에서는 셀 단위로 코드를 작성하고 실행하는데, 데이터 분석에서 셀 단위로 코드를 작성하는 것은 매우 편리한 장점이므로 잘 활용하자.

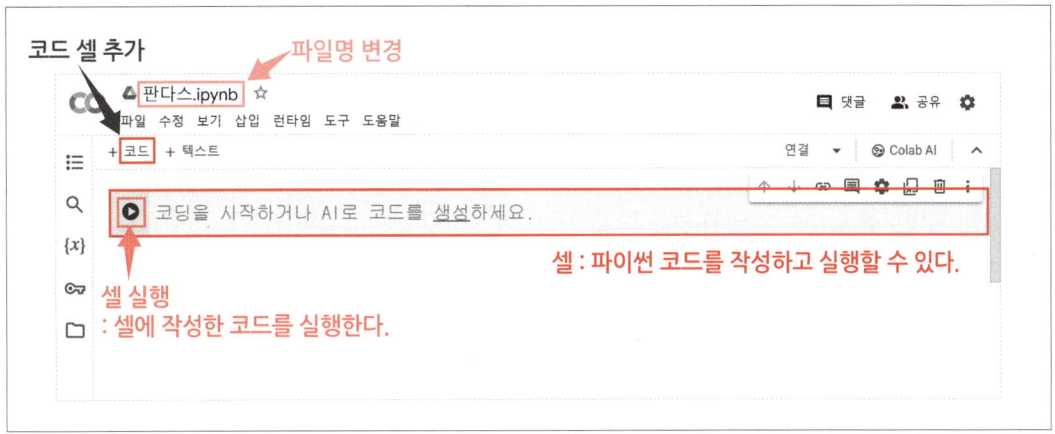

[그림 1-5] 구글 코랩

구글 코랩은 print 함수를 사용한 출력도 가능하지만 기본적으로 셀 실행 시 가장 마지막 줄의 코드를 출력한다. 다른 개발 환경에서 실습하는 독자들은 print 함수를 사용해야 출력이 이루어지니 유의하자. 물론 셀 중간에서 출력을 확인하고 싶으면 구글 코랩에서도 print 함수를 사용해야 한다.[4]

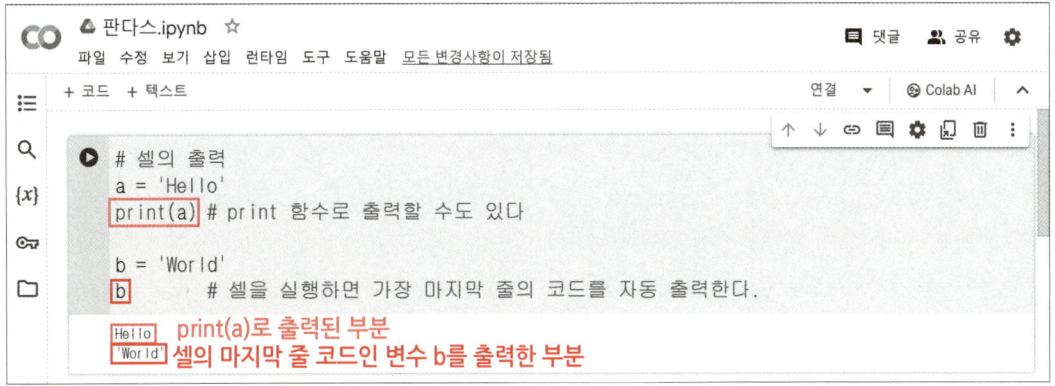

[그림 1-6] 셀의 출력

---

4 다만 print 함수로 출력하는 것과 셀의 마지막이 출력되는 것은 표기가 다소 다르다. [그림1-6]의 출력에서도 Hello의 출력은 따옴표가 없지만 'World'의 출력에는 따옴표가 존재한다.

코랩에서 코드를 작성하고 실습하는 데 필요한 주요 단축키는 다음과 같다.

- 셀 실행: `Ctrl` + `Enter↵`
- 현재 셀 아래로 셀 추가: `Ctrl` + `M` + `B`
- 현재 셀 위로 셀 추가: `Ctrl` + `M` + `A`
- 셀 삭제: `Ctrl` + `M` + `D`
- 셀 복사: `Ctrl` + `Shift` + `S`

이 외에도 유용한 단축키들이 있지만 너무 많은 단축키를 학습하는 것도 진입 장벽이 되므로 이 정도만 소개한다. 구글 코랩에 익숙해지면 단축키 일람을 참고하여 필요한 단축키를 사용하자.

코랩에 구글의 지메일 계정으로 로그인해 AI로 코드를 생성하거나 코드의 에러를 검토하면 좋다. 코딩 학습 과정에서 입문자들이 마주치는 가장 큰 장벽은 에러의 발생과 그 해결이다. 에러가 발생하면 적극적으로 AI를 활용하자. 그 밖에 구글 드라이브와 연동의 장점도 있으므로 되도록 계정으로 로그인한 뒤 구글 코랩을 사용하자.

여러분의 데이터를 다루는 기술 수준을 비약적으로 발전시킬 판다스와의 만남을 진심으로 환영한다. 이는 여러분에게 데이터 분석에 입문하는 계기이거나, 데이터를 다루는 기술을 향상하는 계기일 수 있다. 이 과정에서 여러분의 데이터에 대한 인사이트는 변모할 것이며, 이 과정이 끝나갈 때쯤 '모두가 인정하는 데이터 전문가'에 다가갈 것이다. 여러분의 학습 여정에 건투를 빌며, 판다스를 통해 여러분이 새로운 지평을 열기를 기대한다.

CHAPTER

02

파이썬 기초와 넘파이 라이브러리

QR코드를 통해 Chapter 2에 포함된 코드를 확인할 수 있습니다. 또한 판다스와 구글 코랩의 버전 업데이트에 따른, 변동이 필요한 코드, 변동된 코드 출력 정보도 확인할 수 있습니다.

2.1 변수와 자료형

2.2 제어문과 함수

2.3 클래스와 객체, 라이브러리

2.1 변수와 자료형

판다스는 파이썬의 데이터 분석을 위한 강력한 라이브러리이기에 효과적으로 학습하려면 기초 파이썬에 대한 이해가 선행되어야 한다. 하지만 이것이 파이썬을 완전히 통달해야 한다는 의미는 아니다. 아주 기본적인 내용만 알아도 판다스 학습에는 문제가 없다. 간단히 기본적인 파이썬 개념을 훑어보고 학습 과정에서 용어나 개념에 대한 문제가 발생할 때 이번 장을 참고하자. 가장 기초적인 내용인 변수와 자료형부터 시작해 보자.

2.1.1 변수

변수는 프로그래밍에서 데이터를 저장하는 공간이다. 파이썬에서 변수를 활용하면 데이터가 메모리에 저장되고 변수명으로 데이터에 접근할 수 있다. 숫자, 문자열 등 다양한 종류의 데이터를 변수에 지정하고 지정된 데이터의 변경도 가능하다.

파이썬에서 변수를 지정하는 것은 간단하다. 변수명을 정하고 등호(=)를 사용해 데이터를 변수에 지정한다. 파이썬은 간결함을 지향하기에 변수를 지정할 때도 자료형을 별도로 명시할 필요가 없다.

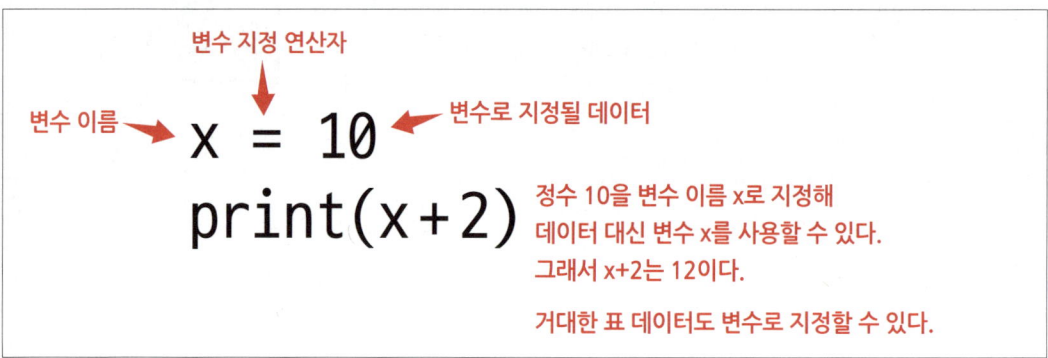

[그림 2-1] 파이썬의 변수 지정

변수명을 정하는 규칙, 즉 명명법은 간결함을 미덕으로 생각하는 파이썬답게 복잡하지 않다. 다음 몇 가지 간단한 규칙과 권고를 따르자.

첫째, 변수명의 첫 글자로 문자나 언더스코어(_)만 사용할 수 있으며 이후에는 문자, 숫자, 언더스코어의 조합을 사용할 수 있다. 파이썬에서 변수명은 주로 소문자를 사용한다.

둘째, 소문자와 대문자는 구별된다. 예를 들어 df와 Df는 서로 다른 변수로 인식된다. 앞서 이야기했듯이 파이썬에서는 변수명에 소문자를 사용하자.

셋째, True, False, if 등의 이미 파이썬 문법에 포함된 키워드나 print 등 함수명은 변수명으로 사용하지 않는다.

판다스의 데이터 프레임[1]을 변수로 지정할 때는 주로 데이터 프레임의 약자인 df를 활용해 df, df1,df_stock 등으로 지정한다.

2.1.2 정수

정수는 수학에서 사용하는 정수와 동일하다. 파이썬에서는 int 타입으로 표현된다. 정수형 데이터는 프로그래밍에서 가장 기본적이고 빈번하게 사용되는 자료형이다. 정수 등의 수치형 자료형은 덧셈, 뺄셈, 곱셈처럼 기본적인 수학 연산뿐 아니라 몫, 나머지 연산 등을 수행하며 비교 연산도 가능하다.

산술 연산자	산술 연산
+	덧셈
-	뺄셈
*	곱셈
/	나눗셈
//	몫
%	나머지
**	지수

[표 2-1] 파이썬의 산술 연산

2.1.3 실수

실수는 소수점을 포함하는 숫자를 의미하며, 판다스에서는 실수를 주로 부동 소수점 자료형(float)으로 다룬다. 부동 소수점은 다음과 같은 실수 표현법이다.

[그림 2-2] 부동 소수점 자료형

---

1 데이터 프레임은 우리가 배우는 판다스 라이브러리에서 주로 다루는 클래스이다. 클래스는 이후 **2.3.1. 클래스와 객체**에서 다룬다.

하지만 부동 소수점은 파이썬에서 실수 데이터를 인식하고 연산할 때 사용하는 방법일 뿐 출력을 부동 소수점으로 하는 것은 아니다. 따라서 부동 소수점 자료형을 실수형 자료형으로 생각해도 좋다.

[코드 2-1] 실수의 출력

```
13.01 # 부동 소수점으로 출력하는 것은 아니다.
```

```
13.01
```

2.1.4 문자열

파이썬에서는 큰따옴표(" ") 또는 작은따옴표(' ')로 둘러싸인 텍스트 데이터를 나타내는 자료형을 문자열 자료형(str)으로 표현한다. 문자열에서 대소문자는 구분해야 하니 유의하자. 예를 들어 'abc'와 'Abc'는 서로 다른 문자열을 의미한다. 또한 문자열은 문자열 연결, 인덱싱과 슬라이싱, 문자열 포매팅 등 다양한 연산을 지원한다.

문자열의 연결은 덧셈 연산자로 가능하다. 판다스에서도 빈번하게 쓰이는 기법이니 알아두어야 한다.

[코드 2-2] 문자열의 연결

```
'김' + '판다'
```

```
'김판다'
```

덧셈으로 문자열을 연결하나, 뺄셈으로 문자열을 제거할 수는 없다.

문자열은 인덱싱과 슬라이싱을 수행해 일부 문자열만 추출한다. 인덱싱과 슬라이싱 기법이 생소하더라도 걱정할 필요는 없다. 추후 4.1에서 판다스의 인덱싱과 슬라이싱을 학습하면서 인덱싱과 슬라이싱 기법을 정확히 학습할 예정이다. 문자열도 인덱싱과 슬라이싱이 가능하다는 것만 알아두면 충분하다.

[코드 2-3] 문자열의 인덱싱

```
a = '김판다'
a[0] # 첫 번째 문자열을 반환한다.
```

```
'김'
```

len 함수를 사용해 문자열의 길이를 반환힌다.

[코드 2-4] len 함수로 문자열의 길이 반환

```
len(a) # 변수 a인 문자열 '김판다'의 길이를 반환한다.
```

```
3
```

len 함수는 문자열의 길이도 구할 수 있지만, 배열에 적용하면 배열의 길이를 반환한다. 그렇기에 판다스에서도 자주 사용되는 함수이니 알아두자.

문자열 포매팅 기법으로 문자열 사이에 변수의 값을 삽입하여 새로운 문자열을 만든다. f-string 기법이나 format 함수를 활용한다. f-string 방식은 문자열 앞에 접두사 f를 붙이고, 중괄호({}) 안에 변수를 넣어 해당 변수의 값이 문자열 중간에 들어가게 한다.

[코드 2-5] 문자열 포매팅(f-string 기법)

```
a = '김판다'
b = '판다스'
f'{a} 강사와 함께 {b}를 배웁시다'
```

```
'김판다 강사와 함께 판다스를 배웁시다'
```

format 함수를 이용하면 접두사 f 없이 문자열 내 중괄호({})를 사용하여 변수를 위한 공간을 설정한다. format 함수의 인수로 그 공간에 올 변수를 지정하면, 변수의 값이 포함된 문자열을 생성한다.

[코드 2-6] 문자열 포매팅(format 함수)

```
'{} 강사와 함께 {}를 배웁시다'.format(a, b)
```

```
'김판다 강사와 함께 판다스를 배웁시다'
```

문자열을 연결하기만 해도 충분히 기능을 수행하지만 문자열 포매팅 기법을 익히면 복잡한 상황에서도 코드가 간결해진다. 지금 학습하기 어렵다면 일단은 문자열 연결을 사용하고, 문자열 포매팅이 필요한 시점에 다시 이 단원을 참고하자.

[코드 2-7] 문자열 포매팅 대신 문자열 연결을 사용

```
a + ' 강사와 함께 ' + b + '를 배웁시다'
```

```
'김판다 강사와 함께 판다스를 배웁시다'
```

2.1.5 불

참을 뜻하는 True와 거짓을 뜻하는 False는 불리언(boolean) 또는 불(bool) 자료형으로 지칭한다. 데이터 분석에서 데이터의 필터링이나 선택적 처리를 할 때 불 자료형이 적극적으로 활용된다.

파이썬에서 비교 연산의 결과로 불 자료형으로 반환된다. ⟨=, ⟩=처럼 등호가 함께 쓰이는 비교 연산은 우측에 등호가 위치하는 것이 특징이다.

비교 연산자	비교 연산
==	같다
!=	다르다
⟩	크다
⟩=	크거나 같다
⟨	작다
⟨=	작거나 같다

[표 2-2] 파이썬의 비교 연산

불 자료형은 산술 연산을 할 때 True는 1, False는 0으로 처리해 연산한다.

[코드 2-8] 불(bool) 자료형의 산술 연산

```
True + True + False
```

```
2
```

논리 연산자	비트 연산자	연산
and	&	• 모두 True일 때만 True를 반환한다. • 아니면 False를 반환한다.
or	|[2]	• 모두 False일 때만 False를 반환한다. • 아니면 True를 반환한다.
not	~	• True는 False로 반환하고, • False는 True로 반환한다.

[표 2-3] 파이썬의 논리 연산

---

2 |는 버티컬 바(vertical bar)이며 통상적으로 시프트와 역슬래시(\)를 함께 눌러 입력한다. 역슬래시가 원화(₩)로 표기된 키보드에서는 시프트와 원화를 함께 눌러 입력한다.

불 자료형은 논리 연산을 통해 복잡한 조건식을 구성하는 데 사용된다. 논리 연산은 여러 True와 False 값을 조합하여 하나의 불 자료형 값을 반환하는 데 사용되며, True와 False 값을 서로 맞바꾸는 데도 사용된다.

[코드 2-9] 불(bool) 자료형의 논리 연산

```
True & True & False # 모두 True인 것이 아니므로 False를 반환한다.
```

```
False
```

파이썬에서는 논리 연산자와 비트 연산자를 모두 논리 연산에 활용하지만, 판다스의 데이터 프레임은 오직 비트 연산자만을 논리 연산에 사용한다. 이는 파이썬을 학습한 후 판다스를 시작하는 입문자들에게 자주 발생하는 에러 중 하나이므로 주의 깊게 기억해야 한다.

2.1.6 리스트

리스트는 파이썬에서 복수의 데이터를 저장하는 데 사용되는 자료형이다.[3] 리스트는 대괄호([ ]) 안에 콤마(,)로 구분하여 여러 데이터를 관리하며, 하나의 변수로 지정할 수도 있다. 또한 리스트는 반복문과 함께 사용되어 데이터의 집합을 순회하며 각 항목에 대한 처리를 수행하기에도 적합하다.

대괄호를 열고 콤마로 구분해, 여러 데이터를 입력하면 리스트가 생성된다.

[코드 2-10] 리스트의 생성

```
[1, 2, 3]
```

```
[1, 2, 3]
```

type 함수를 사용하면 데이터의 자료형이 확인된다. type 함수로 리스트의 자료형을 확인해 보자.

[코드 2-11] type 함수로 자료형 확인

```
type([1, 2, 3])
```

```
List
```

문자열과 마찬가지로 덧셈으로 리스트끼리 연결한다.

[코드 2-12] 리스트의 연결

```
[1, 2, 3] + [4, 5]
```

---

[3] 리스트와 이후로 나오는 딕셔너리, 튜플은 모두 복수의 데이터를 다룰 수 있는 자료형이다.

```
[1, 2, 3, 4, 5]
```

곱셈 연산자를 사용하여 리스트를 반복한다. 문자열의 곱셈 역시 문자열을 반복하지만, 거의 사용되지 않는다. 반면에 리스트의 반복은 가끔 사용되므로 알아두자.

[코드 2-13] 리스트의 반복

```
[1, 2, 3] * 2
```

```
[1, 2, 3, 1, 2, 3]
```

리스트도 인덱싱과 슬라이싱을 수행해 일부 원소만 추출할 수 있다. 추후 데이터 프레임의 인덱싱과 슬라이싱에서 본격적으로 학습할 내용이다.[4]

[코드 2-14] 리스트의 인덱싱

```
a = [1, 2, 3]
a[0]  # 리스트의 첫 번째 원소를 추출한다.
```

```
1
```

리스트에 len 함수를 적용하면 배열의 길이를 반환한다. a가 원소의 개수가 3개인 리스트이므로 len(a)는 3을 반환한다.

[코드 2-15] 리스트의 길이 반환

```
len(a)
```

```
3
```

리스트는 판다스에서도 데이터를 배정하거나, 복수의 열을 함수에 입력할 때 등 매우 자주 사용하는 자료형이다. 정확하게 이해하자.

파이썬에서는 변수의 자료형을 표현하거나, 함수를 정의 및 호출할 때 그리고 데이터를 인덱싱할 때 다양한 괄호를 사용한다. 입문자는 이러한 괄호들을 정확하게 사용하는 것이 헷갈릴 수 있다. 이를 간단히 기억하는 방법은, 글자 수가 많을수록 더 복잡한 모양의 괄호를 사용한다고 연상해 보는 것이다. 물론 이는 정확한 규칙이 아니며, 입문자가 다양한 괄호의 용도를 기억하는 데 도움을 주는 가벼운 암기법이다.

---

[4] 4.1.7. 로케이션 인덱싱과 슬라이싱(iloc 인덱서)에서 리스트의 인덱싱과 슬라이싱도 학습한다.

[그림 2-3] 파이썬의 다양한 괄호 용법 암기법

2.1.7 튜플

튜플(tuple)도 리스트와 마찬가지로 파이썬에서 복수의 데이터를 저장하는 데 사용되는 자료형이다. 튜플은 소괄호 안에 콤마(,)로 구분하여 여러 데이터를 관리하며, 리스트와 유사하지만 불변성(immutable)을 가진 점이 튜플의 특징이다. 불변성은 일단 생성되면 그 내용을 변경할 수 없다는 뜻이다. 그러한 불변성 때문에 변하지 않아야 하는 데이터를 안전하게 저장하는 데 유용하다. 파이썬 경험이 적은 입문자들은 이 개념을 잘 이해하지 못한다. 판다스와 관련해서는 불변성이 있어야 키(key)로 사용된다는 정도로만 이해해도 좋다.

소괄호를 열고 콤마로 구분해 여러 데이터를 입력하면 튜플이 생성된다.

[코드 2-16] 튜플의 생성

```
(1, 2, 3)
```

```
(1, 2, 3)
```

type 함수로 자료형을 확인해 보자.

[코드 2-17] type 함수로 튜플의 자료형 확인

```
type((1, 2, 3))
```

```
Tuple
```

튜플은 괄호를 생략하고도 사용한다.

[코드 2-18] 튜플은 괄호를 생략할 수도 있다.

```
a = 1, 2
type(a)
```

```
Tuple
```

튜플은 괄호를 생략하는 기능을 활용하여 여러 변수를 동시에 지정할 때는 괄호 없이 튜플을 생성해 변수로 지정할 때가 많다.

[코드 2-19] 튜플을 이용해 복수의 변수 한 번에 지정하기

```
b, c = 1, 2
print(b)
print(c)
```

```
1    # b의 출력
2    # c의 출력
```

불변성 덕분에 튜플은 딕셔너리의 키로 사용될 수 있으며, 판다스에서는 튜플을 멀티 인덱스로 활용한다. 판다스로 파이썬에 입문한 독자들은 멀티 인덱스에 튜플이 쓰인다는 것만 기억하자.

2.1.8 딕셔너리

딕셔너리는 키(key)와 밸류(value)의 쌍으로 데이터를 저장하는 파이썬의 자료형이다. 딕셔너리는 중괄호({})를 사용하며, 각 키와 밸류는 콜론(:)으로 연결된다. 딕셔너리의 키는 불변성을 가진 자료형이어야 하며, 주로 문자열이 사용되며 튜플도 사용한다. 리스트는 키로 사용될 수 없다. 밸류에는 파이썬에서 사용하는 어떠한 자료형도 가능하다.

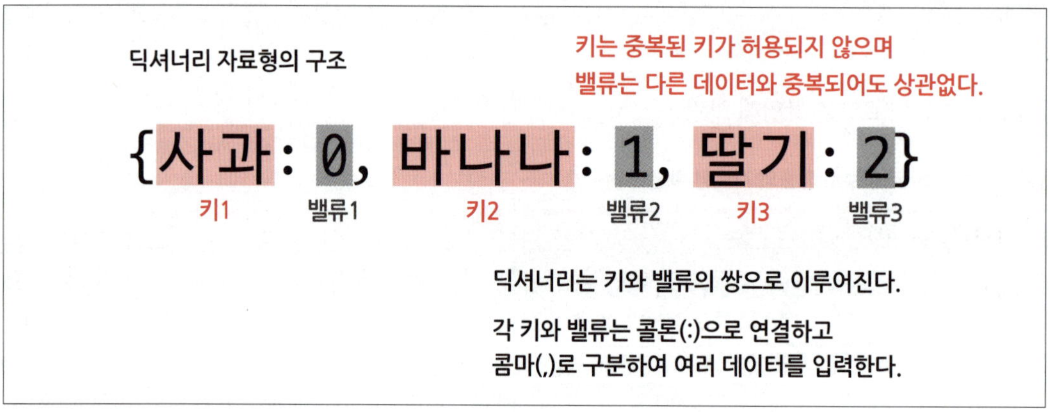

[그림 2-4] 딕셔너리 자료형의 구조

중괄호를 열고 각 키와 밸류는 콜론(:)으로 연결하고, 콤마(,)로 구분하여 여러 데이터를 입력하면 딕셔너리를 생성한다.

[코드 2-20] 딕셔너리 생성

```
{'가': 1, '나': 2}
```

```
{'가': 1, '나': 2}
```

딕셔너리는 데이터를 키로 추출하는 것이 장점이다. 대괄호에 키를 입력하면 해당 키에 맞는 밸류가 반환된다.

[코드 2-21] 딕셔너리의 인덱싱

```
a = {'가': 1, '나': 2}
a['가']
```

```
1
```

딕셔너리는 원소를 추가하거나 수정할 수 있다. 특정 키로 인덱싱한 후 값을 배정하면, 해당 키의 밸류가 새로운 밸류로 수정된다.

[코드 2-22] 딕셔너리의 원소 수정하기

```
a = {'가': 1, '나': 2}
a['가'] = 3
a
```

```
{'가': 3, '나': 2}
```

특정 키로 인덱싱한 후 값을 배정할 때, 해당 키가 딕셔너리에 존재하지 않을 때는 새로운 키와 밸류의 쌍이 딕셔너리에 생성된다.

[코드 2-23] 딕셔너리에 원소 추가하기

```
a = {'가': 1, '나': 2}
a['다'] = 3 # '다'는 a에 존재하지 않는 키이다.
a
```

```
{'가': 1, '나': 2, '다': 3}
```

판다스의 데이터 프레임과 시리즈는 딕셔너리 구조와 동일하다. 따라서 인덱싱, 원소의 수정, 원소의 추가를 동일한 방식으로 수행할 수 있다. 또한 딕셔너리는 매퍼[5]로서의 역할도 수행한다. 이러한 특성들 때문에 딕셔너리는 판다스에서도 자주 사용되는 자료형이다.

2.2 제어문과 함수

2.1에서는 파이썬의 초급 과정을 간단히 다루었으며 2.2에서는 파이썬의 중급 과정으로서 제어문과 함수를 다룬다. 제어문은 프로그램의 흐름을 조절하는 데 사용되며 함수는 코드의 재사용성을 높이고 코드 구조를 명확하게 하는 데 기여한다. 판다스 학습을 위해서 제어문에서는 반복문 구조를 이해하고, 함수는 기본 개념 정도를 이해하자.

2.2.1 제어문

파이썬의 제어문은 프로그램의 흐름을 조절하는 구문이며, 주어진 조건에 따라 다른 경로로 실행된다. 제어문에는 조건문과 반복문 등이 있다. 조건문은 if 문을 사용하며 특정 조건이 참인지 거짓인지에 따라 코드의 실행 여부를 결정한다. 반복문은 조건이 만족하는 동안 코드를 반복해서 실행한다.

판다스에서는 조건문을 단독으로 거의 사용하지 않으며, 반복문도 가장 기본적인 형태의 for 문만 가끔 사용하므로 제어문 중에 for 문만 학습하자.

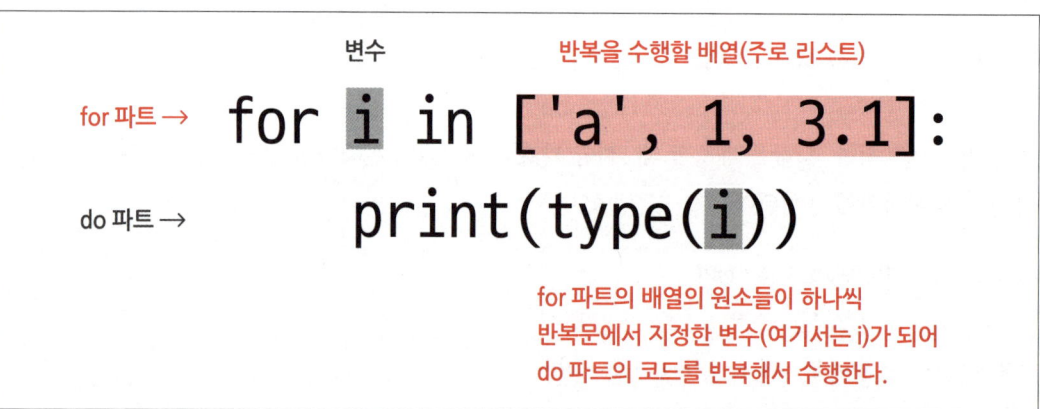

[그림 2-5] 반복문 for 문의 구조

---

5 매퍼는 매핑하는 매개체를 뜻한다. 자세한 내용은 **1.3.6. 매핑과 매퍼** 참고

for 문은 파이썬에서 가장 널리 쓰이는 반복문이다. for 문은 크게 for 파트와 do 파트로 구성되며, for 파트에서는 반복을 위한 조건이 설정된다. for 파트에서 주어진 리스트나 반복 가능한(iterable) 배열의 원소들에 순차적으로 접근해 추출되어, 이후 do 파트에서 지정한 변수([그림 2-5]에서 do 파트의 i)로 사용되어 코드를 수행한다. 이 구조를 통해 배열의 각 원소에 대해 동일한 작업을 반복해서 수행한다.

[그림 2-5]의 코드를 직접 실행해 보자. 반복하도록 주어진 리스트 ['a', 1, 3.1]의 각 원소의 자료형을 하나씩 출력한다.

[코드 2-24] 반복문 수행하기

```python
for i in ['a', 1, 3.1]:
    print(type(i))
```

```
<class 'str'> # 'a'의 자료형을 출력
<class 'int'> # 1의 자료형을 출력
<class 'float'> # 3.1의 자료형을 출력
```

[코드 2-24]를 반복문을 사용하지 않고 수행한다면 다음 코드와 같다.

[코드 2-25] 반복문을 사용하지 않고 [코드 2-24]를 수행하는 코드

```python
print(type('a'))
print(type(1))
print(type(3.1))
```

[코드 2-24]와 [코드 2-25]를 비교하면, 반복문이 코드를 매우 간결하게 하는 점을 알 수 있다.

파이썬에서 반복문은 매우 중요한 제어문 중 하나이지만, 판다스에서는 데이터 분석을 더 효율적으로 수행하고자 주로 벡터화 연산[6]을 활용한다. 이러한 접근 방식 때문에 판다스를 사용할 때는 반복문의 사용이 매우 제한적이다.

숙달된 판다스 유저는 판다스를 사용한 코드에서 반복문을 많이 사용하지 않으며 그 대신 벡터화 연산으로 데이터 처리 속도와 효율성을 높인다. 그러나 판다스 고급 단계에 도달하기 전까지는 때때로 반복문을 사용하여 해결할 수 없는 문제들을 해결해야 하고, 그런 측면에서 반복문의 효용이 있다. 그렇지만 여러분이 파이썬 초보자라서 반복문도 익숙하지 않다면 반복문을 연습하기보다는 판다스의 벡터화 연산에 더 많은 시간을 투자하여 학습하는 것이 더 바람직하다. 벡터화 연산이 데이터 처리 속도와 효율성을 크게 향상하기 때문이다.

---

6 벡터화 연산은 판다스의 큰 특징이고 추후 학습할 내용이다. 벡터화 연산의 특징은 함수나 코드를 개별 요소에 적용해 반복하지 않고, 함수를 전체에 적용한다. **2.3.3 넘파이 라이브러리**와 **5.1.1. 벡터화 연산**에서 학습한다.

2.2.2 함수

지속해서 수행하는 작업을 함수로 정의해 두면 코드의 재사용성을 높이고 코드의 구조가 명확해진다. 함수는 define을 뜻하는 def 키워드를 사용하여 정의되며, 명명한 함수의 이름으로 호출된다. 함수 내에는 매개변수(parameter)를 정의하며 이를 통해 함수 외부에서 인수(argument)를 전달받아 처리한다.[7] 또한, return 키워드를 사용하여 함수의 결과를 반환한다.

[그림 2-6] 함수의 정의와 호출

---

[7] **3.1.4. 매개변수와 인수, 기본값**에서 더 깊이 학습한다.

[그림 2-6]처럼 add_one 함수를 정의하고, add_one 함수를 호출해 2를 입력하면, 입력된 인수에 1을 더한 3이 반환된다.

[코드 2-26] 함수 정의하기

```
def add_one(x):
    return x + 1

# 생성한 add_one 함수를 호출해 인수 2를 입력하기
add_one(2)
```

```
3
```

판다스를 사용하는 주된 목적 중 하나는 바로 판다스 라이브러리의 효율적인 함수 활용이다. 그렇기에 전반적으로 함수의 활용도가 제어문에 비해 월등히 높다. 판다스를 학습하고자 파이썬을 선수 학습할 때, 제어문, 특히 반복문에 많은 시간을 할애하는 경우를 자주 본다. 그러나 판다스를 학습하는 선수 학습에서는 반복문보다는 함수에 대한 이해가 가장 중요하다. 특히 lambda 함수[8] 등 고급 함수 사용법이 판다스에서 자주 사용된다. 그 중요도를 감안하여 함수에 대한 학습은 이 책에서 계속 이루어질 것이다.

2.3 클래스와 객체, 라이브러리

2.3에서는 클래스와 객체의 개념 그리고 라이브러리에 대해 소개한다. 클래스와 객체는 파이썬 등 객체 지향 프로그래밍 언어에서 중심적인 역할을 하는 개념이지만, 데이터 분석에 입문한 여러분이 직접 클래스를 정의하고 사용하는 경우는 흔하지 않다. 그렇기에 실제 클래스와 객체를 생성하는 훈련보다는 용어의 뜻을 이해하는 데 초점을 맞추자. 또한 우리는 이 책으로 판다스 라이브러리에 대해 학습하므로, 여기서 라이브러리도 소개한다.

2.3.1 클래스와 객체

클래스는 객체를 생성하는 틀로 실제로 클래스라는 틀을 통해 생성된 개별적인 존재를 객체라고 한다. 예를 들어 와플 기계가 클래스라면 그 기계로 만들어진 와플은 객체이다. 그러나 클래스로 생성된 객체들 역시 단순히 클래스라고 흔히 불러 이는 입문자들을 혼란스럽게 한다.

---

[8] lambda(람다) 함수는 추후 **9.2.3. lambda 함수와 apply**에서 학습한다.

[그림 2-7] 클래스와 객체

판다스 입문자가 실제로 클래스를 직접 만들어 객체를 생성하는 일은 드물다. 그렇기에 직접 클래스를 정의하고 사용하는 훈련은 하지 않아도 괜찮다. 다만 판다스 라이브러리가 다양한 클래스를 지원하므로 학습에 필요한 용어의 뜻을 알아야 한다.

통상적으로 이 책에 클래스와 객체가 용어로 등장할 때는 클래스는 클래스로 생성된 객체들을 통칭하는 의미이다. 따라서 자료형으로 치환해서 생각해도 좋다. 리스트 역시 리스트 클래스인데, 리스트 자료형으로 생각하면 용어가 와닿을 것이다.

다만 생성된 객체를 통칭하는 의미가 아닌 실제 객체를 만드는 틀을 클래스로 지칭할 때도 가끔 있는데, 그때는 함수로 치환해서 생각해도 좋다. 물론 이것은 엄밀한 표현은 아니지만, 생성 틀인 클래스도 함수와 비슷하게 작동하며 판다스 입문 단계에서 둘을 구분할 큰 실익이 없기에 초심자의 이해를 도울 것이다. "pd.DataFrame 클래스로 데이터 프레임 클래스를 생성한다."라는 표현은 두 가지 종류의 클래스의 의미를 모두 담고 있는 문장이며, "pd.DataFrame 함수로 데이터 프레임 자료형을 생성한다."고 이해해도 좋다. 파이썬에서는 주로 함수명으로 소문자를 사용하기에, 함수와 비슷하게 작동하지만 단어의 첫 글자를 대문자로 표기하는 낙타 표기법(CamelCase)을 사용하는 경우 생성 틀을 의미하는 클래스이다.

실제로 생성된 각 클래스의 개별적인 존재는 객체로 표현한다.[9] 리스트로 예를 들면 생성된 리스트를 객체라고 표현한다. 객체는 대상으로 치환해서 생각해도 좋다. "객체에 len 함수를 적용하면 문자열의 길이 혹은 원소의 개수를 반환한다."라는 표현은 "대상에 len 함수를 적용하면 문자열의 길이 혹은 원소의 개수를 반환한다."로 이해할 수 있다. 클래스 명칭이 포함된 객체는 해당 자료형인 대상으로 치환해서 생각하자. "리스트 객체에 len 함수를 적용하면 원소의 개수를 반환한다."라는 표현은 "리스트 자료형인 대상에 len 함수를 적용하면 원소의 개수를 반환한다."로 이해할 수 있다.

판다스 라이브러리는 데이터 프레임, 시리즈, 인덱스 등 다양한 클래스를 포함하며, 이를 통해 우리의 데이터 분석 작업을 효과적으로 지원한다. 이러한 클래스들은 데이터를 조작하는 과정을 간소화하여 코딩의 효율성을 크게 향상한다.

그 밖에 클래스 내부에 정의된 변수인 속성(attribute)과 클래스 내부에 정의된 함수인 메서드(method)도 알아두면 좋은 용어들이다. 추후 판다스를 학습하며 용어에 대해 다시 설명하겠다.

2.3.2 라이브러리

라이브러리는 특정 작업을 수행하는 데 필요한 코드와 기능들의 모음이다. 이는 새로운 작업을 수행할 때마다 동일한 코드를 반복해서 작성하는 대신 필요한 기능을 라이브러리를 통해 쉽게 재사용하도록 해준다.

특히 판다스 등의 라이브러리는 데이터 분석 분야에서 중요한 역할을 한다. 판다스 라이브러리는 데이터를 효율적으로 처리하고 분석하고자 설계된 많은 함수와 클래스를 제공한다. 라이브러리의 사용은 데이터 분석가들로 하여금 프로그래밍 작업의 효율성을 향상하며, 필요한 기능을 빠르게 구현하게 해준다.

판다스 라이브러리는 다음과 같은 코드로 불러온다. 해당 코드를 사용하면 판다스 라이브러리에 정의된 많은 함수와 클래스를 사용할 수 있다.

[코드 2-27] 판다스 라이브러리 불러오기

```
import pandas as pd
```

- import 명령어는 라이브러리를 사용할 수 있도록 메모리에 로드한다.
- as 키워드는 불러온 라이브러리의 약칭을 지정한다.

따라서 위 코드는 판다스 라이브러리를 불러와 pd라는 약칭으로 사용하겠다는 코드이다.

---

[9] 생성된 개별적인 존재는 인스턴스(instance)로 지칭하기도 하는데, 단어의 뜻은 지속적으로 변하고 단어가 엄밀하게만 지칭되는 것은 아니기에 생기는 일이다. 클래스, 객체, 인스턴스는 모두 엄밀하게 표현되지 않고 의미의 범위가 일부 중첩된다.

사용하는 판다스 라이브러리의 버전을 확인하자.

[코드 2-28] 판다스 라이브러리의 버전 확인하기

```
pd.__version__
```

```
'2.1.4'
```

이 책의 실습은 판다스 버전 2.1.4로 진행된다. 판다스는 안정적인 라이브러리이기에 버전에 따른 차이가 크지는 않으나 지나치게 오래된 버전의 판다스는 실습용으로 권장하지 않는다. 버전 관련 문제가 없는 구글 코랩으로 실습하기를 다시 한번 추천한다.

판다스 라이브러리를 별도로 설치해야 하거나, 버전 차이로 인해 판다스 2.1.4 버전으로 업그레이드 또는 다운그레이드를 원하는 독자들은 아래 코드를 실행하자.

```
!pip install pandas==2.1.4
```

2.3.3 넘파이 라이브러리

판다스 라이브러리는 넘파이 라이브러리를 기반으로 개발되었으며, 이에 따라 판다스의 데이터 프레임 클래스는 넘파이에서 제공하는 어레이(array) 클래스와 많은 특성을 공유한다. 넘파이는 고성능의 수치를 계산하는 파이썬의 라이브러리로서 대규모 다차원 행렬 연산에 최적화되어 있다.

판다스를 효과적으로 사용하는 데 넘파이에 대한 깊은 지식이 반드시 선행되어야 하는 것은 아니다. 다만 넘파이의 함수들이 판다스의 핵심 클래스인 데이터 프레임과 시리즈에도 적용될 때가 많다. 따라서 판다스로 코드를 작성하지만 넘파이 라이브러리도 빈번히 불러온다. 학습에 필요한 넘파이 함수들은 추후 14.2에서 같이 학습하고 여기서는 넘파이 라이브러리를 불러오는 방법과 넘파이의 클래스인 어레이(array)에 대해 간단하게 알아보자.

넘파이 라이브러리는 다음과 같은 코드로 불러온다. 해당 코드를 사용하면 넘파이 라이브러리에 정의된 많은 함수와 클래스를 사용할 수 있다.

[코드 2-29] 넘파이 라이브러리 불러오기

```
import numpy as np
```

위 코드는 넘파이 라이브러리를 불러와 np라는 약칭으로 사용하겠다는 코드이다.

넘파이 라이브러리의 버전도 확인하자.

[코드 2-30] 넘파이 라이브러리의 버전 확인하기

```
np.__version__
```

```
'1.25.2'
```

넘파이의 어레이 클래스를 생성해 보자. 넘파이 라이브러리의 array 함수로 어레이 클래스를 생성한다. 넘파이 라이브러리의 array 함수는 원래는 numpy.array의 코드로 사용하는데 약칭으로 numpy를 np로 사용하기로 했기에, np.array의 코드로 함수를 사용해야 한다. np.array 함수에 리스트와 같은 배열을 입력하면 어레이 클래스가 생성된다. 넘파이는 행렬을 다루는 라이브러리이므로 주로 배열을 입력해 어레이를 생성한다. 2차원 리스트를 입력해 어레이를 생성하고, 생성된 어레이는 변수 a로 지정하자.

[코드 2-31] 넘파이의 어레이 클래스 생성하기

```
a = np.array([[1, 2, 3], [4, 5, 6]])
a
```

```
array([[1, 2, 3],
       [4, 5, 6]])
```

어레이의 특성인 벡터화 연산에 대해 확인해 보자. 벡터화 연산은 넘파이의 가장 강력한 기능이다. 이는 어레이에 포함된 각 원소에 대해 연산을 반복문 없이 한 번에 수행하게 해준다. 어레이 클래스인 변수 a에 1을 더해보자.

[코드 2-32] 어레이의 벡터화 연산

```
a + 1
```

```
array([[2, 3, 4],
       [5, 6, 7]])
```

어레이인 변수 a에 1을 더하는 산술 연산을 수행하면, 어레이의 모든 원소에 1이 더해진다.

비교 연산을 수행해도 모든 원소에서 비교해 결과를 True 또는 False로 반환한다.

[코드 2-33] 어레이의 벡터화 연산(비교 연산)

```
a > 2
```

```
array([[False, False,  True],
       [ True,  True,  True]])
```

이러한 연산 방식을 벡터화 연산이라고 하며, 이는 넘파이의 핵심 기능 중 하나이다. 벡터화 연산은 코드가 간편할 뿐 아니라 연산 속도가 매우 빠르고 효율적이다. 또한 이 중요한 기능은 판다스 데이터 프레임에서도 계승되어서, 판다스에서도 대규모 데이터에 대한 연산을 간편하고 효율적으로 하게 해 준다.

지금까지는 판다스를 배우는 선수 과정으로 기초 파이썬 개념과 넘파이 라이브러리에 대해 학습하였다. 모든 것을 한 번에 깊이 이해할 필요는 없다. 그 대신 판다스 라이브러리를 학습하다가 개념이 흔들릴 때 이 장을 다시 펼쳐볼 것을 권장한다. 이제는 데이터 분석의 핵심 판다스 라이브러리를 배울 시간이다.

CHAPTER

03

데이터 프레임과 시리즈

QR코드를 통해 Chapter 3에 포함된 코드를 확인할 수 있습니다. 또한 판다스와 구글 코랩의 버전 업데이트에 따른 변동이 필요한 코드, 변동된 코드 출력 정보도 확인할 수 있습니다.

3.1 데이터 프레임

3.2 시리즈

3.3 파일에서 데이터 프레임 불러오기

3.4 데이터 프레임 저장하기

3.5 데이터 프레임 탐색하기

3.1 데이터 프레임

데이터 프레임(data frame)은 다소 생소한 개념으로 느껴지지만, 사실은 일상생활에서 흔히 접하는 표와 동일한 클래스이다. 이해하기 쉽게 클래스를 자료형으로 치환해 생각해도 좋다. 엑셀이나 구글 스프레드시트 등에서 흔히 사용하는 2차원 표를 판다스는 데이터 프레임으로 다룬다. 따라서 판다스는 엑셀 파일처럼 표 형식의 데이터를 파이썬으로 처리하기 위한 필수적인 라이브러리이다.

3.1.1 데이터 프레임이란?

데이터 프레임은 2차원 표 형식의 데이터를 효율적으로 처리하고자 만들어진 클래스이다. 실제 예를 통해 데이터 프레임을 확인해 보자. 아래 표는 학생들의 과목별 점수를 나타낸 것이다.

	국어	영어	수학
김판다	63	93	97
강승주	89	83	71
송중기	83	76	92
권보아	94	88	73

[그림 3-1] 파이썬의 데이터 프레임 출력

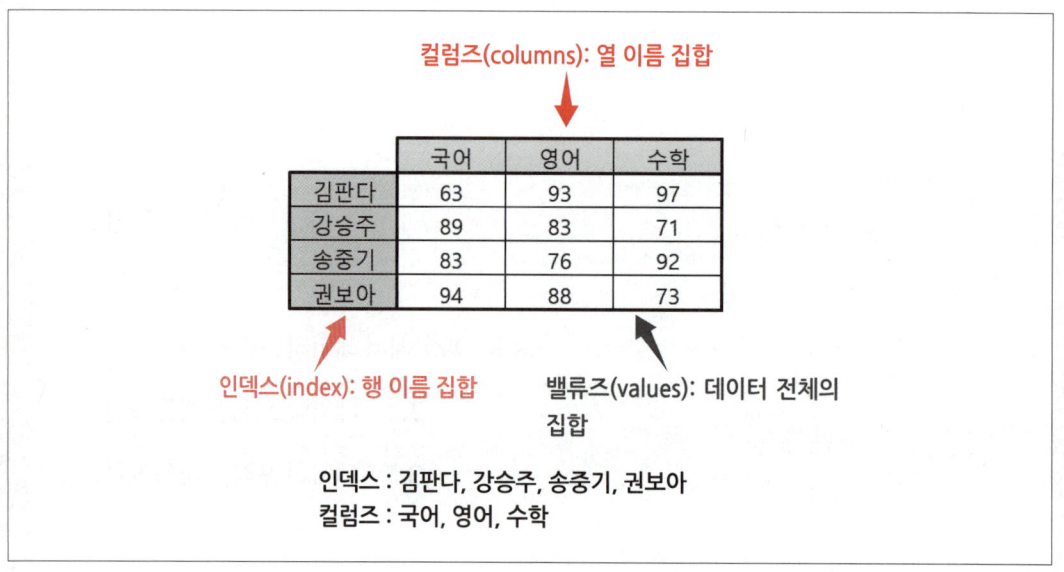

[그림 3-2] 데이터 프레임의 구조 도식화

[그림 3-2]에서 확인할 수 있듯이 데이터 프레임은 일상생활에서 흔히 접하는 표이다. 우리는 네이터를 표 형식으로 처리하며 판다스에서 표 데이터를 다루는 클래스가 데이터 프레임이다. 데이터 프레임은 크게 세 가지 부분으로 이루어진다. [그림 3-2]에서 김판다, 강승주, 송중기, 권보아 등의 학생들의 이름을 나타내는 부분은 각 행의 이름에 해당한다. 이런 행 이름의 집합을 인덱스(index)라고 부른다. 국어, 영어, 수학 등 열 이름의 집합을 컬럼즈(columns)라고 부른다. 데이터에 해당하는 점수의 집합은 밸류즈(values)라고 부른다.

인덱스와 컬럼즈는 우리가 원하는 자료에 직관적으로 접근하도록 한다. [그림 3-1]의 표를 보면, 김판다의 영어 점수가 93점임은 누구나 알 수 있다. 행의 이름인 '김판다'와 열의 이름인 '영어'를 통해 원하는 데이터인 93점에 쉽게 도달할 수 있다. 직접 눈으로 표를 볼 때도 그러하지만, 코딩으로 데이터에 접근할 때도 이름을 키(key)로 활용해 인덱싱을 수행할 수 있다. 인덱싱(indexing)은 특정 데이터에 접근해 해당 데이터를 추출하는 기법이다.

리스트 list1	어레이 arr1	데이터 프레임 df
[[63, 93, 97], [89, 83, 71], [83, 76, 92], [94, 88, 73]]	array([[63, 93, 97], [89, 83, 71], [83, 76, 92], [94, 88, 73]])	

	국어	영어	수학
김판다	63	93	97
강승주	89	83	71
송중기	83	76	92
권보아	94	88	73

list1[0][1]   arr1[0, 1]   df.loc['김판다','영어']
                              df.iloc[0, 1]

로케이션으로만 인덱싱이 가능하다.   행 이름과 열 이름을 키(key)로 사용해 인덱싱이 가능하며 로케이션으로도 인덱싱이 가능하다.

[그림 3-3] 리스트와 어레이, 데이터 프레임의 인덱싱 방법 비교

파이썬에서 일반적으로 사용하는 리스트나 넘파이의 어레이 등의 클래스는 키를 기반으로 하는 인덱싱을 지원하지 않는다. 김판다의 영어 점수를 가져오려면 0번 행(첫 번째 행)과 1번 열(두 번째 열)의 값을 인덱싱해야 한다. 로케이션은 맨 처음 위치에 0을 부여하기에 두 번째 열의 로케이션은 1이다. 이러한 위치 기반 인덱싱을 로케이션 인덱싱(integer location indexing)이라고 한다. 로케이션을 활용한 인덱싱도 편리하나, 위치를 기반으로 하므로 데이터의 의미를 파악하기 어렵다는 단점이 있다.

데이터 프레임은 로케이션 인덱싱을 지원하지만, 행과 열의 이름을 키로 사용하는 키 인덱싱도 함께

지원한다. 로케이션을 활용한 df.iloc[0, 1]로도 인덱싱이 가능하지만, 키를 활용한 df.loc['김판다', '영어']로 인덱싱도 가능하다. 이는 데이터 프레임이 딕셔너리의 장점인 키 기반 인덱싱과 리스트와 어레이의 장점인 로케이션 기반 인덱싱을 모두 지원한다는 의미이다. 대부분의 클래스가 키나 로케이션 둘 중 하나만 사용하는 것과 달리 판다스의 데이터 프레임과 시리즈는 두 가지를 모두 사용하기에 더욱 유연하고 편리한 클래스이다.

인덱스와 컬럼즈가 데이터에 접근하는 색인이라면, 밸류즈는 실제 데이터를 담는 부분이다. 데이터 프레임은 2차원 구조이므로 데이터가 모인 2차원 배열을 밸류즈라고 한다. (시리즈는 1차원 구조이므로 밸류즈가 1차원 배열이 된다.) 데이터 프레임의 밸류즈 부분은 넘파이의 어레이 클래스이다. 이는 판다스 라이브러리가 넘파이 라이브러리를 기반으로 해 만들어졌기 때문이다.

밸류즈가 넘파이의 어레이로 이루어지기에 판다스의 데이터 프레임은 어레이의 많은 부분을 계승해 유사한 특징이 있다. 대표적으로 비교 연산을 통해 데이터 프레임이 손쉽게 불 자료형 데이터 프레임으로 변환하는 것은 어레이의 특징인 벡터화 연산을 계승한 것이다.[1]

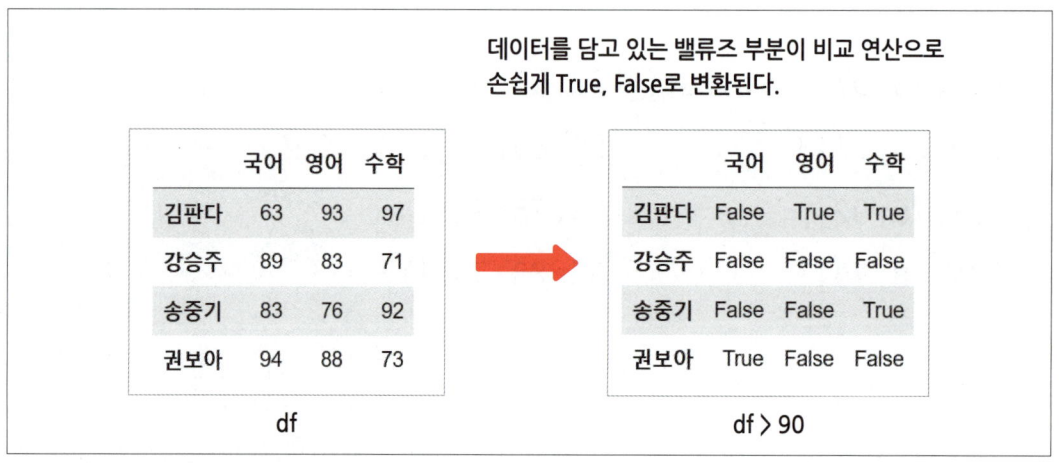

[그림 3-4] 데이터 프레임의 비교 연산

3.1.2 데이터 프레임의 구조 확인하기

이제 직접 실습을 통해 데이터 프레임의 구조를 살펴보자. 코드로 데이터 프레임을 생성하고 인덱스와 컬럼즈와 밸류즈를 확인해 보자. 데이터 프레임의 생성 방법은 추후에 자세히 설명할 예정이니, 여기서는 코드에 대한 이해 없이 데이터 프레임의 구조를 확인하는 데 집중하자. 판다스 라이브러리를 처음 제대로 사용하는데, 판다스 라이브러리를 불러오는 방법과 버전 확인 방법은 [코드 2-27]과 [코드 2-28]을 참고하자.

1　**2.3.3. 넘파이 라이브러리** 참고

[코드 3-1] 데이터 프레임 df를 생성하는 코드

```python
import pandas as pd # 판다스 라이브러리 불러오기
df = pd.DataFrame([[63, 93, 97], [89, 83, 71], [83, 76, 92], [94, 88, 73]],
            index=['김판다', '강승주', '송중기', '권보아'],
            columns=['국어', '영어', '수학'])
df
```

위 코드를 실행하면 [그림 3-5]의 데이터 프레임이 출력된다. 출력된 데이터 프레임에서 행 이름의 집합이 인덱스이고 열 이름의 집합이 컬럼즈이다. 데이터들만 모인 2차원 배열이 밸류즈이다.

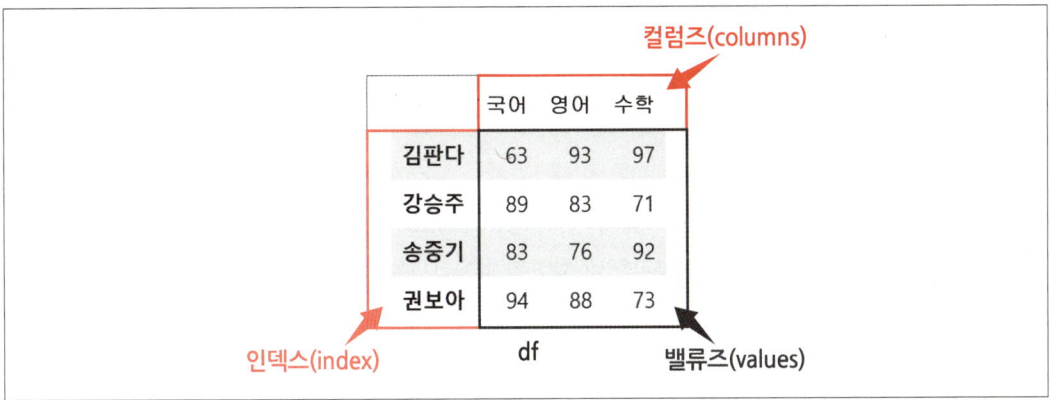

[그림 3-5] df를 출력한 결과로 보는 데이터 프레임의 구조

인덱스, 컬럼즈와 밸류즈는 속성(attribute)[2]으로 해당 항목만 확인할 수도 있다. 먼저 속성으로 인덱스를 확인해 보자. index 속성으로 행 이름 집합을 확인할 수 있다. (속성은 소괄호를 붙이지 않는다.)

[코드 3-2] index 속성으로 데이터 프레임의 인덱스를 반환하기

```
df.index
```

---

2 속성은 클래스 내부에 포함된 변수이다. 파이썬에 익숙하지 않은 입문자는 속성을 소괄호를 사용하지 않는 함수라고 생각하면 이해하기 편하다 (엄밀히 이야기하면 소괄호가 없어 인수가 입력되지 않기에 함수가 아니지만 입문자의 이해를 돕는 개념이다). 자세한 내용은 **3.4.3. 함수와 메서드, 속성**에서 확인하자.

인덱스의 각 원소를 나열하는 배열

Index(['김판다', '강승주', '송중기', '권보아'], dtype='object')

인덱스의 클래스

인덱스의 원소들의 자료형
인덱스의 원소인 '김판다'는 문자열 자료형이다.

판다스에서 dtype이 object로 지정된 경우,
요소들은 모두 문자열이거나 문자열과 다른 자료형이 섞여 있다.

[그림 3-6] index 속성으로 알아보는 인덱스의 구조

데이터 프레임의 index 속성을 적용하면 인덱스의 클래스가 Index라고 알려준다. 판다스에서 정의한 인덱스 클래스에 속한다. 인덱스의 각 원소를 리스트와 유사한 배열로 나열한다. 또한 인덱스의 각 원소의 자료형(dtype)을 알려주는데, 이때 '김판다', '강승주'에서 확인하듯, 각 원소가 파이썬의 문자열(str) 자료형이다. 판다스에서 객체의 각 원소의 자료형이 문자열일 때는 자료형이 오브젝트(object)로 지정된다. 문자열과 다른 자료형이 혼합될 때도 오브젝트로 지정된다.

다음은 df의 컬럼즈를 확인해 보자. columns 속성으로 컬럼즈를 확인해 보자.

[코드 3-3] columns 속성으로 데이터 프레임의 컬럼즈를 반환하기

```
df.columns
```

```
Index(['국어', '영어', '수학'], dtype='object')
```

컬럼즈의 클래스도 Index라고 표기되었다. 인덱스와 컬럼즈는 모두 동일한 클래스에 속한다. 이 부분은 아래에서 다시 설명하겠다. 이번에도 컬럼즈의 각 원소인 국어, 영어, 수학을 나열한다. 각 원소의 자료형은 문자열이기에 오브젝트로 지정되었다.

데이터 프레임은 T(transpose) 속성으로 행과 열의 구조를 맞교환한다.

[코드 3-4] **T(transpose) 속성으로 데이터 프레임의 행과 열의 구조를 맞교환하기**

```
df.T
```

[그림 3-7] T(transpose) 속성으로 행과 열의 구조를 맞교환

T(transpose) 속성을 사용하여 행과 열을 맞교환하면, df의 인덱스와 컬럼즈는 서로의 위치가 맞바뀐다. 즉, df의 인덱스는 df.T에서는 컬럼즈가 되고, df의 컬럼즈는 df.T에서는 인덱스가 된다.

인덱스와 컬럼즈는 모두 행이나 열 이름의 집합으로 구성된다. 따라서 인덱스와 컬럼즈는 단지 행 이름인지, 열 이름인지의 위치를 구분하는 차이만 있을 뿐이다. 이러한 행과 열의 대칭성은 인덱스와 컬럼즈가 본질적으로 동일한 자료 구조임을 의미한다. 따라서 [코드 3-3]을 출력했을 때 컬럼즈도 인덱스와 동일한 Index 클래스로 표현된다.

따라서 판다스에서는 넓은 의미에서 인덱스와 컬럼즈를 모두 인덱스로 통칭하기도 한다. 이러한 표현이 초심자들에게 혼란을 주는 진입 장벽이 되므로 이 책에서는 넓은 의미의 인덱스를 엄밀히 구분해야 할 때는 주로 인덱스 클래스로 표현하겠다.

마지막으로 밸류즈를 확인해 보자. 데이터의 2차원 배열인 밸류즈는 상술한 것처럼 넘파이의 어레이를 기반으로 만들어졌다. values 속성으로 밸류즈를 확인해 보자.

[코드 3-5] values 속성으로 데이터 프레임의 밸류즈를 반환하기

```
df.values
```

```
array([[63, 93, 97],
       [89, 83, 71],
       [83, 76, 92],
       [94, 88, 73]], dtype=int64)
```

밸류즈는 인덱스와 컬럼즈와는 성격이 조금 다르다. 밸류즈의 클래스는 어레이이다. 따라서 데이터 프레임이 많은 부분에서 어레이와 비슷하게 작동한다. 밸류즈의 각 원소가 정수(int)임도 확인된다.

데이터 프레임은 넘파이 어레이의 특성을 계승하여 대소를 비교해 쉽게 True와 False로 이루어진 불

자료형의 데이터 프레임으로 변환한다. df의 각 사람의 과목별 점수가 90점이 넘는지 여부를 비교 연산으로 확인해 보자.

[코드 3-6] 비교 연산으로 불(bool) 데이터 프레임으로 변환하기

```
df > 90
```

	국어	영어	수학
김판다	False	True	True
강승주	False	False	False
송중기	False	False	True
권보아	True	False	False

3.1.3 데이터 프레임 생성하기

데이터 프레임은 DataFrame 함수로 생성한다.[3] D와 F가 대문자이니 유의하자. 데이터 프레임이 인덱스, 컬럼즈, 밸류즈의 세 부분으로 구성되어, 데이터 프레임을 코드로 생성할 때도 세 가지를 모두 지정해야 한다.

입문자의 경우 매개변수가 많은 함수를 어려워하는 경향이 있다. 따라서 세 가지의 매개변수를 모두 지정해 데이터 프레임을 생성하기가 어렵게 느껴질 수 있다. 그래서 앞서 우리는 코드에 대한 이해 없이 일단 데이터 프레임을 생성하고 데이터 프레임을 속성으로 살펴보았다. 데이터 프레임의 세 부분을 살펴보고 왜 세 가지의 매개변수를 지정하는지 이해하기 위함이다.

DataFrame 함수를 사용하여 데이터 프레임을 생성해 보자. DataFrame 함수는 판다스 함수이므로 pd.DataFrame으로 사용해야 한다. 그리고 일단 2차원 데이터를 입력하자. 2차원 리스트는 DataFrame 함수에 바로 입력해도 되지만 코드의 가독성을 위해 변수 data1으로 생성하고 변수 data1을 DataFrame 함수에 입력하자.

[코드 3-7] DataFrame 함수에 2차원 리스트를 입력해 데이터 프레임 생성

```
import pandas as pd
data1 = [[63, 93, 97], [89, 83, 71], [83, 76, 92], [94, 88, 73]]
df = pd.DataFrame(data1)
```

---

3   엄밀히 이야기하면 pd.DataFrame은 함수가 아니며 **2.3.1. 클래스와 객체**에서 소개된 데이터 프레임을 생성하는 틀을 의미하는 클래스이다. 판다스에서 함수는 모두 소문자로 표기되고, 생성 틀을 의미하는 클래스만 단어의 첫 글자를 대문자로 표기하는 낙타 표기법(CamelCase)을 따른다. 다만 여러분이 함수로 생각하고 사용하는 것이 이해하기 쉽고 입문에도 도움이 될 것이다. 이후로 pd.Series 등의 클래스도 이 책에서는 함수로 표기한다.

```
df
```

	0	1	2
0	63	93	97
1	89	83	71
2	83	76	92
3	94	88	73

입력한 2차원 리스트를 밸류즈로 갖는 데이터 프레임이 생성되었다. 생성된 데이터 프레임은 변수 df로 지정했다. 이번에는 2차원 배열을 리스트로 입력했지만, 2차원 어레이 등의 다른 배열을 입력해도 괜찮다.

밸류즈에 해당하는 2차원 배열을 입력했지만 인덱스와 컬럼즈는 별도로 지정하지 않아, 인덱스와 컬럼즈에 0부터 순차적으로 정수를 부여했다. 이렇게 부여된 인덱스 클래스를 RangeIndex라고 한다.

원하는 인덱스를 설정해 보자. DataFrame 함수의 매개변수 index에 설정하고 싶은 인덱스를 배열로 입력한다. 입력하는 배열의 길이와 데이터 프레임의 행의 개수는 반드시 일치해야 한다. df가 4개의 행이므로 원소가 4개인 배열을 매개변수 index에 입력해 보자.

[코드 3-8] 매개변수 index에 설정하려는 인덱스 입력하기

```
df = pd.DataFrame(data1, index=['김판다', '강승주', '송중기', '권보아'])
df
```

	0	1	2
김판다	63	93	97
강승주	89	83	71
송중기	83	76	92
권보아	94	88	73

DataFrame 함수의 index 매개변수를 활용하면 원하는 인덱스가 설정된다.

원하는 컬럼즈를 설정하려면 매개변수 columns에 설정하고 싶은 배열을 입력한다. 이때도 입력될 배열의 길이가 데이터 프레임의 열의 개수와 같아야 한다. df가 3개의 열이므로 원소가 3개인 리스트를 매개변수 columns에 입력해 보자.

[코드 3-9] 매개변수 columns에 설정하려는 컬럼즈 입력하기

```
df = pd.DataFrame(data1, index=['김판다', '강승주', '송중기', '권보아'],
                  columns=['국어', '영어', '수학'])
df
```

	국어	영어	수학
김판다	63	93	97
강승주	89	83	71
송중기	83	76	92
권보아	94	88	73

이렇듯 DataFrame 함수에 2차원 배열인 밸류즈, 행의 개수와 같은 인덱스, 열의 개수와 같은 컬럼즈를 차근차근 지정하면 원하는 데이터 프레임이 생성된다.

또한 데이터 프레임은 딕셔너리를 사용하여 생성할 수 있다. 이때는 밸류즈, 인덱스, 컬럼즈가 모두 포함된 2차원 딕셔너리를 생성하여 DataFrame 함수에 입력한다. 컬럼즈가 상위 딕셔너리의 키(key)가 되고, 하위 딕셔너리에 인덱스와 데이터가 키와 밸류(value)로 입력되는 2차원 구조이다.

[코드 3-10] 딕셔너리로 데이터 프레임 생성하기

```
data2 = {'국어': {'김판다': 63, '강승주': 89, '송중기': 83, '권보아': 94},
         '영어': {'김판다': 93, '강승주': 83, '송중기': 76, '권보아': 88},
         '수학': {'김판다': 97, '강승주': 71, '송중기': 92, '권보아': 73}}
df = pd.DataFrame(data2)
df
```

입문자는 딕셔너리보다는 리스트로 데이터 프레임을 생성하길 권장한다. 입문자는 딕셔너리로 데이터 프레임을 생성한다는 사실만을 알아두자. 이를 통해 데이터 프레임이 결국 2차원 딕셔너리 구조라는 점을 인지할 것이다.

3.1.4 매개변수와 인수, 기본값

입문자가 파이썬으로 함수를 처음 사용하면 매개변수와 인수, 기본값의 개념이 낯설게 느껴진다. 이러한 개념은 함수를 사용할 때 반드시 알아야 할 중요한 개념이므로 한 번쯤 짚고 넘어가자. 파이썬보다는 여러분에게 친숙한 수학의 함수로 살펴보면 코딩에서의 함수 개념을 이해하는 데 도움이 될 것이다.

다음과 같은 수학 문제에 대하여 살펴보자.

> f(x, y) = 2x + y일 때 f(2,1)의 값은?

이 문제는 어렵지 않게 풀 것이다. x의 자리에 2를 넣고 y의 자리에 1을 넣어서 정답 5를 도출할 것이다. 함수 f에서 x와 y는 함수의 입력값을 나타내는 변수로, 함수를 정의할 때 값이 입력될 자리를 만들어둔 것이다. 이 x, y를 매개변수라고 한다. f(2, 1)에서 2와 1은 함수의 입력값으로 매개변수 x와 y에 전달되는 값이다. 또한 매개변수에 전달되는 입력값이 인수이다. 이때 매개변수 x의 인수는 2, 매개변수 y의 인수는 1이다.

수학의 함수는 주로 매개변수는 생략하고 인수만 입력해 f(2, 1)로 표기한다. 매개변수와 인수를 동시에 표현해 f(x=2, y=1)로 표기하는 경우는 드물다. 그렇지만 코딩에서는 매개변수와 인수를 동시에 표기할 때가 많다. 그 이유가 무엇일까?

인수만 입력할 때는 매개변수를 입력하지 않아도 되어 간편하지만, 순서를 엄격히 따라 모든 인수를 입력해야 하는 단점이 존재한다. 위 함수 f도 인수만 입력하기에 반드시 x를 y보다 먼저 함수에 입력해야 하고 x와 y를 모두 입력해야 한다.

매개변수를 인수와 함께 입력하면 순서에 구애받지 않고, 일부의 매개변수에만 인수를 입력해서 함수를 사용할 수 있다. 위 함수 f(x, y)는 매개변수가 2개뿐이라 이 장점으로 인한 큰 효용을 느끼지 못하겠지만, 파이썬의 함수는 매개변수가 수십 개일 때도 흔하다. 예를 들어 매개변수가 30개 존재하는 함수 g를 가정해 보자. 함수 g를 인수만 입력해서 사용한다면 함수를 쓸 때마다 매개변수의 순서에 맞추어 30개의 인수를 모두 입력해야 한다. 이것은 너무 불편하므로 30개 중 일부만 '매개변수=인수'의 형태로 입력하는 것이다.

다만 내가 인수를 입력하지 않은 매개변수에도 인수는 전달되어야 한다. 따라서 함수를 생성할 때 인수를 입력하지 않아도 매개변수에 전달될 값을 정의해 둔다. 별도로 인수를 입력하지 않아도 전달되는 인수를 기본값이라고 한다. 정리하면 파이썬에서는 일부의 매개변수에만 '매개변수=인수' 형태로 인수를 입력하고, 인수가 입력되지 않은 매개변수는 미리 정의된 기본값이 입력된 것으로 여겨 함수를 적용한다. 이는 [코드 3-7]에서 매개변수 index와 columns에 인수를 입력하지 않아 기본값으로 RangeIndex가 설정된 이유이다.

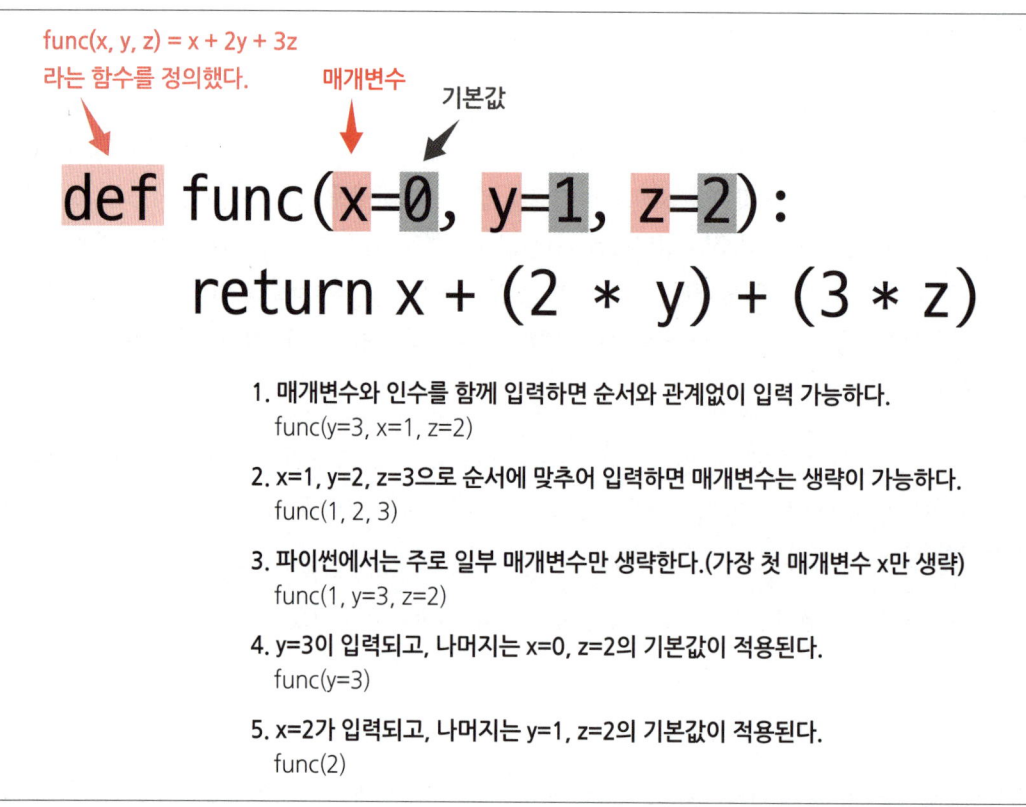

[그림 3-8] 매개변수와 인수, 기본값

파이썬에서는 함수를 호출할 때 일반적으로 매개변수와 인수를 함께 입력하지만, 매개변수의 순서에 맞게 인수를 입력하면 매개변수를 생략할 수 있다. 다만, 너무 많은 매개변수를 생략하고 인수만 입력하면 코드 가독성이 떨어지고 급기야 본인이 본인 코드의 의미를 알아보기 힘든 경우가 발생한다. 그래서 첫 번째 매개변수를 처음 입력할 때 등 몇몇 경우에만 매개변수를 생략한다.

3.2 시리즈

우리는 앞서 2차원 표 데이터, 데이터 프레임에 대해 함께 살펴보았다. 표 데이터이지만 2차원이 아닌 1차원일 때는 데이터 프레임과 구분해 시리즈라고 부른다.

3.2.1 시리즈란?

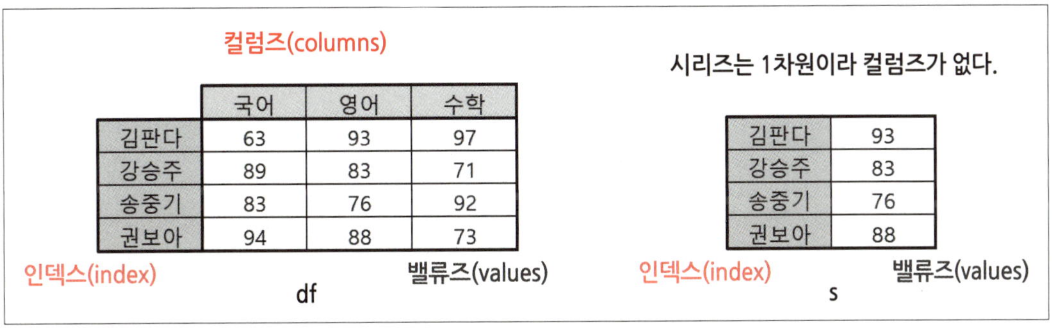

	컬럼즈(columns)					
	국어	영어	수학			
김판다	63	93	97	김판다	93	
강승주	89	83	71	강승주	83	
송중기	83	76	92	송중기	76	
권보아	94	88	73	권보아	88	

시리즈는 1차원이라 컬럼즈가 없다.

인덱스(index) df 밸류즈(values)   인덱스(index) s 밸류즈(values)

[그림 3-9] 데이터 프레임과 시리즈

[그림 3-9]에서 df의 영어 성적만 따로 추출할 때 우측과 같은 1차원 표가 된다. 이러한 1차원 표 데이터를 판다스에서는 시리즈라고 부른다. 시리즈는 1차원 데이터이므로 인덱스와 컬럼즈가 모두 필요하지 않다. 따라서 데이터에 해당하는 값인 밸류즈와 인덱스 이 두 부분으로 이루어진다. 데이터 프레임에서 행과 열을 추출하면 시리즈가 되므로, 시리즈에 대한 이해도 중요하다.

3.2.2 시리즈 생성하기

시리즈는 Series 함수로 생성한다. S가 대문자이니 유의하자. 시리즈가 인덱스와 밸류즈의 두 부분으로 구성되어 시리즈를 코드로 생성할 때도 두 가지를 모두 지정해야 한다. Series 함수는 판다스 함수이므로 pd.Series로 사용해야 한다. 일단 1차원 데이터를 생성해 Series 함수에 입력하여 변수 s로 지정해 보자.

[코드 3-11] Series 함수에 1차원 리스트를 데이터로 입력

```
s = pd.Series([93, 83, 76, 88])
s
```

```
0    93
1    83
2    76
3    88
dtype: int64
```

시리즈는 1차원 표이므로 Series 함수에 1차원 배열을 입력해야 한다. 리스트나 어레이 모두 가능하다. 이렇게 Series 함수에 입력된 배열이 밸류즈로 설정된다.

Series 함수로 시리즈를 생성할 때, [코드 3-11]처럼 인덱스를 지정하지 않으면 기본값으로 0부터

순차적으로 부여되는 정수를 인덱스로 지정한다. 이때 매개변수 index에 설정하기를 원하는 배열을 입력해 우리가 원하는 인덱스를 설정할 수 있다. 단, 입력될 배열의 길이는 데이터의 개수와 반드시 일치해야 한다. 예를 들어 데이터가 4개라면 매개변수 index에도 원소가 4개인 배열을 입력해야 한다.

[코드 3-12] 매개변수 index에 원하는 인덱스 입력하기

```
s = pd.Series([93, 83, 76, 88], index=['김판다', '강승주', '송중기', '권보아'])
print(s) # print 함수로 시리즈 s 출력
s # 셀의 가장 마지막 코드인 시리즈 s 출력
```

```
김판다     93
강승주     83
송중기     76
권보아     88
dtype: int64
```

시리즈는 1차원 구조이므로 컬럼즈가 없기에 따로 지정할 필요가 없으며, Series 함수에도 매개변수 columns가 존재하지 않는다. 또한 각자의 파이썬 개발 환경에 따라 시리즈의 출력이 상이한 경우가 존재하기에, print 함수로 출력한 결과와 ipynb 파일에서 셀의 마지막 코드가 출력된 결과를 비교해 보자. 시리즈나 데이터 프레임의 출력에 대해서는 아래에서 다시 설명하겠다.

2차원 표 데이터인 데이터 프레임의 행과 열은 모두 시리즈이다. 따라서 데이터 프레임에서 특정 행이나 열을 시리즈로 추출할 수 있다. [코드 3-10]으로 생성한 데이터 프레임 df에서 영어 열을 시리즈로 추출하자. 데이터 프레임에서 열 이름을 대괄호로 인덱싱하면 해당 열이 시리즈로 추출된다.

[코드 3-13] 데이터 프레임의 열에서 시리즈 추출하기

```
df['영어']
```

```
김판다     93
강승주     83
송중기     76
권보아     88
Name: 영어, dtype: int64
```

인덱싱은 추후 더 자세하게 배울 것이다.

● **시리즈와 데이터 프레임의 출력**

시리즈와 데이터 프레임은 각자의 파이썬 개발 환경에 따라 다양하게 출력된다. 주로 텍스트로 출력되거나 표 형태 렌더링으로 출력된다.

데이터 프레임의 출력

```
      국어  영어  수학
김판다  63   93   97
강승주  89   83   71
송중기  83   76   92
권보아  94   88   73
```
텍스트

	국어	영어	수학
김판다	63	93	97
강승주	89	83	71
송중기	83	76	92
권보아	94	88	73

렌더링

시리즈의 출력

```
김판다    93
강승주    83
송중기    76
권보아    88
dtype: int64
```
텍스트

	0
김판다	93
강승주	83
송중기	76
권보아	88

dtype: int64

렌더링

데이터 프레임의 출력은 표 형태로 렌더링한 결과가 가독성이 좋기 때문에 이 책에서는 렌더링한 출력으로 표현한다. 다만, 시리즈의 출력은 렌더링을 하면 임의의 열 이름으로 0을 부여해 마치 1개의 열을 가진 데이터 프레임처럼 출력되므로, 보다 정확한 표기를 위해 텍스트로 표현하겠다.

구글 코랩으로 실습하는 독자들은 저자의 깃허브에서 제공되는 코드의 결과와 비교하여 본인과 동일한 출력을 확인할 수 있다. 또한, print 함수로 출력하면 개발 환경과 관계없이 텍스트로 출력되는 점도 참고하기 바란다.

3.2.3 시리즈의 구조 확인하기

시리즈도 속성으로 인덱스와 밸류즈를 확인할 수 있다. 먼저 index 속성으로 s의 인덱스를 확인하자. (속성은 함수와 달리 소괄호를 붙이지 않는다.)

[코드 3-14] index 속성으로 시리즈의 인덱스를 반환하기

```
s.index
```

```
Index(['김판다', '강승주', '송중기', '권보아'], dtype='object')
```

시리즈에 index 속성을 적용하면 데이터 프레임에 index 속성을 적용했을 때와 마찬가지의 결과를

얻는다. 먼저 인덱스의 클래스가 Index임을 알 수 있다. 그리고 인덱스의 원소들을 리스트와 유사한 배열로 나열한다. 마지막으로 인덱스의 각 원소가 문자열이므로 원소들의 자료형은 오브젝트로 지정되었음을 보여준다.

시리즈의 데이터 부분에 해당하는 밸류즈는 역시 넘파이의 어레이를 기반으로 만들어진다. 데이터 프레임은 2차원 표 데이터이므로 밸류즈가 2차원 어레이였지만, 시리즈의 1차원이기에 밸류즈 역시 1차원 어레이이다. values 속성으로 시리즈의 밸류즈를 확인해 보자.

[코드 3-15] values 속성으로 시리즈의 밸류즈를 반환하기

```
s.values
```

```
array([93, 83, 76, 88], dtype=int64)
```

시리즈의 밸류즈도 어레이의 특성을 계승한다. 그래서 대소를 비교해 쉽게 True와 False인 시리즈로 변환할 수 있다. 각 사람의 점수가 90점이 넘는지 여부를 비교 연산으로 확인해 보자.

[코드 3-16] 비교 연산으로 불(bool) 시리즈로 변환하기

```
s > 90
```

```
김판다      True
강승주      False
송중기      False
권보아      False
dtype: bool
```

김판다 학생의 영어 성적만 90점을 넘는 것이 쉽게 확인된다.

3.3 파일에서 데이터 프레임 불러오기

데이터 프레임을 코드로 생성하는 것도 가능하지만, 이미 존재하는 표 데이터에서 데이터 프레임을 불러오는 것도 가능하다. 특히 우리가 흔히 다루는 엑셀 파일이나 CSV 파일에서 데이터 프레임을 불러올 수 있다. 판다스는 대량의 데이터를 효율적으로 처리하기 위한 도구이므로 파일에서 데이터 프레임을 불러올 때가 훨씬 많을 것이다. 다양한 표 형식의 파일에서 판다스 데이터 프레임으로 가져오는 방법을 알아보자.

3.3.1 엑셀 파일에서 데이터 프레임 불러오기(read_excel)

엑셀 파일은 표 데이터를 담는 대표적인 파일 형식이다. 판다스는 read_excel 함수로 엑셀 파일의 시트를 데이터 프레임으로 불러온다. 01read_excel.xlsx 엑셀 파일을 이용해 실습해 보자.

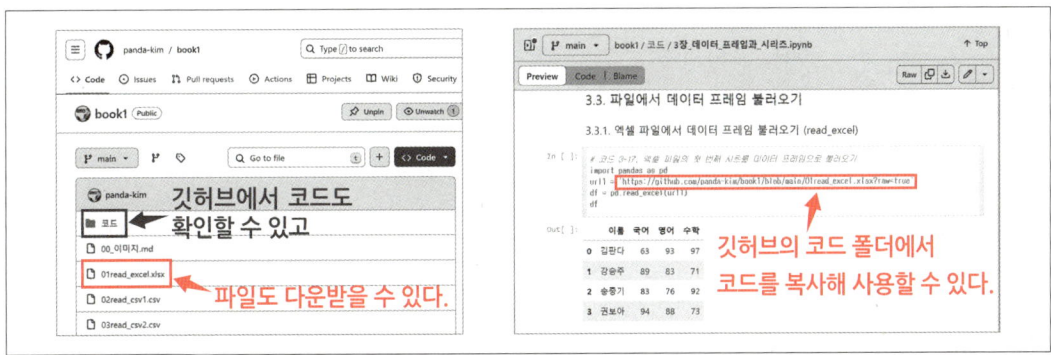

[그림 3-10] 실습에 쓰일 엑셀 파일 01read_excel.xlsx

실습에 필요한 엑셀 파일은 저자의 깃허브(https://github.com/panda-kim/book1)에서 배포되므로, 다운로드하여 로컬 파일로 사용한다. 다만 구글 코랩은 로컬 파일을 다운로드해도 추가적인 파일 업로드 이후에 실습에 사용할 수 있으며, 실습마다 파일을 다운로드하는 것 자체를 번거롭게 느끼는 독자도 있을 것이다. 깃허브에서 파일을 클릭한 뒤, 파일 주소를 복사하고 복사한 파일의 주소 끝에 ?raw=true를 추가하면 csv 파일이나 엑셀 파일이 웹 URL이 된다. 따라서 실습하기 쉽도록 깃허브에 올려둔 엑셀 파일을 웹 URL로 경로명을 불러 실습하도록 구성하였다. 깃허브에는 이 책에 쓰인 코드도 함께 배포되므로 파일의 웹 URL도 책을 보고 직접 입력하지 않고 배포된 코드에서 복사하여 붙여 넣으면 더욱 실습하기 편리하다.

[그림 3-11] 파일 실습을 할 깃허브 안내(https://github.com/panda-kim/book1)

엑셀 파일에서 데이터 프레임을 불러오려면 판다스의 read_excel 함수를 사용해야 한다. read_excel 함수는 판다스 함수이므로 pd.read_excel로 사용해야 한다. read_excel 함수에 불러오고 싶은 엑셀 파일의 웹 URL을 입력하면, 해당 파일에서 데이터 프레임을 불러온다. 다만 웹 URL은 경로

가 길어 그대로 입력하면 코드의 가독성이 떨어진다. 코드의 가독성을 위해 엑셀 파일의 웹 URL만 따로 변수 url1으로 지정해 인수로 입력하자.

[코드 3-17] 엑셀 파일의 첫 번째 시트를 데이터 프레임으로 불러오기

```
import pandas as pd
url1 = 'https://github.com/panda-kim/book1/blob/main/01read_excel.xlsx?raw=true'
df = pd.read_excel(url1)
df
```

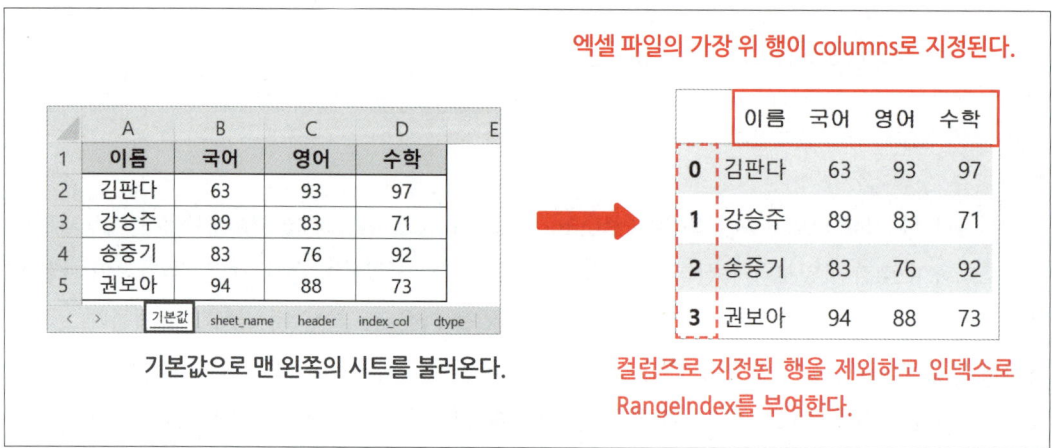

[그림 3-12] read_excel 함수의 기본값으로 데이터 프레임 불러오기

파일의 경로명만 입력하면 기본값으로 첫 번째 시트가 데이터 프레임으로 불러온다. 또한 기본값으로 가장 위 행이 컬럼즈로 지정되며, 인덱스는 0부터 정수를 순차적으로 부여한다. 기본값으로 인덱스로 RangeIndex가 부여되는 것이다.

이번에는 파일에서 두 번째 시트를 불러보자. read_excel 함수의 매개변수 sheet_name에 시트 이름을 문자열로 입력하면 해당 시트를 불러온다. 실습할 엑셀 파일에서 두 번째 시트의 이름은 'sheet_name'이다.

[코드 3-18] 엑셀 파일의 두 번째 시트를 데이터 프레임으로 불러오기

```
df = pd.read_excel(url1, sheet_name='sheet_name')
df
```

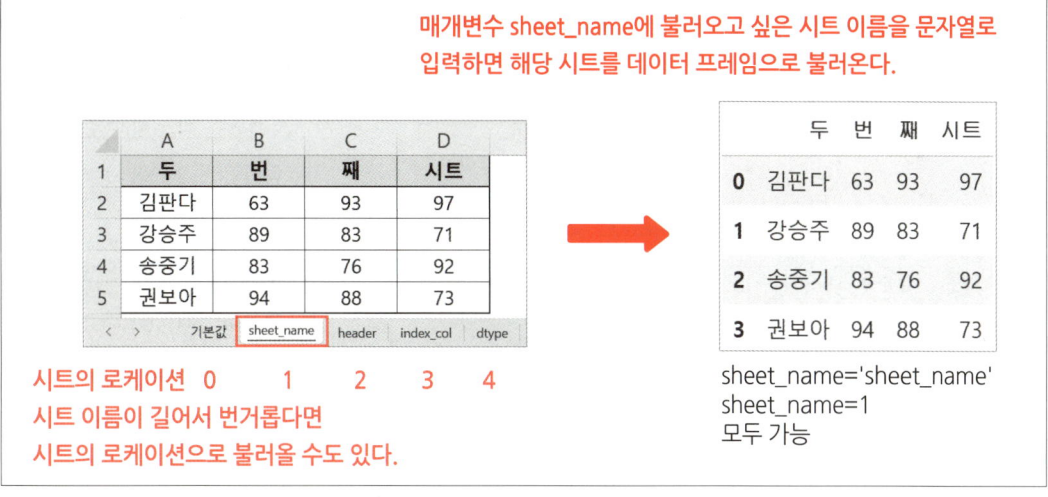

[그림 3-13] 매개변수 sheet_name으로 두 번째 시트 불러오기

두 번째 시트는 여러분이 구분하기 쉽도록 첫 번째 시트의 가장 첫 행 데이터를 두, 번, 째, 시트로 변경한 것이다. 매개변수 sheet_name에 시트 이름만 인수로 입력하면, 엑셀 파일의 원하는 시트에서 데이터 프레임을 불러온다.

시트 이름이 길어서 번거롭다면 시트의 로케이션으로 시트 이름을 대체할 수 있다. 맨 왼쪽 시트를 기준으로 0부터 순차적인 정수가 시트의 로케이션으로 부여된다. 그러므로 두 번째 시트에 부여되는 시트의 로케이션은 1이다. 따라서 sheet_name=1을 입력해도 두 번째 시트를 불러온다.

[코드 3-19] 시트의 로케이션으로 두 번째 시트 불러오기

```
df = pd.read_excel(url1, sheet_name=1)
```

위 코드로도 시트 이름을 입력한 [코드 3-18]과 똑같은 결과를 얻는다. 판다스에서는 키와 로케이션을 선택해 사용할 때가 많아서 편리하다.

이번에는 세 번째 시트를 데이터 프레임으로 불러오자. 그런데 세 번째 시트는 첫 행과 두 번째 행이 빈 행이다. 데이터가 세 번째 행부터 시작된다. 이럴 때는 매개변수 header를 사용하여 컬럼즈를 세 번째 행으로 지정해 쉽게 처리할 수 있다.

[코드 3-20] 세 번째 행을 컬럼즈로 지정해 세 번째 시트 불러오기

```
df = pd.read_excel(url1, sheet_name=2, header=2)
df
```

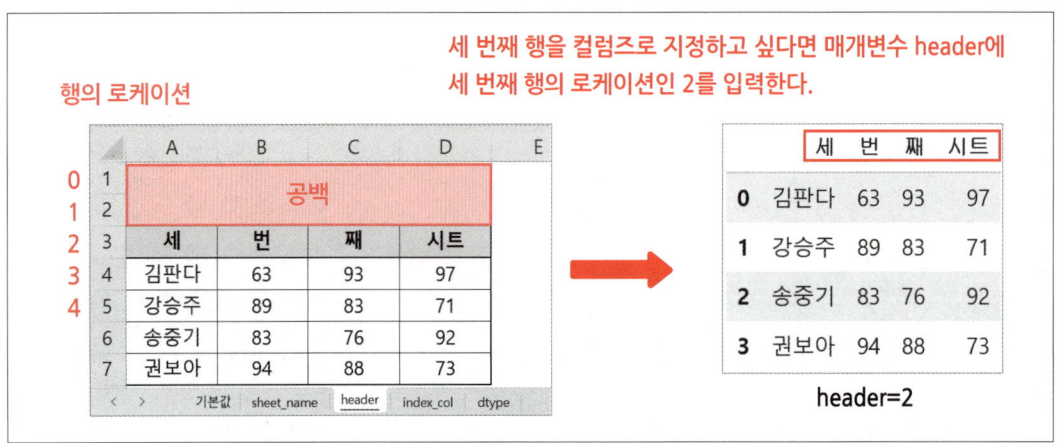

[그림 3-14] 매개변수 header로 세 번째 행을 컬럼즈로 지정하기

세 번째 시트의 로케이션은 2이므로 일단 sheet_name=2를 입력해 세 번째 시트를 데이터 프레임으로 불러온다. 이때 행의 공백이 문제가 되는데 매개변수 header를 사용하여 컬럼즈를 세 번째 행으로 지정하면, 컬럼즈보다 위 행의 데이터는 데이터 프레임으로 로드되지 않아 손쉽게 처리된다. 이때도 행의 로케이션을 사용한다. 세 번째 행의 로케이션은 2이므로 header=2를 입력하면 깔끔하게 처리된다.

이제까지는 인덱스를 특별히 지정하지 않아 기본값으로 0부터 정수를 순차적으로 부여하는 RangeIndex가 부여되었다. 만약 엑셀 시트의 특정 열을 인덱스로 지정하고 싶다면 매개변수 index_col을 이용해 인덱스를 따로 지정할 수 있다.

네 번째 시트의 맨 왼쪽 열을 인덱스로 지정해 데이터 프레임을 불러오자. sheet_name=3을 입력하고, 매개변수 index_col에 인덱스로 지정할 열을 입력한다. 이때도 로케이션을 사용한다. 첫 번째 열의 로케이션은 0이므로 index_col=0을 입력하면 맨 왼쪽 열이 인덱스로 지정된다.

[코드 3-21] 맨 왼쪽 열을 인덱스로 지정해 네 번째 시트 불러오기

```
df = pd.read_excel(url1, sheet_name=3, index_col=0)
df
```

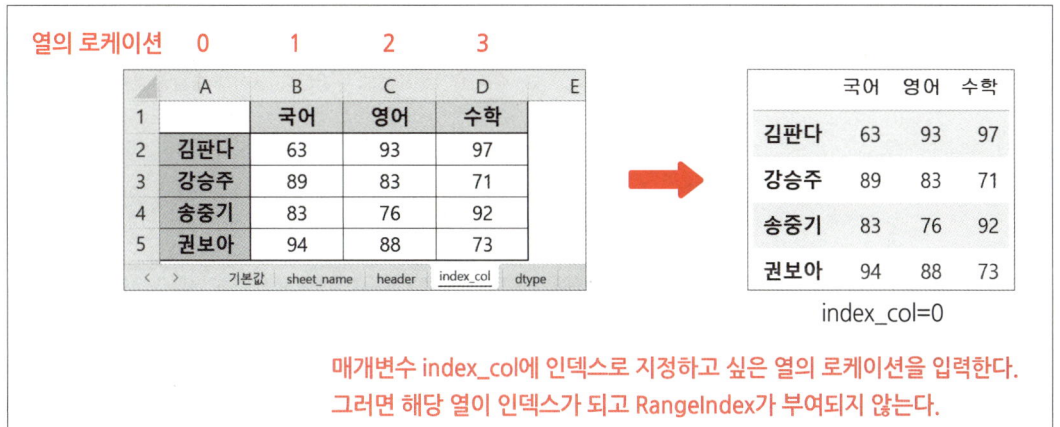

[그림 3-15] 매개변수 index_col로 첫 번째 열을 인덱스로 지정하기

가끔 엑셀 파일의 자료형을 판다스에서 정확하게 읽어내지 못할 때가 있다. 엑셀 파일의 다섯 번째 시트를 [그림 3-16]에서 확인해 보자. 해당 시트는 학생코드 열이 숫자인 텍스트로 이루어진다. 이 학생코드 열은 문자열로 읽어야 하지만 read_excel 함수는 숫자로 된 텍스트를 정수, 실수처럼 수치형 데이터로 읽어 버린다. 따라서 학생코드 열의 '01'을 수치형으로 인식하여 1을 반환한다. 이는 우리가 원하는 결과가 아니다.

read_excel 함수의 매개변수 dtype을 사용하여 불러올 데이터 프레임의 자료형을 지정한다. 매개변수 dtype에 'str'을 입력하면 자료형이 문자열로 지정된다. 다만 단순히 'str'을 입력하면 모든 데이터가 문자열로 반환된다. 국어, 수학 등의 점수를 나타내는 열들은 여전히 수치로 읽어야 한다. 우리는 학생코드 열의 자료형만 문자열로 지정하려고 하므로, 대상인 열 이름과 원하는 자료형을 딕셔너리[4]로 입력하면 해당 열만 문자열로 읽는다.

[코드 3-22] 다섯 번째 시트를 불러오면서 학생코드 열을 문자열로 지정

```
df = pd.read_excel(url1, sheet_name=4, dtype={'학생코드':'str'})
df
```

---

4 딕셔너리는 매퍼의 용도로 자주 쓰인다. **4.3.6. 매핑과 매퍼** 참고

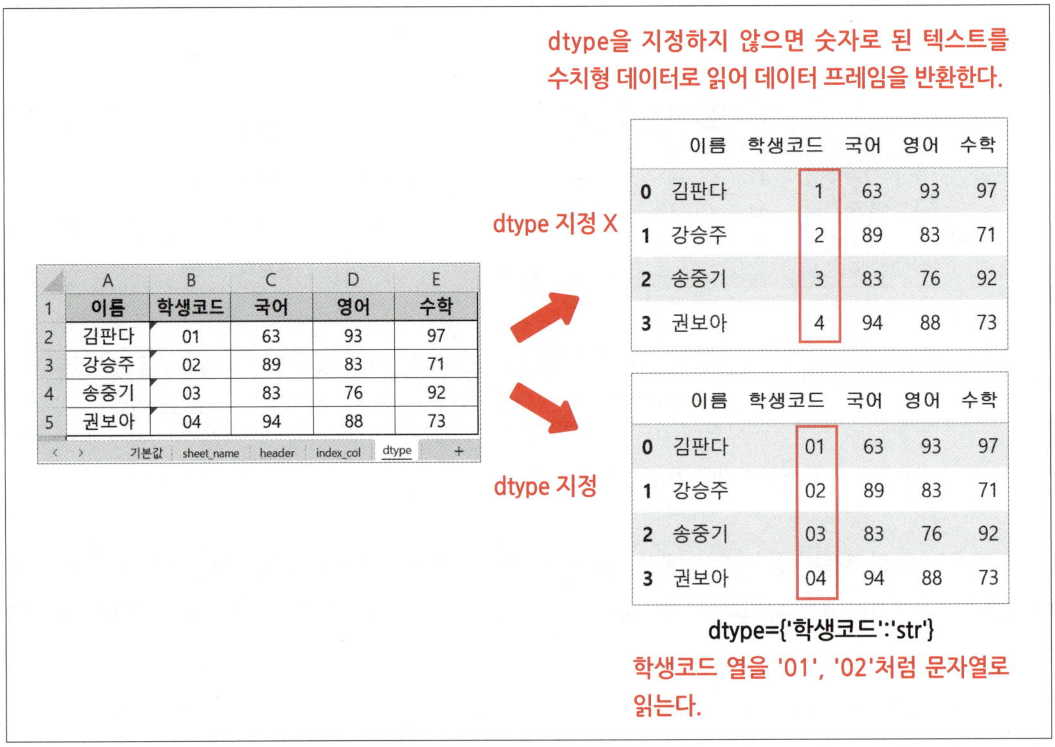

[그림 3-16] 매개변수 dtype으로 열의 자료형 지정하기

주식 데이터를 데이터 프레임으로 불러올 때 종목코드 열에서 숫자인 텍스트가 수치로 인식되는 경우가 자주 발생하므로 주식 데이터를 다루는 독자들은 이 점에 유의해야 한다.

read_excel 함수는 이 외에도 다양한 매개변수를 제공하여 더 편리하게 원하는 데이터 프레임을 추출하도록 도와준다.[5] 하지만 이를 위해 많은 매개변수를 일일이 공부하는 것은 판다스 입문자에게는 오히려 진입 장벽일 수도 있다. 따라서 일단은 기본적인 매개변수들만 숙지하자. 이 정도 내용만으로도 충분히 엑셀 파일에서 원하는 데이터 프레임을 가져올 수 있다.

여러분이 주로 표 데이터를 다루는 엑셀 파일에서 원하는 데이터 프레임을 가져오는 것은 이후 모든 실습의 기본이 될 것이다. 따라서 여기까지 무사히 습득하였다면 여러분은 판다스에 무사히 발을 들였고, 시작이 반이므로 이미 절반을 이룬 셈이다! 이러한 긍정적인 마음으로 이후 과정을 학습하길 바란다.

---

[5] read_excel 함수나 read_csv 함수의 매개변수 중에 여기서 소개되지는 않았지만 매개변수 parse_dates는 시계열 데이터를 다룰 때 매우 중요하다. 추후 **13.2.3. 파일에서 datetime 자료형을 지정하여 데이터 프레임 불러오기**에서 학습한다.

3.3.2 CSV 파일에서 데이터 프레임 불러오기(read_csv)

데이터 프레임은 엑셀 파일뿐만 아니라 CSV 파일에서도 불러올 수 있다. CSV 파일은 시트를 텍스트로 구현한 파일 형식이다. CSV는 comma-separated values의 약자로, 열을 쉼표로 구분하고 행을 줄 바꿈으로 구분하는 방식으로 테이블을 텍스트로 표현한 파일이다. 엑셀 파일의 시트와 CSV 파일은 우리가 보기에는 시각적으로 매우 다르지만 판다스에서 이들을 읽어 데이터 프레임으로 변환할 때는 둘은 차이가 없다.

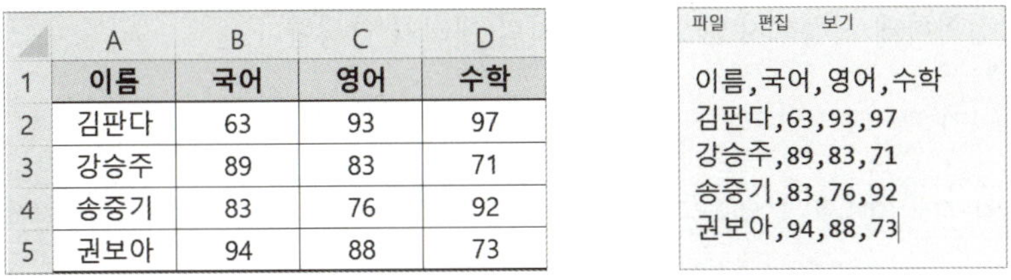

	A	B	C	D
1	이름	국어	영어	수학
2	김판다	63	93	97
3	강승주	89	83	71
4	송중기	83	76	92
5	권보아	94	88	73

[그림 3-17] 엑셀 파일과 CSV 파일

엑셀 파일을 read_excel 함수로 읽어오듯이 CSV 파일은 read_csv 함수로 읽어온다. 함수만 다를 뿐 read_excel 함수를 사용할 때와 유사한 방식으로 사용한다. 기본값으로 첫 행이 컬럼즈로 지정되고 인덱스는 RangeIndex가 부여되는 점도 동일하다. 그 외 index_col, header, dtype 등의 매개변수도 read_csv 함수에도 존재하기에 read_excel 함수와 비슷하게 사용된다.

[코드 3-23] CSV 파일에서 데이터 프레임 불러오기

```
url1 = 'https://github.com/panda-kim/book1/blob/main/02read_csv1.csv?raw=true'
df = pd.read_csv(url1)
df
```

결과는 [그림 3-12]와 똑같은 데이터 프레임이 반환된다. 각자 확인해 보자.

CSV 파일은 엑셀 파일과 달리 데이터 프레임을 불러올 때 인코딩 방식을 정확하게 지정해야 한다. 기본값으로 UFT-8[6] 방식으로 인코딩을 지정하는데, 만약 여러분의 CSV 파일이 UTF-8이 아닌 인코딩 방식으로 생성되었다면 에러가 발생한다. 이때 read_csv 함수의 매개변수 encoding을 이용

6 텍스트 데이터를 올바르게 저장하고 해석하도록 하고자 인코딩 방식을 지정한다. 기본값인 UTF-8은 전 세계의 모든 문자를 포함하는 가변 길이 문자 인코딩 체계이다.

하여 인코딩 방식을 정확히 지정하면 데이터를 제대로 읽어올 수 있다. 03read_csv2.csv 파일은 EUC-KR 방식으로 인코딩되었으므로, 'EUC-KR'을 입력하여 데이터 프레임을 불러오자.

[코드 3-24] 인코딩을 EUC-KR 방식으로 지정해 데이터 프레임 불러오기

```
url2 = 'https://github.com/panda-kim/book1/blob/main/03read_csv2.csv?raw=true'
df = pd.read_csv(url2, encoding='EUC-KR')
df
```

인코딩 방식을 정확하게 지정하지 않으면 다음처럼 에러가 발생한다.

```
pd.read_csv(url2)
```

```
UnicodeDecodeError: 'utf-8' codec can't decode byte 0xc0 in position 0: invalid start byte
```

대부분의 CSV 파일은 기본값 혹은 encoding='EUC-KR'을 입력해 데이터를 읽어온다. 만약 이 방법으로 데이터를 읽어오지 못했다면 정확한 인코딩 방식을 알아내야 한다. CSV 파일의 인코딩 방식은 여러 가지 방법으로 확인하며 코드로도 확인이 가능하지만, 인코딩을 지정하는 데 어려움을 겪는 사람들은 보통 입문자가 많으므로 코드로 확인하기보다 간단한 프로그램으로 확인하길 추천한다. 노트패드++과 같은 프로그램으로도 쉽게 인코딩 방식이 확인된다.

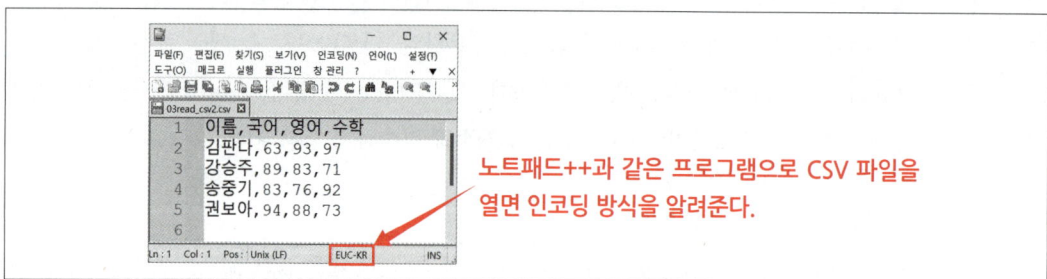

[그림 3-18] 노트패드++로 인코딩 방식 확인하기

3.4 데이터 프레임 저장하기

코드로 데이터 프레임을 생성하거나 파일에서 불러온 데이터 프레임을 기반으로 새로운 데이터 프레임을 생성한 후, 그 결과물을 다른 형태로 변환해야 할 때가 있다. 데이터 프레임을 딕셔너리로 변환하거나 파일로 저장하는 방법을 익혀보자.

3.4.1 딕셔너리로 변환하기(to_dict)

데이터 프레임은 파이썬의 판다스에서만 사용 가능한 데이터 구조이다. 따라서 다른 프로그래밍 언어로 결과 데이터를 활용하고자 할 때나 파이썬 내에서 판다스가 아닌 다른 라이브러리로 데이터를 다룰 때도 주로 딕셔너리로 변환한다.

데이터 프레임은 to_dict 함수로 딕셔너리로 변환한다. [코드 3-10]을 다시 실행해 df를 생성하고 df를 딕셔너리로 변환하자. to_dict 함수는 메서드로 사용한다. 메서드는 3.4.3에서 설명할 예정이니 지금은 일단 데이터 프레임이나 시리즈 등의 객체 뒤에 붙이는 함수라고 이해하자.

[코드 3-25] 데이터 프레임을 딕셔너리로 변환하기

```
df.to_dict()
```

```
{'이름': {0: '김판다', 1: '강승주', 2: '송중기', 3: '권보아'},
 '국어': {0: 63, 1: 89, 2: 83, 3: 94},
 '영어': {0: 93, 1: 83, 2: 76, 3: 88},
 '수학': {0: 97, 1: 71, 2: 92, 3: 73}}
```

[코드 3-10]의 df는 to_dict 함수로 2차원 딕셔너리 구조로 변환된다. 컬럼즈에 해당하는 부분이 상위 딕셔너리의 키가 되고, 하위 딕셔너리에 인덱스와 데이터가 키와 밸류로 입력되는 구조이다. 이렇게 딕셔너리로 변환하면 딕셔너리가 필요한 라이브러리에서 쉽게 사용할 수 있으며, 데이터 프레임의 일부를 샘플로 남겨둘 수도 있다.

3.4.2 파일로 저장하기(to_excel, to_csv)

데이터 프레임인 변수 df를 파일로 저장해 보자. 먼저 엑셀 파일로 저장해 보자. 데이터 프레임을 엑셀 파일로 저장하고자 to_excel 메서드를 사용한다. to_excel 함수에 파일명을 지정해 인수로 입력한다.

[코드 3-26] 데이터 프레임을 엑셀 파일로 저장하기

```
df.to_excel('1.xlsx')
```

다만 이렇게 저장하면 [그림 3-19]처럼 인덱스도 함께 저장된다. RangeIndex는 인덱스가 특별한 데이터를 갖지 않으므로 인덱스는 제외하고 파일로 저장해야 바람직하다. to_excel 메서드의 매개변수 index에 False를 입력하면 인덱스는 제외하고 파일로 저장된다.

[코드 3-27] 인덱스를 제외하고 엑셀 파일로 저장하기

```
df.to_excel('1.xlsx', index=False)
```

CSV 파일로 저장하려면 to_csv 함수에 파일명을 인수로 입력한다. 기본값으로 구분자는 쉼표(,)로 지정된다. 즉, 2차원 표 데이터를 쉼표로 열을 구분하고 줄 바꿈으로 행을 구분해 텍스트로 저장한다. 인코딩 방식은 기본값으로 UFT-8로 지정된다.

[코드 3-28] 인덱스를 제외하고 CSV 파일로 저장하기

```
df.to_csv('2.csv', index=False)
```

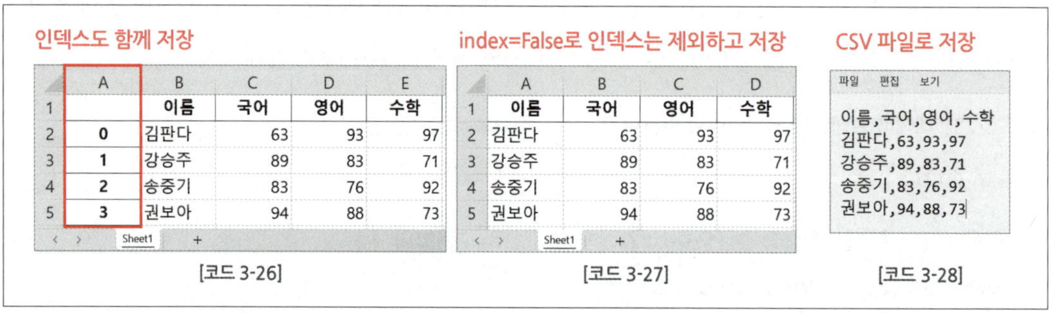

[그림 3-19] 파일로 저장한 데이터 프레임

구글 코랩은 파일 아이콘을 눌러 저장된 파일을 확인하며 내 컴퓨터로 다운로드할 수 있다.

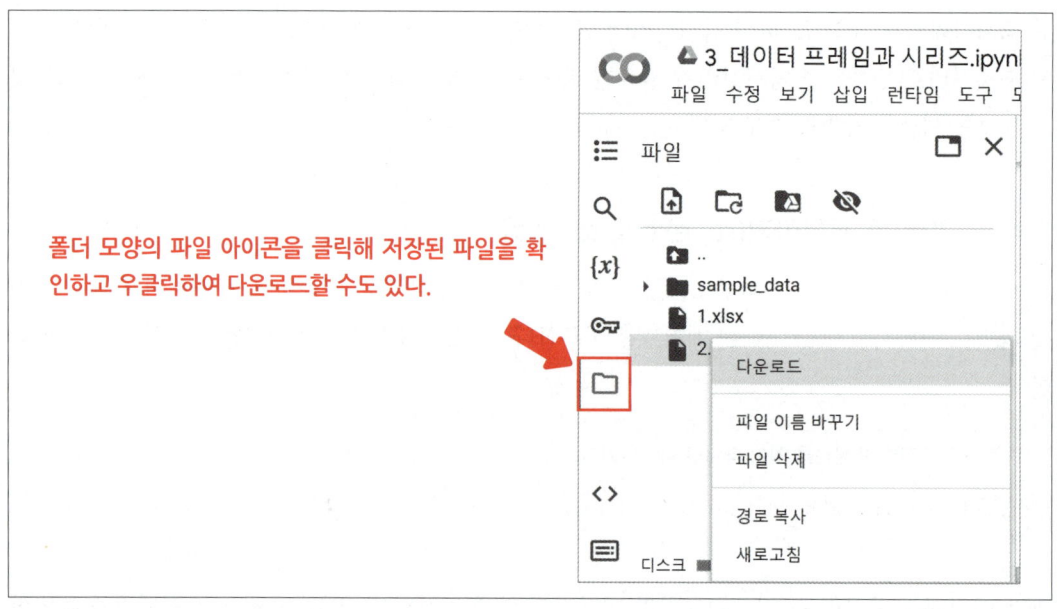

[그림 3-20] 구글 코랩에서 저장된 파일 확인하기

3.4.3 함수와 메서드, 속성

데이터 프레임을 저장하고자 사용한 to_dict, to_excel, to_csv 함수는 모두 메서드이다. 여기서 함수와 메서드의 차이에 대해 살펴보자.

메서드는 함수(function)의 일종이라서 매개변수에 인수를 전달받아 값을 반환한다. 그러나 함수는 독립적으로 호출할 수 있는 반면, 메서드는 클래스 내부에 정의되어 객체에 종속되는 함수이기에 특정 객체에 종속되어 호출된다는 점에서 차이가 있다. 즉, 함수는 객체와 관계없이 호출할 수 있지만, 메서드는 객체를 먼저 불러온 후 호출해야 한다. 그래서 메서드는 객체 뒤에 붙여 사용한다.

가) pd.read_excel('파일경로명')   **함수**
판다스 함수는 앞에 pd.을 붙여 사용하며, 인수를 입력받아 결과를 반환한다.

나) df.to_dict()   **메서드**
메서드는 함수의 일종으로서, 객체에 종속되어 호출된다.
먼저 객체(df)를 불러온 뒤 메서드를 객체 뒤에 붙여 사용한다.

다) df.index   **속성**
속성은 클래스 내부에서 정의된 변수이다.
속성은 메서드처럼 객체 뒤에 붙여 사용하고 결과를 반환하지만
함수가 아니라서 인수를 입력받지 않는다.

[그림 3-21] 함수와 메서드, 속성

앞서 말한 것처럼 메서드는 함수의 일종으로서, 객체에 종속되어 호출된다. 그래서 메서드를 함수로 표기하기도 하니, 표현을 너무 엄밀히 구분할 필요는 없다.

속성도 메서드와 혼동하기 쉬운데, 속성은 메서드처럼 객체 뒤에 붙여 사용하지만 클래스 내부에 정의된 변수를 반환하므로 인수가 입력되지 않는다. 초심자가 함수, 메서드, 속성을 구분하기 어렵다면 다음처럼 생각하라. pd.read_excel()처럼 판다스에서 pd로 시작하는 것이 함수이며, 메서드는 df.to_dict()처럼 시리즈나 데이터 프레임 뒤에 붙여 사용하는 함수이고, 속성은 df.index처럼 소괄호를 쓰지 않는 메서드이다. 엄밀한 개념은 아니지만 이것으로 함수와 메서드, 속성을 충분히 구분해서 사용할 수 있다.

판다스는 주로 함수보다 메서드를 사용한다. 앞서 배운 read_excel, read_csv 함수처럼 메서드로 쓸 수 없을 때만 함수로 사용한다. 여러분도 대부분의 함수를 메서드 형태로 사용할 것이다. 그래서 판다스에서 함수로 표기하더라도 대부분은 메서드를 지칭한다. 함수보다 메서드를 주로 사용하는 이유는 판다스는 하나의 객체에 여러 가지 함수를 연속해서 사용해서 작업할 때가 많기 때문이다. 그때 함수를 여러 번 사용하기보다 메서드를 연속해서 사용하여(chain method) 코드를 작성하면, 코드의 가독성이 높아지고 유지 보수하기가 쉽다.

연속 함수   pd.funcC(pd.funcB(pd.funcA(df)))

연속 메서드 df.funcA().funcB().funcC() ← df에 funcA, funcB, funcC를 순차적으로 사용했다는 것을 한눈에 파악하기 쉽다.

df에 다음 함수 funcA, funcB, funcC를 연속해서 사용할 때 메서드를 연속해서 사용하는 것이(chain method) 훨씬 가독성이 좋고 함수 적용 대상과 함수적용 순서를 파악하기 쉽다.

[그림 3-22] 판다스에서 메서드를 주로 사용하는 이유

3.5 데이터 프레임 탐색하기

파일로 불러온 데이터 프레임은 대부분 대규모 데이터이므로, 이를 직접 파악하기에는 어려움이 있다. 판다스에서 여러 가지 함수와 속성을 사용하면 데이터 프레임의 여러 정보가 파악된다.

3.5.1 데이터 프레임의 간단한 정보 파악하기(info 등)

이번에 살펴볼 데이터는 타이타닉 침몰 사고의 승객 통계 데이터이다.[7] 하나의 행이 한 승객의 데이터를 담으며, 각 열은 생존 여부, 객실 등급, 성별과 나이 등의 승객의 특성을 나타낸다. 이 파일은 실제 타이타닉 침몰 사고 데이터에서 불필요한 열을 삭제한 데이터이다. 이 책에서 타이타닉 데이터를 자주 활용할 예정이니 이번 기회에 잘 살펴보길 바란다. 이 데이터를 이용해 데이터 프레임을 탐색해 보자.

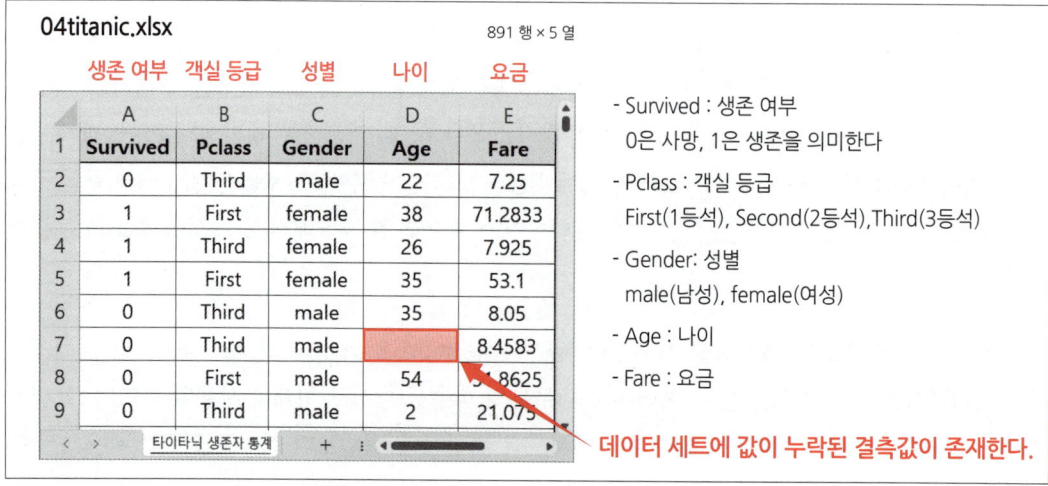

[그림 3-23] 타이타닉 침몰 사고의 승객 통계 데이터

---

7   Brenda N, "Titanic dataset", Kaggle, 2024년 1월 5일 접속, https://www.kaggle.com/datasets/brendan45774/test-file

먼저 파일의 데이터를 데이터 프레임으로 불러오자. read_excel 함수를 이용하자. 경로명은 파일의 웹 URL을 사용하겠다. 불러온 데이터 프레임은 변수 df로 지정하자.

[코드 3-29] 타이타닉 데이터를 데이터 프레임으로 불러오기

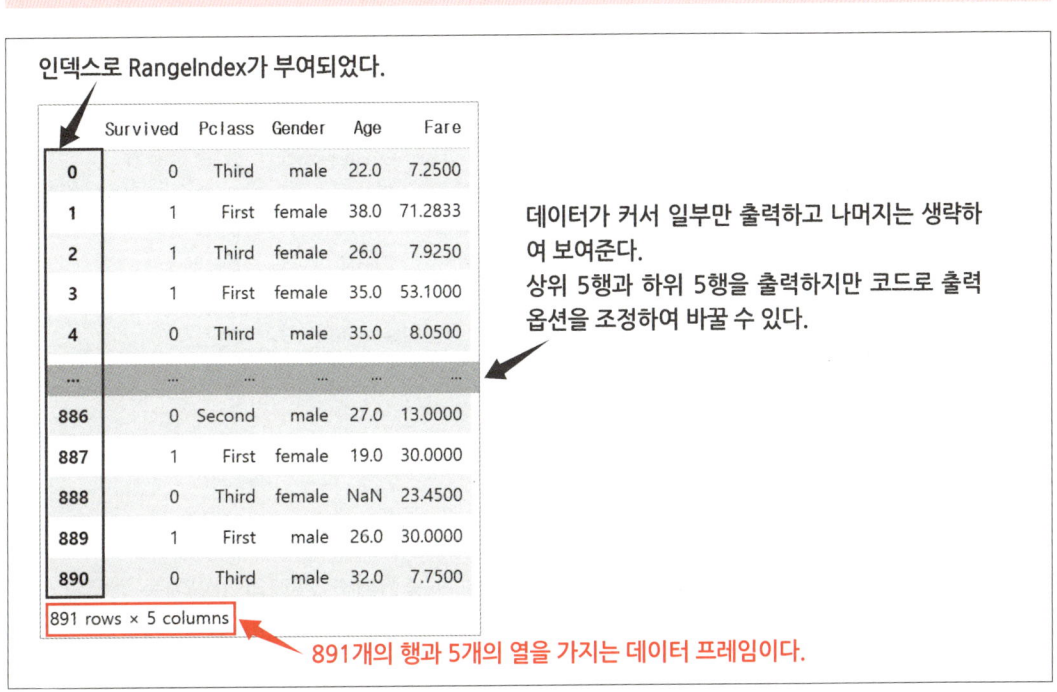

[그림 3-24] 타이타닉 침몰 사고 데이터를 데이터 프레임으로 불러오기

데이터 프레임은 891행과 5열로 이루어진다. 상위 5행과 하위 5행만을 출력해서 보여주며 대부분의 데이터가 생략되어 있다. 출력 옵션을 조정하면 보여주는 행의 개수를 조정할 수 있다.

이전에 배운 속성으로 데이터 프레임을 살펴보자. 인덱스는 RangeIndex가 부여되므로 의미 있는 데이터는 아니기에 columns 속성으로 컬럼즈만 확인하자.

[코드 3-30] columns 속성으로 df의 컬럼즈 확인하기

```
df.columns
```

columns 속성으로 열 이름 집합을 모두 확인할 수 있으니 각자 확인해 보자.

891개의 행을 가진 데이터이므로, 육안으로 확인하기는 매우 번거로운 작업이다. info 함수를 사용하면 데이터의 대략적인 정보가 손쉽게 파악된다. df에 info 함수를 메서드로 사용하자.

[코드 3-31] info 함수로 df의 대략적인 정보 파악하기

```
df.info()
```

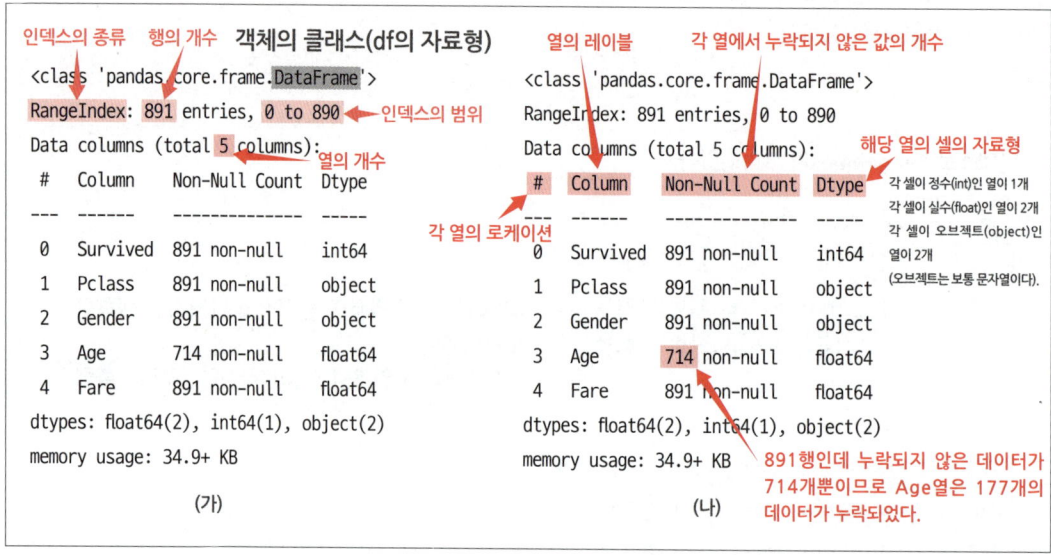

[그림 3-25] info 함수로 데이터 프레임의 대략적인 정보 파악하기

info 함수를 사용하면 해당 데이터 프레임의 다양한 정보가 출력된다. 출력의 상단에는 객체의 클래스와 인덱스에 대한 정보가 제공된다. 인덱스는 0부터 890까지의 정수로 구성된 RangeIndex이며, 데이터 프레임은 891행과 5개의 열로 구성된다.

info 함수 결과의 하단에는 각 열의 정보를 제공한다. 샵(#)은 각 열의 로케이션을 나타내며, 해당 로케이션에 따라 각 열의 이름, 누락되지 않은 값의 개수(Non-Null Count), 각 열의 구성 요소인 셀[8]들이 어떤 자료형인지 확인된다.

Non-Null Count는 null이 아닌 값의 개수를 말한다. 판다스에서는 null이 NaN[9]으로 지정되므로 대체로 NaN이 아닌 값의 개수이다. 전체 행이 891개이므로 891개의 데이터가 존재한다. Age 열은 Non-Null Count가 714이므로 177개의 null 값이 존재함을 알 수 있다.

---

[8] 표의 개별 요소를 뜻하는 표현으로, 표의 한 칸을 셀로 표현하는 엑셀에서 차용하였다. 데이터 프레임이나 시리즈의 공식 문서가 셀이라는 용어를 사용하지는 않지만, 독자들이 가장 친근하게 이해하는 용어이므로 차용하겠다.

[9] NaN은 not a number의 약자이며 값이 존재하지 않는 null의 한 종류이다. 자료형이 실수인 것이 특징이며, 열에 NaN이 생성되면 해당 열의 다른 정수인 데이터들도 소수점이 동반된 실수가 된다.

Dtype은 각 열의 원소인 셀의 자료형을 나타낸다. object는 문자열이나 문자열이 섞인 자료임을 의미하고 int는 정수 자료형, float은 실수 자료형이다. 각 열의 자료형에 따라 함수를 사용해야 할 때가 많으므로, 중요한 정보이다.

info 함수로도 데이터 프레임의 행과 열의 개수를 알 수 있지만, 크기만 따로 확인하고 싶을 때는 shape 속성을 사용한다.

[코드 3-32] shape 속성으로 df의 크기 확인하기

```
df.shape
```

```
(891, 5)
```

눈으로 크기를 확인하려면 info 함수로 충분하지만, 데이터 프레임의 열의 개수나 행의 개수를 코드에 직접 사용해야 할 때는 shape 속성으로 반환되는 튜플을 사용한다.

각 열의 자료형도 dtypes 속성으로 따로 확인할 수 있다.

[코드 3-33] dtypes 속성으로 각 열의 자료형 확인하기

```
df.dtypes
```

```
Survived      int64
Pclass       object
Gender       object
Age         float64
Fare        float64
dtype: object
```

3.5.2 데이터 프레임의 일부만 가져오기(head, tail)

파일로 불러온 데이터 프레임은 대규모 데이터가 많아, 데이터의 일부만 가져와 샘플로 사용해 코딩할 때가 많다. head와 tail 함수는 데이터 프레임의 일부만 가져오는 함수이다. head 함수는 인수로 입력된 행을 맨 위부터 가져오며, 인수를 입력하지 않으면 기본값으로 상위 5행을 가져온다. tail 함수는 맨 아래부터 일부만 가져온다.

[코드 3-34] 상위 5행 가져오기

```
df.head()
```

[코드 3-35] 하위 6행 가져오기

```
df.tail(6)
```

	Survived	Pclass	Gender	Age	Fare
0	0	Third	male	22.0	7.2500
1	1	First	female	38.0	71.2833
2	1	Third	female	26.0	7.9250
3	1	First	female	35.0	53.1000
4	0	Third	male	35.0	8.0500

df.head() 가장 상위 5행

	Survived	Pclass	Gender	Age	Fare
885	0	Third	female	39.0	29.125
886	0	Second	male	27.0	13.000
887	1	First	female	19.0	30.000
888	0	Third	female	NaN	23.450
889	1	First	male	26.0	30.000

df.tail(6) 가장 하위 6행

head 함수는 인수로 지정한 만큼의 행을 맨 위부터 가져오고, tail 함수는 맨 아래부터 가져온다. 인수를 지정하지 않으면 기본값으로 5개의 행을 가져온다.

[그림 3-26] head와 tail 함수

3.5.3 데이터 프레임의 기술 통계 확인하기(describe)

앞서 info 함수를 통해 Survived, Age, Fare의 세 개 열의 자료형이 정수 또는 실수임을 확인하였다. describe 함수를 사용하면 수치형 데이터인 열들의 기술 통계를 제공한다. 데이터의 개수, 평균, 표준편차, 백분위 등의 간단한 통계 자료를 제공한다.

[코드 3-36] describe 함수로 기술 통계 확인하기

```
df.describe()
```

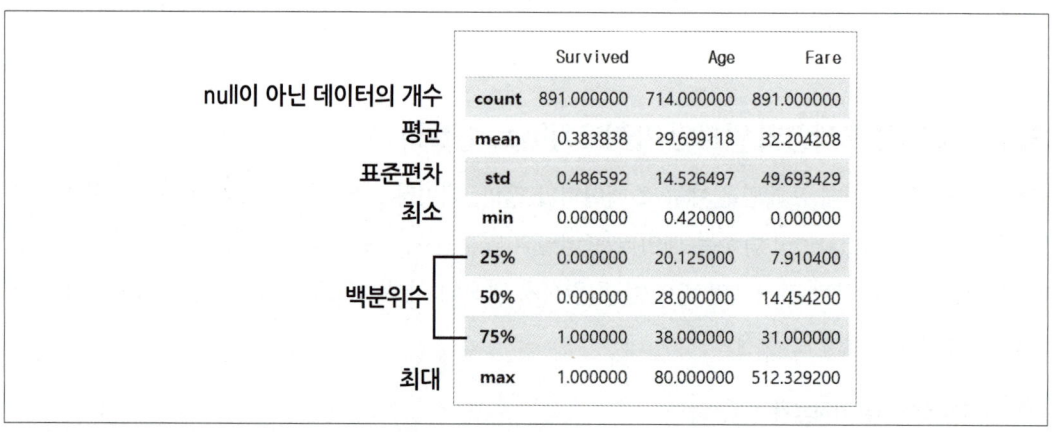

[그림 3-27] describe 함수로 확인하는 데이터 프레임의 기술 통계

describe 함수는 해당 데이터 프레임의 간단한 기술 통계 정보를 새로운 데이터 프레임으로 반환

한다. count는 info 함수에서 Non-null Count로 표기된 부분과 동일하며, 누락되지 않은 데이터의 개수를 나타낸다. 평균, 표준편차, 최소, 최대는 일반적으로 이해하기 쉬운 개념이다. 백분위수는 전체 데이터를 크기순으로 나열했을 때 특정 위치의 데이터 값을 나타낸다. 예를 들어 Age 열의 하위 25% 값은 20.125이다. 이는 20.125가 Age 열의 하위 25%에 해당하는 값이라는 의미이며, 전체 Age 열의 데이터 중 25%가 20.125보다 작거나 같다는 의미이다.

기술 통계 자료를 통해 열의 데이터 분포를 짐작할 수 있다. 예를 들어 Survived 열은 최솟값이 0이고 백분위수 50%인 중앙값(median)도 0이다. 백분위수 75%도 1이고 최댓값도 1이다. 이 결과를 통해 Survived 열은 정수이나 수치형 데이터가 아니고, 0과 1의 두 개의 유일 값(unique value)으로 이루어진 범주형(category) 데이터일 가능성이 높다고 추론할 수 있다. 유일 값은 데이터 세트 내에서 중복을 모두 제거해 각각 하나만 남겨진 데이터들의 집합을 의미한다.

3.5.4 각 열의 유일 값 확인하기(unique, nunique)

기술 통계를 통해 Survived 열의 유일 값을 추측해 볼 수 있지만 이는 어디까지나 추측일 뿐이다. 판다스에는 유일 값을 직접 확인하는 unique 함수가 있다.

먼저 [코드 3-13]처럼 대괄호로 열을 시리즈로 추출하자. 이를 인덱싱이라고 하며 이는 다음 장에서 본격적으로 학습한다. 추출된 시리즈에 unique 함수를 메서드로 적용하면 해당 열의 유일 값이 반환된다.

[코드 3-37] unique 함수로 Survived 열의 유일 값 확인하기

```
df['Survived'].unique()
```

```
array([0, 1])
```

unique 함수는 유일 값만 배열로 반환하기에 유일 값을 확인할 수 있다. unique 함수는 시리즈에만 적용하므로, 대괄호 인덱싱을 이용해 데이터 프레임에서 Survived 열을 시리즈로 추출하여 유일 값을 확인한다. Survived 열의 유일 값이 0과 1뿐이므로, 해당 열은 0과 1로만 이루어진 범주형 데이터이다.

nunique 함수는 유일 값의 개수를 반환한다. Survived 열에 적용하면 유일 값이 0과 1 두 가지이므로 2를 반환한다. unique 함수의 결과에 파이썬의 len 함수를 사용해도 유일 값의 개수를 구할 수 있으나, nunique 함수는 판다스 객체에 메서드로 사용할 수 있어 장점이 있다.

[코드 3-38] nunique 함수로 Survived 열의 유일 값의 개수 확인하기

```
print(len(df['Survived'].unique())) # len 함수
df['Survived'].nunique() # nunique 함수
```

```
2 # len 함수의 출력 결과
2 # nunique 함수의 출력 결과
```

3.5.5 유일 값의 빈도수 파악하기(value_counts)

범주형 데이터는 각 범주에 해당하는 유일 값의 빈도수를 파악하는 것이 중요하다. 유일 값의 빈도수를 파악하고자 value_counts 함수를 사용한다. 입문 단계에서는 value_counts 함수를 value_count로 입력하여 에러를 자주 유발하므로, 자동 완성을 활용하자. 먼저 Survived 열의 1(생존)과 0(사망) 두 가지 유일 값의 빈도수를 각각 파악해 보자.

[코드 3-39] Survived 열의 유일 값의 빈도수 확인하기

```
df['Survived'].value_counts()
```

```
0    549
1    342
Name: Survived, dtype: int64
```

value_counts 함수를 사용하면 각 유일 값의 빈도수가 새로운 시리즈로 반환된다. 유일 값은 인덱스가 되고 빈도수는 데이터가 된다. 그리고 빈도수가 높은 순으로 정렬된 시리즈를 반환한다. 결과를 확인하면 사망(0)이 549명, 생존(1)이 342명이다.

Pclass 열에서도 유일 값의 빈도수를 구해보자.

[코드 3-40] Pclass 열의 유일 값의 빈도수 확인하기

```
df['Pclass'].value_counts()
```

```
Third     491
First     216
Second    184
Name: Pclass, dtype: int64
```

1등석이 216명, 2등석이 184명, 3등석이 491명이라는 사실이 확인된다. 빈도수로 정렬된 시리즈를 반환하기에 인덱스가 Third, First, Second 순이다.

각 유일 값의 비율을 확인하고 싶다면 value_counts 함수에 normalize=True를 입력하자. 그러면 각 유일 값의 비율이 반환된다.

[코드 3-41] Pclass 열의 유일 값의 비율 확인하기

```
df['Pclass'].value_counts(normalize=True)
```

```
Third     0.551066
First     0.242424
Second    0.206510
Name: Pclass, dtype: float64
```

3등석이 전체의 55%에 해당한다는 사실이 확인된다.

3.5.6 히스토그램 그리기(hist)

범주형 데이터는 유일 값과 빈도수로 대략 파악할 수 있다. 그러나 Age 열과 같은 수치형 데이터는 유일 값으로 파악할 수 없다. 이때는 히스토그램을 그려 해당 데이터를 파악하는 것이 효과적이다. 판다스에서는 hist 함수를 사용하여 히스토그램을 손쉽게 그린다. 수치형 데이터에 해당하는 Age 열과 Fare 열의 히스토그램을 그려보자.

[코드 3-42] Age 열의 히스토그램 그리기

```
df['Age'].hist()
```

[코드 3-43] Fare 열의 히스토그램 그리기

```
df['Fare'].hist()
```

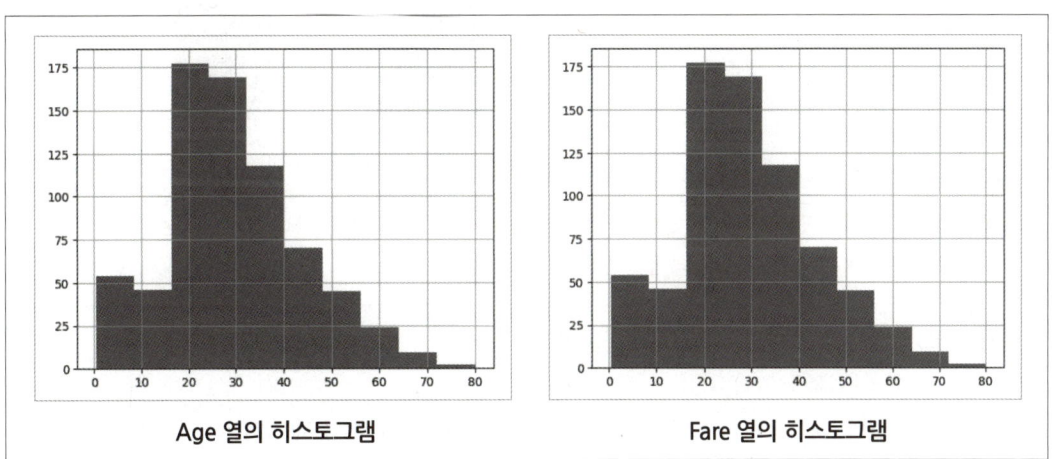

[그림 3-28] Age 열과 Fare 열의 히스토그램

나이의 분포를 살펴보면, 20~30세 정도가 가장 많다. 요금의 분포를 살펴보면, 50세 미만이 가장 많다. 이처럼 수치형 데이터는 히스토그램으로 간편하게 데이터 분포를 파악할 수 있다.

3.5.7 데이터 프레임과 시리즈 시각화하기(plot)

수치형 데이터를 히스토그램으로 시각화하면 데이터의 분포가 직관적으로 파악된다. 시각화는 데이터의 특성을 한눈에 파악한다는 장점이 있다. 판다스에는 시각화 전용 라이브러리인 matplotlib을 기반으로 만들어진 plot 함수가 있어, 간단한 메서드로 히스토그램 이외의 다양한 시각화가 손쉽게 가능하다.

3.5.5에서 value_counts 함수를 사용하여 Survived 열의 빈도수를 집계한 결과를 다시 살펴보자. 이 결과를 시각화하면 데이터의 특성이 더욱 직관적으로 파악될 것이다. Survived 열의 유일 값의 빈도수를 파악한 결과에 plot 함수를 사용해 시각화하자. 이때 막대그래프가 적합하므로, 매개변수 kind에 'bar'를 입력하자.

[코드 3-44] Survived 열의 유일 값 빈도수를 막대그래프로 시각화하기

```
df['Survived'].value_counts().plot(kind='bar')
```

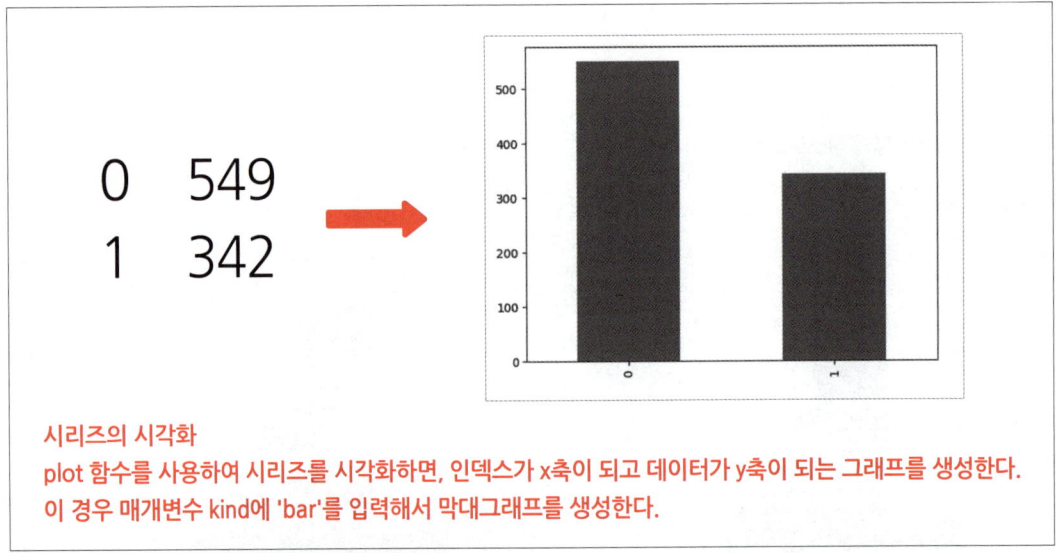

[그림 3-29] Survived 열의 빈도수 시각화(0은 사망, 1은 생존)

df의 Survived 열에 value_counts 함수를 메서드로 적용하여 범주형 데이터의 빈도수를 집계한 결과는 시리즈이므로, 시리즈에 다시 plot 함수를 메서드로 사용하여 시각화하였다. 이는 연속 메서드(chain method)를 사용하는 것으로 판다스는 이러한 사용법을 지원하여 편리하게 사용할 수 있다. 시리즈에 plot 함수를 적용하면 인덱스가 x축이 되고 데이터가 y축이 되는 그래프를 쉽게 생성할 수 있다.

마대그래프뿐만 아니라 다양한 그래프를 그릴 수 있다. 판다스 시각화의 장점은 사용하기에 간편하다는 점이고, 매개변수 kind에 인수를 입력해 다양한 그래프를 지정할 수 있다. 이러한 내용은 판다스 학습을 진행하면서 차근차근 함께 살펴보자. 데이터 프레임에 대한 학습을 거듭할수록 다양한 집계 결과를 다양한 종류의 그래프로 시각화할 것이다.

plot 함수는 시리즈뿐만 아니라 데이터 프레임에도 적용하여 그래프를 그린다. df를 이용하여 산점도(scatter plot)를 그려보자. 산점도는 두 수치형 데이터의 관계를 시각화하는 그래프이다. 두 변수의 값을 x축과 y축에 각각 표시하고 각 데이터를 점으로 표시하여 두 변수 간의 관계를 알기 쉽게 시각화하는 그래프이다.

df의 Age 열과 Fare 열로 산점도를 그려 나이와 요금의 관계를 파악해 보자. df에 plot 함수를 메서드로 사용하여 kind='scatter'를 입력해 산점도를 그린다. x축에 나이를, y축에 요금을 두려고 하므로 x='Age'와 y='Fare'를 입력한다. 그러면 나이와 요금의 관계를 나타내는 산점도를 그릴 수 있다.

[코드 3-45] 수치형 데이터인 나이와 요금의 산점도(scatter plot) 그리기

```
df.plot(kind='scatter', x='Age', y='Fare')
```

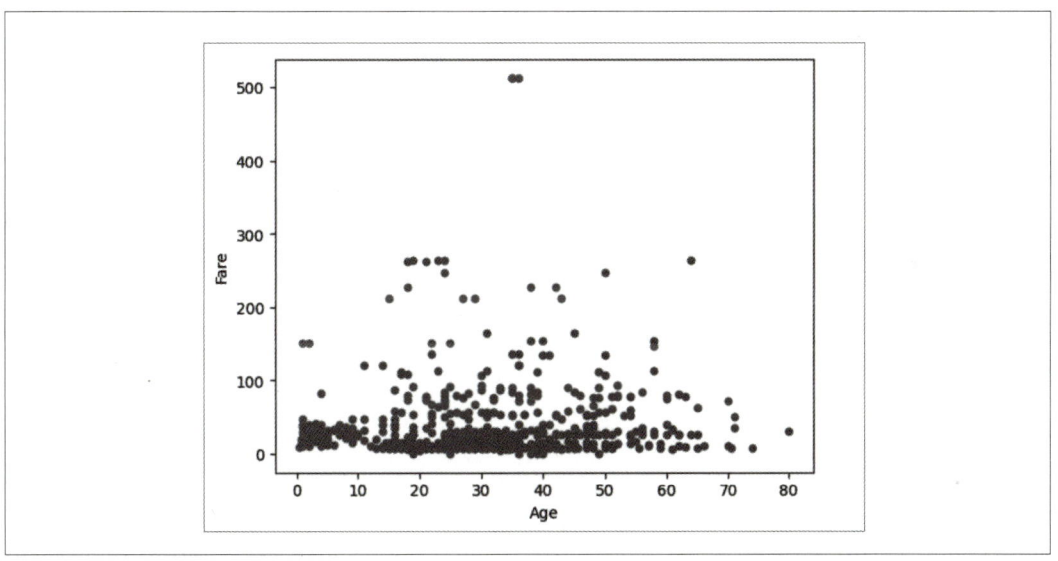

[그림 3-30] 나이와 요금의 산점도

판다스의 plot 함수를 이용하면 다양한 종류의 그래프를 손쉽게 그릴 수 있다. 또한, 다양한 매개변수로 코드를 작성하여 그래프의 모양과 색상 등을 조정해 더욱 퀄리티 높은 그래프도 그릴 수 있

다.[10] 다만, 판다스 시각화의 가장 큰 장점은 간결함이라는 점을 잊지 말아야 한다. 퀄리티를 높이고자 너무 많은 코드를 사용하기보다는 간결한 코드로 시각화하는 것이 판다스 시각화의 핵심이다. 비단 시각화뿐만이 아니라 판다스의 장점이 직관성과 간결함임을 언제나 잊지 말아야 한다.

---

10 **15.3.2. plot 함수의 매개변수** 참고

CHAPTER

04
인덱스

QR코드를 통해 Chapter 4에 포함된 코드를 확인할 수 있습니다. 또한 판다스와 구글 코랩의 버전 업데이트에 따른 변동이 필요한 코드, 변동된 코드 출력 정보도 확인할 수 있습니다.

4.1 인덱싱과 슬라이싱
4.2 데이터를 추출하는 함수들
4.3 인덱스와 컬럼즈를 다루는 함수들
4.4 멀티 인덱스 소개

4.1 인덱싱과 슬라이싱

데이터 프레임은 행과 열을 가지며 이를 인덱스와 컬럼즈로 색인화한다. 인덱스와 컬럼즈는 그 위치만 다를 뿐 성격이 동일하기에 넓은 의미에서 모두 인덱스 클래스로 통칭한다. 이 장에서 인덱스와 컬럼즈에 대해 알아보자.

인덱스나 컬럼즈를 활용해 특정 값이나 연속된 값을 추출하는 기능을 인덱싱과 슬라이싱이라 한다. 데이터 프레임의 장점은 인덱스와 컬럼즈에서 비롯되며 인덱싱은 대표적인 장점 중 하나이다. 판다스는 다양한 인덱싱과 슬라이싱을 지원하여 원하는 데이터를 손쉽게 추출한다.

4.1.1 대괄호 인덱싱

[코드 3-13]에서 열 이름을 키로 활용하여 데이터 프레임의 열을 시리즈로 추출하였다. 이렇게 데이터 프레임에 대괄호를 붙이고 대괄호 안에 열 이름을 입력하는 인덱싱 기법이 대괄호 인덱싱이다. 대괄호 인덱싱은 파이썬에 익숙한 독자들에게 친숙하고 간편하다는 장점이 있다. 그러나 대괄호 인덱싱은 열만 인덱싱이 가능하고, 행만 슬라이싱이 가능하다는 한계가 있다. 따라서 추후 학습할 loc와 iloc 인덱싱에 비해 활용의 폭이 제한적이며 주로 간편하게 열을 추출하거나 새로운 열을 생성할 때 사용된다.

대괄호 인덱싱을 실습해 보자. 실습하고자 아래 주어진 코드로 데이터 프레임 df를 생성하고 df와 데이터가 동일한 복제본 df1도 생성하자. 복제본 df1을 이용해 대괄호 인덱싱을 실습하고 실습 결과를 원본 df와 비교하자.

[코드 4-1] 실습을 위한 데이터 프레임 생성

```
import pandas as pd
data1 = [[84, 74, 86, 83, 60, 78],
         [69, 60, 91, 60, 91, 76],
         [88, 89, 80, 62, 62, 60],
         [72, 87, 90, 61, 98, 99],
         [90, 88, 64, 62, 83, 69]]
df = pd.DataFrame(data1, index=['A', 'B', 'C', 'D', 'E'],
                  columns=['국어','영어','수학','사회','과학','불어'])
# 원본인 df는 두고 df를 복제한 df1를 생성해 실습한다.
df1 = df.copy()
df1
```

	국어	영어	수학	사회	과학	불어
A	84	74	86	83	60	78
B	69	60	91	60	91	76
C	88	89	80	62	62	60
D	72	87	90	61	98	99
E	90	88	64	62	83	69

대괄호 인덱싱을 이용해 df1에서 국어 열을 시리즈로 추출하자. 대괄호 안에 열 이름인 '국어'를 입력한다.

[코드 4-2] 대괄호 인덱싱으로 국어 열을 시리즈로 추출

```
df1['국어']
```

```
A     84
B     69
C     88
D     72
E     90
Name: 국어, dtype: int64
```

df1['국어']
열 이름을 키(key)로 대괄호 인덱싱을 수행하면 해당 열을 시리즈로 반환한다.

	국어	영어	수학	사회	과학	불어
A	84	74	86	83	60	78
B	69	60	91	60	91	76
C	88	89	80	62	62	60
D	72	87	90	61	98	99
E	90	88	64	62	83	69

df1

[그림 4-1] 대괄호 인덱싱으로 열을 시리즈로 추출하기

국어 열을 간편하게 시리즈로 추출한다. 대괄호 인덱싱은 이처럼 간편함이 장점이다.

대괄호 인덱싱을 사용하여 복수의 열도 추출할 수 있다. 다만 추출할 열이 복수이므로 대괄호 인덱서에 열 이름을 리스트로 입력해야 한다. 대괄호 인덱서의 대괄호와 리스트의 대괄호가 합쳐져 이중 대괄호가 되니 주의하자.

[코드 4-3] 대괄호 인덱싱으로 복수의 열을 추출하기

```
df1[['영어', '과학']]
```

[그림 4-2]에서 결과를 확인하자. 복수의 열은 2차원이므로 결과도 데이터 프레임이다.

인덱싱은 순서에 구애받지 않는다. 따라서 대괄호 인덱싱을 이용해 동일한 열을 여러 번 인덱싱하거나, 열의 순서를 변경해 인덱싱할 수도 있다.

[코드 4-4] 동일한 열을 여러 번 인덱싱

```
df1[['과학', '영어', '과학']]
```

[코드 4-5] 대괄호 인덱싱으로 열의 순서 변경하기

```
df1[['과학', '영어', '수학', '사회', '불어', '국어']]
```

복수의 열을 인덱싱하면 결과는 데이터 프레임이다.

	영어	과학
A	74	60
B	60	91
C	89	62
D	87	98
E	88	83

[코드 4-3]

동일한 열을 여러 번 인덱싱 할 수 있다.

	과학	영어	과학
A	60	74	60
B	91	60	91
C	62	89	62
D	98	87	98
E	83	88	83

[코드 4-4]

열의 순서를 변경할 수 있다.

	과학	영어	수학	사회	불어	국어
A	60	74	86	83	78	84
B	91	60	91	60	76	69
C	62	89	80	62	60	88
D	98	87	90	61	99	72
E	83	88	64	62	69	90

[코드 4-5]

[그림 4-2] 다양한 대괄호 인덱싱

대괄호 인덱서에 존재하지 않는 열 이름을 입력해 실행하면 KeyError가 발생한다.

```
df1['체육']
```

```
KeyError: '체육'
```

df1에는 체육 열이 없으므로 KeyError가 발생한다. 대괄호 인덱싱이 아니더라도 입문 단계에는 KeyError가 자주 발생한다. 판다스에서 발생하는 대부분의 KeyError는 지정한 열이 해당 데이터 프레임에 존재하지 않을 때임을 잊지 말자.

4.1.2 대괄호 인덱싱으로 열 생성하기

앞서 확인한 것처럼 대괄호 인덱서에 존재하지 않는 열을 입력해 출력하면 KeyError가 발생한다. 존재하지 않는 열을 인덱싱해서 데이터를 가져오기는 불가능하다. 그렇지만 존재하지 않는 열을 인덱싱해서 값을 부여하는 것은 가능하다. 이 방식으로 데이터 프레임에 새로운 열을 생성할 수 있다. 딕셔너리의 원소 생성과 동일한 방식이다.

우리는 학생 전원에게 체육 과목에 'pass'를 부여하기로 했다. 대괄호 인덱서에 존재하지 않는 열 이름인 '체육'을 입력하고 'pass'를 부여하자. 그리고 df1을 출력해 보면 각 셀의 데이터가 전부 'pass'인 체육 열이 추가된 것이 확인된다.

[코드 4-6] 대괄호 인덱싱으로 열 생성하기

```
df1['체육'] = 'pass'
df1
```

[그림 4-3]에서 결과를 확인하자. 대괄호 인덱싱 기법은 새로운 열을 생성할 때도 쓰인다. 이렇게 열을 생성하는 방식을 배정 방식이라고 한다.

[코드 4-6]에서 생성된 체육 열은 모두 동일한 데이터인 'pass'로 채워졌다. 동일한 데이터가 아닌 각기 다른 데이터를 부여하고 싶을 때는 1차원 배열을 입력한다. 리스트나 튜플, 넘파이의 어레이 또는 판다스의 시리즈도 입력 가능한 1차원 배열이다. 이때 배정되는 배열의 크기는 기존 데이터 프레임인 df1의 열의 데이터 개수와 같아야 한다.

열의 데이터 개수는 결국 행의 개수이므로 행의 개수와 같은 길이의 배열을 입력한다. 각기 다른 점수를 부여해 도덕 열을 생성해 보자. df1이 5개의 행이므로 원소가 5개인 배열을 입력하자.

[코드 4-7] 서로 다른 값을 부여해 열 생성하기

```
df1['도덕'] = [95, 87, 83, 91, 77]
df1
```

[그림 4-3]에서 결과를 확인하자. 서로 다른 데이터를 부여한 도덕 열이 생성되었다.

앞서 대괄호 인덱싱은 이중 대괄호 구조를 사용하여 복수의 열을 한 번에 인덱싱했다. 마찬가지 방식으로 복수의 열을 한 번에 추가도 할 수 있다. 미술과 음악 열을 리스트 형식으로 한 번에 대괄호 인덱싱을 수행하여 모두 90의 점수를 부여해 보자.

[코드 4-8] 복수의 열 생성하기

```
df1[['미술', '음악']] = 90
df1
```

	국어	영어	수학	사회	과학	불어	체육	도덕	미술	음악
A	84	74	86	83	60	78	pass	95	90	90
B	69	60	91	60	91	76	pass	87	90	90
C	88	89	80	62	62	60	pass	83	90	90
D	72	87	90	61	98	99	pass	91	90	90
E	90	88	64	62	83	69	pass	77	90	90

[그림 4-3] [코드 4-6], [코드 4-7], [코드 4-8]로 생성한 여러 열을 확인

복수의 열에 서로 다른 값도 배정할 수 있다. 만약 2개의 열을 동시에 생성할 때, 10개의 셀을 서로 다른 값으로 배정하고 싶다면 5 × 2 크기의 리스트나 어레이, 데이터 프레임 등의 2차원 배열을 배정한다. 복수의 열을 생성하거나 수정할 때 사용하는 기법이며 추후 실습한다.[1]

4.1.3 대괄호 인덱싱으로 열 수정하기

이제까지는 존재하지 않은 열 이름을 인덱싱하여 값을 부여해 새로운 열이 생성되었다. 이미 존재하는 열을 인덱싱하여 값을 부여하면 열이 수정된다. 국어 시험에 오류가 있어 전원의 성적을 99점으로 부여하기로 하였다. 이미 존재하는 국어 열을 인덱싱하여 99를 부여하면 기존의 국어 열이 전부 99점으로 수정된다.

[코드 4-9] 열 수정하기

```
df1['국어'] = 99
df1
```

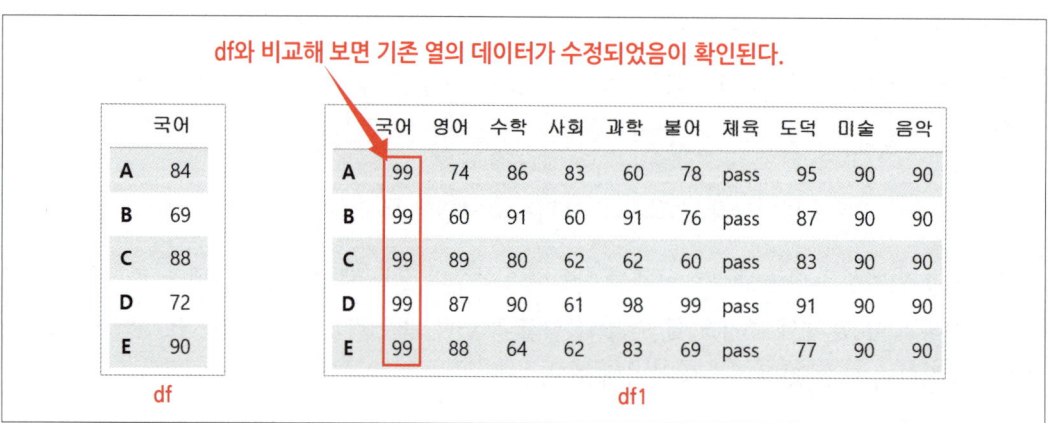

[그림 4-4] 열 수정하기

---

1   [코드 10-15]가 데이터 프레임을 배정해 복수의 열을 생성하는 코드이며, [코드 9-43]이 데이터 프레임을 배정해 복수의 열을 수정하는 코드이다.

단일 값으로 수정하는 것 외에도 배열로 수정하거나, 복수의 열을 수정하는 것도 가능하다. 열의 수정은 열의 생성 기법과 동일하며, 단지 열 이름의 존재 여부에 따라 생성과 수정이 결정된다.

	열 이름이 존재할 때	열 이름이 존재하지 않을 때
df[열 이름]	인덱싱	KeyError
df[열 이름] = 값	열의 수정	열의 생성

[표 4-1] 대괄호 인덱싱과 열의 생성 및 수정하기

대괄호 인덱싱과 열의 생성 및 수정을 정리하면 [표 4-1]과 같다. 파이썬에 익숙하다면 이 방식이 딕셔너리와 동일함을 알 것이다. 데이터 프레임은 2차원 딕셔너리와 같은 구조이므로 열을 생성하고 수정하는 방식이 흡사하다.

4.1.4 대괄호 슬라이싱

인덱스나 컬럼즈를 활용하여 연속된 값을 추출하는 것을 슬라이싱이라고 한다. 대괄호 인덱서는 인덱싱과 슬라이싱을 모두 지원하지만 대상이 조금 다르다. 대괄호 인덱서는 열의 인덱싱과 행의 슬라이싱만을 지원한다.

원본 데이터 프레임 df를 활용하여 실습해 보자. df에서 B 학생부터 D 학생까지의 데이터만 추출해 보자. 시작점인 'B'와 끝 지점인 'D'를 콜론(:)으로 구분하여 대괄호 인덱서에 입력하면 연속된 값이 추출된다.

[코드 4-10] df에서 B 학생부터 D 학생까지 추출하기

```
df['B':'D']
```

[그림 4-5] 대괄호 인덱서로 슬라이싱

대괄호 인덱서는 행만 슬라이싱이 가능하다는 제한으로 인해 슬라이싱할 때 잘 사용되지 않는다. 아래에서 배울 loc 인덱서와 iloc 인덱서는 행과 열을 모두 슬라이싱할 수 있기 때문이다. 직접 슬라이싱에 대괄호 인덱서는 사용하지 않지만 불리언 인덱싱[2]에서 대괄호 인덱서를 자주 사용하므로 대괄호 인덱서의 슬라이싱에 대해서 개념은 파악하는 것이 좋다.

4.1.5 키 인덱싱과 슬라이싱(loc 인덱서)

만약 우리가 A 학생의 국어 성적이 궁금하다면 어떻게 해야 할까? 이런 작업은 대괄호 인덱싱으로는 두 번의 대괄호 인덱싱으로 추출해야 한다. 대괄호 인덱싱은 2차원 구조인 데이터 프레임의 인덱싱을 완전히 만족시킬 수 없다. 그래서 대괄호 인덱싱은 주로 간단한 인덱싱에 사용되며, 본격적인 인덱싱은 loc와 iloc 인덱서를 주로 사용한다.

대괄호 인덱싱과 달리 loc 인덱서와 iloc 인덱서는 모두 행과 열을 동시에 인덱싱할 수 있다. 가져오려는 행과 열을 쉼표로 구분하여 인덱서에 입력하면 된다. loc 인덱서는 (key) location의 약자로서, 키를 기반으로 인덱싱을 수행하므로 열 이름을 입력한다. 그리고 iloc 인덱서는 integer location의 약자로, 위치를 정수로 부여한 로케이션을 기반으로 인덱싱을 수행하므로 로케이션을 입력한다. 판다스는 많은 경우에 키와 로케이션을 선택해 사용할 수 있는 것이 장점이다.

원본 데이터 프레임 df의 데이터를 복제한 df2를 사용하여 loc 인덱싱을 실습해 보자. A 학생의 국어 성적을 인덱싱하려면, 데이터 프레임에 loc 인덱서를 사용하고 대괄호 안에 행 이름 'A'와 열 이름 '국어'를 쉼표로 구분하여 순차적으로 입력한다. 그러면 행 이름과 열 이름을 키로 사용해 데이터를 추출한다.

[코드 4-11] df를 복제한 df2에서 A 학생의 국어 성적 추출하기

```
df2 = df.copy()
df2.loc['A', '국어']
```

```
84
```

결과가 84점이 맞는지 [그림 4-6]에서 확인해 보자. loc 인덱서는 행과 열을 동시에 인덱싱할 수 있기에 셀의 데이터를 추출할 수 있다.

loc 인덱서 역시 복수 인덱싱이 가능하다. 복수일 때는 이름들을 리스트로 입력해야 하며, loc 인덱서의 대괄호와 리스트의 대괄호가 겹쳐 이중 대괄호가 된다. df2에서 A, C, D 학생의 국어와 수학 성적을 인덱싱하자.

---

[2] 조건을 만족하는 행 또는 열을 필터링하는 기법. True, False로 인덱싱해서 불리언 인덱싱이라고 한다. 키 슬라이싱과 동일한 방식으로 다루어지며, 대괄호 인덱서를 사용하여 구현할 때가 많다. **6.3. 필터링**에서 다룬다.

[코드 4-12] loc 인덱서로 복수의 행과 열을 인덱싱

```
df2.loc[['A', 'C', 'D'], ['국어', '수학']]
```

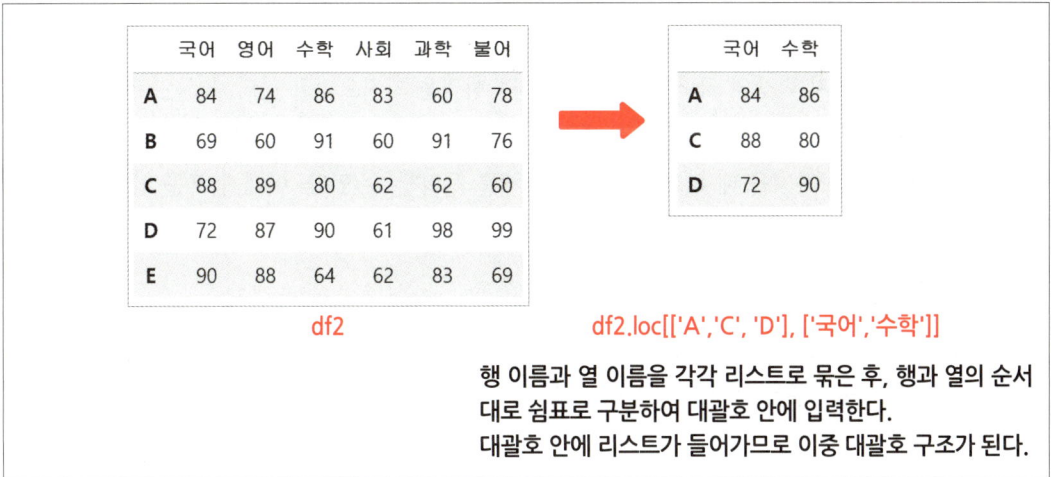

[그림 4-6] loc 인덱서의 복수 인덱싱

loc 인덱서도 슬라이싱이 가능하다. 행과 열을 동시에 슬라이싱하자. B, C, D 학생에 대한 영어부터 과학 과목까지의 성적을 추출하려면, loc 인덱서의 슬라이싱을 사용하여 시작점과 끝 지점을 콜론으로 구분하여 입력하자. 행과 열의 슬라이싱 대상을 순차적으로 쉼표로 구분하여 loc 인덱서에 입력한다.

[코드 4-13] B 행부터 D 행의 영어부터 과학 성적까지 추출하기

```
df2.loc['B':'D', '영어':'과학']
```

슬라이싱할 때 시작점이 데이터 프레임의 처음이거나, 끝 지점이 데이터 프레임의 마지막이라면 생략할 수 있다. A부터 D까지 학생의 수학부터 불어 과목의 성적을 가져오자. 행의 슬라이싱에서 시작점 'A'가 df2의 첫 행이기에 생략이 가능하다. 열의 슬라이싱에서 끝 지점 '불어'가 마지막 열이니까 역시 생략이 가능하다. 이름을 생략하더라도 콜론(:)은 반드시 입력해야 한다.

[코드 4-14] 시작점이 처음이거나 끝 지점이 마지막이면 생략 가능

```
df2.loc['A':'D', '수학':'불어'] # 모두 기입한 코드
df2.loc[:'D', '수학':] # 생략도 가능
```

데이터 프레임의 처음부터 끝까지 슬라이싱할 때, 시작점과 끝 지점을 모두 생략할 수 있다. 예를 들어, A부터 E까지 학생들의 수학부터 과학까지의 성적을 가져오려면, 행의 슬라이싱에서는 콜론만 입력하면 된다.

[코드 4-15] 모든 행을 가져온다면 행의 슬라이싱은 콜론(:)으로 대체 가능

```
df2.loc['A':'E', '수학':'과학'] # 모두 기입한 코드
df2.loc[:, '수학':'과학'] # 콜론으로 대체도 가능
```

이번에는 A부터 D까지 학생의 국어부터 불어까지의 성적을 가져오려고 한다. 'A'는 시작 행이므로 생략이 가능하다. 국어부터 불어까지의 성적은 모든 열을 가져오므로 열의 슬라이싱에 콜론만 입력한다. 또한 모든 열을 가져올 때 열의 슬라이싱 전체를 생략할 수 있다. 이때 쉼표를 사용하지 않고 행의 슬라이싱만 입력한다.

[코드 4-16] 모든 열을 가져온다면 열의 슬라이싱은 생략 가능

```
df2.loc[:'D', :] # 열이 슬라이싱을 콜론으로 대체도 가능하지만
df2.loc[:'D'] # 모든 열을 가져올 때는 열의 슬라이싱 전체를 생략 가능
```

행을 전부 가져올 때라도 행의 슬라이싱은 생략될 수 없다. [코드 4-15]처럼 사용해야 한다.

```
df2.loc['수학':'과학'] # X
df2.loc[:, '수학':'과학'] # O
```

행은 인덱싱을 수행하지만 열은 슬라이싱을 수행할 수 있다. 반대로 행은 슬라이싱을 수행하지만, 열은 인덱싱을 수행할 수 있다. A, B, C, D 학생의 과학과 수학 성적을 추출하려면, 행은 슬라이싱을 수행하고 열은 복수 열을 인덱싱한다. 인덱싱은 순서에 구애받지 않으므로 원본 데이터 프레임 df2에서 과학 열이 수학 열보다 순서상 뒤이지만 이는 문제가 되지 않는다.

[코드 4-17] 인덱싱과 슬라이싱은 행과 열에 각각 적용 가능

```
df2.loc[:'D', ['과학', '수학']]
```

[그림 4-7]에서 결과를 확인해 보자. 이 정도만 숙지하면 loc 인덱서를 사용하여 원하는 데이터를 가져올 수 있을 것이다.

	영어	수학	사회	과학
B	60	91	60	91
C	89	80	62	62
D	87	90	61	98

[코드 4-13]
df2.loc['B':'D', '영어':'과학']

	수학	사회	과학	불어
A	86	83	60	78
B	91	60	91	76
C	80	62	62	60
D	90	61	98	99

[코드 4-14]
df2.loc['A':'D', '수학':'불어']
df2.loc[:'D', '수학':]

	수학	사회	과학
A	86	83	60
B	91	60	91
C	80	62	62
D	90	61	98
E	64	62	83

[코드 4-15]
df2.loc['A':'E', '수학':'과학']
df2.loc[:, '수학':'과학']

	국어	영어	수학	사회	과학	불어
A	84	74	86	83	60	78
B	69	60	91	60	91	76
C	88	89	80	62	62	60
D	72	87	90	61	98	99

[코드 4-16]
df2.loc[:'D', :]
df2.loc[:'D']

	과학	수학
A	60	86
B	91	91
C	62	80
D	98	90

[코드 4-17]
df2.loc[:'D', ['과학', '수학']]

[그림 4-7] loc 인덱싱 결과

4.1.6 loc 인덱서로 행과 열 생성하기

앞서 우리는 대괄호 인덱서를 사용하여 열을 생성하는 것을 익혔다. 대괄호 인덱서는 열만을 인덱싱하므로 열만 생성하고, loc 인덱서를 사용하면 행과 열을 모두 생성할 수 있다. 그러나 열 생성은 대괄호 인덱서를 사용하는 것이 간편하므로 일반적으로 열의 생성은 대괄호 인덱서를 사용하는 것이 바람직하다.

다만 일부에만 값을 부여하는 열을 생성할 때는 loc 인덱서를 사용하는 것이 효과적이다. 예를 들어 B와 D 학생에게만 80점을 부여하고 나머지는 점수를 부여하지 않는 실험 열을 생성하자. loc 인덱서에 행에는 'B'와 'D'를 입력하고, 열에는 기존에 존재하지 않는 이름인 '실험'을 입력한다. 그런 다음 부여할 점수인 80을 배정하면, B와 D 학생에게는 80이 부여되고 나머지 학생에게는 NaN이 부여되는 실험 열이 생성된다.

[코드 4-18] B와 D에게만 80을 부여한 실험 열 생성하기

```
df2.loc[['B', 'D'], '실험'] = 80 # B와 D는 80, 나머지는 NaN인 실험 열 생성
df2
```

결과는 [그림 4-8]에서 확인하자. 판다스를 배우면 주로 빅데이터처럼 대규모 데이터를 다루므로 행 이름을 일일이 입력하여 특정 행에만 값을 부여하는 열을 생성하지는 않는다. 조건에 따라 값을 다르게 부여하는 열을 생성할 때[3] 이 방식을 사용한다.

열의 생성 외에 셀의 데이터도 수정할 수 있다. A 학생의 과학 점수가 60점인 것은 오기이고 70점이 옳다면 어떻게 해야 할까? 이를 바로잡고자, 셀을 인덱싱하여 값을 배정하면 해당 셀의 데이터만 변경된다.

[코드 4-19] A의 과학 점수를 70점으로 수정하기

```
df2.loc['A', '과학'] = 70
df2
```

loc 인덱서로는 행도 생성할 수 있다. 존재하지 않는 행을 인덱싱해 값을 부여하면 새로운 행이 생성된다. 생성된 행은 데이터 프레임의 마지막에 위치한다. df2에 학생 F의 데이터는 없는데, 학생 F의 데이터를 생성하자. F 학생에게는 기본 점수 60점을 전 과목에 부여하자.

[코드 4-20] 전 과목 점수가 60인 F 학생의 데이터 생성하기

```
df2.loc['F'] = 60
df2
```

전부 60점인 F 학생의 데이터가 6번째 행으로 새롭게 생성되었다.

1. **일부만 값을 부여한 열의 생성(나머지는 NaN)**
   df2.loc[['B', 'D'], '실험'] = 80
2. **셀의 수정**
   df2.loc['A', '과학'] = 70
3. **행의 생성**
   df2.loc['F'] = 60

	국어	영어	수학	사회	과학	불어	실험
A	84	74	86	83	70	78	NaN
B	69	60	91	60	91	76	80.0
C	88	89	80	62	62	60	NaN
D	72	87	90	61	98	99	80.0
E	90	88	64	62	83	69	NaN
F	60	60	60	60	60	60	60.0

[그림 4-8] loc 인덱서로 열의 생성, 셀의 수정, 행의 생성

---

[3] 조건에 따라 값을 부여하는 작업을 불리언 마스킹(boolean masking)이라고 한다. 불리언 마스킹은 참과 거짓에 따라 값을 부여하는 것이다. **8.4.1. 불리언 인덱싱으로 불리언 마스킹** 참고

다만 여러분이 판다스를 사용하여 주로 다루는 데이터는 대규모 원시 데이터이다. 원시 데이터는 각 행이 개별 사례를 나타내므로 일일이 행을 생성하거나 수정할 일이 거의 없다. 개별 사례를 추가하더라도 대규모 행을 별도의 파일에서 일반적으로 한 번에 추가한다. 이는 셀의 수정도 마찬가지이다. 그렇지만 데이터를 다루는 기술이 부족한 입문자는 반복문 등을 동원해 데이터를 개별적으로 수정하려고 할 때가 빈번하다. 그래서 방법을 [코드 4-19]와 [코드 4-20]으로 남겨두었으니 필요하다면 참고하자. 다만 사용을 권하지는 않는다.

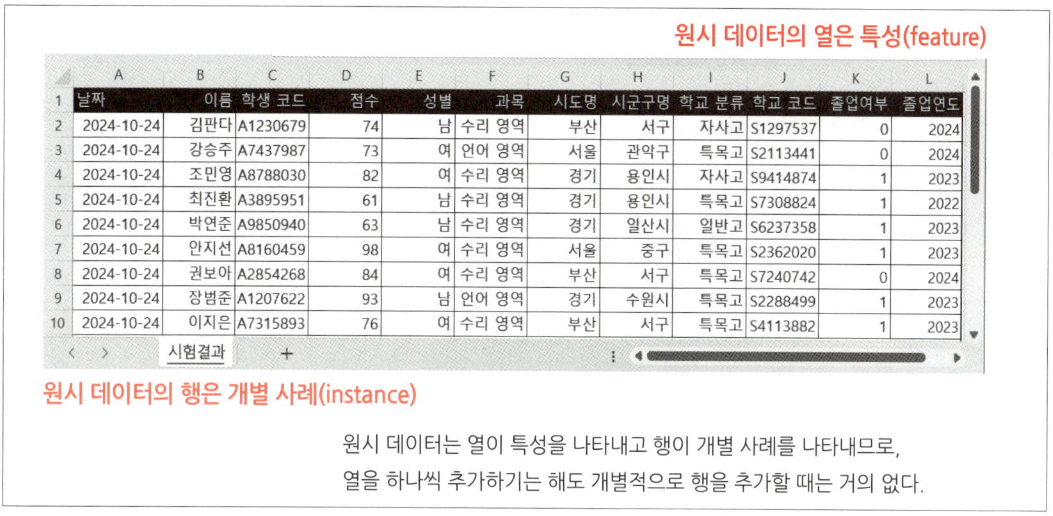

	A	B	C	D	E	F	G	H	I	J	K	L
1	날짜	이름	학생 코드	점수	성별	과목	시도명	시군구명	학교 분류	학교 코드	졸업여부	졸업연도
2	2024-10-24	김판다	A1230679	74	남	수리 영역	부산	서구	자사고	S1297537	0	2024
3	2024-10-24	강승주	A7437987	73	여	언어 영역	서울	관악구	특목고	S2113441	0	2024
4	2024-10-24	조민영	A8788030	82	여	수리 영역	경기	용인시	자사고	S9414874	1	2023
5	2024-10-24	최진환	A3895951	61	남	수리 영역	경기	용인시	특목고	S7308824	1	2022
6	2024-10-24	박연준	A9850940	63	남	수리 영역	경기	일산시	일반고	S6237358	1	2023
7	2024-10-24	안지선	A8160459	98	여	수리 영역	서울	중구	특목고	S2362020	1	2023
8	2024-10-24	권보아	A2854268	84	여	수리 영역	부산	서구	특목고	S7240742	0	2024
9	2024-10-24	장범준	A1207622	93	남	언어 영역	경기	수원시	특목고	S2288499	1	2023
10	2024-10-24	이지은	A7315893	76	여	수리 영역	부산	서구	특목고	S4113882	1	2023

[그림 4-9] 판다스로 주로 다룰 원시 데이터의 예시

4.1.7 로케이션 인덱싱과 슬라이싱(iloc 인덱서)

데이터 프레임은 로케이션으로 인덱싱과 슬라이싱이 가능하다. 이는 판다스가 키와 로케이션을 선택해 사용하는 장점을 잘 보여주는 예이다. 이때는 iloc 인덱서를 활용한다.

로케이션으로 인덱싱하는 방법은 리스트에서 인덱싱하는 방식과 같다. 그래서 파이썬에 익숙한 유저라면 오히려 loc 인덱서보다 iloc 인덱서를 더 손쉽게 배운다. 이번 기회에 리스트를 통해 로케이션에 대해 정확히 학습해 보자. 로케이션은 가장 처음의 원소에 0을 부여하고, 그 뒤로 1씩 순차적으로 증가하는 정수를 부여한다.

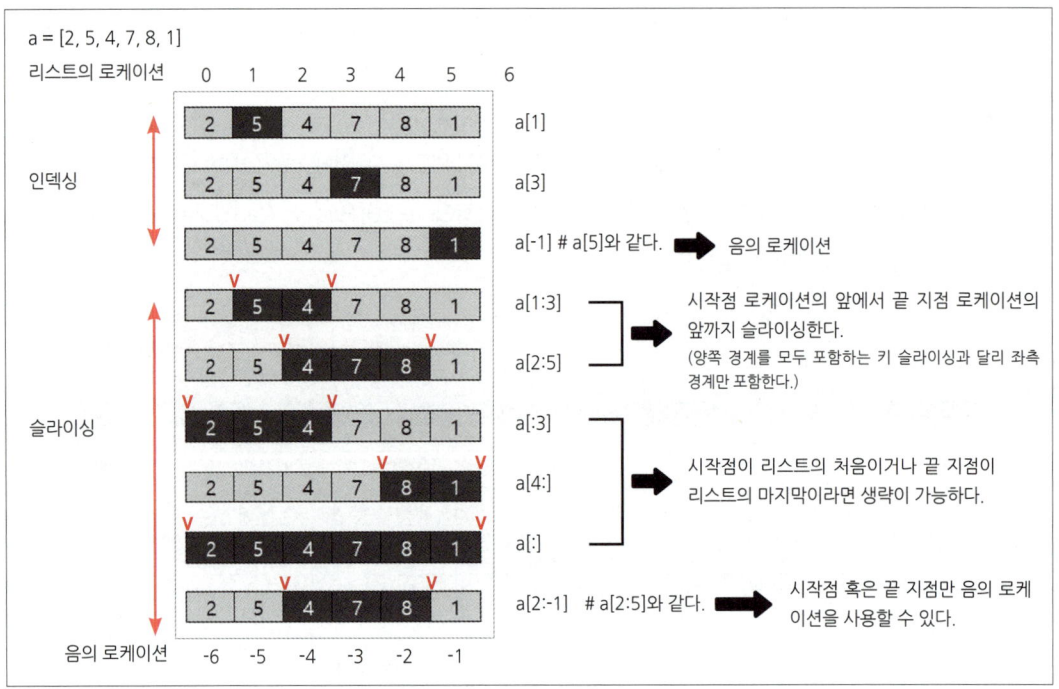

[그림 4-10] 리스트의 로케이션 인덱싱과 슬라이싱

리스트의 인덱싱은 로케이션에 해당하는 데이터를 가져온다. 그래서 a[1]은 5를 반환한다. 음의 로케이션을 활용하기도 한다. 맨 마지막 위치를 -1로 부여하고 1씩 순차적으로 감소하는 정수를 부여하는 것이 음의 로케이션이다. a[-1]은 a[5]와 같으며 값은 1이다.

로케이션으로 슬라이싱할 때는 시작점은 포함하되 끝 지점은 포함하지 않는다. 그렇기에 편의상 로케이션에 의한 슬라이싱은 지정한 시작 로케이션의 앞에서 지정한 끝 로케이션의 앞의 범위까지 가져온다고 생각하자. a[1:3]은 로케이션이 1인 위치에 해당하는 5의 앞에서부터 로케이션이 3인 위치에 해당하는 7의 앞 범위까지 가져온다고 생각하자. 그래서 결과는 [5, 4]이다. 우측 경계인 7은 제외된다.

인덱싱과 마찬가지로 음의 로케이션으로도 슬라이싱하는데 양의 로케이션과 음의 로케이션을 혼용해서 사용하기도 한다. 상식적으로는 다소 받아들이기 힘들겠지만 a[2:-1]과 같은 코드도 사용이 가능하다. 로케이션이 2인 위치에 해당하는 4의 앞에서부터 로케이션이 -1인 위치에 해당하는 1의 앞 범위까지 가져온다고 생각하자. 그래서 결과는 [4, 7, 8]이다. 마찬가지로 우측 경계인 1은 제외된다.

슬라이싱 시작점이 리스트의 처음이거나 슬라이싱 끝 지점이 마지막일 때 생략이 가능하다. a[:3]은 [2, 5 ,4]를 반환하며, a[4:]는 [8, 1]을 반환한다. 처음부터 끝까지 모두 슬라이싱할 때는 a[:]를 사용한다.

리스트의 로케이션 인덱싱에 대한 이해를 바탕으로, 데이터 프레임의 로케이션 인덱싱을 실습하자. 데이터 프레임의 로케이션 인덱싱은 iloc 인덱서를 사용하여 수행한다. 원본 데이터 프레임의 값을 변경하지 않고자 df를 복제한 df3를 사용하여 실습하자. 먼저 개별 셀의 데이터를 인덱싱하자. 학생 A의 국어 성적을 인덱싱하려면, A 행의 로케이션인 0과 국어 열의 로케이션인 0을 쉼표로 구분하여 iloc 인덱서의 대괄호에 입력한다.

[코드 4-21] df를 복제한 df3로 A 학생의 국어 점수 로케이션 인덱싱

```
df3 = df.copy()
df3.iloc[0, 0]
```

```
84
```

[그림 4-11]에서 A 학생의 국어 점수가 84인지 확인해 보자. iloc 인덱서는 loc 인덱서와 마찬가지로, 개별 셀의 데이터에도 손쉽게 접근한다.

iloc 인덱서 역시 복수의 행과 열을 인덱싱하는 것도 가능하다. 복수의 행과 열을 인덱싱할 때는 로케이션을 리스트로 묶어 입력한다. 그래서 iloc 인덱서의 대괄호와 리스트의 대괄호가 겹쳐 이중 대괄호가 된다. A, C, D 학생의 국어와 수학 성적을 가져오자. A, C, D의 로케이션은 각각 0, 2, 3이며 국어와 수학의 로케이션은 각각 0과 2이다. 코드 실행 결과는 [그림 4-11]에서 확인하자.

[코드 4-22] A, C, D 학생의 국어와 수학 성적 가져오기

```
df3.iloc[[0, 2, 3], [0, 2]]
```

iloc 인덱서도 슬라이싱을 수행한다. 시작점과 끝 지점의 로케이션을 콜론(:)으로 구분해서 입력한다. B, C, D의 영어부터 과학까지의 성적을 추출하자. B와 D의 로케이션은 각각 1과 3이며 영어와 과학의 로케이션은 각각 1과 4이다.

[코드 4-23] 행을 1:3, 열을 1:4로 슬라이싱

```
df3.iloc[1:3, 1:4]
```

이 코드로는 D 학생과 과학 과목의 성적은 가져오지 못한다. 로케이션 슬라이싱은 끝 지점을 포함하지 않기 때문이다. loc 인덱서는 양쪽 경계를 모두 포함하지만, iloc 인덱서는 시작점은 포함하고 끝 지점은 포함하지 않는다. 이는 리스트의 슬라이싱과 동일한 방식이며, 파이썬의 로케이션 슬라이싱이 가지는 공통적인 특징이다. D와 과학을 포함하려면, D와 과학의 로케이션에 1씩 더해 슬라이싱해야 한다.

[코드 4-24] 행은 B부터 D, 열은 영어부터 과학까지 로케이션 슬라이싱

```
df3.iloc[1:4, 1:5]
```

iloc 인덱서도 슬라이싱할 때 시작점이 데이터 프레임의 처음이라면 생략할 수 있다. 끝까지 슬라이싱하고 싶다면 끝 지점의 로케이션을 생략한다. A에서 D까지 학생의 수학에서 불어 성적을 가져오자.

[코드 4-25] 행은 A부터 D, 열은 수학부터 불어까지 로케이션 슬라이싱

```
df3.iloc[:4, 2:]
```

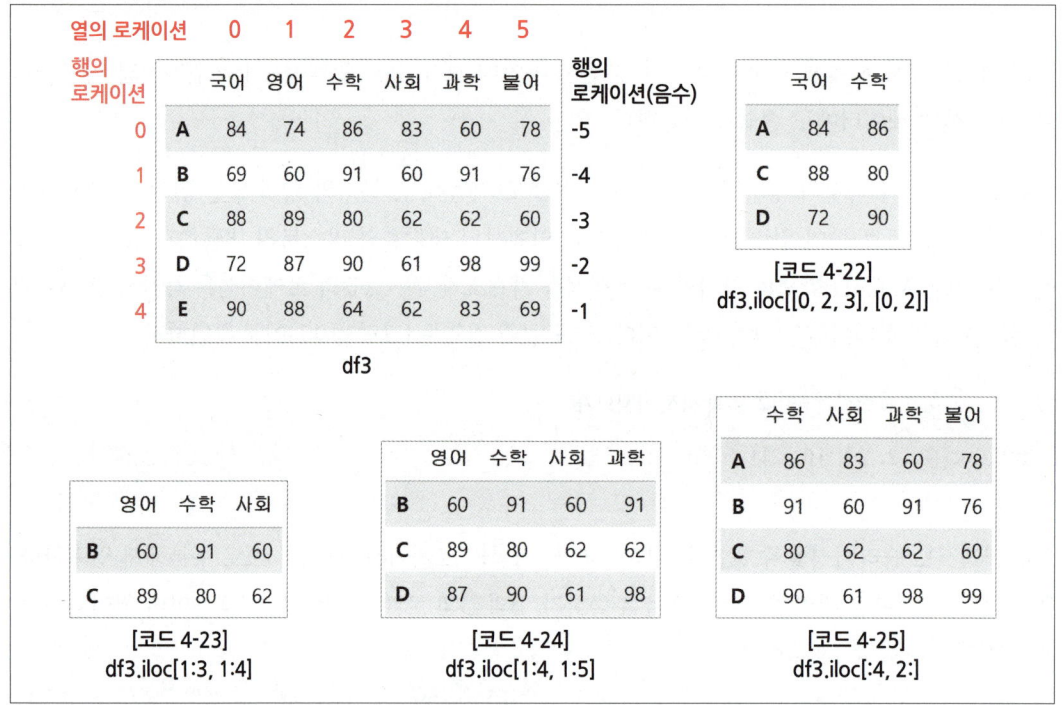

[그림 4-11] iloc 인덱싱 결과

행을 모두 가져올 때는 시작점과 끝 지점이 모두 생략되어 콜론(:)만으로 표현할 수 있다. 열을 모두 가져올 때는 열의 슬라이싱을 전체적으로 생략할 수 있다. 이러한 점은 loc 인덱서와 동일하다. 따라서 첫 행과 마지막 행을 시리즈로 추출하는 코드는 다음과 같다.

[코드 4-26] 첫 행을 시리즈로 추출하기

```
df3.iloc[0]
```

국어	84

```
영어    74
수학    86
사회    83
과학    60
불어    78
Name: A, dtype: int64
```

[코드 4-27] 마지막 행을 시리즈로 추출하기

```
df3.iloc[-1] # 음의 로케이션
```

```
국어    90
영어    88
수학    64
사회    62
과학    83
불어    69
Name: E, dtype: int64
```

또한 인덱싱과 슬라이싱은 행과 열에 각각 적용되며, 인덱싱이 순서에 구애받지 않는다는 점은 loc 인덱서와 마찬가지로 iloc 인덱서도 갖는 특징이다.

[코드 4-28] 인덱싱과 슬라이싱은 행과 열에 각각 적용 가능

```
df3.iloc[1:4, [-2, 3, -2]]
```

이 정도만 숙지하면 iloc 인덱서를 사용하여 원하는 데이터를 가져올 수 있다.

4.1.8 인덱싱과 슬라이싱 정리

이제까지 배운 인덱싱과 슬라이싱을 정리하면 다음과 같다.

	대괄호 인덱서	loc 인덱서	iloc 인덱서
대상	키[4]	키	로케이션
행과 열을 동시에 인덱싱 및 슬라이싱	불가능	가능	가능

---

[4] 슬라이싱에 한해 행의 로케이션 슬라이싱도 사용 가능하다. 대체로 사용하지는 않기에 [표 4-2]처럼 정리하였다.

행	슬라이싱만 가능	인덱싱, 슬라이싱 모두 가능	인덱싱, 슬라이싱 모두 가능
열	인덱싱만 가능	인덱싱, 슬라이싱 모두 가능	인덱싱, 슬라이싱 모두 가능
슬라이싱의 경계 조건	양쪽 경계 모두 포함	양쪽 경계 모두 포함	시작점만 포함하고 끝 지점은 불포함

[표 4-2] 대괄호, loc, iloc 인덱서 비교

인덱싱과 슬라이싱은 판다스 입문자들이 맞닥뜨리는 첫 번째 난관이다. 엑셀에서는 드래그와 복사 및 붙여넣기로 해결하던 부분을 코드로 가져오는 과정이 불편하게 느껴질 수 있다. 그러나 데이터가 방대하면 드래그로 가져오는 것이 더 불편할 뿐만 아니라 휴먼 에러를 유발하는 요인이 된다. 따라서 빅데이터는 코드로 가져오는 것이 더 편리하다.

4.2 데이터를 추출하는 함수들

인덱싱과 슬라이싱은 넓은 의미에서 인덱싱으로 통칭하며, 결국 인덱싱은 원하는 데이터를 추출하는 기법이다. 여기서 인덱싱은 아니지만 원하는 데이터를 추출하는 함수들을 학습하자. 이러한 함수들은 인덱싱과 병행하여 사용하거나 인덱싱을 대체할 수 있다.

4.2.1 행과 열 삭제하기(drop)

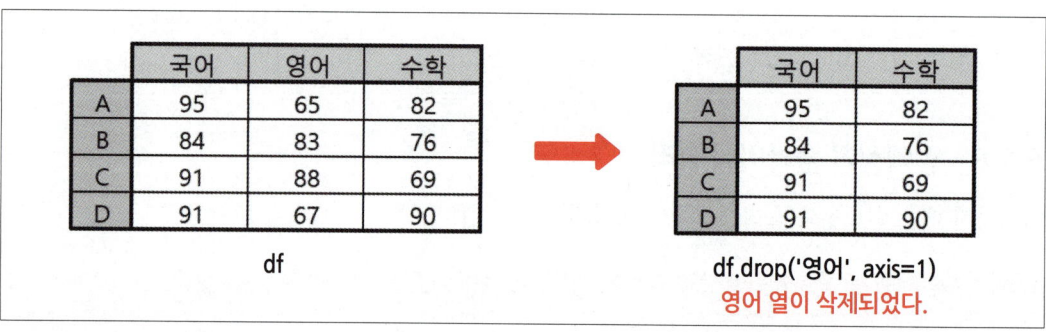

[그림 4-12] 판다스 drop 함수

> ● **판다스 drop**
>
> 데이터 프레임의 행이나 열을 삭제하는 함수
>
> drop 함수의 주요 매개변수와 인수, 기본값
>
> ```
> df.drop(labels, axis=0, level=None))
> ```
>
> - **labels**: 삭제할 행 또는 열을 지정한다. 복수의 행이나 열을 지정하려면 리스트로 묶어서 입력한다.
> - **axis**: 행을 삭제할지 열을 삭제할지 지정한다. 기본값은 0이고 행을 삭제한다.
> - **level**: 멀티 인덱스일 때 삭제할 레벨을 지정한다.

앞으로 계속해서 데이터 프레임을 다루는 함수들에 대해 학습한다. 함수들을 소개할 때 위처럼 함수에 대한 간단한 설명과 함께, 함수의 매개변수와 인수의 기본값에 대한 설명을 제시하겠다. 물론 판다스 함수들은 매개변수가 많으므로 주요 매개변수만 설명한다. 코드 박스에는 주요 매개변수와 해당 매개변수 인수의 기본값을 표현하였다. 예를 들어 axis=0은 매개변수 axis의 기본값이 0임을 의미한다. None으로 표현되는 기본값은 기본값이 존재하지 않거나, 기본값의 규칙이 있을 때이다.[5]

입문 단계에서는 모든 설명을 이해하려고 생각하지 않아도 되며, [그림 4-12]처럼 함수의 용법을 설명하는 그림으로만 함수를 파악해도 무방하다. 추후 판다스 실력이 향상되면 매개변수와 인수를 참고해 함수를 사용할 수 있을 것이다.

drop 함수는 열이나 행을 삭제하는 함수이다. 실습하고자 아래의 코드를 실행해 보자.

[코드 4-29] drop 함수 실습 예제 코드

```
import pandas as pd
data1 = [[95, 65, 82], [84, 83, 76], [91, 88, 69], [91, 67, 90]]
idx = ['A', 'B', 'C', 'D']
cols = columns=['국어', '영어', '수학']
df = pd.DataFrame(data1, index=idx, columns=cols)
df
```

[코드 4-29]를 실행하면 [그림 4-12]처럼 df가 생성된다. drop 함수는 행이나 열을 삭제하는 함수이다. 영어 열을 삭제하려면 labels='영어'를 입력하지만, 첫 번째 매개변수를 맨 처음에 입력할 때는 인수만 입력하는 것이 일반적이므로 '영어'만 입력한다.

---

[5] drop 함수의 매개변수 axis는 단일 값인 0을 기본값으로 가진다. 그래서 axis=0으로 표현이 가능하다. 그렇지만 read_excel 함수에서 매개변수 index는 기본값으로 RangeIndex가 부여되는 규칙이 있다. 이는 3개의 행이라면 0, 1, 2의 인덱스가 부여되고, 4개의 행이라면 0, 1, 2, 3의 인덱스가 부여된다. 이때, 기본값으로 부여되는 규칙은 있지만, 행의 개수에 따라 실제 부여되는 값은 달라진다. 이처럼 단일 값으로 표현하기 어려운 기본값이 None으로 표기된다.

단, drop 함수는 행과 열을 모두 삭제할 수 있으므로 행을 삭제할지 열을 삭제할지를 지정해야 한다. 판다스에서는 행과 열에서 모두 가능한 작업을 수행할 때, 행에서 작업을 수행할지 열에서 작업을 수행할지 지정하는 것을 축을 지정한다고 한다. 축을 지정하는 매개변수는 axis이다. drop 함수뿐만 아니라 다양한 함수에서 매개변수 axis가 존재하는데, drop 함수에서는 axis=0일 때 행을 삭제하고 axis=1일 때 열을 삭제한다. axis에 대한 자세한 내용은 5.4.3. 매개변수 axis와 축 지정에서 학습한다.

df에서 영어 열을 삭제하자. 삭제하고 싶은 열 이름을 입력하고 열을 삭제할 것이기에 매개변수 axis에 1을 입력하자. drop 함수로 행을 삭제하는 것은 드물기에 비록 매개변수 axis의 기본값이 0이지만 주로 axis=1로 사용한다.

[코드 4-30] 영어 열 삭제

```
df.drop('영어', axis=1)
```

[코드 4-30]을 실행하면 [그림 4-12]와 같은 결과를 얻는다.

복수의 열을 삭제하고 싶다면 삭제할 열 이름을 리스트로 묶어서 입력한다. 영어와 수학 열을 삭제해 보자.

[코드 4-31] 영어와 수학 열 삭제

```
df.drop(['영어', '수학'], axis=1)
```

영어와 수학 열이 삭제되어 국어 열만 남은 결과를 얻는다. 각자 확인해 보자.

인덱싱과 슬라이싱은 원하는 데이터를 추출하는 기법이지만 때로는 필요한 데이터를 추출하기보다 불필요한 데이터를 삭제하는 것이 더 효율적일 때가 있다. 실습하고자 아래 코드의 df1을 실행해 보자.

[코드 4-32] drop 함수와 인덱싱 실습 예제 코드

```
data2 = {'이름': ['김판다', '강승주', '권보아', '임재범'],
         '국어점수': [88, 81, 89, 79], '영어점수': [68, 82, 84, 80],
         '수학점수': [75, 80, 84, 89], '과학점수': [75.5, 62, 82, 89],
         '성별': ['남', '여', '여', '남'], '반': ['A', 'B', 'A', 'B'],
         '전형': ['수시', '수시', '정시', '정시']}
df1 = pd.DataFrame(data2)
df1
```

	이름	국어점수	영어점수	수학점수	과학점수	성별	반	전형
0	김판다	88	68	75	75.5	남	A	수시
1	강승주	81	82	80	62.0	여	B	수시
2	권보아	89	84	84	82.0	여	A	정시
3	임재범	79	80	89	89.0	남	B	정시

학생들의 개인정보 보호를 하고자 df1에서 이름과 성별을 제외한 나머지 열만을 남긴다면, 이를 인덱싱으로 해결하려면 불편하다.

[코드 4-33] df1에서 이름과 성별 열을 제외하고 인덱싱

```
df1.loc[:, ['국어점수', '영어점수', '수학점수', '과학점수', '반', '전형']]
```

iloc 인덱서를 사용하면 loc 인덱서보다는 편리하겠지만, 인덱싱보다는 drop 함수로 삭제하는 것이 훨씬 더 간결하다.

[코드 4-34] 이름과 성별 열 삭제하기

```
df1.drop(['이름', '성별'], axis=1)
```

인덱싱과 drop 함수를 혼용하여 사용할 수 있다. 인덱싱 결과에 drop 함수를 적용할 수 있는데 이는 때에 따라서는 번거로운 인덱싱을 매우 간결하게 한다. 예를 들어 국어점수 열부터 반 열까지 추출하지만, 과학점수 열은 제외하고 싶다면 슬라이싱 후 drop 함수로 삭제하는 것이 간결하다.

[코드 4-35] 슬라이싱 후에 과학점수 열 삭제하기

```
df1.iloc[:, 1:7].drop('과학점수', axis=1)
```

위 코드를 실행하면 국어점수, 영어점수, 수학점수, 성별, 반 열만 남는다.

● 판다스에서 키와 로케이션을 적용하는 방법

1. 하나의 함수나 기법에서 모두 적용이 가능할 때

    [예] read_excel 함수의 매개변수 sheet_name

    키와 로케이션 어느 쪽을 입력해도 작동하기에 키와 로케이션 중 간편한 방법을 선택한다.

2. 서로 다른 함수나 기법으로 키와 로케이션을 각각 적용할 때

    [예] loc 인덱서와 iloc 인덱서
    - loc 인덱서는 키로 인덱싱하고 iloc 인덱서는 로케이션으로 인덱싱한다.
    - 상황에 따라 키와 로케이션 중 편한 쪽을 선택해 맞는 기법을 선택한다.

3. 키만 적용이 가능할 때

    [예] drop 함수
    - drop 함수는 삭제할 키만 입력할 수 있다.
    - 첫 번째 열을 삭제할 때 로케이션인 0을 사용할 수는 없다.
    - 그럼에도 df.columns를 활용하면 로케이션으로 열 이름을 반환할 수 있다.
    - df.columns[0]가 첫 번째 열의 이름이기에 df.drop(df.columns[0], axis=1)과 같은 코드로 로케이션을 활용해 첫 번째 열을 삭제한다.

4.2.2 열 이름으로 필터링(filter)

	국어	영어	수학	고전국어
0	81	80	65	62
1	62	88	87	78
2	73	71	87	66
3	61	63	75	78

df

→

	국어	고전국어
0	81	62
1	62	78
2	73	66
3	61	78

df.filter(like='국어')

열 이름에 국어를 포함하는 열만 남았다.

[그림 4-13] 판다스 filter 함수

> ● **판다스 filter**
>
> 열 이름으로 데이터 프레임을 필터링하는 함수
>
> filter 함수의 주요 매개변수와 인수, 기본값
>
> ```
> df.filter(items=None, like=None, regex=None)
> ```
>
> - **items**: 정확하게 일치하는 문자열을 기준으로 필터링할 때 사용한다.
> - **like**: 포함하는 문자열을 기준으로 필터링할 때 사용한다.
> - **regex**: 정규 표현식을 사용할지 지정한다.

filter 함수는 열 이름에 특정 문자열이 포함되는지를 확인하여 필터링한다. 매개변수 like에 입력된 문자열을 포함하는 열만 추출할 때 주로 쓰인다. regex=True를 입력하면 정규 표현식[6]을 이용해 열을 추출한다. 실습하고자 아래 코드를 실행해 보자.

[코드 4-36] filter 함수 실습 예제 코드

```
data1 = [[81, 80, 65, 62], [62, 88, 87, 78],
        [73, 71, 87, 66], [61, 63, 75, 78]]
df = pd.DataFrame(data1, columns=['국어', '영어', '수학', '고전국어'])
df
```

[코드 4-36]을 실행하면 [그림 4-13]처럼 df가 생성된다. df에서 열 이름에 '국어'를 포함하는 열만 남기자. 매개변수 like에 포함하고 싶은 문자열 '국어'를 입력한다. 매개변수 like는 filter 함수의 두 번째 매개변수이므로, 이 코드에서 매개변수를 생략할 수 없다.

[코드 4-37] 열 이름에 국어를 포함하는 열만 필터링하기

```
df.filter(like='국어')
```

결과는 [그림 4-13]에서 확인하자. 때에 따라서 인덱싱보다 훨씬 간편하게 원하는 열을 추출한다.

[코드 4-32]로 생성한 df1에서 열 이름에 '점수'를 포함하는 열만 필터링해 보자. 국어점수, 영어점수, 수학점수, 과학점수 열만 남는다.

---

6   정규 표현식은 특정한 규칙을 가진 문자열의 집합을 표현하는 데 사용하는 형식 언어이다. 파이썬뿐만 아니라 다른 프로그래밍 언어에서도 널리 사용되는 유용한 도구이지만, 정규 표현식을 제대로 배우려면 별도의 책을 한 권 더 공부해야 한다. 기초적인 내용은 이 책에서도 추후 **10.3. 정규 표현식**에서 다룰 예정이다. 이미 정규 표현식을 학습했다면 filter 함수의 매개변수 regex를 활용하자.

[코드 4-38] [코드 4-32]의 df1에서 열 이름에 점수가 포함된 열만 필터링하기

```
df1.filter(like='점수')
```

결과는 각자 실행해서 확인해 보자.

4.2.3 자료형으로 열 선택하기(select_dtypes)

	이름	국어	영어	성별
0	김판다	81	62	남
1	강승주	80	88.5	여
2	권보아	65	87	여
3	임재범	62	78	남

df

	국어	영어
0	81	62
1	80	88.5
2	65	87
3	62	78

df.select_dtypes('number')

정수, 실수처럼 수치형 데이터인 열만 선택되었다.

[그림 4-14] 판다스 select_dtypes 함수

판다스 select_dtypes

열의 자료형에 기반하여 데이터 프레임을 필터링하는 함수

select_dtypes 함수의 주요 매개변수와 인수, 기본값

```
df.select_dtypes(include=None, exclude=None)
```

- **include**: 포함할 자료형을 지정한다. 단일 값 또는 리스트 형태로 지정이 가능하다.
- **exclude**: 제외할 자료형을 지정한다. 단일 값 또는 리스트 형태로 지정이 가능하다.

select_dtypes 함수는 데이터 프레임에서 열의 자료형에 따라 특정 열을 추출하는 함수이다. 다양한 자료형을 가진 열 중에서 필요한 자료형에 해당하는 열들만 추출한다. 아래 코드를 실행해 보자.

[코드 4-39] select_dtypes 함수 실습 예제 코드

```
data1 = {'이름': ['김판다', '강승주', '권보아', '임재범'],
         '국어': [81, 80, 65, 62], '영어': [62, 88.5, 87, 78],
         '성별': ['남', '여', '여', '남']}
df = pd.DataFrame(data1)
df
```

[코드 4-39]를 실행하면 [그림 4-14]처럼 df가 생성된다. 자료형을 기반으로 추출할 것이기에 먼저 df의 자료형을 dtypes 속성으로 확인해 보자.

[코드 4-40] df의 자료형 확인하기

```
df.dtypes
```

```
이름      object
국어       int64
영어     float64
성별      object
dtype: object
```

이름과 성별 열은 문자열이므로 오브젝트 자료형이고, 국어는 정수, 영어는 실수이다. 여기서 정수인 열만 추출하거나 실수인 열만 추출해 보자. 매개변수 include에 정수를 뜻하는 문자열 'int'를 입력하면 정수로 된 열만 추출되고, 실수를 뜻하는 문자열 'float'을 입력하면 실수로 된 열만 추출된다. include는 첫 번째 매개변수이므로 생략할 수 있다.

[코드 4-41] 정수인 열과 실수인 열만 추출

```
df.select_dtypes('int')   # 자료형이 정수인 국어 열만 추출
df.select_dtypes('float') # 자료형이 실수인 영어 열만 추출
```

매개변수 include에 'number'를 입력하면 정수, 실수와 같은 수치형 데이터가 한꺼번에 추출된다. 물론 첫 번째 매개변수인 include는 이번에도 생략이 가능하다.

[코드 4-42] 정수와 실수 등 수치형 데이터인 열만 추출하기

```
df.select_dtypes('number')
```

결과는 [그림 4-14]와 같다.

매개변수 exclude를 사용하면 특정 자료형을 제외하고 추출된다. df에서 실수인 영어 열을 제외하고 나머지 자료형의 데이터만 남겨보자.

[코드 4-43] 실수 자료형인 열 제외하기

```
df.select_dtypes(exclude='float')
```

여러분이 다수의 열을 보유한 빅데이터를 다룰 때, 필요한 자료형의 열만 추출하는 것은 매우 유용하다.

4.2.4 판다스의 함수와 원본 변경하기

판다스에서 대부분 함수의 적용 결과는 원본을 변경하지 않는다.[7] 수치형 데이터만 추출하려고 [코드 4-42]의 df.select_dtypes('number') 코드를 실행하더라도 원본 df가 변경되지는 않는다. df에서 수치형 데이터가 추출된 새로운 데이터 프레임이 생성된다. 이는 인덱싱에서도 마찬가지이다.

판다스 함수는 대부분 원본을 대체하지 않고 함수가 적용된 새로운 데이터 프레임으로 반환한다. 따라서, 함수 적용 결과로 원본을 변경하려면 다음 코드처럼 결과를 원래의 변수로 다시 지정해야 한다.

[코드 4-44] [코드 4-42]의 함수 적용 결과로 원본 df를 변경하기

```
df = df.select_dtypes('number')
```

함수의 적용이 원본을 변경하는 것으로 착각하여 코드를 잘못 작성하는 것은 입문 단계에서 흔한 실수이다. 그래서 입문자들은 이러한 판다스의 특성에 불만을 표현하기도 한다. 하지만 판다스의 함수가 원본을 변경하지 않는 것은 오히려 큰 장점이다.

[코드 4-44]는 수치형 데이터만 추출한 결과로 원본 df를 변경해 버리면, [코드 4-39]의 df에서 문자열인 열이 필요한 작업을 수행할 때 [코드 4-39]부터 다시 실행해야 한다. 판다스 함수는 원본을 변경하지 않아 데이터의 병렬적 처리가 가능하다. 일반적으로 데이터 분석은 한 방향이 아닌 여러 방향으로 작업해 보기 때문에 원본을 변경하지 않는 특성은 매우 유용한 장점이다.

그리고 판다스 함수는 원본을 변경하지 않아 연속 메서드를 사용할 수 있다. 판다스는 함수의 결과로 지속해서 원본을 변경하는 것이 아니라 별도의 객체를 생성해 연속 메서드로 함수를 적용한다.

판다스 함수가 원본을 변경하지 않는 것은 장점이지만, 입문 단계에서는 에러를 유발하는 요인도 된다. 간단히 기억하자면 판다스는 변수 지정 연산자인 등호(=)가 없으면 원본을 변경하지 않는다고 생각해도 좋다.[8] [코드 4-44]처럼 함수를 적용한 후 변수에 지정하는 등호가 존재해야 원본이 변경된다.

같은 맥락에서 4.1.2에서 배운 열 생성하기의 [코드 4-6]을 보자. [코드 4-6]은 등호(=)를 사용해 원본을 변경한다. 즉, 코드를 실행하는 즉시 원본 df1에 새로운 열이 생성되어 원본인 df1이 변경되는 것이다. 이러한 열 생성 방식을 배정이라고 한다.

---

[7] 판다스에도 insert, update 등 원본을 변경하는 함수가 극히 일부 존재하지만 대부분의 판다스 함수는 함수를 적용해도 원본이 변경되지는 않는다.

[8] insert, update 등의 원본을 변경하는 판다스 함수들이 있으므로 예외는 있지만, 대체로 등호가 존재할 때만 원본이 변경된다고 생각하자. 등호를 사용하지 않고 함수에 inplace=True를 입력해 원본을 변경하기도 하는데, 판다스 숙련자들은 해당 기능을 거의 사용하지 않는다. 판다스 함수의 적용 결과가 원본을 변경하지 않는 것은 단점이 아니라 장점이기에, 제한된 때만 등호를 사용해 원본을 변경하고 등호를 통해 원본이 변경된 것을 확인하는 것이 바람직하다.

엑셀 예제 1 타이타닉 침몰 사고 승객 데이터 인덱싱과 슬라이싱

3.5에서 살펴본 타이타닉 침몰 사고의 승객 데이터는 실습이 편리하도록 일부 필요한 열만 남겨둔 것이다. 하지만 실제 타이타닉 데이터는 아래처럼 많은 열을 가진다. 실제 타이타닉 승객 데이터로 인덱싱과 슬라이싱을 실습해 보자.

	A	B	C	D	E	F	G	H	I	J	K	L
	승객번호	생존여부	객실등급	이름	성별	나이	형제배우자	부모자식	티켓번호	요금	객실번호	탑승항
1	PassengerId	Survived	Pclass	Name	Gender	Age	SibSp	Parch	Ticket	Fare	Cabin	Embarked
2	1	0	3	Braund, Mr. Owen Harris	male	22	1	0	A/5 21171	7.25		S
3	2	1	1	gs, Mrs. John Bradley (Florence Briggs T	female	38	1	0	PC 17599	71.2833	C85	C
4	3	1	3	Heikkinen, Miss. Laina	female	26	0	0	N/O2. 3101	7.925		S
5	4	1	1	trelle, Mrs. Jacques Heath (Lily May Pe	female	35	1	0	113803	53.1	C123	S
6	5	0	3	Allen, Mr. William Henry	male	35	0	0	373450	8.05		S
7	6	0	3	Moran, Mr. James	male		0	0	330877	8.4583		Q
8	7	0	1	McCarthy, Mr. Timothy J	male	54	0	0	17463	51.8625	E46	S

05titanic.xlsx 891 행 × 12 열

[그림 4-15] 타이타닉 침몰 사고의 승객 데이터[9]

- **PassengerId**: 승객의 고유 ID
- **Survived**: 생존 여부, 0은 사망, 1은 생존을 의미
- **Pclass**: 객실 등급, 1등석, 2등석, 3등석으로 구분
- **Name**: 승객의 이름
- **Gender**: 승객의 성별. male, female로 구분
- **Age**: 승객의 나이
- **SibSp**: Siblings/Spouses의 약자. 승객이 동반한 형제나 배우자의 수
- **Parch**: Parents/Children의 약자. 승객이 여객선에 동반한 부모, 자녀의 수
- **Ticket**: 승객이 구매한 티켓 번호
- **Fare**: 승객이 티켓을 구매할 때 지불한 요금
- **Cabin**: 승객이 탑승한 객실 번호
- **Embarked**: 승객이 탑승한 항구. 사우샘프턴(S), 셸부르크(C), 퀸스타운(Q)

타이타닉 원시 데이터에서 다양한 인덱싱을 수행하기

이 책에서 자주 사용할 데이터이므로 잘 살펴보자. 파일명은 05titanic.xlsx이다. 먼저 엑셀 파일의 시트를 데이터 프레임으로 불러온다. read_excel 함수를 사용하자. 불러온 데이터 프레임은 변수 df_titanic으로 지정한다.

---

[9] Brenda N, 앞의 데이터

[코드 4-45] 타이타닉 엑셀 파일에서 데이터 프레임 불러오기

```
import pandas as pd
pd.options.display.max_rows = 6 # 6행까지만 출력 코드
url1 = 'https://github.com/panda-kim/book1/blob/main/05titanic.xlsx?raw=true'
df_titanic = pd.read_excel(url1)
df_titanic
```

	PassengerId	Survived	Pclass	Name	Gender	Age	SibSp	Parch	Ticket	Fare	Cabin	Embarked
0	1	0	3	Braund, Mr. Owen Harris	male	22.0	1	0	A/5 21171	7.2500	NaN	S
1	2	1	1	Cumings, Mrs. John Bradley (Florence Briggs Th...	female	38.0	1	0	PC 17599	71.2833	C85	C
2	3	1	3	Heikkinen, Miss. Laina	female	26.0	0	0	STON/O2. 3101282	7.9250	NaN	S
...	...	...	...	...	...	...	...	...	...	...	...	...
888	889	0	3	Johnston, Miss. Catherine Helen "Carrie"	female	NaN	1	2	W./C. 6607	23.4500	NaN	S
889	890	1	1	Behr, Mr. Karl Howell	male	26.0	0	0	111369	30.0000	C148	C
890	891	0	3	Dooley, Mr. Patrick	male	32.0	0	0	370376	7.7500	NaN	Q

891 rows × 12 columns

6행까지만 출력하는 코드 덕분에 상위 3행, 하위 3행만 출력되었다. 이런 코드는 외우는 것이 아니니 걱정할 필요 없다. 필요할 때 검색하거나, 실습을 돕기 위해 배포한 ipynb 파일에서 코드를 복사해서 가져오자. 인덱싱과 슬라이싱을 배웠으니, 변수 df_titanic에서 필요한 열만 추출해 보자. 열을 인덱싱하기에 앞서 df_titanic의 컬럼즈부터 확인하자.

[코드 4-46] df_titanic의 컬럼즈 확인하기

```
df_titanic.columns
```

```
Index(['PassengerId', 'Survived', 'Pclass', 'Name', 'Gender', 'Age', 'SibSp',
       'Parch', 'Ticket', 'Fare', 'Cabin', 'Embarked'],
      dtype='object')
```

파일에서 데이터 프레임을 불러오면 인덱싱하기 전에 columns 속성으로 컬럼즈부터 확인하는 습관을 들여야 한다. 그러면 열 이름을 모두 반환하므로 정확한 열 이름을 확인할 수 있으며, 텍스트를 복사해 손쉽게 인덱싱을 할 수 있다. df_titanic에서 생존 여부, 객실 등급, 성별, 나이, 요금 열만 가져오자. 가져올 열이 많으니 리스트로 묶은 뒤 따로 변수 cols로 지정하고 cols를 대괄호 인덱서에 입력하자.

[코드 4-47] 생존 여부, 객실 등급, 성별, 나이, 요금 열만 가져오기

```
cols = ['Survived', 'Pclass', 'Gender', 'Age', 'Fare']
df_titanic[cols]
```

	Survived	Pclass	Gender	Age	Fare
0	0	3	male	22.0	7.2500
1	1	1	female	38.0	71.2833
2	1	3	female	26.0	7.9250
...	...	...	...	...	...
888	0	3	female	NaN	23.4500
889	1	1	male	26.0	30.0000
890	0	3	male	32.0	7.7500

891 rows × 5 columns

이번에는 df_titanic에서 상위 100행에서 수치형 데이터만 가져오자. df_titanic에서 수치형 데이터만 포함하는 데이터 프레임을 생성하고자 select_dtypes 함수를 사용한다. 또한, 로케이션으로 상위 100개의 행만 가져오도록 iloc 인덱서를 사용한다.

[코드 4-48] 수치형 데이터의 상위 100행만 가져오기

```
df_titanic.select_dtypes('number').iloc[:100]
```

	PassengerId	Survived	Pclass	Age	SibSp	Parch	Fare
0	1	0	3	22.0	1	0	7.2500
1	2	1	1	38.0	1	0	71.2833
2	3	1	3	26.0	0	0	7.9250
...	...	...	...	...	...	...	...
97	98	1	1	23.0	0	1	63.3583
98	99	1	2	34.0	0	1	23.0000
99	100	0	2	34.0	1	0	26.0000

100 rows × 7 columns

이제 여러분도 파일에서 필요한 데이터만 손쉽게 가져올 것이다. 결과를 파일로 저장하고 싶다면 to_excel 함수를 사용하자.

4.3 인덱스와 컬럼즈를 다루는 함수들

인덱싱은 데이터 프레임에서 인덱스와 컬럼즈를 기반으로 원하는 데이터만 가져오는 필수적인 기능이다. 앞서 학습한 filter 함수도 컬럼즈를 기반으로 작동하여 간결하고 강력한 기능을 수행한다. 따라서 판다스를 효과적으로 사용하려면 인덱스와 컬럼즈를 자유자재로 다뤄야 한다.

인덱스와 컬럼즈는 판다스의 강점인 동시에 어려운 부분이기도 하다. 하지만 미리 겁먹을 필요는 없다. 여기서 인덱스와 컬럼즈를 다루는 함수들을 공부한다면 손쉽게 다룰 수 있다.

주의할 점은 4.3에서 학습하는 인덱스와 컬럼즈를 다루는 함수들은 대부분 인덱스 클래스에 적용하는 것이 아니라 데이터 프레임에 적용해 인덱스와 컬럼즈를 변경하는 함수들이다. 쉽게 말해 df.index에 함수를 적용하는 것이 아니라 df에 함수를 적용한다.[10]

4.3.1 인덱스 설정하기(set_index)

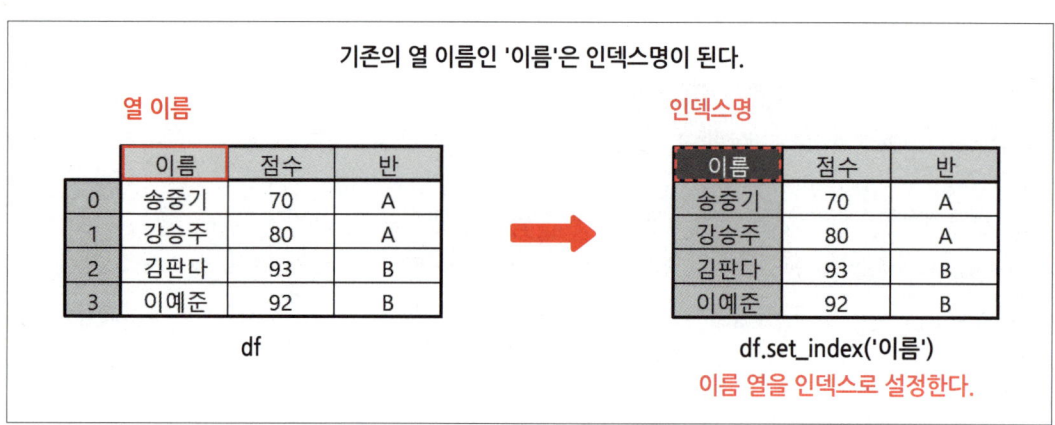

[그림 4-16] 판다스 set_index 함수

● **판다스 set_index**

데이터 프레임의 인덱스를 설정하는 함수 (컬럼즈를 설정할 수는 없다.)

set_index 함수의 주요 매개변수와 인수, 기본값

`df.set_index(keys, axis=0)`

- **keys**: 인덱스로 설정될 열을 지정한다.

---

[10] 인덱스 클래스에 직접 적용하는 함수들은 **14.3.2. 인덱스 클래스에 적용하는 함수들**에서 학습한다.

set_index는 일반 열을 인덱스로 설정하는 함수이다. 열을 인덱스로 설정할 때만 적용이 가능한 함수이며, 행을 컬럼즈로 설정할 수는 없다. 먼저 간단한 데이터 프레임으로 실습해 보자. 아래의 df는 [그림 4-15]의 df와 같다.

[코드 4-49] 실습 예제 코드

```
import pandas as pd
data = [['송중기', 70, 'A'], ['강승주', 80, 'A'],
        ['김판다', 93, 'B'], ['이예준', 92, 'B']]
df = pd.DataFrame(data, columns=['이름', '점수', '반'])
df1 = df.set_index('이름')
df2 = df.copy() # df를 복제한 df2
```

df의 이름 열을 인덱스로 설정하자. df에 set_index 함수를 메서드로 사용하고, 인덱스로 설정하고 싶은 열인 '이름'을 입력하면 [그림 4-15]처럼 이름 열이 인덱스로 설정된다.

[코드 4-50] df의 이름 열을 인덱스로 설정하기

```
df.set_index('이름')
```

기존의 열 이름인 '이름'은 인덱스명이 된다. 인덱스명을 변경하거나 제거하기를 원할 때 4.3.8에서 학습하는 rename_axis 함수를 사용한다. 인덱스명은 단일 인덱스를 다룰 때는 큰 의미가 없지만 멀티 인덱스를 다룰 때는 인덱스명이 있으면 편리하다.

인덱스는 단일 열뿐만 아니라 복수의 열도 지정할 수 있다. 이를 멀티 인덱스라고 한다. 복수의 열을 인덱스로 설정할 때는 리스트로 묶어서 입력한다.

[코드 4-51] 복수의 열을 인덱스로 설정하기

```
df.set_index(['반', '이름'])
```

결과는 각자 확인해 보자. 파일에서 데이터 프레임을 불러올 때, 열을 인덱스로 설정하고 싶다면 set_index 함수보다는 [코드 3-21]처럼 매개변수 index_col을 사용하지만, 함수를 적용 후 인덱스를 다시 설정해야 할 때도 많으므로 set_index 함수도 자주 사용한다.

4.3.2 인덱스 리셋하기(reset_index)

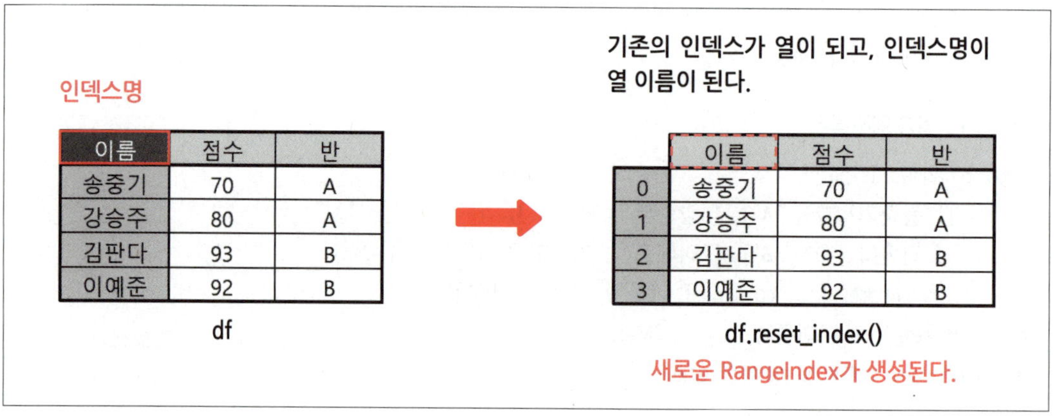

[그림 4-17] 판다스 reset_index 함수

> ● **판다스 reset_index**
>
> 인덱스에서 데이터를 제거하는 함수 (컬럼즈를 대상으로는 사용할 수 없다.)
> 인덱스에서만 제거해 데이터 프레임의 열이 되거나, 데이터를 완전히 삭제할 수 있다. 인덱스가 모두 제거되면 새로운 RangeIndex가 생성된다.
>
> reset_index 함수의 주요 매개변수와 인수, 기본값
>
> ```
> df.reset_index(level=None, drop=False)
> ```
>
> - **level**: 멀티 인덱스에서 리셋할 인덱스의 레벨을 지정한다.
> - **drop**: 인덱스에서만 제거할지 완전히 데이터를 삭제할지 지정한다. 기본값은 인덱스의 데이터가 열이 된다.

인덱스의 데이터를 열로 활용하고 싶거나, 삭제하고 싶을 때 reset_index 함수를 사용한다. reset_index 함수를 사용하면 인덱스에서 제거되고, 일반 열이 된다. [코드 4-49]의 df1으로 실습해 보자.

[코드 4-52] [코드 4-49]의 df1의 인덱스를 일반 열로 변환하기

```
df1.reset_index()
```

[그림 4-17]과 같은 결과를 반환하며 새로운 RangeIndex가 부여된다.

reset_index 함수는 기존 인덱스의 데이터를 완전히 삭제할 수도 있다. drop=True를 입력하면 기존 데이터가 완전히 삭제된다.

[코드 4-53] 인덱스의 데이터를 완전히 삭제하기

```
df1.reset_index(drop=True)
```

기존 인덱스의 데이터가 완전히 삭제된 결과를 확인할 수 있다. 다만 판다스의 함수 적용 결과는 원본을 변경하지 않기에 df1이 변경되는 것은 아니라는 점은 잊지 말자.

set_index 함수와 reset_index 함수는 인덱스만 다루는 함수들이다. 4.3에서 이후로 나오는 함수들은 인덱스뿐만 아니라 컬럼즈도 다룬다.

4.3.3 인덱스와 컬럼즈 변경하기(배정)

인덱스나 컬럼즈를 새롭게 변경하는 방법은 크게 두 가지이다. 첫 번째 방법은 배정 방식이다. index나 columns 속성을 사용하여 인덱스나 컬럼즈를 불러온 뒤, 변경하고 싶은 배열을 입력하면 입력된 배열이 새로운 인덱스나 컬럼즈로 배정된다. 이 방식은 코드를 실행함과 동시에 원본을 변경해 배정 방식이라 한다. 배정 방식을 사용할 때는 반드시 전체를 모두 배정해야 한다. 그래서 입력될 배열의 길이는 인덱스나 컬럼즈의 길이와 반드시 일치해야 한다. 예를 들어 열이 3개일 때 컬럼즈를 배정하고 싶다면 원소가 3개인 배열을 입력해야 한다.

인덱스의 전체를 변경하는 일은 드물어, 주로 컬럼즈를 바꿀 때 사용한다. [코드 4-39]의 df2로 실습해 보자. 배정 방식이 원본을 변경하는 점 때문에 원활한 실습을 위해 df와 똑같은 복제본 df2를 미리 생성해둔 것이다. df2의 열 이름들을 Name, Score, Class로 변경하자. df2에 columns 속성을 적용한 뒤 새로운 열 이름들을 리스트로 묶어 배정하면 새로운 컬럼즈가 부여된다.

[코드 4-54] df2의 컬럼즈를 배정 방식으로 변경하기

```
df2.columns = ['Name', 'Score', 'Class']
df2
```

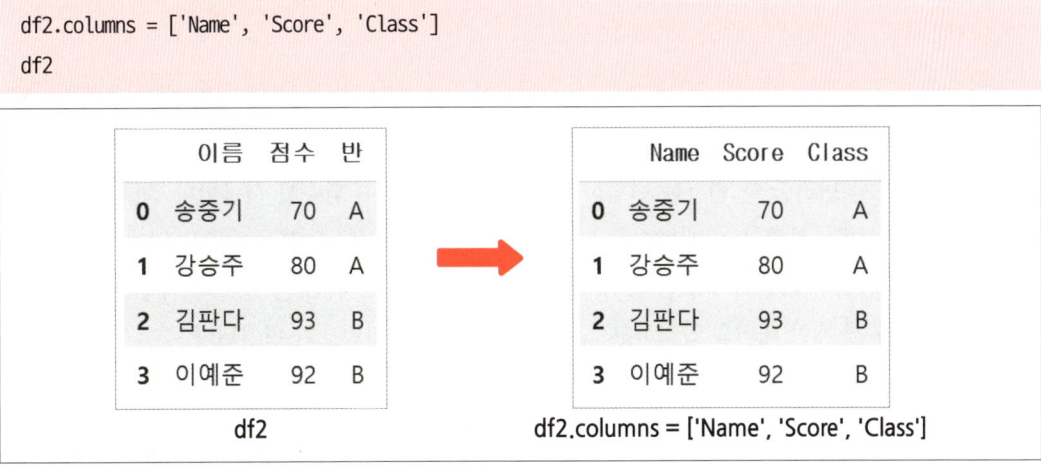

[그림 4-18] 배정으로 컬럼즈 변경하기

배정 방식은 기존에 파이썬을 사용하던 유저들에게 친숙한 방식이다. 그러나 판다스에서 권장하는 방식은 아니다. 배정 방식은 원본 데이터 프레임을 변경하므로 실수할 가능성이 있으며[11] 연속 메서드를 사용하기에 불편하다. 따라서 파이썬에 익숙하지 않은 유저들은 배정 방식을 연습하기보다 아래에서 소개될 set_axis 함수를 사용하는 것이 낫다.

4.3.4 인덱스와 컬럼즈 변경하기(set_axis)

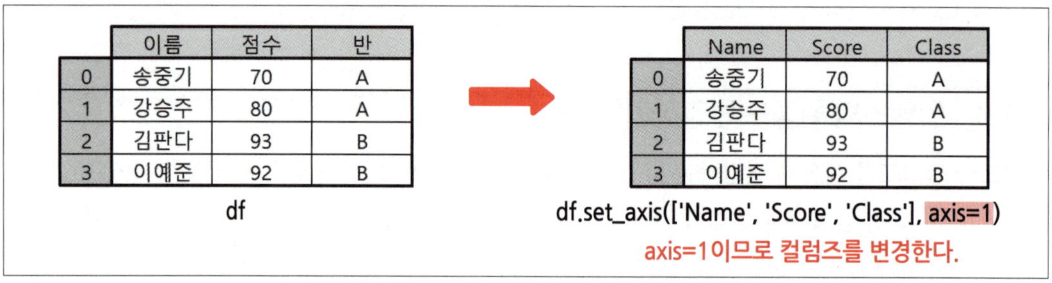

[그림 4-19] 판다스 set_axis 함수

● 판다스 set_axis

인덱스나 컬럼즈를 변경하는 함수. 인덱스나 컬럼즈를 배정해 변경하는 방식과 결과는 동일하지만 원본을 변경하지 않는다.

set_axis 함수의 주요 매개변수와 인수, 기본값

```
df.set_axis(labels, axis=0)
```

- **labels**: 새로운 인덱스나 컬럼즈를 지정한다.
- **axis**: 인덱스를 변경할지 컬럼즈를 변경할지 지정한다.

인덱스나 컬럼즈를 변경할 때 원본을 변경하지 않으려면 set_axis 함수를 사용한다. 변경할 열 이름들을 리스트로 묶어 입력하고, 매개변수 axis에 축을 지정한다. 이때 입력될 배열은 인덱스나 컬럼즈의 길이와 같은 길이의 배열이어야 한다. df의 컬럼즈를 변경해 보자. df는 열이 세 개인 데이터 프레임이므로 원소가 세 개인 배열을 입력하고, axis=1을 입력하면 컬럼즈가 변경된다.[12]

---

[11] 입문 단계에서는 오히려 배정 방식이 실수할 가능성이 적을 수 있다. 입문자들은 함수를 사용하면 함수 적용 결과가 원본을 변경하는 것으로 착각하는 실수를 빈번하게 저지르기 때문이다. 그런 초보적인 실수를 하는 단계를 벗어나 판다스가 익숙해지면, 나의 코드 실행이 원본을 즉시 변경하는 것이 실수를 유발한다.

[12] 여기서 소개된 인덱스와 컬럼즈를 다루는 함수들은 axis=0이면 인덱스에 적용되고, axis=1이면 컬럼즈에 적용된다. 물론 set_index 함수처럼 인덱스에만 적용되는 함수들은 axis를 지정할 수 없다.

[코드 4-55] df의 컬럼즈를 set_axis 함수로 변경하기

```
df.set_axis(['Name', 'Score', 'Class'], axis=1)
```

[그림 4-19]와 같은 결과가 반환된다.

4.3.5 열 이름 변경하기(rename)

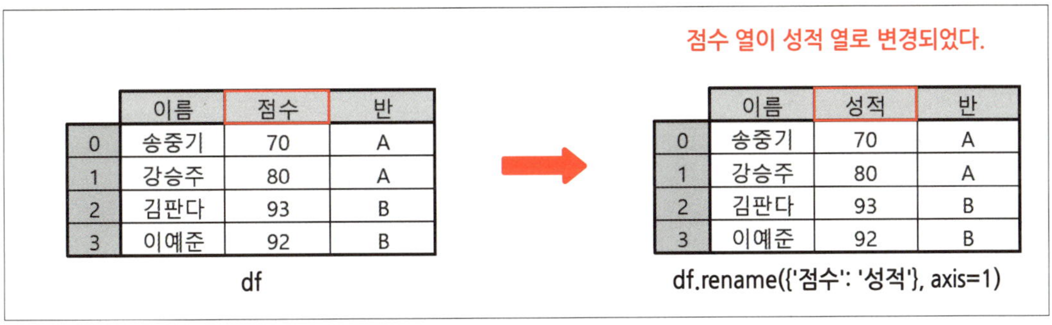

[그림 4-20] 판다스의 rename 함수

> ● **판다스 rename**
>
> 행 이름이나 열 이름을 변경하는 함수. 주로 열 이름을 변경할 때 사용한다.
>
> rename 함수의 주요 매개변수와 인수, 기본값
>
> ```
> df.rename(mapper=None, axis=0, level=None)
> ```
>
> - **mapper**: 이전 이름과 새롭게 부여할 이름을 매퍼(mapper)로 입력한다.
> - **axis**: 행 이름을 변경할지 열 이름을 변경할지 지정한다.
> - **level**: 멀티 인덱스일 때 적용할 레벨을 지정한다.

배정의 방식이나 set_axis 함수를 사용하면 한 개의 열 이름만 변경하고 싶을 때도 전체를 입력해야 해서 번거롭다. 이러한 문제를 해결하고자 rename 함수를 사용한다. rename 함수는 이전 이름과 새롭게 부여할 이름을 매퍼(mapper)로 입력하면 해당 열 이름만 변경된다. 매퍼에 대해서는 다시 설명하겠지만, 입문 단계에서는 코드 작성이 가장 간단한 매퍼인 딕셔너리를 주로 사용한다.

df의 점수 열을 성적 열로 변경하자. 이전 열 이름인 '점수'와 새롭게 부여할 열 이름인 '성적'을 딕셔너리로 입력한다. 컬럼즈에 적용하므로 axis=1을 입력해야 한다.

[코드 4-56] 점수 열의 이름을 성적으로 변경하기

```
df.rename({'점수':'성적'}, axis=1)
```

[코드 4-56]을 실행하면 [그림 4-20]과 같은 결과를 얻는다.

복수의 열을 수정하려면 복수의 키를 갖는 딕셔너리를 입력한다. '점수'를 '성적'으로, '반'을 '소속'으로 변경하자.

[코드 4-57] 점수 열을 성적으로, 반 열을 소속으로 변경하기

```
df.rename({'점수':'성적', '반':'소속'}, axis=1)
```

결과를 각자 확인해 보자.

4.3.6 매핑과 매퍼

매핑(mapping)은 각 요소를 다른 값으로 대응시키는 것을 뜻한다. 매퍼(mapper)는 매핑하는 매개체를 뜻한다.

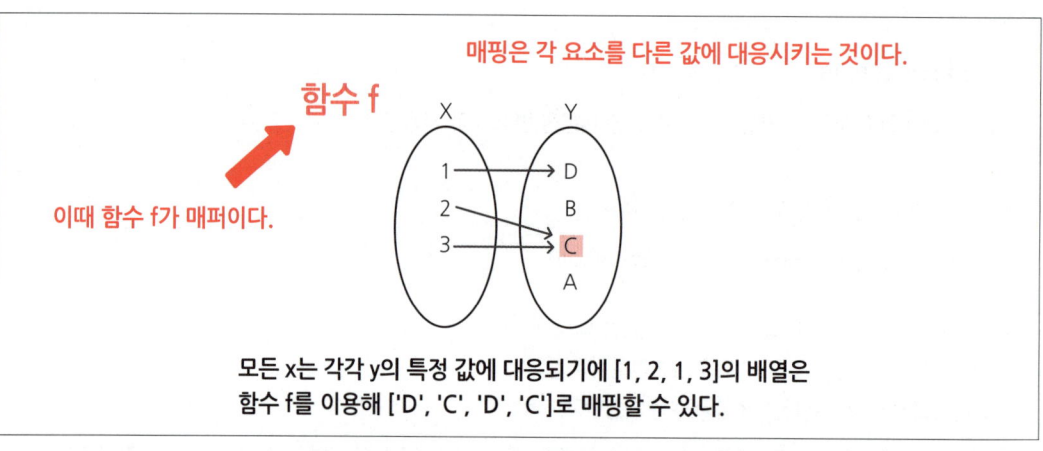

[그림 4-21] 매핑과 매퍼

[그림 4-21]을 보자. 함수 f는 x의 요소가 각각 y의 특정 값에 대응되기에 매핑이 가능하다. [1, 2, 1, 3]의 배열이 함수 f를 만나면 ['D', 'C', 'D', 'C']로 배열될 것이다. 이렇게 특정한 값을 다른 값에 대응시켜서 변환시키는 것이 매핑이고, 이 변환을 수행해준 매개체인 함수 f가 매퍼이다.

일반적으로 판다스에서는 키와 밸류의 구조를 갖는 딕셔너리나 시리즈가 매퍼로 사용된다. 드물게 함수도 매퍼로 사용된다. 여러분이 만약 매퍼를 직접 입력해야 한다면, 가장 코드 작성이 간편한 매퍼인 딕셔너리가 주로 사용된다. 그래서 우리는 [코드 4-56]에서 rename 함수에 매퍼로 딕셔너리를 입력했다.

4.3.7 데이터 재배열하기(reindex)

	이름	점수	반
0	송중기	70	A
1	강승주	80	A
2	김판다	93	B
3	이예준	92	B

df

	이름	반	성별
0	송중기	A	NaN
1	강승주	A	NaN
2	김판다	B	NaN
3	이예준	B	NaN

df.reindex(['이름', '반', '성별'], axis=1)

존재하지 않는 성별 열도 재배열에 참여할 수 있다.
그렇지만 성별 열의 데이터는 전부 NaN이 된다.

[그림 4-22] 판다스 reindex 함수

● 판다스 reindex

인덱스나 컬럼즈의 순서를 재배열해서 데이터를 재배열하는 함수

reindex 함수의 주요 매개변수와 인수, 기본값

```
df.reindex(labels, axis=0)
```

- **labels**: 재배열할 새로운 순서를 입력한다.
- **axis**: 인덱스를 재배열할지 컬럼즈를 재배열할지 지정한다.

reindex 함수는 열의 순서를 변경하는 함수로 알려졌지만, 엄밀히 말하면 인덱스나 컬럼즈를 재배열해서 데이터 프레임을 재배열하는 함수이다. [코드 4-5]처럼 인덱싱을 통해서도 순서는 바꿀 수 있지만, reindex 함수는 존재하지 않는 열도 재배열에 참여할 수 있다는 효용이 있다. 다만 이때 이전에 존재하지 않은 열의 데이터는 모두 NaN이 된다.

df의 열을 이름, 반, 성별 순으로 재배열하려면 reindex 함수를 사용한다. reindex 함수에 새로운 순서를 입력하고, 컬럼즈의 배열을 바꿀 것이므로 axis=1을 입력하자.

[코드 4-58] df의 열을 이름, 반, 성별 순으로 재배열

```
df.reindex(['이름', '반', '성별'], axis=1)
```

입력한 순서에 따라 열이 재배열되며, 기존에 존재하지 않은 성별 열은 데이터가 전부 NaN인 열로 생성된다. 열의 순서만 변경할 때는 인덱싱을 사용하는 것이 좋다. 인덱싱이 훨씬 간편하고 iloc 인덱서를 사용하면 로케이션도 활용되기 때문이다. reindex 함수는 주로 인덱스를 재배열해서 업샘

플링[13]을 수행하거나, 서로 다른 여러 데이터 프레임으로 작업해야 할 때 열의 규격을 통일시키려고 사용한다.

4.3.8 인덱스명 변경하기(rename_axis)

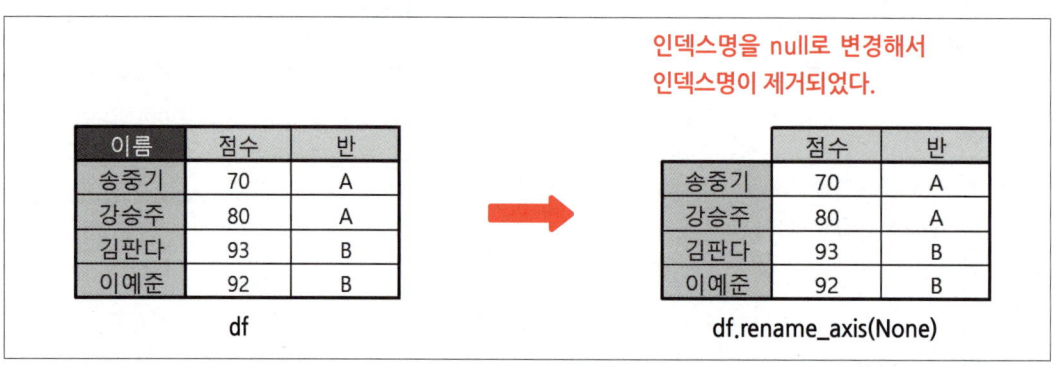

[그림 4-23] 판다스 rename_axis 함수

> ● **판다스 rename_axis**
>
> 인덱스명을 변경하는 함수
>
> rename_axis 함수의 주요 매개변수와 인수, 기본값
>
> `df.rename_axis(mapper=None, axis=0)`
>
> - **mapper**: 변경할 인덱스명을 입력한다.
> - **axis**: 인덱스의 인덱스명을 변경할지 컬럼즈의 인덱스명을 변경할지 지정한다.

rename_axis 함수는 인덱스명을 변경하는 함수이다. set_index 함수로 인덱스를 설정하거나, 추후 배울 pivot_table 함수 등으로 집계하면 원하지 않는 인덱스명이 생길 때가 있다. rename_axis 함수에 None[14]을 입력하면 인덱스명이 제거된다.

[코드 4-59] df1에서 인덱스의 인덱스명 제거하기

```
df1.rename_axis(None)
```

---

13 업샘플링은 데이터의 표본을 인위적으로 늘리는 것이다. **13.6.5. 업샘플링(asfreq 외)** 참고
14 None은 파이썬에서 값이 존재하지 않는 누락된 값을 null을 나타내는 값이다. 판다스에서는 주로 NaN을 null로 사용하지만, NaN은 실수 자료형이라는 제한점이 있으며 직접 입력할 때는 코드가 편리해 None이 주로 사용된다. 인덱스명을 null로 설정하면 인덱스명이 제거된다, 멀티 인덱스일 때 인덱스명을 모두 제거하려면 멀티 인덱스의 레벨에 맞게 None의 배열을 입력해야 한다. null 대신 빈 문자열('')로 변환하기도 하는데, 빈 문자열은 null은 아니기에 인덱스명이 보이지 않는 것일 뿐 제거된 것은 아니다.

4.3.9 인덱스 클래스를 리스트로 변환하기(tolist)

파이썬에 익숙하지만 판다스에는 익숙하지 않은 유저들은 인덱스나 컬럼즈를 리스트로 변환하여 다루기도 한다. tolist 함수를 사용하면 리스트로 변환된다. tolist 함수는 데이터 프레임에 적용하는 것이 아니라 인덱스 클래스에 적용하는 함수이다.

[코드 4-60] df의 컬럼즈를 리스트로 변환하기
```
df.columns.tolist()
```

판다스는 입문 단계이지만 파이썬에 익숙한 사용자들은 인덱스 클래스에 해당하는 인덱스나 컬럼즈에 tolist 함수를 적용해 리스트로 변환한 다음, 리스트의 함수나 기법으로 다루고 그 결과를 다시 인덱스나 컬럼즈로 배정한다. 파이썬에 익숙하지 않은 독자들은 굳이 인덱스 클래스를 리스트로 변환할 필요는 없다. 판다스 함수로 훨씬 효율적으로 인덱스 클래스를 다루니 판다스 함수를 더 숙련되게 사용하도록 학습하자.

지금까지 인덱스나 컬럼즈를 다루는 다양한 함수를 학습하였다. 다양한 함수를 배울 때 그 내용을 모두 암기할 필요는 없다. 코딩에서 중요한 것은 암기가 아닌 이해와 익숙함이다. 필요하면 책이나 판다스 공식 문서를 참고해 함수를 사용하자.

4.4 멀티 인덱스 소개

복수로 구성된 인덱스나 컬럼즈를 멀티 인덱스라고 한다. 멀티 인덱스는 판다스에서 다루기 어려운 개념 중 하나이지만, 충분히 이해하고 사용하면 데이터 분석에 도움된다. 멀티 인덱스에 대한 본격적인 학습은 추후 14.4 멀티 인덱스에서 학습할 것이니 여기서는 멀티 인덱스에 대해 간략히 소개하고, 멀티 인덱스를 다루는 함수 중에서 가장 중요한 stack과 unstack 함수를 배워보자.

4.4.1 멀티 인덱스와 레벨

컬럼즈가 멀티 인덱스인 데이터 프레임을 생성해 보자. 가장 간단한 생성 방법은 [코드 3-10]에서 학습한 2차원 딕셔너리로 데이터 프레임을 생성하는 방법으로 사용하되, 딕셔너리의 키를 튜플로 입력한다. 판다스의 멀티 인덱스가 튜플로 구성되기 때문이다. 이는 멀티 인덱스를 보유한 데이터 프레임을 생성하는 가장 간단한 방법이며, 14장에서 멀티 인덱스를 학습하면 다양한 방법으로 생성할 수 있다.

[코드 4-61] 멀티 인덱스 실습 예제 코드

```
import pandas as pd
data1 = {('국어', '남'): {'1반': 10, '2반': 20}, ('국어', '여'): {'1반': 30, '2반': 40},
         ('영어', '남'): {'1반': 15, '2반': 25}, ('영어', '여'): {'1반': 35, '2반': 45}}
df = pd.DataFrame(data1)
df
```

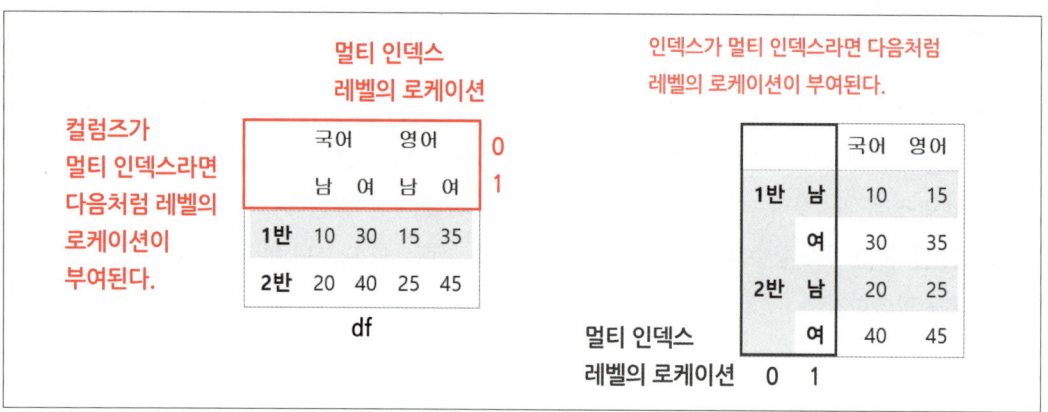

[그림 4-24] 멀티 인덱스와 레벨의 로케이션

df는 컬럼즈가 2개의 행으로 구성된 멀티 인덱스를 가진다. 각 멀티 인덱스의 층위는 레벨로 표현한다. 멀티 인덱스의 레벨은 로케이션으로 지칭할 수 있다. 로케이션은 가장 좌측의 열 0부터 순차적으로 정수를 부여하고, 컬럼의 레벨의 로케이션은 가장 위의 행 0부터 순차적으로 정수를 부여한다. 인덱스명이 존재한다면 인덱스명으로도 멀티 인덱스의 레벨을 지칭할 수 있다.

앞서 언급했듯이 멀티 인덱스는 각 원소가 튜플로 구성된 인덱스 클래스이다. 판다스에서 드물게 튜플이 사용되는 경우이다.[15] df에 columns 속성을 적용해 확인하자.

[코드 4-62] df의 멀티 인덱스 확인

```
df.columns
```
```
MultiIndex([('국어', '남'),
            ('국어', '여'),
            ('영어', '남'),
            ('영어', '여')],
           )
```

---

15 튜플은 불변성(immutable)을 갖기에 키(key)로 사용되기 때문이다. 리스트는 멀티 인덱스의 원소가 될 수 없다.

판다스에는 멀티 인덱스를 다루는 쉽고 유용한 함수가 많다. 그러나 입문 단계에서는 너무 많은 함수를 익히는 것이 오히려 판다스를 배우는 데 진입 장벽일 수 있다. 또한 판다스를 배우는 가장 큰 이유는 원시 데이터를 다루려는 것이며 대부분의 원시 데이터는 단일 인덱스 또는 단일 인덱스로 변환하기 쉬운 데이터이다. 그렇기에 멀티 인덱스를 다루는 함수들은 판다스가 숙련된 뒤에 학습하는 편이 좋다.

여러 가지 이유로 당장 멀티 인덱스를 다루어야 한다면 단일 인덱스로 변경해 다루는 것도 하나의 방법이다. set_axis 함수를 사용하면 멀티 인덱스도 단일 인덱스로 변경된다. 이 방법은 멀티 인덱스에 숙련되기 전까지 사용하는 훌륭한 임시방편이다. 물론 이때도 새로운 컬럼즈는 열의 개수와 동일한 수의 원소를 가진 배열이어야 한다.

[코드 4-63] df의 멀티 인덱스를 단일 인덱스로 변경하기

```
df.set_axis(['국어_남', '국어_여', '영어_남', '영어_여'], axis=1)
```

멀티 인덱스만을 다루는 대부분의 함수는 추후 14장에서 학습하지만, stack과 unstack 함수만큼은 여기서 학습하자. 이 함수들은 쉬우면서 매우 강력하며, 추후 11.2.2에서 학습할 언피벗(unpivot)과도 연계되는 중요한 함수이다.

4.4.2 멀티 인덱스의 구조 변경하기(stack, unstack)

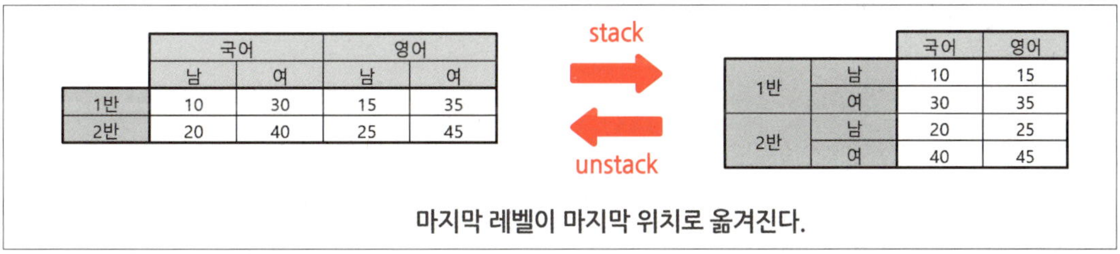

[그림 4-25] 판다스 stack, unstack 함수

● 판다스 stack과 unstack

인덱스나 컬럼즈의 데이터를 상호 이동해 데이터의 구조를 변경하는 함수. stack은 컬럼즈를 인덱스로 이동시키고 unstack은 인덱스를 컬럼즈로 이동시킨다.

stack 함수의 주요 매개변수와 인수, 기본값

```
df.stack(level=-1, dropna=True)
```

- **level**: 인덱스로 이동할 컬럼즈의 레벨을 지정한다.
- **dropna**: stack 함수를 적용한 후에 값이 NaN인 행이 생성될 수 있는데 값이 NaN인 행을 생성할지 삭제할지 지정한다.

unstack 함수의 주요 매개변수와 인수, 기본값

```
df.unstack(labels, axis=0, level=None)
```

- **level**: 컬럼즈로 이동할 인덱스의 레벨을 지정한다.
- **fill_value**: NaN을 대체할 값을 지정한다.

stack과 unstack은 모두 인덱스나 컬럼즈의 데이터를 상호 이동해 손쉽게 데이터의 구조를 변경하는 함수이다. stack은 컬럼즈를 인덱스로 이동시키고 unstack은 인덱스를 컬럼즈로 이동시킨다. 기본값으로는 마지막 레벨을 마지막 위치로 옮긴다. stack 함수로 df의 구조를 변경하자.

[코드 4-64] stack 함수로 df의 구조 변경하기

```
df.stack()
```

결과는 [그림 4-25]에서 확인하자. df는 컬럼즈가 멀티 인덱스로 구성되었는데, 마지막 레벨인 성별에 대한 컬럼즈가 인덱스로 보내져 인덱스가 멀티 인덱스로 구성된 데이터 프레임으로 변환된다. 그 결과 데이터의 구조가 변경되었다.

stack과 unstack 함수는 인덱스와 컬럼즈를 상호 교환하여 원하는 데이터의 구조로 변경할 수 있다. 쉬운 코드로 데이터의 구조를 변경할 수 있고 이후 데이터를 언피벗을 수행할 때도 사용되는 중요한 함수이므로 이 함수들을 알아두자.

인덱스와 컬럼즈는 손질하기 어렵지만 최고의 음식을 만드는 식재료와 같다. 다루기 까다로운 인덱스와 컬럼즈의 강력함은 판다스의 강력함으로 직결되기에 그 효용이 크다. 그러나 입문 단계에는 그 까다로움이 문제가 되는 것도 사실이다. 하지만 그 장벽을 넘어서면 열매는 달콤할 것이다.

CHAPTER

05
연산

QR코드를 통해 Chapter 5에 포함된 코드와 풀 컬러 그림을 확인할 수 있습니다. 또한 판다스와 구글 코랩의 버전 업데이트에 따른, 변동이 필요한 코드, 변동된 코드 출력 정보도 확인할 수 있습니다.

5.1 판다스 연산 입문

5.2 시리즈의 연산

5.3 데이터 프레임의 연산

5.4 통계 함수 적용하기

5.1 판다스 연산 입문

판다스의 어려운 난관이 인덱스 단원이라면, 판다스의 풍성한 결실은 연산 단원이다. 판다스는 쉽고 강력한 연산을 수행한다. 먼저 판다스 연산의 규칙인 벡터화 연산에 대해 배우고 연산자와 연산 함수에 대해서 알아보자.

5.1.1 벡터화 연산

시리즈와 데이터 프레임의 연산은 벡터화 연산을 따른다. 그래서 벡터화 연산이 무엇인지 알아야 한다. 고등학교 수학 시간에 학습하는 벡터의 연산에 대해서 아주 간단하게 복습하자.

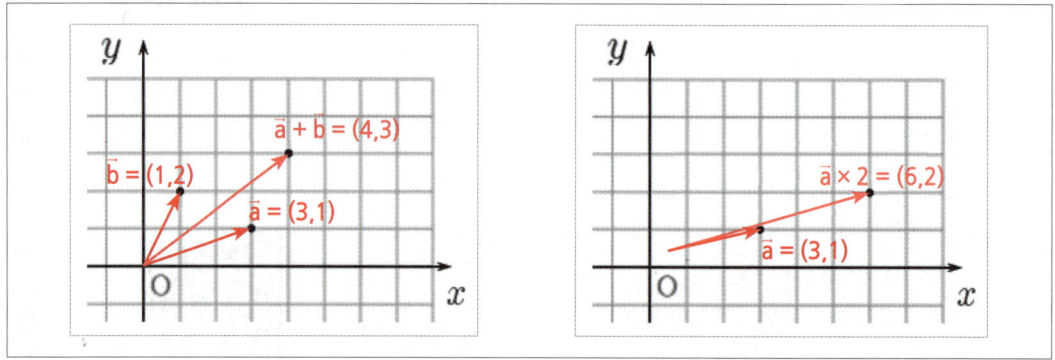

[그림 5-1] 벡터의 연산

벡터를 좌표평면에 표시하여 벡터의 연산을 수행하자. 그림에서 보는 것처럼 벡터 $\vec{a}$와 벡터 $\vec{b}$의 합은 해당 벡터의 x 성분은 x 성분끼리, y 성분은 y 성분끼리 연산을 수행한다. 따라서 (3, 1)과 (1, 2)의 합은 (4, 3)이 된다. 벡터와 스칼라[1]의 곱은 모든 성분에서 각기 스칼라와 연산한다. 따라서 (3, 1)에 2를 곱하면 (6, 2)가 된다. 이게 벡터의 연산이 갖는 특징이다.

판다스 연산은 벡터의 연산 특징을 그대로 따른다. 데이터 프레임 간의 연산과 시리즈 간의 연산은 인덱스와 컬럼즈에 맞추어 연산하며, 데이터 프레임 혹은 시리즈가 단일 값과 연산하면 모든 셀에서 각각 단일 값과 개별적으로 연산한다. 이에 따라 연산이 매우 편리해진다. 이러한 연산 방법을 벡터화 연산이라고 하고, 데이터 프레임이 넘파이 기반으로 만들어져서 어레이의 벡터화 연산의 특성을 그대로 계승한 것으로 매우 편리한 기능이다.

---

[1] 벡터는 크기와 방향을 모두 가진 값을 의미하고 스칼라는 크기만 가진 상수를 의미한다. 판다스에서 벡터는 배열, 스칼라는 단일 값을 의미한다.

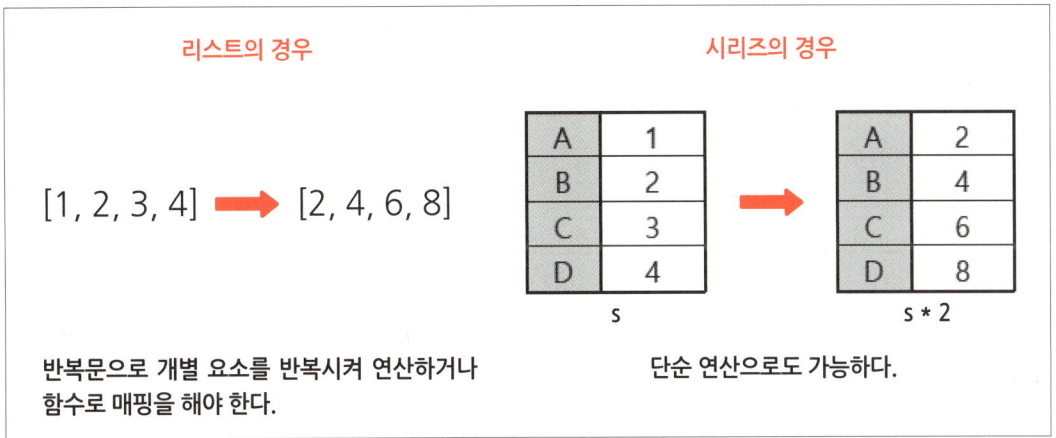

[그림 5-2] 리스트와 시리즈의 개별 원소 연산

5.1.2 연산자와 연산 함수

시리즈와 데이터 프레임은 연산자 혹은 연산 함수를 사용하여 연산을 수행할 수 있다. 단순 연산에서는 연산자의 기능과 연산 함수의 기능은 동일하다. 기본적으로는 연산자를 사용하는 것이 더 간결하다. 다만 이후에 배울 브로드 캐스팅의 축을 지정하고자 매개변수 axis를 사용할 때나, NaN의 값을 부여하고자 매개변수 fill_value를 사용할 때는 연산자 대신 연산 함수를 사용해야 한다. 연속 메서드를 사용할 때도 연산자가 오히려 가독성을 떨어뜨려 연산 함수를 사용한다.

덧셈, 뺄셈, 곱셈, 나눗셈, 몫, 나머지 등의 연산을 산술 연산이라고 한다. 산술 연산의 연산자와 연산 함수는 다음과 같다.

연산자	연산 함수	기능
+	add	덧셈
−	sub	뺄셈
*	mul	곱셈
/	div	나눗셈
**	pow	지수 연산
//	floordiv	몫
%	mod	나머지

[표 5-1] 산술 연산의 연산자와 연산 함수

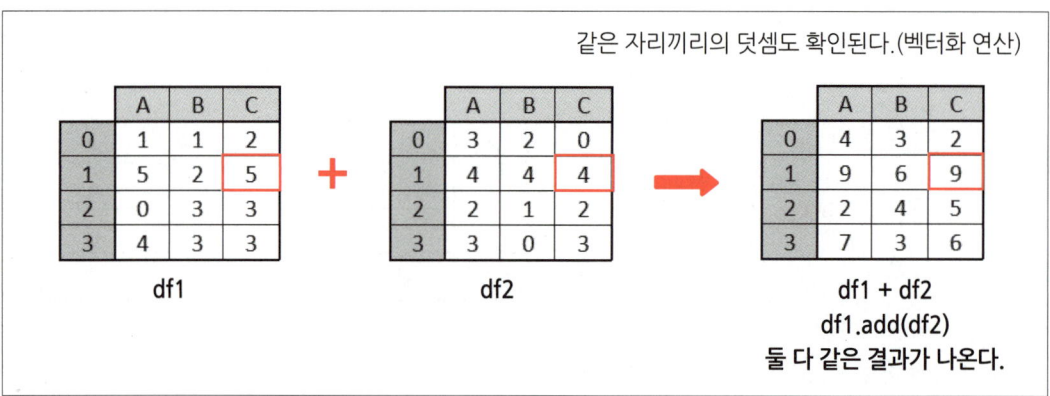

[그림 5-3] 산술 연산의 연산자와 연산 함수

부등호를 사용하여 대소 관계를 비교하거나, 같다(==), 다르다(!=)를 사용하여 동등 여부를 판단하는 것을 비교 연산이라고 한다. 비교 연산의 결과는 True 또는 False인 불 자료형을 반환한다. 비교 연산의 연산자와 연산 함수는 다음과 같다.

연산자	연산 함수	기능
==	eq	같다(eq: equal to)
!=	ne	다르다(ne: not equal to)
>	gt	크다(gt: greater than)
<	lt	작다(lt: less than)
>=	ge	크거나 같다(ge: greater than or equal to)
<=	le	작거나 같다(le: less than or equal to)

[표 5-2] 비교 연산의 연산자와 연산 함수

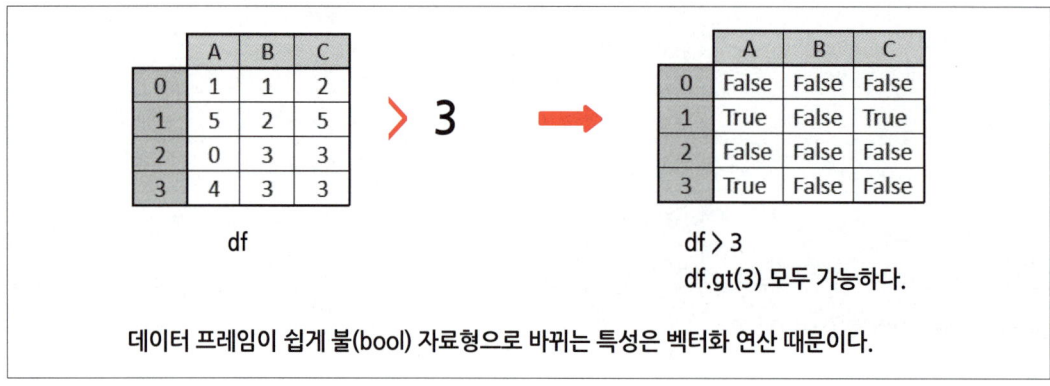

[그림 5-4] 비교 연산의 연산자와 연산 함수

논리 연산도 가능하다. &는 모두 True일 때만 True를 반환하는 비트 연산자이다. True & False & True도 False를 반환한다. |는 반대로 하나라도 True이면 True를 반환하며, 모두 False일 때만 False를 반환한다. ~은 True와 False를 반전시킨다. True는 False가 되고, False는 True가 된다. 판다스는 논리 연산도 벡터화 연산을 한다.

비트 연산자	의미	기능
&	and	모두 True일 때만 True를 반환, 그 외는 False를 반환
|	or	하나라도 True라면 True를 반환, 모두 False일 때만 False를 반환
~	not	True는 False를 반환, False는 True를 반환

[표 5-3] 판다스의 논리 연산과 비트 연산자

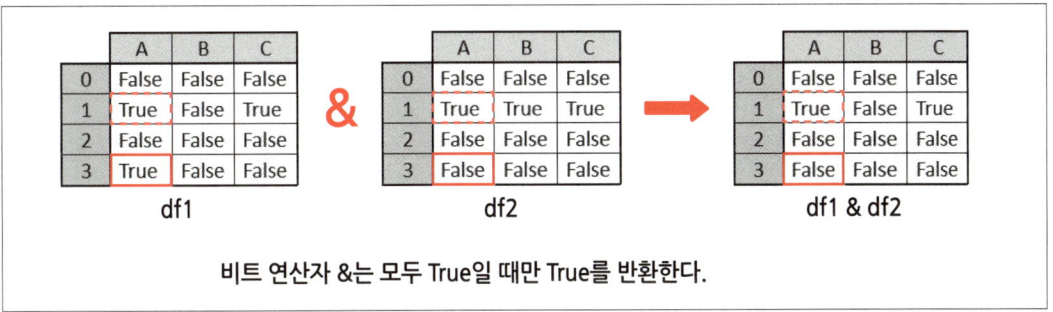

[그림 5-5] 판다스의 논리 연산과 비트 연산자

파이썬에서 불 자료형의 논리 연산을 할 때 논리 연산자 and와 비트 연산자 &를 모두 사용하지만, 판다스의 객체로 논리 연산을 수행할 때는 반드시 비트 연산자를 사용해야 한다. 그렇지 않으면 에러가 발생하니 유의하자.

```
(df1 > 3) and (df2 > 3) # ValueError
```

```
ValueError: The truth value of a DataFrame is ambiguous. Use a.empty, a.bool(), a.item(), a.any() or a.all().
```

5.2 시리즈의 연산

판다스의 벡터화 연산을 시리즈를 통해 실습해 보자. 시리즈와 단일 값의 연산은 시리즈의 모든 셀에서 단일 값과 연산을 수행하고, 시리즈와 시리즈의 연산은 인덱스가 동일한 셀끼리 연산한다.

5.2.1 시리즈와 단일 값의 연산

시리즈와 단일 값(스칼라)의 연산을 실습해 보자. 시리즈의 연산을 실습할 변수들을 준비하자.

[코드 5-1] 실습 예제 코드

```
import pandas as pd
s1 = pd.Series([1, 5, 0, 4], index=list('ABCD'))
s2 = pd.Series([1, 2, 3, 3], index=list('ABCD'))
s3 = pd.Series([3, 4, 2, 3], index=list('ABDE'))
```

먼저 시리즈와 단일 값의 산술 연산을 수행하자. 시리즈인 s1과 2를 더해보자.

[코드 5-2] 시리즈와 단일 값의 산술 연산 덧셈

```
s1 + 2    # 연산자를 사용하거나
s1.add(2) # 연산 함수를 사용할 수 있다.
```

벡터화 연산이 적용되므로 정수 2와 시리즈의 덧셈은, 시리즈의 모든 셀에서 단일 값과 개별적으로 연산을 수행한다. s1의 데이터가 모두 2씩 증가하여 3, 7, 2, 6이 되었다. 연산자를 사용하는 방법과 연산 함수를 사용하는 방법, 두 방법 모두 가능하다. 이후로는 연산자와 연산 함수 모두 가능하다는 표현은 생략하겠다.

다음으로 시리즈와 단일 값의 비교 연산을 수행하자. s1과 정수 3의 대소 관계를 비교하자.

[코드 5-3] 시리즈와 단일 값의 비교 연산

```
s1 > 3    # 연산자
s1.gt(3)  # 연산 함수
```

비교 연산도 벡터화 연산이 적용되므로, 각 셀마다 3보다 큰지 확인하고 True나 False를 반환한다. 그래서 시리즈는 비교 연산으로 쉽게 불 시리즈로 변환된다.

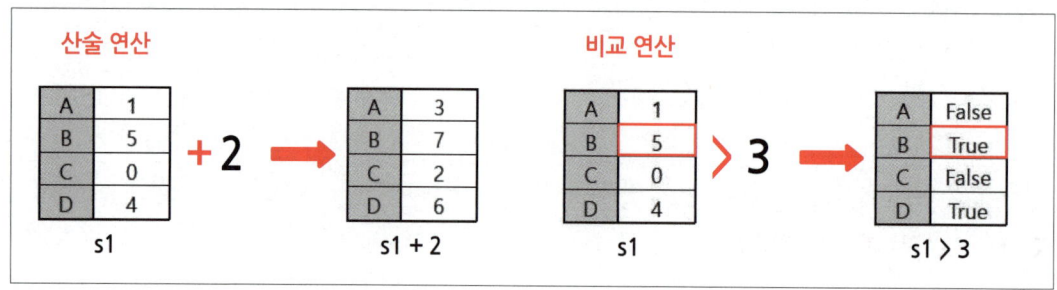

[그림 5-6] 시리즈와 단일 값의 산술 연산과 비교 연산

5.2.2 시리즈 간의 연산

시리즈 간의 연산은 인덱스가 같은 셀 간의 연산이 수행된다. 시리즈의 크기가 같고 인덱스가 완전히 일치하는 두 시리즈를 연산해 보자. s1과 s2의 뺄셈을 수행한다.

[코드 5-4] 인덱스가 일치하는 두 시리즈의 뺄셈

```
s1 - s2 # 연산자
s1.sub(s2) # 연산 함수
```

s1과 s2는 인덱스가 완전히 일치하므로 모든 셀이 마치 위치에 맞추어 뺄셈한 것처럼 결과를 반환한다. 시리즈 간의 연산에도 연산자와 연산 함수 모두 사용할 수 있다.

s1과 s2의 비교 연산도 수행하자. s1과 s2가 일치하는지 동등 비교를 수행한다.

[코드 5-5] 인덱스가 일치하는 두 시리즈의 동등 비교 연산(==)

```
s1 == s2 # 연산자
s1.eq(s2) # 연산 함수
```

인덱스가 일치하는 셀끼리 비교 연산을 수행해서 True나 False를 반환한다.

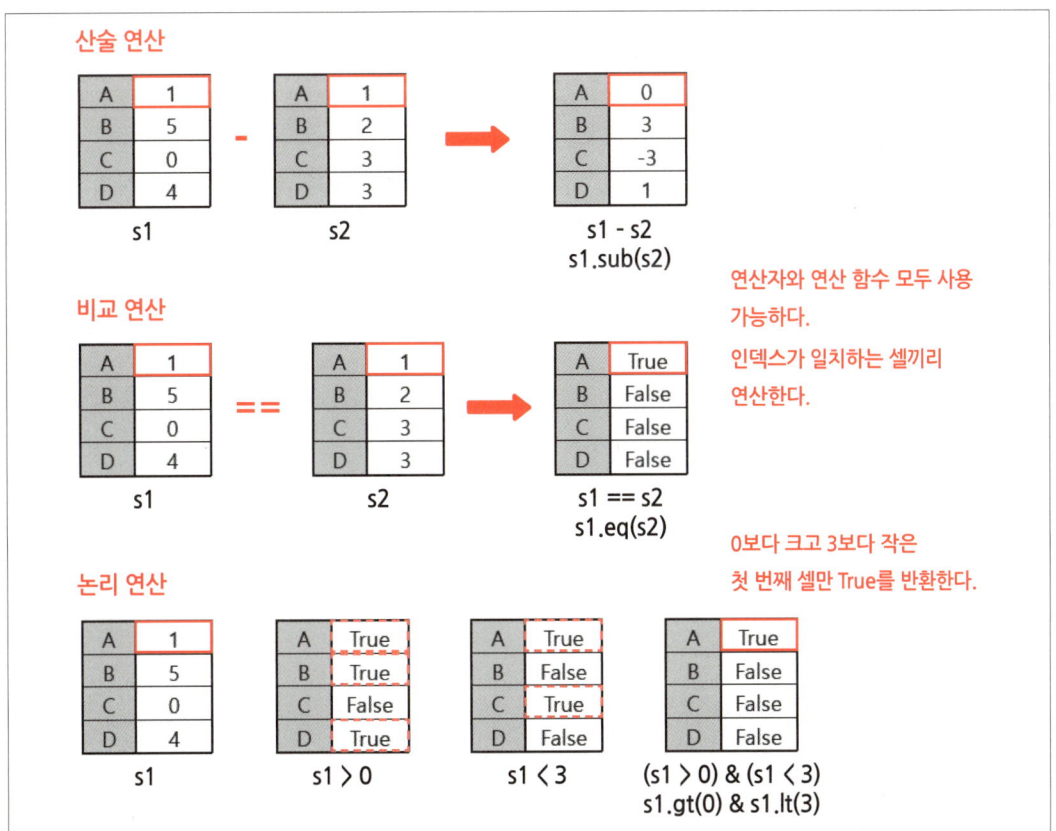

[그림 5-7] 완전히 일치하는 인덱스를 가진 두 시리즈의 연산

시리즈 간의 논리 연산도 수행하자. 이번에는 s1을 이용해 인덱스가 동일한 두 개의 불 시리즈를 생성하자. s1이 0보다 크면서 3보다는 작은지 확인한다. 먼저 비교 연산으로 s1을 두 개의 불 시리즈로 변환한 다음, 논리 연산을 수행하면 s1에서 0보다 크고 3보다 작은 셀은 True를 반환하고 나머지는 False를 반환한다.

[코드 5-6] 시리즈의 논리 연산

```
(s1 > 0) & (s1 < 3) # 연산자를 사용하면 반드시 소괄호로 묶어야 한다.
s1.gt(0) & s1.lt(3) # 연산 함수
```

논리 연산에서 유의해야 할 점은 다음과 같다. 첫째, 반드시 비트 연산자를 사용해야 한다. 비트 연산자 & 대신 논리 연산자 and를 사용할 수 없다. 둘째, 비교 연산 함수를 사용하지 않고 비교 연산자를 사용할 때는 각각의 연산은 반드시 소괄호로 묶어야 한다. 입문 단계에서 빈번하게 발생하는 실수이므로 유의하길 바란다. 불 시리즈의 논리 연산은 추후 배울 불리언 인덱싱과 불리언 마스킹에서 자주 사용되므로 능숙하게 사용하도록 연습해 보자.

이번에는 인덱스가 일치하지 않는 두 시리즈의 연산을 수행해 보자. s1의 인덱스는 A, B, C, D이지만, s3의 인덱스는 A, B, D, E이다. s1과 s3을 곱해 보자.

[코드 5-7] 인덱스의 구성이 다른 두 시리즈의 곱셈

```
s1 * s3 # 연산자
s1.mul(s3) # 연산 함수
```

인덱스가 일치하는 셀끼리 곱셈을 수행하고, s1과 s3 양측 모두에 동일한 인덱스가 존재하지 않는 셀은 NaN이 출력된다. s1의 인덱스가 C인 셀의 값은 0이지만 s3에 인덱스가 C인 셀이 존재하지 않으니 0과 NaN이 연산한 결과이다.[2] 이에 따라 시리즈의 자료형은 정수에서 실수로 바뀐다. NaN은 자료형이 실수(float)이고, 시리즈에 단 하나라도 정수가 아닌 실수가 있다면 자료형이 실수인 시리즈가 되기 때문이다.

---

[2] NaN과 다른 값의 산술 연산을 파이썬으로 수행해 보라. NaN은 float('nan')으로 생성한다. NaN과 다른 값의 산술 연산의 결과는 전부 NaN을 반환한다. 예) float('nan') + 1

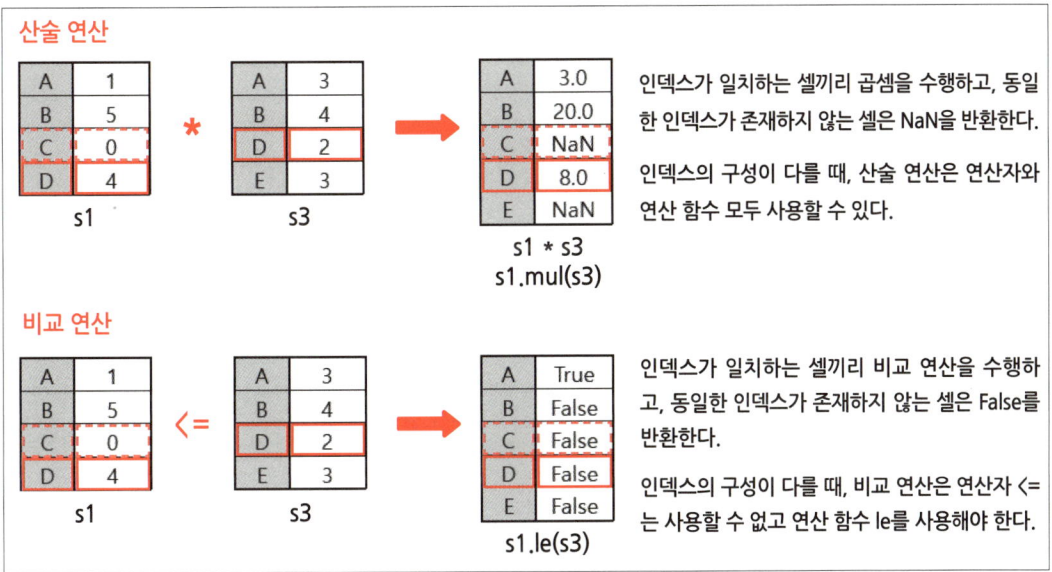

[그림 5-8] 인덱스가 완전히 일치하지 않을 때 두 시리즈의 연산

인덱스가 일치하지 않는 두 시리즈의 비교 연산도 수행해 보자. s1이 s3보다 같거나 작은지(<=) 비교해 보자. 인덱스가 완전히 일치하지 않으면 비교 연산을 수행할 때 연산자를 사용할 수 없고 반드시 연산 함수를 사용해야 한다. 이 점은 인덱스가 완전히 일치하지 않아도 연산자를 사용할 수 있는 산술 연산과의 차이점이다.

[코드 5-8] 인덱스의 구성이 다른 두 시리즈의 비교 연산

```
s1.le(s3) # 연산 함수를 사용해야 한다.
```

인덱스가 일치하는 셀끼리 대소 비교를 수행하고, s1과 s3 양측 모두에 동일한 인덱스가 없는 셀은 NaN과 비교 연산을 수행한다. 단일 값과 NaN의 비교 연산의 결과는 전부 False이므로[3] 한쪽에만 존재하는 인덱스를 가진 셀의 대소 비교 결과는 전부 False이다.

5.2.3 데이터 프레임에서 열 간의 연산

우리는 데이터 프레임의 열이 시리즈임을 안다. 시리즈끼리 연산할 수 있으므로 데이터 프레임의 열끼리 연산할 수 있다. 하나의 데이터 프레임에서 추출한 두 개의 열은 인덱스가 완전히 일치한다. 따라서 두 열 간의 연산은 인덱스가 완전히 일치하는 두 시리즈의 연산과 같다. 실습하고자 변수 df를 생성하자.

---

[3] NaN과의 비교 연산은 전부 False를 반환한다. 예) float('nan') > 0. 심지어 float('nan') == float('nan')도 False를 반환하기에 비교 연산으로는 NaN을 탐지할 수 없다. 그래서 NaN을 탐지할 때는 isna 함수를 사용한다.

[코드 5-9] 실습 예제 코드

```python
import pandas as pd
data1 = {'성': ['김', '강', '권', '박'],
         '이름': ['판다', '승주', '보아', '효신'],
         '국어': [79, 65, 92, 95],
         '영어': [68, 83, 87, 79]}
df = pd.DataFrame(data1)
df
```

df는 각 사람의 국어 점수와 영어 점수를 나타내는 데이터 프레임이다. df에서 국어 열과 영어 열을 추출한 시리즈를 더하면, 인덱스가 완전히 일치하는 두 시리즈의 연산이기에 각 행에서 국어 점수와 영어 점수를 더한 결과가 반환된다.

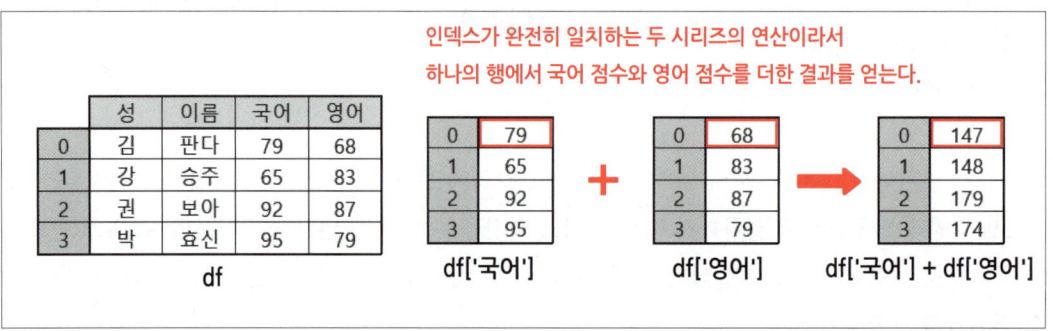

[그림 5-9] 데이터 프레임의 두 열의 연산

그 결과는 데이터 프레임의 인덱스와 일치하는 시리즈이므로 열로 생성하기도 한다. 결과를 df에 총점 열로 생성하자.

[코드 5-10] 국어 열과 영어 열을 더해 총점 열 생성하기

```python
df['총점'] = df['국어'] + df['영어']
```

총점 열을 2로 나누면, 시리즈와 단일 값의 연산이므로 모든 셀에서 단일 값과 연산한다. 그래서 각 사람의 평균 점수를 반환한다. 결과를 df에 평균 열로 생성하자.[4]

[코드 5-11] 총점 열을 2로 나누어 평균 열 생성하기

```python
df['평균'] = df['총점'] / 2
```

---

4 **5.4.1. 집계 함수의 집계 함수**를 학습하면, 산술 연산보다는 집계 함수를 사용하는 것이 간편하다.

시리즈의 연산을 이용하면, 각 행의 국어 점수와 영어 점수를 더해 총점 열을 생성하거나, 평균 열을 생성할 수도 있다.

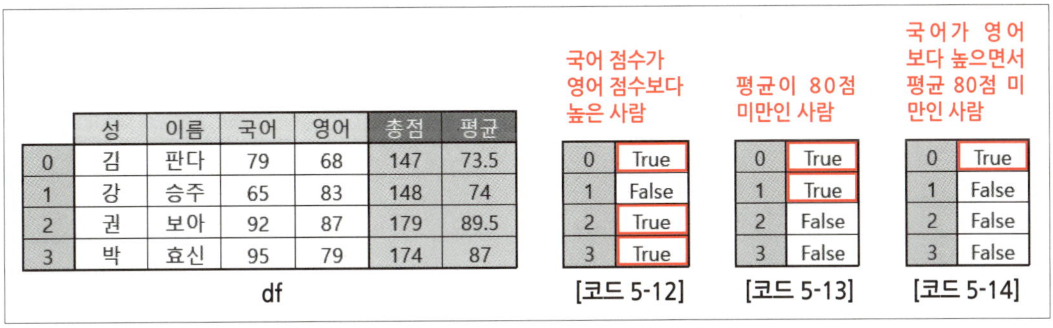

[그림 5-10] 데이터 프레임 열의 비교 연산과 논리 연산

데이터 프레임의 열을 이용해 비교 연산과 논리 연산도 수행하자.

[코드 5-12] 국어 점수가 영어 점수보다 높은 사람 확인하기

```
df['국어'] > df['영어']
```

[코드 5-13] 평균 점수가 80점 미만인 사람 확인하기

```
df['평균'] < 80
```

[코드 5-14] 국어 점수가 영어 점수보다 높으면서, 80점 미만인 사람 확인하기

```
(df['국어'] > df['영어']) & (df['평균'] < 80)
```

비교 연산이나 논리 연산을 수행한 결과 시리즈는 True나 False를 반환한다. 이 불 시리즈를 확인하면 어떤 행이 해당 조건에 맞는지 쉽게 알 수 있다. [코드 5-14]의 결과는 첫 번째 행만 True를 반환하므로 첫 번째 행인 김판다 씨만 국어가 영어보다 점수가 높으면서 평균 80 미만인 데이터에 해당한다.

자료형이 문자열인 열도 서로 덧셈은 가능하다. 문자열인 시리즈 간의 덧셈도 역시 같은 인덱스의 셀끼리 덧셈한다. 또한 문자열인 시리즈와 단일 문자열의 합은 시리즈의 모든 셀에서 주어진 문자열과 연산한다. 이것은 파이썬의 문자열끼리는 덧셈이 가능하기 때문이다.

df에서 성과 이름의 데이터가 각기 다른 열로 분리되어 있으므로 하나로 합쳐보자. 단, 성과 이름 사이는 공백으로 구분하자. 성과 공백 그리고 이름을 합친 결과를 df의 성명 열로 생성한다. 그리고 성명, 국어, 영어, 평균 열만 출력해 보자.

[코드 5-15] 성과 공백, 이름을 합쳐 성명 열을 생성

```
df['성명'] = df['성'] + ' ' + df['이름']
df[['성명', '국어', '영어', '평균']] # 성명, 국어, 영어, 평균 열만 출력
```

	성명	국어	영어	평균
0	김 판다	79	68	73.5
1	강 승주	65	83	74.0
2	권 보아	92	87	89.5
3	박 효신	95	79	87.0

데이터 프레임은 열 간의 산술 연산, 비교 연산, 논리 연산이 쉽게 가능하다.

5.3 데이터 프레임의 연산

데이터 프레임도 시리즈와 마찬가지로 벡터화 연산을 따르므로 원칙은 동일하다. 데이터 프레임과 단일 값의 연산은 데이터 프레임의 모든 셀에서 각각 단일 값과 연산한다. 데이터 프레임 간의 연산은 인덱스와 컬럼즈가 모두 일치하는 셀끼리 연산한다. 또한 중요하게 학습해야 할 부분은 데이터 프레임과 시리즈의 연산인 브로드 캐스팅이다.

5.3.1 데이터 프레임과 단일 값의 연산

데이터 프레임과 단일 값의 연산을 실습해 보자. 연산을 실습할 변수들을 준비하자.

[코드 5-16] 실습 예제 코드

```
import pandas as pd
data1 = [[0, 1, 1], [0, 2, 1], [4, 2, 5], [2, 2, 5]]
data2 = [[3, 2, 1], [3, 4, 5], [0, 3, 4], [0, 0, 4]]
df1 = pd.DataFrame(data1, index=list('abcd'), columns=list('ABC'))
df2 = pd.DataFrame(data2, index=list('abcd'), columns=list('ABC'))
df3 = pd.DataFrame(data2, index=list('abde'), columns=list('ABD'))
```

먼저 데이터 프레임과 단일 값의 산술 연산을 수행하자. df1을 3으로 나눈 몫을 구하자.

[코드 5-17] 데이터 프레임과 단일 값의 산술 연산(몫)

```
df1 // 3 # 연산자
df1.floordiv(3) # 연산 함수
```

벡터화 연산이 적용되므로 데이터 프레임의 모든 셀에서 단일 값과 연산을 수행한다. 모든 셀에서 3으로 나눈 몫을 구해 데이터 프레임으로 반환한다.

다음으로 데이터 프레임과 단일 값의 비교 연산을 수행하자. df1과 정수 2가 다르다는 비교 연산을 수행하자.

[코드 5-18] 데이터 프레임과 단일 값의 비교 연산(다르다)

```
df1 != 2 # 연산자
df1.ne(2) # 연산 함수
```

비교 연산도 벡터화 연산이 적용되므로, 각 셀마다 2와 다른지 확인하고 True나 False를 반환한다. 그래서 데이터 프레임도 비교 연산으로 쉽게 불 데이터 프레임으로 변환된다.

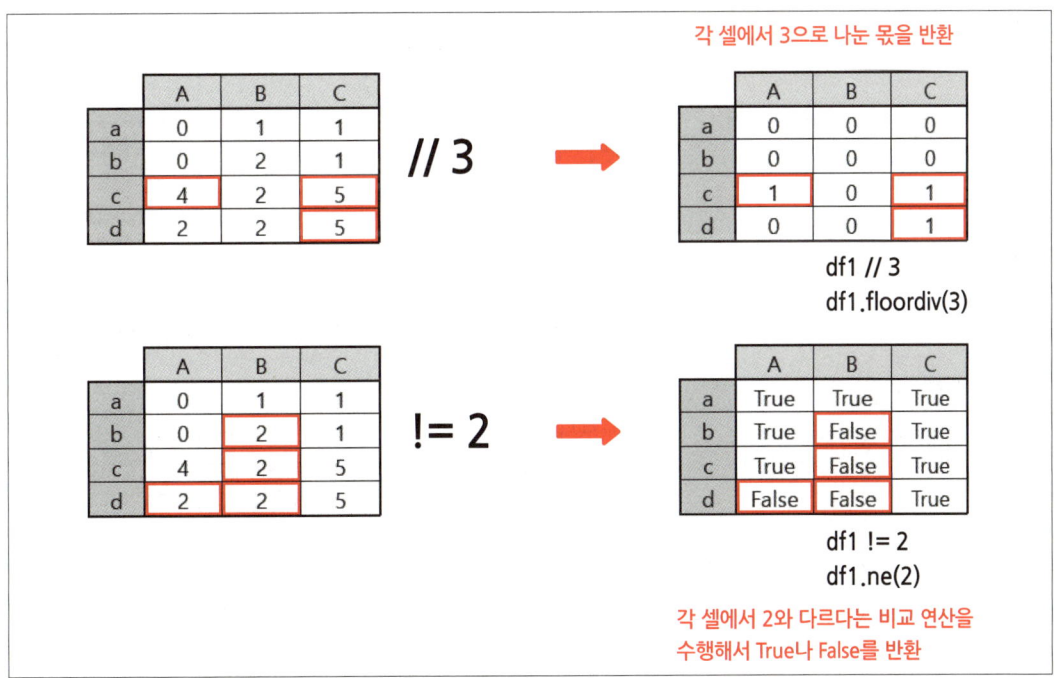

[그림 5-11] 데이터 프레임과 단일 값의 연산

5.3.2 데이터 프레임 간의 연산

데이터 프레임 간의 연산은 인덱스와 컬럼즈가 모두 같은 셀 간의 연산이 수행된다. 데이터 프레임의 크기가 같고, 인덱스와 컬럼즈가 완전히 일치하는 두 개의 데이터 프레임을 연산해 보자. df1과 df2 의 덧셈을 수행하자.

[코드 5-19] 인덱스와 컬럼즈가 일치하는 두 데이터 프레임의 산술 연산

```
df1 + df2 # 연산자
df1.add(df2) # 연산 함수
```

df1과 df2는 인덱스와 컬럼즈가 완전히 일치하므로, 모든 셀이 마치 위치에 맞추어 덧셈한 것 같은 결과를 반환한다.

df1과 df2의 비교 연산도 수행하자. df1이 df2보다 크거나 같은지 대소 비교를 수행하자.

[코드 5-20] 인덱스와 컬럼즈가 일치하는 두 데이터 프레임의 비교 연산

```
df1 >= df2 # 연산자
df1.ge(df2) # 연산 함수
```

인덱스와 컬럼즈가 일치하는 셀끼리 대소 비교 연산을 수행해서 True나 False를 반환한다.

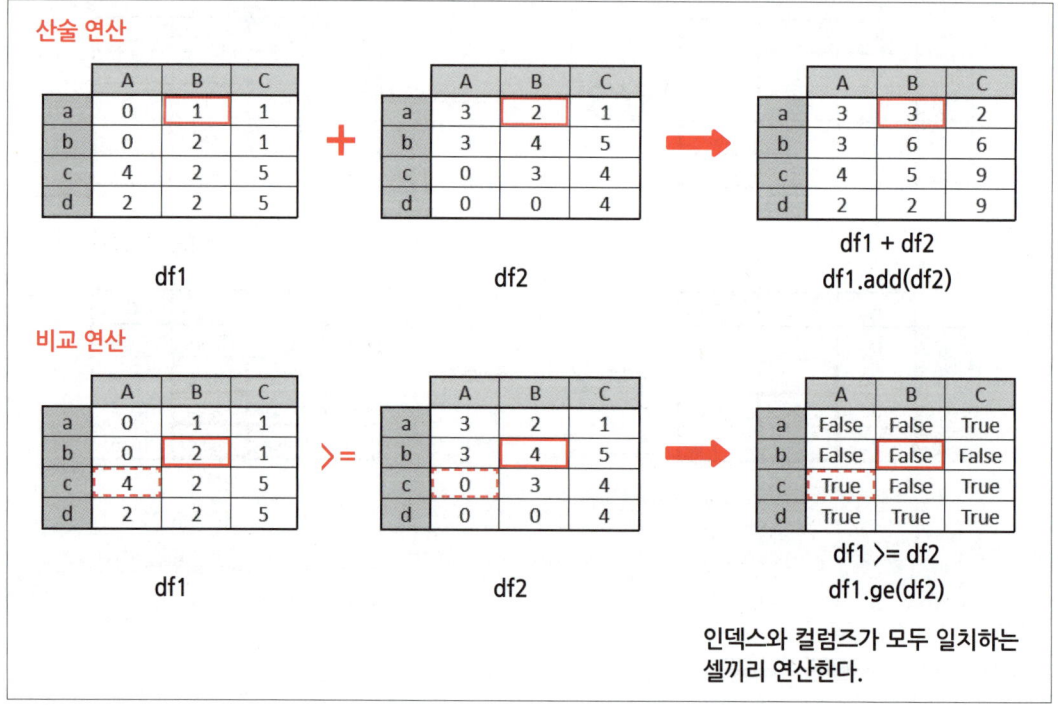

[그림 5-12] 인덱스와 컬럼즈가 완전히 일치하는 두 데이터 프레임의 연산

인덱스와 컬럼즈가 완전히 일치하지 않는 두 데이터 프레임의 연산을 수행해 보자. df1의 인덱스는 a, b, c, d이지만, df3의 인덱스는 a, b, c, e이다. df1의 컬럼즈는 A, B, C이지만, df3의 컬럼즈는 A, B, D이다. df1과 df3의 덧셈을 수행하자.

[코드 5-21] 인덱스와 컬럼즈가 일치하지 않는 두 데이터 프레임의 산술 연산

```
df1 + df3 # 연산자
df1.add(df3) # 연산 함수
```

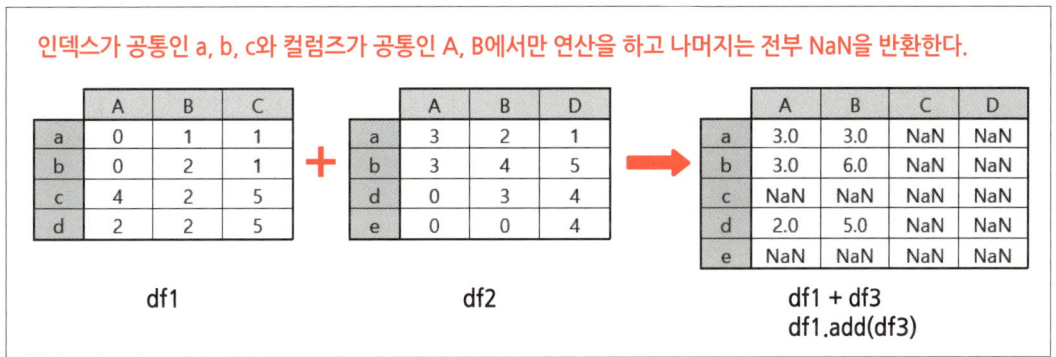

[그림 5-13] 인덱스와 컬럼즈가 일치하지 않는 두 데이터 프레임의 연산

양측 인덱스의 합집합으로 새로운 인덱스가 생성되고, 양측 컬럼즈의 합집합으로 새로운 컬럼즈가 생성된다. df1과 df3의 양쪽 모두에 존재하는 인덱스와 컬럼즈일 때만 연산 결과가 나오며 한쪽에서만 존재할 때는 전부 NaN으로 채워진다.

5.3.3 NaN을 대체해 연산하기(연산 함수의 fill_value)

만약 df1과 df3가 각 사람(a, b, c, d, e)이 각 품목(A, B, C, D)을 생산한 생산량을 나타내는 데이터라고 가정해 보자. df1은 어제의 생산량이고 df3는 오늘의 생산량이다. 어제(df1)는 a, b, c, d 네 사람이 품목 A, B, C를 생산했고, 오늘(df3)은 a, b, d, e 네 사람이 품목 A, B, D를 생산했다.

이때 어제의 생산량과 오늘의 생산량의 합계를 구하고 싶어도, df1과 df3를 그냥 더하면 인덱스와 컬럼즈가 일치하지 않아 대규모로 NaN이 생성되어 원하는 데이터가 생성되지 않는다. 이때는 연산 함수의 매개변수 fill_value를 사용한다.

생산량이므로 존재하지 않는 값은 NaN이 아니라 0으로 보는 것이 옳다. 이때는 연산 함수로 연산을 수행하고 매개변수 fiil_value를 사용한다. 연산 함수를 사용하고 fill_value=0을 입력하면, 연산을 수행하기 전에 양측 모두에 존재하지 않는 값을 NaN이 아닌 0으로 채운 뒤 연산을 수행한다.

[코드 5-22] fill_value=0을 입력해 [코드 5-21]을 수행

```
df1.add(df3, fill_value=0)
```

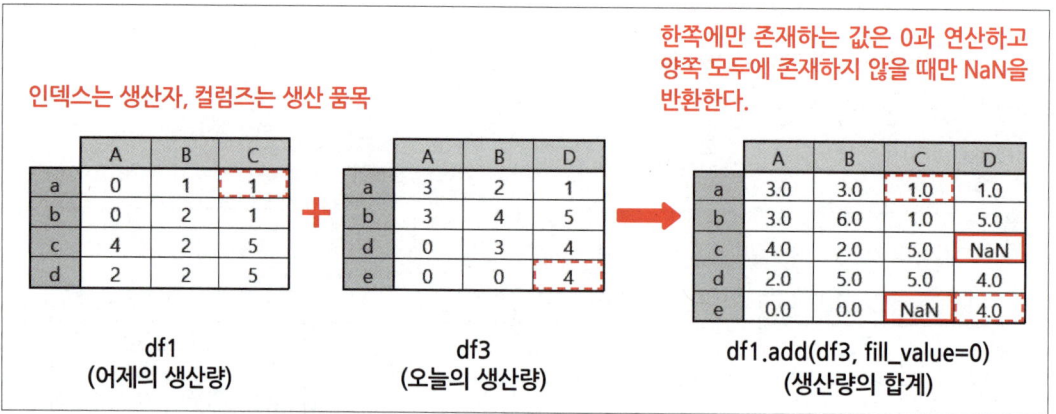

[그림 5-14] 연산 함수의 매개변수 fill_value

[그림 5-13]과 [그림 5-14]를 비교해 보자. [그림 5-14]는 한쪽에만 존재하는 인덱스와 컬럼즈의 데이터도 0과 연산하여 결과를 반환한다. 양쪽 모두에 존재하지 않는 인덱스와 컬럼즈의 데이터만 NaN을 반환한다.

5.3.4 데이터 프레임과 시리즈의 연산(브로드 캐스팅)

우리는 앞서 단일 값과 시리즈의 연산, 시리즈와 시리즈의 연산, 단일 값과 데이터 프레임의 연산, 데이터 프레임과 데이터 프레임의 연산을 살펴보았다. 단일 값과 단일 값의 연산은 일상에서 사용하는 연산이므로, 데이터 프레임과 시리즈의 연산을 제외한 모든 조합의 연산 방법을 아는 셈이다. 이제부터 데이터 프레임과 시리즈의 연산에 대해 알아보자. 데이터 프레임과 시리즈의 연산은 브로드 캐스팅(broad casting)이 작동한다.

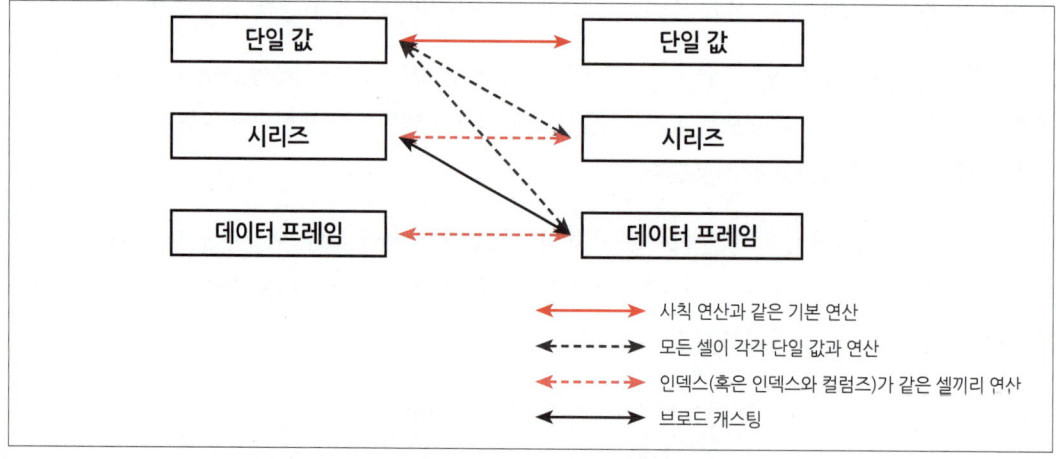

[그림 5-15] 단일 값, 시리즈, 데이터 프레임 간의 연산

판다스의 객체들은 인덱스만 존재하는 시리즈 간의 연산은 인덱스가 완전히 일치하는 셀끼리 연산하고, 인덱스와 컬럼즈가 존재하는 데이터 프레임 간의 연산은 인덱스와 컬럼즈가 완전히 일치하는 셀끼리 연산한다. 인덱스만 존재하는 시리즈와 인덱스와 컬럼즈가 모두 존재하는 데이터 프레임은 서로 연산할 수 없는 것인지 의문이 들 수 있지만, 연산이 가능하며 그 연산을 브로드 캐스팅이라고 한다.

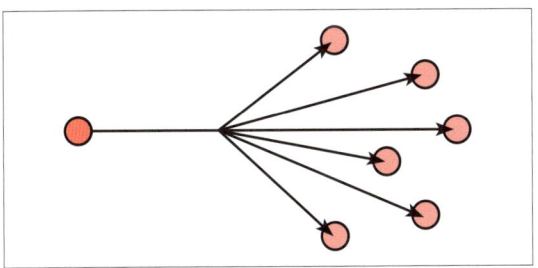

[그림 5-16] 네트워크의 브로드 캐스팅

브로드 캐스팅은 모든 방향으로 전한다는 뜻으로, 네트워크에서는 송신 호스트가 전송한 데이터가 네트워크에 연결된 모든 호스트에 전송되는 방식을 의미한다. 판다스의 연산에서 브로드 캐스팅은 1차원인 시리즈가 2차원인 데이터 프레임의 모든 행과 연산하는 것을 의미한다. [그림 5-17]에서 시리즈가 3×3인 데이터 프레임의 모든 행과 연산한다.

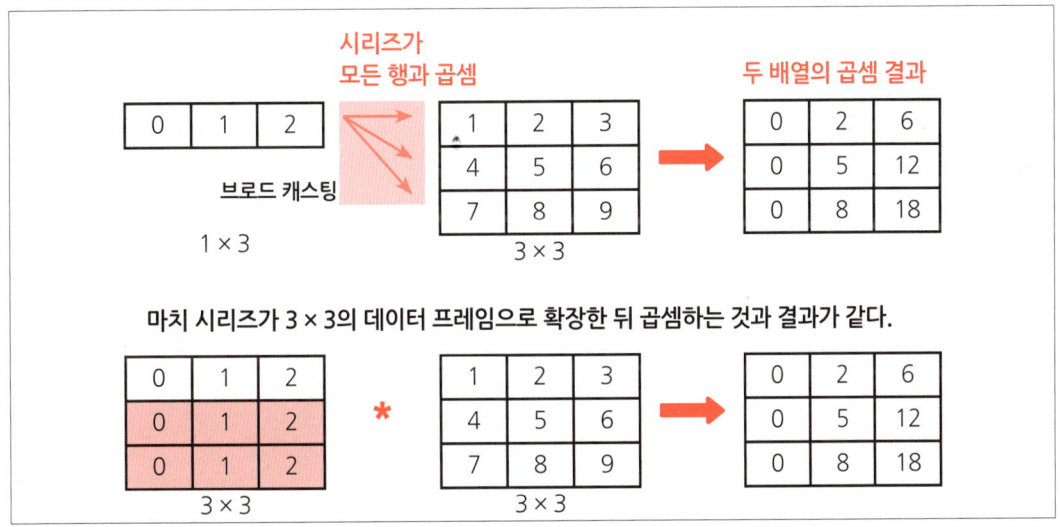

[그림 5-17] 브로드 캐스팅

이 결과는 마치 시리즈가 3×3인 데이터 프레임으로 확장한 뒤 연산한 것과 같은 결과를 얻는다. 확장의 개념이 브로드 캐스팅을 쉽게 이해하기에 장점이 있어 확장의 개념을 차용해서 설명하겠다.[5]

---

[5] 데이터 프레임이나 시리즈가 단일 값이 연산할 때 모든 셀과 연산하는 것도 일종의 브로드 캐스팅이다. 단일 값을 가진 데이터 프레임이나 시리즈로 확장해서 모든 셀과 연산한다고 생각하자.

데이터 프레임과 시리즈의 연산을 실습해 보자.

[코드 5-23] 실습 예제 코드

```
import pandas as pd
data1 = [[1, 1, 1], [1, 2, 3], [4, 3, 5], [2, 2, 4]]
df = pd.DataFrame(data1, index=list('abcd'), columns=list('ABC'))
s1 = pd.Series([0, 1, 2], index=list('ABC'))
s2 = pd.Series([0, 1, 2, 3], index=list('abcd'))
```

df와 s1의 곱셈을 수행하자.

[코드 5-24] 데이터 프레임과 시리즈의 곱셈(브로드 캐스팅)

```
df * s1 # 연산자
df.mul(s1) # 연산 함수
```

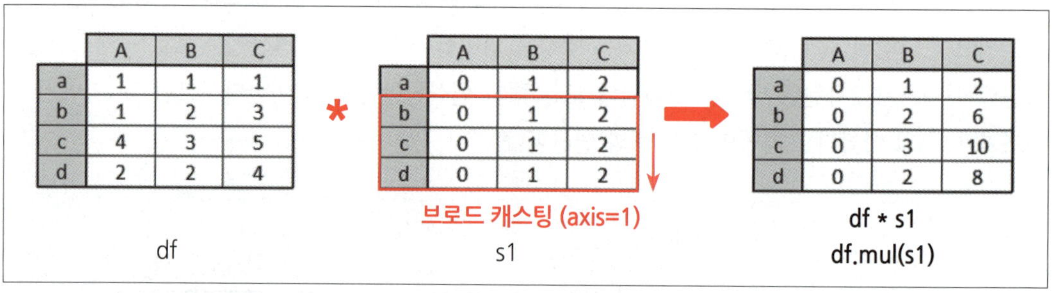

	A	B	C
a	1	1	1
b	1	2	3
c	4	3	5
d	2	2	4

df

*

	A	B	C
a	0	1	2
b	0	1	2
c	0	1	2
d	0	1	2

s1 — 브로드 캐스팅 (axis=1)

→

	A	B	C
a	0	1	2
b	0	2	6
c	0	3	10
d	0	2	8

df * s1
df.mul(s1)

[그림 5-18] 데이터 프레임과 시리즈의 브로드 캐스팅(axis=1)

s1이 마치 4×3 데이터 프레임처럼 확장된 뒤 연산한 것과 같은 결과를 보인다. 이런 브로드 캐스팅은 연산을 간결하게 해준다. 간단한 시리즈와의 연산으로 열마다 각기 다른 값을 곱할 수 있다.

특이점은 브로드 캐스팅도 매개변수 axis로 축을 지정하여 확장 방향을 설정할 수 있는데, axis=1이 기본값이다. 데이터 프레임의 각 행이 시리즈와 연산하는 것이 기본값으로 설정된다.[6] 기본값으로 브로드 캐스팅을 수행할 때는 연산자로도 연산이 가능하다.

axis=0인 방향으로 확장해 연산하려면 연산자를 사용할 수 없다. 연산 함수를 사용하고 axis=0을 입력한다. df와 s2의 곱셈을 수행하자.

---

[6] 각 행이 작업을 수행하는 것이 axis=1이다. 이 개념이 어렵다면 다음처럼 연상해도 좋다. [그림 5-18]에서 s1의 인덱스가 확장된 데이터 프레임의 컬럼즈로 쓰였다. 컬럼즈와 관련이 있기에 세로로 확장하는 것이 axis=1이다. axis에 대한 자세한 내용은 **5.4.3. 매개변수 axis의 축 지정**에서 학습한다.

[코드 5-25] 브로드 캐스팅의 축 지정

```
df.mul(s2, axis=0) # axis를 0으로 지정하려면 연산 함수를 사용해야 한다.
```

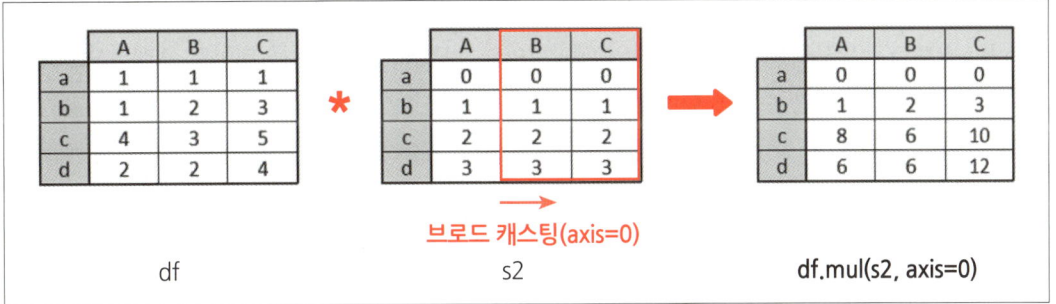

[그림 5-19] 데이터 프레임과 시리즈의 브로드 캐스팅(axis=0)

브로드 캐스팅의 축 방향을 정확히 지정하지 않으면, 모든 셀의 값이 NaN이 된다. 아래의 [코드 5-26]을 각자 실습해 확인해 보자.

[코드 5-26] 브로드 캐스팅의 축 방향을 정확히 지정하지 않았을 때

```
df * s2
```

여러분이 시리즈와 데이터 프레임을 연산할 때, 결과가 지나치게 NaN을 많이 반환해서 어려움을 겪는다면 브로드 캐스팅의 축 방향을 먼저 점검해 보자.

엑셀 예제 2 주식 종목들의 일별 주가 추이 분석

주식 데이터를 다루다 보면 여러 종목이 특정일부터 어떤 추이를 보이는지 동시에 보고 싶을 때가 많다. 다만 주가로 여러 종목의 그래프를 한꺼번에 그리면, 각각의 주가 규모가 달라서 한눈에 들어오는 정보를 얻기 힘들다. 이럴 때 특정 일자의 주가를 기준으로 주가를 비율로 표현하면 원하는 그래프를 그리기가 쉽다. 엑셀 파일 06stock.xlsx로 실습해 보자.

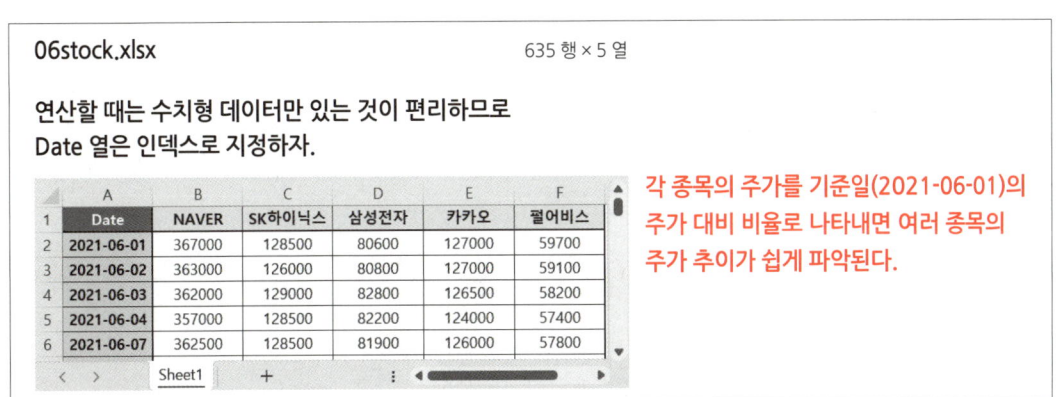

[그림 5-20] 실습 엑셀 파일 06stock.xlsx 소개

2021년 6월 1일 기준으로 다섯 개 종목의 주가 추이를 시각화

실습에 사용할 엑셀 파일은 NAVER, SK하이닉스, 삼성전자, 카카오, 펄어비스 다섯 개 종목의 2021년 6월 1일부터 2023년 12월 22일까지의 데이터이다.[7] 먼저 엑셀 시트를 데이터 프레임으로 불러오자. 연산을 수행하려면 수치형 데이터만 밸류즈에 남기는 것이 편리하므로, index_col=0을 입력해 Date 열을 인덱스로 지정하여 데이터 프레임으로 불러오자. Date 열은 첫 번째 열이니까, 매개변수 index_col에 Date 열의 로케이션인 0을 입력한다.

[코드 5-27] 주가 엑셀 파일에서 데이터 프레임 불러오기

```
import pandas as pd
pd.options.display.max_rows = 6 # 6행까지만 출력
url1 = 'https://github.com/panda-kim/book1/blob/main/06stock.xlsx?raw=true'
df_stock = pd.read_excel(url1, index_col=0)
```

불러온 데이터 프레임은 변수 df_stock으로 지정하였다. 기준일인 2021년 6월 1일을 기준으로 다섯 개 종목의 주가 추이를 시각화하자. 각 종목의 주가를 기준일의 주가로 나누어 비율로 표현하면 여러 종목의 주가 추이가 손쉽게 시각화된다. 기준일의 주가는 df_stock의 첫 번째 행이므로, 먼저 첫 번째 행을 시리즈로 추출하여 df_stock을 나누면 쉽게 기준일 대비 주가의 비율로 표현된다. 첫 행을 시리즈로 추출하는 코드는 df_stock.iloc[0]이다.

[코드 5-28] 각 종목의 주가를 기준일 대비 주가의 비율로 변환하기

```
df_stock / df_stock.iloc[0] # 연산자
df_stock.div(df_stock.iloc[0]) # 연산 함수
```

Date	NAVER	SK하이닉스	삼성전자	카카오	펄어비스
2021-06-01	1.000000	1.000000	1.000000	1.000000	1.000000
2021-06-02	0.989101	0.980545	1.002481	1.000000	0.989950
2021-06-03	0.986376	1.003891	1.027295	0.996063	0.974874
...	...	...	...	...	...
2023-12-20	0.600817	1.093385	0.928040	0.422835	0.659966
2023-12-21	0.589918	1.093385	0.930521	0.415748	0.656616
2023-12-22	0.585831	1.094163	0.941687	0.415748	0.640704

635 rows × 5 columns

---

[7] Ran Aroussi, "yfinance 라이브러리", 2024년 4월 11일 접속, https://github.com/ranaroussi/yfinance

시리즈와 데이터 프레임의 연산은 브로드 캐스팅을 수행하므로 모든 일자에서 기준일과의 비율을 구한다. 브로드 캐스팅의 축 방향이 가로 방향이므로 연산자와 연산 함수 모두 사용한다. [코드 5-28]의 두 개 코드 중 아무거나 사용해도 원하는 결과를 얻는다.

결과를 시각화하자. 판다스의 plot 함수는 손쉽게 시각화가 가능하지만, matplotlib 라이브러리 기반으로 만들어진 함수이므로 기본값으로 한글을 지원하지 않는 단점이 있다. 우리는 그리려는 그래프에 한글 종목명이 포함되어야 한다. 따라서 그냥 plot 함수를 사용하면 종목명 부분의 글꼴이 제대로 표시되지 않는다.

이를 해결하고자 종목명을 영어로 변경하거나, 한글 폰트를 지원하는 코드를 실행하는 등의 방법이 있지만, 여기서는 판다스 plot 함수의 기반 라이브러리를 plotly로 지정하는 방법을 사용하겠다. plotly는 파이썬의 시각화 라이브러리이다. 기본값으로 한글을 지원하고, 반응형 그래프를 제공한다. 4.8+ 버전의 plotly 라이브러리가 설치되었다면 plot 함수에 backend='plotly'를 입력해 plot 함수로 plotly 기반 그래프를 그릴 수 있다. 구글 코랩을 사용하면 이미 4.8+ 버전의 plotly 라이브러리가 설치되어 있다.

plot 함수에 backend='plotly'를 입력해 plotly 기반으로 그래프를 그린다. 그래프의 크기도 지정하자. 기반 라이브러리를 변경하면 매개변수나 인수도 변경되니 유의하자. plotly 기반일 때는 매개변수 height와 width에 그래프의 크기를 픽셀 단위로 지정한다.[8]

[코드 5-29] 각 종목의 주가 추이 시각화

```
df_stock.div(df_stock.iloc[0]).plot(backend='plotly', width=600, height=400)
```

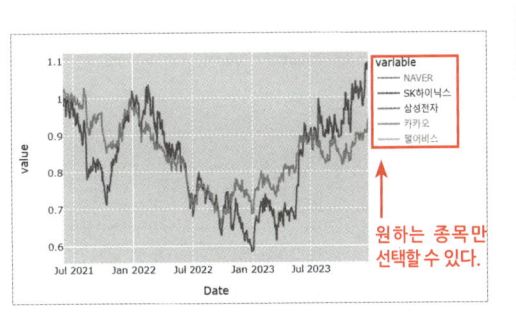

[그림 5-21] 일별 주가 추이 시각화

---

[8] matplotlib 라이브러리 기반일 때는 매개변수 figsize에 가로와 세로를 인치 단위로 튜플로 입력한다. 예를 들어 figsize=(6, 4)와 같은 방식으로 크기를 지정한다.

plotly는 반응형 그래프를 제공하므로, 한글 폰트 때문이 아니어도 장점이 많은 라이브러리이다. 그래서 이 기회에 plotly 기반 그래프를 소개한 것이다.

시각화 결과를 확인하자. 2021년 6월에 펄어비스 주식을 매수한 주주로서 매도 시기를 놓쳐 통한의 감정이 든다. 그렇지만 다른 한편으로는 매수하려던 다른 종목을 매수했어도 결과는 크게 다르지 않았을 것이라는 안도감도 든다. 이러한 감정이 드는 것은 제대로 시각화되었다는 의미이다.

5.4 통계 함수 적용하기

지금까지는 시리즈와 데이터 프레임 등 객체 간의 연산만을 수행하였다. 데이터 프레임이나 시리즈는 그 자체로 내부에 방대한 데이터를 가지므로, 객체 내 연산으로도 중요한 데이터를 얻어낼 수 있다. 객체 내 연산을 수행하는 대표적인 통계 함수들과 판다스의 여러 집계 함수를 실습하자.

함수	기능	함수	기능
sum	전체 합	cumsum	누적 합
prod	전체 곱	cumprod	누적 곱
max	최댓값	cummax	누적 최대
min	최솟값	cummin	누적 최소
count	개수	cumcount	누적 개수(그룹화)[9]
mean	평균	first	첫 번째 값(그룹화)
std	표준편차	last	마지막 값(그룹화)
var	분산	all	모두 True라면 True(불)
median	중간값	any	하나라도 True라면 True(불)
quantile	분위수	idxmax	최댓값의 색인
mode	최빈값(가장 빈도가 높은 값)	idxmin	최솟값의 색인
corr	상관관계	skew	왜도
cov	공분산	kurt	첨도

[표 5-4] 여러 통계 함수와 판다스의 집계 함수들

---

[9] cumcount, first, last 등 그룹화로 표기된 함수는 추후 배울 pivot_table이나 groupby 등 그룹화와 관련된 함수와 반드시 함께 사용해야 한다.

다양한 통계 함수는 모두 외워야 할 필요는 없으며 자주 쓰는 함수 정도만 외워두자.

5.4.1 집계 함수

집계 함수(aggregation function)는 군집의 데이터를 요약한 통계를 제공하는 함수이다. 합(sum), 평균(mean), 표준편차(std), 최댓값(max), 최솟값(min), 중간값(median) 등 대부분의 통계 함수가 여기에 속한다. 평균을 구하는 mean 함수로 집계 함수를 실습하자. 실습할 변수 df1도 준비하자.

[코드 5-30] 실습 예제 코드

```
import pandas as pd
data1 = [[10, float('nan'), 50], [20, 20, 80], [30, 40, 80], [40, 60, 20]]
df1 = pd.DataFrame(data1, index=list('ABCD'), columns=['국어', '영어', '수학'])
df1
```

df1에 평균을 반환하는 함수 mean을 적용하면, 1차원 시리즈가 반환된다.

[코드 5-31] df1에 mean 함수 적용해 평균을 반환하기

```
df1.mean()
```

열마다 열의 평균을 반환하고 결과가 모여서 시리즈가 된다. 집계 함수를 데이터 프레임에 적용하면 차원이 축소되어 시리즈를 반환한다. 이렇게 그룹에 적용하여 값을 반환해 차원을 축소하는 함수가 집계 함수이다. 집계 함수는 시리즈에도 적용할 수 있으며, 시리즈에 적용하면 차원을 축소해 단일 값을 반환한다.

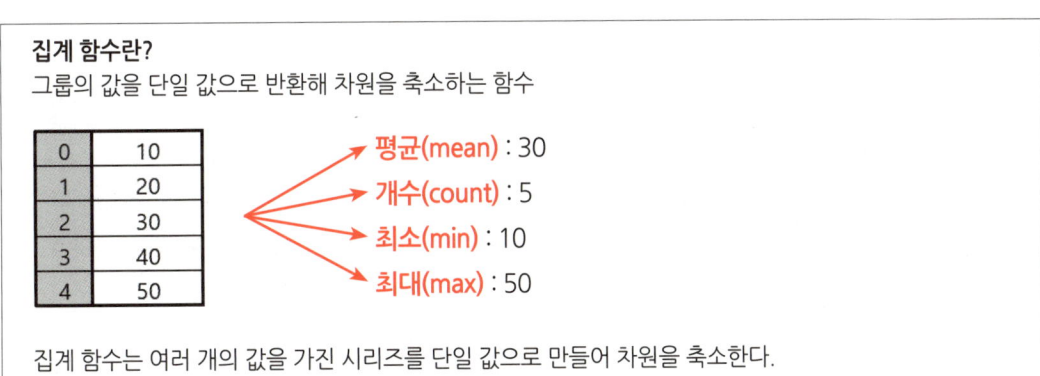

[그림 5-22] 시리즈에 적용된 집계 함수

[코드 5-31]의 결과로 각 열의 평균이 반환되었는데, 만약 각 행의 평균을 반환하고 싶다면 축을 지정한다. axis=1을 입력하면 각 행의 평균이 반환된다.[10]

[코드 5-32] df1 각 행의 평균 구하기

```
df1.mean(axis=1)
```

유의할 점은 NaN의 처리이다. df1의 A 행은 각각 10, NaN, 50을 데이터로 가진다. df1에서 각 행의 평균을 구한 결과는 A 행의 평균으로 30을 반환한다. 이는 NaN을 제외하고 평균을 구한다는 의미이다.

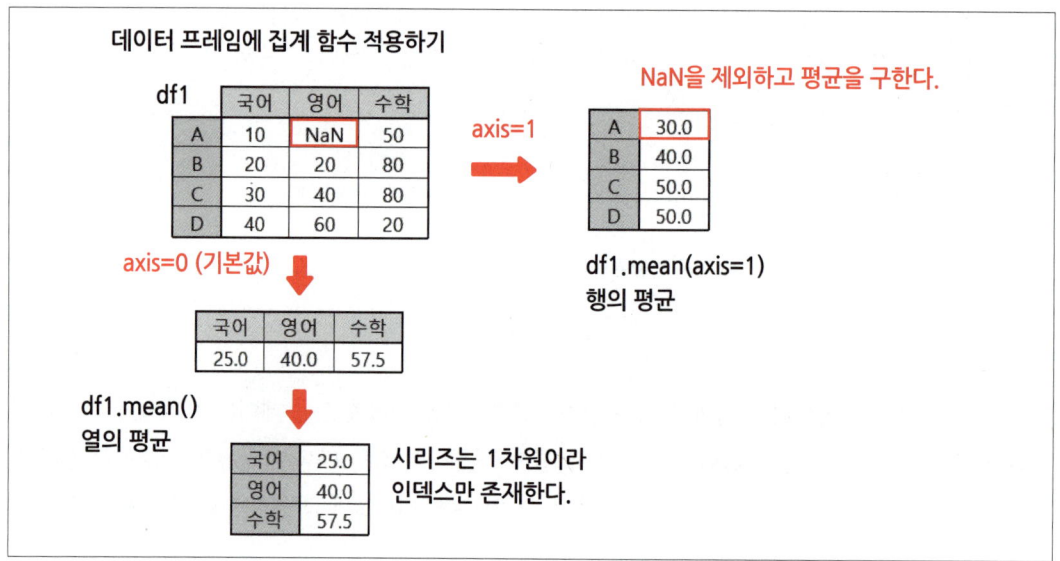

[그림 5-23] 데이터 프레임에 집계 함수 적용하기

5.4.2 누적 통계 함수

누적 통계 함수는 최초부터 해당 위치까지의 누적된 통계를 보여준다. 예를 들어 cumsum 함수는 최초부터 해당 위치까지의 누적 합을 구한다. cumsum 함수를 실습하고자 변수 df2를 준비하자.

[코드 5-33] 실습 예제 코드

```
import pandas as pd
data2 = [[1, 2, 3], [4, 5, 6], [7, 8, 9], [7, 2, 4]]
df2 = pd.DataFrame(data2, index=list('ABCD'), columns=['가', '나', '다'])
df2
```

---

10 집계 함수는 axis=0일 때 열마다 함수를 적용한다. 5.4.3. 매개변수 axis와 축 지정에서 자세히 설명한다.

누적 통계 함수는 차원을 축소하지 않는다. 따라서 데이터 프레임에 적용해도 새로운 데이터 프레임을 반환한다. 집계 함수와 차이점이다. df2에 누적 합을 구하는 함수 cumsum을 적용하면, 각 열에서 해당 위치까지의 누적 합을 구한 데이터가 반환된다.

[코드 5-34] df2의 누적 합 구하기

```
df2.cumsum()
```

각 행에서 누적 합을 구하고 싶다면 axis=1을 입력하자.

[코드 5-35] df2에서 각 행에서 누적 합 구하기

```
df2.cumsum(axis=1)
```

cumsum 함수는 정확하게 알아두면 여러모로 유용하다. cumsum 함수는 그룹화에도 활용하고 원하는 데이터를 추출할 때도 사용하자.

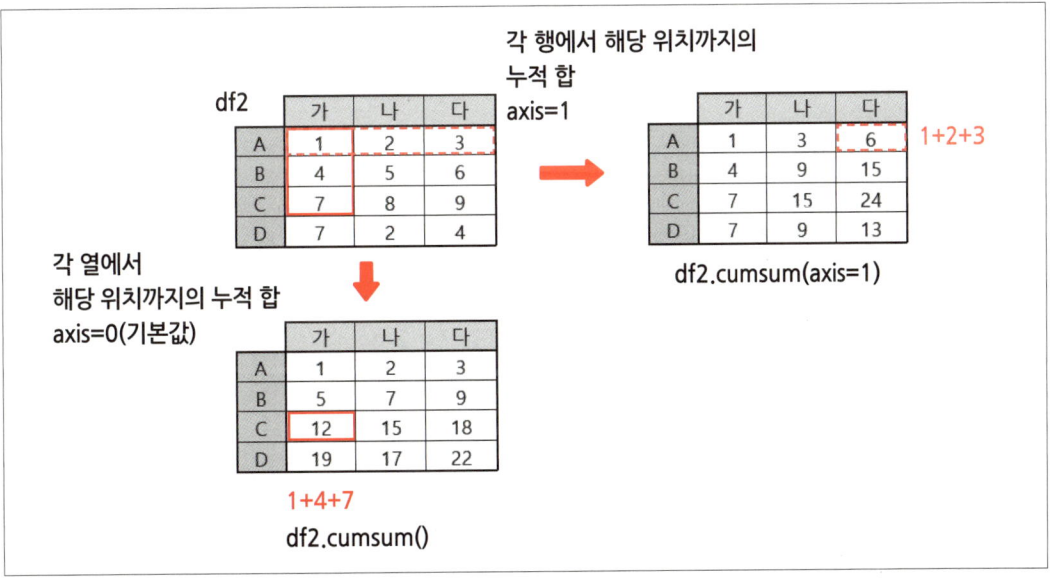

[그림 5-24] 데이터 프레임에 누적 통계 함수 적용하기

5.4.3 매개변수 axis와 축 지정

매개변수 axis를 지정해 여러 함수를 적용함에 있어 axis를 이해하고 받아들이는 과정에서 혼란스럽다면 당부하고 싶은 이야기가 있다. 라이브러리는 누군가가 만들어둔 함수 모음이며, 중요한 것은 만든 사람이 함수를 왜 이렇게 정의했느냐보다는 정의한 결과를 받아들이는 것이라는 점이다. 물론 판다스처럼 잘 만든 라이브러리는 꽤 직관적인 원칙이 있지만, 그럼에도 정의 결과를 받아들이기보다

원칙을 찾으려고 몰두할 필요는 없다.

또한 당부하고 싶은 것은 각 함수마다 축을 암기할 필요가 없다는 점이다. 설령 축 지정이 잘못되었다 하더라도 다시 축을 지정해 실행하는 데는 1분도 걸리지 않는다.

그럼에도 각 함수의 axis에 대해 내용이 정리된다면 입문자들에게 유용할 것이다. 각 함수의 axis는 다음과 같다. 아직 학습하지 않은 함수들도 순차적으로 배울 것이다.

● **함수와 axis**

1. 인덱스나 컬럼즈를 변환하는 함수들(set_axis, rename, reindex 등)
axis=0 인덱스를 변환
axis=1 컬럼즈를 변환

2. 데이터를 삭제하는 함수들(drop, dropna 등)
axis=0 행을 삭제
axis=1 열을 삭제

3. 각 열이나 각 행에 함수 적용하는 함수(sum, mean 등의 집계 함수, apply 등)
axis=0 각 열에 함수 적용
axis=1 각 행에 함수 적용

4. 함수 적용 방향이 존재하는 함수(cumsum, shift, concat 등)
axis=0 위에서 아래쪽 방향으로 함수 적용
axis=1 왼쪽에서 오른쪽 방향으로 함수 적용

5. 연산의 브로드 캐스팅
axis=0 데이터 프레임의 각 행과 시리즈가 연산
axis=1 데이터 프레임의 각 열과 시리즈가 연산

위 정리 내용을 간단하게 기억하기 좋은 암기법을 소개하려 한다. 2차원인 데이터 프레임에 함수를 적용하는 것을 1차원 시리즈로 쪼개어 함수를 적용한 뒤 합치는 과정이라고 연상해 보자. 데이터 프레임에 적용할 함수를 각 열에 적용한 뒤 합친 것과 같은 결과라면 axis=0을 추가하고, 각 행에 적용한 뒤 합친 것과 같은 결과라면 axis=1을 추가한다고 기억하자. 단, 이러한 암기법은 절대적인 법칙이 아닌 기억을 돕는 정도로 활용하는 것이 좋다.

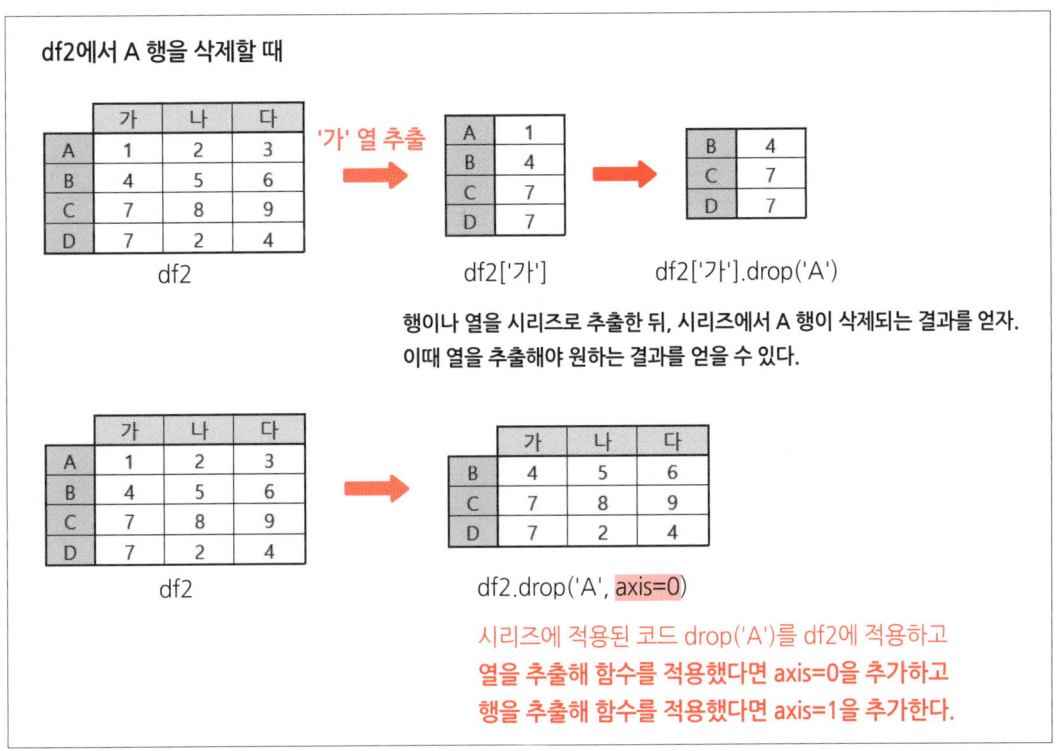

[그림 5-25] 판다스 함수와 axis

5.4.4 그 외 다양한 통계 함수

5.4.1에서 학습한 집계 함수는 통계에서 흔히 사용하는 집계 함수들이다. 소개된 함수뿐 아니라 차원 축소를 하는 함수들은 넓은 범위에서 모두 집계 함수로 볼 수 있다. 일상과 통계에서 널리 사용되는 함수는 아니지만 판다스에서 사용하는 집계 함수들을 학습해 보자.

불 자료형에 사용하는 집계 함수로 all 함수와 any 함수가 있다. 기본값인 axis=0 기준으로 all 함수는 각 열의 모든 셀의 데이터가 True이면 True를 반환하고, any 함수는 하나라도 True이면 True를 반환한다. 기본값인 axis=0일 때 각 열을 확인하고, axis=1일 때는 각 행이 모두 True인지 확인한다.

df2와 2를 대소 비교하여 df2를 불 데이터 프레임으로 변환하자. 연산자를 사용해도 되지만, 연속 메서드를 쓰고자 연산 함수를 이용한 df2.gt(2)를 사용하자. 그리고 결과에 all 함수를 적용하여 모든 열이 True인지 확인하자.

[코드 5-36] df2에 모든 값이 2보다 큰 열이 존재하는지 확인

```
df2.gt(2).all()
```

세 개의 열 중에서 다 열만 True를 반환했으며, 다 열은 모든 원소가 2보다 크다.

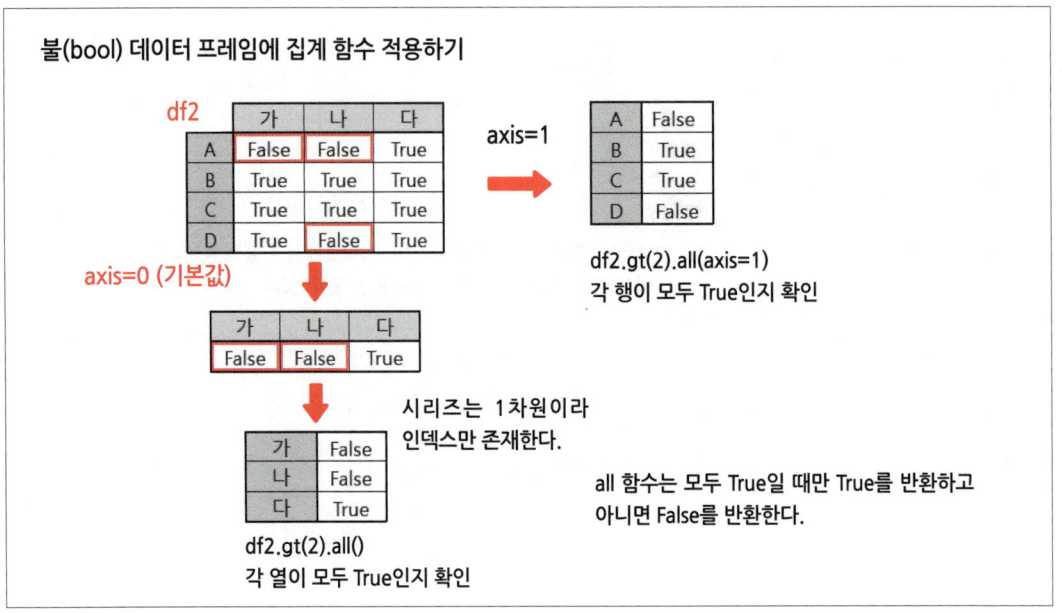

[그림 5-26] 데이터 프레임에 집계 함수 all 적용하기

이번에는 any 함수를 각 행에 적용해 보자. df2의 각 행이 2를 하나라도 보유하는지 any 함수로 확인하자.

[코드 5-37] df2의 각 행이 2를 하나라도 보유하는지 확인

A 행과 D 행만 2를 보유한다.

색인을 반환하는 집계 함수로 idxmax 함수와 idxmin 함수가 있다. idxmax 함수는 최댓값의 색인을 반환하고, idxmin 함수는 최솟값의 색인을 반환한다. 최댓값과 최솟값이 복수일 때는 가장 먼저 위치한 색인을 반환한다. 마찬가지로 기본값으로는 각 열에서 최댓값인 행의 이름을 색인으로 반환하고, axis=1일 때는 각 행에서 최댓값인 열의 이름을 색인으로 반환한다.

idxmax 함수의 실습을 수행하자. [코드 5-30]의 df1에 idxmax 함수를 적용해 각 열에서 최댓값인 행의 이름을 반환하자.

[코드 5-38] [코드 5-30]의 **df1**으로 실습해 각 열에서 최댓값인 행의 이름을 반환

```
df1.idxmax()
```

```
국어      D
영어      D
수학      B
dtype: object
```

국어와 영어 열은 D 행에 최댓값이 존재하고, 수학 열은 B 행에 최댓값이 존재한다. [그림 5-23]으로 확인하자. 수학 열은 B 행과 C 행이 모두 최댓값인 80을 가진다. 그렇지만 먼저 위치한 B 행의 이름을 색인으로 반환하는 것이다.

기존 데이터 프레임과 구조가 완전히 다른 데이터 프레임을 생성하는 통계 함수들도 있다. 데이터의 상관관계(correlation)를 구하는 corr 함수나 공분산을 구하는 cov 함수가 그러하다. corr 함수를 df2에 적용해 각 열의 상관관계를 구해보자.

[코드 5-39] df2 각 열의 상관관계를 반환

```
df2.corr()
```

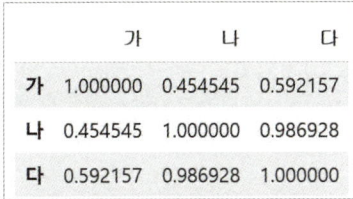

corr 함수를 적용하면 각각의 열이 서로 어떤 상관관계를 갖는지 교차표로 반환한다. 완전히 동일한 항목 간의 상관계수는 1이다.

엑셀 예제 3 다양한 통계 함수 실습하기

엑셀 파일 07statics.xlsx는 우리가 실무에서 만나는 다양한 데이터를 간단하게 구성한 엑셀 파일이다. 통계 함수들을 사용해 각 시트에서 원하는 데이터를 정확하게 추출해 보자. 생각보다 재미있을 것이다.

> 위로부터 조장을 기점으로 조를 부여하라.

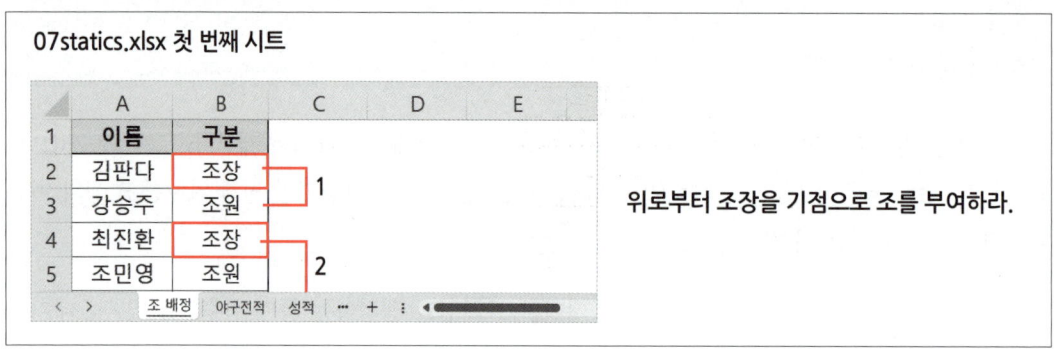

[그림 5-27] 07statics.xlsx의 첫 번째 시트

엑셀 파일의 첫 번째 시트는 각 사람이 조장인지 조원인지 구분된 데이터이다. 이 데이터를 기반으로 위로부터 조를 부여하자. 조장이 등장하면 새로운 조가 부여되어야 한다. 세 번째 행의 최진환 씨가 조장이기에 최진환 씨부터 새로운 조 2조가 부여된 것이다.

먼저 엑셀 파일에서 첫 번째 시트를 데이터 프레임으로 불러 df1으로 지정하자.

[코드 5-40] 엑셀 파일 첫 번째 시트에서 데이터 프레임 불러오기

```
import pandas as pd
url2 = 'https://github.com/panda-kim/book1/blob/main/07statics.xlsx?raw=true'
df1 = pd.read_excel(url2)
df1
```

df1의 구분 열이 '조장'과 같은지 비교 연산을 하면, 조장 여부에 따라 True나 False를 반환한다. 산술 연산에서 True는 1, False는 0으로 계산되므로 누적 합을 구하면 조장일 때만 1이 더해진다. 그러면 자연스럽게 순차적으로 조장 등장에 따라 새로운 조를 부여한다.

[코드 5-41] 조 배정하기

```
df1['조'] = df1['구분'].eq('조장').cumsum()
df1
```

	이름	구분	조
0	김판다	조장	1
1	강승주	조원	1
2	최진환	조장	2
...	...	...	...
297	김선익	조원	33
298	문일택	조원	33
299	곽민규	조원	33

300 rows × 3 columns

그룹화할 때 자주 쓰이는 기법이니 잘 알아두길 바란다.

각 팀의 승수와 승률을 구하라.

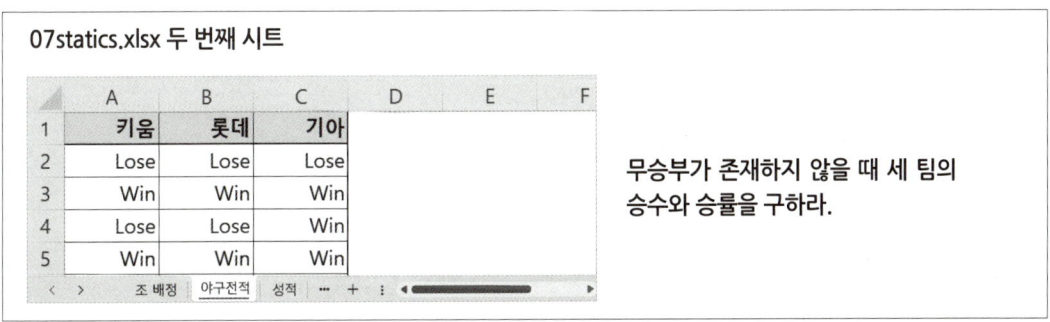

[그림 5-28] 07statics.xlsx의 두 번째 시트

엑셀 파일의 두 번째 시트는 키움, 롯데, 기아 팀의 최근 100경기의 전적을 'Win'과 'Lose'로 표현한 데이터이다. 세 팀의 최근 100경기 승수와 승률을 구하라. 먼저 엑셀 파일에서 두 번째 시트를 데이터 프레임으로 불러 df2로 지정하자. sheet_name=1을 입력하면 두 번째 시트를 불러온다.

[코드 5-42] 엑셀 파일 두 번째 시트에서 데이터 프레임 불러오기

```
df2 = pd.read_excel(url2, sheet_name=1)
df2
```

무승부가 존재할 때는 승률을 구하는 다양한 방법이 존재하기에 무승부는 없다는 가정으로 만들어진 데이터이다. df2가 'Win'과 같은지 동등 비교를 하면 df2는 불 데이터 프레임이 된다. True와 False

는 1과 0으로 산술 연산되므로, sum 함수를 적용하면 각 팀의 승수가 반환되고 mean 함수를 적용하면 각 팀의 승률이 반환된다.[11]

동등 비교는 연산자(==)를 사용해도 되지만 연속 메서드를 위해 연산 함수 eq를 사용하자.

[코드 5-43] 각 팀의 승수 구하기

```
df2.eq('Win').sum()
```

```
키움    60
롯데    53
기아    47
dtype: int64
```

[코드 5-44] 각 팀의 승률 구하기

```
df2.eq('Win').mean()
```

```
키움    0.60
롯데    0.53
기아    0.47
dtype: float64
```

손쉽게 각 팀의 100전의 전적에서 승수와 승률을 구했다.

합격자 수를 구하라.

합격 기준: 평균 60점 이상, 단일 과목 성적 모두 40점 이상

07statics.xlsx 세 번째 시트

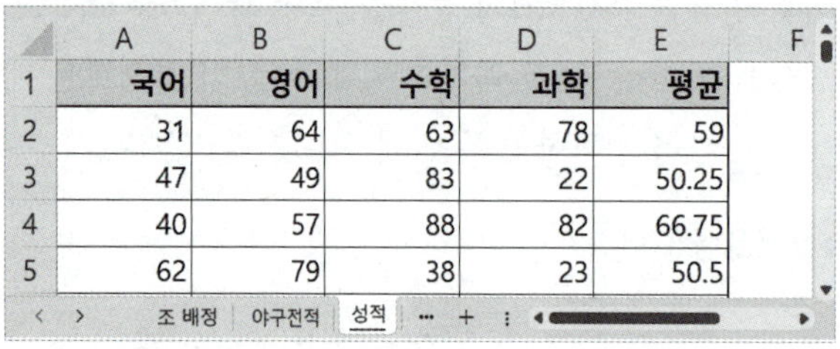

	A	B	C	D	E	F
1	국어	영어	수학	과학	평균	
2	31	64	63	78	59	
3	47	49	83	22	50.25	
4	40	57	88	82	66.75	
5	62	79	38	23	50.5	

합격자의 수를 구하라.
합격 기준: 평균이 60점 이상이면서 과목의 성적이 모두 40점 이상이면 합격

[그림 5-29] 07statics.xlsx의 세 번째 시트

---

[11] 0과 1로만 이루어진 배열에서 합은 1의 개수이며 평균은 1의 비율이다. 예를 들어 리스트 [1, 0, 1, 0]의 모든 원소의 합은 2이며 1의 개수와 같고, 모든 원소의 평균은 0.5이고 1의 비율과 같다. 그리고 불 데이터 프레임은 0(False)과 1(True)로만 이루어진 배열이다.

엑셀 파일의 세 번째 시트는 시험에 응시한 전체 수험생의 통계이다. 이 시험의 합격 기준은 평균이 60점 이상이어야 한다. 다만 과목별로 40점 미만인 과목이 나오면 과락으로 불합격이다. 결국 개별 과목은 모두 40점 이상이고 평균은 60점 이상이어야 합격이다. 먼저 엑셀 파일에서 세 번째 시트를 데이터 프레임으로 불러 df3로 지정하자.

[코드 5-45] 엑셀 파일 세 번째 시트에서 데이터 프레임 불러오기

```
df3 = pd.read_excel(url2, sheet_name=2)
df3
```

합격자 수를 구하기 전에 가볍게 과목별 평균과 표준편차를 구해보자. 평균은 mean 함수로, 표준편차는 std 함수로 구할 수 있다.

[코드 5-46] 각 과목의 평균 구하기

```
df3.loc[:, '국어':'과학'].mean()
```

```
국어    52.080
영어    52.575
수학    57.470
과학    52.560
dtype: float64
```

[코드 5-47] 각 과목의 표준편차 구하기

```
df3.loc[:, '국어':'과학'].std()
```

```
국어    20.001598
영어    20.014677
수학    19.676507
과학    20.928603
dtype: float64
```

개별 과목은 모두 40점 이상이고 평균은 60점 이상이어야 합격이므로, 시리즈 s를 정의하여 df3와 브로드 캐스팅으로 연산하자. 시리즈 s는 df3의 컬럼즈와 동일한 인덱스를 가지며, 개별 과목일 때는 값이 40이고 평균에는 값이 60이다.

[코드 5-48] 브로드 캐스팅을 위한 시리즈 생성하기

```
s = pd.Series([40, 40, 40, 40, 60], index=df3.columns)
s
```

```
국어    40
영어    40
수학    40
과학    40
평균    60
dtype: int64
```

s와 df3의 크거나 같다는 대소 비교 연산을 ge 함수로 수행하면 개별 과목은 40점 이상일 때만 True를 반환하고 평균은 60점 이상일 때만 True를 반환한다. 각 행이 모두 True인지 all 함수로 확인하고 sum 함수를 이용해 합산으로 합격자 수를 파악하자.

[코드 5-49] 모든 과목이 40점 이상이고 평균이 60점 이상인 합격자 수 구하기

```
df3.ge(s).all(axis=1).sum()
```

```
35
```

총 35명의 합격자를 배출하였다.

각 사람의 첫 출근일과 마지막 출근일을 구하라.

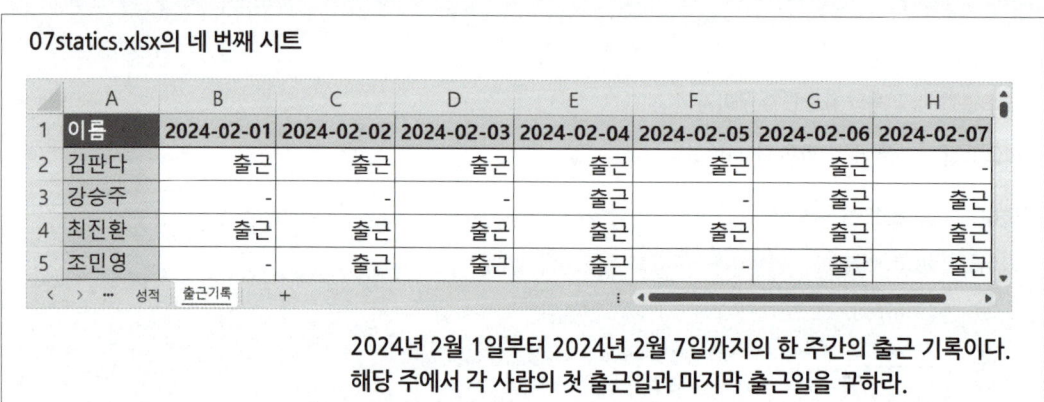

[그림 5-30] 07statics.xlsx의 네 번째 시트

엑셀 파일의 네 번째 시트는 2024년 2월 1일부터 2024년 2월 7일까지 한 주간의 출근 기록이다. 먼저 엑셀 파일에서 네 번째 시트를 데이터 프레임으로 불러 df4로 지정하자. 이번에는 연산이 편리하도록 매개변수 index_col로 이름 열을 인덱스로 지정하자.

[코드 5-50] 엑셀 파일 네 번째 시트에서 데이터 프레임 불러오기

```
df4 = pd.read_excel(url2, sheet_name=3, index_col=0)
```

```
df4
```

첫 출근일과 마지막 출근일을 구하기 전에 각 인원의 출근 일수를 구해보자. df4의 각 셀이 '출근'과 같은지 동등 비교를 하고, 비교 결과에서 각 행의 합산을 구하면 인원별 출근 일수이다.

[코드 5-51] 각 사람의 출근 일수 구하기

```
df4.eq('출근').sum(axis=1)
```

```
이름
김판다     6
강승주     3
최진환     7
         ..
김선익     6
문일택     6
곽민규     6
Length: 300, dtype: int64
```

산술 연산에서 True는 1, False는 0으로 취급되고, True와 False로만 이루어진 배열에 max를 적용하면 최댓값으로 True를 반환한다. 그래서 df4와 '출근'을 동등 비교한 결과에 최댓값의 색인을 반환하는 idxmax 함수를 각 행에 적용하면, 각 행의 첫 번째로 True가 나타나는 열의 이름을 반환한다. 결국 반환 결과는 첫 번째 출근일이다.

[코드 5-52] 각 사람의 첫 출근일 구하기

```
df4.eq('출근').idxmax(axis=1)
```

```
이름
김판다     2024-02-01
강승주     2024-02-04
최진환     2024-02-01
              ...
김선익     2024-02-01
문일택     2024-02-01
곽민규     2024-02-02
Length: 300, dtype: datetime64[ns]
```

df4와 '출근'을 동등 비교한 결과에 cumsum 함수로 각 행의 누적 합을 구한 뒤, 최댓값의 색인을 반환하는 idxmax 함수를 적용하면, 각 행마다 마지막으로 True인 열의 이름을 반환한다. 결국 반환 결과는 마지막 출근일이다.

[코드 5-53] 각 사람의 마지막 출근일 구하기

```
df4.eq('출근').cumsum(axis=1).idxmax(axis=1)
```

```
이름
김판다    2024-02-06
강승주    2024-02-07
최진환    2024-02-07
           ...
김선익    2024-02-07
문일택    2024-02-06
곽민규    2024-02-07
Length: 300, dtype: datetime64[ns]
```

간편한 함수 적용만으로 우리에게 필요한 정확한 데이터를 집계한다. 연산은 그룹화, 시계열 데이터와 더불어 판다스의 열매이다. 정확히 숙지하여 열매의 달콤함을 누려보자.

CHAPTER

06

데이터 정제하기

QR코드를 통해 Chapter 6에 포함된 코드를 확인할 수 있습니다. 또한 판다스와 구글 코랩의 버전 업데이트에 따른, 변동이 필요한 코드, 변동된 코드 출력 정보도 확인할 수 있습니다.

6.1 데이터 정제하기 입문

6.2 정렬

6.3 필터링

6.4 결측값 처리하기 1

6.5 이상치와 중복 데이터 처리

6.6 자료형 변환과 소수점 처리

6.7 치환과 매핑

6.1 데이터 정제하기 입문

6.1.1 데이터 분석 과정 소개

이전 단원까지는 판다스로 데이터를 다루는 선수 과정으로서, 인덱스를 다루는 방법이나 연산 등 판다스의 특성을 학습하였다. 지금부터는 데이터 분석 과정을 본격적으로 학습한다.

[그림 6-1] 데이터 분석 과정

데이터 분석은 데이터 정제(data cleaning), 데이터 결합, 열 가공(feature engineering), 그룹화의 과정으로 구성된다.

6.1.2 데이터 정제하기란?

데이터 정제는 데이터 분석을 수행하기 전에 데이터의 품질을 개선하는 과정이다. 주로 필터링과 이상치, 결측값 등의 제거 및 대체, 자료형 보정 등을 수행한다.

필터링은 데이터에서 특정 조건을 만족하는 데이터만 추출하는 작업이다. 필터링을 통해 데이터를 원하는 범위로 좁혀 필요한 데이터만으로 분석을 수행할 수 있기에 데이터 분석의 효율성을 높일 수 있다.

값이 누락된 결측값, 데이터의 일반적인 경향과 크게 벗어난 이상치, 중복 기재된 데이터는 데이터 특성을 왜곡시키거나 정확도를 떨어뜨리기에 제거하거나 대체하는 것이 좋다.

실무의 데이터는 오기 등의 이유로 자료형이 잘못 설정되거나, 여러 가지 자료형이 혼합될 때가 많다. 예를 들어 수치형 데이터가 문자열로 잘못 지정되면, 연산을 사용할 수 없다. 이럴 때 정확한 자료형으로 보정하면 데이터를 효율적으로 다룰 수 있다. 이 외에도 데이터 정제에는 여러 과정이 있으며, 데이터 정제는 데이터 분석의 결과의 정확도와 신뢰도를 높이는 필수 과정이다.

6.2 정렬

데이터를 다루면 데이터의 정렬을 수행해야 할 때가 있다. 판다스에는 정렬을 수행하는 함수로 sort_values와 sort_index가 있다. 특정 열을 기준으로 정렬을 수행할 때는 sort_values 함수를 사용하고, 인덱스나 컬럼즈를 기준으로 정렬할 때는 sort_index 함수를 사용한다.

6.2.1 단일 열을 기준으로 정렬하기(sort_values)

	이름	점수
0	김판다	92
1	강승주	75
2	조민영	88
3	최진환	62

df

→

	이름	점수
3	최진환	62
1	강승주	75
2	조민영	88
0	김판다	92

df.sort_values('점수')

점수 열의 오름차순으로 정렬되었다.

[그림 6-2] 판다스 sort_values 함수

● **판다스 sort_values**

데이터 프레임이나 시리즈의 정렬을 수행하는 함수

sort_values 함수의 주요 매개변수와 인수, 기본값

```
df.sort_values(by, ascending=True)
```

- **by**: 정렬의 기준이 될 열을 지정한다. 복수라면 리스트로 묶어 입력한다.
- **ascending**: 정렬 방식을 오름차순 또는 내림차순으로 지정한다. 기본값은 오름차순이다.

sort_values 함수는 데이터 프레임이나 시리즈의 정렬을 수행하는 함수이다. 기본값으로는 지정한 열을 기준으로 오름차순 정렬을 수행하지만, 매개변수 ascending으로 정렬 방식을 지정할 수 있다.

정렬을 실습할 변수 df1을 준비하자. 실습에 쓰일 데이터 프레임 df1은 A, B, C, D 학생의 과목별 성적과 나이를 수집한 데이터이다.

[코드 6-1] **정렬 실습 예제 코드**

```
import pandas as pd
data1 = [[60, 84, 80, 19], [77, 62, 95, 17], [61, 84, 72, 15], [75, 65, 95, 18]]
```

```
cols = ['국어', '영어', '수학', '나이']
df1 = pd.DataFrame(data1, index=list('ABCD'), columns=cols)
df1
```

단일 열을 기준으로 정렬해 보자. df1을 국어 열을 기준으로 정렬하자. sort_values 함수에 정렬할 열 이름 '국어'를 입력한다. 원본 df1의 인덱스가 A, B, C, D 순서였으니, 정렬로 순서가 어떻게 바뀌는지 쉽게 확인된다.

[코드 6-2] 국어 열을 기준으로 오름차순으로 정렬하기

```
df1.sort_values('국어')
```

	국어	영어	수학	나이
A	60	84	80	19
B	77	62	95	17
C	61	84	72	15
D	75	65	95	18

df1

→

	국어	영어	수학	나이
A	60	84	80	19
C	61	84	72	15
D	75	65	95	18
B	77	62	95	17

df1.sort_values('국어')

국어 열의 값에 따라 오름차순으로 정렬되었다.

[그림 6-3] 단일 열을 기준으로 정렬하기

국어 성적이 가장 낮은 행부터 가장 높은 행까지 오름차순으로 정렬되어 행의 순서가 A, C, D, B인 결과가 반환된다.

df1에 sort_values 함수를 적용해도 원본인 df1은 변경되지 않는다. 판다스 함수가 원본을 변경하지 않는다는 점에 익숙해졌을 것으로 생각하지만, df1을 출력해 다시 확인하자.

[코드 6-3] 함수를 적용해도 원본 df1이 변경되는 것은 아니다.

```
df1
```

df1.sort_values('국어')의 코드로 국어 열을 기준으로 정렬된 새로운 데이터 프레임만을 생성할 뿐, 원본 df1은 변경되지 않는다.

6.2.2 오름차순과 내림차순

이번에는 내림차순으로 정렬을 수행하자. sort_values 함수는 매개변수 ascending으로 오름차순과 내림차순을 지정한다. ascending 단어가 오름차순이라는 뜻이기에, True가 오름차순이며 False가 내림차순이다. 기본값은 오름차순이기에 ascending=False를 입력해 국어 성적을 기준으로 내림차순으로 정렬하자.

[코드 6-4] 국어 열을 기준으로 내림차순으로 정렬하기

```
df1.sort_values('국어', ascending=False)
```

[그림 6-4] 내림차순으로 정렬하기

6.2.3 복수의 열을 기준으로 정렬하기

복수의 열을 기준으로 정렬을 수행하자. 영어 점수를 기준으로 낮은 순서대로 정렬을 수행하지만, 영어에서 동점자가 생기면 나이가 어린 쪽이 상위에 위치하도록 정렬하자. 즉, 영어 열로 오름차순으로 정렬하고, 동점이면 나이 열로 오름차순으로 정렬한다. 정렬의 기준이 되는 열들을 리스트로 묶어 입력하면, 처음 입력된 영어 열을 기준으로 정렬이 수행되고 영어 열의 값이 같으면 나이 열을 기준으로 정렬된다. 오름차순은 기본값이라 매개변수 ascending은 생략할 수 있다.

[코드 6-5] 영어 열로 오름차순 정렬하되, 동점일 때는 나이 열로 오름차순 정렬

```
df1.sort_values(['영어', '나이'])
```

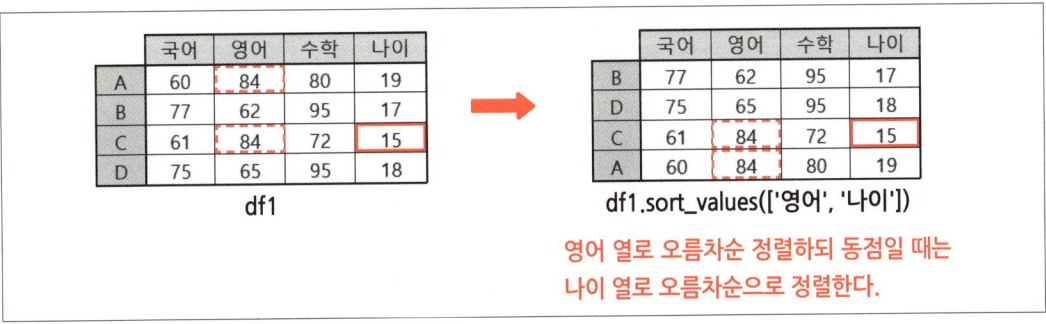

[그림 6-5] 복수의 열을 기준으로 정렬하기

영어와 나이 모두 오름차순으로 정렬할 때는 복수의 열을 기준으로 정렬해도 큰 문제는 없었다. 만약 복수의 열을 기준으로 정렬을 수행할 때, 내림차순과 오름차순을 섞어서 정렬하고 싶다면 어떻게 해야 할까? 매개변수 ascending에 입력하는 True와 False도 리스트로 묶어 입력한다.

영어 열로 내림차순 정렬하되, 동점일 때는 나이 열로 오름차순으로 정렬하자. 영어는 내림차순이므로 False, 나이는 오름차순이므로 True에 해당한다. 따라서 ascending=[False, True]를 입력한다.

[코드 6-6] 영어 열로 내림차순 정렬하되, 동점일 때는 나이 열로 오름차순으로 정렬

```
df1.sort_values(['영어', '나이'], ascending=[False, True])
```

[그림 6-6] 오름차순과 내림차순을 혼합해 복수의 열로 정렬하기

6.2.4 인덱스나 컬럼즈를 기준으로 정렬하기(sort_index)

● **판다스 sort_index**

인덱스나 컬럼즈를 기준으로 정렬을 수행하는 함수

sort_index 함수의 주요 매개변수와 인수, 기본값

```
df.sort_index(axis=0, level=None, ascending=True)
```

- **axis**: 인덱스가 기준인지 컬럼즈가 기준인지 지정한다.
- **level**: 멀티 인덱스를 보유할 때 정렬의 기준이 되는 레벨을 지정한다.
- **ascending**: 정렬 방식을 오름차순 또는 내림차순으로 지정한다

sort_values 함수는 주로 데이터 프레임의 열을 기준으로 정렬하는 함수였다. 인덱스나 컬럼즈를 기준으로 정렬하는 것이 필요하다면 sort_index 함수를 사용하자. 원본 df1은 인덱스가 이미 A, B, C, D 순서로 정렬되니 인덱스를 기준으로 알파벳 역순인 내림차순으로 정렬하자.

[코드 6-7] 인덱스를 기준으로 알파벳 역순으로 정렬

```
df1.sort_index(ascending=False)
```

	국어	영어	수학	나이
A	60	84	80	19
B	77	62	95	17
C	61	84	72	15
D	75	65	95	18

df1

	국어	영어	수학	나이
D	75	65	95	18
C	61	84	72	15
B	77	62	95	17
A	60	84	80	19

df1.sort_index(ascending=False)

인덱스를 기준으로 알파벳 역순(내림차순)으로 정렬되었다.

[그림 6-7] 인덱스를 기준으로 정렬하기

인덱스나 컬럼즈를 기준으로 정렬을 수행할 때도 있으니 sort_index 함수를 잘 활용해 보자. axis=1을 입력하면 컬럼즈를 기준으로 정렬을 수행한다.

6.3 필터링

대규모 원시 데이터(raw data)를 수집하여 데이터 분석을 할 때, 필터링을 통해 데이터를 원하는 범위로 좁혀 데이터 분석의 효율성을 높일 수 있다. 판다스는 주로 불리언 인덱싱으로 필터링을 수행한다. 판다스의 필터링에 가장 중요한 불리언 인덱싱에 대해 정확히 학습하고 그 외 여러 가지 데이터 추출 방법에 대해서도 알아보자.

6.3.1 불리언 인덱싱이란?

[코드 6-1]의 df1에서 A 행과 C 행의 데이터만 가져오고 싶다면, loc 인덱서를 이용할 수 있다. loc 인덱서 행의 인덱싱으로 ['A', 'C']를 리스트로 묶어 입력한다.[1] 그런데 우리는 열 이름을 키로 입력하는 대신 불 자료형 리스트를 입력해도 인덱싱이 수행된다.

---

[1] 열을 모두 가져올 때는 열의 인덱싱은 생략한다.

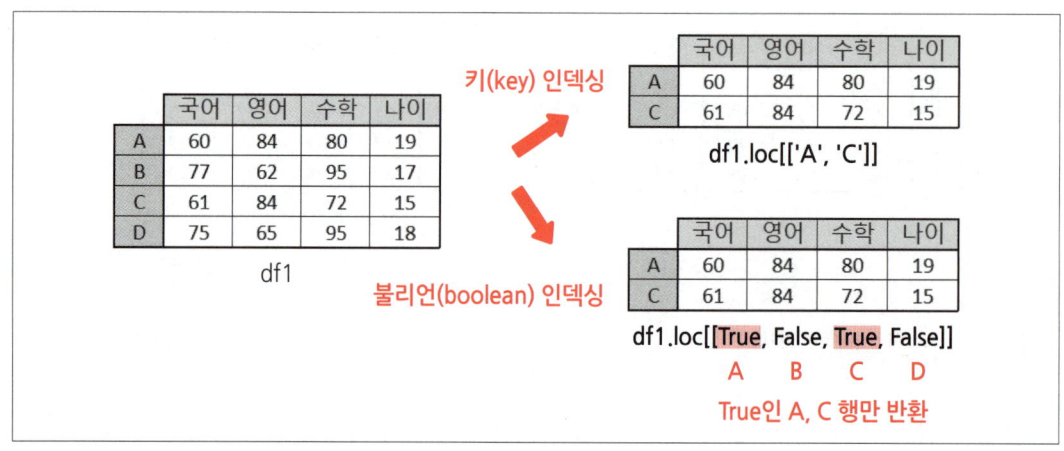

[그림 6-8] 키 인덱싱과 불리언 인덱싱

불리언 인덱싱은 불 자료형인 배열을 사용하여 인덱싱하는 기법이다. 행의 인덱싱을 수행할 때 [True, False, True, False]를 입력하면 True인 첫 번째와 세 번째 행만 인덱싱된다. 이때 입력되는 True, False 배열의 길이는 데이터의 길이와 반드시 일치해야 한다. 예를 들어 df1의 행이 4개이므로 True와 False가 도합 4개인 리스트를 입력해야 한다. 이러한 인덱싱 기법은 불 자료형인 배열로 인덱싱을 수행하기에 불리언 인덱싱이라고 한다.

[그림 6-9] 불리언 인덱싱의 원리

데이터 길이만큼 긴 배열을 입력해야 하는 불리언 인덱싱은, 필요한 열의 이름만 입력하는 키 인덱싱에 비해 몹시 번거로워 보인다. 실제로 번거로워 앞서 소개한 직접 입력 방식으로는 사용하지 않는다. 판다스는 벡터화 연산을 통해 단순한 비교 연산만으로도 불 시리즈를 쉽게 얻을 수 있어, 판다스의 특징과 결합해 불리언 인덱싱을 유용하게 사용할 수 있다. 직접 리스트로 True와 False를 입력하는 것이 아니라 비교 연산 결과인 시리즈를 입력한다.

	국어	영어	수학	나이
A	60	84	80	19
B	77	62	95	17
C	61	84	72	15
D	75	65	95	18

df1

A	True
B	False
C	True
D	False

df1['국어'] < 70

	국어	영어	수학	나이
A	60	84	80	19
C	61	84	72	15

df1.loc[df1['국어'] < 70]

1. 국어 열이 70보다 작다는 비교 연산으로 시리즈를 불(bool)시리즈로 만든다.
2. 1번의 결과로 불리언 인덱싱을 수행한다.
3. 1번의 결과가 True인 행만 인덱싱된다.

결국 국어 열이 70점보다 작은 행만 남는다. → 필터링

[그림 6-10] 불리언 인덱싱이 필터링으로 활용되는 이유

국어 열을 시리즈로 가져와 70과 비교 연산을 수행한 결과, 불 시리즈를 얻었다. 이 결과로 불리언 인덱싱을 수행하면, df1에서 국어 열의 값이 70보다 작은 행만 선택된다. 결국 df1에서 국어 성적이 70보다 낮은 행을 선택하는 필터링을 수행한다. 불리언 인덱싱과 연산의 특징이 결합해 필터링의 기능을 수행한다.

입력되는 불 시리즈는 편의상 조건문이라고 부르지만, 시리즈이기에 변수로 지정해줄 수 있으며 조건문끼리 연산도 가능하다.

6.3.2 단일 요건 불리언 인덱싱

불리언 인덱싱은 키 슬라이싱의 원칙을 준용한다.[2] 그래서 행을 대상으로 불리언 인덱싱을 수행할 때는 대괄호 인덱서와 loc 인덱서 모두 사용할 수 있다. 열을 대상으로 불리언 인덱싱을 수행할 때는 loc 인덱서만 사용한다.

행의 불리언 인덱싱을 수행할 때	대괄호 인덱서, loc 인덱서
열의 불리언 인덱싱을 수행할 때	loc 인덱서
불리언 인덱싱을 포함해 행과 열을 동시에 인덱싱할 때	loc 인덱서

[표 6-1] 불리언 인덱싱을 수행하는 인덱서

---

2 [표 4-2] 대괄호, loc, iloc 인덱서 비교를 참고하자. 엄밀히 말하면 로케이션을 활용하는 iloc 인덱서도 제한된 상황에서 불리언 인덱싱에 사용할 수 있지만, 대부분은 불가능하다. 따라서 키 슬라이싱의 원칙을 준용해 불리언 인덱싱을 수행한다고 정리하자.

[코드 6-1]의 df1으로 국어 성적이 70점보다 낮은 학생들의 데이터만 필터링하자. 국어 열의 시리즈를 70과 비교 연산하여 불 시리즈로 변환한 뒤, 이를 loc 인덱서의 행 인덱싱 위치에 입력한다. 행의 불리언 인덱싱은 대괄호 인덱서도 가능하니까, 대괄호 인덱서를 이용한 불리언 인덱싱도 수행해 보자.

[코드 6-8] 국어 점수가 70점보다 낮은 행을 필터링

```
df1.loc[df1['국어'] < 70]
df1[df1['국어'] < 70]
```

결과는 [그림 6-10]과 같다.

조건문으로 사용된 불 시리즈도 시리즈이므로 변수로 지정한다.

[코드 6-9] 조건문도 불 시리즈이기 때문에 변수로 지정할 수 있다.

```
cond1 = df1['국어'] < 70
df1[cond1]
```

조건문이 필요 이상으로 길거나, 다중 요건 불리언 인덱싱을 수행할 때 조건문을 변수로 지정하면 코드의 가독성이 높아진다.

불리언 인덱싱도 인덱싱의 일종이므로 불리언 인덱싱과 키 인덱싱을 각각 사용할 수 있다. 행의 인덱싱이 불리언 인덱싱이더라도 열의 인덱싱으로 키 인덱싱을 사용할 수 있으며, 행이 키 인덱싱이고 열이 불리언 인덱싱일 때도 가능하다. 물론 대괄호 인덱서는 행과 열의 인덱싱을 동시에 수행하는 것이 불가능하므로 loc 인덱서로 가능한 기법이다. 국어가 70점보다 낮은 행의 국어 열과 수학 열만 인덱싱하자.

[코드 6-10] 국어 점수가 70점보다 낮은 행의 국어, 수학 열만 필터링

```
df1.loc[df1['국어'] < 70, ['국어', '수학']]
```

결과는 [그림 6-11]에서 확인하자.

이번에는 열의 불리언 인덱싱을 수행하자. 열의 불리언 인덱싱은 반드시 loc 인덱서를 사용해야 한다. A가 80점 이상 득점한 과목의 전체 성적만 필터링하자. 행은 전부 가져오고, A 행과 80을 대소 비교한 조건문을 열의 인덱싱 자리에 입력하자.

[코드 6-11] A가 90점 이상 받은 과목의 전체 성적만 필터링

```
df1.loc[:, df1.loc['A'] >= 80]
```

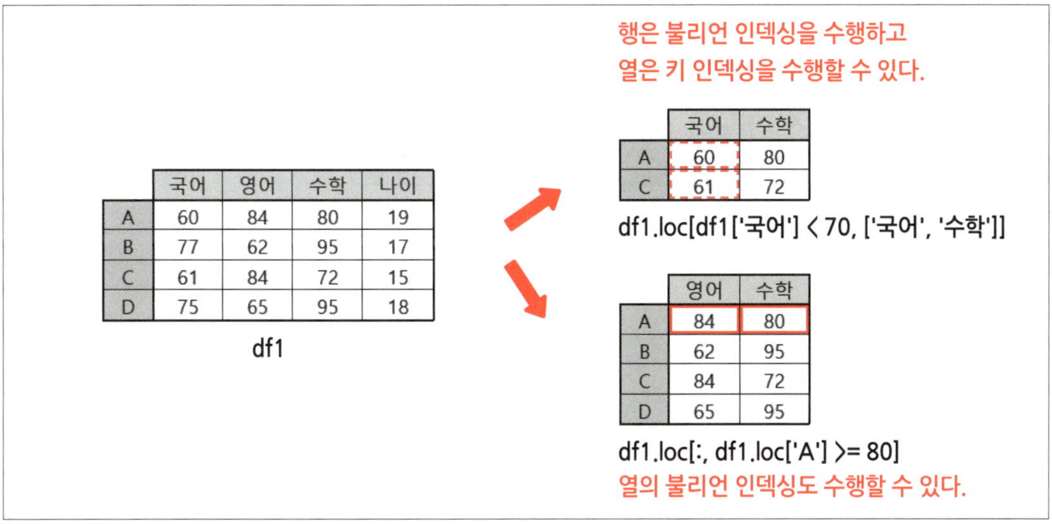

[그림 6-11] 다양한 불리언 인덱싱

6.3.3 다중 요건 불리언 인덱싱

여러 가지 조건으로 필터링을 수행하려면 여러 개의 조건문이 필요하다. 여러 개의 조건문은 모두 불 시리즈이므로 논리 연산을 수행해 하나의 조건문으로 만들 수 있다. 국어가 60점보다 낮으면서 수학 이 75점보다 높은 조건문을 만들어 불리언 인덱싱을 수행하자. 두 조건을 모두 만족해야 하므로 논 리 연산이 필요하며 비트 연산자 &를 사용해야 한다.[3]

[코드 6-12] 국어 점수가 70점보다 낮으면서 수학 점수가 75점보다 높은 행 필터링

```
df1[(df1['국어'] < 70) & (df1['수학'] > 75)]
```

연산자로 여러 조건문을 생성해 불리언 인덱싱을 수행할 때, 각 조건문을 반드시 소괄호로 묶어야 한 다. 이는 파이썬의 문법 규칙 때문이다. 다만 이 방식은 불편하고 코드의 가독성이 떨어진다. 조건문 을 변수로 지정하면 가독성이 향상된다.

[코드 6-13] [코드 6-12]의 조건문을 변수로 지정하면 가독성이 향상된다.

```
cond1 = df1['국어'] < 70
cond2 = df1['수학'] > 75
df1[cond1 & cond2]
```

---

[3] 개념이 생경하게 느껴진다면 **5.1.2. 연산자와 연산함수**의 논리 연산 부분을 참고하자.

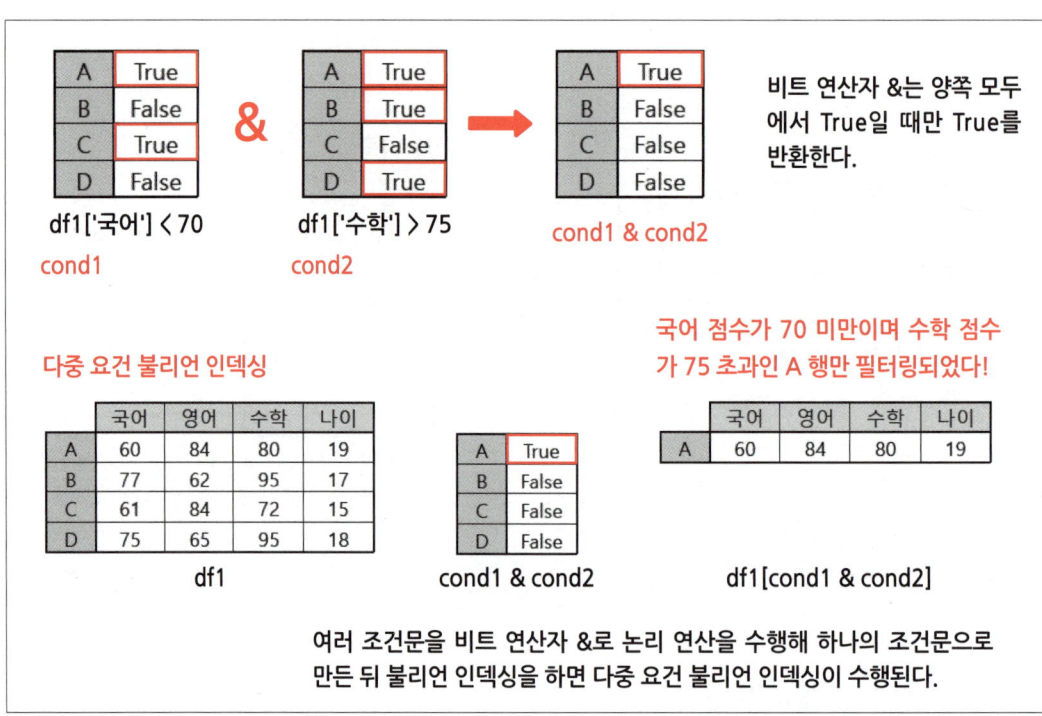

[그림 6-12] 다중 요건 불리언 인덱싱

비트 연산자 & 외에도 |와 ~도 사용할 수 있다. 비트 연산자 &, |, ~이 아닌 논리 연산자 and, or, not은 사용할 수 없다.

6.3.4 불 자료형 객체를 생성하는 함수

비교 연산 외에 함수를 사용해도 불 시리즈를 생성할 수 있다. 이러한 함수들은 데이터를 파악하기 쉽게 해주고, 다양한 불리언 인덱싱을 수행하게 해준다.

함수	기능
isna, isnull	NaN이면 True, 아니면 False
notna, notnull	NaN이면 False, 아니면 True
isin	지정한 값에 포함되면 True, 아니면 False
between	두 값 사이에 존재하면 True, 아니면 False
duplicated	중복이면 True, 아니면 False

[표 6-2] 불 자료형 객체를 생성하는 다양한 함수

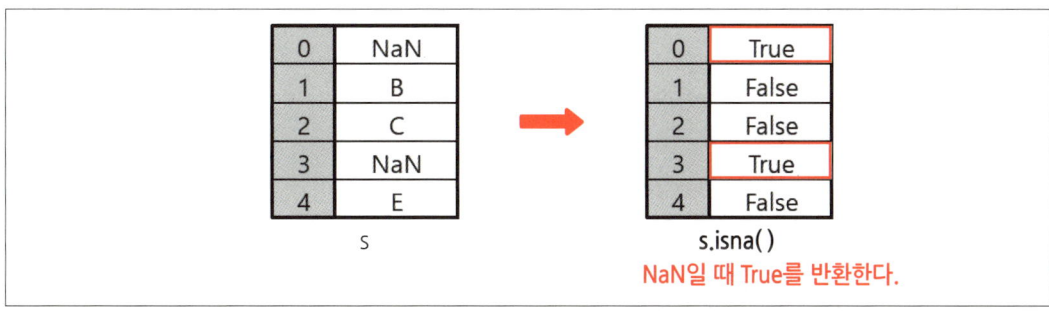

[그림 6-13] 판다스 isna 함수

> ● **판다스 isna**
>
> 데이터 프레임이나 시리즈의 결측값(null)을 확인하는 함수

판다스의 isna 함수는 데이터 프레임이나 시리즈의 결측값을 확인하는 함수이다. isna 함수는 값이 null이라면 True, 값이 존재하면 False를 반환한다. 판다스에서 결측값을 탐색하는 데 새로운 함수가 필요한 이유는 판다스의 NaN이 모든 비교 연산에서 False를 반환하기 때문이다. 따라서 비교 연산으로는 NaN을 확인할 수 없다.

[코드 6-14] **NaN은 NaN과 같지 않다.**

```
float('nan') == float('nan')
```

```
False
```

이런 연유로 NaN을 확인하고자 isna 함수가 반드시 필요하다.

판다스의 isna 함수로 결측값을 확인해 보자. 실습하고자 다음 코드로 df2를 생성하자.

[코드 6-15] **실습 예제 코드**

```
import pandas as pd
data2 = {'반': ['1반', '4반', '5반', '2반', '1반', '3반'],
        '국어': [60, 77, 61, 75, 92, 90],
        '영어': [84, 62, 84, 65, 81, 90],
        '수학': [80, float('nan'), 72, 95, float('nan'), 81]}
df2 = pd.DataFrame(data2)
df2
```

df2의 수학 열을 시리즈로 불러온 뒤 isna 함수를 적용하면, NaN인 위치는 True를 반환하고 값이 존재하는 위치는 False를 반환한다.

[코드 6-16] 수학 열에서 NaN을 확인

```
df2['수학'].isna()
```

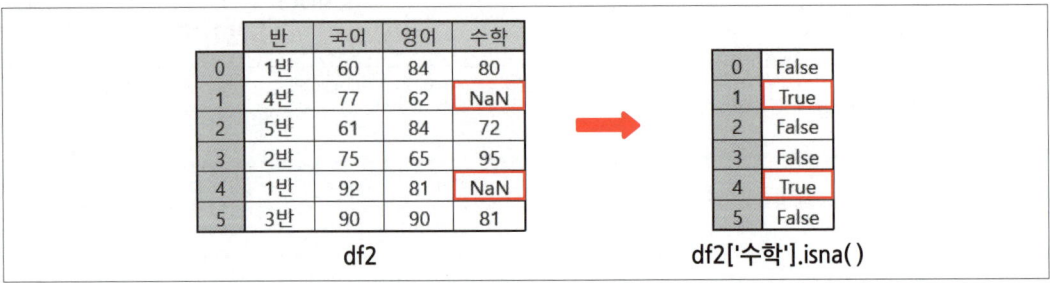

[그림 6-14] 판다스 isna 함수 적용 결과

판다스의 isna 함수와 isnull 함수는 완전히 동일한 기능을 한다. notna 함수와 notnull 함수는 isna 함수와 반대로 결측값에 False를 반환하고 값이 존재하면 True를 반환한다. notna 함수 대신 isna 함수를 사용하고 비트 연산자 ~를 적용 가능하다. 예를 들어 ~s.isna()와 s.notna()가 같다.

판다스의 isna 함수를 활용해 불리언 인덱싱을 수행하면, 결측값이 존재하는 행을 삭제할 수도 있다. 다만 단순히 결측값이 있는 행을 삭제할 때는 추후 배울 dropna 함수가 더욱 간편하다. isna 함수는 전체 데이터에서 NaN의 개수를 탐색하거나, 여러 조건문과 함께 사용하여 불리언 인덱싱을 수행할 때 주로 사용된다.

[코드 6-17] 수학 열에서 NaN의 개수를 확인

```
df2['수학'].isna().sum()
```

```
2
```

[코드 6-18] 수학 열이 NaN이 아니거나 국어가 90점 이상인 데이터를 필터링

```
cond3 = ~df2['수학'].isna() # 수학 열이 NaN이 아니다.
cond4 = df2['국어'] >= 90 # 국어 열이 90 이상이다.
df2[cond3 | cond4]
```

결과는 각자 확인해 보자. 이렇듯 isna 함수를 사용하면 NaN이 쉽게 확인된다.

논리 연산으로 A 또는 B 둘 중 하나에 해당하는지 확인할 수 있다. 그렇지만 논리 연산으로 해결하면 확인해야 하는 값의 개수가 많아지면 그만큼의 조건문이 함께 생성되는 불편함이 생긴다. 확인하기 원하는 값들을 배열로 만들어 isin 함수[4]에 입력하면 내가 원하는 값인지 아닌지 True나 False로 손쉽게 반환한다.

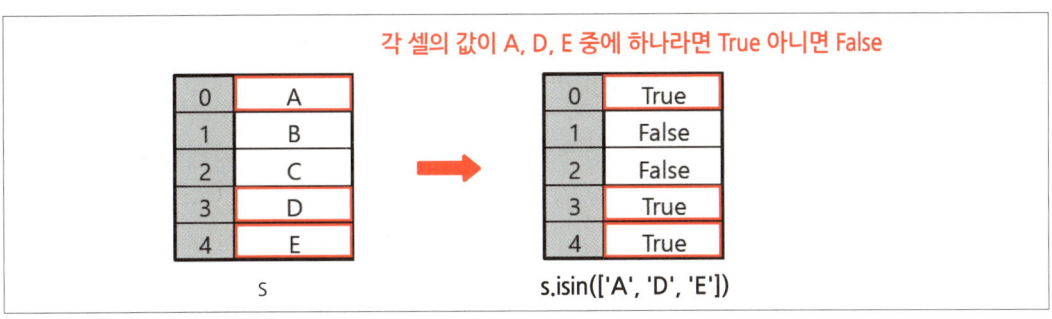

[그림 6-15] 판다스 isin 함수

- **판다스 isin**

  데이터 프레임이나 시리즈의 각 셀의 값이 특정 배열에 포함되는지 여부 확인하는 함수

  isin 함수의 주요 매개변수와 인수, 기본값

  ```
  df.isin(values)
  ```

  - **values**: 포함 여부를 확인할 기준 배열을 입력한다.

---

df2의 데이터 중에 1반, 2반, 3반에 속하는 데이터만 필터링하자. 1반, 2반, 3반을 리스트로 묶어 isin 함수에 입력하면 True나 False를 반환한다.

[코드 6-19] 1반, 2반, 3반 중 하나에 속하는 데이터만 필터링

```
cond5 = df2['반'].isin(['1반', '2반', '3반'])
df2[cond5]
```

---

4 isin 함수의 발음은 [aisin]이지만 뜻을 is in으로 해석하면 이해하기 쉽다. s is in ['A', 'D', 'E']

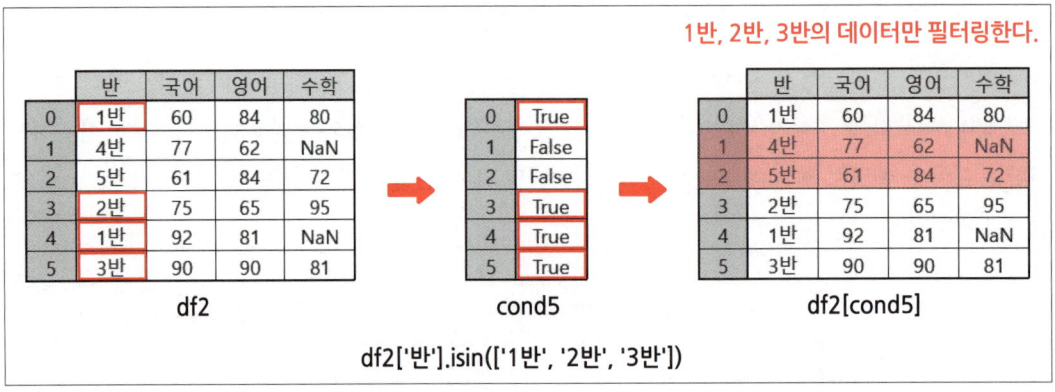

[그림 6-16] 판다스 isin 함수 적용 결과

논리 연산으로 해결하면 3개의 조건문이 필요하겠지만, isin 함수를 사용하면 쉽게 결과를 얻는다.

between 함수는 시리즈에만 적용하며, 시리즈의 각 셀이 주어진 두 값 사이에 있는지 True 또는 False로 반환하는 함수이다. 두 개의 조건문으로 논리 연산을 하면 파악할 수 있지만, between 함수를 사용하면 더 간결하고 가독성이 좋다.

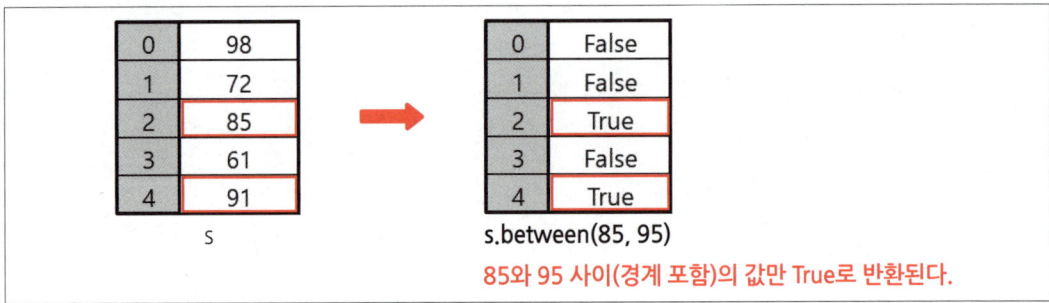

[그림 6-17] 판다스 between 함수

● 판다스 between

시리즈의 각 셀이 주어진 두 값 사이에 존재하는지 확인하는 함수

between 함수의 주요 매개변수와 인수, 기본값

```
s.between(left, right, inclusive='both')
```

- **left, right**: 좌측 경계와 우측 경계를 각각 입력한다.
- **inclusive**: 경계의 포함 여부를 지정한다. 기본값은 'both'이고 양쪽 경계가 모두 포함된다.

그 밖에 불 시리즈를 반환하는 함수 duplicated 함수가 있지만, duplicated 함수는 중복 데이터 처리에서 다루겠다.

6.3.5 특정 열의 값을 기준으로 데이터의 일부만 가져오기(nlargest, nsmallest)

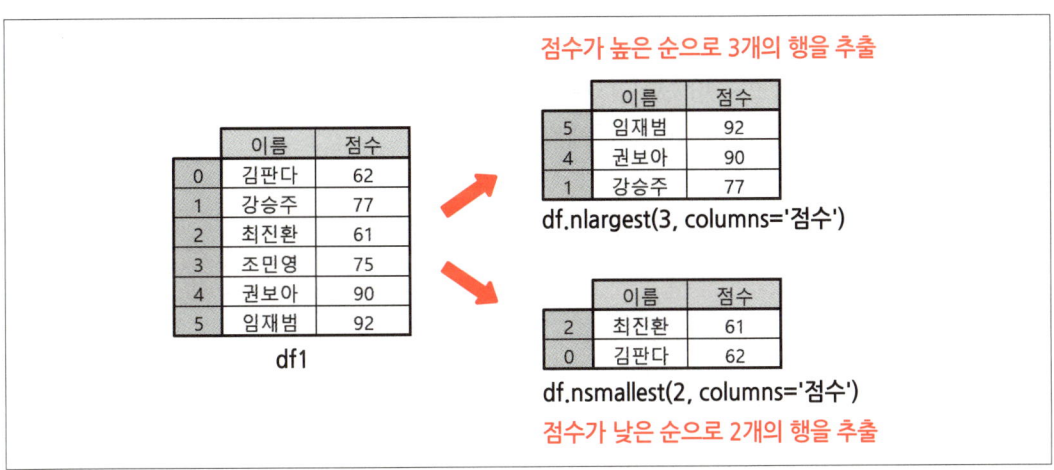

[그림 6-18] 판다스 nlargest, nsmallest 함수

> ● **판다스 nlargest, nsmallest 함수**
>
> 특정 열의 값을 기준으로 데이터의 일부만 가져오는 함수. nlargest 함수는 기준 열의 값이 높은 순으로 요구하는 행만큼 가져오고, nsmallest 함수는 기준 열의 값이 낮은 순으로 요구하는 행만큼 가져온다.
>
> nlargest 함수의 주요 매개변수와 인수, 기본값[5]
>
> ```
> df.nlargest(n, columns, keep='first')
> ```
>
> - **n**: 상위 몇 개의 행을 가져올지 정수로 지정한다.
> - **columns**: 정렬 기준이 되는 열을 지정한다.
> - **keep**: 동점이 존재할 때, 어떤 행을 가져올지 결정한다. 기본값은 첫 행만 가져오는 'first'이며, 'last' 또는 'all'도 지정이 가능하다.

불리언 인덱싱뿐만 아니라 다양한 기법으로 데이터 프레임의 일부만 추출할 수 있다. 기준 열의 값의 크기에 따라 데이터 프레임의 일부만 필터링할 때는 주로 nlargest 함수 또는 nsmallest 함수를 사용한다. 가져올 행의 개수와 기준 열만 입력하는 간편한 함수이다. [코드 6-15]의 df2에서 영어 점수

---

[5] nsmallest 함수의 매개변수와 인수와 기본값은 nlargest 함수와 같다.

가 낮은 네 개의 행만 추출하자. nsmallest 함수에 가져올 행의 개수인 4와 기준 열인 '국어'를 입력하자.

[코드 6-20] 국어 점수가 하위인 4명의 데이터만 필터링

```
df2.nsmallest(4, columns='국어')
```

정렬이나 불리언 인덱싱 등으로 비슷한 작업이 가능하지만,[6] nlargest 함수와 nsmallest 함수가 더 간편하며 동점 처리 방식에도 장점이 있다. 매개변수 keep으로 동점을 처리하는 방식을 지정할 수 있다.

keep	기능
'first'	동점인 행 중에 가장 첫 행을 가져온다.
'last'	동점인 행 중에 가장 마지막 행을 가져온다.
'all'	동점인 행은 모두 가져온다.

[표 6-3] nsmallest와 nlargest의 매개변수 keep

df2에서 영어 점수가 상위인 2행을 가져오자. 단, 동점자가 존재하면 동점인 행은 모두 가져오자. nlargest 함수에 행의 개수 2를 입력하고, 매개변수 columns에 기준 열인 '영어'를 입력하고, 모든 동점인 행을 가져올 것이므로 매개변수 keep에 'all'을 입력하자.

[코드 6-21] 영어 점수가 상위인 2명의 데이터 추출(동점자는 모두 추출)

```
df2.nlargest(2, columns='영어', keep='all')
```

---

[6] df2.sort_values('국어').head(4)의 결과가 [코드 6-20]의 결과와 같다. df2.sort_values('국어').iloc[:4]도 가능하다. 추후 배울 rank 함수를 이용해 순위를 매겨 불리언 인덱싱을 수행할 수도 있다.

[그림 6-19] 판다스 nlargest, nsmallest 함수 적용 결과

nlargest와 nsmallest 함수로 특정 열의 값의 크기에 따라 데이터를 쉽게 추출할 수 있다.

6.3.6 무작위로 데이터 추출하기(sample)

> ● **판다스 sample 함수**
>
> 데이터 프레임에서 무작위로 행을 추출하는 함수
>
> sample 함수의 주요 매개변수와 인수, 기본값
>
> `df.sample(n=None, frac=None, random_state=None)`
>
> - **n**: 추출할 행의 개수를 정수로 지정한다. 매개변수 frac과 동시 사용할 수 없다.
> - **frac**: 추출할 비율을 0과 1 사이의 실수로 지정한다. 매개변수 n과 동시에 사용할 수 없다.
> - **random_state**: 난수 고정을 위해 시드를 지정한다.

데이터 분석 과정에서 무작위 표본 추출 및 검증이 필요할 때가 있다. 이때 sample 함수를 사용하면 쉽게 무작위로 행이 추출된다. 예를 들어 다음 코드는 df2에서 무작위로 3개의 행을 추출한다.

[코드 6-22] df2에서 무작위로 3명의 데이터 추출

```
df2.sample(3) # 시행마다 다른 결과가 반환된다.
```

무작위 추출의 결과는 시행마다 달라 각자 실습해 보자.

무작위로 추출하지만 결과를 고정하고 싶다면, 매개변수 random_state로 시드를 부여하자. 이번에는 전체를 무작위로 재배열하면서 결과는 고정하자. frac=1을 입력하면 전체가 재배열되고, 시드로 정수를 부여하면 결과가 고정된다.

[코드 6-23] df2 전체를 랜덤하게 재배열(난수 고정)

```
df2.sample(frac=1, random_state=20)
```

	반	국어	영어	수학
1	4반	77	62	NaN
4	1반	92	81	NaN
0	1반	60	84	80.0
5	3반	90	90	81.0
2	5반	61	84	72.0
3	2반	75	65	95.0

동일한 정수를 시드로 입력한 배열은 같은 결과를 얻기에 난수 생성이 고정된다. 그래서 무작위 추출이지만 책과 똑같은 결과를 얻는다.

엑셀 예제 4   OECD 국가 GDP 데이터에서 원하는 데이터 추출하기

OECD 국가의 2019년도 GDP 데이터[7]를 활용해 여러 기준으로 데이터를 추출해 보자. 엑셀 파일 08GDP.xlsx로 실습한다.

08GDP.xlsx 38 행 × 8 열

	A	B	C	D	E	F	G	H
1	국가	대륙	장래인구	GDP(10억$)	1인당 GDP($)	성장률(%)	수출	수입
2	한국	아시아	51709	1651	31929	2.2	542.2	503.3
3	이스라엘	아시아	8519	394.7	43589	3.5	51.9	75.7
4	일본	아시아	126860	5064.9	40113	0.3	705.7	721.1
5	터키	아시아	83430	761.4	9127	0.9	181	210.3
6	캐나다	북중미	37411	1741.6	46327	1.9	450.8	462.4

2019 GDP

[그림 6-20] 2019년 OECD 국가의 GDP 데이터

---

[7] 통계청, "OECD 국가의 주요 지표", 국가통계포털, 2022년 10월 3일 접속, https://kosis.kr/statHtml/statHtml.do?orgId=101&tblId=DT_2KAAG01

1인당 GDP, 소속 대륙, GDP 상위 국가 등을 기준으로 데이터를 추출하자.

먼저 엑셀 시트를 데이터 프레임으로 불러와 변수 df_gdp로 지정하자.

[코드 6-24] OECD 국가 GDP 통계 엑셀 파일에서 데이터 프레임 불러오기

```
import pandas as pd
pd.options.display.max_rows = 6 # 6행까지만 출력 코드
url1 = 'https://github.com/panda-kim/book1/blob/main/08GDP.xlsx?raw=true'
df_gdp = pd.read_excel(url1)
df_gdp
```

	국가	대륙	장래인구	GDP(10억$)	1인당 GDP($)	성장률(%)	수출	수입
0	한국	아시아	51709	1651.0	31929	2.2	542.2	503.3
1	이스라엘	아시아	8519	394.7	43589	3.5	51.9	75.7
2	일본	아시아	126860	5064.9	40113	0.3	705.7	721.1
...	...	...	...	...	...	...	...	...
35	영국	유럽	67530	2830.8	42354	1.4	443.7	622.6
36	호주	오세아니아	25203	1396.6	55057	2.2	271.0	154.0
37	뉴질랜드	오세아니아	4783	209.1	41999	1.6	39.5	42.4

38 rows × 8 columns

먼저 1인당 GDP가 8만 달러 이상인 국가의 데이터만 추출하자. 비교 연산의 결과로 불리언 인덱싱을 수행하면 원하는 결과를 얻는다.

[코드 6-25] 1인당 GPD가 8만 달러 이상인 데이터 추출

```
cond1 = df_gdp['1인당 GDP($)'] > 80000
df_gdp[cond1]
```

	국가	대륙	장래인구	GDP(10억$)	1인당 GDP($)	성장률(%)	수출	수입
21	아일랜드	유럽	4882	398.6	80779	5.6	169.6	100.8
25	룩셈부르크	유럽	616	71.1	114685	2.3	14.8	23.0
34	스위스	유럽	8591	731.5	85300	1.1	313.9	277.8

아시아, 남미, 오세아니아 대륙에 속한 국가의 데이터만 추출하자. isin 함수를 사용해 조건문을 만들면, 조건문을 여러 개 만들지 않아도 된다.

[코드 6-26] 아시아, 남미, 오세아니아의 데이터만 추출

```
cond2 = df_gdp['대륙'].isin(['아시아', '남미', '오세아니아'])
df_gdp[cond2]
```

	국가	대륙	장래인구	GDP(10억$)	1인당 GDP($)	성장률(%)	수출	수입
0	한국	아시아	51709	1651.0	31929	2.2	542.2	503.3
1	이스라엘	아시아	8519	394.7	43589	3.5	51.9	75.7
2	일본	아시아	126860	5064.9	40113	0.3	705.7	721.1
...	...	...	...	...	...	...	...	...
9	코스타리카	남미	5048	64.0	12670	2.2	11.9	17.6
36	호주	오세아니아	25203	1396.6	55057	2.2	271.0	154.0
37	뉴질랜드	오세아니아	4783	209.1	41999	1.6	39.5	42.4

9 rows × 8 columns

GDP 상위 3개국의 데이터만 추출하자. nlargest 함수를 사용하자.

[코드 6-27] GDP 상위 3개 국가 데이터 추출

```
df_gdp.nlargest(3, columns='GDP(10억$)')
```

	국가	대륙	장래인구	GDP(10억$)	1인당 GDP($)	성장률(%)	수출	수입
6	미국	북중미	329065	21433.2	65280	2.2	1643.1	2497.5
2	일본	아시아	126860	5064.9	40113	0.3	705.7	721.1
17	독일	유럽	83517	3861.1	46468	0.6	1489.4	1234.0

6.4 결측값 처리하기 1

실무의 데이터는 입력이 누락된 결측값을 가질 때가 많다. 판다스에서 누락된 데이터를 주로 NaN으로 사용하는데, NaN의 존재는 데이터를 처리하는 데 어려움이 많다. 결측값을 확인하는 방법부터 삭제하거나 대체하여 처리하는 방법을 학습해 보자.

6.4.1 결측값 확인하기(isna)

6.3.4에서 학습한 isna 함수를 사용하면 쉽게 결측값이 확인되니 결측값 처리에 앞서 가볍게 복습하자. 결측값 처리 실습에 쓰일 df를 생성하자.

[코드 6-28] 결측값 처리 실습 예제 코드

```
import pandas as pd
data = [[88, 66, None], [None, None, 69], [69, 82, None], [71, 89, 98]]
df = pd.DataFrame(data, index=list('ABCD'), columns=['국어', '영어', '수학'])
df
```

df의 각 열에 결측값이 존재하는지 확인하고자 df에 isna 함수와 sum 함수를 연속 메서드로 적용하면 각 열에 결측값이 몇 개 존재하는지 반환된다.[8]

[코드 6-29] df의 각 열에 결측값이 얼마나 존재하는지 확인

```
df.isna().sum()
```

```
국어    1
영어    1
수학    2
dtype: int64
```

국어와 영어 열에 1개, 수학 열에 2개의 결측값이 존재한다.

6.4.2 결측값을 포함한 데이터 삭제하기(dropna)

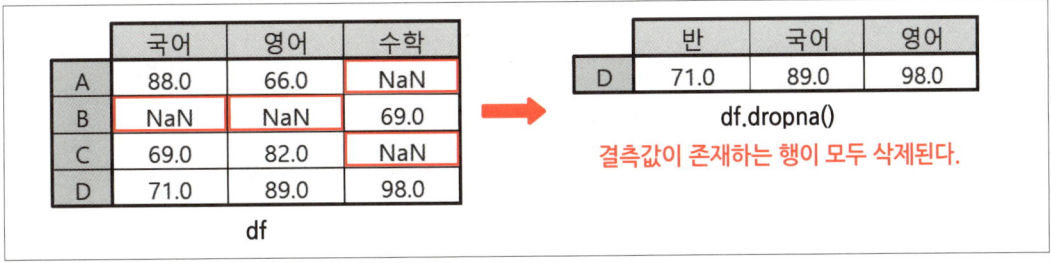

[그림 6-21] 판다스 dropna 함수

---

[8] 물론 info 함수도 각 열의 Non-Null Count를 반환한다. 그렇지만 info 함수의 결과는 육안으로 확인해야 하며, 각 열의 누락된 값의 개수를 새로운 코드에 사용할 때는 isna 함수를 사용한다.

> ● **판다스 dropna**
>
> 결측값(null)이 있는 열이나 행을 삭제하는 함수
>
> dropna 함수의 주요 매개변수와 인수, 기본값
>
> ```
> df.dropna(axis=0, how='any', subset=None)
> ```
>
> - **axis**: 행을 삭제하는지 열을 삭제하는지 지정한다. 기본값은 0이고 결측값이 존재하는 행을 삭제한다.
> - **how**: 어떤 기준으로 NaN을 보유한 열이나 행을 어떻게 삭제할지 지정한다. 'any'는 하나라도 NaN이 존재하면 삭제하고, 'all'은 모두 NaN일 때 삭제한다.
> - **subset**: 지정된 열에 NaN이 존재할 때만 삭제한다.

dropna 함수는 NaN이 존재하는 열이나 행을 삭제할 때 사용하는 함수이다. 불리언 인덱싱으로도 NaN의 탐색 및 삭제가 가능하지만, dropna 함수로 훨씬 편하게 삭제된다. df에서 NaN이 존재하는 행을 모두 삭제하자.

[코드 6-30] NaN이 존재하는 행을 모두 삭제

```
df.dropna()
```

결과는 [그림 6-21]처럼 NaN이 존재하는 모든 행이 삭제된다.

df는 다양한 열이 NaN을 포함하기에, 수학 열에 NaN이 존재하는 행만 삭제해 보자. 매개변수 subset에 NaN을 감지할 열을 입력한다.

[코드 6-31] 수학 열에 NaN이 존재하는 행만 삭제

```
df.dropna(subset='수학')
```

기본값으로는 NaN이 하나라도 존재하는 행을 삭제하지만, axis=1을 입력하면 NaN이 존재하는 열이 삭제된다. 매개 변수 how로 삭제 방식도 지정할 수 있다. how='any'는 하나라도 NaN이 존재하면 삭제하고, how='all'은 모두 NaN일 때 삭제한다.

6.4.3 결측값 대체하기(fillna)

	국어	영어	수학
A	88.0	66.0	NaN
B	NaN	NaN	69.0
C	69.0	82.0	NaN
D	71.0	89.0	98.0

df

→

	국어	영어	수학
A	88.0	66.0	0.0
B	0.0	0.0	69.0
C	69.0	82.0	0.0
D	71.0	89.0	98.0

df.fillna(0)

NaN이 0으로 채워졌다.

[그림 6-22] 판다스 fillna 함수

● **판다스 fillna**

결측값을 지정한 값으로 대체하는 함수

fillna 함수의 주요 매개변수와 인수, 기본값

```
df.fillna(value=None)
```

- **value**: NaN을 대체할 값을 지정한다. 입력하는 값의 종류와 함수를 적용하는 객체에 따라 다양한 방식으로 대체된다.

결측값이 발견된다고 데이터를 모두 삭제하면 데이터의 유실이 우려된다. 따라서 적당한 값을 부여하여 결측값을 대체하여 데이터를 사용할 때가 있는데, 이때 사용하는 함수가 fillna 함수이다. df의 NaN이 시험에 불참한 것을 의미한다면, NaN 대신 0점을 부여해도 될 것이다.

[코드 6-32] df의 NaN을 0으로 대체하기

```
df.fillna(0)
```

[그림 6-22]처럼 NaN이 전부 0으로 대체되었다.

입력하는 값의 종류와 함수하는 객체에 따라 다양한 방식으로 대체된다.

value	시리즈에 fillna 함수 적용	데이터 프레임에 fillna 함수 적용
단일 값(스칼라)	단일 값으로 NaN을 대체	단일 값으로 NaN을 대체
시리즈(혹은 딕셔너리)	인덱스가 동일한 값으로 NaN 대체	브로드 캐스팅[9]
데이터 프레임	불가능	인덱스와 컬럼즈가 모두 동일한 값으로 NaN을 대체

[표 6-4] fillna 함수에 입력되는 대상에 따른 대체 방식

시리즈에 fillna 함수를 적용하고 시리즈를 입력해 NaN을 대체해 보자. 수학 시험에 불참한 사람에게는 본인의 국어 점수로 대체할 기회를 부여하자. 이때 시리즈에 fillna 함수를 적용해 시리즈를 입력한 것이므로 인덱스가 동일한 값으로 NaN을 대체한다.

[코드 6-33] 수학 열의 결측값을 국어 열로 대체
```
df['수학'].fillna(df['국어'])
```

결과는 [그림 6-23]에서 확인하자.

데이터 프레임에 fillna 함수를 적용할 때, 시리즈나 딕셔너리 등 매퍼[10]를 입력하면 열마다 다른 값으로 NaN이 채워진다. 영어 선생님은 불참자에게 0점을 부여하기로 했으며 마음씨 좋은 수학 선생님은 불참자에게 30점의 기본 점수를 부여하기로 했다. 국어 선생님은 불참자에게 관심이 없다. 가장 간단한 매퍼인 딕셔너리를 이용하여 영어 열의 NaN은 0으로 수학 열의 NaN은 30으로 대체하자.

[코드 6-34] 영어 열은 0, 수학 열은 30으로 결측값 대체
```
df.fillna({'영어': 0, '수학': 30})
```

영어 열의 NaN은 0으로 수학 열의 NaN은 30으로 대체되고 입력하지 않은 국어 열의 NaN은 그대로 남는다. 이 결과는 마치 연산의 브로드 캐스팅과 동일하다.

딕셔너리뿐 아니라 시리즈도 매퍼로 활용할 수 있다. 불참자에게 과목별 최저점을 부여하자. fillna 함수에 각 열의 최저점인 시리즈를 입력하면, NaN이 각 열의 최저점으로 대체된다.

[코드 6-35] 과목별 최저점으로 NaN을 대체
```
df.fillna(df.min())
```

---

9   5.3.4에서 학습한 axis=1일 때의 브로드 캐스팅과 동일하다. 데이터 프레임의 각 열에 따라 서로 다른 값으로 NaN을 대체한다.
10 매퍼가 생소하다면 **4.3.6. 매핑과 매퍼**를 참고하자.

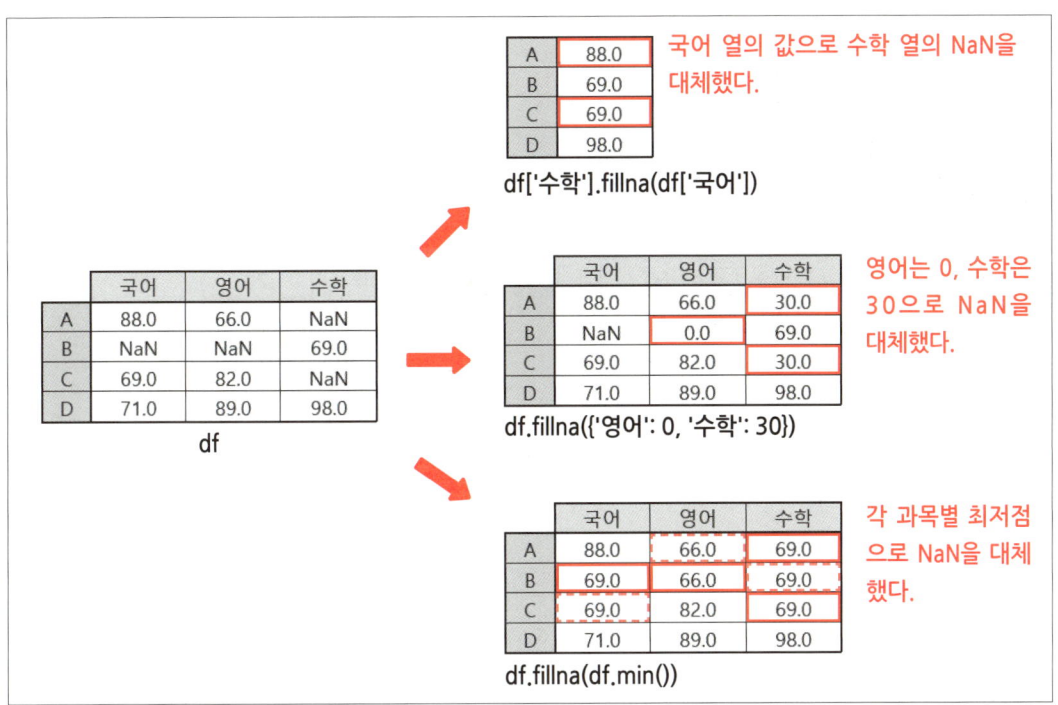

[그림 6-23] 판다스 fillna 함수의 적용 결과

fillna 함수 외에도 결측값을 대체하는 ffill, bill 함수 등이 존재하며, 이는 추후 8.6에서 학습한다.

6.5 이상치와 중복 데이터 처리

데이터 전처리를 수행하면 이상치나 중복으로 기재된 데이터를 마주할 때가 잦다. 간단한 이상치 처리 함수를 배우고, 중복 데이터를 확인하고 처리하는 방법과 중복 데이터 처리 함수를 다양하게 이용하는 방법을 학습하자.

6.5.1 이상치 처리하기(clip)

데이터 분석에서 이상치(outlier)는 모집단의 일반적인 경향에서 크게 벗어난 데이터를 의미한다. 이상치는 데이터의 정확성이나 신뢰성에 영향을 미치므로 이를 식별하여 처리하는 것이 중요하다. 하지만 이상치 처리는 생각만큼 간단하지만은 않다.

이상치를 식별하고, 대체하거나 제거할 때 여러 가지 방법을 사용하므로 하나의 함수로 모든 이상치를 처리할 수 없다. 여기서는 다양한 이상치 처리 방법 중 가장 간단한 방법인 상한선과 하한선의 임 곗값으로 값을 대체하는 clip 함수를 학습하자.

	국어	영어	수학
A	89	4	74
B	29	46	83
C	40	19	60
D	29	91	76

df

	국어	영어	수학
A	80	20	74
B	29	46	80
C	40	20	60
D	29	80	76

df.clip(20, 80)
20 이하는 모두 20이 되었고
80 이상은 모두 80이 되었다.

[그림 6-24] 판다스 clip 함수

● **판다스 clip**

상한선이나 하한선으로 임곗값을 적용해 이상치(outlier)를 처리하는 함수

clip 함수의 주요 매개변수와 인수, 기본값

```
df.clip(lower=None, upper=None)
```

- **lower**: 최솟값으로 적용할 임곗값을 입력한다. 배열을 입력하면 열마다 다르게 적용한다.
- **upper**: 최댓값으로 적용할 임곗값을 입력한다. 배열을 입력하면 열마다 다르게 적용한다.

clip 함수는 이상치를 상한선이나 하한선을 임곗값으로 대체하는 방식으로 처리할 때 간편하게 사용하는 함수이다. 실습에 쓰일 df1을 생성하자.

[코드 6-36] clip 함수 실습 예제 코드

```
import pandas as pd
data1 = [[89, 4, 74], [29, 46, 83], [40, 19, 60], [29, 91, 76]]
df1 = pd.DataFrame(data1, index=list('ABCD'), columns=['국어', '영어', '수학'])
df1
```

df1에 clip 함수를 적용하면, 상한선과 하한선을 설정하는 것만으로 일괄적으로 이상치가 임곗값으로 변환된다. 이는 간편한 코드로 편리하게 이상치를 처리하는 장점이 있다.

[코드 6-37] 상한선과 하한선으로 임곗값을 각각 20과 80으로 적용

```
df1.clip(lower=20, upper=80)
```

clip 함수에 배열을 입력하면 열마다 다른 임곗값이 지정된다. clip 함수는 간편함이 장점이다. 하지만 clip 함수만으로는 복잡한 이상치 처리에 한계가 있으므로, 추후 불리언 마스킹을 비롯한 여러 가지 판다스 기법과 함수를 활용한다.[11]

6.5.2 중복 데이터 확인 및 제거(duplicated, drop_duplicates)

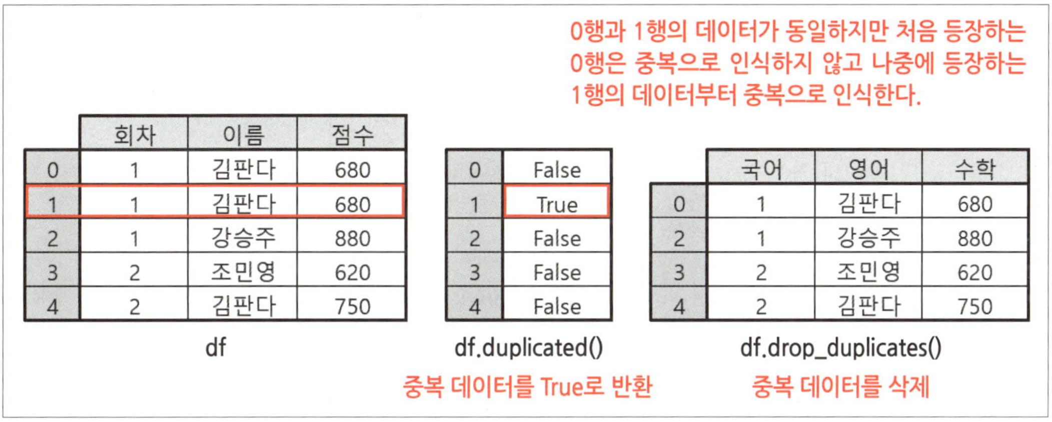

[그림 6-25] 판다스 duplicated 함수와 drop_duplicates 함수

● **판다스 duplicated 함수와 drop_duplicates 함수**

중복 데이터를 확인하거나 삭제하는 함수

drop_duplicates 함수의 주요 매개변수와 인수, 기본값[12]

```
df.drop_duplicates(subset=None, keep='first')
```

- **subset**: 중복을 확인할 열을 지정한다. 기본값은 모든 열의 값이 동일할 때 중복으로 처리된다.
- **keep**: 중복일 때 어떤 행을 유지할지 지정한다. 'first'가 기본값이며, 동일한 데이터가 존재하더라도 첫 번째 행은 유지하고 두 번째 행부터 중복 데이터로 처리한다.

실무의 데이터는 중복으로 수집된 데이터를 보유할 때가 많다. 판다스는 duplicated 함수를 사용하

---

11 표준점수로 이상치를 처리하려면 **엑셀 예제 18. 그룹을 나누어 표준점수를 구해 학생들의 성적 부여하기**를 참고하자.
12 duplicated 함수의 매개변수와 인수, 기본값은 drop_duplicates 함수와 동일하다.

여 중복 데이터를 확인하고, drop_duplicates 함수를 사용하여 중복 데이터를 삭제할 수 있다. 중복 데이터 처리를 실습할 df를 생성하자.

[코드 6-38] 중복 데이터 처리 실습 예제 코드

```
import pandas as pd
data = {'회차': [1, 1, 1, 2, 2],
        '이름': ['김판다', '김판다', '강승주', '조민영', '김판다'],
        '점수': [680, 680, 880, 620, 750]}
df = pd.DataFrame(data)
df
```

[코드 6-38]을 실행하면 [그림 6-25]의 df가 생성된다. df의 첫 번째 행과 두 번째 행은 완전히 동일한 데이터이다. 김판다 씨의 1회차 시험 결과가 두 번 기재된 것이다. 이렇게 규모가 작은 데이터라면 중복 기재된 데이터가 눈으로 파악된다. 그러나 데이터의 규모가 100만 행이라면 한두 개의 중복된 데이터를 눈으로 가려내기는 어렵다.

이때 사용하는 함수가 duplicated 함수이다. duplicated 함수는 중복인 행에서 True를 반환하고 중복이 아닌 행에서 False로 반환하는 시리즈를 반환한다. duplicated 함수를 사용해 df의 중복 여부를 확인해 보자.

[코드 6-39] 중복 데이터 확인

```
df.duplicated()
```

결과는 [그림 6-25]에서 확인하자. True는 중복을 의미한다. 첫 번째 행과 두 번째 행은 서로 중복되는 데이터이다. 그런데 두 번째 행만 True로 반환된다. 동일한 데이터라도 처음 등장한 데이터는 중복이 아니며 두 번째 등장한 동일 데이터부터 중복으로 처리한다. 이런 중복 처리 방식이 keep='first' 방식이며 기본값이다.

중복 데이터인 두 번째 행을 삭제해 보자. df에 drop_duplicates 함수를 적용하자.

[코드 6-40] 중복 데이터 삭제

```
df.drop_duplicates()
```

마찬가지로 [그림 6-25]에서 확인하자. 중복된 데이터가 삭제되는데, 두 번째 행만 삭제된다. 보통 중복된 데이터라도 그중 하나의 데이터는 남겨야 하기에 keep의 기본값이 'first'로 설정된다. 매개변수 keep을 이용해 중복 처리 방식을 바꾸자.

[그림 6-26] 매개변수 keep과 중복 처리 방식

keep='first'	keep='last'	keep=False
동일한 데이터 중에서 첫 번째 데이터를 제외하고 모두 중복으로 처리한다. (기본값)	동일한 데이터 중에서 마지막 데이터를 제외하고 모두 중복으로 처리한다.	동일한 데이터는 모두 중복으로 처리한다.

[표 6-5] 매개변수 keep과 중복 처리 방식

6.5.3 중복 데이터 처리 함수의 활용

중복 데이터 처리 함수들은 완전히 중복된 데이터를 처리하는 용도뿐만 아니라 데이터를 필터링하는 데도 사용한다. 매개변수 subset으로 중복을 인식할 범위를 지정할 수 있다. 기본값은 모든 열의 데이터가 동일해야 중복이지만, subset으로 열을 지정하면 특정 열의 데이터만 중복이어도 중복으로 처리한다. df의 이름 열에서만 중복을 결정해 삭제하자.

[코드 6-41] df의 이름 열로만 중복을 결정해 중복 데이터 삭제

```
df.drop_duplicates('이름')
```

이 결과는 각 사람의 첫 시험 데이터만 필터링한 결과이다.

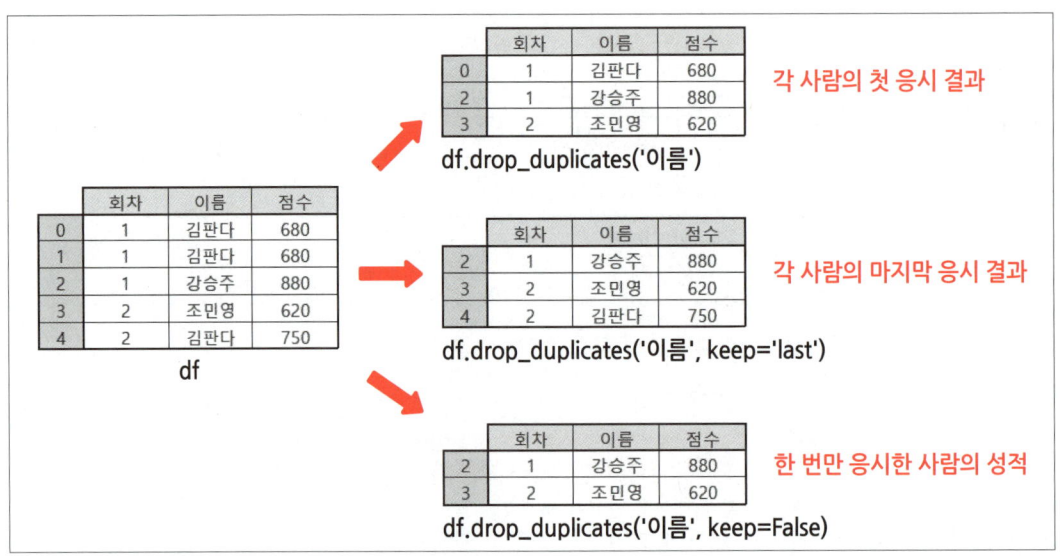

[그림 6-27] 중복 데이터 처리 함수를 활용한 다양한 필터링

특정 열에서만 중복을 판단하고, 다양한 keep 방식을 활용하면 여러 가지 필터링이 수행된다. 이름 열에서만 중복을 판단하고 keep='last'를 입력하면 마지막 성적만 필터링된다. 이름 열에서만 중복을 판단하고 keep=False를 입력하면 시험을 한 번만 응시한 사람의 성적만 필터링된다.

[코드 6-42] keep을 활용해 각 사람의 마지막 성적을 필터링

```
df.drop_duplicates('이름', keep='last')
```

[코드 6-43] keep을 활용해 시험에 한 번만 응시한 사람의 성적만 필터링

```
df.drop_duplicates('이름', keep=False)
```

6.6 자료형 변환과 소수점 처리

실무의 데이터는 오기 등의 이유로 자료형이 잘못 설정되거나 여러 가지 자료형이 혼합될 때가 많다. 판다스의 함수들은 자료형을 구분해 적용할 때가 많아 반드시 자료형을 바로잡아야 한다. 자료형을 변환하여 정확하게 보정하는 것은 중요한 데이터 정제 과정이다.

판다스에서 주로 사용되는 자료형은 [표 6-6]과 같다. 이 중에서 시계열 데이터는 추후 다룰 것이며 범주형 데이터는 입문 단계에서 추천되지 않는다. 따라서 여기에서는 수치형 데이터의 변환을 주로 학습한다.

자료형	뜻
float	실수(부동 소수점)
int	정수
str	문자열
bool	불(True 또는 False)
datetime	시계열
category	범주형

[표 6-6] 여러 가지 자료형

6.6.1 여러 가지 자료형으로 변환하기(astype)

> ● **판다스 astype**
>
> 데이터 프레임이나 시리즈의 자료형을 변환하는 함수
>
> astype 함수의 주요 매개변수와 인수, 기본값
>
> ```
> df.astype(dtype)
> ```
>
> - **dtype**: 변환할 자료형을 지정한다. 매퍼를 입력하면 열마다 서로 다른 자료형으로 변환한다.

판다스의 astype 함수는 자료형을 변환하는 함수이다. 변환이 가능한 데이터라면 모든 자료형으로 변환되며 시리즈와 데이터 프레임에 모두 적용이 가능하기에 범용성이 장점이다.[13] 실습할 df1을 생성하자.

[코드 6-44] 자료형 변환 실습 예제 코드

```
import pandas as pd
data1 = [[8.2, 9, '17', '1'], [7.1, 9, '18', '2'],
         [9.3, 7, '18', '3'], [7.8, 7, '19', '-']]
df1 = pd.DataFrame(data1, columns=['실수', '정수', '문자열1', '문자열2'])
df1
```

---

13 이론적으로 astype 함수는 모든 자료형으로 변환이 가능은 하지만, 시계열이나 카테고리 자료형으로 변환할 때는 astype 함수를 거의 사용하지 않아 'str', 'float', 'int' 등의 인수들을 주로 사용한다.

	실수	정수	문자열1	문자열2
0	8.2	9	17	1
1	7.1	9	18	2
2	9.3	7	18	3
3	7.8	7	19	-

데이터 프레임을 출력하는 것으로 각 열의 자료형을 확인할 수는 없다. 그래서 dtypes 속성으로 각 열의 자료형도 출력하자.

[코드 6-45] df1의 자료형을 dtypes 속성으로 파악하기

```
df1.dtypes
```

```
실수         float64
정수         int64
문자열1       object
문자열2       object
dtype: object
```

df1의 각 열은 열 이름에 맞는 자료형으로 설정된다. int64의 int는 부호를 구분하는 정수 자료형이라는 뜻이고, 64의 숫자는 자료형의 바이트 길이를 의미하며 이는 표현하는 숫자의 범위를 나타낸다.[14]

df1 전체의 자료형을 문자열로 변환하자. astype 함수를 적용하고 인수로 'str'을 입력하자. 판다스에서 자료형을 표현할 때는 문자열인 열의 자료형도 오브젝트로 표현되지만, 문자열로 변환할 때는 인수로 'str'을 입력해야 한다.

[코드 6-46] df1의 자료형을 문자열(str)로 변환하기

```
df1.astype('str')
```

마찬가지로 출력만으로는 자료형을 확인할 수 없기에, dtypes 속성으로 각 열의 자료형도 출력하자. 함수의 적용은 원본을 변경하지 않아 astype 함수를 적용 후 dtypes 속성을 사용하자.

---

[14] int64 자료형은 -9,223,372,036,854,775,808부터 9,223,372,036,854,775,807까지의 정수를 표현할 수 있다. 이는 $2^{64}-1$에 해당하는 범위이다. 한 자리는 부호를 구분하는 데 사용된다.

[코드 6-47] [코드 6-46]의 결과 자료형 확인하기

```
df1.astype('str').dtypes
```

```
실수       object
정수       object
문자열1     object
문자열2     object
dtype: object
```

df1의 모든 열이 오브젝트 자료형으로 변환된 것이 확인된다. 판다스에서는 문자열 혹은 문자열이 섞인 열의 자료형을 오브젝트로 표현한다.

매퍼를 입력하면 열마다 다른 자료형으로 변환된다. 각 열의 이름과 해당 열의 새로운 자료형을 딕셔너리로 입력하자.

[코드 6-48] 매퍼를 입력해 열마다 다른 자료형으로 변환한 뒤 자료형 확인하기

```
df1.astype({'실수': 'int', '정수': 'str'}).dtypes
```

```
실수       int64
정수       object
문자열1     object
문자열2     object
dtype: object
```

astype 함수는 시리즈에도 적용이 가능하다. 실수 열을 정수 자료형으로 변환하자.

[코드 6-49] 실수 열을 정수 자료형으로 변환하기

```
df1['실수'].astype('int')
```

```
0    8
1    7
2    9
3    7
Name: 실수, dtype: int64
```

자료형이 실수일 때 astype 함수로 정수 자료형으로 변환하면 소수점 이하가 탈락되어 정수로 변환된다. 이는 자연스럽게 버림의 효과를 얻는다.

6.6.2 수치형으로 변환하기(to_numeric)

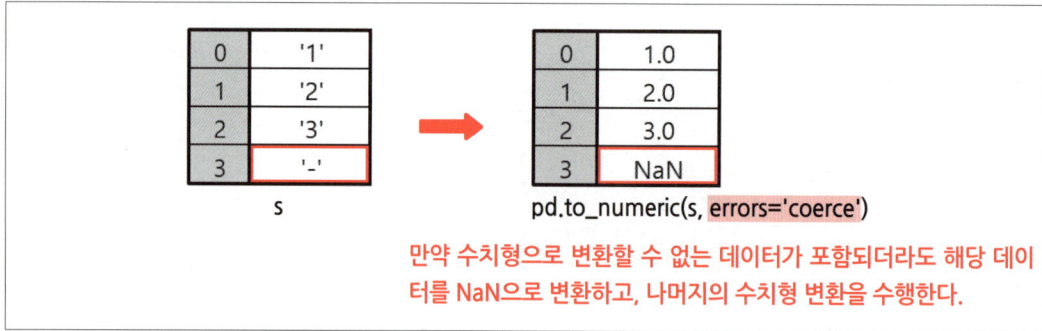

[그림 6-28] 판다스 to_numeric 함수

● **판다스 to_numeric**

단일 값 또는 1차원 배열의 자료형을 수치형으로 변환하는 함수

to_numeric 함수의 주요 매개변수와 인수, 기본값

```
pd.to_numeric(arg, errors='raise')
```

- **arg**: 변환할 대상을 지정한다. 스칼라 또는 1차원 배열을 입력한다.
- **errors**: 이 함수를 사용하는 가장 큰 이유이며 변환할 수 없는 데이터를 처리하는 방법을 지정한다. 변환할 수 없는 데이터를 만났을 때 기본값인 'raise'는 에러가 발생한다. 'coerce'는 변환할 수 없는 데이터를 NaN으로 변환하고 변환을 완료한다. 'ignore'는 변환하지 않고 원본을 유지하며, 변환하는 다른 데이터도 전혀 변환하지 않는다. 대부분은 'coerce'를 사용한다

[코드 6-44]의 df1을 다시 확인하자. 문자열2 열에 숫자로는 변환할 수 없는 데이터 '-'이 존재해, df1 전체를 정수나 실수 자료형으로 변환하는 것을 astype 함수로 수행할 수 없다. astype 함수는 대상의 모든 셀이 변환이 가능한 데이터여야 변환이 가능하다.

이때 to_numeric 함수를 사용하고 errors='coerce'를 입력하면, 수치형으로 변환되는 데이터는 변환되고 수치형으로 변환될 수 없는 데이터는 NaN으로 변환된다. 유의할 점은 to_numeric 함수는 메서드로 사용할 수 없다. 반드시 pd.to_numeric 함수 형태로 사용해야 한다. 일단 df1의 문자열2 열을 수치형 데이터로 변환하자.

[코드 6-50] 수치형으로 바꿀 수 없는 문자열이 포함되었을 때 수치형으로 변환하기

```
pd.to_numeric(df1['문자열2'], errors='coerce')
```

[그림 6-28]처럼 '-'를 NaN으로 변환하고 나머지만 수치형으로 변환한다. 원한다면 결측값을 처리하는 함수를 이용해 NaN을 별도로 처리한다.

유의할 점은 to_numeric 함수는 데이터 프레임 전체에 적용할 수 없으며 시리즈를 대상으로만 사용할 수 있다는 점이다. 이러한 단점은 추후 apply 함수를 배우면 해결된다. 아래 [코드 6-51]을 실행하면 df1 전체에 to_numeric 함수가 적용돼 수치형으로 변환된다.

[코드 6-51] 데이터 프레임 전체에 to_numeric 함수 적용하기

```
df1.apply(pd.to_numeric, errors='coerce')
```

apply 함수에 대해서는 9장에서 더욱 자세히 학습한다.

[표 6-7]은 astype 함수와 to_numeric 함수를 사용하여 수치형으로 변환할 때의 차이를 정리한 표이며, 표를 통해 to_numeric 함수의 사용 목적을 알 수 있다. 함수는 변환할 수 없는 데이터를 NaN으로 변환하고 나머지를 처리해 사용한다.

기능	astype	to_numeric
데이터 프레임에 적용	O	X(apply 함수로 적용)
실수의 정수 변환	O(소수점 이하를 버린다.)	X
메서드 형태로 적용	O	X
변환할 수 없는 데이터 처리	에러 발생	NaN으로 변환(errors='coerce')

[표 6-7] astype 함수와 to_numeric 함수의 비교

6.6.3 소수점 처리하기

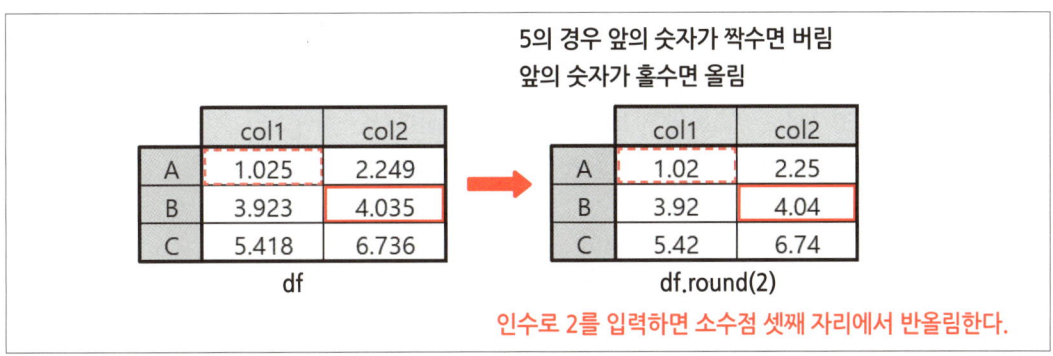

[그림 6-29] 판다스 round 함수

● **판다스 round**

데이터 프레임이나 시리즈를 반올림하는 함수

round 함수의 주요 매개변수와 인수, 기본값

```
df.round(decimals=0)
```

- **decimals**: 소수점 자릿수를 지정한다. 기본값은 0이고 소수점 첫째 자리에서 반올림을 수행한다.

소수점을 처리하고 싶다면 반올림도 하나의 방법이다. 판다스는 round 함수로 반올림이 가능하다. 반올림을 실습할 df2를 생성하자.

[코드 6-52] 반올림 실습 예제 코드

```python
import pandas as pd
data2 = [[1.025, 2.249], [3.923, 4.035], [5.418, 6.736]]
df2 = pd.DataFrame(data2, index=list('ABC'), columns=['col1', 'col2'])
df2
```

round 함수를 적용하고 2를 입력하면 소수점 셋째 자리에서 반올림을 수행한다. 소수점 셋째 자리가 0~4일 때는 버림을 수행하고, 6~9일 때는 올림을 수행한다. 소수점 셋째 자리가 5이면 소수점 둘째 자리가 홀수라면 올림, 짝수라면 버림을 수행한다.

[코드 6-53] df2를 소수점 셋째 자리에서 반올림

```python
df2.round(2)
```

결과는 [그림 6-29]에서 확인하자.

실제 데이터를 변환할 필요는 없고 단지 보는 나의 눈이 불편하다면 판다스의 출력 옵션을 조정하는 것이 좋은 방법이다. 원본 데이터가 그대로 보존되면서 소수점도 조정된다.

[코드 6-54] 출력 옵션으로 소수점 둘째 자리까지 표시

```python
pd.options.display.float_format = '{:.2f}'.format
df2
```

소수점 출력 옵션을 설정한 후 df2를 출력하면 반올림했을 때와 같은 결과를 얻는다. 그 밖에 올림과 버림도 소수점 처리 방법으로 가능하지만, 거의 사용되지 않아 판다스와 관련한 함수는 없다. 필

요할 때는 넘파이 함수를 사용하여 올림과 버림을 수행한다. 올림은 넘파이의 np.ceil 함수, 버림은 np.trunc 함수로 가능하다. 판다스의 데이터 프레임이 어레이 기반으로 만들어진 클래스이므로 많은 넘파이 함수가 호환된다.

6.7 치환과 매핑

치환과 매핑을 활용하면 데이터의 일관성이 높아지며 데이터의 의미가 더 쉽게 이해된다. 또한 데이터를 효율적으로 관리, 분석하는 데 도움이 된다.

6.7.1 데이터 치환하기(replace)

	홈팀	원정팀	홈팀골	원정팀골
0	서독	대한민국	3	0
1	대한민국	서독	1	2
2	브라질	소련	4	1
3	소련	브라질	2	2
4	대한민국	브라질	0	2

df

	홈팀	원정팀	홈팀골	원정팀골
0	독일	대한민국	3	0
1	대한민국	독일	1	2
2	브라질	러시아	4	1
3	러시아	브라질	2	2
4	대한민국	브라질	0	2

df.replace({'서독': '독일','소련': '러시아'})

이전 값과 새로운 값을 딕셔너리로 입력하면
서독은 독일, 소련은 러시아로 변환된다.

[그림 6-30] 판다스 replace 함수

판다스 replace

데이터 프레임이나 시리즈의 각 셀을 치환하는 함수

replace 함수의 주요 매개변수와 인수, 기본값

```
df.replace(to_replace=None, value=None, regex=False)
```

- **to_replace**: 이전 값을 입력한다. 이전 값과 새로운 값의 매퍼도 입력 가능하다.
- **value**: 새로운 값을 입력한다.
- **regex**: 정규 표현식 사용 여부를 지정한다.

판다스는 replace 함수로 치환을 수행한다. 치환을 실습할 df를 생성하자.

[코드 6-55] 치환 실습 예제 코드

```
data = {'홈팀': ['서독', '대한민국', '브라질', '소련', '대한민국'],
        '원정팀': ['대한민국', '서독', '소련', '브라질', '브라질'],
        '홈팀골': [3, 1, 4, 2, 0], '원정팀골': [0, 2, 1, 2, 2]}
data1 = {'old': ['서독', '소련'], 'new': ['독일', '러시아']}
df = pd.DataFrame(data)
df1 = pd.DataFrame(data1)
```

df는 [그림 6-30]에서도 확인되듯이 오래전의 축구 국가 대표 전적 데이터라서 지금은 존재하지 않는 국가인 서독과 소련의 데이터가 존재한다. 이럴 때 치환이 필요하다.

먼저 서독을 독일로 치환하자. df에 replace 함수를 적용하고 이전 값 '서독'과 새로운 값 '독일'을 차례로 입력한다.

[코드 6-56] 서독을 독일로 치환

```
df.replace('서독', '독일')
```

결과는 [그림 6-31]에서 확인하자. 서독이 독일로 치환되었다.

replace 함수는 기본값으로 셀 전체의 값만 치환한다. 셀에 일부 존재하는 단어를 치환할 수는 없다. regex=True를 입력하면 일부 단어도 치환된다. '대한민'을 '한'으로 치환해 대한민국을 한국으로 표현해 보자.

[코드 6-57] regex=True로 셀의 일부를 치환

```
df.replace('대한민', '한', regex=True)
```

여러 개의 이전 값을 하나의 새로운 값으로 치환하는 것도 가능하다. 서독과 소련을 모두 EU로 치환한다면 '서독'과 '소련'을 리스트로 묶어 인수로 입력하자.

[코드 6-58] 서독과 소련을 EU로 치환

```
df.replace(['서독', '소련'], 'EU')
```

[그림 6-31] 여러 종류의 치환

서독과 소련을 각각 새로운 값으로 치환하려면 매퍼를 사용한다. 이전 값과 새로운 값을 매핑하는 딕셔너리를 생성해 인수로 입력한다. 2개의 인수를 입력했던 이전까지와 달리 매퍼 하나만 인수로 입력한다.

[코드 6-59] 서독을 독일로 치환하고 소련을 러시아로 치환

결과는 [그림 6-30]에서 확인하자. [코드 6-58]처럼 리스트를 사용하거나 [코드 6-59]처럼 매퍼로 입력하는 것이 replace 함수로 치환하는 가장 일반적인 형태이다.

여러 종류의 값을 각각 치환해야 하는데 수행해야 할 치환이 데이터 프레임으로 제공될 때가 있다. 그럴 때는 데이터 프레임에 코드를 적용해 매퍼로 변환한다. df1에 치환해야 할 데이터가 제공되니 df1을 매퍼로 변환해 치환을 수행하자.

[코드 6-60] 데이터 프레임으로 매퍼(시리즈)를 만들어 치환하기

```
m = df1.set_index('old')['new']
df.replace(m)
```

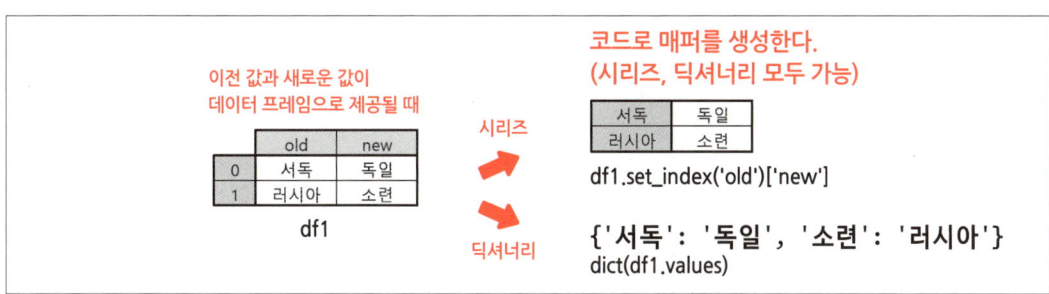

[그림 6-32] 코드로 매퍼 생성하기

데이터 프레임을 딕셔너리로 변환하는 것도 가능하다. 하지만 파이썬보다 판다스가 익숙하다면 시리즈로 변환해 매퍼로 사용하는 쪽이 편할 것이다.

6.7.2 데이터 매핑하기(map)

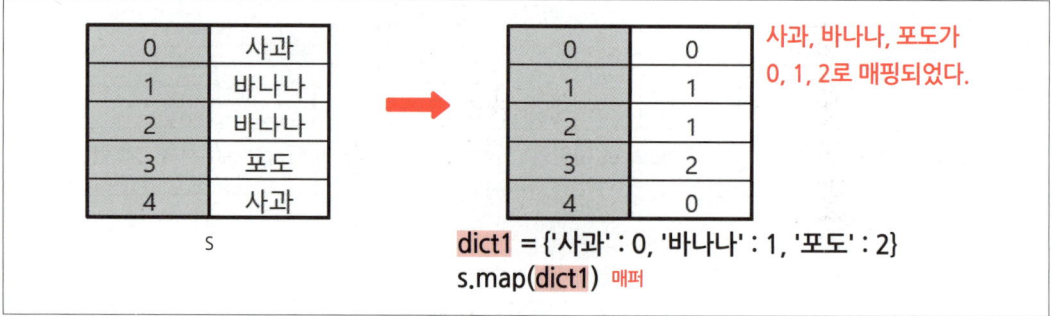

[그림 6-33] 판다스 map 함수

> ● **판다스 map**
>
> 시리즈나 인덱스 클래스의 매핑을 수행하는 함수
>
> map 함수의 주요 매개변수와 인수, 기본값
>
> ```
> s.map(func)
> ```
>
> - **func**: 함수, 시리즈, 딕셔너리 등의 매퍼를 입력한다.

판다스는 map 함수를 이용해 매핑을 수행한다. 매핑을 실습할 s를 생성하자.

[코드 6-61] 매핑 실습 예제 코드

```
import pandas as pd
s = pd.Series(['사과', '바나나', '바나나', '포도', '사과'])
s
```

시리즈 s의 데이터인 사과, 바나나, 포도를 각각 0, 1, 2로 매핑하자. s에 map 함수를 적용하고 딕셔너리로 매퍼를 생성해 입력한다.

[코드 6-62] 사과는 0, 바나나는 1, 포도는 2로 매핑하기

```
dict1 = {'사과': 0, '바나나': 1, '포도': 2}
s.map(dict1)
```

결과는 [그림 6-33]에서 확인하자. 시리즈 s는 0, 1, 2로 코드화되었다.

6.7.3 replace 함수와 map 함수의 차이

그렇다면 치환과 매핑의 차이는 무엇일까? 둘은 엄밀히 구분되지는 않으며, 일반적으로 일부를 변환하는 것을 치환이라 부르고 전체를 변환하는 것을 매핑이라 부른다. 따라서 전체를 치환하면 매핑과 큰 차이가 없다. 따라서 [코드 6-62]는 map 함수 대신 replace 함수로 수행해도 결과는 같다.

[코드 6-63] replace 함수로 [코드 6-61] 수행하기

```
s.replace(dict1)
```

다만 일부만 치환할 때는 replace 함수와 map 함수의 차이가 크다. 둘은 수행하지 않는 값에 대한 처리가 다르다. replace 함수는 치환하지 않는 값을 그대로 둔다. map 함수는 매핑되지 않는 값을 NaN으로 처리한다. 다음 코드를 실행하면 사과만 0으로 매핑된다.

[코드 6-64] 사과만 0으로 매핑하기

```
dict2 = {'사과': 0}
s.map(dict2)
```

```
0    0.00
1    NaN
2    NaN
3    NaN
4    0.00
dtype: float64
```

매핑을 수행하는 사과를 제외한 모든 값이 NaN으로 처리되었다.

replace 함수로 [코드 6-64]를 수행하면 차이가 확인된다. replace 함수는 치환하지 않는 바나나와 포도를 그대로 반환한다.

[코드 6-65] [코드 6-64]를 replace 함수로 수행해 map 함수와의 차이 확인하기

```
s.replace(dict2)
```

```
0    0
1    바나나
2    바나나
3    포도
4    0
dtype: object
```

map 함수가 매핑되지 않는 값을 일괄적으로 NaN으로 반환하므로 매핑 대상 외의 나머지를 모두 일괄적으로 처리할 수 있다. fillna 함수로 결측값을 1로 대체하자.

[코드 6-66] 사과는 0, 나머지는 전부 1로 매핑하기

```
s.map(dict2).fillna(1).astype('int')
```

```
0    0
1    1
2    1
3    1
4    0
dtype: int64
```

만약 사과만 0으로 매핑하고 나머지 30개 종류의 과일을 1로 매핑해야 한다면, map 함수가 아주 편리할 것이다.

그 밖에도 map 함수와 replace 함수는 적용 대상과 인수로 함수가 입력되는지 여부 등에서 차이가 있다. 정리하면 다음과 같다.

map 함수와 replace 함수 비교	map	replace
데이터 프레임에 적용이 가능한가?	X	O
시리즈에 적용이 가능한가?	O	O
인덱스 클래스에 적용이 가능한가?	O	X
임무가 수행되지 않는 값의 처리	NaN을 반환	원래의 값 반환
셀의 일부 문자열을 치환 가능한가?	X	O (regex=True일 때)[15]

[표 6-8] map 함수와 replace 함수의 차이

정확하게 알고 필요한 곳에 적용한다면 두 함수 모두 유용하다.

---

[15] replace 함수에 regex=True를 입력하면 일부 문자열만 치환할 뿐 아니라 정규 표현식도 사용할 수 있는데, 10장의 문자열 다루기에서 보다 심화적으로 다루겠다.

엑셀 예제 5 미국 레스토랑 고객의 팁 데이터 정제하기

엑셀 파일 09tips.xlsx는 미국의 레스토랑에서 팁 관련 데이터를 수집한 결과이며,[16] 244개의 행과 7개의 열로 구성되어 있다. 이 데이터는 미국 레스토랑에서 팁을 준 고객의 데이터를 분석하는 데 유용하게 활용되나 실무 데이터 특성상 데이터 정제가 필요하다.

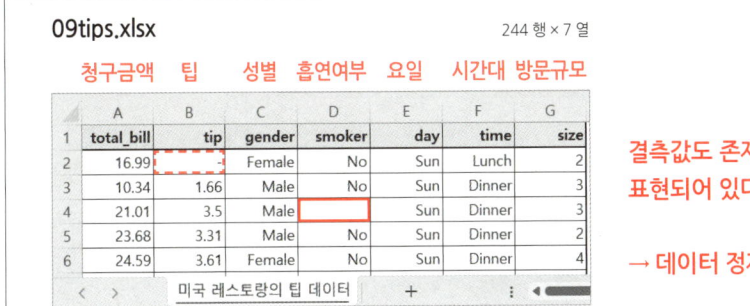

[그림 6-34] 실습 엑셀 파일 09tips.xlsx 소개

1. tip 열에 존재하는 '-'을 NaN으로 대체하고 tip 열을 수치형 자료형으로 변환하자.
2. time 열의 데이터를 간결하게 Lunch를 0, Dinner를 1로 매핑하자.
3. smoker 열의 결측값을 남성일 때 Yes, 여성일 때 No로 대체하자.

먼저 엑셀 시트를 데이터 프레임으로 불러와 변수 df_tips로 지정하자.

[코드 6-67] 미국 레스토랑 고객의 팁 엑셀 파일에서 데이터 프레임 불러오기

```
import pandas as pd
pd.options.display.max_rows = 6 # 6행까지만 출력
url2 = 'https://github.com/panda-kim/book1/blob/main/09tips.xlsx?raw=true'
df_tips = pd.read_excel(url2)
df_tips
```

---

16 파이썬 seaborn 라이브러리의 내장 데이터 'tips'

	total_bill	tip	gender	smoker	day	time	size
0	16.99	-	Female	No	Sun	Lunch	2
1	10.34	1.66	Male	No	Sun	Dinner	3
2	21.01	3.50	Male	NaN	Sun	Dinner	3
...	...	...	...	...	...	...	...
241	22.67	2	Male	NaN	Sat	Dinner	2
242	17.82	1.75	Male	No	Sat	Dinner	2
243	18.78	3	Female	NaN	Thur	Dinner	2

244 rows × 7 columns

데이터를 정제하기에 앞서 info 함수로 확인하는 것은 필수적인 과정이다.

[코드 6-68] info 함수로 데이터 프레임 확인하기

```
df_tips.info()
```

```
<class 'pandas.core.frame.DataFrame'>
RangeIndex: 244 entries, 0 to 243
Data columns (total 7 columns):
 #   Column      Non-Null Count  Dtype
---  ------      --------------  -----
 0   total_bill  244 non-null    float64
 1   tip         244 non-null    object
 2   gender      244 non-null    object
 3   smoker      231 non-null    object
 4   day         244 non-null    object
 5   time        244 non-null    object
 6   size        244 non-null    int64
dtypes: float64(1), int64(1), object(5)
memory usage: 13.5+ KB
```

info 함수로 확인하면 tip 열은 수치형 자료가 담기지만 자료형이 오브젝트로 지정된다. tip 열에 수치가 아닌 데이터 '-'가 포함되어 tip 열 전체가 오브젝트로 지정된 것이다. 이것은 astype 함수로는 수치형으로 변환할 수 없고, to_numeric 함수를 errors='coerce'와 함께 사용해 수치형으로 변환해야 한다.

[코드 6-69] tip 열을 실수 자료형으로 변환하기

```
df_tips['tip'] = pd.to_numeric(df_tips['tip'], errors='coerce')
```

df_tips의 time 열은 방문한 시간대를 나타낸 열이다. unique 함수를 적용하면 유일 값이 'Lunch' 와 'Dinner'로 구성됨이 확인된다. 대규모 원시 데이터는 긴 문자열로 구성된 열이 많으면, 데이터를 눈으로 읽고 처리하기에 불편하다. time 열은 'Lunch'와 'Dinner'로 범주화된 열이기에 0과 1로 매핑하면, 데이터가 더 간결해진다.[17]

[코드 6-70] time 열의 Lunch를 0, Dinner를 1로 매핑하기

```
m1 = {'Lunch': 0, 'Dinner': 1}
df_tips['time'] = df_tips['time'].replace(m1)
```

매핑이지만 전체를 매핑하므로 전체를 치환하는 것과 동일해 replace 함수를 사용했다. 물론 map 함수를 사용해도 결과는 같다.

마지막으로 smoker 열의 결측값을 처리한다. 남성일 때는 'Yes'로, 여성일 때는 'No'로 대체한다. 시리즈의 결측값을 서로 다른 값으로 대체하려면, 시리즈가 필요하다.[18] gender 열의 'male'과 'female'을 각각 'Yes'와 'No'로 매핑한 다음 그 시리즈를 fillna 함수에 입력하면, 결측값이 남성일 때 'Yes', 여성일 때 'No'로 대체된다.

[코드 6-71] smoker 열의 결측값을 여자일 때 No, 남자일 때는 Yes로 대체하기

```
m2 = {'Female': 'No', 'Male': 'Yes'}
df_tips['smoker'] = df_tips['smoker'].fillna(df_tips['gender'].map(m2))
df_tips
```

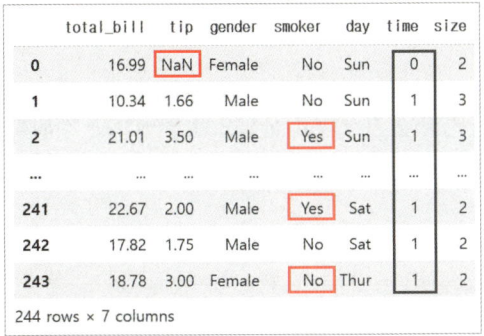

---

17 이때 유일 값이 'Lunch'와 'Dinner' 두 개뿐이라서 map 함수로 매핑이 간편하다. 범주가 많으면 factorize 함수를 사용한다. **14.1.10. 범주형 데이터 인코딩하기(factorize)** 참고
18 [표 6-4] fillna 함수에 입력되는 대상에 따른 대체 방식 참고

여기까지의 데이터 정제 과정을 잘 따라왔다면 결과를 확인하자. tip 열은 문자열 '-'을 NaN으로 대체해 수치형으로 변환되었고, time 열은 0과 1로 매핑되었으며, smoker 열의 결측값은 남성일 때는 'Yes'로, 여성일 때는 'No'로 대체됐다.

info 함수를 적용해 다시 df_tips의 정보도 확인하자.

[코드 6-72] info 함수로 df_tips의 자료형 확인

```
df_tips.info()
```

```
<class 'pandas.core.frame.DataFrame'>
RangeIndex: 244 entries, 0 to 243
Data columns (total 7 columns):
 #   Column      Non-Null Count  Dtype
---  ------      --------------  -----
 0   total_bill  244 non-null    float64
 1   tip         218 non-null    float64
 2   gender      244 non-null    object
 3   smoker      244 non-null    object
 4   day         244 non-null    object
 5   time        244 non-null    int64
 6   size        244 non-null    int64
dtypes: float64(2), int64(2), object(3)
memory usage: 13.5+ KB
```

tip 열은 문자열을 NaN으로 처리해 실수 자료형으로 변환되었다. smoker 열의 결측값이 모두 대체된 것도 확인된다.

데이터 정제의 결과는 엑셀 파일로 저장하자. 원하는 파일명을 지정하고 불필요한 인덱스는 제외하고 저장하자.

[코드 6-73] 결과를 엑셀 파일로 저장

```
df_tips.to_excel('ch06_tips.xlsx', index=False)
```

데이터 정제 과정에 쓰이는 함수가 너무 많은 것 같아 걱정할 필요는 없다. 실무에서 이 모든 데이터 정제 과정이 필요한 것은 아니다. 입문 단계에서는 어떤 정제 방식이 있는지 알아두는 것이 중요하고, 실제 데이터를 정제할 때 해당 실무 데이터에 필요한 정제 방식을 다루는 부분을 다시 펼쳐보자.

CHAPTER

07

데이터 결합하기

QR코드를 통해 Chapter 7에 포함된 코드를 확인할 수 있습니다. 또한 판다스와 구글 코랩의 버전 업데이트에 따른, 변동이 필요한 코드, 변동된 코드 출력 정보도 확인할 수 있습니다.

7.1 데이터 프레임 연결하기
7.2 데이터 프레임 병합하기
7.3 업데이트
7.4 범위로 병합하기

7.1 데이터 프레임 연결하기

데이터 분석 과정에서 여러 개의 데이터를 결합하여 하나의 데이터 프레임을 생성하는 것도 필요하다. 예를 들어 엑셀 파일에 마트의 월별 매출 데이터가 1월부터 12월까지 시트별로 저장되어 있다고 하자. 이때 시트를 모두 결합하면 연도의 매출 데이터를 얻는다.

월별 매출 시트처럼 비슷한 구조의 데이터 프레임들을 하나로 결합하는 것을 연결이라고 한다. 판다스는 concat 함수를 사용하여 데이터 프레임을 연결한다.

7.1.1 데이터 프레임 연결하기(concat)

df1

	국어	수학	영어	과학
A	80	69	83	98
B	71	90	69	66
C	74	72	72	95

df2

	국어	수학	영어	과학
D	68	70	84	70
E	65	91	90	66
F	78	94	96	64

pd.concat([df1, df2])

	국어	수학	영어	과학
A	80	69	83	98
B	71	90	69	66
C	74	72	72	95
D	68	70	84	70
E	65	91	90	66
F	78	94	96	64

[그림 7-1] 판다스 concat 함수

판다스 concat

데이터 프레임을 연결하는 함수

concat 함수의 주요 매개변수와 인수, 기본값

```
pd.concat(objs, axis=0, join='outer')
```

- **objs**: 연결할 시리즈나 데이터 프레임들을 리스트로 묶어 입력한다.
- **axis**: 연결할 축 방향을 지정한다. 기본값은 세로 방향으로 연결한다.
- **join**: 결합 방식을 지정한다.

판다스 concat 함수는 둘 이상의 데이터 프레임을 결합하는 함수이다.[1] 비슷한 구조의 데이터 프레임을 결합할 때 연결 방식이 선호되고 그때는 concat 함수를 사용한다. 주로 각기 수집된 원시 데이터를 하나로 합칠 때 사용한다. concat 함수 실습에 쓰일 여러 변수를 생성하자.

1 시리스도 concat 함수로 연결할 수 있지만, 주로 데이터 프레임을 연결할 때 쓰인다. 셋 이상의 데이터 프레임도 동시에 연결할 수 있다.

[코드 7-1] concat 함수 실습 예제 코드

```
import pandas as pd
data1 = [[80, 69, 83, 98], [71, 90, 69, 66], [74, 72, 72, 95]]
data2 = [[68, 70, 84, 70], [65, 91, 90, 66], [78, 94, 96, 64]]
data3 = [[65, 82], [85, 60], [75, 78]]
data4 = [[79, 99, 95, 90], [99, 76, 81, 97], [95, 80, 62, 84]]
col1 = ['국어', '수학', '영어', '과학']
col2 = ['사회', '일어']
col3 = ['국어', '수학', '영어', '사회']

df1 = pd.DataFrame(data1, index=list('ABC'), columns=col1)
df2 = pd.DataFrame(data2, index=list('DEF'), columns=col1)
df3 = pd.DataFrame(data3, index=list('ABC'), columns=col2)
df4 = df2.reindex(['영어', '과학', '수학', '국어'], axis=1)
df5 = pd.DataFrame(data4, index=list('GHI'), columns=col3)
```

df1과 df2를 연결하자. concat 함수에 연결할 데이터 프레임 df1과 df2를 리스트로 묶어 입력한다. 유의할 점은 concat 함수는 메서드로 사용할 수 없기에 반드시 pd.concat 함수 형태로 입력해야 한다.

[코드 7-2] df1과 df2를 연결

```
pd.concat([df1, df2])
```

결과는 [그림 7-1]과 같다.

df1과 df2는 컬럼즈가 완전히 일치하기에 세로 방향으로 연결하는 것이 자연스럽다. 만약 인덱스가 일치하는 두 데이터 프레임이었다면 가로 방향으로 연결하는 것이 적절하다. 가로 방향으로 연결하려면 axis=1을 입력한다.[2] 인덱스가 동일한 df1과 df3로 실습하자.

[코드 7-3] df1과 df3를 가로 방향으로 연결

```
pd.concat([df1, df3], axis=1)
```

---

[2] 가로 방향 연결은 df1의 A 행과 d2의 A 행이 연결된다. 각 행에서 함수가 적용되기에 axis=1이라고 연상하자. **5.4.3. 매개변수 axis와 축 지정**을 참고하자.

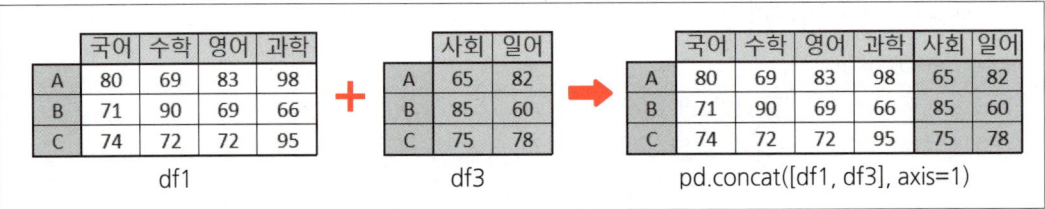

[그림 7-2] 데이터 프레임 연결하기(axis=1)

[그림 7-1]에서 두 데이터 프레임은 보유한 열이 모두 같으면서 열의 순서도 동일했다. 만약 열의 순서가 다른 두 데이터 프레임을 세로 방향으로 연결하면 어떻게 될까? df1과 df4로 실습하자. df4는 df2와 동일한 데이터이지만 단지 열의 순서만 다르다.

[코드 7-4] 열의 순서가 서로 다른 df1과 df4를 세로 방향으로 연결

```
pd.concat([df1, df4])
```

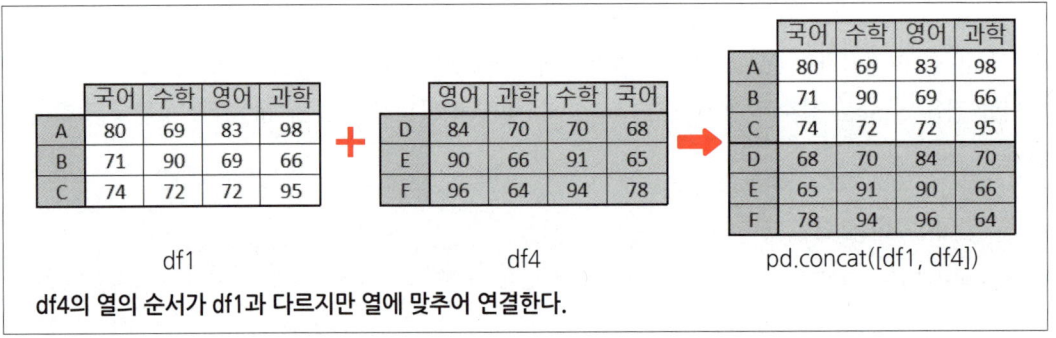

[그림 7-3] 열의 순서가 다른 두 데이터 프레임의 연결

단지 기본값으로 concat 함수를 사용해도 알아서 열에 맞게 연결되므로 매우 편리하다. 이런 판다스의 장점은 인덱스와 컬럼즈 덕분이고 인덱스와 컬럼즈를 정확히 다뤄야 그 장점을 누린다.

7.1.2 외부 조인과 내부 조인

세로 방향으로 연결할 때 두 데이터 프레임이 보유한 열이 다르면 어떻게 될까? df1과 df5를 세로 방향으로 연결하자.

[코드 7-5] 열의 구성이 다른 두 데이터 프레임을 외부 조인으로 연결

```
pd.concat([df1, df5])
```

df1

	국어	수학	영어	과학
A	80	69	83	98
B	71	90	69	66
C	74	72	72	95

df5

	국어	수학	영어	사회
G	79	99	95	90
H	99	76	81	97
I	95	80	62	84

pd.concat([df1, df5])

	국어	수학	영어	과학	사회
A	80	69	83	98	NaN
B	71	90	69	66	NaN
C	74	72	72	95	NaN
G	79	99	95	NaN	90
H	99	76	81	NaN	97
I	95	80	62	NaN	84

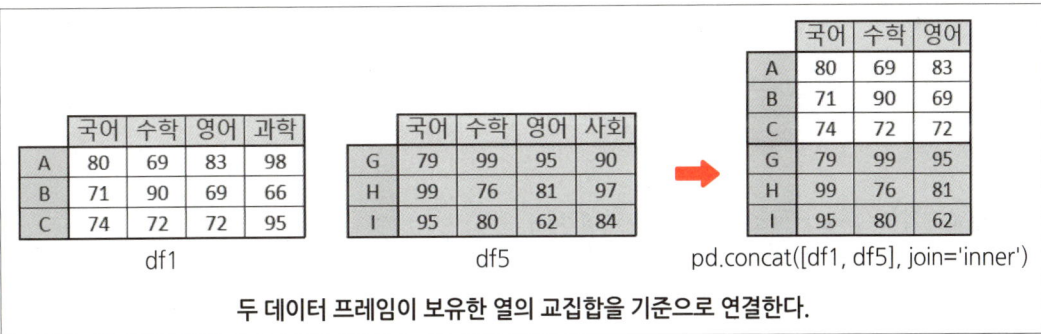

두 데이터 프레임이 보유한 열의 합집합을 기준으로 연결한다.
존재하지 않는 데이터는 NaN으로 채운다.

[그림 7-4] 열의 구성이 다른 두 데이터 프레임을 외부 조인(outer join)으로 연결(기본값)

두 데이터 프레임의 열이 동일하지 않아 열의 합집합을 기준으로 연결된다. 각 데이터 프레임에 존재하지 않은 열의 데이터는 NaN으로 채워진다. 이러한 결합 방식을 외부조인(outer join)이라고 한다. concat 함수의 결합 방식의 기본값은 외부조인이다.

열의 교집합을 기준으로 연결되는 결합 방식은 내부조인(inner join)이다. join='inner'를 입력하면 내부 조인 방식으로 연결된다.

[코드 7-6] 열의 구성이 다른 두 데이터 프레임을 내부 조인으로 연결

```
pd.concat([df1, df5], join='inner')
```

df1

	국어	수학	영어	과학
A	80	69	83	98
B	71	90	69	66
C	74	72	72	95

df5

	국어	수학	영어	사회
G	79	99	95	90
H	99	76	81	97
I	95	80	62	84

pd.concat([df1, df5], join='inner')

	국어	수학	영어
A	80	69	83
B	71	90	69
C	74	72	72
G	79	99	95
H	99	76	81
I	95	80	62

두 데이터 프레임이 보유한 열의 교집합을 기준으로 연결한다.

[그림 7-5] 열의 구성이 다른 두 데이터 프레임을 내부 조인(inner join)으로 연결

7.2 데이터 프레임 병합하기

엑셀의 vlookup 방식으로 두 데이터 프레임을 결합하는 것을 병합이라고 한다. 판다스는 merge 함수로 병합을 수행한다. vlookup은 엑셀의 대표적인 기능인 만큼 판다스의 merge 함수를 학습하고 엑셀의 vlookup과 비교해 보자.

7.2.1 엑셀의 vlookup 방식으로 병합하기(merge)

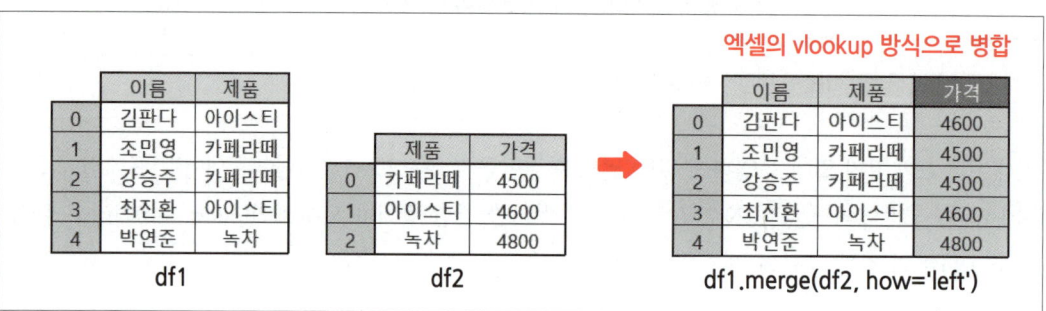

[그림 7-6] 판다스 merge 함수

● **판다스 merge**

데이터 베이스의 조인을 수행하는 함수. 주로 엑셀의 vlookup 방식의 병합을 수행한다.

merge 함수의 주요 매개변수와 인수, 기본값

```
df.merge(right, how='inner', on=None)
```

- **right**: 병합할 객체를 지정한다. [그림 7-6]의 df2이다.
- **how**: 병합 방식을 지정한다. 'left'가 vlookup 방식이다.
- **on**: 병합의 기준이 되는 열을 지정한다. 기본값은 양측에 공통으로 존재하는 열 이름을 기준으로 병합한다.

판다스 merge 함수는 데이터 베이스에서 수행하는 조인을 판다스의 데이터 프레임에서 수행하는 함수이다. 엑셀의 vlookup과 같은 방식의 병합도 가능하다. merge 함수 실습에 쓰일 여러 변수를 생성하자.

[코드 7-7] merge 함수 실습 예제 코드

```
import pandas as pd
data1 = {'이름': ['김판다', '조민영', '강승주', '최진환', '박연준'],
```

```
            '제품': ['아이스티', '카페라떼', '카페라떼', '아이스티', '녹차']}
data2 = {'제품': ['카페라떼', '아이스티', '녹차'], '가격': [4500, 4600, 4800]}
data3 = {'상품': ['카페라떼', '아이스티', '녹차'], '가격': [4500, 4600, 4800]}
data4 = {'가격': [4500, 4600], '제품': ['카페라떼', '아이스티'],
         '분류': ['커피', '음료']}
data5 = {'제품': ['카페라떼', '아이스티', '녹차', '녹차'],
         '가격': [4500, 4600, 4800, 3500],
         '비고': ['정상가', '정상가', '정상가', '할인가']}
df1 = pd.DataFrame(data1)
df2 = pd.DataFrame(data2)
df3 = pd.DataFrame(data3)
df4 = pd.DataFrame(data4)
df5 = pd.DataFrame(data5)
```

df1과 df2로 vlookup 방식의 병합을 수행하자. df1에 merge 함수를 적용하고, 병합할 df2를 입력하자. vlookup 방식으로 병합하려면 how='left'를 입력하자.

[코드 7-8] vlookup 방식으로 병합

```
df1.merge(df2, how='left')
```

결과는 [그림 7-6]과 동일하다. 엑셀의 vlookup과 같은 병합을 수행했다. 병합의 기준이 될 열을 매개변수 on에 지정해야 하는데, 기본값으로 양측 데이터 프레임에 공통으로 존재하는 열 이름을 기준으로 병합을 수행한다. df1과 df2 양측에 모두 제품 열을 가져 아무것도 입력하지 않아도 기본값으로 제품 열을 기준으로 병합한다.

그렇다면 병합의 기준이 되는 열 이름이 양측 데이터 프레임에서 다르다면 어떻게 해야 할까? df1은 제품 열이 각 사람이 고른 제품의 데이터를 보유하지만 df3는 상품 열이 제품의 데이터를 보유한다. 이때 여러 가지 방법이 가능하지만 rename 함수[3]로 양측 데이터 프레임의 열 이름을 일치시키는 것이 가장 간편하다. df3의 상품 열을 제품으로 변경해 병합하자.

[코드 7-9] 기준 열의 이름이 양측 데이터 프레임에서 서로 다를 때 병합

```
df1.merge(df3.rename({'상품': '제품'}, axis=1), how='left')
```

---

[3] 4.3.5. 열 이름 변경하기(rename) 참고

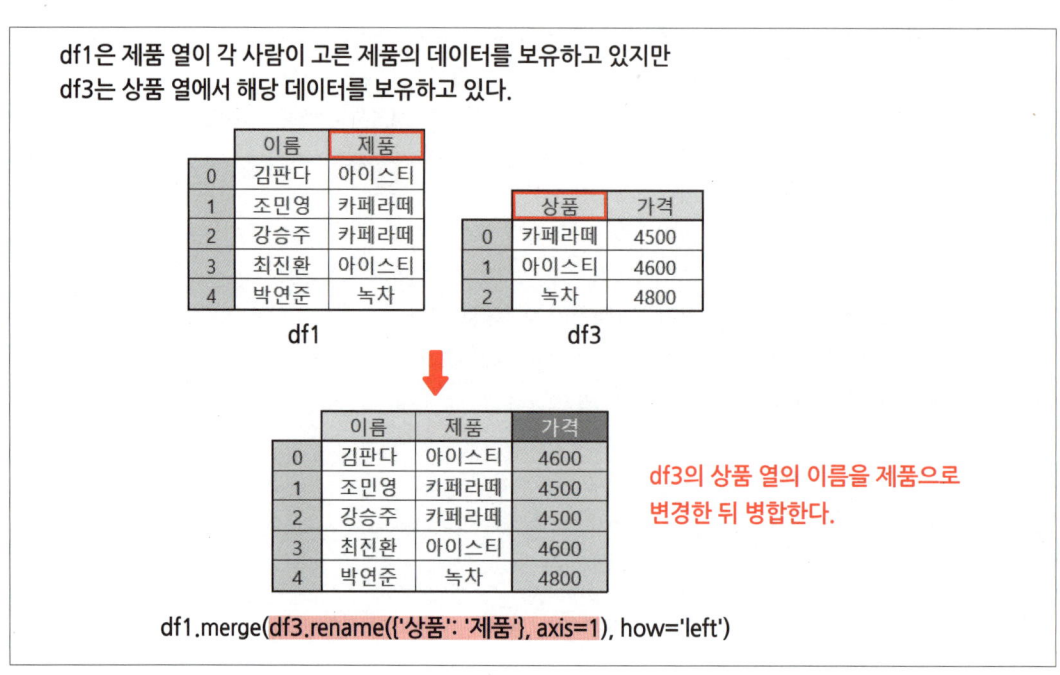

[그림 7-7] 양측 데이터 프레임의 기준 열의 이름이 서로 다를 때 병합하기

물론 merge 함수는 left_on, right_on 등의 매개변수로 병합할 기준이 될 열을 각각 다르게 지정할 수 있다. 그렇지만 입문 단계에서는 rename 함수를 사용하는 것이 더 간편하다.

merge 함수는 vlookup과 비슷한 방식의 병합을 수행하지만, vlookup과 완전히 동일하지 않다. 입문자들이 vlookup 함수로 인해 착각하는 부분을 확인해 보자. merge 함수는 vlookup 함수와 달리 열의 순서와 무관하며 한 번에 여러 개의 열도 병합할 수 있다.

[코드 7-10] merge 함수는 열의 순서와 관계없고, 여러 열을 한 번에 병합한다.

```
df1.merge(df4, how='left')
```

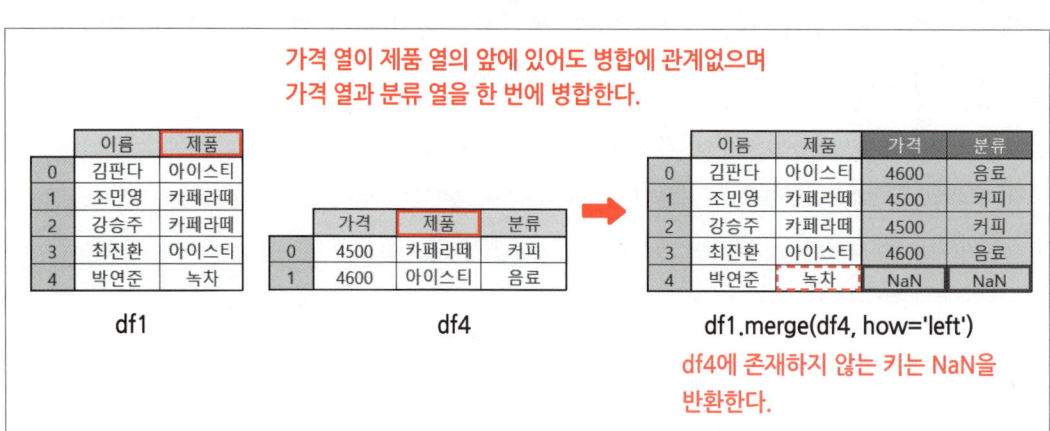

[그림 7-8] merge 함수와 엑셀 vlookup 함수의 차이 (1): 복수의 열 병합

복수의 행도 한 번에 병합한다.

[코드 7-11] **복수의 행 병합**

```
df1.merge(df5, how='left')
```

	이름	제품
0	김판다	아이스티
1	조민영	카페라떼
2	강승주	카페라떼
3	최진환	아이스티
4	박연준	녹차

df1

	제품	가격	비고
0	카페라떼	4500	정상가
1	아이스티	4600	정상가
2	녹차	4800	정상가
3	녹차	3500	할인가

df5

	이름	제품	가격	비고
0	김판다	아이스티	4600	정상가
1	조민영	카페라떼	4500	정상가
2	강승주	카페라떼	4500	정상가
3	최진환	아이스티	4600	정상가
4	박연준	녹차	4800	정상가
5	박연준	녹차	3500	할인가

df1.merge(df5, how='left')

녹차의 가격이 2개 행이므로
2개 행을 모두 병합한다.

[그림 7-9] merge 함수와 엑셀 vlookup 함수의 차이 (2): 복수의 행 병합

merge 함수는 기본적으로 복수의 행을 한 번에 병합한다. 그래서 녹차를 선택한 박연준 씨의 데이터에는 정상가와 할인가의 데이터가 모두 병합되었다. 이는 데이터 유실이 없기에 merge 함수의 큰 장점이지만 엑셀에 익숙한 사용자는 오히려 불편함을 느낄 수 있다. 둘 중 하나의 행만 병합하려면 중복 데이터 처리 함수를 활용한다.[4]

7.2.2 다중 요건 vlookup을 merge 함수로 수행하기

엑셀에서 여러 개의 열을 기준으로 vlookup 함수를 적용하는 것을 다중 요건 vlookup이라고 한다. merge 함수도 다수의 열을 기준으로 병합할 수 있다. 실습에 쓰일 변수를 생성하자.

[코드 7-12] **다중 요건 vlookup 실습 예제 코드**

```
import pandas as pd
data1 = {'이름': ['김판다', '강승주', '최진환', '조민영', '권보아'],
         '업체': ['콩다방', '콩다방', '별다방', '콩다방', '별다방'],
         '제품': ['아이스티', '카페라떼', '카페라떼', '아이스티', '아이스티']}
data2 = {'업체': ['콩다방', '콩다방', '별다방', '별다방'],
         '제품': ['아이스티', '카페라떼', '아이스티', '카페라떼'],
         '가격': [4600, 4700, 4200, 4300]}
df1 = pd.DataFrame(data1)
```

4 drop_duplicates 함수를 활용한다. df1.merge(df5.drop_duplicates('제품'), how='left')

```
df2 = pd.DataFrame(data2)
```

merge 함수는 병합의 기준 열을 복수로 지정할 수 있다. 매개변수 on에 기준 열들을 리스트로 묶어서 입력한다. 이때 업체와 제품 열을 기준으로 병합하려면 on=['업체', '제품']을 입력한다. 그리고 기본값으로 양측 데이터 프레임에서 이름이 공통인 열들을 모두 병합의 기준으로 지정하므로 생략해도 기본값만으로 다중 요건 vlookup을 수행한다.

[코드 7-13] 다중 요건 vlookup을 merge 함수로 수행하기

```
df1.merge(df2, how='left')
```

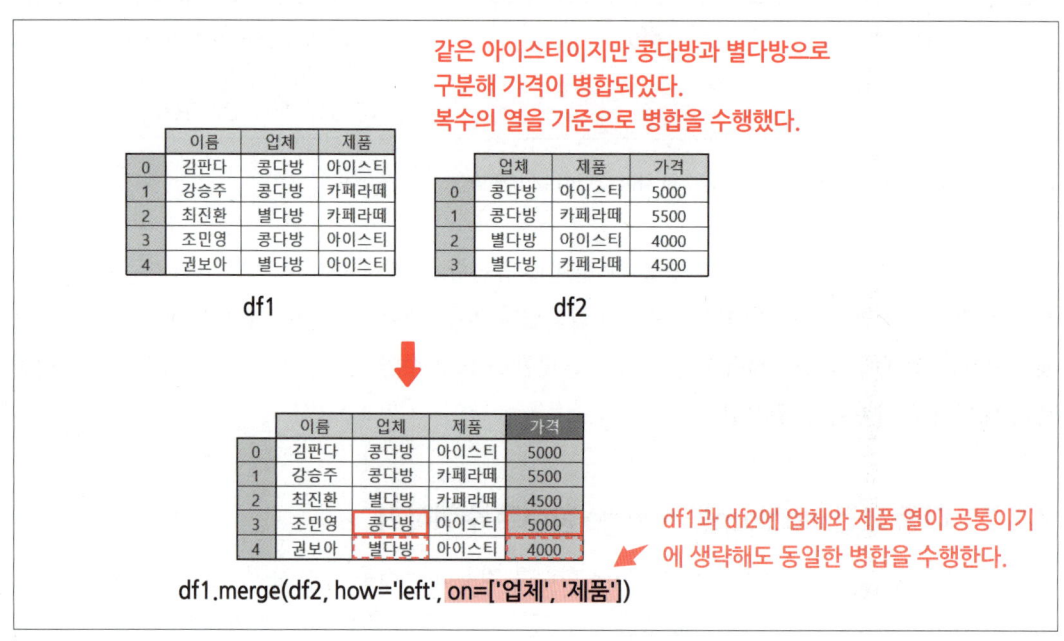

[그림 7-10] 다중 요건 vlookup

merge 함수는 기준 열이 1개든 100개든 양측 데이터 프레임에 공통인 열을 기준으로 병합할 때는 매우 간결한 코드로 병합할 수 있다.

7.2.3 merge 함수의 병합 방식

merge 함수는 매개변수 how로 다양한 병합 방식을 지정한다. 대부분은 vlookup 방식인 'left'를 사용하지만 그 외의 병합 방식도 가끔 필요할 때가 있다.

내부 조인(inner join)

	이름	업체	가격
0	김판다	아이스티	4000
1	강승주	카페라떼	5000

병합 기준 열인 업체 열의 교집합으로 병합 (기본값)

외부 조인(outer join)

	이름	업체	가격
0	김판다	아이스티	4000
1	강승주	카페라떼	5000
2	최진환	녹차	NaN
3	NaN	팥빙수	6000

병합 기준 열인 업체 열의 합집합으로 병합

df1

	이름	업체
0	김판다	아이스티
1	강승주	카페라떼
2	최진환	녹차

df2

	업체	가격
0	아이스티	4000
1	카페라떼	5000
2	팥빙수	6000

왼쪽 조인(left join)

	이름	업체	가격
0	김판다	아이스티	4000
1	강승주	카페라떼	5000
2	최진환	녹차	NaN

왼쪽 데이터 프레임인 df1의 업체 열 중심으로 병합 (vlookup)

오른쪽 조인(right join)

	이름	업체	가격
0	김판다	아이스티	4000
1	강승주	카페라떼	5000
2	NaN	팥빙수	6000

오른쪽 데이터 프레임인 df2의 업체 열 중심으로 병합

[그림 7-11] merge 함수의 다양한 병합 방식

how	병합 방식
'inner'	양쪽 데이터 프레임의 키들의 교집합을 병합에 사용한다. (기본값)
'outer'	양쪽 데이터 프레임의 키들의 합집합을 병합에 사용한다.
'left'	왼쪽 데이터 프레임의 키만을 병합에 사용한다. (vlookup 방식)
'right'	오른쪽 데이터 프레임의 키만을 병합에 사용한다.
'cross'	양쪽 데이터 프레임의 곱집합(cartesian product)을 생성한다.

[표 7-1] merge 함수의 다양한 병합 방식

내부 조인, 외부 조인, 왼쪽 조인과 오른쪽 조인은 어렵지 않다. 각자 [그림 7-11]에서 살펴보자. [표 7-1]의 how='cross'는 다른 병합과는 조금 다른 방식으로 병합한다. 아래 [코드 7-14]를 실행하면 df3와 df4의 조합이 가능한 모든 경우의 수를 곱집합으로 순서쌍을 만든다.

[코드 7-14] merge 함수로 곱집합 생성하기

```
# 예제 df3와 df4 생성
df3 = pd.DataFrame(['김판다', '강승주'], columns=['이름'])
df4 = pd.DataFrame(['아이스티', '카페라떼', '팥빙수'], columns=['제품'])

# merge 함수의 how='cross'로 곱집합을 생성한다.
df3.merge(df4, how='cross')
```

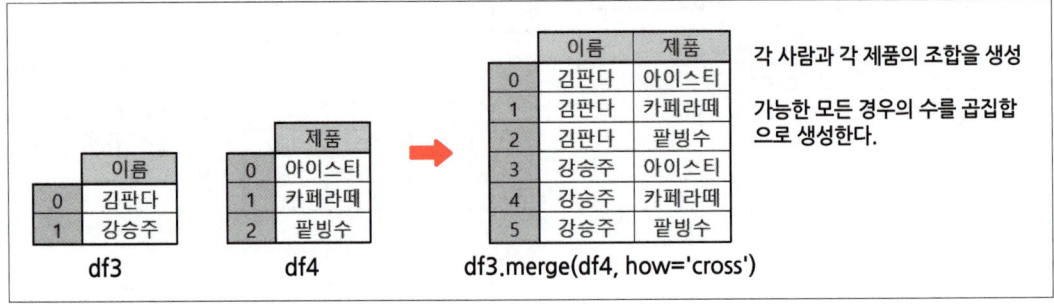

[그림 7-12] merge 함수로 곱집합 생성하기(how='cross')

엑셀 예제 6 메이저 리그에서 시즌별로 팀 홈런에서 본인 홈런 비중이 높은 타자 집계하기

야구의 꽃은 홈런이다. 그렇기에 홈런 타자는 많은 연봉을 받는다. 팀에서 친 홈런의 대부분을 한 타자가 쳐냈다면 그 선수는 팀과 팬에게 큰 사랑을 받을 것이다. 10mlb.xlsx 파일[5]에는 2022 시즌과 2023 시즌의 메이저 리그 개인 타격 기록이 있다. 그리고 별도의 2022~2023 시즌의 팀 홈런 시트에 2022 시즌의 팀별 홈런 기록과 2023 시즌의 팀별 홈런 기록도 첨부되어 있다. 팀 내 홈런 비중이 높은 타자를 시즌으로 구분해 집계해 보자.

---

[5] "2023 Major League Baseball Standard Batting", Baseball-Reference, 2024년 4월 9일 접속,
https://www.baseball-reference.com/leagues/majors/2023-standard-batting.shtml
"2022 Major League Baseball Standard Batting", Baseball-Reference, 2024년 4월 9일 접속,
https://www.baseball-reference.com/leagues/majors/2022-standard-batting.shtml

파일명: 10mlb.xlsx **팀 기록을 개인 기록에 병합하면 각 타자의 팀 내 홈런 비중을 산출할 수 있다!**

	A	B	C	D	E	F	G	H
1	Season	Name	Tm	AB	H	HR	BA	OPS
2	2022	Aaron Judge	NYY	570	177	62	0.311	1.111
3	2022	Kyle Schwarber	PHI	577	126	46	0.218	0.827
4	2022	Pete Alonso	NYM	597	162	40	0.271	0.869
5	2022	Mike Trout	LAA	438	124	40	0.283	0.999
6	2022	Austin Riley	ATL	615	168	38	0.273	0.878
7	2022	Yordan Alvarez	HOU	470	144	37	0.306	1.019
8	2022	Christian Walker	ARI	583	141	36	0.242	0.804
9	2022	Mookie Betts	LAD	572	154	35	0.269	0.873
10	2022	Paul Goldschmidt	STL	561	178	35	0.317	0.981
11	2022	Rowdy Tellez	MIL	529	116	35	0.219	0.767

2022년 개인 타격 | 2023년 개인 …

첫 번째 시트: 2022 시즌의 개인 타격 기록

	A	B	C	D	E	F	G	H
1	Season	Name	Tm	AB	H	HR	BA	OPS
2	2023	Matt Olson	ATL	608	172	54	0.283	0.993
3	2023	Kyle Schwarber	PHI	585	115	47	0.197	0.817
4	2023	Pete Alonso	NYM	568	123	46	0.217	0.821
5	2023	Shohei Ohtani	LAA	497	151	44	0.304	1.066
6	2023	Ronald Acuña Jr.	ATL	643	217	41	0.337	1.012
7	2023	Marcell Ozuna	ATL	530	145	40	0.274	0.905
8	2023	Mookie Betts	LAD	584	179	39	0.307	0.987
9	2023	Adolis García	TEX	555	136	39	0.245	0.836
10	2023	Luis Robert Jr.	CHW	546	144	38	0.264	0.857
11	2023	Aaron Judge	NYY	367	98	37	0.267	1.019

2023년 개인 타격 | 2022~2023 …

두 번째 시트: 2023 시즌의 개인 타격 기록

	A	B	C	D	E
1	Team	Tm	Season	Tm_H	Tm_HR
2	Arizona Diamondbacks	ARI	2022	1232	173
3	Arizona Diamondbacks	ARI	2023	1359	166
4	Atlanta Braves	ATL	2022	1394	243
5	Atlanta Braves	ATL	2023	1543	307
6	Baltimore Orioles	BAL	2022	1281	171
7	Baltimore Orioles	BAL	2023	1399	183
8	Boston Red Sox	BOS	2023	1437	182
9	Boston Red Sox	BOS	2022	1427	155
10	Chicago Cubs	CHC	2022	1293	159
11	Chicago Cubs	CHC	2023	1399	196

2022~2023 팀 홈런

세 번째 시트: 2022년과 2023년의 팀 타격 기록

애리조나 다이아몬드 백스의 예를 보면 2022년과 2023년의 팀 기록이 각각 별도의 행으로 표기되어 있다.

[그림 7-13] 실습 엑셀 파일 10mlb.xlsx 소개

팀 내 홈런 비중이 높았던 타자 top 5 집계하기

2022년과 2023년의 개인 타격 기록을 연결한 뒤 팀 홈런 기록을 병합하면 팀 내 홈런 비중이 산출된다. 먼저 각 엑셀 시트를 데이터 프레임으로 불러와 변수 df_2022, df_2023, df_team으로 지정하자.

[코드 7-15] mlb 엑셀 시트들을 데이터 프레임으로 불러오기

```
import pandas as pd
pd.options.display.max_rows = 6 # 6행까지만 출력
url1 = 'https://github.com/panda-kim/book1/blob/main/10mlb.xlsx?raw=true'

df_2022 = pd.read_excel(url1)
df_2023 = pd.read_excel(url1, sheet_name=1)
```

```
df_team = pd.read_excel(url1, sheet_name=2)
```

분리된 2022년 시즌의 개인 기록과 2023년의 개인 기록을 하나로 연결하자. concat 함수를 사용한다. 결과는 변수 df로 지정한다

[코드 7-16] 2022 시즌과 2023 시즌의 개인 타격 데이터 연결하기

```
df = pd.concat([df_2022, df_2023])
```

하나로 연결된 개인 타격 데이터 프레임에 팀 홈런 데이터 프레임을 병합하자. Season과 Tm 두 개의 열을 기준으로 병합한다. Season 열과 Tm 열이 모두 양측 데이터 프레임에 공통이기에, merge 함수는 기본값으로 다중 요건 vlookup을 수행한다.

[코드 7-17] [코드 7-15]의 팀 타격 데이터를 개인 타격 데이터 프레임에 병합하기

```
df_mlb = df.merge(df_team, how='left')
df_mlb
```

	Season	Name	Tm	AB	H	HR	BA	OPS	Team	Tm_H	Tm_HR
0	2022	Aaron Judge	NYY	570	177	62	0.311	1.111	New York Yankees	1308.0	254.0
1	2022	Kyle Schwarber	PHI	577	126	46	0.218	0.827	Philadelphia Phillies	1392.0	205.0
2	2022	Pete Alonso	NYM	597	162	40	0.271	0.869	New York Mets	1422.0	171.0
...	...	...	...	...	...	...	...	...	...	...	...
97	2023	Corbin Carroll	ARI	565	161	25	0.285	0.868	Arizona Diamondbacks	1359.0	166.0
98	2023	Paul Goldschmidt	STL	593	159	25	0.268	0.810	St. Louis Cardinals	1376.0	209.0
99	2023	Ketel Marte	ARI	569	157	25	0.276	0.844	Arizona Diamondbacks	1359.0	166.0

100 rows × 11 columns

병합 결과를 df_mlb로 지정했다. 개인의 타격 기록에 시즌과 팀에 맞추어 소속팀의 홈런 기록이 병합되었다. HR 열을 Tm_HR 열로 나누면 개인의 팀 내 홈런 비중이 산출된다. 그 결과를 Ratio 열로 생성하자. 단 나눗셈이므로 소수점 관리를 하고자 round 함수로 소수점을 넷째 자리에서 반올림하자.

[코드 7-18] 팀 내 개인 홈런의 비중을 Ratio 열로 생성하기(반올림)

```
df_mlb['Ratio'] = (df_mlb['HR'] / df_mlb['Tm_HR']).round(3)
```

홈런 비중을 나타내는 Ratio 열로 정렬해 상위 5개 행을 추출하면, 팀 내 홈런 비중이 높았던 상위 5개의 데이터가 확인된다.[6]

---

[6] 6.3.5. 특정 열의 값을 기준으로 데이터의 일부만 가져오기(nlargest, nsmallest)의 nlargest 함수를 사용하면 더욱 간단하다. 코드는 df_mlb.nlargest(5, 'Ratio')

[코드 7-19] Ratio 열로 정렬하고 상위 5개 행 출력하기

```
df_mlb.sort_values('Ratio', ascending=False).head(5)
```

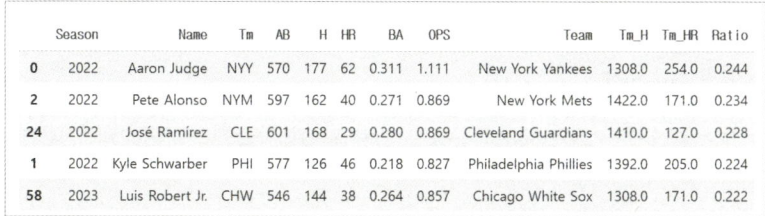

2022 시즌 뉴욕 양키스(NYY)의 애런 저지(Aaron Judge)는 무려 62개의 홈런을 쳤으며, 2022 시즌 뉴욕 양키스 팀 홈런 254개의 24.4%에 해당한다. 이것이 개인이 팀 전체 홈런에서 차지한 가장 높은 비중이었다. 2022 시즌 클리블랜드 가디언스(CLE)는 고작 127개의 팀 홈런만 기록했기에, 단지 29개의 홈런을 친 호세 라미레즈(Jose Ramirez)가 팀 홈런의 22.8%를 기록했다. 전체적으로 2022 시즌이 2023 시즌보다 홈런 비중이 높은 타자들이 많았다.

7.3 업데이트

연결과 병합 외에도 기존의 데이터 프레임에 새로운 데이터 프레임을 업데이트하는 것이 가능하다. 판다스는 update 함수와 combine_first 함수를 사용하여 업데이트를 수행한다.

7.3.1 데이터 프레임 업데이트하기(update)

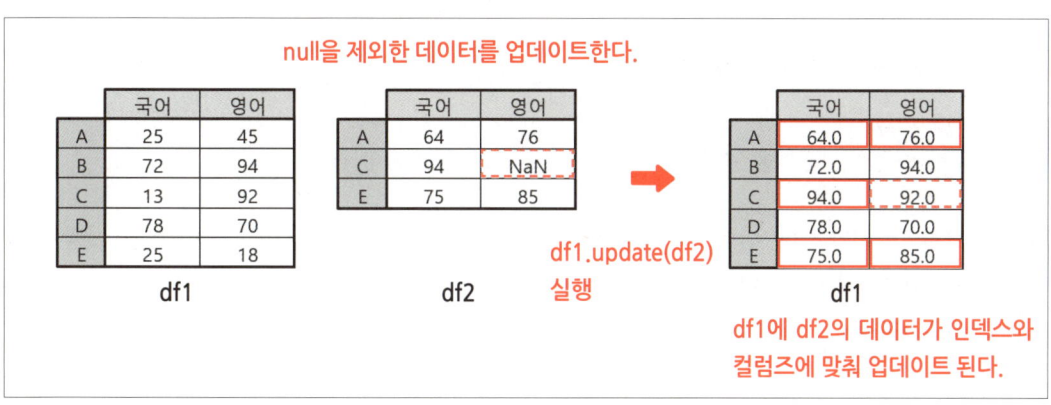

[그림 7-14] 판다스 update 함수

> ● **판다스 update**
>
> 입력된 데이터 프레임의 null이 아닌 값으로 기존 데이터 프레임을 수정하는 함수
>
> update 함수의 주요 매개변수와 인수, 기본값
>
> ```
> df.update(other=None)
> ```
>
> - **other**: 업데이트할 새로운 데이터 프레임을 입력한다.

판다스 update 함수는 기존 데이터 프레임을 새로운 데이터 프레임으로 업데이트하는 함수이다. 단, 새로운 데이터 프레임의 null은 업데이트 대상이 아니다. 결과는 기존 데이터 프레임을 직접 수정한다. 판다스에서 함수 적용 결과가 원본을 변경하는 몇 안 되는 함수이다. 업데이트 실습에 쓰일 여러 변수를 생성하자.

[코드 7-20] 업데이트 실습 예제 코드

```
import pandas as pd
data1 = {'국어': {'A': 25, 'B': 72, 'C': 13, 'D': 78, 'E': 25},
         '영어': {'A': 45, 'B': 94, 'C': 92, 'D': 70, 'E': 18}}
data2 = {'국어': {'A': 64, 'E': 75, 'C': 94},
         '영어': {'A': 76, 'E': 85, 'C': float('nan')}}
df1 = pd.DataFrame(data1)
df2 = pd.DataFrame(data2)
```

df1에 df2를 업데이트하자. 원본을 변경하므로 함수 적용 후 df1을 출력해야 한다.

[코드 7-21] update 함수로 df1에 df2를 업데이트

```
df1.update(df2)
df1 # update 함수는 원본을 변경하기 때문에 df1을 다시 출력해야 한다.
```

결과는 [그림 7-14]와 같다. 인덱스와 컬럼즈에 맞추어 df2의 데이터가 df1에 업데이트된다. 앞서 이야기한 대로 df2에서 C 행, 영어 열의 데이터는 NaN이므로 NaN으로 업데이트되지 않고 df1의 점수인 92가 유지된다.

7.3.2 데이터 프레임 업데이트하기(combine_first)

> ● **판다스 combine_first**
>
> 두 객체에서 null이 아닌 첫 번째 값을 반환하는 함수
>
> combine_first 함수의 주요 매개변수와 인수, 기본값
>
> ```
> df.combine_first(other=None)
> ```
>
> - **other**: 두 번째 객체를 입력한다.

입문 단계에서는 원본 함수를 변경하는 것을 선호하지만 판다스에 익숙해질수록 원본을 변경하는 것을 기피한다. 코드가 원본 데이터에 직접 접근하면 코드의 안정성이 저하되고, 연속 메서드도 쓸 수 없고, 여러 번 실행할 때 기존 변수부터 다시 실행해야 해서 번거롭다. 특히 빅데이터는 변수를 데이터 프레임으로 불러올 때 시간도 매우 오래 걸린다.

combine_first 함수는 두 객체에서 null이 아닌 첫 번째 값을 반환하는 함수이기에 update 함수와 비슷한 기능을 수행하며 원본을 변경하지 않는 장점이 있다. 이미 update 함수가 원본을 변경했으니 [코드 7-20]을 다시 실행하자. update 함수와 반대로 df2에 함수를 적용하고, df1을 인수로 입력해야 한다. df2에 combine_first 함수를 적용하고 인수에 df1을 입력하자.

[코드 7-22] [코드 7-20]을 다시 실행하고 combine_first 함수로 업데이트

```
df2.combine_first(df1)
```

combine_first 함수를 적용하면 때에 따라서 정렬 상태 등의 차이는 있으나, update 함수와 비슷한 결과가 반환된다. 입문 단계일 때는 update 함수를 사용하고 판다스가 익숙해지면 combine_first를 사용하자.

7.4 범위로 병합하기

우리는 때때로 정확한 값이 아닌 범위의 값으로 병합해야 할 때가 있다. 엑셀에서는 범위로 병합을 vlookup 함수의 True 인수를 활용하거나 index 함수와 match 함수를 조합해 해결한다. 판다스는 merge_asof 함수를 사용한다.

7.4.1 범위로 병합하기(merge_asof)

	이름	점수
0	라	60
1	나	72
2	다	80
3	가	88
4	마	95

df1

	점수	학점
0	0	F
1	70	C
2	80	B
3	90	A

df2

→ **범위로 병합된다.**

	이름	점수	학점
0	라	60	F
1	나	72	C
2	다	80	B
3	가	88	B
4	마	95	A

pd.merge_asof(df1, df2, on='점수')

df1과 df2 모두 병합의 기준이 될 점수 열로 오름차순으로 정렬되어야 한다.

[그림 7-15] 판다스 merge_asof 함수

● **판다스 merge_asof**

범위를 기준으로 병합을 수행하는 함수. 엑셀의 index와 match 조합과 비슷하다.

merge_asof 함수의 주요 매개변수와 인수, 기본값

```
pd.merge_asof(left, right, on=None, by=None)
```

- **left, right**: 병합할 객체를 입력한다.
- **on**: 병합의 기준이 되는 열을 지정한다. 반드시 오름차순으로 정렬되어야 한다.
- **by**: 그룹화해서 병합할 때 그룹의 기준을 지정한다.

그 외 allow_exact_matches, direction 등의 매개변수가 있다.

판다스 merge_asof 함수는 범위로 병합하는 함수이다. 실습에 쓰일 여러 변수를 생성하자.

[코드 7-23] merge_asof 함수 실습 예제 코드

```python
import pandas as pd
data1 = {'이름': ['라', '나', '다', '가', '마'],
         '점수': [60, 72, 80, 88, 95]}
data2 = {'점수': [0, 70, 80, 90], '학점': ['F', 'C', 'B', 'A']}
df1 = pd.DataFrame(data1)
df2 = pd.DataFrame(data2)
```

df1과 df2는 [그림 7-15]에서 확인하자. df1은 학생들의 점수를 수집한 데이터 프레임이고, df2는 학점의 기준인 데이터 프레임이다. df2에는 각 학점의 최저 점수가 표기된다. 이는 0~70의 범위는

F, 70~80의 범위는 C, 80~90의 범위는 B, 90~의 범위는 A라는 학점 기준을 의미한다. df1은 각 학생의 점수가 정확히 표기되지만, df2는 각 학점 범위의 최저 점수만 표기되어 df1의 값과 df2의 값은 대체로 일치하지 않는다. 따라서 merge 함수로는 각 점수에 학점을 병합할 수 없다. 이럴 때 쓰는 함수가 merge_asof이다.

merge_asof 함수는 메서드로 사용할 수 없으며 반드시 pd.merge_asof로 사용해야 한다. 병합할 두 개의 데이터 프레임을 차례로 입력하고, 병합의 기준이 되는 열을 on에 입력한다. 또한 merge_asof를 사용할 때는 유의해야 할 점이 있는데, 범위로 병합할 기준이 되는 열, 여기서는 점수 열을 기준으로 반드시 오름차순으로 정렬되어야 한다.

[코드 7-24] df1과 df2를 범위로 병합

```
pd.merge_asof(df1, df2, on='점수')
```

결과는 [그림 7-15]에서 확인하자. 각 학생의 점수에 따라 학점이 부여되었다. 80점인 다 학생이 B 학점을 받았기에 범위에서 경계 조건을 포함한다.

이번 실습은 merge_asof 함수를 소개하는 실습이다. merge_asof 함수는 유용하지만 이번 실습처럼 점수라는 단일 열을 학점으로 범주화하는 작업에는 잘 사용되지 않는다. 이는 범주화에 특화된 cut 함수가 훨씬 간편하기 때문이다.[7] merge_asof 함수는 단순한 범주화보다는 주로 범위를 기준으로 여러 개의 열을 한 번에 병합하거나, 그룹을 나누어 범위로 병합할 때 주로 사용된다.

7.4.2 그룹을 나누어 범위로 병합하기

merge_asof 함수는 그룹을 나누어 각 그룹의 범위를 기준으로 병합도 한다. 일종의 다중 요건 범위 병합이라고 생각해도 좋다. 실습에 쓰일 여러 변수를 생성하자.

[코드 7-25] 그룹화해서 범위로 병합하기 실습 예제 코드

```
data3 = {'이름': ['라', '나', '다', '가', '마'],
         '점수': [60, 72, 80, 88, 95],
         '과목': ['국어', '영어', '영어', '국어', '국어']}
data4 = {'과목': ['국어', '국어', '국어', '영어', '영어', '영어'],
         '학점': ['A', 'B', 'C', 'A', 'B', 'C'],
         '점수': [90, 80, 0, 80, 70, 0],
         '비고': ['수', '수', '우', '수', '우', '우']}
df3 = pd.DataFrame(data3)
df4 = pd.DataFrame(data4)
```

---

[7] 8.5.1. 수치로 구간을 나누어 범주화(cut) 참고

df3는 [코드 7-23]의 df1과 유사하지만 과목의 데이터가 존재한다. df4는 df2와 유사한 학점의 기준을 제시하는 데이터 프레임이지만 과목마다 학점 기준이 다르다. df4는 국어는 0~80의 범위가 C, 80~90의 범위가 B, 90~의 범위가 A임을 의미한다. 영어는 0~70의 범위가 C, 70~80의 범위가 B, 80~의 범위가 A임을 의미한다. 이때 merge_asof 함수의 매개변수 by를 사용하면 과목마다 다른 기준으로 학점이 부여된다.

추후 groupby 함수[8]를 학습하면 by가 그룹을 나누는 기준을 의미함을 알게 될 것이다. 여기서는 과목에 따라 학점을 다르게 지정할 것이기에 by에 그룹을 나누는 기준 열로 학점 열을 지정한다. 매개변수 on에는 병합의 기준 열인 점수 열을 지정하자. 이때 on에 지정된 점수 열을 기준으로 반드시 오름차순으로 정렬되어야 한다. df3는 점수 열로 정렬되지만, df4는 점수 열로 정렬되지 않으므로 sort_values 함수로 df4를 정렬한 뒤 merge_asof 함수에 입력하자.

[코드 7-26] df3과 df4를 과목으로 구분해 범위로 병합

```
pd.merge_asof(df3, df4.sort_values('점수'), on='점수', by='과목')
```

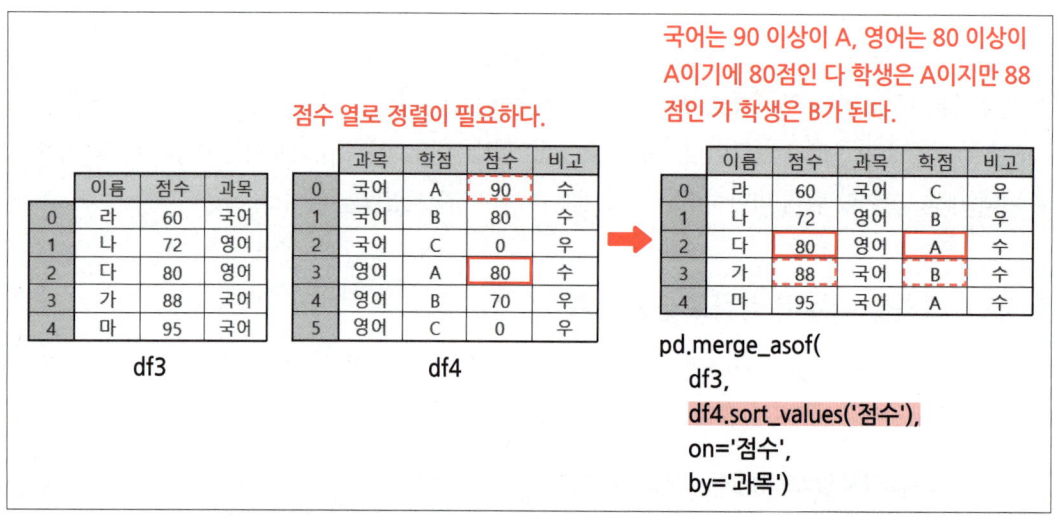

[그림 7-16] 그룹으로 나누어 범위로 병합하기

by에 과목을 지정하면 과목 열의 데이터에 따라 다른 기준으로 학점이 부여된다. 영어가 80점인 다 학생은 A 학점이 부여되지만, 국어가 88점인 가 학생은 B 학점이 부여되었다. 또한 학점 열과 비고 열이 한 번에 병합된다는 점도 주목해야 한다. 이렇게 merge_asof 함수는 그룹으로 범위 병합하거나, 여러 개의 열을 한 번에 범위로 병합할 때 주로 사용된다.

merge_asof 함수의 기준 열 on은 복수의 열을 지정할 수 없다. 여러 열의 범위를 기준으로 병합하

---

8 Chapter 12. 데이터 그룹화하기에서 학습한다. 판다스에서 가장 중요한 함수이다.

는 것은 기준이 모호하기 때문이다. by는 리스트에 묶어 복수의 열을 입력할 수 있다.

또한 merge_asof 함수는 다양한 매개변수를 지원한다. allow_exact_matches=False를 입력하면 경계 조건이 포함되지 않는다. direction으로 범위의 방향도 지정한다. 판다스에 익숙해지면 여러분도 다양한 미세 조정으로 정확하게 병합할 수 있다.

엑셀 예제 7 인쇄소의 매출 데이터로 판매 금액 산출하기

주문 수량에 따라 단가가 달라지는 데이터들이 있다. 인쇄소는 사이즈, 종류와 더불어 주문 수량에 따라 단가가 다르게 책정된다. 가격표에서 매출 데이터에 맞는 단가를 찾아 열로 생성하고 판매 금액을 산출하자. 엑셀 파일 11print.xlsx를 이용하여 실습해 보자.

엑셀 파일: 11print.xlsx

첫 번째 시트

	A	B	C	D
1	사이즈	종류	수량	단가
2	A4	컬러	1	100
3	A4	컬러	10	90
4	A4	컬러	100	70
5	A4	컬러	500	50
6	A4	풀컬러	1	200

두 번째 시트

	A	B	C	D	E
1	순번	날짜	사이즈	종류	수량
2	1	2024-06-01	A4	컬러	579
3	2	2024-06-01	B5	풀컬러	254
4	3	2024-06-01	A3	풀컬러	75
5	4	2024-06-01	A4	풀컬러	556
6	5	2024-06 01	A4	컬러	10

사이즈와 종류 그리고 수량에 따라 단가가 구분된다. 단가 옆의 수량은 해당 단가의 최소 수량을 의미한다. 즉 A4 컬러는
1장~ 9장: 장당 100원
10장~ 99장: 장당 90원
100장~ 499장: 장당 70원
500장~: 장당 50원

매출이 집계된 두 번째 시트와 가격표인 첫 번째 시트를 이용해 각 매출의 판매 금액을 산출하라.

[그림 7-17] 실습 엑셀 파일 11print.xlsx 소개

매출 데이터와 가격표를 취합해 판매 금액을 산출하자.

먼저 엑셀 시트를 데이터 프레임으로 불러와 변수 df1과 df2로 지정하자.

[코드 7-27] 인쇄소 매출 엑셀 파일에서 데이터 프레임 불러오기

```
import pandas as pd
```

```
pd.options.display.max_rows = 6 # 6행까지만 출력
url2 = 'https://github.com/panda-kim/book1/blob/main/11print.xlsx?raw=true'
df1 = pd.read_excel(url2)
df2 = pd.read_excel(url2, sheet_name=1)
```

수량의 범위에 따라 달라지는 단가를 병합해야 하기에 merge_asof 함수를 사용한다. 병합의 기준 열은 수량 열이다. 따라서 두 데이터 프레임을 수량 열을 기준으로 정렬한다. 사이즈와 종류에 따라 단가가 달라 매개변수 by에 리스트로 묶어 입력한다. 함수 적용 결과는 다시 df2로 지정한다.

[코드 7-28] 사이즈와 종류로 구분해 범위로 병합하기(정렬 필수)

```
df2 = pd.merge_asof(
    df2.sort_values('수량'),
    df1.sort_values('수량'),
    by=['사이즈', '종류'],
    on='수량'
)
```

df2에 단가 열이 생성되었으니, 수량과 곱셈을 수행해 판매 금액 열을 생성하자.

[코드 7-29] 단가 열을 기반으로 금액 산출하기

```
df2['금액'] = df2['단가'] * df2['수량']
```

각 매출의 판매 금액이 생성되었다. 순번 열로 정렬해 기존의 df2의 정렬 상태로 되돌리자.

[코드 7-30] df2의 원래 정렬 상태로 되돌리기 위해 순번으로 정렬

```
df2.sort_values('순번')
```

	순번	날짜	사이즈	종류	수량	단가	금액
58	1	2024-06-01	A4	컬러	579	50	28950
22	2	2024-06-01	B5	풀컬러	254	120	30480
6	3	2024-06-01	A3	풀컬러	75	160	12000
...	...	...	...	...	...	...	...
4	98	2024-06-29	A3	컬러	55	150	8250
19	99	2024-06-29	A4	풀컬러	227	140	31780
83	100	2024-06-30	A4	풀컬러	815	100	81500

100 rows × 7 columns

결과를 파일로 저장하면 완성이다.

[코드 7-31] 순번으로 정렬한 결과를 엑셀 파일로 저장하기

```
df2.sort_values('순번').to_excel('ch07_print.xlsx', index=False)
```

이 작업을 엑셀로 수행한다고 생각해 보면 판다스 함수가 얼마나 쉽고 강력한지 다시금 느낀다. 7장에서 배운 대부분의 함수가 그러하다. 쉽고 강력한 함수로 여러 데이터 프레임을 내가 원하는 방향으로 결합하기에 판다스를 배운 보람을 느낀다.

CHAPTER

08
열 가공하기

QR코드를 통해 Chapter 8에 포함된 코드를 확인할 수 있습니다. 또한 판다스와 구글 코랩의 버전 업데이트에 따른, 변동이 필요한 코드, 변동된 코드 출력 정보도 확인할 수 있습니다.

8.1   열 가공하기
8.2   다양한 연산으로 열 가공하기
8.3   순위 매기기
8.4   불리언 마스킹
8.5   수치형 데이터의 범주화
8.6   결측값 처리하기 2
8.7   행 간의 연산으로 열 가공하기

8.1 열 가공하기

6장에서는 수집된 데이터를 정제하고(data cleaning), 7장에서는 여러 개의 정제된 데이터를 결합한다. 이렇게 처리된 데이터는 열 가공하기(feature engineering)를 통해 더 유용하게 활용된다.

8.1.1 열 가공하기란?

열 가공하기[1]는 데이터 전처리 과정에서 새로운 관측치를 추가하지 않고 주어진 데이터를 업무에 더 효율적인 데이터로 만드는 과정이다.

df1은 각 선수의 시즌 타수, 홈런, 안타와 적중률 데이터가 수집되어 있다. 우리는 적중률이 시즌 통산 홈런과 시즌 통산 안타에 영향을 미친다는 가설을 세웠다. 야구에서 정의하는 적중률은 전체 타구 중 배트 중심에 강하게 맞은 타구의 비율(hard hit rate)을 뜻한다. df1으로 검토해 보자.

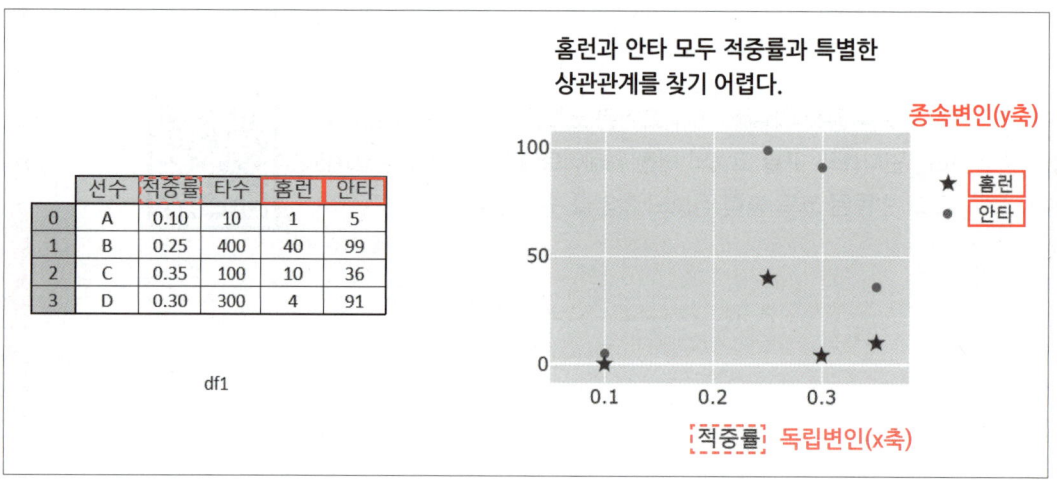

[그림 8-1] 적중률과 홈런, 안타의 상관관계

타구의 적중률이 홈런과 안타의 개수에 영향을 미칠 것이라는 가설에 따라 적중률을 독립변인으로 설정하고 홈런과 안타를 종속변인으로 설정해 그래프를 그려보자. 독립변인은 원인으로 설정한 변수이고 통상은 그래프에서 x축에 위치하고, 종속변인은 결과로 설정한 변수이며 통상은 y축에 위치한다. 생성한 그래프는 [그림 8-1]에서 확인되는데, 이 그래프를 봤을 때는 적중률이 시즌 통산 홈런과 안타에 특별한 영향을 미쳤다고 보기 어렵다.

이때 df1에 새로운 타율 열을 생성해 보자. 안타를 타수로 나누면 타율이므로 시리즈 간의 연산을 이용하면 쉽게 타율 열이 생성된다. 새로 추가한 타율 열과 적중률의 그래프를 그려보자.

---

[1] 특성 공학이라고도 하지만 뜻이 잘 전달되지 않아 이 책에서는 열 가공하기로 지칭하겠다. 원문인 feature engineering의 의미를 이해하는 것이 가장 좋다.

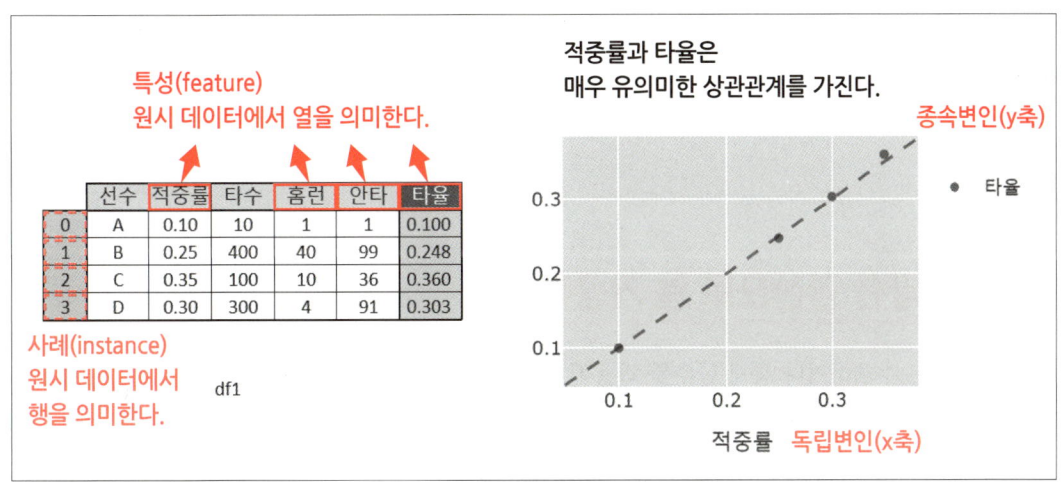

[그림 8-2] 적중률과 타율의 상관관계

적중률과 시즌 통산 홈런 및 안타 사이에는 상관관계가 없지만 적중률과 타율 사이에는 정비례하는 상관관계가 있다. 이는 적중률과 타율이 모두 비율 지표[2]이기 때문으로 보인다. 타율은 최초 수집된 결과에는 없었지만, 타수와 안타의 데이터를 이용해 타율 열을 생성하니 적중률과 관련된 유의미한 결과를 얻었다.

원시 데이터에서 행은 각 사례(instance)를 의미한다. df1도 각 행은 각 선수의 데이터이다. 원시 데이터의 열은 주로 데이터의 특성(feature)을 의미한다. 독립변인이나 종속변인으로 사용되는 것이 특성이다. 이미 수집된 안타와 홈런으로는 적중률과 관계가 높은 특성을 찾지 못했다. 이미 수집된 타수와 안타를 이용해 새로운 특성인 타율을 생성하니 우리의 목적을 달성했다. 이렇게 데이터 전처리 과정에서 추가 데이터 수집 없이 주어진 데이터를 더 적합한 데이터로 만드는 것을 열 가공하기라고 한다. 결국 열 가공하기라는 용어가 생소하지만, 여러분이 데이터를 다루면서 항상 해오던 작업이다.

8.1.2 다양한 열 가공하기 소개

[그림 8-2]에서 각 열의 연산을 통해서 열 가공하기를 수행했다. 연산뿐 아니라 통계 함수를 사용하여 새로운 특성을 만들 수 있다. 불리언 마스킹과 데이터의 범주화로도 새로운 특성을 만들 수 있다. 그 밖에 다양한 과정으로 열 가공하기를 수행하며 여러 가지 판다스 함수가 사용된다. 이번 장에서 이러한 열 가공하기 방법들을 학습한다.

그리고 열 가공하기의 학습은 8장으로 끝나지 않는다. 9장 apply와 10장 문자열 다루기도 열 가공하기의 연장선상에 있다. 또한 그룹화와 시계열을 학습하면 그룹화와 시계열을 이용한 열 가공하기

2　야구에서 타율처럼 비율을 나타낸 기록을 일컫는 용어이다. 홈런이나 안타처럼 누적 개수를 나타내는 기록은 누적 지표라고 한다.

를 학습한다. 열 가공하기는 판다스 학습에서 가장 학습량이 많은 부분이며 8장은 열 가공하기 학습의 시작점이다.

8.2 다양한 연산으로 열 가공하기

다양한 연산을 수행하거나 통계 함수를 적용해 새로운 특성을 만든다. 연산과 통계함수는 이미 학습했고 그 결과를 새로운 열로 만드는 것도 학습했다. 간단하게 정리하고 그 밖에 수학의 함수를 사용해 새로운 열(특성) 생성하기를 학습하자.

8.2.1 객체 간 연산으로 열 가공하기

판다스의 객체는 데이터 프레임이나 시리즈, 인덱스 클래스 등이 있는데, 객체 간 연산은 주로 시리즈 간의 연산을 의미한다. 실습할 변수 df1을 생성하자.

[코드 8-1] 연산으로 열 가공하기 실습 예제 코드

```
import pandas as pd
data1 = [['A', 0.1, 50, 0, 5], ['B', 0.25, 400, 40, 99],
         ['C', 0.35, 100, 10, 36], ['D', 0.3, 300, 4, 91]]
df1 = pd.DataFrame(data1, columns=['선수', '적중률', '타수', '홈런', '안타'])
df1
```

[그림 8-2]처럼 연산을 통해 타율 열을 생성하자.

[코드 8-2] 안타 열과 타수 열을 연산해 타율 열 생성하기

```
df1['타율'] = df1['안타'] / df1['타수']
df1
```

8.2.2 객체 내 연산으로 열 가공하기

데이터 프레임에 다양한 통계 함수를 적용하는 것이 대표적인 객체 내 연산이다. 우리는 이미 5장에서 객체 내 연산을 학습했기에 연산 결과를 열로 생성하자.

[코드 8-3] 통계 함수를 사용해 열 가공하기 실습 예제 코드

```
data2 = [[10, 0, 20], [30, 30, 40], [0, 20, 10], [30, 10, 10]]
idx = ['2024-05-01', '2024-05-02', '2024-05-03', '2024-05-04']
```

```
df2 = pd.DataFrame(data2, index=idx, columns=['A품목', 'B품목', 'C품목'])
df2
```

	A품목	B품목	C품목
2023-05-01	10	0	20
2023-05-02	30	30	40
2023-05-03	0	20	10
2023-05-04	30	10	10

df2

→

	A품목	B품목	C품목	일판매량	누적판매
2024-05-01	10	0	20	30	30
2024-05-02	30	30	40	100	130
2024-05-03	0	20	10	30	160
2024-05-04	30	10	10	50	210

df2의 행의 합으로 일판매량의 합을 생성하고(sum)
일판매량의 누적합으로 누적판매를 생성하자(cumsum).

[그림 8-3] 여러 통계 함수를 적용해 열 생성하기

df2는 각 품목의 일자별 판매량을 집계한 데이터 프레임이다. 전체 품목의 일 판매량의 합계와 총 누적 판매량을 새로운 특성으로 추가하자. 행의 합을 구하는 sum 함수를 사용하여 일 판매량의 합계를 구한다. 단, axis=1을 입력하여 행의 합을 구해야 한다. 전 제품의 누적 판매량은 일 판매량의 누적 합으로 구한다. cumsum 함수를 사용하자.

[코드 8-4] 모든 품목의 일 판매량의 합과 일 판매량의 누적 합계를 열로 생성하기

```
df2['일판매량'] = df2.sum(axis=1)
df2['누적판매'] = df2['일판매량'].cumsum()
df2
```

8.2.3 수학적 연산으로 열 가공하기

우리가 수집한 데이터들이 수학 함수인 log 함수나 지수 함수를 적용한 결과보다 더 유용할 때도 있다. df3로 실습해 보자.

[코드 8-5] 수학적 연산으로 열 가공하기 실습 예제 코드

```
df3 = pd.DataFrame([[1, 2], [2, 4], [3, 8], [4, 16]], columns=['x', 'y'])
df3
```

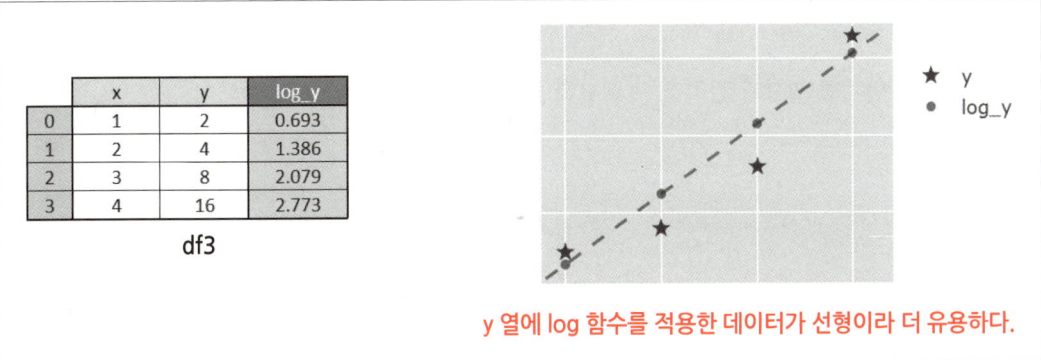

[그림 8-4] df3의 y 열에 log 함수를 적용한 결과

df3에서 y 열에 log를 적용하면 x와 선형 상관관계(linear correlation)가 높아진다. 판다스는 수학적 연산을 넘파이의 함수를 차용해 수행한다. 시리즈와 데이터 프레임은 모두 넘파이의 어레이를 기반으로 만들어져, 넘파이 함수 대부분이 판다스의 객체에도 적용된다. 넘파이 라이브러리에 자연로그를 적용하는 np.log 함수가 있으니 활용하자.

[코드 8-6] y의 데이터에 자연로그 적용하기

```
import numpy as np
pd.options.display.float_format = '{:.3f}'.format # 소수점 셋째 자리 출력
df3['log_y'] = np.log(df3['y'])
df3
```

자연로그뿐 아니라 넘파이 라이브러리가 지원하는 다양한 수학 함수가 있다. 이 함수들을 활용해 판다스에서 다양한 수학의 연산을 수행하자.

함수	설명
np.log	자연로그(밑이 e)
np.log2	밑이 2인 log
np.log10	밑이 10인 log
np.sin	삼각함수 sin[3]
np.cos	삼각함수 cos
np.tan	삼각함수 tan
np.arcsin	삼각함수 sin의 역함수 arcsin
np.arccos	삼각함수 cos의 역함수 arccos
np.arctan	삼각함수 tan의 역함수 arctan
np.exp	e의 지수함수
np.square	제곱
np.sqrt	제곱근

[표 8-1] 수학의 연산을 수행하는 넘파이 함수들

이런 함수들은 암기할 필요가 전혀 없고 필요할 때 찾아서 사용하자.

---

[3] 삼각 함수는 도(degree)가 아닌 라디안(radian) 단위로 적용한다.

8.3 순위 매기기

데이터 분석을 하다 보면 많은 수치형 데이터를 다룬다. 이때 수치형 데이터의 값보다 순위나 백분위수가 분석 목적에 더욱 적합할 때도 있다. 판다스의 rank 함수는 순위를 매기거나 백분위수를 반환한다.

8.3.1 순위 매기기(rank)

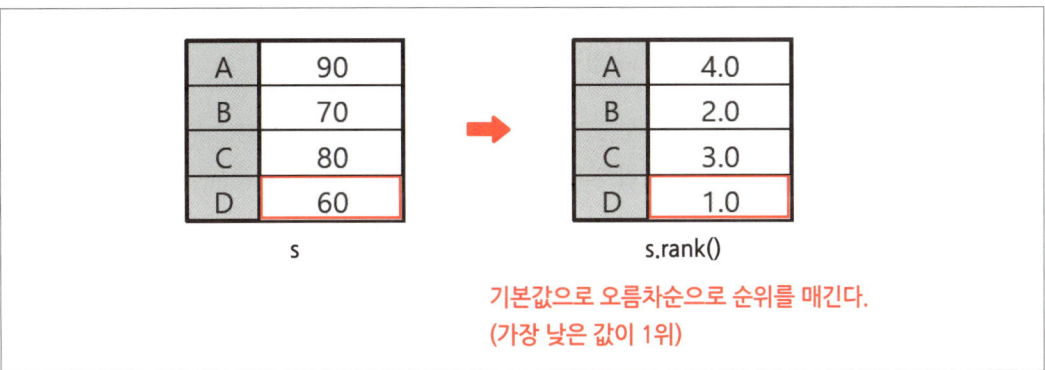

[그림 8-5] 판다스 rank 함수

> ● **판다스 rank**
>
> 데이터 프레임이나 시리즈의 순위를 매기는 함수
>
> rank 함수의 주요 매개변수와 인수, 기본값
>
> ```
> df.rank(method='average', ascending=True, pct=False)
> ```
>
> - **method**: 동점자 처리 방식을 지정한다.
> - **ascending**: 오름차순과 내림차순을 지정한다. 기본값은 오름차순이다.
> - **pct**: 순위를 반환할지 백분위수(percentile)를 반환할지 지정한다. 기본값이 False이기에 순위를 반환하며 True는 백분위수를 반환한다.

판다스 rank 함수는 데이터 프레임과 시리즈의 순위를 반환한다. 주로 시리즈의 순위를 반환할 때 쓰인다. rank 함수 실습에 쓰일 변수 s를 생성하자.

[코드 8-7] 순위 매기기 실습 예제 코드

```
import pandas as pd
pd.options.display.float_format = None # 소수점 출력 옵션 리셋
```

```
s = pd.Series([90, 70, 80, 60], index=list('ABCD'))
s
```

시리즈 s에 rank 함수를 적용해 보자.

[코드 8-8] 시리즈 s의 순위 매기기

```
s.rank()
```

[그림 8-5]와 같은 결과를 반환한다. rank 함수는 기본값으로 오름차순으로 순위를 매기며, 가장 낮은 값에 1위를 부여한다. 또한 결과는 소수점이 있는 실수 자료형으로 반환된다.

우리가 점수에 순위를 매길 때는 보통 최고 점수에 1등을 부여한다. 오름차순은 우리가 생각하는 통상적인 점수의 순위로는 맞지 않다. 내림차순으로 순위를 매겨보자. ascending=False를 입력하면 내림차순으로 순위가 부여된다. 또한 실수가 아닌 정수로 순위를 반환하고자 결과에 astype 함수를 사용해 정수로 변환하자.

[코드 8-9] 시리즈 s의 순위를 내림차순으로 매기고 정수로 변환

```
s.rank(ascending=False).astype('int')
```

pct=True를 입력하면 백분위수(percentile)가 반환된다.

[코드 8-10] 시리즈 s의 백분위수 반환하기

```
s.rank(pct=True)
```

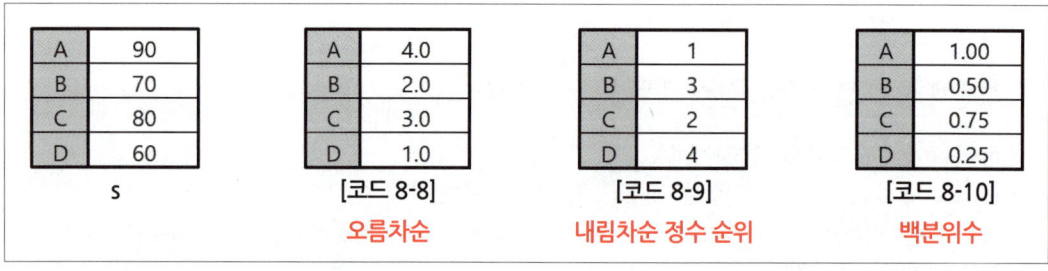

[그림 8-6] 여러 가지 rank 함수 적용 결과

8.3.2 rank 함수의 다양한 동점자 처리 방식

동점자가 있을 때 rank 함수는 기본적으로 평균 순위를 부여한다. 매개변수 method는 다양한 동점자 처리 방식을 지정한다.

인수	동점자 처리 방식
'average'	평균 순위(두 명이 공동 1등일 때 모두 1.5등), 기본값(default)
'min'	최저 순위(두 명이 공동 1등일 때 모두 1등)
'max'	최대 순위(두 명이 공동 1등일 때 모두 2등)
'first'	순서에 따른 순위(두 명이 공동 1등일 때 먼저 출현한 행이 1등)
'dense'	밀집한 순위('min'과 비슷하나 공동 1등이 존재해도 다음 순위로 2등을 부여)

[표 8-2] 매개변수 method로 지정하는 다양한 동점자 처리 방식

동점자 처리 방식을 실습하고자 변수 df를 생성하자.

[코드 8-11] 동점자 처리 실습 예제 코드

```
import pandas as pd
data = [['김판다', 82, 17], ['권보아', 95, 17], ['강승주', 95, 18],
        ['안지선', 72, 18], ['조민영', 72, 19], ['최진환', 95, 19]]
df = pd.DataFrame(data, columns=['이름', '점수', '나이'])
df
```

df의 점수 열에는 많은 동점자가 있다. 점수를 기준으로 내림차순으로 순위를 매기되 다양한 동점 처리 방식을 사용하여 순위를 반환하고 결과를 각각 다른 열로 생성하자.

[코드 8-12] 다양한 방법으로 동점자 처리하기

```
df['average'] = df['점수'].rank(ascending=False)
df['min'] = df['점수'].rank(ascending=False, method='min')
df['max'] = df['점수'].rank(ascending=False, method='max')
df['first'] = df['점수'].rank(ascending=False, method='first')
df['dense'] = df['점수'].rank(ascending=False, method='dense')
df
```

	이름	점수	나이	평균 average	최소 min	최대 max	순서 first	밀집 dense
0	김판다	82	17	4.0	4.0	4.0	4.0	2.0
1	권보아	95	17	2.0	1.0	3.0	1.0	1.0
2	강승주	95	18	2.0	1.0	3.0	2.0	1.0
3	안지선	72	18	5.5	5.0	6.0	5.0	3.0
4	조민영	72	19	5.5	5.0	6.0	6.0	3.0
5	최진환	95	19	2.0	1.0	3.0	3.0	1.0

공동 1등 다음에 2등을 부여

출현 순서에 따라 1, 2, 3등을 부여

[그림 8-7] rank 함수의 다양한 동점자 처리 방식

'average'는 method의 기본값이며 95점인 세 명의 공동 1등에게 모두 평균 순위인 2등을 부여한다. 'min'은 공동 1등 세 명에게 모두 1등을 부여하고, 'max'는 공동 1등 세 명에게 모두 3등을 부여한다. 여기까지는 직관적으로 이해하기 쉬운 동점자 처리 방식이다.

'first'는 동점자 중에 출현 순서에 따라 상위 순위를 부여한다. 따라서 공동 1등 세 명에게 위에서부터 각각 1, 2, 3등을 부여한다. 'first'는 정렬 상태에 따라 동점자의 순위가 정해져, df가 나이순으로 정렬된 데이터 프레임이라면 자연스럽게 나이순으로 동점자가 처리된다. 'dense'는 공동 1등 세 명에게 모두 1등을 부여하는 것은 'min'과 같으나 공동 1등 세 명의 다음 순위를 2등으로 부여한다. 가장 밀집된 순위를 부여하는 방식이다.

8.4 불리언 마스킹

True, False에 따라 값을 부여하는 것이 불리언 마스킹(boolean masking)이다. 불리언 마스킹은 불(bool)에 따라 값을 씌운다(mask)는 의미이다. 기존에 수집된 데이터를 조건에 따라 새로운 값으로 만들어 유용한 열 가공 기법이다.

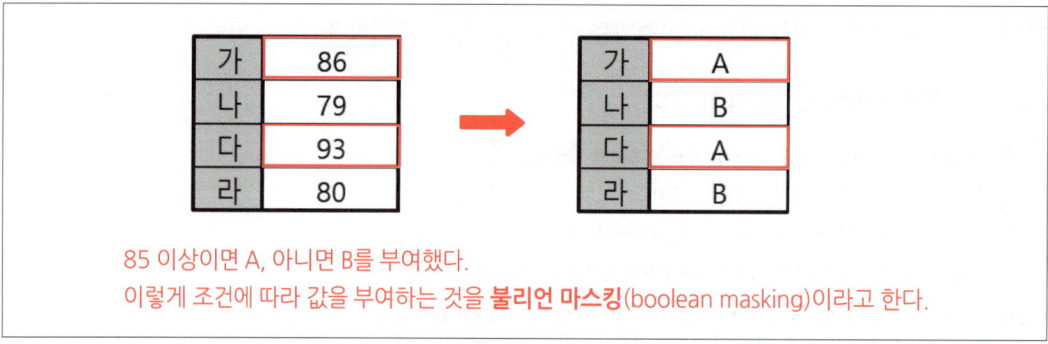

[그림 8-8] 불리언 마스킹이란?

판다스는 다양한 방법으로 불리언 마스킹을 지원한다. 데이터의 상황에 따라 각각의 방법이 장점이 있다. 방법이 많다고 해서 부담을 느낄 필요는 없다. 간편한 코드로 불리언 마스킹을 수행하고자 다양한 방법이 존재하는 것이므로 천천히 하나씩 살펴보자.

8.4.1 불리언 인덱싱으로 불리언 마스킹

불리언 인덱싱을 수행한 후 새로운 값을 배정하는 것은 가장 기본적인 형태의 불리언 마스킹이다. 불리언 마스킹 실습에 사용할 변수 df를 생성하자.

[코드 8-13] 불리언 마스킹 실습 예제 코드

```
import pandas as pd
data = {'국어': {'가': 86, '나': 79, '다': 93, '라': 80},
        '영어': {'가': 90, '나': 10, '다': 50, '라': 95}}
df = pd.DataFrame(data)
df
```

영어 점수가 90점 이상이면 평점으로 4.5를 부여하고 그렇지 않으면 아무것도 부여하지 않는 영어 평점 열을 생성하자. 이때는 불리언 인덱싱을 사용하여 배정한다. loc 인덱서를 사용하여 행의 인덱싱으로 조건문을 입력하고, 열의 인덱싱으로 존재하지 않는 열인 '영어평점'을 인덱싱하고 값으로 4.5를 배정한다. 그러면 조건에 해당하는 행에는 4.5가 부여되고 그렇지 않은 행에는 NaN이 부여되는 영어평점 열이 생성된다.[4] 배정 방식은 원본을 변경하므로 df를 복제한 df1으로 실습하자.

[코드 8-14] 불리언 인덱싱으로 불리언 마스킹 수행하기

```
df1 = df.copy() # 원본 보존을 위해 df를 복제한 df1 생성
df1.loc[df1['영어'] >= 90, '영어평점'] = 4.5
df1
```

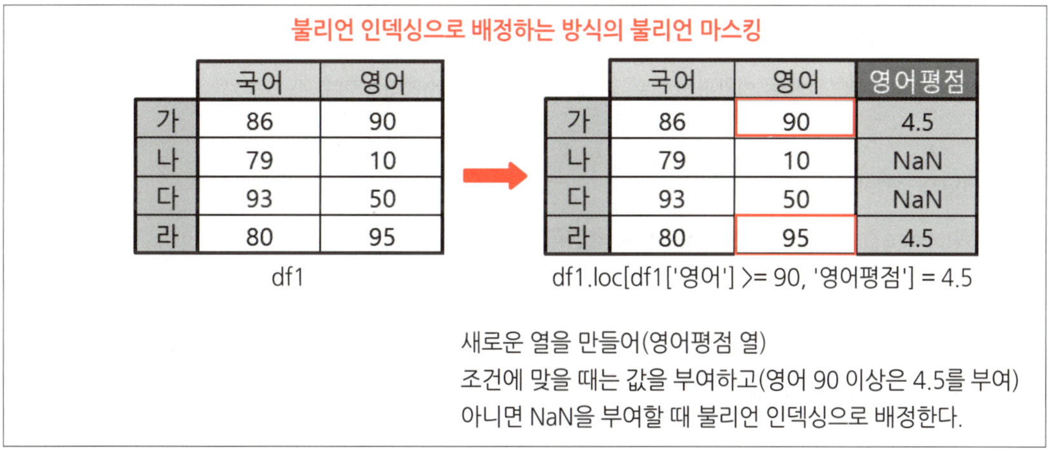

불리언 인덱싱으로 배정하는 방식의 불리언 마스킹

	국어	영어
가	86	90
나	79	10
다	93	50
라	80	95

df1

→

	국어	영어	영어평점
가	86	90	4.5
나	79	10	NaN
다	93	50	NaN
라	80	95	4.5

df1.loc[df1['영어'] >= 90, '영어평점'] = 4.5

새로운 열을 만들어(영어평점 열)
조건에 맞을 때는 값을 부여하고(영어 90 이상은 4.5를 부여)
아니면 NaN을 부여할 때 불리언 인덱싱으로 배정한다.

[그림 8-9] 불리언 인덱싱으로 배정하는 방식의 불리언 마스킹

불리언 인덱싱으로 배정하는 것은 가장 기본적인 불리언 마스킹 방법이다. 배정 방식이므로 입문 단계에는 편하다고 느끼지만, 추후에는 원본을 수정하는 것이 단점일 수 있다. 주로 조건에 맞을 때만 값을 부여하고 아니면 NaN을 부여하는 열을 생성할 때만 사용한다.

---

[4] **4.1.6. loc 인덱서로 행과 열 생성하기** 참고

8.4.2 판다스 함수로 불리언 마스킹(mask, where)

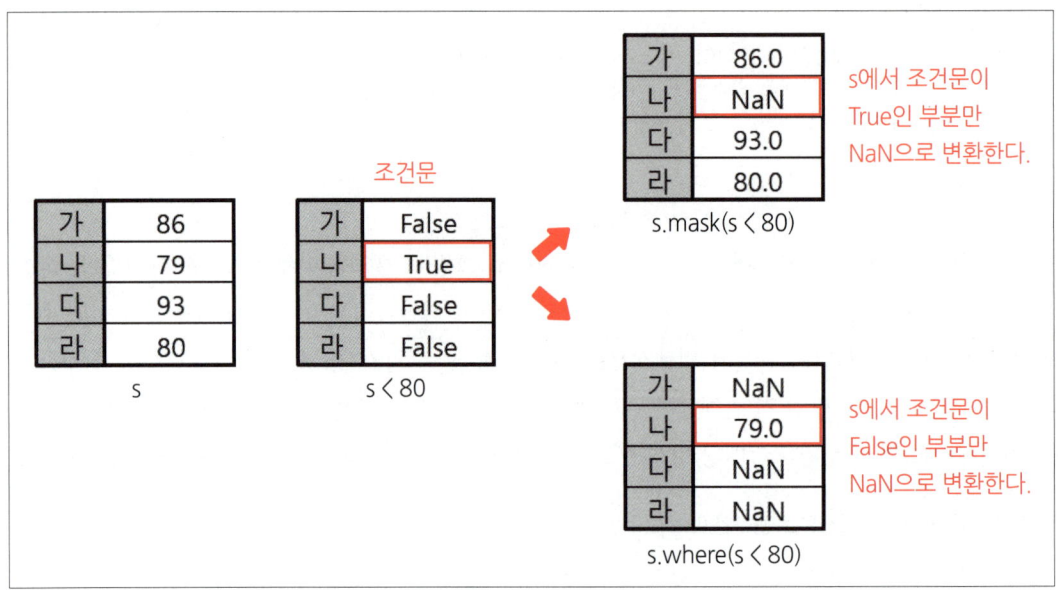

[그림 8-10] 판다스 mask 함수와 where 함수

● **판다스 mask**

조건문이 True인 부분의 값을 변환하는 함수. 즉 불리언 마스킹을 수행하는 함수

● **판다스 where**

조건문이 False인 부분의 값을 변환하는 함수. 즉 불리언 마스킹을 수행하는 함수

mask 함수의 주요 매개변수와 인수, 기본값[5]

```
df.mask(cond, other=nan)
```

- **cond**: 조건문처럼 작동하는 True와 False의 배열을 입력한다.
- **other**: 조건문이 True일 때 변환될 값을 지정한다. 기본값은 NaN이다.

복잡한 불리언 마스킹을 수행할 때는 불리언 인덱싱으로 배정하는 방식은 불편하다. 판다스는 불리언 마스킹을 위한 함수가 별도로 제공되어, 원본을 변경하지 않고 가독성 좋은 코드로 불리언 마스킹을 수행한다. 불리언 마스킹을 수행하는 다양한 함수가 있지만 우선 mask와 where 함수를 알아보자.

---

[5] where 함수는 mask 함수와 매개변수와 인수, 기본값이 거의 동일하다. 단, where 함수의 매개변수 other는 mask 함수와 반대로 조건문이 False일 때 변환될 값을 입력한다.

mask와 where 함수는 사용법이 매우 유사하다. mask와 where 함수는 시리즈와 데이터 프레임에 모두 적용된다. 주로 시리즈에 적용하므로 시리즈를 대상으로 실습하자. mask 함수를 적용하고 조건문을 입력하면 입력된 조건문이 True인 위치가 NaN으로 변환된다. 반대로 where 함수는 조건문이 False인 위치가 NaN으로 변환된다. 먼저 df의 국어 열을 시리즈로 추출해 mask 함수를 적용하고, 국어가 80보다 작다는 조건문을 입력하자.

[코드 8-15] **mask 함수를 국어 열에 적용해 80점 미만을 NaN으로 변환**

```
df['국어'].mask(df['국어'] < 80)
```

결과는 [그림 8-10]에서 확인하자.

조건문은 불 시리즈이므로 변수로 지정할 수 있다. 조건문을 cond1으로 지정하면 가독성이 높아진다. 코드를 실행하면 국어가 80점 미만인 부분이 NaN으로 대체되어 [그림 8-10]과 같은 결과를 반환한다. 조건문 cond1으로 where 함수도 실습하자.

[코드 8-16] **where 함수를 국어 열에 적용해 80점 이상을 NaN으로 변환**

```
cond1 = df['국어'] < 80
df['국어'].where(cond1)
```

이번에는 반대로 80점 이상이 NaN으로 반환되었다. mask 함수와 where 함수는 NaN으로 변환되는 부분이 반대인 쌍둥이 함수이다. 비트 연산자(~)를 사용하면 조건문의 True와 False가 맞바뀌기에 mask 함수로도 같은 결과를 얻는다.

[코드 8-17] **mask 함수로 [코드 8-16]과 동일한 결과 반환하기**

```
df['국어'].mask(~cond1)
```

NaN으로 변환된 값은 새로운 값으로 대체할 수 있다. fillna 함수도 사용하지만 mask 함수의 매개변수 other로 조건에 맞을 때 NaN 대신 반환할 값을 지정한다.

[코드 8-18] **국어가 80점 미만일 때 '낙제'로 변환**

```
df['국어'].mask(cond1, other='낙제')
```

```
가    86
나    낙제
다    93
라    80
Name: 국어, dtype: object
```

mask 함수를 사용할 때는 보통 두 번째 매개변수인 other도 인수만 입력하므로 이후로는 생략하겠다. 매개변수 other에는 시리즈도 입력이 가능하다. 영어가 90점 이상인 사람은 국어 점수에 5점씩 추가점을 부여하자.

[코드 8-19] 영어가 90점 이상인 사람은 국어 점수에 5점씩 추가점을 부여

```
cond2 = df['영어'] >= 90
df['국어'].mask(cond2, df['국어'] + 5)
```

```
가    91
나    79
다    93
라    85
Name: 국어, dtype: int64
```

영어가 90점 이상인 가와 다의 국어 점수가 5점씩 상승했다. 결국 mask 함수의 적용 구조는 다음과 같다.

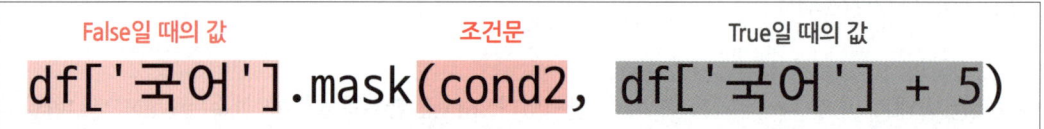

[그림 8-11] mask 함수의 구조

df의 국어 열은 False일 때의 값을 지정하는 셈이고, other에 입력하는 인수가 True일 때의 값을 지정하는 것이다. 영어가 90점 이상인 조건이므로 영어가 90점 이상이면 국어에 5점을 더하고 조건을 만족하지 못하면 그대로 국어 점수를 반환한다. 결국 mask 함수와 where 함수는 기존의 값을 유지하면서 조건에 맞는 일부를 변환할 때 효율적으로 사용된다.

또한 mask 함수와 where 함수로 other에 별도의 값을 지정하지 않고 조건에 따라 NaN을 변환하는 것은 그 자체로도 의미가 있다. 판다스의 데이터 프레임과 시리즈는 벡터화 연산을 해서 언제나 전체를 연산한다. 조건에 맞는 일부만 연산하고 싶을 때는 mask 함수 또는 where 함수를 사용해 연산하지 않을 부분을 NaN으로 변환하고 연산을 수행한다.

영어가 90점 이상인 사람들만 집계하여 국어 점수 평균을 구하자. 영어가 90점 이상인 사람을 필터링하지 않아도 다음과 같은 코드로 쉽게 연산한다.

[코드 8-20] 영어가 90점 이상인 사람의 국어 점수 평균 구하기

```
df['국어'].where(cond2).mean()
```

```
83.0
```

cond2는 영어가 90점 이상인 조건이므로 where 함수를 사용하여 조건에 만족하지 않는 값들을 NaN으로 변환한 후 평균을 구했다. 판다스에서 mean, sum 등의 통계 함수는 NaN을 제외하고 통계를 구한다. 그래서 조건에 만족하는 사람들의 평균을 쉽게 구한다. 영어가 90 이상인 사람의 국어 점수는 86, 80이기에 평균은 83.0을 반환한다.

8.4.3 넘파이의 np.where 함수로 불리언 마스킹

우리는 [코드 8-18]에서 국어 점수가 80점 미만인 사람을 낙제로 부여했다. 80점 미만을 낙제로 부여하고, 거기에 덧붙여 80점 이상은 이수를 부여하자. mask 함수를 두 번 사용하면 원하는 결과를 얻는다. 원본을 보존하도록 df를 복제한 df2로 실습하자.

[코드 8-21] 국어가 80점 미만일 때는 낙제, 80점 이상이면 이수를 부여

```
df2 = df.copy()  # 원본 보존을 위해 df를 복제한 df2 생성
df2['국어'].mask(cond1, '낙제').mask(~cond1, '이수')
```

```
가    이수
나    낙제
다    이수
라    이수
Name: 국어, dtype: object
```

mask 함수를 적용해 조건문 cond1을 만족할 때는 '낙제'를 부여하고, mask 함수를 재차 적용해 조건문이 불만족하면, 즉 ~cond1이 만족하면 '이수'를 부여했다. 그러면 True와 False에 따라 각각 값을 부여한다.

다만 mask 함수는 하나의 값을 부여할 때마다 mask 함수를 한 번 사용해야 하고, True와 False에 각각 값을 부여하기에 두 번의 mask 함수를 사용해야 한다. 이런 점이 불편하다면 넘파이의 np.where 함수를 사용하자.

> ● **넘파이 np.where**
>
> True와 False에 따라 각각 값을 부여하는 함수
>
> np.where 함수의 주요 매개변수와 인수, 기본값
>
> ```
> np.where(condition, x, y)
> ```
>
> - **condition**: 불(bool) 자료형 배열을 입력한다. 즉, 조건문을 입력받는 매개변수이다.
> - **x**: True일 때 부여할 값을 입력한다. 단일 값 또는 배열을 입력한다.
> - **y**: False일 때 부여할 값을 입력한다. 단일 값 또는 배열을 입력한다.

넘파이의 np.where 함수는 8.4.2에서 학습한 판다스의 where 함수와는 다른 함수이며, True일 때의 값과 False일 때의 값을 동시에 부여한다. 넘파이 라이브러리의 함수를 사용하려면 먼저 import numpy as np의 코드로 넘파이 라이브러리를 불러와야 한다. 그런 다음 np.where 함수를 적용하고, 인수로 조건문과 True일 때의 값, False일 때의 값을 차례로 입력한다.

[코드 8-22] np.where 함수로 [코드 8-21]과 같은 결과 수행

```
import numpy as np
np.where(cond1, '낙제', '이수')
```

```
array(['이수', '낙제', '이수', '이수'], dtype='<U2')
```

결과는 시리즈가 아닌 넘파이의 어레이 클래스로 반환된다. 하지만 어레이도 기존 데이터 프레임의 열로 생성하는 것이 가능하기에 큰 문제는 없다. np.where 함수의 결과를 df2의 국어평가 열로 생성하자.

[코드 8-23] np.where 함수의 결과를 국어평가 열로 생성하기

```
df2['국어평가'] = np.where(cond1, '낙제', '이수')
df2
```

[그림 8-12] np.where 함수의 적용 결과로 열 생성하기

8.4.4 넘파이의 np.select 함수로 불리언 마스킹

np.where 함수를 사용하면 True, False에 따라 각기 다른 두 개의 값이 편리하게 부여된다. 이번에는 조건에 따라 세 종류의 값을 부여해 보자. 국어가 90점 이상이면 A, 80점 이상이면 B, 80점 미만이면 C를 부여하자. 실습할 df의 복사본 df3를 만들고, 국어 점수가 90점 이상인 조건문 cond3와 80점 이상인 조건문 cond4를 생성하자.

[코드 8-24] 불리언 마스킹으로 여러 종류의 값을 반환하기 실습 예제 코드

```
df3 = df.copy() # 원본 보존을 위해 df를 복제한 df3 생성
cond3 = df3['국어'] >= 90
cond4 = df3['국어'] >= 80
```

np.where 함수와 mask 함수 모두 가능하다. 먼저 np.where 함수를 사용하면 다음과 같다.

[코드 8-25] 국어가 90 이상은 A, 80 이상은 B, 80 미만은 C를 부여(np.where)

```
np.where(cond4, np.where(cond3, 'A', 'B'), 'C')
```

```
array(['B', 'C', 'A', 'B'], dtype='<U1')
```

np.where 함수를 두 번 사용하면 A, B, C의 학점이 부여된다.

mask 함수를 사용하면 다음과 같다.

[코드 8-26] 국어가 90 이상은 A, 80 이상은 B, 80 미만은 C를 부여(mask)

```
df3['국어'].mask(cond3, 'A').mask(~cond3 & cond4, 'B').mask(~cond4, 'C')
```

```
가    B
나    C
다    A
라    B
Name: 국어, dtype: object
```

mask 함수를 세 번 사용하면 A, B, C의 학점이 부여된다.

A, B, C 세 종류의 학점을 부여하는 것은 비교적 간단한 편이다. 그러나 더 많은 조건문으로 더 많은 종류의 값을 부여하면 코드가 복잡해지고 가독성이 떨어지며 코드의 작성도 어려워진다. 불리언 마스킹으로 세 종류 이상의 값을 반환할 때는 np.where, mask 함수 모두 불편하다. 이때는 np.select 함수를 사용한다.

> ● **넘파이 np.select**
>
> 여러 개의 조건문을 입력해 각 조건에 해당하는 값을 반환하는 함수
>
> np.select 함수의 주요 매개변수와 인수, 기본값
>
> `np.select(condlist, choicelist, default=0)`
>
> - **condlist**: 조건문들을 리스트로 묶어 입력한다.
> - **choicelist**: 조건문을 만족할 때 반환할 값을 리스트로 묶어 입력한다.
> - **default**: condlist의 모든 조건에서 False일 때 부여할 값을 지정한다.

np.select 함수는 불리언 마스킹 결과 여러 종류의 값을 반환해야 할 때 사용한다. 매개변수 condlist에 조건문을 리스트로 묶어 입력하고, 매개변수 choicelist에 각 조건에 맞추어 반환해야 할 값을 리스트로 묶어 입력하면 각 조건에 맞추어 지정한 값이 반환된다. 매개변수 default로 어느 조건에도 해당하지 않을 때 부여할 값도 설정할 수 있다.

[코드 8-25]와 [코드 8-26]에서 수행한 학점 부여를 np.select 함수로 수행하자. 국어 점수가 90점 이상인 조건문 cond3와 90점 미만이고 80점 이상인 조건문 ~cond3 & cond4를 리스트로 묶어 np.select 함수의 condlist에 입력하자. 그리고 해당 조건에서 반환해야 할 값 'A'와 'B'도 리스트로 묶어 choicelist에 입력하자. 어느 조건에도 해당하지 않을 때는 'C'를 부여하자. 그러면 각 조건에 맞추어 'A'와 'B'를 반환하고, 어느 조건에도 해당하지 않으면 'C'를 반환한다.

[코드 8-27] 국어가 90 이상은 A, 80 이상은 B, 80 미만은 C를 부여(np.select)

```
np.select([cond3, ~cond3 & cond4], ['A', 'B'], 'C')
```

```
array(['B', 'C', 'A', 'B'], dtype='<U3')
```

np.select 함수의 구조는 다음과 같다. 조건1을 만족할 때는 choicelist의 첫 번째 값을, 조건2를 만족할 때는 choicelist의 두 번째 값을, 모든 조건을 만족하지 않을 때는 매개변수 defalut로 설정된 값을 반환한다.

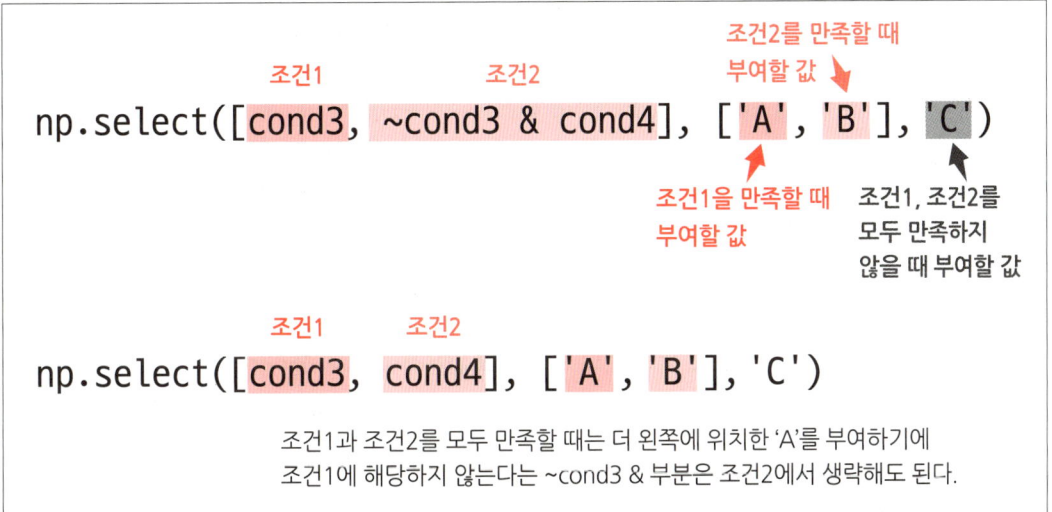

[그림 8-13] np.select 함수의 구조

condlist에 입력된 여러 조건문을 동시에 만족하면 choicelist에서 더 왼쪽에 있는 값을 부여한다. 따라서 cond3와 cond4만 리스트로 묶어 입력해도 cond3와 cond4를 동시에 만족할 때는 'A'를 부여한다. cond3에 해당하는 부분을 제외하고 'B'를 부여하도록 ~cond3 & cond4처럼 조건문을 작성할 필요가 없다.

결과는 어레이를 반환하니까 결과를 국어학점 열로 생성하자.

[코드 8-28] 결과를 df3의 국어학점 열로 생성하기

```
df3['국어학점'] = np.select([cond3, cond4], ['A', 'B'], 'C')
df3
```

	국어학점 기준	학생평가 기준
	90 이상 : A	두 과목 모두 80 이상 : 수
	80 이상 90 미만 : B	한 과목만 80 이상 : 우
	나머지 : C	모두 80 미만 : 미

	국어	영어
가	86	90
나	79	10
다	93	50
라	80	95

→

	국어	영어	국어학점	학생평가
가	86	90	B	수
나	79	10	C	미
다	93	50	B	우
라	80	95	A	수

[그림 8-14] np.select 함수로 세 종류 이상의 값을 반환하는 불리언 마스킹 수행 결과

다만 이처럼 하나의 수치형 데이터 열에서 급간을 나누어 학점으로 범주화할 때는 np.select 함수보다는 8.5.1에서 학습하는 범주화에 특화된 cut 함수를 사용한다. np.select 함수는 주로 대상이 수치형 데이터가 아니거나 여러 개의 열에서 조건문이 발생할 때 주로 사용한다.

np.select 함수의 장점을 느끼도록 여러 개의 열에서 조건문을 생성해 불리언 마스킹을 수행하자. 국어와 영어 모두 80점 이상이면 '수', 한 과목만 80점 이상이면 '우', 두 과목 모두 80점 미만이면 '미'를 부여하자. 조건문을 생성해 &와 |의 논리 연산을 활용하자. 결과는 학생평가 열로 생성하자.

[코드 8-29] 모두 80 이상은 수, 한 과목만 80 이상은 우, 아니면 미를 부여

```
cond4 = df3['국어'] >= 80
cond5 = df3['영어'] >= 80
df3['학생평가'] = np.select([cond4 & cond5, cond4 | cond5], ['수', '우'], '미')
df3
```

결과는 [그림 8-14]에서 확인하자. 이 정도만 학습해도 여러분은 이제 다양한 종류의 불리언 마스킹을 수행할 수 있다.

8.5 수치형 데이터의 범주화

데이터 분석을 하면 수치형 데이터를 범주형(category) 데이터로 변환해야 할 때가 있다. 앞서 부여한 학점은 수치형 데이터를 범주형 데이터로 변환한 전형적인 예이다. 불리언 마스킹으로도 간단한 범

주화가 가능하지만, 범주화 그룹이 많아질수록 코드가 복잡해진다. 판다스는 수치형 데이터를 범주형 데이터로 변환하는 함수로 cut과 qcut이 있다. cut 함수는 수치를 기준으로 범주화하고, qcut 함수는 백분위수를 기준으로 범주화한다.

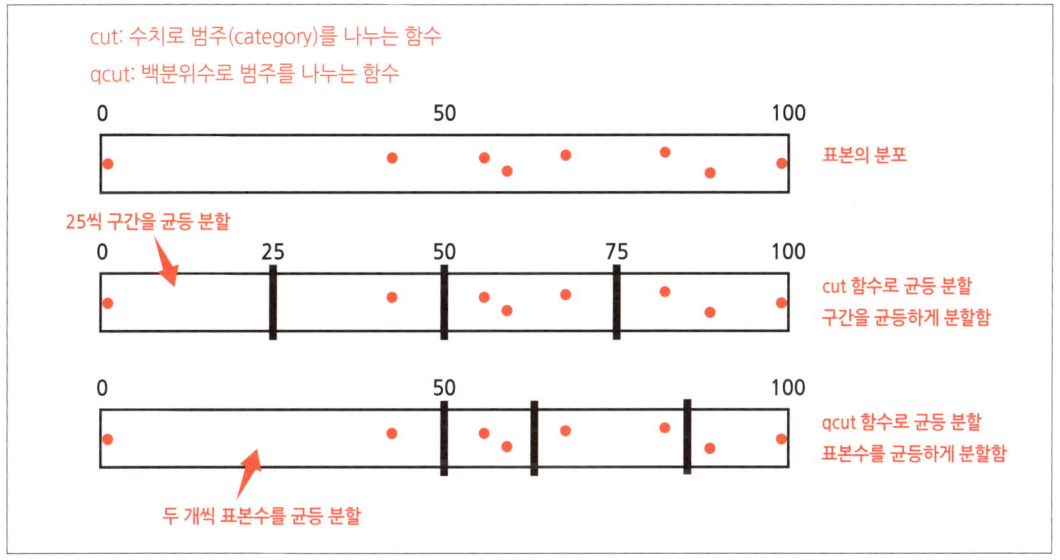

[그림 8-15] cut 함수와 qcut 함수의 균등 분할 비교

8.5.1 수치로 구간을 나누어 범주화(cut)

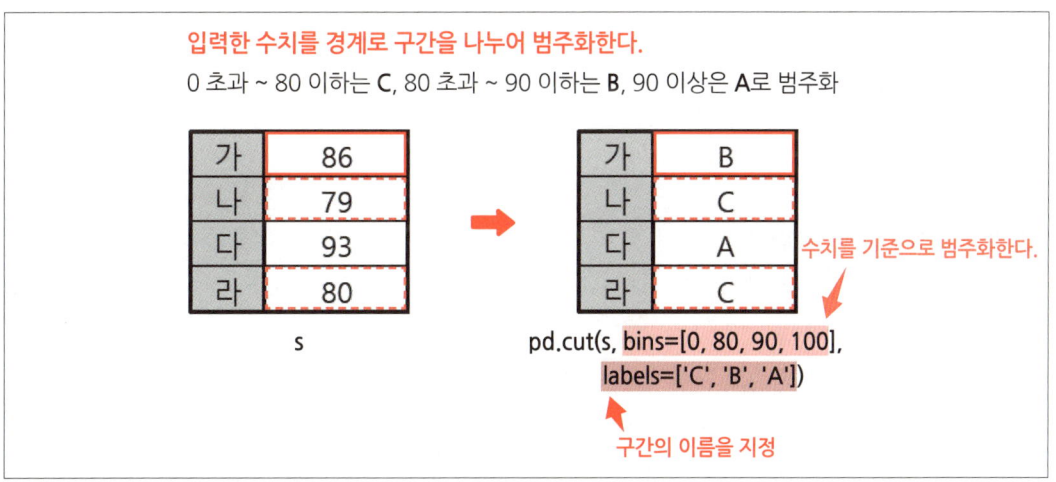

[그림 8-16] 판다스 cut 함수

> ● **판다스 cut**
>
> 수치를 기준으로 구간을 나누어 범주화(categorization)하는 함수
>
> cut 함수의 주요 매개변수와 인수, 기본값
>
> ```
> pd.cut(x, bins, right=True, labels=None)
> ```
>
> - **x**: 범주화를 수행할 배열을 입력한다. 반드시 1차원이어야 한다.
> - **bins**: 구간을 나누는 기준을 입력한다. 정수를 입력하면 균등 분할한다.
> - **right**: 구간에서 우측 경계를 포함할지 여부를 지정한다.
> - **labels**: 구간의 이름을 지정한다. bins로 생성된 구간 개수와 같아야 한다.

cut 함수는 수치를 기준으로 구간을 나누어 범주화하는 함수이다. cut 함수는 메서드로 사용할 수 없기에 반드시 pd.cut 함수 형태로 입력해야 한다. 매개변수 bins는 구간을 지정한다. 정수를 입력하면 입력된 개수만큼 균등 분할하며, 수치의 경계를 리스트로 입력하면 입력된 경계로 구간을 분할한다.

[코드 8-13]의 df로 다시 실습하자. cut 함수로 국어 점수를 0점, 80점, 90점, 100점을 경계로 구간을 분류하자.

[코드 8-30] df의 국어 점수를 0, 80, 90, 100의 구간으로 분류

```
pd.cut(df['국어'], bins=[0, 80, 90, 100])
```

```
가      (80, 90]
나       (0, 80]
다      (90, 100]
라       (0, 80]
Name: 국어, dtype: category
Categories (3, interval[int64, right]): [(0, 80] < (80, 90] < (90, 100]]
```

bins에 수치의 경계를 4개 입력하면 3개의 범주로 나뉜다. (0, 80] 구간은 0보다 크고 80보다 작거나 같은 구간을 의미한다. 기본값으로 각 구간은 우측 경계를 포함한다. 결과는 카테고리 자료형으로 반환되는데 카테고리 자료형은 일반적인 문자열과는 다르다. 카테고리 자료형에 익숙하지 않다면 astype 함수로 문자열로 변환하는 것도 하나의 방법이다.[6]

---

[6] 카테고리 자료형을 제대로 다루려면 별도의 함수들을 배워야 한다. 입문 난이도에서는 너무 많은 함수를 배우면 학습에 부담되므로, 문자열로 변환해 다루는 것도 하나의 방법이다. 카테고리 자료형은 추후 **15.2. 카테고리 자료형**에서 학습하며, 정렬 순서를 지정하거나 메모리를 절약할 수 있는 장점이 있다.

데이터에 (0, 80]과 같은 구간이 존재하면 가독성이 떨어져 구간에 이름을 부여하자. 매개변수 labels로 각 구간의 이름을 C, B, A로 부여하자.

[코드 8-31] 각 구간의 이름을 C, B, A로 명명

```
pd.cut(df['국어'], bins=[0, 80, 90, 100], labels=['C', 'B', 'A'])
```

```
가    B
나    C
다    A
라    C
Name: 국어, dtype: category
Categories (3, object): ['C' < 'B' < 'A']
```

학생들에게 각각 B, C, A, C의 학점을 부여했다. 우측 경계를 구간에 포함하므로 80점인 라 학생은 C를 받았다. 우측 경계가 아닌 좌측 경계가 필요할 때는 right=False를 입력한다. 이렇게 하나의 수치형 자료형인 열을 기준으로 범주화를 수행할 때는 불리언 마스킹에 비해 cut 함수가 더 편리하다. cut 함수의 편리함이 와닿지 않는다면 구간을 10개로 나누어 10종류의 학점을 부여해야 하는 상황을 가정해 보라. cut 함수의 편리함이 와닿을 것이다.

8.5.2 백분위수로 구간을 나누어 범주화(qcut)

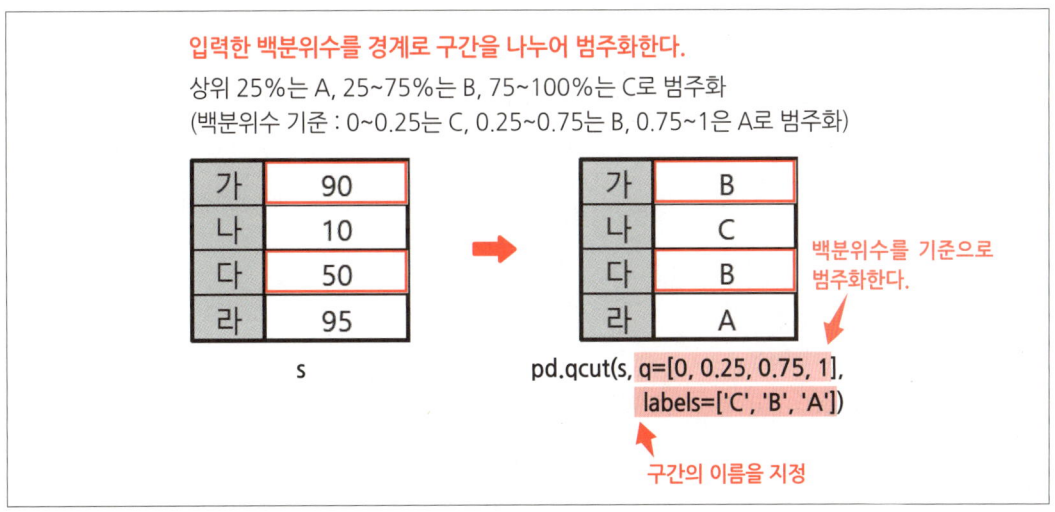

[그림 8-17] 판다스 qcut 함수

> ● **판다스 qcut**
>
> 백분위수를 기준으로 구간을 나누어 범주화(categorization)하는 함수
>
> qcut 함수의 주요 매개변수와 인수, 기본값
>
> ```
> pd.qcut(x, q, right=True, labels=None)
> ```
>
> - **x**: 범주화를 수행할 배열을 입력한다. 반드시 1차원이어야 한다.
> - **q**: 구간을 나누는 기준을 입력한다. 정수를 입력하면 균등 분할한다.
> 그 외 right, labels 등의 매개변수는 cut 함수와 동일하다.

cut 함수가 수치를 기준으로 그룹을 나누어 범주화를 수행한다면 qcut 함수는 백분위수로 그룹을 나누어 범주화를 수행한다. 백분위수는 순위를 백분율로 나타낸 값이며 백분위수 0.1은 하위 10%를 의미한다. cut 함수는 그룹을 나누는 매개변수가 bins이고 qcut 함수는 그룹을 나누는 매개변수가 q이다. 매개변수 q에 백분위수의 경계를 리스트로 묶어 입력한다. 백분위수는 0부터 1 사이의 값으로 입력해야 한다. 정수를 입력하면 균등 분할한다.

df의 영어 성적으로 실습하자. 영어 점수 상위 25%는 A, 25~75%는 B, 75~100%는 C를 부여하자. 백분위수로 따지면 0~0.25는 C, 0.25~0.75는 B, 0.75~1은 A를 부여한다. 매개변수 q에 백분위수의 경계를 하위부터 입력한다. 경계인 [0, 0.25, 0.75, 1]을 입력하고 매개변수 labels에 구간의 이름을 지정하자.

[코드 8-32] 영어 점수 상위 25%는 A, 25~75%는 B, 75% 미만은 C를 부여

```
pd.qcut(df['영어'], q=[0, 0.25, 0.75, 1], labels=['C', 'B', 'A'])
```

```
가    B
나    C
다    B
라    A
Name: 영어, dtype: category
Categories (3, object): ['C' < 'B' < 'A']
```

결과는 [그림 8-17]과 같다. 가 학생은 90점, 라 학생은 95점이라 근소한 차이이다. 그런데도 상위 25%인 1등만 A 학점을 받아 가 학생은 B 학점을 받는다.

우리는 불리언 마스킹과 수치형 범주화를 학습했다. 많은 함수를 배웠기에 정확히 어떤 상황에서 어떤 함수를 써야 할지 고민된다. 상황별로 가장 편한 방법을 정리하면 다음과 같다. 이것은 상황별로

편리한 방법을 정리한 것일 뿐 상황마다 아래에 표기한 한 가지 방법만이 가능한 것은 아니다.

---

1. **조건을 만족할 때는 값을 부여하고, 아니면 NaN을 부여하는 새로운 열 생성**
   예) 점수가 50점 이상이면 4.5를 부여하고, 아니면 NaN을 부여하는 평점 열 생성
   → 불리언 인덱싱으로 배정

2. **기존 데이터에서 조건을 만족할 때만 다른 값을 부여**
   예) 국어 열이 50보다 낮은 점수는 5점을 올려주기
   → mask, where

3. **True, False에 각각 서로 다른 값을 부여**
   예) 50보다 높으면 A, 낮으면 B를 부여
   → np.where

4. **여러 조건문을 사용해 각 조건에 맞는 세 종류 이상의 값을 부여**
   예) 영어와 국어가 모두 80보다 높으면 A, 한 과목만 80보다 높으면 B, 아니면 C를 부여
   → np.select

5. **수치형 데이터인 하나의 열을 기반으로 범주화를 수행하는 경우**
   예) 영어 점수가 90 이상은 A, 80~90은 B, 70~80은 C, 70 미만은 D를 부여
   → cut, qcut

6. **특정 값을 다른 값으로 매핑하는 경우**
   예) 학점이 A면 4.0, 학점이 B면 3.0, 학점이 C면 2.0을 부여
   → map, replace

[그림 8-18] 불리언 마스킹과 수치형 데이터의 범주화 정리

엑셀 예제 8 학생들의 키와 몸무게 데이터로 열 가공하기 (1)

엑셀 파일 12student.xlsx는 13~18세에 해당하는 학생 중 100명의 데이터 표본이다. 학생들의 키와 몸무게를 이용해 다양한 열 가공하기를 실습하자.

12student.xlsx   100 행 × 4 열

	A	B	C	D
1	학생코드	나이	키	몸무게
2	남001	17	186.0	63.5
3	여001	14	151.0	39.9
4	여002	15	156.3	47.2
5	여003	16	163.8	58.0
6	여004	17	158.0	47.0

학생_키_몸무게

13세~18세 학생 100명의
키와 몸무게 데이터

[그림 8-19] 실습 엑셀 파일 12student.xlsx 소개

먼저 엑셀 시트를 데이터 프레임으로 불러와 변수 df_student로 지정하자. 넘파이 라이브러리도 사용하고 소수점 처리도 필요하므로 평소와 다른 추가 코드를 사용한다.

[코드 8-33] 학생들의 키와 몸무게 엑셀 파일에서 데이터 프레임 불러오기

```python
import pandas as pd
import numpy as np
pd.options.display.max_rows = 8 # 8행까지만 출력
pd.options.display.float_format = '{:.2f}'.format # 소수점 둘째 자리 출력
url1 = 'https://github.com/panda-kim/book1/blob/main/12student.xlsx?raw=true'
df_student = pd.read_excel(url1)
```

수치형 데이터를 처음 마주했을 때는 describe 함수로 기술 통계를 확인하는 것이 필수이다.

[코드 8-34] df_student의 기술 통계 확인

```
df_student.describe()
```

	나이	키	몸무게
count	100.00	100.00	100.00
mean	15.07	166.37	60.19
std	1.66	8.71	12.56
min	13.00	147.00	39.00
25%	13.75	160.00	52.00
50%	15.00	166.10	58.50
75%	16.25	172.20	65.25
max	18.00	187.60	106.30

describe 함수를 적용하면 각 열의 NaN의 존재 여부와 평균, 최댓값, 최솟값 등이 확인된다. 기술 통계를 반환한 열은 수치형 데이터이므로 자료형이 맞게 지정되었다는 것도 확인된다.

1. 15세 이하는 중학교, 나머지는 고등학교로 분류한 학교 열 생성하기

먼저 15세 이하는 중학교, 나머지는 고등학교로 분류한 학교 열을 생성하자. True, False에 각각 값을 부여하므로 넘파이 함수 np.where를 사용하는 것이 가장 간결하다.

[코드 8-35] 15세 이하는 중학교, 나머지는 고등학교로 분류한 학교 열 생성

```
cond1 = df_student['나이'] <= 15
df_student['학교'] = np.where(cond1, '중학교', '고등학교')
df_student
```

2. 키를 기준으로 순위를 매겨 키 순위 열 생성하기(동점자는 최소 순위 부여)

rank 함수로 순위를 매긴다.

[코드 8-36] 키의 순위를 구해 키 순위 열 생성(동점자는 최소 순위 부여)

```
df_student['키순위'] = df_student['키'].rank(ascending=False, method='min')
df_student
```

키가 가장 큰 사람을 1위로 부여하고자 ascending=False를 입력하고, 동점자는 최소 순위를 부여하기에 method='min'을 입력한다.

3. BMI를 구해서 BMI 열 생성하기

$$BMI(kg/m^2) = \frac{몸무게(kg)}{\{키(m)\}^2}$$

[그림 8-20] BMI 공식

BMI는 키와 몸무게의 연산으로 구한다. 다만 BMI는 키를 m 단위로 입력해야 하므로, cm 단위인 df_student의 데이터는 100을 나누어야 한다.

[코드 8-37] BMI를 구해서 BMI 열 생성

```
df_student['BMI'] = df_student['몸무게'] / ((df_student['키'] / 100) ** 2)
df_student
```

4. BMI 결과로 비만을 분류하는 BMI 분류 열 생성하기

BMI 수치에 따른 비만 분류는 다음과 같다.

BMI	분류
18.5 미만	저체중
18.5 이상 23 미만	정상
23 이상 25 미만	비만 전단계
25 이상	비만

[표 8-3] BMI 수치에 따른 비만 분류

수치로 구간을 나누어 각각 다른 값을 부여할 때는 cut 함수가 가장 간결하다. 구간을 설정하고자, [표 8-3]의 18.5, 23, 25와 임의로 지정한 최솟값인 0과 최댓값인 100을 bins에 입력한다.[7] right=False를 입력하면 각 구간의 좌측 경계가 포함된다. 각 구간의 분류명을 labels에 입력하자.

[코드 8-38] 18.5 미만 저체중, 18.5~23 정상, 23~25 비만 전단계, 25~ 비만으로 분류

```
df_student['BMI분류'] = pd.cut(
    df_student['BMI'], bins=[0, 18.5, 23, 25, 100],
    labels=['저체중', '정상', '비만 전단계', '비만'], right=False
)
df_student
```

5. 180 이상은 1을 나머지는 NaN을 부여한 장신구분 열 생성하기

장신만 따로 분류해 180 이상은 1을 부여하고, 나머지는 NaN을 부여하는 장신구분 열을 생성하자. 조건에 맞을 때 값을 부여하고 나머지는 NaN인 열을 생성하므로 불리언 인덱싱을 활용해 값을 배정하는 것이 가장 편리하다. 다만 열에 NaN이 생성되므로, 1은 1.0으로 부여된다.

[코드 8-39] 180 이상은 1, 나머지는 NaN을 부여한 장신구분 열 생성

```
cond2 = df_student['키'] >= 180
df_student.loc[cond2, '장신구분'] = 1
df_student
```

6. 180 이상의 평균 몸무게 구하기

---

7 엄밀하게 경계를 지정하고 싶다면 0과 100 대신 음의 무한대인 float('-inf')와 양의 무한대 float('inf')를 입력하자.

장신의 몸무게만 따로 평균을 구한다. 불리언 인덱싱을 사용하여 키가 180 이상인 데이터만 추출한 후 평균을 구해도 되지만, 기존 데이터에서 조건에 맞지 않는 데이터만 NaN으로 변환하는 판다스의 where 함수를 사용하는 것이 더 편리하다.

[코드 8-40] 180 이상의 평균 몸무게

```
df_student['몸무게'].where(cond2).mean()
```

```
79.16
```

180 이상의 몸무게는 평균 79.16kg이다.

7. 몸무게로 분류한 분류 열 생성하기

몸무게의 백분위수를 매겨 상위 10%를 가 군, 하위 20%를 다 군, 나머지 대부분을 나 군으로 분류하자. 수치형 데이터를 백분위수로 분류할 때는 qcut 함수가 가장 편리하다.

[코드 8-41] 몸무게의 상위 10%를 가 군, 하위 20% 다 군, 나머지 나 군으로 분류

```
df_student['분류'] = pd.qcut(
    df_student['몸무게'], q=[0, 0.2, 0.9, 1], labels=['다', '나', '가']
)
df_student
```

8. 중학생 저체중은 A, 고등학생 저체중은 B, 저체중이 아니면 C인 저체중 열 생성하기

BMI분류 열과 학교 열을 이용하면 중학생 저체중은 A, 고등학생 저체중은 B, 저체중이 아닌 나머지는 C로 분류한 저체중 열이 생성된다. 다양한 조건문을 사용해 여러 종류의 값을 반환하는 불리언 마스킹이기에 np.select 함수가 가장 편리하다. condlist에 입력되는 두 번째 조건문은 ~cond3 & cond4를 입력해도 되지만 cond4만 입력해도 된다. condlist에 리스트로 묶여 입력된 여러 개의 조건문을 동시에 만족하면 choicelist의 왼쪽 값을 우선해 부여한다. 그래서 중학생이며 저체중이라면 무조건 A를 부여해 cond4만 입력해도 고등학생인 저체중에게만 B가 부여된다.

[코드 8-42] 중학생 저체중은 A, 고등학생 저체중은 B, 나머지는 C인 저체중 열 생성

```
cond3 = df_student['학교'] == '중학교'
cond4 = df_student['BMI분류'] == '저체중'
df_student['저체중'] = np.select([cond3 & cond4, cond4], ['A', 'B'], 'C')
df_student
```

다양한 열 가공 과정이 모두 끝난 결과는 다음과 같다.

	학생코드	나이	키	몸무게	학교	키순위	BMI	BMI분류	장신구분	분류	저체중
0	남001	17	186.00	63.50	고등학교	2.00	18.35	저체중	1.00	나	B
1	여001	14	151.00	39.90	중학교	95.00	17.50	저체중	NaN	다	A
2	여002	15	156.30	47.20	중학교	88.00	19.32	정상	NaN	다	C
3	여003	16	163.80	58.00	고등학교	64.00	21.62	정상	NaN	나	C
...	...	...	...	...	...	...	...	...	...	...	...
96	남054	15	175.50	59.00	중학교	16.00	19.16	정상	NaN	나	C
97	남055	13	175.00	58.00	중학교	17.00	18.94	정상	NaN	나	C
98	남056	15	172.00	51.80	중학교	27.00	17.51	저체중	NaN	나	A
99	여044	16	159.00	45.00	고등학교	79.00	17.80	저체중	NaN	다	B

100 rows × 11 columns

결과는 엑셀 파일로 저장하자.

[코드 8-43] 결과를 엑셀 파일로 저장

```
df_student.to_excel('ch08_student.xlsx', index=False)
```

8.6 결측값 처리하기 2

6장의 데이터 정제 과정에서 학습한 fillna 함수로 결측값을 대체할 수 있다. 여기서는 더 심화된 결측값 대체 방법을 학습한다.

8.6.1 전후방의 데이터로 결측값 대체하기(ffill, bfill)

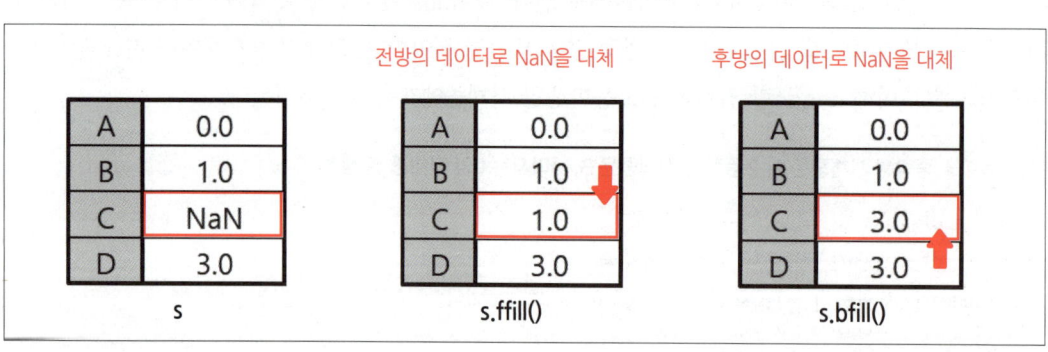

[그림 8-21] 판다스 ffill, bfill 함수

● **판다스 ffill, bfill**

전후방의 데이터로 결측값을 대체하는 함수

ffill 함수의 주요 매개변수와 인수, 기본값 [8]

```
df.ffill(axis=0, limit=None)
```

- **axis**: 축을 지정한다. 기본값은 0이며 열의 전방 데이터로 NaN을 대체한다.
- **limit**: 대체할 최대 연속 NaN의 개수를 제한한다.

이전에 학습한 fillna 함수도 결측값을 대체하지만 입력된 값으로 결측값을 대체했다. 판다스 ffill, bfill 함수는 전방 또는 후방의 데이터로 결측값을 대체한다. 실습에 사용할 변수 df1을 생성하자.

[코드 8-44] ffill, bfill 함수 실습 예제 코드

```
import pandas as pd
data1 = {'A': [float('nan'), 2, float('nan')], 'B': [0, float('nan'), 4],
         'C': [1, float('nan'), 5], 'D': [float('nan'), 3, 6]}
df1 = pd.DataFrame(data1)
df1
```

동일한 열에서 전방의 데이터로 결측값을 대체하자. df1에 ffill 함수를 적용한다.

[코드 8-45] 열의 전방 데이터로 결측값 대체하기

```
df1.ffill()
```

axis=1을 입력하면 동일한 행에서 전방의 데이터로 결측값을 대체한다. 이때 연속한 NaN이 있어도 모두 대체한다.

[코드 8-46] 행의 전방 데이터로 결측값 대체하기

```
df1.ffill(axis=1)
```

8　　bfill 함수의 매개변수는 ffill 함수와 동일하다.

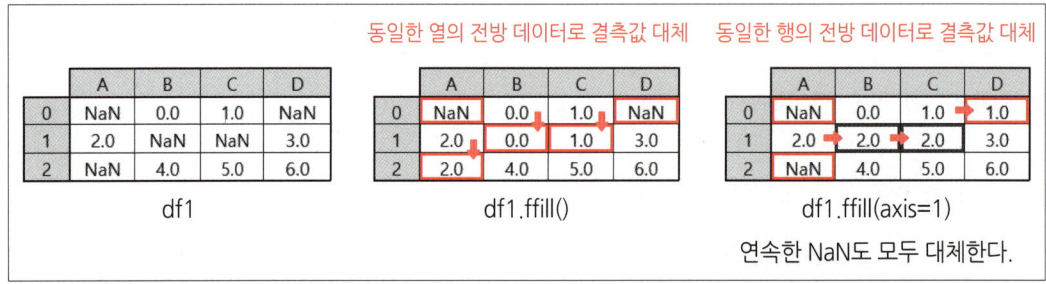

[그림 8-22] ffill 함수 적용 결과

동일한 열에서 후방의 데이터로 결측값을 대체하자. bfill 함수를 적용한다.

[코드 8-47] 열의 후방 데이터로 결측값 대체하기

```
df1.bfill()
```

동일한 행에서 후방의 데이터로 결측값을 대체하자. 이때 NaN이 연속한다면 하나의 NaN만 후방값으로 대체하자. limit=1을 입력한다.

[코드 8-48] 행의 후방 데이터로 결측값을 1회만 대체하기

```
df1.bfill(axis=1, limit=1)
```

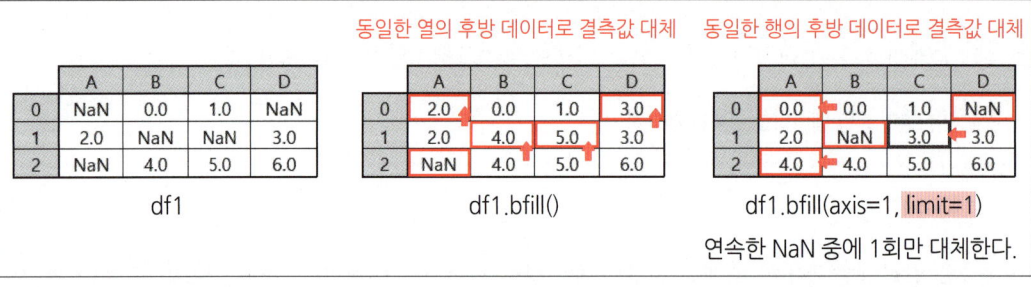

[그림 8-23] bfill 함수 적용 결과

8.6.2 결측값 보간하기(interpolate)

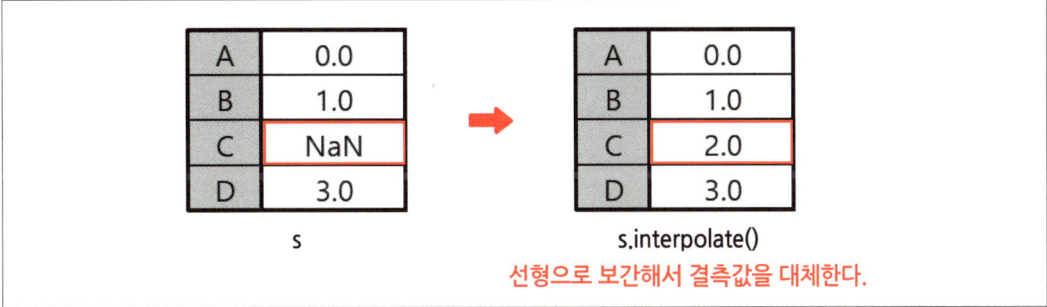

[그림 8-24] 판다스 interpolate 함수

> ● **판다스 interpolate**
>
> 보간법을 사용하여 결측값을 대체하는 함수
>
> interpolate 함수의 주요 매개변수와 인수, 기본값
>
> ```
> df.interpolate(method='linear', axis=0)
> ```
>
> - **method**: 사용할 보간 방법을 지정한다. 기본값은 'linear'이고 선형 보간법이다.
> - **axis**: 축을 지정한다.

결측값을 추정하는 방법을 보간법이라고 한다. 판다스 interpolate 함수는 보간법을 사용하여 결측값을 대체한다. 기본값으로 선형 보간법을 사용한다.[9] 실습에 사용할 시리즈 s를 생성하자.

[코드 8-49] interpolate 함수 실습 예제 코드

```
import pandas as pd
s = pd.Series([0, 1, float('nan'), 3], index=list('ABCD'))
s
```

s에 interpolate 함수를 적용하면 기본값으로 선형 보간법이 사용된다.

[코드 8-50] s의 결측값을 선형 보간법으로 보간하기

```
s.interpolate()
```

---

[9] 선형 보간법은 1차원 직선상에서 두 점의 값이 주어졌을 때 그 사이의 값을 추정하고자 직선 거리에 따라 선형적으로 계산(비례식)하는 방법이다.

결과는 [그림 8-24]와 같다. 결측값을 1과 3의 중간값인 2로 보간하였다. interpolate 함수는 다양한 보간법을 적용할 수 있으므로 추가적인 내용은 판다스 공식 문서를 참고하자. 핵심은 판다스는 간단한 코드로 보간이 가능하다는 점이다.

8.7 행 간의 연산으로 열 가공하기

주식 데이터의 일자별 가격 변동이나 등락률처럼 다른 행의 데이터와 연산한 결과가 유용할 때가 있다.

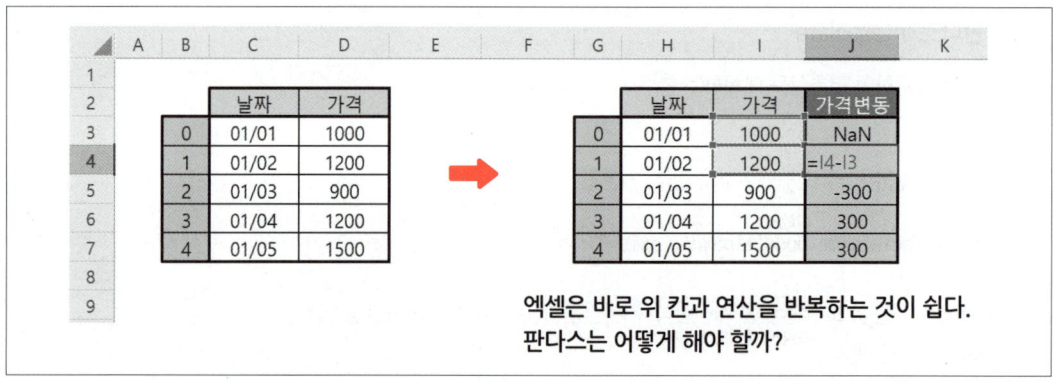

[그림 8-25] 판다스에서 다른 행과의 반복적 연산의 어려움

[그림 8-25]는 일별 주가 데이터이다. 이 데이터를 바탕으로 일별 가격 변동을 나타내는 열을 생성해야 한다. 엑셀에서는 셀마다 함수를 입력하고 전체 셀에서 반복하기에 이런 연산 결과를 얻기 편하다. 기본 파이썬 역시 for 문으로 반복문을 사용하면 쉽게 해결된다. 판다스는 함수를 기본적으로 벡터화 연산을 하므로 위와 같은 연산이 쉽지 않다. 처음 판다스에 입문하면 이런 점을 반복문의 장점이자 벡터화 연산의 단점으로 생각한다.

물론 판다스의 객체들도 배열이기에 기본 파이썬의 for 문을 사용할 수 있지만, 그러면 벡터화 연산의 장점을 포기해야 한다. 그렇지만 너무 걱정할 필요는 없다. 판다스는 shift를 비롯하여 여러 함수가 있어 반복문 없이 다른 행과의 연산을 수행할 수 있다.

8.7.1 데이터 이동하기(shift)

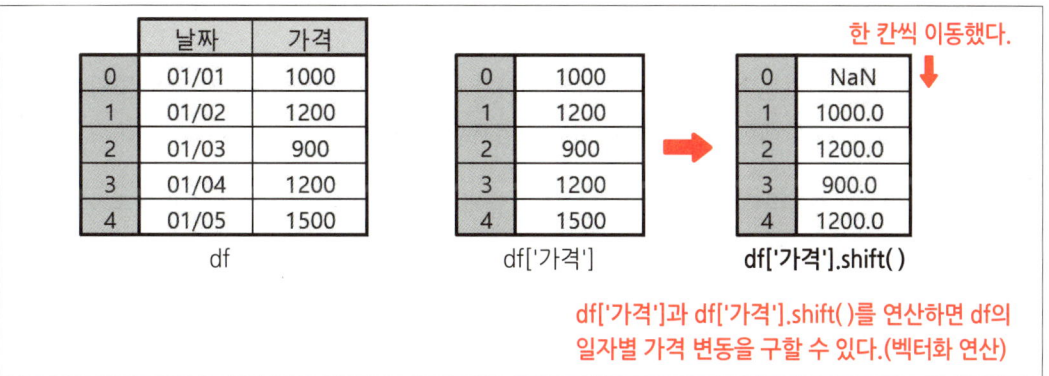

[그림 8-26] 판다스 shift 함수

> ● **판다스 shift**
>
> 데이터를 정해진 칸만큼 이동시키는 함수
>
> shift 함수의 주요 매개변수와 인수, 기본값
>
> ```
> df.shift(periods=1, freq=None, axis=0)
> ```
>
> - **periods**: 이동할 칸 수를 지정한다. 기본값은 한 칸 이동한다.
> - **freq**: 시계열 데이터를 이동할 때 이동 주기를 지정한다.
> - **axis**: 축을 지정해 이동 방향을 지정한다.

shift 함수는 그 자체로 연산을 해주는 함수는 아니다. 그저 시리즈나 데이터 프레임의 데이터를 지정한 만큼 이동하는 함수이다. 실습에 쓰일 변수 df를 생성하자.

[코드 8-51] shift 함수 실습 예제 코드

```
import pandas as pd
data = {'날짜': ['01/01', '01/02', '01/03', '01/04', '01/05'],
        '가격': [1000, 1200, 900, 1200, 1500]}
df = pd.DataFrame(data, columns=['날짜', '가격'])
df
```

가격 열의 데이터를 세로 방향으로 한 칸 이동하자. 가격 열을 인덱싱하고 shift 함수를 적용하자. 한 칸 이동이 기본값이므로 인수는 생략한다.

[코드 8-52] 가격 열의 데이터를 세로 방향으로 한 칸 이동하기

```
df['가격'].shift()
```

[코드 8-52]의 실행 결과는 [그림 8-26]에서 확인하자. 직전 데이터가 존재하지 않는 가장 첫 행은 NaN이 반환되고 나머지 데이터는 한 칸씩 이동한 결과를 얻었다.

shift 함수는 연산을 해주는 함수는 아니지만 가격 열에 shift 함수를 적용한 결과와 기존 가격 열을 연산하면 가격 변동이 구해진다.

[코드 8-53] 일자별 가격 변동 구하기

```
df['가격'] - df['가격'].shift()
```

이제 여러분도 벡터화 연산으로 손쉽게 행 간의 연산을 수행할 수 있다.

8.7.2 행 간의 차이 구하기(diff)

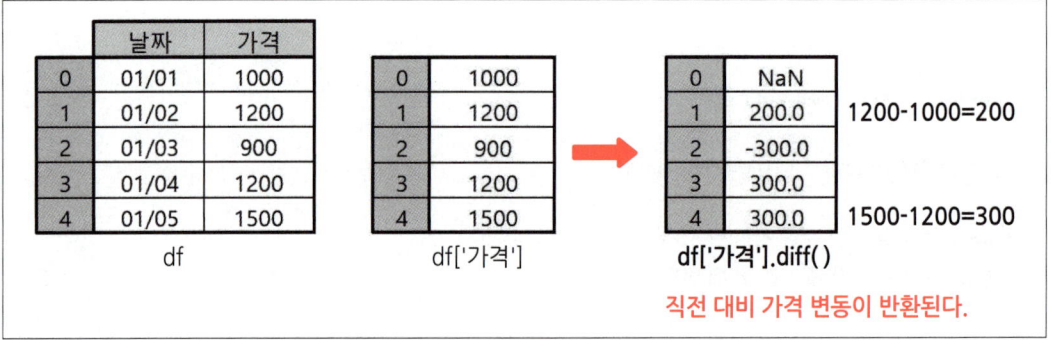

[그림 8-27] 판다스 diff 함수

> ● **판다스 diff**
>
> 행 간의 연산으로 차이를 구하는 함수. 매개변수와 인수는 shift와 동일하다.

shift 함수를 활용해 행 간의 연산이 가능하다. 하지만 [코드 8-53]처럼 shift 함수를 적용한 결과물과 다시 연산을 수행해야 하는 점이 불편해, 행 간의 차이처럼 자주 쓰이는 연산은 별도의 함수가 존재한다. diff 함수로 더 간편하게 행 간의 차이를 구하자.

[코드 8-54] diff 함수로 일자별 가격 변동 구하기

```
df['가격'].diff()
```

결과는 [그림 8-27]과 같다. diff 함수가 간편하지만 diff 함수는 뺄셈만 수행하고 shift 함수는 다양한 연산을 수행할 수 있다는 차이가 있다.

periods에 인수 2를 입력하면 2일 전 대비 가격 변동도 구할 수 있다. shift 함수, diff 함수 그리고 8.7.3에서 학습하는 pct_change 함수 모두 입력한 정수만큼 떨어진 행과 상호 작용한다.

[코드 8-55] diff 함수로 2일 전 대비 가격 변동 구하기

```
df['가격'].diff(2)
```

각자 결과를 확인해 보자.

8.7.3 행 간의 변동률 구하기(pct_change)

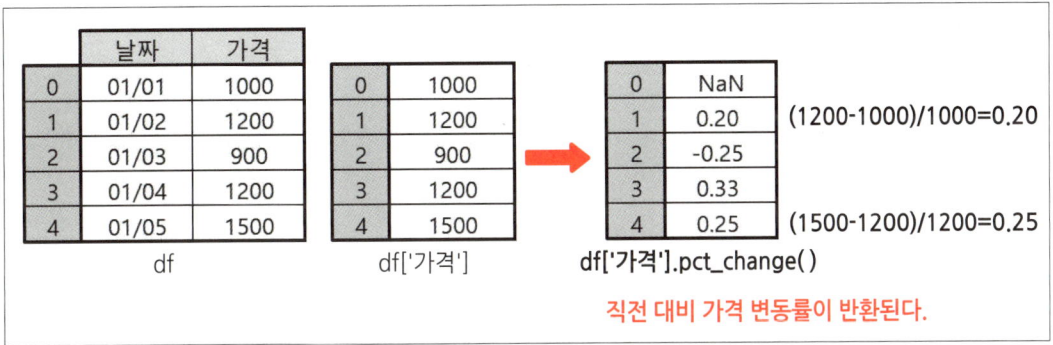

[그림 8-28] 판다스 pct_change 함수

● 판다스 pct_change

행 간의 연산으로 변동률을 구하는 함수. 매개변수와 인수는 shift와 동일하다.

pct_change 함수는 diff 함수와 마찬가지로 자주 수행하는 연산을 함수로 설정해둔 것이다. shift 함수를 사용하지 않아도 변동률을 더 간편하게 구할 수 있다.

[코드 8-56] pct_change 함수로 일자별 변동률 구하기

```
df['가격'].pct_change()
```

결과는 [그림 8-28]과 같다.

엑셀 예제 9 삼성전자 주가 분석

엑셀 파일 13SEC.xlsx 파일은 2018년부터 2023년까지 삼성전자 주가 ohlcv 데이터를 수집한 것이다.[10] 시가, 고가, 저가, 종가, 거래량을 ohlcv 데이터라고 한다. 해당 데이터로 삼성전자의 일일 등락률을 열로 생성하고 2일 연속 3.5% 이상 상승한 날짜를 찾자.

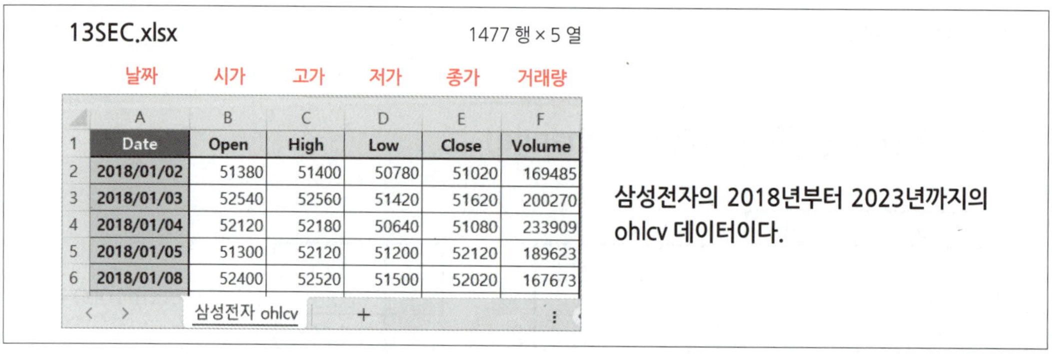

[그림 8-29] 실습 엑셀 파일 13SEC.xlsx 소개

> 삼성전자의 일일 등락률을 열로 생성하고, 2일 연속 3.5% 이상 상승한 날짜를 찾아보자.

엑셀 시트를 데이터 프레임으로 불러와 변수 df_sec로 지정한다. 이때 날짜를 시계열 인덱스로 지정해서 불러오는 것이 추후 작업을 수행하는 데 편리하다. 이를 수행하고자 index_col=0을 입력하고 parse_dates=['Date']를 입력한다. 추후 학습할 부분이니 지금은 코드만 따라 한다.[11]

[코드 8-57] 삼성전자 주가 데이터를 엑셀 파일에서 데이터 프레임으로 불러오기

```
import pandas as pd
pd.options.display.max_rows = 6 # 6행까지만 출력
pd.options.display.float_format = '{:.3f}'.format # 소수점 셋째 자리 출력
url2 = 'https://github.com/panda-kim/book1/blob/main/13SEC.xlsx?raw=true'
df_sec = pd.read_excel(url2, index_col='Date', parse_dates=['Date'])
df_sec
```

---

10 Ran Aroussi, 앞의 라이브러리

11 parse_dates=['Date'] 이 코드는 Date 열을 시계열 자료형으로 불러오는 코드이다. 추후 **13.2.3. 파일에서 datetime 자료형을 지정하여 데이터 프레임 불러오기**에서 학습하자. 단일 열이지만 반드시 리스트로 묶어 입력해야 한다.

	Open	High	Low	Close	Volume
Date					
2018-01-02	51380	51400	50780	51020	169485
2018-01-03	52540	52560	51420	51620	200270
2018-01-04	52120	52180	50640	51080	233909
...	...	...	...	...	...
2023-12-26	76100	76700	75700	76600	13164909
2023-12-27	76700	78000	76500	78000	20651042
2023-12-28	77700	78500	77500	78500	17797536

1477 rows × 5 columns

6년간의 삼성전자 주가를 수집했으니, 6년간의 주가 흐름을 시각화하자. 종가에 해당하는 Close 열을 인덱싱한 뒤 plot 함수를 적용하면, 기본값으로 종가의 선형 그래프가 그려진다.

[코드 8-58] 삼성전자 6년간의 종가를 그래프로 그리기

```
df_sec['Close'].plot()
```

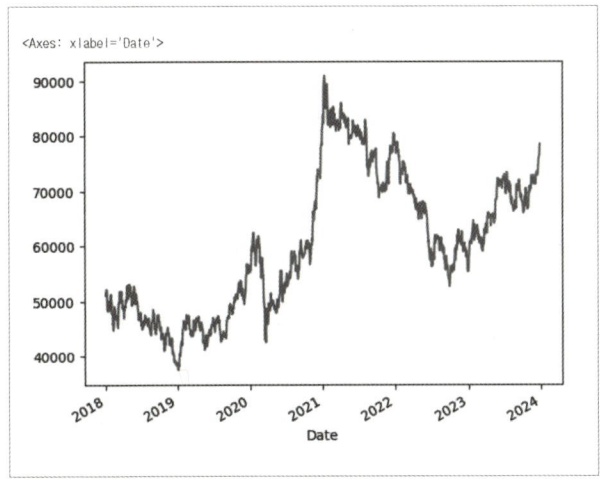

[그림 8-30] 2018~2023년 삼성전자 종가 그래프

2018년에서 2020년 사이에 삼성전자를 구매했어야 했다는 아쉬운 마음이 든다면 성공적인 시각화이다.

일일 등락률을 뜻하는 Change 열을 생성하자. 종가 열에 pct_change 함수를 적용하자.

[코드 8-59] 주가 등락률을 구해 Change 열로 생성하기

```
df_sec['Change'] = df_sec['Close'].pct_change()
```

일일 등락률이 2일 연속 3.5% 이상인 날짜를 찾는다. 먼저 Change 열이 0.035 이상이라는 조건문을 만든다. 조건문과 조건문을 1행 시프트한 값이 둘 다 True이면 2일 연속 3.5% 이상 상승한 날이다. 해당 조건으로 불리언 인덱싱을 적용하자.

[코드 8-60] 2일 연속 3.5% 이상 상승한 날짜 찾기

```
cond = df_sec['Close'].pct_change() >= 0.035
df_sec[cond & cond.shift()]
```

Date	Open	High	Low	Close	Volume	Change
2020-03-25	48950	49600	47150	48650	52735922	0.036
2020-11-16	64000	66700	63900	66300	36354334	0.049

불리언 인덱싱을 적용한 결과 2020년 3월 25일과 2020년 11월 16일이 2일 연속 3.5% 이상 상승한 날이라는 결론을 얻었다. 하나의 케이스만 직접 확인해 보자. loc 인덱서로 2020년 3월 25일 전후의 주가를 슬라이싱해서 이를 확인하자.

[코드 8-61] [코드 8-59] 결과 중 2020-03-25 전후의 주가 확인하기

```
df_sec.loc['2020-03-20':'2020-03-26']
```

Date	Open	High	Low	Close	Volume	Change
2020-03-20	44150	45500	43550	45400	49730008	0.057
2020-03-23	42600	43550	42400	42500	41701626	-0.064
2020-03-24	43850	46950	43050	46950	49801908	0.105
2020-03-25	48950	49600	47150	48650	52735922	0.036
2020-03-26	49000	49300	47700	47800	42185129	-0.017

2020년 3월 24일 10.5% 상승했고, 2020년 3월 25일 3.6% 상승했으니, 2일 연속 3.5% 이상 상승했다. [코드 8-60]의 결과가 정확함을 확인할 수 있다.

처음 열 가공을 소개할 때 이야기했지만 열 가공하기는 학습량이 많은 부분이다. 다음 장에서 더욱 심화된 열 가공하기에 대해서 학습하자.

CHAPTER

09

apply

QR코드를 통해 Chapter 9에 포함된 코드를 확인할 수 있습니다. 또한 판다스와 구글 코랩의 버전 업데이트에 따라, 변동이 필요한 코드, 변동된 코드 출력 정보도 확인할 수 있습니다.

9.1   apply 함수 소개

9.2   시리즈에 apply 함수 적용하기

9.3   데이터 프레임에 apply 함수 적용하기

9.1 apply 함수 소개

8장에서 배운 열 가공하기 함수들을 이용해 기본적인 열 가공하기는 수행할 수 있다. 하지만 그 함수들만으로 필요한 모든 열 가공하기를 수행할 수는 없으니 apply 함수가 필요하다.

9.1.1 apply 함수가 필요한 이유

학생들의 나이, 키 몸무게 데이터를 가공했던 엑셀 예제 8을 돌이켜 보자. 해당 데이터에서 학생코드 열의 첫 문자를 추출한다면 유의미한 성별 데이터로 가공된다.

학생코드 열의 첫 문자를 추출하면 성별 데이터가 된다.

학생코드	나이	키	몸무게
남001	17	186	63.5
여001	14	151	39.9
여002	15	156.3	47.2
여003	16	163.8	58
여004	17	158	47

→

학생코드	나이	키	몸무게	성별
남001	17	186	63.5	남
여001	14	151	39.9	여
여002	15	156.3	47.2	여
여003	16	163.8	58	여
여004	17	158	47	여

[그림 9-1] 학생코드 열로 성별 데이터 가공하기

그렇지만 8장까지 배운 함수로는 이를 수행할 수 없었다. 이럴 때 해결책은 두 가지이다. 판다스에는 문자열을 추출하는 함수가 있으니 해당 함수를 학습하는 것이다.[1] 물론 이것이 가장 좋은 해결책이다. 그렇지만 입문 단계에서 판다스의 모든 함수를 알기는 어렵다. 이럴 때 apply 함수를 이용하면, 기존에 알던 기본 파이썬의 내장 함수를 이용하거나 사용자 정의 함수를 만들어 해결할 수 있다.

9.1.2 apply 함수의 기능

apply 함수는 함수를 적용하기 위한 함수이다. 이제껏 판다스 함수를 잘 적용하였는데 왜 함수를 적용하기 위한 함수가 또 필요한가? 의문이 들 수 있다. 이제껏 배운 함수들은 판다스의 객체가 대상인 판다스 함수라서 판다스 객체에 바로 적용한다.

apply 함수는 판다스 함수가 아닌 함수도 시리즈의 각 셀에 적용하게 한다. 또한 시리즈에만 적용하는 함수를 데이터 프레임 전체에 적용하게 한다. 결국 각 요소에만 적용되는 함수를 반복해서 적용해 전체에 적용하는 함수가 apply 함수이다. 반복문인 for 문 대신 사용하는 함수라고 생각해도 좋다.

---

[1] 10장에서 문자열 다루기를 배운다. df_student['학생코드'].str[0]

9.2 시리즈에 apply 함수 적용하기

apply 함수는 시리즈와 데이터 프레임 모두 적용이 가능한 함수이지만 적용 방식이 서로 다르다. 먼저 시리즈에 apply 함수를 적용하는 방법을 학습하자.

9.2.1 시리즈에 apply 함수 적용하기

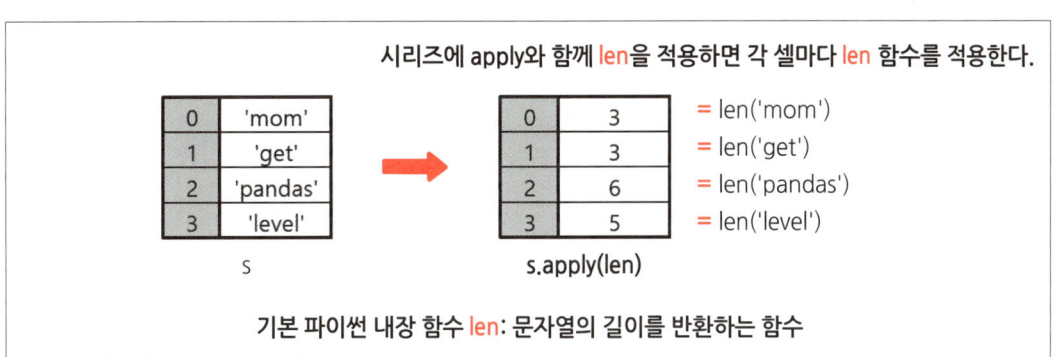

[그림 9-2] 판다스 apply 함수(시리즈에 적용할 때)

시리즈에 적용하는 apply 함수는 판다스 함수가 아닌 함수를 시리즈의 각 셀에 적용하게 해주는 함수이다. 실습할 변수 df를 생성하자. 변수 df는 네 글자 이상의 회문을 답하라는 문제에 각 학생이 제출한 답안이다. 회문은 기러기, 토마토, 스위스처럼 거꾸로 배열해도 같은 단어를 지칭한다.

[코드 9-1] 네 글자 이상의 회문을 답하라는 문제에 대한 각 학생의 답안 데이터

```
import pandas as pd
data = {'이름': ['강승주', '송중기', '권보아', '김판다'],
        '답안': ['mom', 'get', 'pandas', 'level']}
df = pd.DataFrame(data)
```

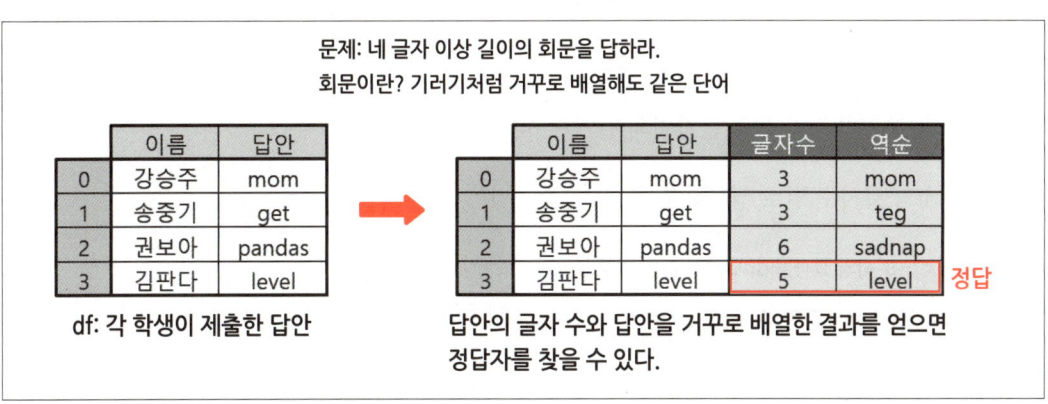

[그림 9-3] 네 글자 이상 회문을 답한 정답자 찾기

네 글자 이상의 회문을 답한 정답자를 찾아보자. 위는 df가 4행이므로 육안으로 확인되지만 100만 행 이상의 데이터라면 육안으로 구분하기 어려워 코드로 확인해야 한다.

먼저 답안의 글자 수를 파악하자. 어떻게 각 학생이 제출한 답안에서 글자 수를 가져올 수 있을까? 다행히도 기본 파이썬에는 문자열에서 글자 수를 반환하는 len 함수가 있다. 문자열 'python'에 len 함수를 적용하면 글자 수 6이 반환된다.

[코드 9-2] len 함수 확인하기

```
len('python')
```
```
6
```

그러면 시리즈에 len 함수를 사용하면 해당 시리즈의 글자 수를 구할 수 있을까? 아니다. len 함수는 문자열의 길이를 반환할 뿐, 시리즈에 적용해 각 셀의 글자 수를 시리즈로 반환하지는 않는다. 판다스 함수가 아니기 때문이다. 그래서 df의 답안 열에 len 함수를 적용만 해서는 우리가 원하는 결과를 얻을 수 없다. 시리즈에 len 함수를 적용하면 각 셀에서 문자열의 길이를 담은 시리즈를 반환하는 것이 아니라 시리즈의 길이를 반환한다.

[코드 9-3] df의 답안 열에 len 함수 적용하기

```
len(df['답안'])
```
```
4
```

이럴 때 apply로 len 함수를 적용하면, 각 셀의 글자 수를 나타내는 시리즈가 반환된다. df의 답안 열에 apply 함수를 적용한 뒤 len을 입력하면 시리즈의 각 셀에 len 함수를 적용한 결과가 시리즈로 반환된다.

[코드 9-4] df의 답안 열에 apply로 len 함수 적용하기

```
df['답안'].apply(len)
```

결과는 [그림 9-2]처럼 각 셀의 문자열의 길이가 시리즈로 반환된다.

이 결과를 df의 글자수 열로 생성하자.

[코드 9-5] [코드 9-4]의 결과를 df에 글자수 열로 생성하기

```
df['글자수'] = df['답안'].apply(len)
```

[그림 9-3]처럼 글자수 열이 생성된다.

시리즈의 각 셀에 직접 적용되지 않는 함수를 적용하려면 반복문을 사용하지만, apply 함수를 사용하면 훨씬 적용하기에 간편하다.

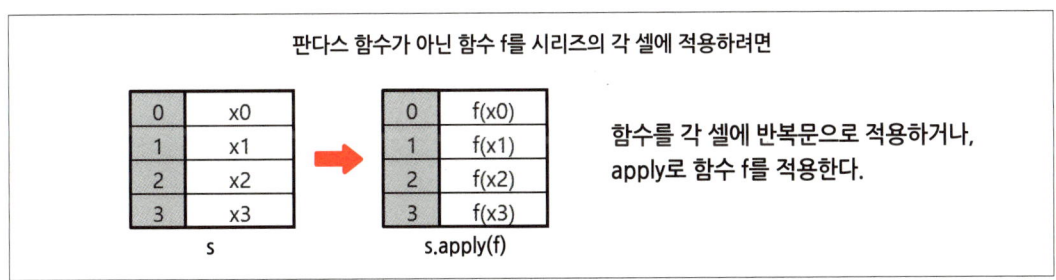

[그림 9-4] 시리즈에 apply 함수 적용 구조

9.2.2 사용자 정의 함수와 apply

df는 네 글자 이상의 회문을 제시하라는 문제에 대한 학생들의 답안이었다. 네 글자 이상 여부를 확인하고자 글자수 열을 생성했다. 회문 여부를 확인하려고 답안을 역순으로 변환했을 때 원본과 동일한지 여부를 확인하자.

[그림 9-3]처럼 문자열을 역순으로 변환한 역순 열을 생성하면 해결된다. 하지만 이러한 기능은 파이썬의 내장 함수로도 쉽게 지원되지 않는다. 따라서 역순 문자열을 반환하는 사용자 정의 함수를 작성해야 한다. 파이썬은 다음과 같은 방법으로 문자열을 역순으로 변환할 수 있다.[2]

[코드 9-6] 파이썬에서 문자열을 역순으로 변환하는 방법

```
x0 = 'abc'
x0[::-1]
```

```
'cba'
```

이 코드를 토대로 문자열을 역순으로 변환하는 사용자 정의 함수를 작성하자. 사용자 정의 함수의 이름은 rev1으로 지정하자.[3]

[코드 9-7] 문자열을 역순으로 변환하는 사용자 정의 함수 rev1 생성하기

```
def rev1(x):
    return x[::-1]
```

---

[2] 슬라이싱은 [start: end: step]의 구조로 입력하며 step에 입력된 숫자만큼 건너뛰면서 값을 추출한다. 건너뛰지 않을 때는 step을 생략하기에 이제까지의 슬라이싱에서 start와 end만을 입력했다. [::-1]로 슬라이싱해서 역순으로 변환하는 방법은 리스트, 문자열, 시리즈와 데이터 프레임에도 적용되는 기법이다. **15.4.11. 시리즈나 데이터 프레임을 역순으로 변환하기** 참고

[3] 사용자 정의 함수를 정의하는 방법은 **2.2.2 함수**를 참고하자.

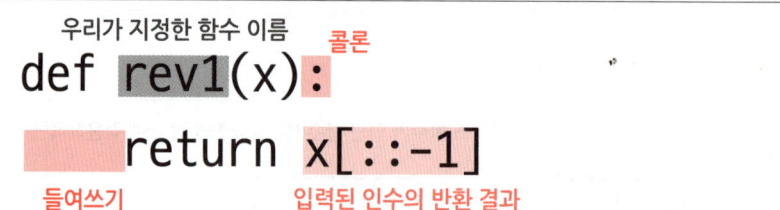

[그림 9-5] def로 함수 정의하기

함수 정의 시 문법에 따라 콜론과 들여쓰기를 해야 한다. 정의된 rev1 함수는 문자열을 전달받아 역순으로 변환한 문자열을 반환한다. rev1 함수가 잘 작동하는지 확인해 보자.

[코드 9-8] 함수 rev1에 변수 x0를 입력해 확인하기

```
rev1(x0)
```

```
'cba'
```

rev1 함수에 'abc'를 입력하면 'cba'를 반환하기에, rev1 함수가 문자열을 역순으로 변환하는 것이 확인된다.

함수 rev1으로 df의 답안 열의 문자열을 모두 역순으로 변환해 보자. rev1은 시리즈의 각 셀에 적용하는 판다스 함수가 아니므로 apply 함수와 함께 사용해야 한다.

[코드 9-9] df의 답안 열의 문자열을 역순으로 변환한 시리즈 생성하기

```
df['답안'].apply(rev1)
```

```
0      mom
1      teg
2   sadnap
3    level
Name: 답안, dtype: object
```

시리즈의 각 셀의 문자열을 역순으로 변환한 결과를 반환한다. 시리즈에 적용되지 않는 사용자 정의 함수도 apply 함수를 사용하여 각 셀에 적용할 수 있다.

9.2.3 lambda 함수와 apply

9.2.2에서 사용한 코드를 정리하면 다음과 같다.

[코드 9-10] def로 rev1을 정의하고 apply를 적용한 코드 전체 모음

```
def rev1(x):
    return x[::-1]
df['답안'].apply(rev1)
```

여러분이 rev1 함수를 한 번만 사용한다면 이 코드는 번거롭다. 파이썬은 한 번만 사용할 사용자 정의 함수를 간편하게 지정하는 방법으로 lambda 함수를 사용한다.

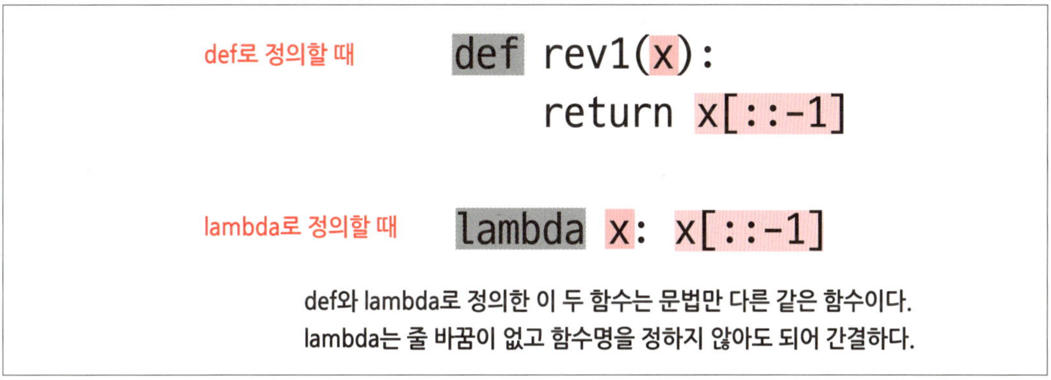

```
def로 정의할 때      def rev1(x):
                        return x[::-1]

lambda로 정의할 때   lambda x: x[::-1]

def와 lambda로 정의한 이 두 함수는 문법만 다른 같은 함수이다.
lambda는 줄 바꿈이 없고 함수명을 정하지 않아도 되어 간결하다.
```

[그림 9-6] def로 정의한 함수와 lambda로 정의한 함수

lambda 함수는 사용자 정의 함수를 간편하게 만든다. lambda 함수는 함수 내에서만 적용되는 1회용 함수이지만 코드가 더 간결해진다. 1회용이라 함수 이름을 지정할 필요도 없다. 입문 단계에서는 lambda 함수를 어려워하지만 사실은 def로 정의한 함수와 동일한 함수이며 익숙해지면 lambda 함수가 훨씬 간편하다.

[코드 9-11] lambda 함수로 df의 답안 열의 문자열을 역순으로 변환한 시리즈 생성

```
df['답안'].apply(lambda x: x[::-1])
```

당장 lambda 함수가 어렵게 느껴지나 [코드 9-10]에 비해 lambda 함수를 사용한 [코드 9-11]이 훨씬 간결하다. 또한 대부분의 판다스 숙련자는 사용자 정의 함수를 lambda 함수로 사용하기에, 코드를 검색하거나 다른 사람이 작성한 코드를 읽기 위하여 익숙해지는 것이 좋다.

이 결과를 df에 역순 열로 생성하자.

[코드 9-12] [코드 9-11]의 결과로 역순 열을 생성하기

```
df['역순'] = df['답안'].apply(lambda x: x[::-1])
```

결과로 [그림 9-3]처럼 df에 글자수 열과 역순 열이 생성되었다. 이제 네 글자 이상의 회문을 답안으로 작성한 학생이 쉽게 파악된다. 불리언 인덱싱을 활용하자.

[코드 9-13] 네 글자 이상의 회문을 답안으로 작성한 학생 찾기

```
cond1 = df['글자수'] >= 4
cond2 = df['답안'] == df['역순']
df[cond1 & cond2]
```

	이름	답안	글자수	역순
3	김판다	level	5	level

'level'을 답변한 김판다 학생의 결과만 반환한다. 파이썬 내장 함수와 사용자 정의 함수를 apply와 함께 사용하면 판다스 함수를 추가로 사용하지 않고도 원하는 결과를 얻는다.

9.2.4 시리즈에 apply 함수 적용할 때 유의할 점

앞서 이야기했듯 apply 함수는 반복 연산을 수행한다. 시리즈에 무분별하게 apply 함수를 적용하면 벡터화 연산을 사용할 수 없어 비효율적인 코드가 된다. 따라서 벡터화 연산이 가능할 때는 apply 함수를 사용하지 않아야 한다.

[코드 9-14] 벡터화 연산이 가능할 때는 apply 함수를 사용하지 않는 것이 낫다

```
s = pd.Series([1, 2, 3, 4])
s + 1 # 벡터화 연산: 권장 코드
s.apply(lambda x: x + 1) # apply 적용: 권장하지 않는 코드
```

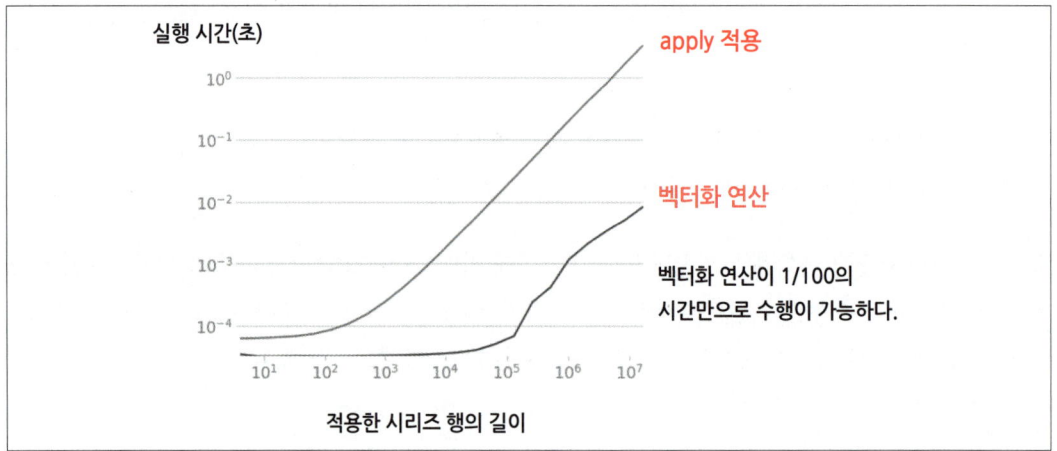

[그림 9-7] apply 함수와 벡터화 연산 실행 시간 비교

[그림 9-7]은 모든 셀에 1을 더하는 연산을 벡터화 연산과 apply 함수를 사용한 방법으로 실행한 뒤

연산에 걸리는 시간을 측정한 그래프이다. y축은 걸리는 시간을 나타내어 값이 클수록 속도가 느리다. 빅데이터처럼 규모가 큰 데이터에 적용할수록 100배에 가까운 속도 차이가 발생한다. 이미 학습한 벡터화 연산을 사용하는 것이 훨씬 효율적이다.[4]

apply 함수를 시리즈에 적용하는 것은 파이썬은 익숙하지만 판다스는 익숙하지 않을 때, 다소 비효율을 감내하더라도 문제를 해결하는 방식이다. 그래서 파이썬도 익숙하지 않은 유저라면 파이썬 내장 함수를 공부해서 apply 함수를 이용하기보다는 해당 기능을 수행하는 판다스 함수를 학습하기를 권장한다.

코딩하다 보면 다소간 비효율을 감내하더라도 반드시 해결해야 하는 문제에 직면한다. 그때는 apply 함수가 여러분의 최후의 보루가 되어준다. 그리고 드물지만 수행하려는 기능이 판다스 함수로 구현되지 않을 때도 있다. 그때도 apply는 여러분의 좋은 파트너가 되어준다.

apply 함수는 중급자의 함수라고 할 수 있다. 초급자일 때는 apply 함수가 어려워 잘 활용하지 못하고, 중급자일 때는 apply 함수로 대부분의 문제를 해결하려 한다. 그리고 판다스 함수를 많이 알수록 apply 함수를 사용하는 일이 줄어든다. apply를 사용하지 못하면 중급자가 되지 못하고, apply에 지나치게 의존하면 숙련자가 되지 못한다.

위는 모두 시리즈에 apply 함수를 적용할 때와 관련된 내용이다. 숙련자가 되어도 데이터 프레임에는 apply 함수를 계속 적용한다. 그저 시리즈에 무분별하게 apply 함수를 적용해 벡터화 연산을 깨뜨리며 사용하지 말라는 의미이다.

9.2.5 lambda 함수 추가 학습

입문 단계에서는 lambda 함수를 생성하기를 어려워한다. 더 쉽게 생성해 apply 함수에 적용하도록 추가로 학습하자. lambda 함수를 실습할 변수 s를 생성하자.

[코드 9-15] lambda 함수 생성 실습 예제 코드

```
s = pd.Series(['cat01', 'dog02', 'bird03'])
```

---

[4] 모든 셀에 1을 더하는 간단한 연산이라서 100배 느린 apply도 충분히 적용할 만한 코드이다. 규모가 매우 크고 연산이 복잡해지면, apply를 사용한 코드는 셀 실행에 한 번에 한 시간씩 걸려서 사실상 사용하기 힘든 코드가 될 때도 많다.

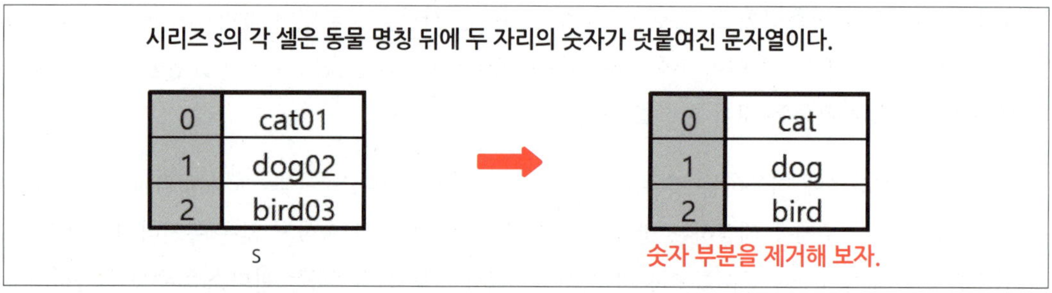

0	cat01
1	dog02
2	bird03

시리즈 s의 각 셀은 동물 명칭 뒤에 두 자리의 숫자가 덧붙여진 문자열이다.

→

0	cat
1	dog
2	bird

숫자 부분을 제거해 보자.

[그림 9-8] lambda 함수 실습 예제

시리즈 s의 각 셀은 동물 명칭 뒤에 두 자리의 숫자가 덧붙여진 문자열이다. 각 셀에서 두 자리의 숫자 부분을 제거한 시리즈를 반환하자.

lambda 함수를 만들어 apply로 시리즈 s에 적용할 것이기에 생성된 lambda 함수는 시리즈 s의 각 셀에 적용된다. 그렇기에 함수가 적용될 하나의 셀을 변수 x로 지정하자.

[코드 9-16] 각 셀마다 함수를 적용할 것이니 하나의 셀을 x로 지정

```
x = s[0]
x
```

```
'cat01'
```

변수 x의 마지막 두 문자를 삭제하는 코드를 생성하자. 문자열의 슬라이싱을 이용하면 마지막 두 문자가 제거된다.

[코드 9-17] x의 마지막 두 문자를 제거하는 코드 생성

```
x[:-2]
```

```
'cat'
```

[코드 9-17]이 lambda 함수에 x를 입력했을 때 반환되어야 하는 결과이다. 그래서 s에 apply를 적용하고 lambda 함수를 만든 뒤, [코드 9-17]을 입력하면 쉽게 lambda 함수가 생성된다.

[코드 9-18] [코드 9-17]을 lambda 함수에 입력해 apply 함수에 적용

```
s.apply(lambda x: x[:-2])
```

결과는 [그림 9-8]과 같다. 이렇게 차근히 생성하면 어렵지 않게 lambda 함수가 생성된다.[5]

lambda 함수에 if 문도 포함할 수 있다. 사용자 정의 함수를 apply 함수로 적용해 불리언 마스킹도 수행할 수 있다. s의 글자 수가 5라면 'O'를 반환하고 그 외는 'X'를 반환하자. 아래와 같은 문법으로 if 문을 lambda 함수에 입력한다.[6]

> **lambda x: True일 때 부여할 값 if 조건문 else False일 때 부여할 값**

[그림 9-9] if 문이 포함된 lambda 함수

[코드 9-19] s의 문자열 길이가 5와 같으면 'O' 아니면 'X'를 반환

```
s.apply(lambda x: 'O' if len(x) == 5 else 'X')
```

```
0    O
1    O
2    X
dtype: object
```

불리언 마스킹은 8장에서 학습했으며 8장의 방법을 따르는 것이 대체로 효율적이다.[7] 8장의 코드를 정확하게 적용하지 못할 때는 비효율을 감내하더라도 apply를 사용할 수 있다. 또한 불리언 마스킹이 아니어도 lambda 함수에 if 문을 포함해야 할 때가 있으니 그때는 위 문법을 참고하자.

---

5   10장에서 문자열 다루기를 학습하면 apply 대신 s.str[:-2]가 사용된다.
6   이는 파이썬의 리스트 내포(list comprehension)에서 조건문을 사용하는 문법과 유사하다.
7   10장의 문자열 함수와 조합해 다음과 같은 코드로 수행이 가능하다. np.where(s.str.len().eq(5), 'O', 'X')

엑셀 예제 10   학생들의 키, 몸무게 데이터로 열 가공하기 (2)

엑셀 예제 8에서 다양한 열 가공하기를 실습했지만 문자열과 관련된 실습은 하지 못했다. apply 함수를 이용해 학생코드 열에서 성별 정보를 추출해 성별 열을 생성하자.

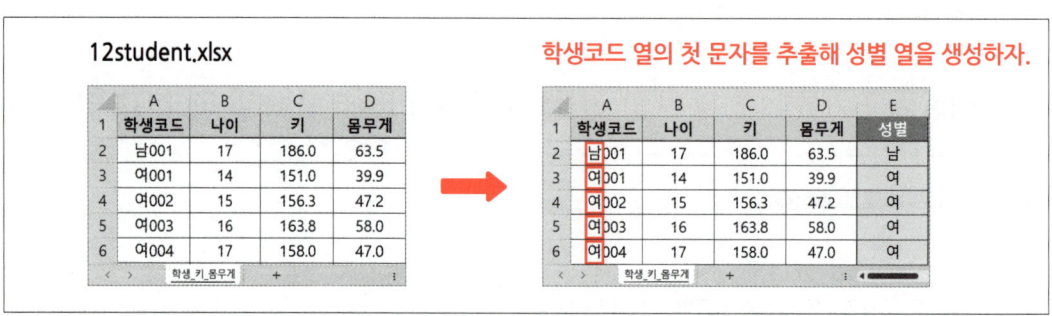

[그림 9-10] 실습 엑셀 파일 12student.xlsx 소개

학생코드 열에서 성별을 추출해 성별 열을 생성하자.

먼저 엑셀 시트를 데이터 프레임으로 불러와 변수 df_student로 지정하자.

[코드 9-20] 학생들의 키와 몸무게 엑셀 파일에서 데이터 프레임 불러오기

```
import pandas as pd
pd.options.display.max_rows = 6 # 6행까지만 출력
url1 = 'https://github.com/panda-kim/book1/blob/main/12student.xlsx?raw=true'
df_student = pd.read_excel(url1)
df_student
```

성별 열을 생성하려면 학생코드 열에 apply 함수를 적용해 첫 문자를 추출해야 한다. lambda 함수를 쉽게 만들도록 학생코드 열의 첫 셀을 x로 지정하자.

[코드 9-21] 학생코드 열의 첫 셀을 x로 지정해 첫 문자 반환하기

```
x = '남001'
x[0]
```

'남'

[코드 9-20]으로 lambda 함수를 생성하자. 그리고 apply 함수로 lambda 함수를 학생코드 열에 적용하자. 결과는 성별 열로 생성하자.

[코드 9-22] [코드 9-21]로 lambda 함수를 만들어 성별 열을 생성하기

```
df_student['성별'] = df_student['학생코드'].apply(lambda x: x[0])
df_student
```

	학생코드	나이	키	몸무게	성별
0	남001	17	186.0	63.5	남
1	여001	14	151.0	39.9	여
2	여002	15	156.3	47.2	여
...	...	...	...	...	...
97	남055	13	175.0	58.0	남
98	남056	15	172.0	51.8	남
99	여044	16	159.0	45.0	여

100 rows × 5 columns

기존에 수집된 학생코드 열의 데이터를 활용하여 새로운 성별 데이터를 생성한다. 이전에는 함수를 몰라서 수행할 수 없었던 열 가공을 apply 함수로 수행한다. 이러한 점이 시리즈에 apply를 적용하는 효용이다.

9.3 데이터 프레임에 apply 함수 적용하기

apply 함수는 시리즈와 데이터 프레임에 모두 적용할 수 있다. 시리즈에 apply 함수를 적용할 때 각 셀에 apply에 입력한 함수를 적용했다면, 데이터 프레임에 apply 함수를 적용하면 각 시리즈에 함수가 적용된다. 그래서 시리즈에만 적용하는 판다스 함수를 데이터 프레임 전체에 적용할 때 apply 함수가 쓰인다.

9.3.1 데이터 프레임에 apply 함수 적용하기

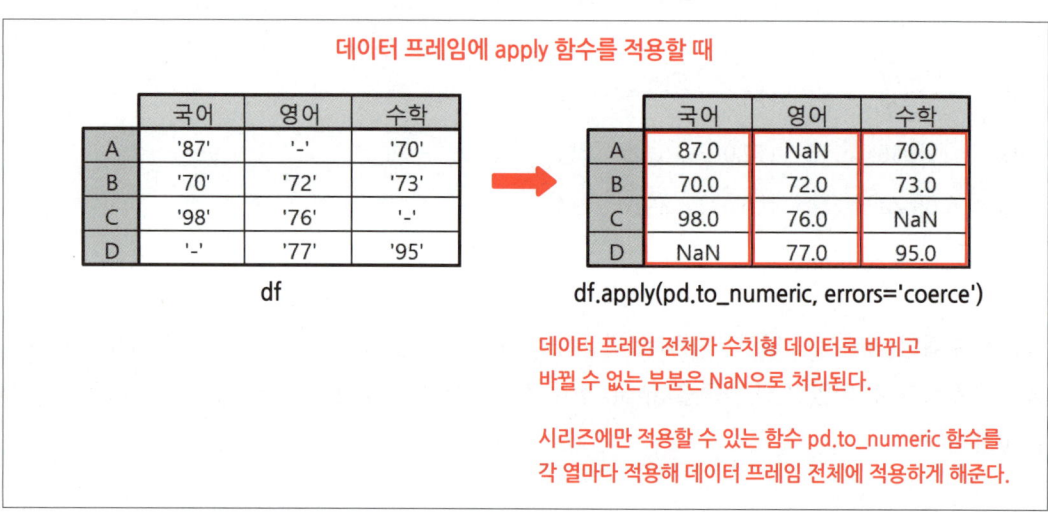

[그림 9-11] 데이터 프레임에 apply 함수 적용하기

데이터 프레임에 apply 함수를 적용하면 각 시리즈에 함수가 적용된다. 따라서 시리즈에만 적용하는 판다스 함수가 데이터 프레임 전체에 적용된다. 실습에 쓰일 df를 생성하자.

[코드 9-23] 데이터 프레임에 apply 함수 적용 실습 예제 코드

```
import pandas as pd
data = {'국어': {'A': '87', 'B': '70', 'C': '98', 'D': '-'},
        '영어': {'A': '-', 'B': '72', 'C': '76', 'D': '77'},
        '수학': {'A': '70', 'B': '73', 'C': '-', 'D': '95'}}
df = pd.DataFrame(data1)
df
```

df에는 '-'와 같이 수치형으로 변환이 불가능한 데이터가 존재한다. 그래서 df를 수치형 자료형으로

변환하려면, astype 함수를 사용할 수 없고 to_numeric 함수를 사용해야 한다.[8] 국어 열을 수치형 자료형으로 변환하자. to_numeric 함수에 errors='coerce'를 입력하면 변환할 수 없는 데이터는 NaN으로 변환하고, 나머지는 수치형으로 변환한다.

[코드 9-24] 국어 열을 수치형 자료형으로 변환하기

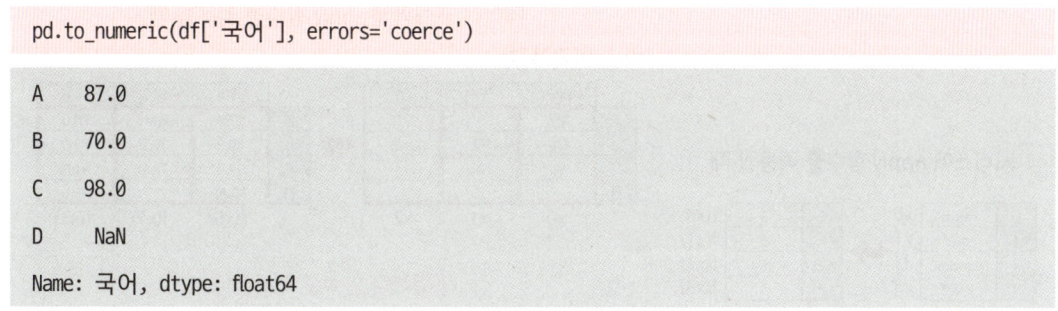

그러나 to_numeric 함수는 시리즈에만 적용해 df 전체에 적용할 수 없다. 이때 apply 함수를 사용하면, 시리즈에만 적용되는 함수가 데이터 프레임 전체에 적용된다. 단, to_numeric 함수는 매개변수 errors에 'coerce'를 입력해야 한다. 추가 매개변수에 인수를 전달해야 하는 함수를 apply 함수로 적용할 때는 apply 함수에 입력한다.

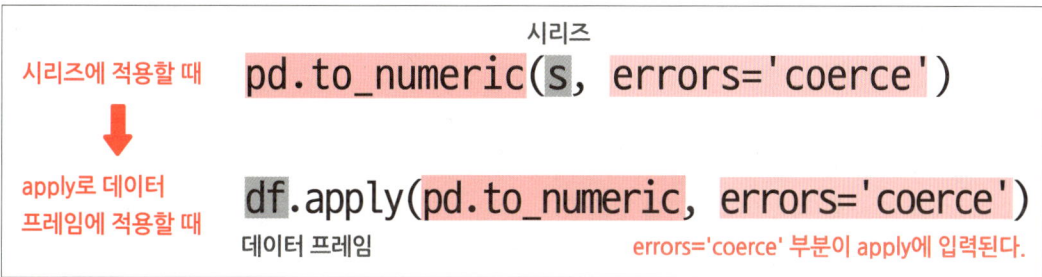

[그림 9-12] 추가 매개변수가 존재할 때 apply 함수 적용 방법

apply 함수로 df 전체에 to_numeric 함수를 적용해 수치형 자료형으로 변환하자.

[코드 9-25] df 전체를 수치형 자료형으로 변환하기

```
df.apply(pd.to_numeric, errors='coerce')
```

결과는 [그림 9-11]처럼 데이터 프레임 전체를 수치형 자료형으로 변환하고, 변환이 불가능한 데이터는 NaN으로 변환한다.

---

8 **6.6.2. 수치형으로 변환하기(to_numeric)** 참고. 수치형으로 변환할 수 없는 '-'은 NaN으로 변환한다.

9.3.2 데이터 프레임에 apply 함수 적용할 때 축 지정

시리즈에서 적용하는 apply와 데이터 프레임에 적용하는 apply의 차이를 그림으로 표현하면 아래와 같다.

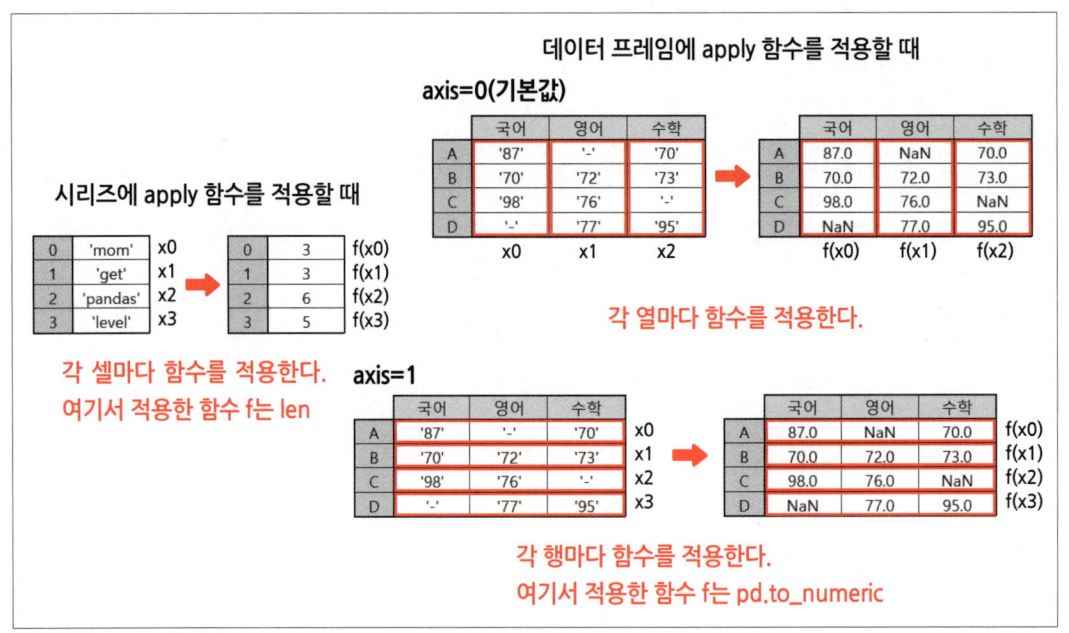

[그림 9-13] 데이터 프레임에 apply 함수를 적용할 때 축

시리즈에 apply를 적용할 때 각 셀마다 함수를 적용한다. 시리즈의 각 셀을 x0, x1, x2, x3, x4로 설정해 각각 len 함수를 적용하여 결과를 반환한다. 반면 데이터 프레임에 apply를 적용할 때는 기본값일 때 각 열을 x0, x1, x2로 설정해 함수를 적용한다.

데이터 프레임에 apply를 적용할 때, 축을 지정하면 함수를 적용할 대상 시리즈가 바뀐다. 축은 axis로 설정하며 기본값은 0이고 열마다 함수를 적용한다. axis=1을 입력하면 행마다 함수를 적용한다.[9]

to_numeric 함수를 apply로 적용하면 axis가 0일 때와 1일 때의 결과가 같다. 그래서 축 지정이 와닿지 않는다. 축에 따른 결과를 구분하기 쉬운 lambda 함수를 생성하여 확인하자.[10] 실습할 변수 df1을 생성하자.

---

[9] 열마다 함수를 적용하는 것은 axis=0, 행마다 함수를 적용하는 것은 axis=1이다.
[10] 시리즈에 apply를 적용할 때는 각 셀에 적용되는 lambda 함수를 생성했다면, 데이터 프레임에 apply를 적용할 때는 시리즈에 적용되는 lambda 함수를 생성한다.

[코드 9-26] 데이터 프레임에 apply 함수 축 지정 적용 실습 예제 코드

```
data1 = {'국어': {'A': 90, 'B': 70, 'C': 80, 'D': float('nan')},
         '영어': {'A': float('nan'), 'B': 90, 'C': 80, 'D': 90},
         '수학': {'A': 20, 'B': 50, 'C': float('nan'), 'D': 40}}
df1 = pd.DataFrame(data1)
df1
```

df1은 각 학생의 과목별 성적을 나타낸다. 그러나 일부 시험은 불참한 인원이 있어서 결측값 NaN으로 표시된다. 이러한 시험은 대체 점수를 부여해야 한다. 대체 점수는 각 과목의 최소 점수 또는 인원의 최소 점수로 대체하려고 한다.

대체 점수를 부여하는 lambda 함수를 생성하자. 시리즈의 최솟값으로 해당 시리즈의 결측값을 대체하는 lambda 함수를 생성한다. 손쉽게 lambda 함수를 생성하도록 df1의 국어 열을 x로 지정한다.

[코드 9-27] lambda 함수 쉽게 생성하기 위해 df1의 국어 열을 x로 지정

```
x = df1['국어']
x
```

```
A    90.0
B    70.0
C    80.0
D     NaN
Name: 국어, dtype: float64
```

x의 최솟값으로 해당 x의 NaN을 대체하는 코드를 생성하자.

[코드 9-28] 시리즈 x의 최솟값으로 x의 결측값을 대체하는 코드

```
x.fillna(x.min())
```

```
A    90.0
B    70.0
C    80.0
D    70.0
Name: 국어, dtype: float64
```

x의 결측값이 x의 최솟값인 70으로 대체되었다. 이 코드를 lambda 함수에 입력하면 해당 함수는 시리즈의 최솟값으로 해당 시리즈의 결측값을 대체한다.

apply 함수를 이용해 이 lambda 함수를 df1 전체에 적용하면 axis=0인 기본값일 때와 axis=1을 입력했을 때가 전혀 다른 결과를 반환한다.

[코드 9-29] 각 과목(각 열)의 최솟값으로 결측값 대체하기

```
df1.apply(lambda x: x.fillna(x.min()))[11]
```

[코드 9-30] 각 개인(각 행)의 최솟값으로 결측값 대체하기

```
df1.apply(lambda x: x.fillna(x.min()), axis=1)
```

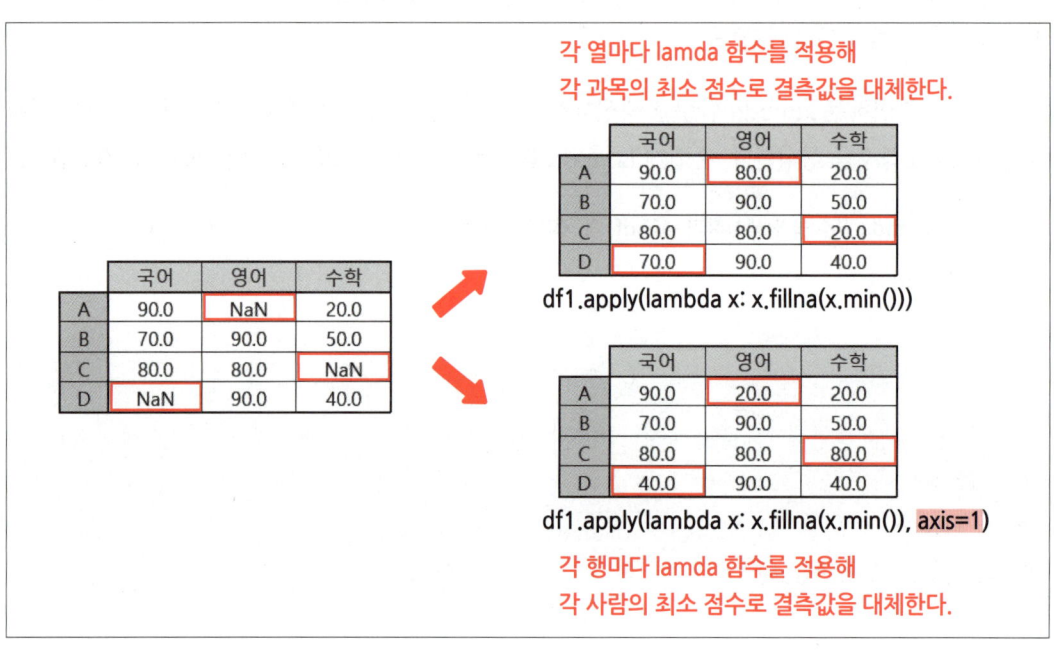

[그림 9-14] 각 열 혹은 각 행의 최솟값으로 결측값 채우기

기본값일 때는 각 열에 lambda 함수를 적용하여 각 과목의 최소 점수로 결측값을 대체한다. axis=1로 지정하면 각 행에 lambda 함수를 적용하여 각 사람의 최소 점수로 결측값을 대체한다. apply 함수를 데이터 프레임에 적용할 때 축을 정확하게 지정하는 것은 매우 중요하다.

9.3.3 복수 열의 데이터를 입력하는 lambda 함수를 각 행에 적용하기

데이터 분석을 하다 보면 각 행에서 복수의 열 데이터를 함수에 전달해 결과를 반환해야 할 때가 있다. 이때 적용하는 함수는 보통 다른 라이브러리의 함수들이고, 그렇기에 판다스 함수가 아니라서 적

---

[11] 데이터 프레임에 fillna 함수를 적용하고 매퍼인 시리즈를 입력하면 일종의 브로드 캐스팅을 수행되므로 다음과 같은 코드를 적용해도 결과는 [코드 9-29]와 같다. df1.fillna(df1.min())

용에 어려움이 있다. 다음 [그림 9-15]를 통해 이에 해당하는 경우를 이해할 수 있을 것이다.

	도시	위도	경도
0	서울	37.51	127.05
1	부산	35.12	129.08
2	광주	35.13	126.90
3	대전	36.35	127.42
4	강릉	37.75	128.88
5	대구	35.87	128.60

df2

→

	도시	위도	경도	거리(서울)
0	서울	37.51	127.05	0.00
1	부산	35.12	129.08	322.02
2	광주	35.13	126.90	264.99
3	대전	36.35	127.42	133.11
4	강릉	37.75	128.88	163.35
5	대구	35.87	128.60	228.81

각 행의 위도와 경도 데이터를 함수에 입력해
f(위도, 경도)로 각 행의 도시와 서울과의 거리를 파악하라.

[그림 9-15] 복수 열의 데이터를 입력하는 함수를 각 행에 적용하기

df2에는 각 도시의 위도와 경도 데이터가 수집되어 있다. df2를 이용하여 각 도시와 서울의 거리를 구하고 싶다. 두 지점의 위도와 경도를 알면, haversine 공식을 사용하여 두 지점 사이의 직선거리를 구할 수 있다.

$$d = 2r \arcsin\left(\sqrt{\sin^2\left(\frac{\varphi_2 - \varphi_1}{2}\right) + \cos\varphi_1 \cdot \cos\varphi_2 \cdot \sin^2\left(\frac{\lambda_2 - \lambda_1}{2}\right)}\right)$$

[그림 9-16] 위도와 경도로 두 지점의 거리를 구하는 haversine 공식[12]

haversine 공식이 복잡해 보이지만 파이썬의 haversine 라이브러리는 두 지점의 위도와 경도만 입력하여 거리를 구하는 haversine 함수를 지원한다. 해당 함수를 사용하고자 먼저 haversine 라이브러리를 설치하자.

[코드 9-31] haversine 라이브러리 설치

```
!pip install haversine
```

haversine 라이브러리를 설치했다면 haversine 함수로 두 지점의 거리를 구해보자. [그림 9-15]의 도시 중에 서울의 위도와 경도를 리스트로 묶어 변수 seoul로 지정한다. 부산의 위도와 경도를 리스트로 묶어 변수 pusan으로 지정한다. haversine 함수에 변수 seoul과 변수 pusan을 입력하고 단위를 km로 지정하면 두 지점의 직선거리를 km로 반환한다.

---

[12] "Haversine Formula", 위키백과, 2024년 6월 6일 접속, https://en.wikipedia.org/wiki/Haversine_formula

[코드 9-32] 위도와 경도가 알려진 두 지점의 직선거리 구하기

```
import haversine
seoul = [37.51, 127.05] # 위도, 경도
pusan = [35.12, 129.08]
haversine.haversine(seoul, pusan, unit='km')
```

322.01611582688184

df2에는 각 도시의 위도와 경도 데이터가 담겨 있다. 따라서 행마다 haversine 함수를 적용하면 각 행의 도시와 서울 사이의 직선거리를 구할 수 있다. 그러나 haversine 함수는 판다스 함수가 아니므로 df2의 위도 열과 경도 열과 조합해 벡터화 연산을 수행할 수 없다. 따라서 df2의 각 행의 도시와 서울의 거리를 구하려면 apply 함수를 사용하여 각 행에 함수를 적용해야 한다. 실습할 변수 df2를 생성하자.

[코드 9-33] 각 도시와 서울의 직선거리를 구할 실습 예제 코드

```
data2 = {'도시': ['서울', '부산', '광주', '대전', '강릉', '대구'],
         '위도': [37.51, 35.12, 35.13, 36.35, 37.75, 35.87],
         '경도': [127.05, 129.08, 126.9, 127.42, 128.88, 128.6]}
df2 = pd.DataFrame(data2)
df2
```

각 행에 적용할 lambda 함수를 쉽게 생성하고자 두 번째 행을 변수 x로 지정하자.

[코드 9-34] lambda 함수 생성을 위해 df2의 두 번째 행을 변수 x로 지정하기

```
x = df2.iloc[1]
x
```

도시	부산
위도	35.12
경도	129.08

Name: 1, dtype: object

변수 x와 [코드 9-32]의 변수 seoul을 이용하여 서울과 부산의 직선거리를 구한다. 시리즈인 변수 x에서 위도와 경도를 인덱싱하여 리스트를 생성하고, 이를 haversine 함수에 입력한다.

[코드 9-35] 변수 x와 변수 seoul, 함수 haversine으로 서울, 부산 거리 구하기

```
haversine.haversine(seoul, [x['위도'], x['경도']], unit='km')
```

322.01611582688184

위 [코드 9-35]로 각 행에서 서울과의 거리를 구하는 lambda 함수를 생성한다. 생성한 lambda 함수를 apply 함수와 함께 사용하여 df2 전체에 적용하자. 단, 행마다 함수를 적용해야 하므로 axis=1을 입력해야 한다. 결과는 df2에 거리(서울) 열로 추가하자.

[코드 9-36] df2에서 각 도시와 서울과의 거리 구하기

```
df2['거리(서울)'] = df2.apply(
    lambda x: haversine.haversine(seoul, [x['위도'], x['경도']], unit='km'),
    axis=1
)
df2
```

결과는 [그림 9-15]처럼 각 행에서 위도와 경도를 haversine 함수를 적용해 서울과의 거리를 반환한다.

이렇게 apply 함수를 이용하면 판다스가 아닌 다른 여러 유용한 라이브러리의 함수들이 데이터 프레임 전체에 적용된다. 속도는 벡터화 연산에 비해 느리지만 결과를 얻었다. 이렇게 파이썬의 다양한 라이브러리의 함수를 풍성하게 사용한다는 점도 apply의 장점이다.

9.3.4 apply와 map 함수 비교

map 함수 역시 apply와 유사하게 함수를 적용하는 함수이다. 두 함수를 정확하게 구분한다면 apply에 대한 이해도가 한층 높아진다. 실습할 변수 df3를 생성하자.

[코드 9-37] apply와 map 비교 실습 예제 코드

```
data3 = [['noon', 'esse', 'rotor'], ['mom', 'marram', 'keek'],
         ['dad', 'nun', 'poop'], ['level', 'pullup', 'otto']]
df3 = pd.DataFrame(data3, index=list('ABCD'), columns=['1회', '2회', '3회'])
df3
```

df3는 A, B, C, D 네 사람이, 네 글자 이상의 회문을 답변하는 문제에 3회에 걸쳐 제출한 답변이다. 답변은 모두 회문이므로 각 셀의 글자 수만 파악해 보자. 이 작업을 토대로 apply와 map 함수도 비교하고 데이터 프레임의 각 셀에 함수를 적용하는 방법을 알아보자.

[그림 9-17] 데이터 프레임의 각 셀에 함수 적용하기

apply를 사용하면 하나의 열에서 글자 수를 반환할 수 있다. map 함수를 사용해도 하나의 열에서 글자 수를 반환할 수 있다. map 함수는 매퍼가 입력되면 매핑을 수행하는 함수이다.[13] 주로 딕셔너리나 시리즈를 매퍼로 활용하지만 함수도 매퍼로 활용한다. 따라서 map 함수를 이용하여 글자 수를 반환하는 len 함수를 적용하면 시리즈의 각 셀의 글자 수가 반환된다. map 함수를 이용하여 1회 열의 글자 수를 반환하자.

[코드 9-38] map 함수로 1회 열의 글자 수 반환

```
df3['1회'].map(len)
```

```
A    4
B    3
C    3
D    5
Name: 1회, dtype: int64
```

map 함수를 시리즈에 적용하면 apply 함수를 시리즈에 적용한 것과 같은 결과를 얻는다. 시리즈에 apply 함수를 적용할 때는 map 함수를 대신 사용해도 된다. map 함수는 매퍼로 함수뿐 아니라 딕셔너리와 시리즈도 입력되기에 시리즈에 적용할 때는 apply 함수보다 더 다양한 기능을 수행한다. 또한 map 함수는 시리즈뿐 아니라 인덱스 클래스에도 적용할 수 있는 장점이 있다.

다만 map 함수는 시리즈와 인덱스 클래스에만 적용이 가능하기에 df3 전체에 적용하지는 못한다. 이때는 apply 함수를 데이터 프레임에 적용해 map 함수를 각 시리즈에 적용하자.[14]

---

13 **6.7.2. 데이터 매핑하기(map)** 참고
14 map 함수 대신 apply 함수를 사용해도 된다. df3.apply(lambda x: x.apply(len))

[코드 9-39] map 함수를 df3 전체에 적용해 글자 수 반환

```
df3.apply(lambda x: x.map(len))
```

데이터 프레임 전체에서 각 셀의 문자열의 길이를 반환하는 [그림 9-17]의 결과를 얻는다.[15]

apply 함수와 map 함수의 차이를 정리하면 다음과 같다.

분류	map	apply
적용 대상	시리즈, 인덱스 클래스	시리즈, 데이터 프레임
인수	함수, 시리즈, 딕셔너리 등의 매퍼	함수
인수로 입력된 함수 적용 대상	셀마다 함수 적용	시리즈에 적용할 때는 셀마다 함수 적용 데이터 프레임에 적용할 때는 시리즈마다 함수 적용

[표 9-1] map, apply 비교

엑셀 예제 11 지하철역 데이터 전처리 및 분석하기

엑셀 파일 14subway.xlsx는 지하철역 시간대별 1일 승차인원[16] 시트와 지하철역의 위도, 경도 좌표[17] 시트를 보유한다.

14subway.xlsx 첫 번째 시트 621 행 × 24 열

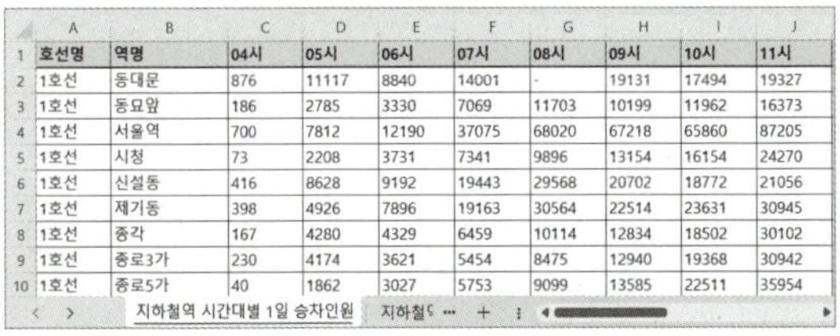

	A	B	C	D	E	F	G	H	I	J
1	호선명	역명	04시	05시	06시	07시	08시	09시	10시	11시
2	1호선	동대문	876	11117	8840	14001	-	19131	17494	19327
3	1호선	동묘앞	186	2785	3330	7069	11703	10199	11962	16373
4	1호선	서울역	700	7812	12190	37075	68020	67218	65860	87205
5	1호선	시청	73	2208	3731	7341	9896	13154	16154	24270
6	1호선	신설동	416	8628	9192	19443	29568	20702	18772	21056
7	1호선	제기동	398	4926	7896	19163	30564	22514	23631	30945
8	1호선	종각	167	4280	4329	6459	10114	12834	18502	30102
9	1호선	종로3가	230	4174	3621	5454	8475	12940	19368	30942
10	1호선	종로5가	40	1862	3027	5753	9099	13585	22511	35954

각 시간대의 승차 인원 데이터를 보유하고 있지만 결측값이나 0을 '-'으로 표기해서 수치형으로 읽어오지 못한다.

시간대의 승차인원 데이터는 수치형으로 변환하자.

[그림 9-18] 실습 엑셀 파일 14subway.xlsx 첫 번째 시트 소개

15 판다스 2.1.0 이전 버전에서는 applymap 함수를 사용해도 데이터 프레임의 각 셀에 함수를 적용한 결과를 얻을 수 있지만, applymap이 다소 느린 함수라서 자주 사용하지 않는다. 또한 판다스 2.1.0 버전부터 applymap 함수는 map 함수로 이름도 변경되었다. 이름은 map으로 변경되었으나 시리즈에 적용하는 map 함수와는 다른 함수이다.

16 "서울교통공사_역별 일별 시간대별 승하차인원 정보", 공공데이터 포털, 2024년 1월 11일 접속, https://www.data.go.kr/data/15048032/fileData.do

17 서울특별시, "서울시 역사마스터 정보", 서울 열린데이터 광장, 2024년 1월 11일 접속, https://data.seoul.go.kr/dataList/OA-21232/S/1/datasetView.do

승차인원 데이터를 수치형 자료형으로 읽어오자.

첫 번째 시트에는 각 시간대의 승차인원 데이터가 수집되어 있다. 하지만 결측값이나 0이 '-'로 표기되어 수치형으로 읽어오지 못한다. 승차인원 데이터는 수치형 자료형으로 변환해야 한다. 먼저 첫 번째 엑셀 시트를 데이터 프레임으로 불러와 변수 df1으로 지정한다.

[코드 9-40] 지하철역 승차인원 시트를 df1으로 지정하기

```
import pandas as pd
pd.options.display.max_rows = 6 # 6행까지만 출력
pd.options.display.float_format = '{:.3f}'.format # 소수점 셋째 자리 출력
url2 = 'https://github.com/panda-kim/book1/blob/main/14subway.xlsx?raw=true'
df1 = pd.read_excel(url2)
df1
```

dtypes 속성으로 df1의 각 열의 자료형을 확인하자.

[코드 9-41] df1의 각 열의 자료형 확인

```
df1.dtypes
```

```
호선명      object
역명       object
04시      object
          ...
23시      object
00시      object
01시      object
Length: 24, dtype: object
```

역시 우려한 것처럼 '-' 때문에 04시부터 01시에 해당하는 열들이 모두 오브젝트 자료형으로 지정되었다. 자료형을 수치형으로 변환하자.

호선명 열과 역명 열은 수치형으로 변환하지 않을 것이므로 수치형으로 바꿀 열들을 변수 cols로 지정하자. 여러 가지 방법이 있지만 열 이름에 '시'를 포함하는 열만 filter 함수로 가져온 뒤 columns 속성을 적용하자.

[코드 9-42] **df1에서 열 이름에 '시'를 포함하는 열만 추출**

```
cols = df1.filter(like='시').columns
cols
```

```
Index(['04시', '05시', '06시', '07시', '08시', '09시', '10시', '11시', '12시', '13시',
       '14시', '15시', '16시', '17시', '18시', '19시', '20시', '21시', '22시', '23시',
       '00시', '01시'],
      dtype='object')
```

cols에 포함된 열들만 수치형으로 변환한다.

하이픈(-)처럼 수치형으로 변환할 수 없는 데이터가 포함되어 to_numeric 함수를 사용하여 변환한다. 변환할 수 없는 데이터는 NaN으로 변환하자. to_numeric 함수는 데이터 프레임에는 사용할 수 없지만 apply 함수와 함께 사용하면 데이터 프레임에 적용된다. 다만 모든 열을 변환하면 안 되므로 변환할 열들의 집합 cols로 인덱싱한 다음 cols에 해당하는 열만 자료형을 변환한다. apply 함수를 적용한 결과는 대괄호 인덱싱에 배정해 복수의 열을 수정하자.[18]

[코드 9-43] **cols에 속한 열을 수치형 자료형으로 변환하기**

```
df1[cols] = df1[cols].apply(pd.to_numeric, errors='coerce')
df1
```

다시 dtypes 속성을 적용해 변환 결과를 확인하자.

[코드 9-44] **df1의 각 열의 자료형 확인**

```
df1.dtypes
```

```
호선명      object
역명       object
04시      float64
          ...
23시      float64
00시      float64
01시      float64
Length: 24, dtype: object
```

---

[18] **4.1.2. 대괄호 인덱싱으로 열 생성하기**에서 언급한 데이터 프레임을 배정해 복수의 열을 수정하는 기법이다.

04~01시의 데이터가 수치형으로 변환되었다.

```
14subway.xlsx 두 번째 시트        771 행 × 5 열

     A    B              C      D         E
1    ID   역명           호선명   위도      경도
2    150  서울역          1호선    37.5562   126.9721
3    152  종각            1호선    37.5702   126.9829
4    153  종로3가         1호선    37.5704   126.9918
5    154  종로5가         1호선    37.5709   127.0018
6    155  동대문          1호선    37.5717   127.0109
7    156  신설동          1호선    37.5760   127.0246
8    157  제기동          1호선    37.5781   127.0349
9    158  청량리(서울시립대입-  1호선    37.5800   127.0446
10   159  동묘앞          1호선    37.5732   127.0165
```

수도권 지하철역의 위치 좌표이다.
서울 중심부와의 거리를 측정하라.

서울 중심부 좌표
위도 37.51
경도 127.05

[그림 9-19] 실습 엑셀 파일 14subway.xlsx 두 번째 시트 소개

서울 중심부에서 가장 멀리 떨어진 지하철역 찾기

두 번째 시트에는 수도권 지하철역의 위도와 경도가 표기되어 있다. haversine 함수를 이용해 서울 중심부에서 가장 멀리 떨어진 지하철역을 확인하자. haversine 함수는 판다스 함수가 아니므로 apply 함수와 함께 적용해야 한다. 두 번째 엑셀 시트를 데이터 프레임으로 불러와 변수 df1으로 지정하자.

[코드 9-45] 지하철역 위도 경도 좌표 시트를 df2로 지정하기

```
df2 = pd.read_excel(url2, sheet_name=1)
df2
```

서울 중심부를 변수 seoul로 지정해 각 지하철역과 중심부의 거리를 구하자.[19]

[코드 9-46] haversine 함수로 각 지하철역과 서울 중심부의 거리 구하기

```
import haversine
seoul = [37.51, 127.05] # 서울 중심의 위도, 경도
df2['거리(km)'] = df2.apply(
    lambda x: haversine.haversine(seoul, [x['위도'], x['경도']], unit='km'),
    axis=1
)
df2
```

---

[19] 내용이 생소하다면, **9.3.3. 복수 열의 데이터를 입력하는 lambda 함수를 각 행에 적용하기**를 복습하자.

서울 중심부에서 가장 멀리 떨어진 세 개의 역을 확인하자. nlargest 함수를 사용하면 거리가 가장 큰 3개 행의 데이터를 쉽게 얻는다.[20]

[코드 9-47] 서울 중심부에서 가장 멀리 떨어진 세 개의 역 확인하기

```
df2.nlargest(3, '거리(km)')
```

	ID	역명	호선명	위도	경도	거리(km)
740	1408	신창(순천향대)	장항선	36.770	126.951	82.805
742	1405	배방	장항선	36.778	127.053	81.436
741	1407	온양온천	장항선	36.780	127.003	81.224

서울 중심부와 가장 멀리 떨어진 수도권 지하철역은 신창역이었다.

apply 함수는 입문 단계에서 가장 어려운 함수이다. apply 함수는 단점도 있지만 잘 사용하면 여러분의 최후의 보루가 되는 함수이다. apply 함수를 제대로 사용하려면 용도와 함수 적용 대상을 정확하게 파악해야 한다.

> **apply를 사용할 때**
> 1. 기본 파이썬 내장 함수를 시리즈의 각 셀에 적용할 때
> 2. 시리즈에만 적용되는 판다스 함수를 데이터 프레임 전체에 적용할 때
> 3. 사용자 정의 함수나 다른 라이브러리의 함수로 1, 2번을 수행할 때

[그림 9-20] apply 함수를 사용할 때

---

20 거리로 정렬한 뒤 iloc를 사용해도 된다. df2.sort_values('거리(km)', ascending=False).iloc[:3]

CHAPTER

10
문자열 다루기

QR코드를 통해 Chapter 10에 포함된 코드를 확인할 수 있습니다. 또한 판다스와 구글 코랩의 버전 업데이트에 따른, 변동이 필요한 코드, 변동된 코드 출력 정보도 확인할 수 있습니다.

10.1 문자열을 다루는 함수

10.2 문자열을 다루는 다양한 함수

10.3 정규 표현식

10.1 문자열을 다루는 함수

9장에서 학습한 apply 함수를 사용하여 기본 파이썬의 문자열 함수를 시리즈에 적용하지만, 판다스에도 문자열을 다루는 함수들이 있다. 10장에서는 시리즈에 직접 적용이 가능한 판다스의 문자열 함수를 배운다. 기본 파이썬에 익숙하지 않으면 판다스의 문자열 함수를 학습하는 것이 더 효율적이다.

10.1.1 판다스의 문자열을 다루는 함수를 배우는 이유

apply 함수를 사용하여 파이썬의 문자열 함수를 시리즈에 적용하기에, 판다스의 문자열 함수를 굳이 학습할 필요가 없다고 생각할 수도 있다. 하지만 기본 파이썬에 익숙하지 않거나, 파이썬에 익숙하다고 여겼지만 apply 함수와 lambda 함수를 정확히 조합하기가 생각만큼 수월하지 않을 때는 판다스의 함수를 학습하는 것이 필요하다.

또한 판다스의 문자열 함수가 대체로 더 간결하게 코드를 작성하고, 대부분의 함수에서 별도의 라이브러리 없이 정규 표현식을 지원한다. 시리즈의 모든 셀이 문자열로 이루어진 것이 아니라 다른 자료형인 셀이 함께 섞여 있을 때도 판다스의 문자열 함수는 이를 간편하게 처리한다. 따라서 apply 함수와 파이썬에 익숙할 때도 판다스의 문자열 함수를 학습할 충분한 가치가 있다.

10.1.2 판다스의 문자열을 다루는 함수들의 특징

판다스의 문자열을 다루는 함수들의 특징을 정리하면 다음과 같다.

첫째, 시리즈나 인덱스 클래스를 대상으로 적용이 가능하다. 만약 데이터 프레임 전체에 판다스의 문자열 함수를 사용하고 싶다면 df.apply(lambda x: x.str.len())와 같은 코드로 apply와 lambda 함수의 조합으로 문자열 함수를 사용해야 한다.

둘째, str 접근자(accessor)에 메서드로 적용해야 한다. 적용할 시리즈에 str 접근자를 반드시 먼저 적용한 뒤 메서드를 입력해야 한다. 문자열의 길이를 반환하는 함수는 str.len과 같은 형태로 함수를 사용한다. 접근자(accessor)는 속성의 한 종류로서, 추가 메서드를 제공하는 특징이 있다. 판다스의 대표적인 접근자는 str(문자열), dt(시계열), cat(범주형) 등이 있다. 접근자를 간편하게 생각하려면 특정 메서드 앞에 반드시 붙여야 하는 속성으로 생각하자.

셋째, 함수의 이름은 파이썬에서 문자열을 다루는 함수와 거의 동일하다. 문자열의 길이를 반환하는 기본 파이썬 함수가 len 함수이고, 판다스에서 각 셀의 문자열의 길이를 반환하는 함수는 str.len 함수이다. 그래서 파이썬에 익숙한 사용자들은 연상하기 편리하다.

넷째, 문자열 함수를 적용할 수 없는 셀을 NaN으로 처리한다. 오브젝트 자료형은 문자열과 문자열이 아닌 자료형이 섞여 있거나 실무의 데이터가 결측값을 포함할 때가 많다. 그래서 apply 함수로 기본 파이썬의 문자열 함수를 적용하면 별도로 예외를 처리해야 할 때가 많다. 반면 판다스의 문자열 함수는 예외 처리를 하지 않아도 예외는 NaN으로 변환하기에 훨씬 간편하다.

마지막으로 별도의 라이브러리 없이 정규 표현식을 사용한다. 정규 표현식에 관련된 내용은 10.3에서 다룬다.

10.2 문자열을 다루는 다양한 함수

문자열을 다루는 대표적인 함수들은 다음과 같다.

함수	기능
str + 대괄호 인덱서	문자열이나 리스트 등을 인덱싱과 슬라이싱
str.len	문자열이나 리스트의 길이 반환
str.strip	문자열 좌우의 공백 제거(공백이 아닌 문자도 지정 가능)
str.lstrip	문자열 좌측 공백 제거(공백이 아닌 문자도 지정 가능)
str.rstrip	문자열 우측 공백 제거(공백이 아닌 문자도 지정 가능)
str.split	문자열 분할
str.replace	문자열 치환
str.upper	전부 대문자로 변환
str.lower	전부 소문자로 변환
str.contains	특정 문자열 포함 여부 확인
str.startswith	특정 문자열로 시작 여부 확인
str.endswith	특정 문자열로 마무리 여부 확인
str.extract	문자열 추출
str.extractall	패턴에 맞는 모든 문자열 추출

[표 10-1] 판다스의 문자열 함수

판다스의 문자열 함수를 모두 소개하지는 않았지만, 이 정도만 알아도 대부분의 문자열을 다룬다.

10.2.1 인덱싱과 슬라이싱

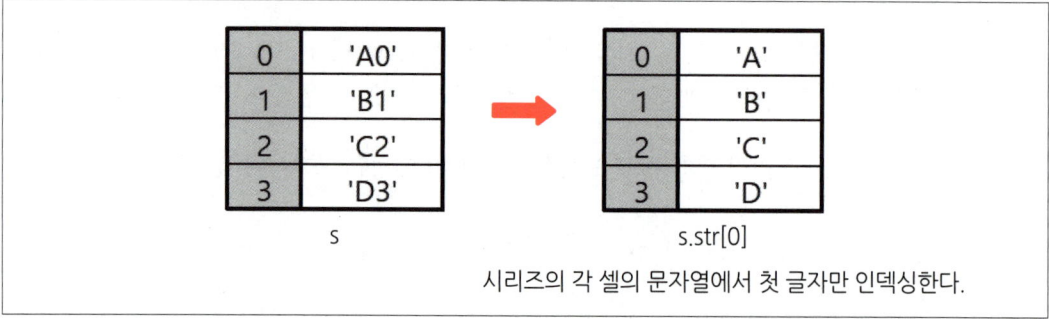

[그림 10-1] 시리즈의 각 셀에서 문자열 인덱싱

시리즈의 각 셀에서 인덱싱과 슬라이싱을 실습할 변수 df를 생성하자.

[코드 10-1] 시리즈 각 셀에서 인덱싱과 슬라이싱 실습 예제 코드

```
import pandas as pd
data = {'문자열': ['A0', 'B1', 'C2', 'D3'],
        '문자열2': ['물리01', '물리02', '화학01', 99],
        '리스트': [['물리', 1], ['물리', 2], ['화학', 1], ['화학', 2]]}
df = pd.DataFrame(data)
df
```

파이썬에서는 대괄호 인덱서를 사용해 리스트나 문자열의 인덱싱과 슬라이싱을 수행하며 판다스에서는 str[]을 사용해 시리즈의 각 셀에서 인덱싱과 슬라이싱을 수행한다.

먼저 df의 문자열 열을 이용해 실습하자. 시리즈에 str[0]을 적용해 첫 글자만 인덱싱하자.

[코드 10-2] 문자열 열의 첫 글자만 인덱싱하기

```
df['문자열'].str[0]
```

[코드 10-2]를 실행하면 [그림 10-1]처럼 각 셀에서 첫 글자만 반환한다.

슬라이싱도 사용한다. df의 문자열2 열을 사용하여 앞의 두 글자를 슬라이싱하자.

[코드 10-3] 문자열2 열의 앞의 두 글자만 슬라이싱하기

```
df['문자열2'].str[:2]
```

결과는 [그림 10-2]를 참고하자. str[:2]를 사용하여 슬라이싱을 수행한다. 마지막 셀은 정수 99이기에 문자열이 아니므로 슬라이싱이 불가능하여 NaN을 반환한다.

셀이 문자열이 아니라 리스트로 이루어져도 인덱싱과 슬라이싱이 가능하다.[1] df의 리스트 열의 첫 번째 원소를 인덱싱하자.

[코드 10-4] 리스트 열의 첫 원소만 인덱싱하기

```
df['리스트'].str[0]
```

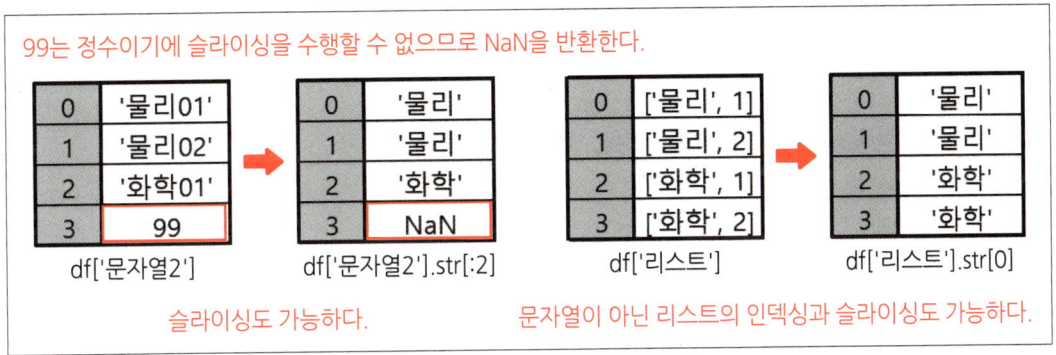

[그림 10-2] 각 셀의 문자열과 리스트의 인덱싱과 슬라이싱

10.2.2 문자열의 길이 반환하기(str.len)

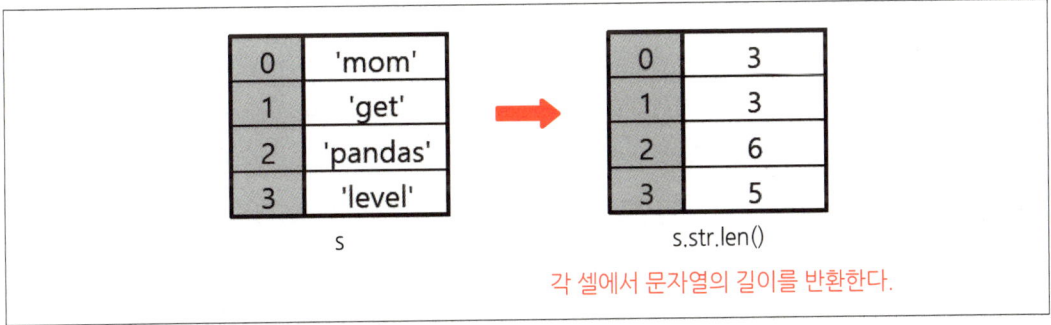

[그림 10-3] 시리즈의 각 셀에서 문자열의 길이 반환하기

시리즈의 각 셀에서 문자열의 길이를 반환할 변수 s를 생성하자.

[코드 10-5] str.len 함수 실습 예제 코드

```
s = pd.Series(['mom', 'get', 'pandas', 'level'])
s
```

---

1 셀이 리스트로 이루어진 때는 대체로 여러분이 데이터 처리를 하려고 만든 것이다. 셀 안의 리스트를 만드는 함수로는 10.2.4에서 학습하는 str.split 함수가 대표적이다.

파이썬에서는 len 함수를 사용해 문자열의 길이를 반환한다. 판다스에서도 st.len 함수를 사용해 시리즈의 각 셀에서 문자열의 길이를 반환한다.

[코드 10-6] s의 각 셀에서 문자열의 길이 반환하기

```
s.str.len()
```

[그림 10-3]처럼 각 셀에서 문자열의 길이를 반환하는 시리즈가 생성된다.

10.2.3 문자열의 공백 제거하기(str.strip 외)

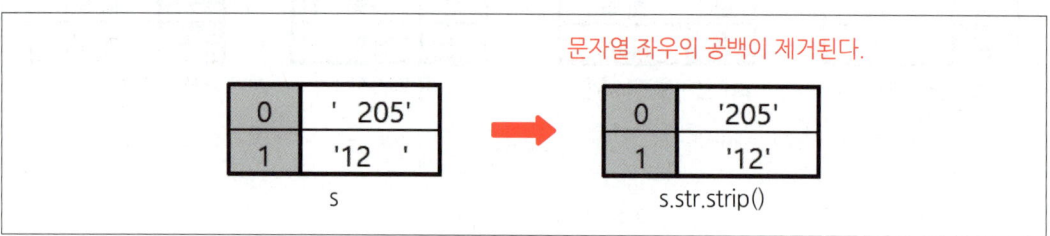

[그림 10-4] 시리즈의 각 셀에서 문자열 좌우의 공백 제거하기

시리즈의 각 셀에서 문자열의 좌우 공백을 제거할 변수 df를 생성하자.

[코드 10-7] 문자열의 좌우 공백 제거 실습 예제 코드

```
data1 = {'col1':['  205', '12   '],
         'col2':['00205', '12000']}
df = pd.DataFrame(data1)
df
```

파이썬에서는 strip 함수를 사용해 문자열의 좌우 공백을 제거할 수 있다. 판다스에서도 st.strip 함수를 사용해 시리즈의 각 셀에서 문자열의 좌우 공백을 제거할 수 있다. df의 col1 열에서 문자열의 좌우 공백을 제거하자.

[코드 10-8] col1 열의 문자열 좌우의 공백 제거

```
df['col1'].str.strip()
```

[그림 10-4]처럼 문자열의 좌우 공백이 제거된다. 특히 실무의 데이터에는 수치형 데이터의 좌측에 공백이 설정된 때가 많은데, 이때 공백 때문에 데이터를 수치형이 아니라 문자열로 인식하고 공백 때문에 수치형으로 자료형 변환도 까다롭다. str.strip 함수는 수치형 데이터의 좌측 부분에 공백이 있을 때 유용하다.

공백뿐만 아니라 제거할 문자도 지정할 수 있다. df의 col2 열은 문자열의 좌우가 '0'으로 둘러싸여 있다. str.strip 함수에 제거할 문자인 '0'을 인수로 입력하면 해당 문자가 제거된다. 이때 문자열 좌우측의 '0'만 제거하고, '205'처럼 중간에 위치한 '0'은 제거하지 않는다.

[코드 10-9] col2 열의 문자열 좌우의 '0' 제거

```
df['col2'].str.strip('0')
```

col2 열은 수치형으로 처리할 때 문자열 좌측의 '0'은 제거해야 하지만, 우측의 '0'은 유지해야 한다. str.lstrip 함수를 사용하면 좌측의 문자만 제거된다. str.rstrip 함수를 사용하면 우측의 문자만 제거된다.

[코드 10-10] col2 열의 문자열 좌측의 '0' 제거

```
df['col2'].str.lstrip('0')
```

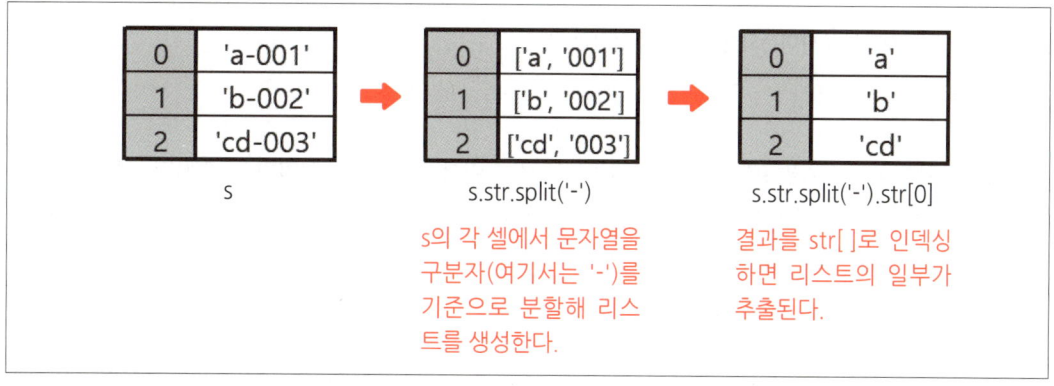

[그림 10-5] 시리즈의 각 셀에서 문자열 좌우의 문자 제거하기

10.2.4 문자열 분할하기(str.split)

[그림 10-6] 시리즈의 각 셀에서 문자열 분할하기

시리즈의 각 셀에서 문자열을 분할할 변수 s와 df를 생성하자.

[코드 10-11] 문자열 분할 실습 예제 코드

```
s = pd.Series(['a-001', 'b-002', 'cd-003'])
data1 = {'주소': ['서울특별시 용산구 독서당로29길',
                '경상남도 남해군 옥천로122번길 302호',
                '경상남도 김해시 가야로475번길',
                '경기도 안산시 상록구 반석로3길']}
df = pd.DataFrame(data1)
df
```

파이썬에서 split 함수를 사용하면 문자열을 구분자를 기준으로 분할하여 리스트를 생성한다. 구분자는 문자열을 구분할 기준이 되는 문자를 말한다. 예를 들어, 문자열 'ab-cde-f'를 하이픈(-)을 기준으로 분할하면 결과는 ['ab', 'cde', 'f']가 되며 이때 하이픈(-)이 구분자이다. 판다스에서도 str.split 함수를 사용하면 시리즈의 각 셀에서 문자열이 분할된다. 이때 각 셀에서 문자열을 리스트로 반환하여 셀 안에 리스트가 존재하는 구조이다.

시리즈 s에서 각 셀의 문자열을 하이픈을 기준으로 분할하자.

[코드 10-12] 시리즈 s에서 각 셀의 문자열을 하이픈(-)을 기준으로 분할하기

```
s.str.split('-')
```

분할된 결과는 [그림 10-6]처럼 리스트로 반환된다. 셀 안에 리스트가 존재하는 구조이므로 앞서 학습한 str[]을 사용하여 인덱싱하면 리스트의 일부만 추출된다. 시리즈 s의 각 셀에서 하이픈 이전의 문자열만 추출하자.

[코드 10-13] 위 결과에서 하이픈의 앞부분만 추출하기

```
s.str.split('-').str[0]
```

위 코드를 실행하면 [그림 10-6]처럼 시리즈 s에서 하이픈 이전의 문자열만 추출된다. 주의할 점은 문자열 함수를 사용할 때마다 각각 str 접근자를 사용해야 한다는 점이다. 입문 단계에서 자주 에러가 발생하는 부분이므로 유의하자.

분할 결과는 셀 안에 리스트가 존재하는 구조인데, 이런 구조를 원하지 않으면 expand=True를 입력해 결과를 데이터 프레임으로 확장한다. 변수 df의 주소 열을 공백으로 분할해 데이터 프레임으로 확장하자. df의 주소 열을 인덱싱한 다음, str 접근자에 split 메서드를 적용하고, 구분자인 공백(' ')을 입력한 뒤 expand=True를 입력한다.

[코드 10-14] df의 주소 열을 공백으로 분할해 데이터 프레임으로 생성하기

```
df['주소'].str.split(' ', expand=True)
```

분할 결과의 일부를 인덱싱해서 기존의 df에 복수의 열로 생성한다. 아래 코드를 실행하면 각 주소의 광역시도명과 시군구명을 동시에 열로 생성한다. 데이터 프레임을 배정해 복수의 열을 생성하는 기법이다.

[코드 10-15] 광역시도명, 시군구명을 추출해 df의 열로 생성하기

```
df[['광역시도명', '시군구명']] = df['주소'].str.split(' ', expand=True)[[0, 1]]
```

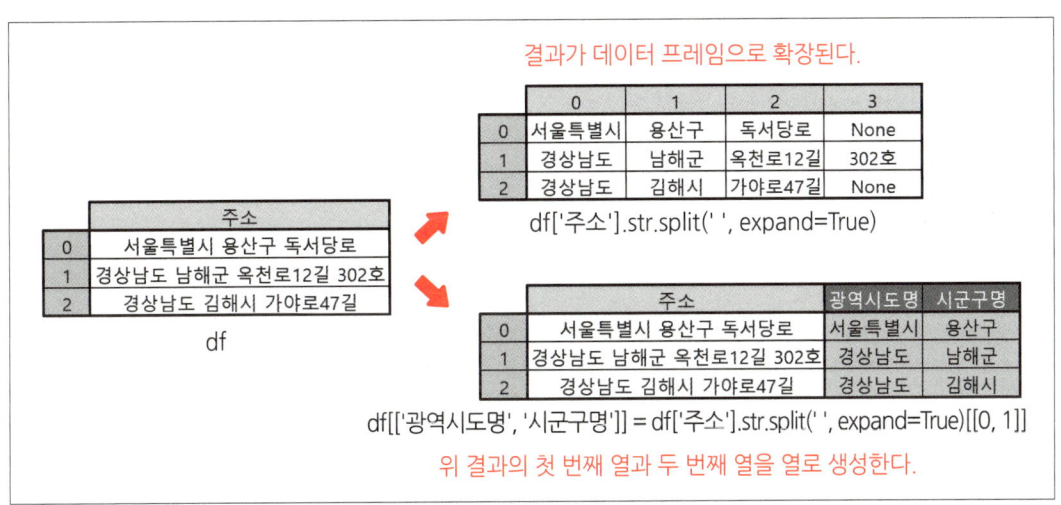

[그림 10-7] str.split 함수의 expand=True

10.2.5 문자열 치환하기(str.replace 외)

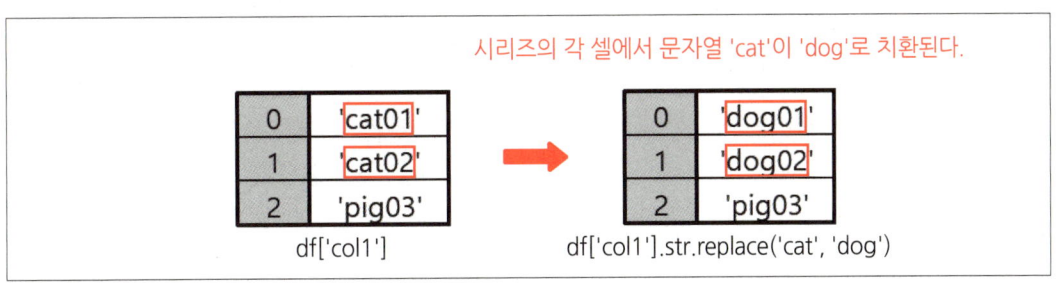

[그림 10-8] 시리즈의 각 셀에서 문자열 치환하기

시리즈의 각 셀에서 문자열을 치환할 변수 df를 생성하자.

[코드 10-16] 문자열 치환 실습 예제 코드
```
data1 = {'col1': ['cat01', 'cat02', 'pig03'], 'col2': ['cat', 'cat', 'pig'],
         'col3': ['1,234', '1,456,234', '67,890']}
df = pd.DataFrame(data1)
df
```

파이썬에서 replace 함수를 사용하면 문자열의 일부가 치환된다. 판다스에서도 str.replace 함수를 사용하면 시리즈의 각 셀에서 문자열의 일부가 치환된다.

df의 col1 열에서 'cat'을 'dog'로 치환하자. str.replace 함수를 사용한 뒤 치환될 문자열인 'cat'과 치환할 문자열인 'dog'를 차례로 입력한다.

[코드 10-17] col1 열의 'cat'을 'dog'로 치환하기
```
df['col1'].str.replace('cat', 'dog')
```

str.replace 함수는 문자열 제거에도 사용된다. 제거하고 싶은 문자열을 빈 문자열('')로 치환하면 해당 문자열이 제거된다. df의 col3 열은 수치형 데이터를 담고 있지만, 자릿수를 구분하는 콤마 때문에 정수형이 아닌 오브젝트 자료형이 되었다. 콤마를 빈 문자열로 치환하면 수치형으로 변환된다.

[코드 10-18] col3 열의 콤마(,)를 제거해 정수로 변환하기
```
df['col3'].str.replace(',', '').astype('int')
```

```
0       1234
1    1456234
2      67890
Name: col3, dtype: int64
```

콤마(,), 달러($), 퍼센트(%) 등의 기호 때문에 수치형 변환이 불가능할 때는 해당 문자열을 제거하고 자료형을 변환하자.

이전에 학습한 replace 함수와 str.replace 함수를 비교해 보자.

	replace	str.replace
치환 대상	모든 자료형	문자열
함수 적용 대상	시리즈, 데이터 프레임	시리즈, 인덱스 클래스
문자열의 일부 치환	regex=True일 때 가능	가능

정규 표현식 활용	가능	가능
매퍼 입력	가능	불가능
복수의 문자열 치환	매퍼를 입력하면 가능	불가능

[표 10-2] replace 함수와 str.replace 함수 비교

문자열 전체를 치환할 때는 str.replace와 replace 함수를 모두 사용할 수 있다. 문자열의 일부를 치환할 때는 str.replace 함수를 사용하거나 replace 함수의 regex=True를 활용해야 한다. 데이터 프레임 전체에 적용할 때는 replace 함수를 사용하는 것이 유리하다. 또한 replace 함수는 매퍼를 입력할 수 있어 복수의 문자열을 치환할 때 더 간편하다.

아래 코드들을 실행해 차이를 직접 확인하자.

[코드 10-19] replace 함수로 col2 열의 'cat'을 'dog'로 치환하기

```
df['col2'].replace('cat', 'dog')
```

[코드 10-20] str.replace 함수로 'cat'을 'dog'로 치환하기

```
df['col2'].str.replace('cat', 'dog')
```

[코드 10-21] replace 함수로 문자열의 일부 치환하기

```
df['col1'].replace('cat', 'dog', regex=True)
```

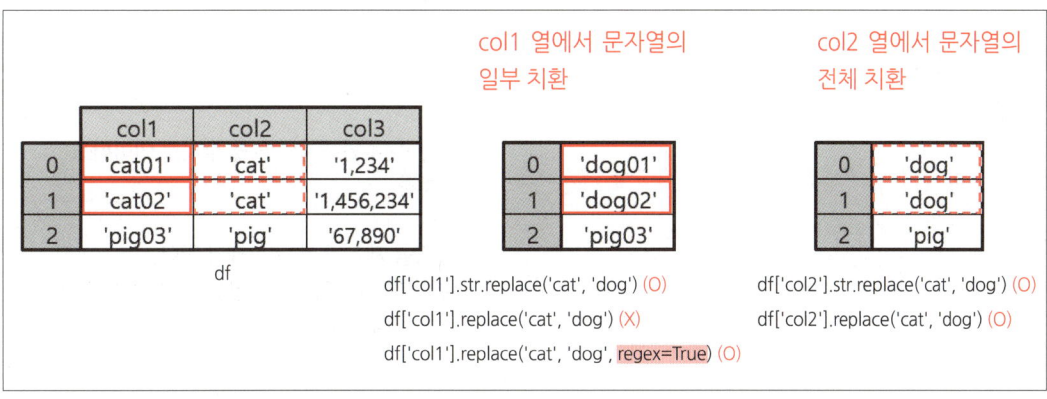

[그림 10-9] str.replace 함수와 replace 함수의 차이

복수의 문자열을 치환할 때는 두 함수가 아래처럼 차이가 있다. df의 col1 열에서 'cat'을 'dog'로 치환하고, 'pig'를 'cow'로 치환하자.

[코드 10-22] replace 함수로 'cat'을 'dog'로, 'pig'를 'cow'로 치환하기

```
df['col1'].replace({'cat': 'dog', 'pig': 'cow'}, regex=True)
```

[코드 10-23] str.replace 함수로 [코드 10-22]와 같은 결과를 수행하기

```
df['col1'].str.replace('cat','dog').str.replace('pig', 'cow')
```

replace 함수는 매퍼를 입력해 한 번만 수행해도 복수의 치환이 가능하지만, str.replace 함수는 치환할 문자열 개수만큼 반복해야 한다. 결과는 각자 확인하자.

replace와 str.replace 함수는 각각 장단점이 있으므로 상황에 따라 적절하게 선택해야 한다. [표 10-2]의 비교를 통해 두 함수의 차이점을 명확히 이해하고 작업에 맞는 최적의 함수를 선택하면 효율적인 데이터 처리를 수행한다.

그 밖에 대소문자 변환은 str.replace 함수를 사용해 치환하기보다 str.upper, str.lower 함수로 수행하면 간편하다. str.upper, str.lower 함수는 직관적으로 사용하기에 각자 실습해 보자.

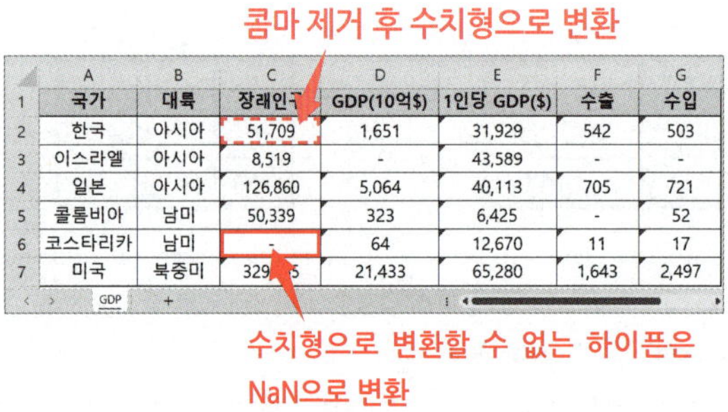

엑셀 예제 12   GDP 관련 데이터 수치형으로 변환하기

파일에서 데이터 프레임을 불렀을 때 콤마와 하이픈 등의 문자 때문에 수치형 데이터가 오브젝트 자료형으로 종종 읽힌다. 이는 데이터 생성이나 관리가 잘못된 때이지만 실무에서는 빈번하게 발생하며 우리가 해결해야 한다. 엑셀 파일 15GDP2.xlsx[2]를 사용하여 해결 방법을 실습해 보자.

[그림 10-10] 실습할 엑셀 파일 15GDP2.xlsx 소개

---

[2] (국가통계포털 데이터 일부 가공) 통계청, 앞의 데이터

장래인구~수입까지의 열을 수치형 데이터로 변환하자.

먼저 엑셀 시트를 데이터 프레임으로 불러와 변수 df_gdp로 지정하자.

[코드 10-24] GDP 엑셀 파일에서 데이터 프레임 불러오기

```
import pandas as pd
url1 = 'https://github.com/panda-kim/book1/blob/main/15GDP2.xlsx?raw=true'
df_gdp = pd.read_excel(url1)
```

info 함수로 불러온 데이터 프레임의 자료형을 확인하자.

[코드 10-25] df_gdp의 각 열의 자료형 확인

```
df_gdp.info()
```

df_gdp의 모든 열이 오브젝트 자료형임을 확인했다. 국가와 대륙 열은 오브젝트 자료형도 괜찮지만 그 외의 열들은 수치형 자료형이어야 한다.

수치형으로 변환할 열들을 변수로 지정하자.

[코드 10-26] 수치형으로 변환할 열들을 변수 cols로 지정

```
cols = df_gdp.columns[2:]
cols
```

```
Index(['장래인구', 'GDP(10억$)', '1인당 GDP($)', '수출', '수입'], dtype='object')
```

국가와 대륙 열을 제외한 모든 열이 변수 cols로 지정되었다.

먼저 df_gdp에서 수치형으로 변환해야 할 열에 존재하는 콤마를 제거하자. 판다스의 문자열 함수 str.replace를 사용하면 손쉽게 콤마가 제거된다. 다만 판다스의 문자열 함수들은 시리즈에만 적용이 가능하므로, 복수의 열에 한 번에 적용하려면 apply 함수의 도움이 필요하다. lambda 함수를 생성할 df_gdp의 장래인구 열을 변수 x로 지정한 뒤 x에서 콤마를 제거하는 코드를 생성하자.

[코드 10-27] df_gdp의 장래인구 열을 변수 x로 지정하고 x의 콤마를 제거

```
x = df_gdp['장래인구']
x.str.replace(',', '')
```

```
0    51709
1     8519
```

```
2      126860
3       50339
4            -
5      329065
Name: 장래인구, dtype: object
```

이 코드가 apply로 적용할 lambda 함수를 생성하는 코드이다.

수치형으로 변환할 대상은 변수 cols에 해당하는 열이므로 df_gdp를 cols로 해당 열들만 인덱싱하자. [코드 10-27]을 이용해 lambda 함수를 생성하고, apply 함수로 변수 cols에 해당하는 모든 열에 lambda 함수를 적용해 수치형 변환이 필요한 모든 열에서 콤마를 제거하자.

[코드 10-28] 수치형으로 변환할 모든 열의 콤마 제거

```python
df_gdp[cols].apply(lambda x: x.str.replace(',', ''))
```

데이터 프레임 전체에 문자열 함수를 적용하려면 apply 함수와 lambda 함수가 필수적이다. 자주 쓰이는 기법이니 숙지하길 바란다.

[코드 10-28] 결과에 apply 함수를 다시 적용하여 pd.to_numeric 함수를 사용하면, 하이픈(-)은 NaN으로 변환하고 나머지는 수치형으로 변환한다.[3]

[코드 10-29] 콤마를 제거한 결과를 수치형으로 변환하기[4]

```python
(df_gdp[cols]
 .apply(lambda x: x.str.replace(',', ''))
 .apply(pd.to_numeric, errors='coerce')
)
```

	장래인구	GDP(10억$)	1인당 GDP($)	수출	수입
0	51709.0	1651.0	31929	542.0	503.0
1	8519.0	NaN	43589	NaN	NaN
2	126860.0	5064.0	40113	705.0	721.0
3	50339.0	323.0	6425	NaN	52.0
4	NaN	64.0	12670	11.0	17.0
5	329065.0	21433.0	65280	1643.0	2497.0

---

3   pd.to_numeric과 apply의 용법은 9장의 [코드 9-44]를 참고하자.
4   메서드를 연속해서 사용할 때(chain method) 줄 바꿈이 필요하다면, 전체를 소괄호로 감싸고 메서드 단위로 줄 바꿈을 수행한다.

cols에 해당하는 열들은 모두 수치형으로 변환되고 하이픈은 NaN으로 변환된다. 이 결과를 df_gdp[cols]에 배정하여 복수의 열을 수정할 수 있다.

다만 [코드 10-29]처럼 apply를 연속해서 사용하기보다 lambda 함수를 적절하게 설정하면 apply 함수를 한 번만 사용할 수 있다.

[코드 10-30] apply를 한 번만 사용하기 위해 새로운 lambda 함수를 생성하는 코드

```
pd.to_numeric(x.str.replace(',', ''), errors='coerce')
```

[코드 10-30]을 실행하면 df_gdp의 장래인구 열이 수치형으로 변환된다. 이 코드로 lambda 함수를 생성하면 apply 함수가 한 번만 사용된다.

[코드 10-30]으로 lambda 함수를 생성해, apply를 한 번만 사용하고 결과를 df_gdp[cols]에 배정하여 복수의 열을 수정하자.

[코드 10-31] df_gdp에서 cols에 해당하는 열을 수치형으로 변환하기

```
df_gdp[cols] = df_gdp[cols].apply(
    lambda x: pd.to_numeric(x.str.replace(',', ''), errors='coerce')
)
df_gdp
```

	국가	대륙	장래인구	GDP(10억$)	1인당 GDP($)	수출	수입
0	한국	아시아	51709.0	1651.0	31929	542.0	503.0
1	이스라엘	아시아	8519.0	NaN	43589	NaN	NaN
2	일본	아시아	126860.0	5064.0	40113	705.0	721.0
3	콜롬비아	남미	50339.0	323.0	6425	NaN	52.0
4	코스타리카	남미	NaN	64.0	12670	11.0	17.0
5	미국	북중미	329065.0	21433.0	65280	1643.0	2497.0

장래인구에서 수입까지의 열의 콤마를 제거하고 수치형으로 변환했으며, 수치형으로 변환할 수 없는 하이픈(-)은 NaN으로 처리된 결과를 확인한다.

info 함수를 적용하거나 dtypes 속성을 적용해 수정된 df_gdp의 자료형을 확인하며 필요하다면 결과를 파일로도 저장한다.

[코드 10-32] info 함수로 수정된 df_gdp의 자료형 확인

```
df_gdp.info() # df_gdp.dtypes로도 확인이 가능하다.
```

[코드 10-33] 수정된 결과를 엑셀 파일로 저장

```
df_gdp.to_excel('ch10_gdp.xlsx', index=False)
```

10.2.6 문자열 포함 여부 확인하기(str.contains 외)

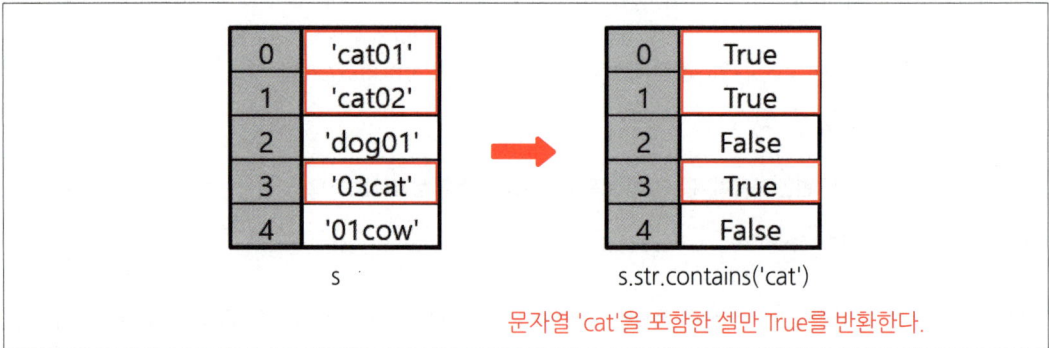

[그림 10-11] 시리즈의 각 셀에서 문자열 포함 여부 확인하기

판다스의 문자열 함수 str.contains를 사용하면 시리즈의 각 셀이 특정 문자열을 포함하는지가 확인된다. 실습할 변수 s를 생성하자.

[코드 10-34] 실습 예제 코드

```
import pandas as pd
s = pd.Series(['cat01', 'cat02', 'dog01', '03cat', '01cow'])
s
```

시리즈 s의 각 셀이 문자열 'cat'을 포함하는지 확인하자. 시리즈 s에 str.contains 함수를 사용하고 확인할 문자열 'cat'을 입력하자.

[코드 10-35] 문자열 'cat' 포함 여부 확인

```
s.str.contains('cat')
```

결과는 [그림 10-11]처럼 'cat'을 포함한 셀만 True를 반환한다.

True와 False를 가진 불리언 시리즈가 반환되기에 필터링도 가능하다. 불리언 인덱싱을 사용하여 문자열 'cat'을 포함하는 셀만 필터링하자.

[코드 10-36] 문자열 'cat'을 포함한 셀만 필터링

```
s[s.str.contains('cat')]

0    cat01
1    cat02
3    03cat
dtype: object
```

s에서 문자열 'cat'을 포함한 셀만 추출했다.

str.startswith 함수와 str.endswith 함수를 사용하면 특정 문자열로 시작 또는 종결 여부가 확인된다. str.startswith 함수와 str.endswith 함수를 s에 적용해 문자열 'cat'으로 시작 여부와 종결 여부를 확인하자.

[코드 10-37] 문자열 'cat'으로 시작 여부 확인

```
s.str.startswith('cat')
```

[코드 10-38] 문자열 'cat'으로 종결 여부 확인

```
s.str.endswith('cat')
```

[그림 10-12] str.startswith 함수와 str.endswith 함수

str.contains 함수에 정규 표현식을 사용해도 특정 문자열로 시작 및 종결되는지 확인된다. 정규 표현식에 익숙한 독자라면 str.contains 함수와 정규 표현식을 함께 사용하고, 정규 표현식에 익숙하지 않은 독자들은 str.startswith 함수 또는 str.endswith 함수를 사용하자. 이와 관련해서는 정규 표현식을 학습한 후 이어가자.

10.2.7 문자열 추출하기(str.extract)

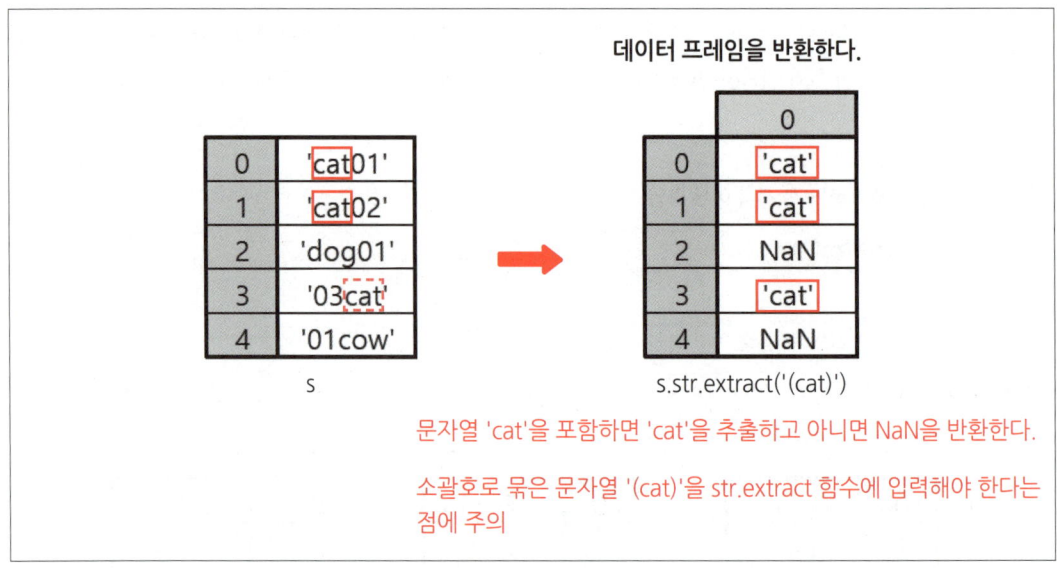

[그림 10-13] 시리즈의 각 셀에서 지정한 문자열 추출하기

판다스 문자열 함수 str.extract를 사용하면 시리즈의 각 셀에서 지정한 문자열이 추출된다. 지정한 문자열을 포함하지 않는 셀은 NaN으로 반환된다.

[코드 10-34]의 시리즈 s로 'cat' 추출 실습을 수행하자. s의 각 셀에서 'cat'을 추출한다. str.extract 함수에 추출할 문자열을 소괄호로 묶어 '(cat)'으로 입력하면 'cat'을 포함할 때 'cat'이 반환되고, 그렇지 않으면 NaN이 반환된다.

[코드 10-39] s의 각 셀의 문자열에서 'cat' 추출하기

```
s.str.extract('(cat)')
```

결과는 [그림 10-13]에서 확인하듯이 데이터 프레임으로 반환한다.

반드시 추출할 문자열을 따옴표 안에서 소괄호로 묶어야 한다. 그렇지 않으면 ValueError: pattern contains no capture groups 에러가 발생한다. 이는 추후 학습할 정규 표현식의 캡처 그룹과 관련이 있다. 하나의 소괄호는 하나의 캡처 그룹으로 간주되어 하나의 열을 가진 데이터 프레임을 반환한다. 복수의 소괄호를 활용하여 복수의 캡처 그룹을 지정하면, 복수의 열을 가진 데이터 프레임이 반환된다. 캡처 그룹은 정규 표현식 개념이므로 정규 표현식을 학습한 후 다시 학습하자.

10.3 정규 표현식

판다스의 문자열 함수는 정규 표현식을 활용한다는 큰 장점이 있다. 하지만 정규 표현식을 완벽히 익히려면 하나의 라이브러리를 배우는 것에 준하는 학습량이 필요하다.

10.3에서는 간단한 정규 표현식에 대해 다루고자 하며 간단한 정규 표현식만 익혀도 데이터 프레임을 다루는 데 큰 도움이 된다. 또한 정규 표현식은 생성형 인공 지능을 활용하기에 가장 편리한 부분이다. 학습한 간단한 정규 표현식을 바탕으로 인공 지능을 적극적으로 활용해 정확한 정규 표현식 패턴을 생성하자. 다만 정규 표현식이 입문 단계에서는 다소 어려우니, 내용이 지나치게 어렵다면 2회차 학습에 도전하는 것도 좋은 방법이다.

10.3.1 정규 표현식이란?

정규 표현식(Regular Expression)은 약자로 reg 또는 regex로 표현된다. 문자열을 패턴으로 구분하는 문법이며 파이썬뿐만 아니라 정규 표현식을 지원하는 모든 언어에서 사용된다. 정규 표현식 자체가 하나의 언어라고 봐도 무방하다. 예시를 통해 알아보자.

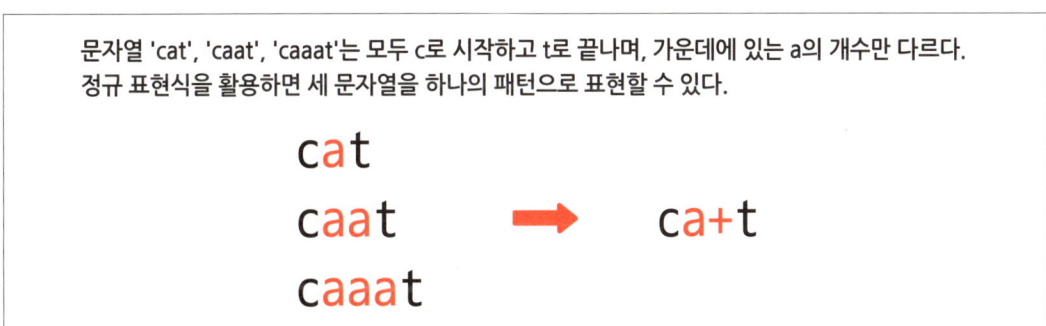

[그림 10-14] 정규 표현식이란?

문자열 'cat', 'caat', 'caaat'는 모두 'c'로 시작하고 't'로 끝나지만 가운데 'a'의 개수만 다르다. 정규 표현식을 사용하면 이 세 문자열이 하나의 패턴으로 정의되며, 정규 표현식의 패턴을 활용하여 'c'와 't' 사이에 'a'가 있는 문자열들을 확인하거나 추출할 수 있다. 이렇게 여러 종류의 문자열 패턴을 정의하는 문법이 정규 표현식이다.

10.3.2 정규 표현식의 주요 문법

[그림 10-14]처럼 특정 문자나 패턴이 문자열에서 나타나는 횟수를 나타내는 것이 패턴 수량자이다. 정규 표현식에서 패턴 수량자 '+'는 한 개 이상을 의미한다. 그림의 패턴 'ca+t'는 'a'에 패턴 수량자 '+'가 붙으므로, 'c' 다음에 'a'가 한 개 이상 나타나고 't'로 마무리되는 모든 문자열이 'ca+t' 패

턴에 속한다. 따라서 'ca+t' 패턴으로 'cat', 'caat', 'caaat'를 모두 특정할 수 있다. 물론 'caaaat'도 'ca+t' 패턴에 속한다.

패턴 수량자는 다음과 같다.

패턴 수량자	설명
*	0번 혹은 1번 이상 나타난다. 즉 나타날 수도 있고, 나타나지 않을 수도 있다.
+	1번 이상 나타난다.
?	0번 혹은 1번 나타난다.
{m,n}	최소 m번, 최대 n번 나타난다.

[표 10-3] 정규 표현식의 패턴 수량자

	ca*t	ca+t	ca?t	ca{2,3}t
ct	O	X	O	X
cat	O	O	O	X
caat	O	O	X	O
caaat	O	O	X	O
caaaat	O	O	X	X

[그림 10-15] 정규 표현식의 패턴 수량자

'ca?t' 패턴은 'c'와 't' 사이에 'a'가 0개 또는 1개 존재하는 패턴을 나타내기에 'ct'와 'cat'만 해당 패턴에 포함한다. 'ca{2,3}t' 패턴은 'c'와 't' 사이에 'a'가 최소 2개, 최대 3개 존재하는 패턴을 나타내기에 'caat'와 'caaat'만 포함한다. 이처럼 반복해서 나타나는 패턴은 패턴 수량자를 사용하여 하나의 패턴으로 특정할 수 있으며, 해당 패턴에 속하는 모든 문자열을 확인하거나 추출할 수 있다.

동일한 문자가 반복되는 것이 아니라 여러 가지 문자가 나타나는 패턴을 하나로 특정하려면 문자 집합을 사용한다. 문자 집합은 대괄호를 이용하여 생성한다. 'c'와 't' 사이에 'a', 'e', 'u' 중 하나가 나타나는 패턴은 문자 집합을 활용해 'c[aeu]t'으로 표현한다.

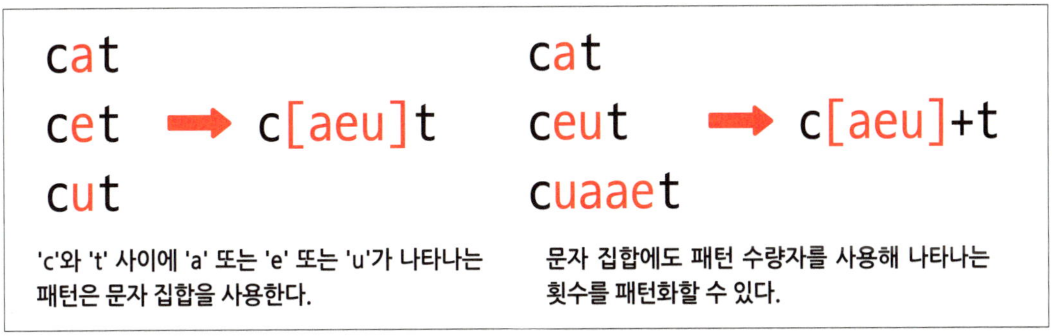

```
cat
cet    ➡  c[aeu]t
cut
```
'c'와 't' 사이에 'a' 또는 'e' 또는 'u'가 나타나는 패턴은 문자 집합을 사용한다.

```
cat
ceut   ➡  c[aeu]+t
cuaaet
```
문자 집합에도 패턴 수량자를 사용해 나타나는 횟수를 패턴화할 수 있다.

[그림 10-16] 정규 표현식의 문자 집합

주의할 점은 'c[aeu]t'에서 'c'와 't' 사이에 'a', 'e', 'u'가 나타나는 횟수는 한 번이다. 문자 집합 내의 문자들이 여러 번 나타나는 패턴을 만들려면 문자 집합과 패턴 수량자를 결합해야 한다. 'c[aeu]+t' 패턴은 'c'와 't' 사이에 'a', 'e', 'u'에 속하는 문자가 몇 개가 오더라도 모두 이 패턴에 속한다.

문자 집합은 여러 문자를 패턴에 포함하는 데 유용하다. 하지만 대상 문자가 너무 많으면 대괄호 안에 모든 문자를 입력하기 어렵다. 모든 알파벳이나 모든 숫자처럼 집합에 속하는 문자가 너무 많을 때는 아래처럼 문자 집합을 사용한다.

문자 집합	설명
[A-Z]	알파벳의 모든 대문자
[a-z]	알파벳의 모든 소문자
[A-Za-z]	모든 알파벳
[0-9]	모든 숫자
[A-Za-z0-9]	모든 숫자와 모든 알파벳
[가-힣]	모든 한글

[표 10-4] 여러 가지 문자 집합

문자들의 집합을 메타 문자로 표현하기도 한다. '\d'는[5] 문자 집합 '[0-9]'와 마찬가지로 모든 숫자를 나타내는 메타 문자이다. 그래서 문자 집합 대신 사용한다.

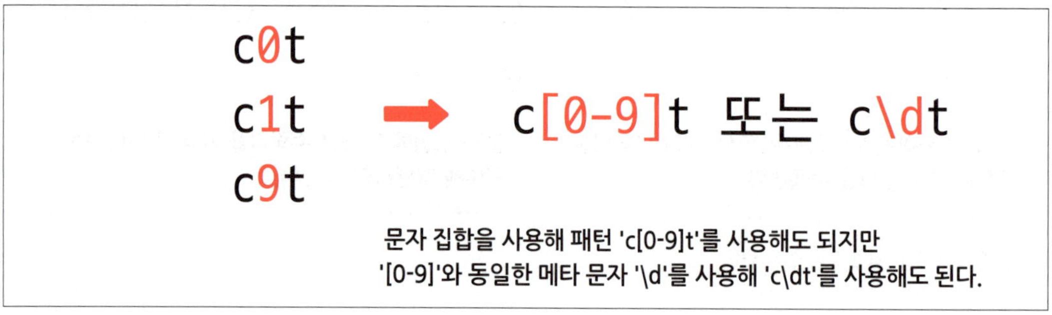

```
c0t
c1t      ➡   c[0-9]t 또는 c\dt
c9t
```

문자 집합을 사용해 패턴 'c[0-9]t'를 사용해도 되지만
'[0-9]'와 동일한 메타 문자 '\d'를 사용해 'c\dt'를 사용해도 된다.

[그림 10-17] 문자 집합과 메타 문자

메타 문자	설명
\d	모든 숫자
\D	모든 문자에서 \d에 해당하는 문자를 제외한 문자
\w	모든 문자, 숫자, 언더스코어(_)
\W	모든 문자에서 \w에 해당하는 문자를 제외한 문자
\s	모든 여백 문자(빈칸이나 줄 바꿈 \n 등)
\S	모든 문자에서 \s에 해당하는 문자를 제외한 문자
.	개행문자[6]를 제외한 모든 문자
^	문자열의 시작
$	문자열의 끝
|	여러 개의 문자열을 or로 패턴화
()	캡처 그룹 지정

[표 10-5] 여러 가지 메타 문자

메타 문자 '^'와 '$'는 문자 집합 대신 사용하는 단축어가 아니다. 문자의 시작과 끝을 지정하는 메타 문자이다. 패턴의 시작에 '^'가 존재하면 해당 패턴이 전체 문자열의 처음에 나타날 때만 인정된다. 반대로 패턴의 끝에 '$'가 존재하면 해당 패턴이 전체 문자열의 끝에 나타날 때만 인정된다.

---

5 역슬래시(\)는 이스케이프 문자이다. 정규 표현식에서 특수한 의미를 부여하거나('\d'), 이미 특수한 의미가 부여된 문자를 액면으로 사용할 때('\.') 이스케이프 문자가 필요하다. 예를 들어, 'd'는 알파벳 소문자를 뜻하기에 모든 숫자를 나타내는 특수한 의미를 부여하는 메타 문자는 '\d'로 사용한다. 마침표(.)는 그 자체가 개행문자를 제외한 모든 문자를 나타내는 메타 문자이므로, 마침표를 패턴에 입력하고 싶을 때 오히려 이스케이프 문자를 붙여 '\.'를 사용해야 한다.

6 개행문자는 '\n'처럼 텍스트 내에서 새로운 줄을 시작하는 데 사용되는 특수 문자이다.

	^c[aeu]t	c[aeu]t$
cat	(O)	(O)
dcet	(X)	(O)
cutd	(O)	(X)

문자열의 시작에 해당 패턴이 나타나야 한다.   문자열의 끝에 해당 패턴이 나타나야 한다.

[그림 10-18] 메타 문자 ^와 $

str.contains 함수에 정규 표현식으로 '^'와 '$'를 활용하면, 특정 문자열로 시작하거나 종료하는 셀이 확인된다. 그래서 str.startswith 함수와 str.endswith 함수를 대체한다

단일 문자들은 문자 집합과 메타 문자를 활용해 쉽게 패턴화할 수 있다. 단일 문자가 아니기에 패턴화하기 어려운 문자열들을 하나의 패턴으로 만들 때는 |(or)을 사용한다. 간편하면서도 매우 유용한 기능이므로 반드시 알아두는 것이 좋다.[7]

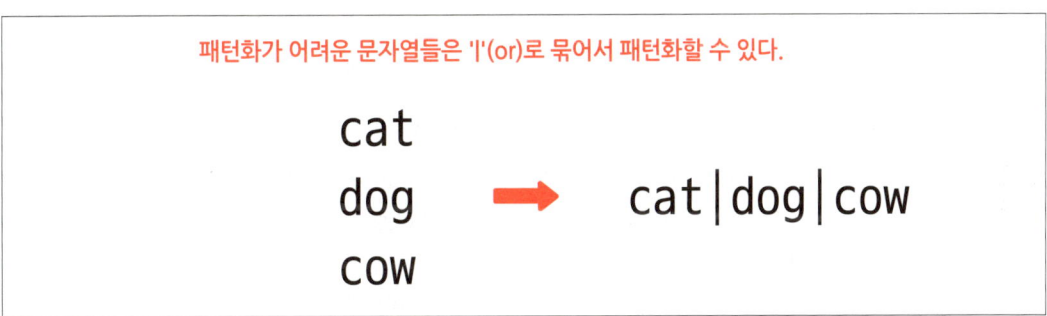

[그림 10-19] '|'를 활용해 문자열들을 패턴화

---

[7] '|'를 사용한다고 해서 '&'도 사용한다고 착각할 수 있으나 '&'는 사용할 수 없다. 그렇지만 큰 불편함은 없다. 예를 들어 'cat'과 'dog'를 모두 포함한 셀을 찾으려면, 정규 표현식을 사용하지 않아도 각각의 조건문을 생성하고 &로 논리 연산을 수행해 판별할 수 있다.

소괄호를 활용하면 캡처 그룹이 지정된다. 주로 정규 표현식의 캡처 그룹은 소괄호로 묶인 부분으로 특정 부분을 추출할 때 대상을 지정하는 역할로 사용된다.

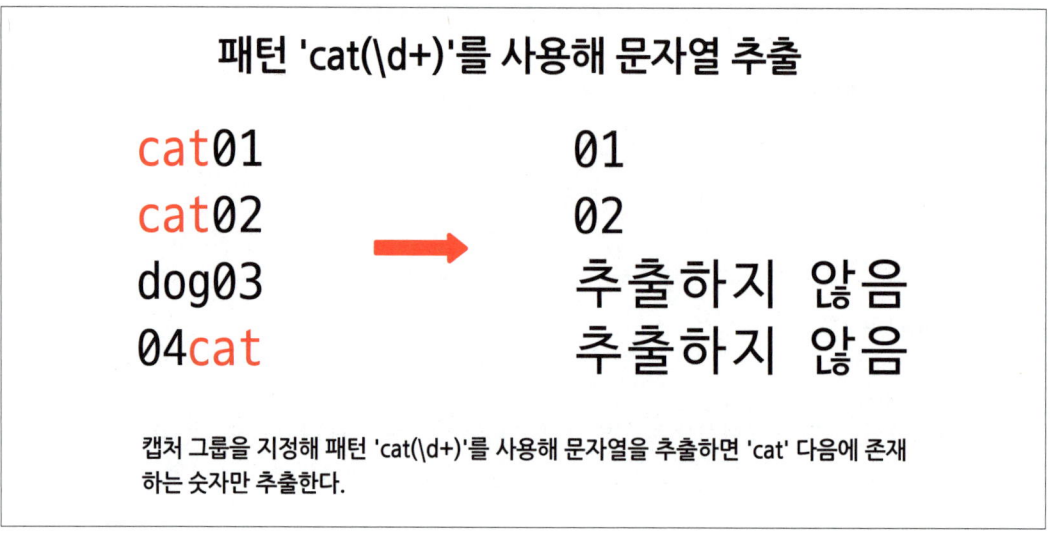

[그림 10-20] 정규 표현식의 캡처 그룹

'cat(\d+)' 패턴은 'cat' 다음에 오는 한 개 이상의 숫자를 캡처 그룹으로 지정한다. 그래서 지정된 캡처 그룹으로 추출하면 'cat' 다음에 위치하는 숫자들만 추출된다. str.extract 함수로 문자열을 추출할 때 반드시 소괄호 안에 입력해야 캡처 그룹으로 추출 대상이 지정된다.

캡처 그룹을 활용하면 전방 탐색, 후방 탐색, 긍정형 탐색, 부정형 탐색도 수행할 수 있다. 그러나 해당 내용은 정규 표현식에서 가장 어려운 부분이어서 이 책에서 다루지는 않겠다. 학습하지 않아도 생성형 AI를 활용하면, 긍정형 혹은 부정형의 전후방 탐색 패턴을 생성할 수 있다.

정규 표현식들은 정규 표현식을 뜻하는 접두사 r을 사용해 표현하면 더욱 안정적이다. 정규 표현식이 아닌 일반 문자열로 읽는 것을 피하려는 것이다. 예를 들어 패턴 'cat(\d+)'을 r'cat(\d+)'으로 입력하면 정규 표현식이 더욱 안정적으로 사용된다.

정규 표현식은 가벼운 마음으로 학습하자. 정규 표현식의 학습 내용 중 '|'와 '^', '$' 그리고 캡처 그룹 정도만 숙지해도 효용성이 크다. 더욱 복잡한 패턴을 생성해야 할 때는 책을 보거나 생성형 AI를 활용하자. 정규 표현식 패턴 생성은 생성형 AI가 탁월한 분야 중 하나이다.

10.3.3 판다스의 문자열 함수에 정규 표현식 활용하기

실제 데이터 프레임에서 정규 표현식을 이용해 판다스의 문자열 함수를 사용하는 실습을 수행하자. 실습할 변수 s를 생성히지.

[코드 10-40] 판다스의 문자열 함수에 정규 표현식 활용 예제 코드

```
import pandas as pd
s = pd.Series(['02-222-3333', '053)333-4444', '051/555/6666', '02/777-8888'])
s
```

변수 s는 전화번호 데이터이다. 전화번호 자리 구분이 '-', ')', '/'로 혼용되어 하이픈(-)으로 통일해야 한다. str.replace 함수의 정규 표현식을 사용하면 복수의 문자가 치환된다. 대괄호를 사용하여 여러 문자를 문자 집합으로 생성하고 regex=True를 입력하여 정규 표현식을 사용하자. 이때 소괄호는 캡처 그룹을 지정하는 특수한 역할이므로, 문자 소괄호를 지칭할 때는 역슬래시 같은 이스케이프 문자와 함께 표기해야 한다.

[코드 10-41] 정규 표현식을 활용해 ')'와 '/'를 '-'으로 치환하기

```
s.str.replace('[)/]', '-', regex=True)
```

전화번호 자리 구분이 하이픈(-)으로 통일된다. 이렇게 복수의 문자열을 하나의 문자로 치환할 때 str.replace 함수에 정규 표현식을 사용한다.[8] 판다스의 문자열 함수에서 정규 표현식을 사용할 때 regex의 기본값이 True인 문자열 함수들도 있으나, regex=True를 입력해야 안전하다.

전화번호의 맨 앞자리인 지역 번호만 추출하자. str.split 함수와 정규 표현식을 사용하자.

[코드 10-42] 전화번호에서 지역 번호만 추출하기

```
s.str.split('[)/-]', regex=True).str[0]
```

지역 번호가 02 혹은 051로 시작하는 서울과 부산의 데이터를 확인해 보자. [코드 10-42]의 결과에 isin 함수를 적용하는 것도 가능하지만[9] s에 str.contains 함수를 사용해 시리즈 s의 각 셀이 '02' 혹은 '051'로 시작하는지 확인하자. or를 의미하는 메타 문자 '|'를 활용하면 여러 개의 조건문을 쓰지 않아도 된다. 물론 시작을 뜻하는 메타 문자 '^'도 활용해야 한다.

[코드 10-43] 전화번호가 '02' 혹은 '051'로 시작하는지 확인하기

```
s.str.contains('^02|^051')
```

---

[8] replace 함수도 정규 표현식을 사용하므로, str.replace 대신에 replace 함수를 사용하는 것도 가능하다. [표 10-2] replace 함수와 str.replace 함수 비교 참고

[9] s.str.split('[)/-]', regex=True).str[0].isin(['02', '051'])

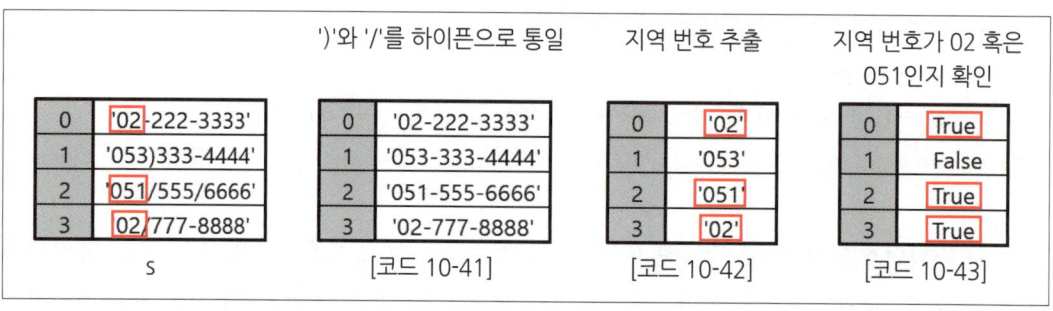

[그림 10-21] 판다스 문자열 함수에 정규 표현식 활용하기

10.3.4 정규 표현식을 활용해 문자열 추출하기(str.extractall 외)

앞서 str.extract 함수를 사용하여 문자열 추출을 수행하였다. 정규 표현식을 활용하면 더욱 맞춤형으로 다양한 문자열 추출이 가능하다. 실습에 사용할 변수 s1, s2, s3를 생성하자.

[코드 10-44] 정규 표현식을 활용해 문자열 추출 예제 코드

```
s1=pd.Series(['A반김판다/B반강승주', 'A반최진환/B반안지선'])
s2=pd.Series(['A반김판다/A반조민영/B반강승주', 'A반최진환/B반안지선'])
s3=pd.Series(['cat01', '02cat', 'dog01', '01cow'])
```

str.extract 함수를 사용하면 문자열이 추출되며, 소괄호로 지정된 캡처 그룹이 추출된다. 또한 복수의 캡처 그룹을 지정하면 복수의 문자열을 추출해 복수의 열로 반환한다.

변수 s1으로 실습해 보자. 변수 s1은 첫 번째 셀의 문자열 'A반김판다/B반강승주'에서 알 수 있듯이, 소속 반과 학생의 이름이 슬래시로 구분되어 합쳐진 문자열이다. 각 반의 학생 이름만 추출하자.

[코드 10-45] 'A반'과 'B반' 다음에 위치하는 한글만 추출해 이름 추출하기

```
s1.str.extract('A반([가-힣]+)/B반([가-힣]+)')
```

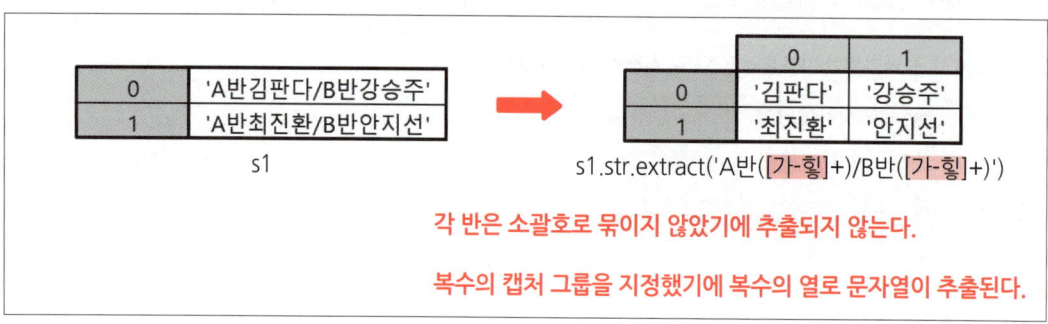

[그림 10-22] str.extract 함수에 복수의 캡처 그룹을 지정해 추출하기

'A반([가-힣]+)/B반([가-힣]+)'[10] 패턴을 사용하면 A반과 B반은 제외하고 이름만 캡처 그룹으로 지정해 각 반 학생의 이름만 추출된다. 정규 표현식을 활용하고 캡처 그룹도 정확하게 설정하여 맞춤형으로 문자열을 추출하자.

str.extract 함수는 하나의 캡처 그룹에서 한 번만 문자열을 추출한다. 즉, 하나의 소괄호에 패턴이 입력되면, 해당 패턴의 문자열이 여러 개 존재해도 패턴에 부합하는 첫 문자열만 추출된다. 그래서 동일한 패턴이 여러 개 존재할 때 모두 추출하기 번거롭다. 따라서 시리즈 s2의 첫 번째 셀에는 A반이 두 명 존재하지만 str.extract 함수는 한 명만 추출한다.

[코드 10-46] str.extract는 패턴에 맞는 문자열이 두 개 존재해도 하나만 추출한다.

```
s2.str.extract('A반([가-힣]+)')
```

이럴 때는 str.extractall 함수를 사용하여 패턴에 해당하는 모든 문자열을 추출한다.

[코드 10-47] str.stractall 함수로 패턴에 해당하는 모든 문자열 추출하기

```
s2.str.extractall('A반([가-힣]+)')
```

결과는 멀티 인덱스로 반환된다. 멀티 인덱스 활용이 어려울 때 인덱싱과 unstack 함수[11]를 사용하여 단일 인덱스의 데이터 프레임으로 변환하자.

[코드 10-48] [코드 10-47]의 결과를 단일 인덱스인 데이터 프레임으로 변환하기

```
s2.str.extractall('A반([가-힣]+)')[0].unstack()
```

---

10   '[가-힣]'은 모든 한글을 의미하는 문자 집합이다. **[표 10-4] 여러 가지 문자 집합**에서 확인하자.
11   unstack 함수는 멀티 인덱스의 구조를 변경해 데이터 프레임의 구조를 변경하는 함수이다. 기억이 나지 않는다면 **4.4.2. 멀티 인덱스의 구조 변경하기(stack, unstack)**를 참고하자.

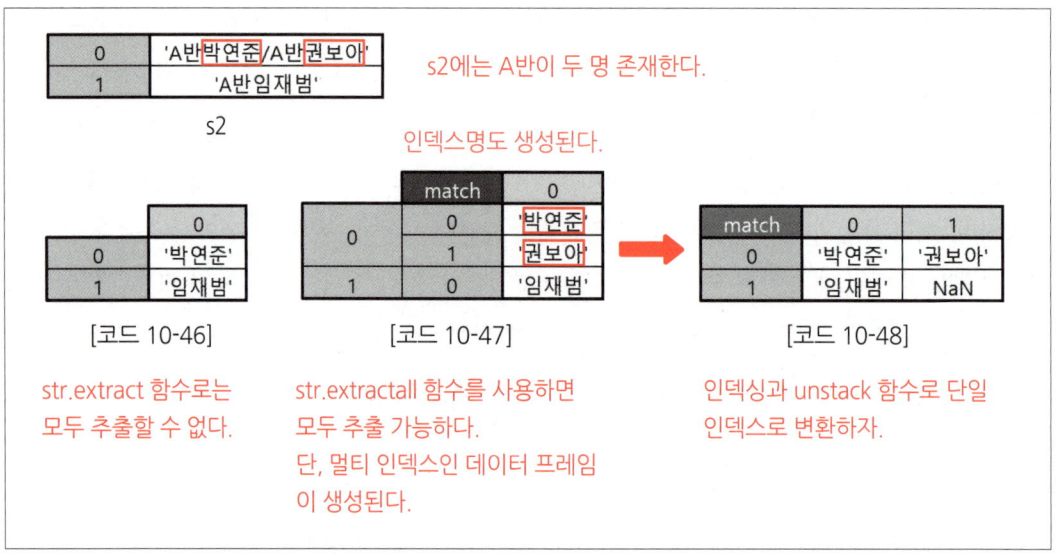

[그림 10-23] 단일 패턴으로 복수의 문자열 추출하기(str.extractall 함수)

str.extract 함수와 메타 문자 '|'를 사용하면 간단한 코드로 꽤 훌륭한 작업이 수행된다. 변수 s3에서 'cat'이 존재하면 'cat'을 추출하고, 'dog'가 존재하면 'dog'를 추출하자.

[코드 10-49] s3에서 'cat' 또는 'dog' 추출하기

```
s3.str.extract('(cat|dog)')
```

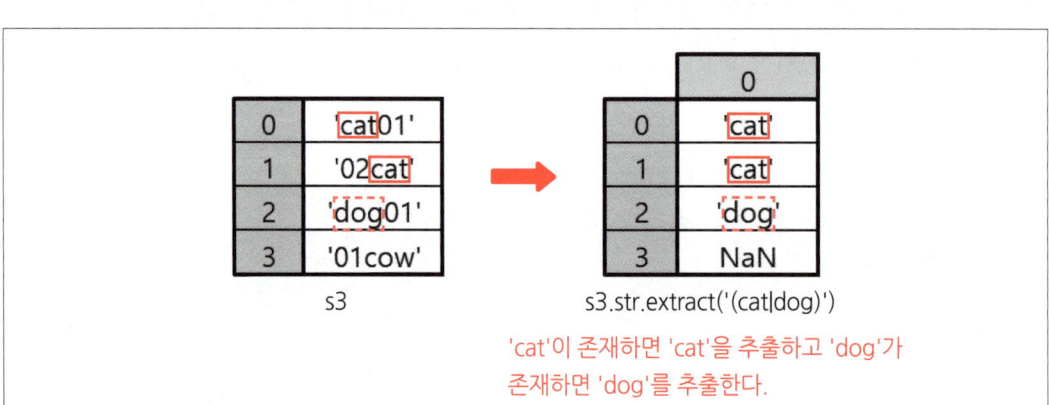

[그림 10-24] str.extract 함수에서 메타 문자 '|' 활용하기

추출할 문자열 'cat'과 'dog'를 메타 문자 '|'로 연결하고 전체를 캡처 그룹으로 지정하면, 'cat'이 존재하면 'cat'을 추출하고, 'dog'가 존재하면 'dog'를 추출한다. 매우 간편한 코드로 수행 가능하며, 추출할 문자열의 종류가 많아질수록 더욱 효율적인 코드가 된다. 이 기법을 모르면 많은 조건문을 생성해야 하므로 알아두는 것이 좋다.

엑셀 예제 13   커피 프랜차이즈의 서초구와 강남구 매장 수 집계하기

엑셀 파일 16cafe.xlsx에는 커피 프랜차이즈 공차, 스타벅스, 이디야, 커피빈, 할리스, 빽다방의 매장 데이터가 수집되어 있다.[12] 해당 매장 데이터를 활용하여 각 프랜차이즈의 서초구와 강남구의 매장 수 합계를 집계하려 한다. 각 매장의 도로명 주소 데이터가 엑셀 파일에 포함되기에 가능하다. 다만 상호명이 통일되지 않았고, 상호명에 지점명이 포함된 경우가 있다. 상호명을 통일하고, 도로명주소를 이용해 서초구와 강남구를 추출해 원하는 결과를 얻자.

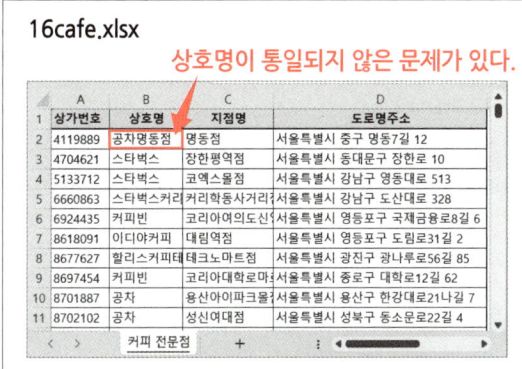

[그림 10-25]   실습 엑셀 파일 16cafe.xlsx 소개

상호명을 통일하고 도로명 주소를 이용해 각 프랜차이즈의 서초구와 강남구 매장 수 집계하기

먼저 엑셀 시트를 데이터 프레임으로 불러와 변수 df_cafe로 지정하자.

[코드 10-50]   커피 전문점 엑셀 파일에서 데이터 프레임 불러오기

```
pd.options.display.max_rows = 6 # 6행까지만 출력
url2 = 'https://github.com/panda-kim/book1/blob/main/16cafe.xlsx?raw=true'
df_cafe = pd.read_excel(url2)
df_cafe
```

변수 df_cafe의 상호명 열에 지점명이 포함된 경우가 많으므로 프랜차이즈마다 상호명을 통일해야 한다. str.extract 함수를 사용하여 지점명을 제외하고 상호명만 추출하자. 소괄호 안에 메타 문자 '|'를 사용하여 정규 표현식 패턴을 생성해 추출한다. 정규 표현식의 패턴이 길다면 별도의 변수로 지정해 입력하는 것도 코드의 가독성을 높인다. 추출 결과로 상호명 열을 수정하자.

---

12   (공공데이터 포털의 상권 정보 데이터를 가공) 대한민국 공식 전자정부, "소상공인시장진흥공단_상가(상권)정보(서울)", 공공데이터 포털, 2022년 8월 26일 접속, https://www.data.go.kr/data/15083033/fileData.do

[코드 10-51] 프랜차이즈마다 상호명 통일하기

```
pat = '(공차|스타벅스|이디야|커피빈|할리스|빽다방)'  # 정규 표현식 패턴
df_cafe['상호명'] = df_cafe['상호명'].str.extract(pat)
df_cafe
```

	상가번호	상호명	지점명	도로명주소
0	4119889	공차	명동점	서울특별시 중구 명동7길 12
1	4704621	스타벅스	장한평역점	서울특별시 동대문구 장한로 10
2	5133712	스타벅스	코엑스몰점	서울특별시 강남구 영동대로 513
...	...	...	...	...
1352	28520792	공차	석계역점	서울특별시 노원구 화랑로 355
1353	28521414	공차	어린이대공원역점	서울특별시 광진구 군자로 114
1354	28523473	공차	한양대점	서울특별시 성동구 마조로 21

1355 rows × 4 columns

출력을 확인하니 원래 엑셀 파일의 첫 행은 '공차명동점'이었으나 '공차'로 바뀐 것이 확인된다. 혹시 변환되지 않은 상호명이 존재하는지 확인하자. 상호명 열에 value_counts 함수를 적용하여 유일 값의 빈도수를 파악하자.

[코드 10-52] 상호명이 프랜차이즈 이름으로 통일되었는지 확인하기

```
df_cafe['상호명'].value_counts()
```

```
스타벅스    448
이디야     403
커피빈     145
할리스     128
공차      118
빽다방     113
Name: 상호명, dtype: int64
```

각 프랜차이즈의 상호명이 모두 통일되었다.

이제 강남구와 서초구의 데이터만 추출하여 value_counts 함수를 적용하자. 조건문을 만들어 불리언 인덱싱을 수행하자. str.contains 함수를 사용하여 메타 문자 '|'를 적용하여 '서초구' 혹은 '강

남구 '[13]를 포함하는지 조건문을 생성하자. 생성된 조건문으로 필터링 후 value_counts 함수를 적용하면 프랜차이즈별로 서초구와 강남구의 매장 수의 합계가 집계된다.

[코드 10-53] 각 프랜차이즈의 서초구와 강남구 매장 수 집계하기

```
cond = df_cafe['도로명주소'].str.contains(' 서초구 | 강남구 ')
df_cafe.loc[cond, '상호명'].value_counts()
```

```
스타벅스    110
커피빈      61
이디야      36
할리스      25
공차       20
빽다방      17
Name: 상호명, dtype: int64
```

---

13   구 앞뒤로 띄어쓰기를 적용하기에 공백을 입력한 것이다.

CHAPTER

11

피벗과 언피벗

QR코드를 통해 Chapter 11에 포함된 코드와 풀 컬러 그림을 확인할 수 있습니다. 또한 판다스와 구글 코랩의 버전 업데이트에 따른, 변동이 필요한 코드, 변동된 코드 출력 정보도 확인할 수 있습니다.

11.1   피벗 테이블

11.2   언피벗

11.1 피벗 테이블

원시 데이터는 여러 가지 열로 다양한 특성을 보유하고, 이러한 특성을 기반으로 원시 데이터를 다각도로 요약할 수 있다. 피벗 테이블(pivot table)은 원시 데이터를 다양한 속성으로 요약한 표이며, 판다스도 피벗 테이블을 생성한다. 11.1에서 여러 가지 판다스 함수를 사용하여 피벗 테이블을 생성하는 방법을 알아보자.[1]

11.1.1 피벗 테이블을 사용하는 이유

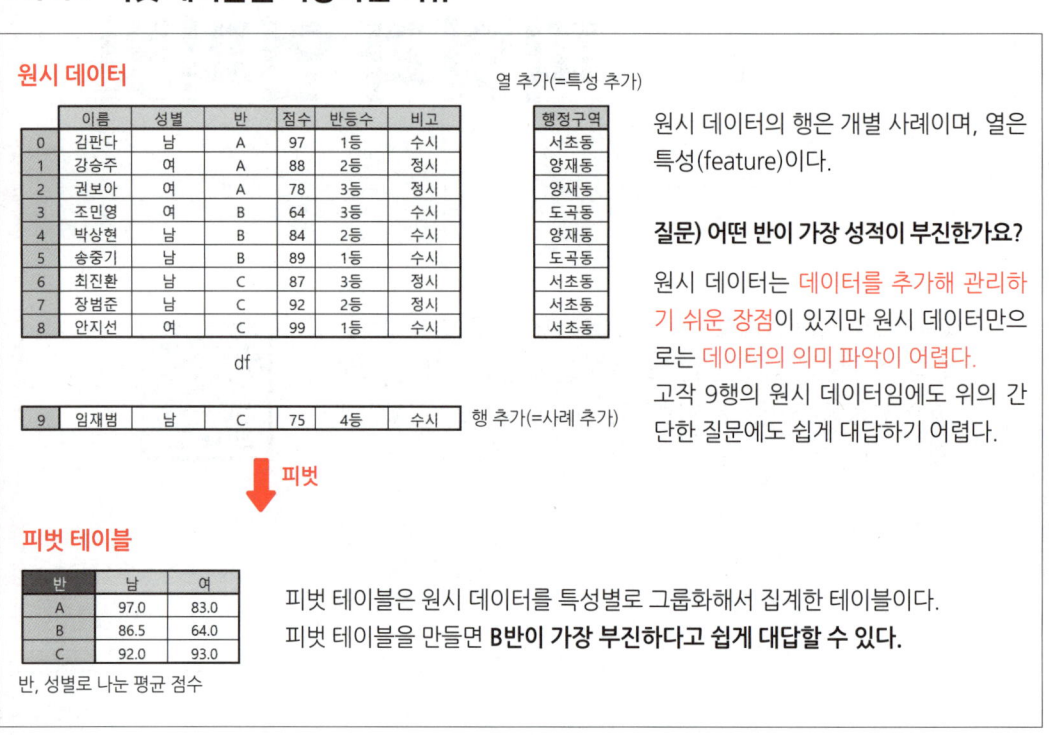

[그림 11-1] 피벗 테이블을 사용하는 이유

판다스를 배우는 가장 큰 목적은 원시 데이터를 다루는 것이다. 원시 데이터는 열로 데이터의 특성을 구분하고 행으로는 각 개별 사례의 데이터를 구분한다. 원시 데이터는 다양한 정보를 정확하게 가지며 데이터의 추가 및 관리가 쉬운 장점이 있지만, 그 자체로는 의미 파악이 어렵다는 단점이 있다. [그림 11-1]의 원시 데이터인 df만 봐서는 고작 9행의 데이터인데도 어떤 반이 가장 부진한지 파악하기 어렵다.

이런 단점을 해결하는 것이 피벗 테이블이다. 피벗 테이블은 원시 데이터를 특성별로 그룹을 나누어

---

[1] 판다스는 pivot_table, pivot, crosstab 그리고 다음 장에서 학습할 groupby 함수 등 다양한 함수로 피벗 테이블을 생성한다.

집계한 표이다. df를 이용해 반과 성별로 나누어 점수의 평균을 집계한 피벗 테이블을 생성하면 어떤 반이 가장 부진한지 쉽게 파악된다.

원시 데이터와 피벗 테이블은 부족한 부분을 서로 채워주는 상호 보완의 관계이므로 반드시 병행하여 사용하자.

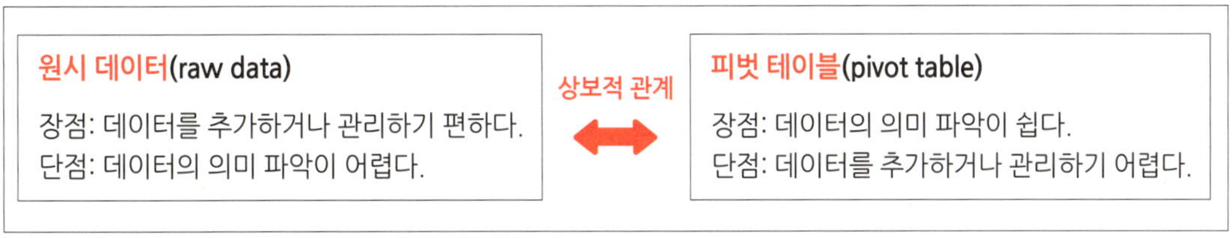

원시 데이터(raw data)
장점: 데이터를 추가하거나 관리하기 편하다.
단점: 데이터의 의미 파악이 어렵다.

상보적 관계 ↔

피벗 테이블(pivot table)
장점: 데이터의 의미 파악이 쉽다.
단점: 데이터를 추가하거나 관리하기 어렵다.

[그림 11-2] 원시 데이터(raw data)와 피벗 테이블(pivot table)의 상보적 관계

11.1.2 피벗 테이블과 집계 함수

피벗 테이블은 원시 데이터를 특성으로 그룹을 나누어 각각의 셀에 요약한다. [그림 11-1]의 df로 각 반과 성별로 구분되어 점수가 요약된 피벗 테이블을 생성하자. A반의 남학생 그룹은 1명이므로 데이터가 하나라 셀에 입력할 수 있다. 그러나 만약 B반 남학생 그룹처럼 2개의 데이터를 가질 때 셀에 입력하려면 어떻게 해야 할까?

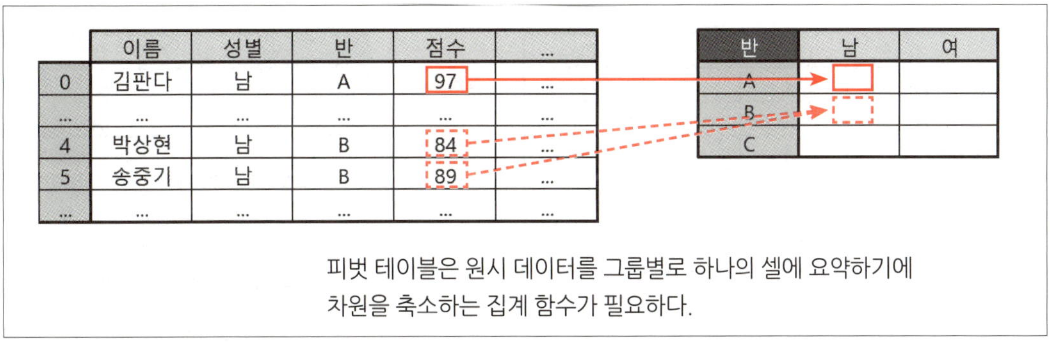

피벗 테이블은 원시 데이터를 그룹별로 하나의 셀에 요약하기에 차원을 축소하는 집계 함수가 필요하다.

[그림 11-3] 피벗 테이블과 집계 함수

이럴 때 필요한 것이 집계 함수이다. 여러분도 '두 명의 점수를 평균 내서 넣으면 되지 않을까?'라는 생각이 들었다면 집계함수의 필요성을 이해한 것이다. 두 개의 데이터를 평균하면 단일 값이 되므로 셀에 입력할 수 있다. 이렇게 그룹의 값을 단일 값으로 반환해 주는 함수가 집계 함수이다.[2]

집계 함수는 차원 축소(dimension reduction) 함수이다. 우리가 흔히 생각하는 평균, 표준편차 등의

---

[2] 집계 함수가 생소하다면 **5.4.1. 집계 함수**를 참고하자. 판다스의 다양한 집계 함수는 [**표 5-4**] **여러 통계 함수와 판다스의 집계 함수**들에서 확인하자.

함수뿐만 아니라 차원을 축소하는 함수는 모두 넓은 의미에서 집계 함수에 포함된다. 원시 데이터는 대부분 하나의 그룹에 많은 개수의 데이터가 있으며, 요약하려면 그룹의 값을 하나로 차원 축소하는 집계 함수가 필요하다. 그렇기에 우리는 피벗 테이블을 만들 때 집계 함수를 지정해야 한다.

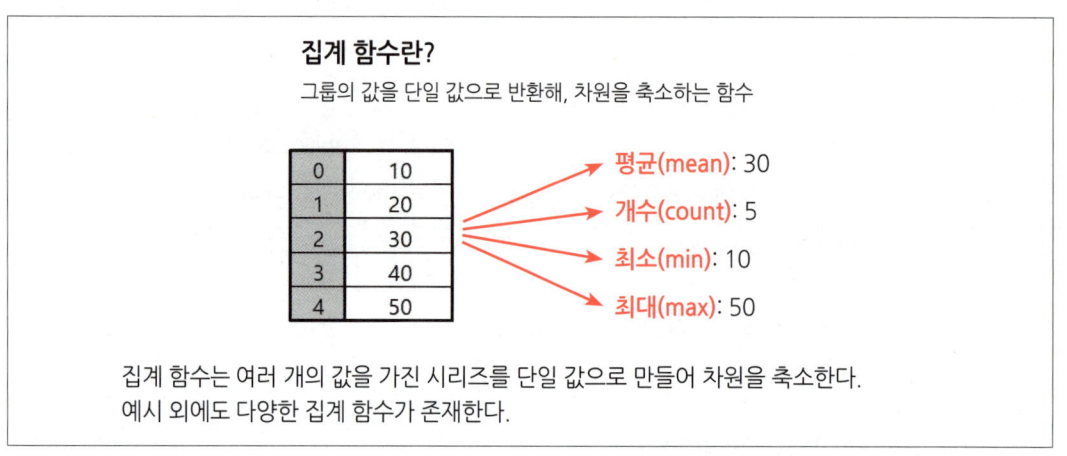

[그림 11-4] 집계 함수

11.1.3 피벗 테이블 생성하기(pivot_table)

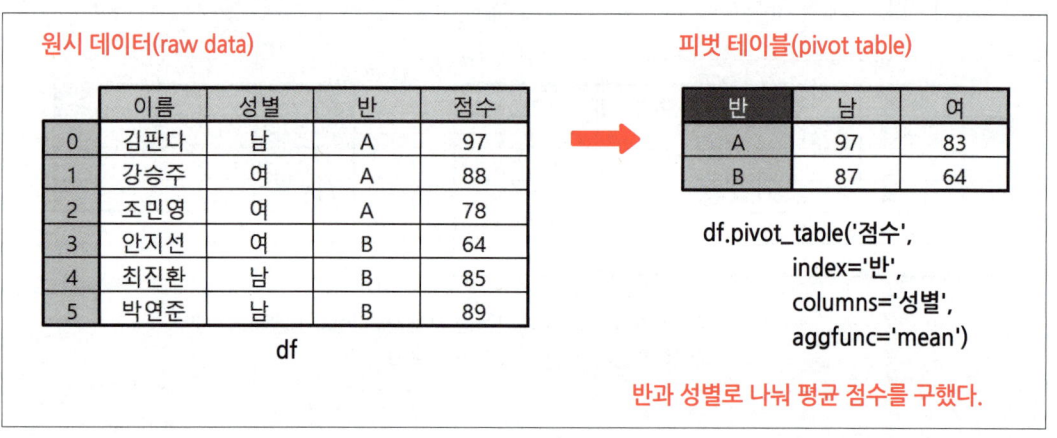

[그림 11-5] 판다스 pivot_table 함수

● **판다스 pivot_table**

원시 데이터로 피벗 테이블을 생성하는 함수

pivot_table 함수의 주요 매개변수와 인수, 기본값

```
df.pivot_table(values=None, index=None, columns=None, aggfunc='mean')
```

- **values**: 집계할 대상 열을 지정한다. [그림 11-5]는 점수 열을 집계했다.
- **index**: 행으로 구분할 그룹을 나누는 기준 열을 지정한다. [그림 11-5]는 피벗 테이블의 행에서 반이 구분된다.
- **columns**: 열로 구분할 그룹을 나누는 기준 열을 지정한다. [그림 11-5]는 피벗 테이블의 열에서 성별이 구분된다.
- **aggfunc**: 그룹의 차원을 축소할 집계 함수를 지정한다. 기본값은 'mean'으로 그룹의 평균을 구해 차원을 축소한다.

판다스 pivot_table 함수는 원시 데이터를 이용해 피벗 테이블을 생성하는 함수이다. 판다스에는 피벗 테이블을 만드는 다양한 함수가 존재하며, pivat_table 함수는 가장 기본적인 형태의 피벗 테이블을 생성할 때 쓰인다. 실습에 쓰일 여러 변수를 생성하자.

[코드 11-1] 다양한 피벗 테이블 생성 실습 예제 코드

```python
import pandas as pd
pd.options.display.float_format = '{:..1f}'.format # 소수점 첫째 자리 출력
data = [['김판다', '남', 'A', 97, '1등', '수시'],
        ['강승주', '여', 'A', 88, '2등', '정시'],
        ['권보아', '여', 'A', 78, '3등', '정시'],
        ['조민영', '여', 'B', 64, '3등', '수시'],
        ['박상현', '남', 'B', 84, '2등', '수시'],
        ['송중기', '남', 'B', 89, '1등', '수시'],
        ['최진환', '남', 'C', 87, '3등', '정시'],
        ['장범준', '남', 'C', 92, '2등', '정시'],
        ['안지선', '여', 'C', 99, '1등', '수시']]
col = ['이름', '성별', '반', '점수', '반등수', '비고']
data1 = {'제품': ['A', 'B', 'A', 'B', 'B', 'A'],
         '판매량': [float('nan'), 2, 3, 4, float('nan'), 6]}

df = pd.DataFrame(data, columns=col)
df1 = pd.DataFrame(data1)
```

위 코드를 실행하면 [그림 11-1]의 원시 데이터와 같은 df가 생성된다. df를 반과 성별로 나누어 평균 점수를 피벗 테이블로 만들자. pivot_table 함수의 values, index, columns, aggfunc 네 가지 매개변수에 인수를 입력해 피벗 테이블을 만들자.

> **pivot_table 함수의 주요 매개변수(parameter)**
> values: 집계 대상
> index: 행으로 구분할 그룹
> columns: 열로 구분할 그룹
> aggfunc: 집계 함수

[그림 11-6] pivot_table 함수의 주요 매개변수(parameter)

values에는 집계할 대상인 열을 입력해야 한다. df의 반과 성별로 나누어 평균 점수를 구할 것이기에 집계 대상은 점수 열이다. values는 첫 번째 매개변수라 통상은 인수만 첫 번째로 입력한다.

다음으로 그룹 구분 기준이 되는 열을 매개변수 index와 columns에 지정해야 한다. 피벗 테이블의 행으로 구분할 그룹은 index에 입력하고, 피벗 테이블의 열로 구분할 그룹은 columns에 입력한다. [그림 11-1]의 피벗 테이블은 행에서 반을 구분하고, 열에서 남녀를 구분한다. 그렇기에 반을 구분하는 열인 '반'을 index에 입력하고, 남녀를 구분하는 열인 '성별'을 columns에 입력한다.

주요 매개변수 중 마지막인 aggfunc은 집계 함수를 지정한다. 반과 성별로 나누어 평균 점수를 피벗 테이블로 생성하기로 했으니 집계 함수에 aggfunc='mean'을 입력한다.

[코드 11-2] df를 반(index)과 성별(columns)로 구분해 평균 점수 구하기

```
df.pivot_table('점수', index='반', columns='성별', aggfunc='mean')
```

결과는 [그림 11-1]에서 확인한다. 반과 성별로 나뉜 평균 점수가 교차표로 생성된다. 이것이 피벗 테이블이다. 매개변수 aggfunc의 기본값이 'mean'이기에 생략해도 결과는 같다.

[코드 11-3] 매개변수 aggfunc의 기본값이 'mean'이기에 생략이 가능하다.

```
df.pivot_table('점수', index='반', columns='성별')
```

피벗 테이블을 생성하면 인덱스명이 생성된다. 인덱스명을 제거하거나 변경하고 싶다면 이전에 학습한 rename_axis 함수를 사용한다.[3]

판다스 입문 단계에서는 매개변수가 많은 함수를 어렵게 느낄 때가 많아 pivot_table 함수도 어려워

---

3   4.3.8. 인덱스명 변경하기(rename_axis) 참고

한다. pivot_table 함수는 네 가지 매개변수에 차근차근 인수를 지정하면 되니 너무 어려워하지 않기를 바란다. 또한 모든 매개변수는 직관적인 의미가 있으니 생각보다 사용하기 쉽다. pivot_table 함수의 네 가지 매개변수는 여러분이 어디서 어떤 툴을 이용해 피벗 테이블을 생성하든지 결국엔 지정해야 하는 부분이다.

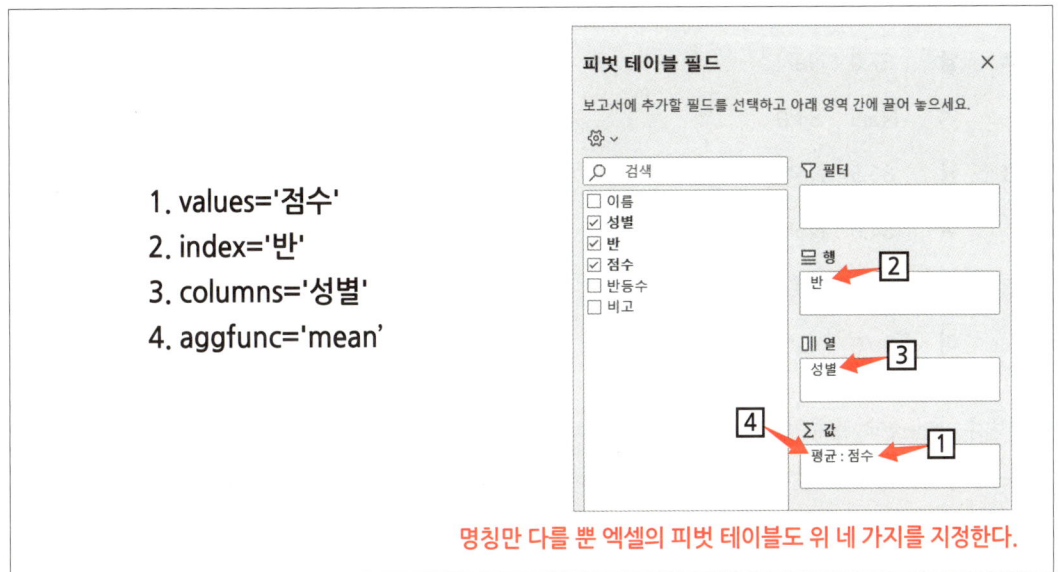

[그림 11-7] pivot_table 함수의 주요 매개변수와 엑셀의 피벗 테이블

엑셀의 피벗 테이블에 익숙하여 피벗 테이블이 보통의 표와 다른 특별한 기능이 필요하다고 생각할 수 있다. 그러나 피벗 테이블은 본래 특별한 기능과는 무관한 요약된 표를 의미하며, 판다스로 생성한 피벗 테이블 역시 일반적인 데이터 프레임이다. 피벗 테이블 결과에도 데이터 프레임에 적용되는 많은 판다스 함수를 사용하며, 그룹별 세부 정보가 표시되지 않는다.[4]

11.1.4 복수의 인수를 입력해 피벗 테이블 생성하기

pivot_table 함수의 네 가지 매개변수는 모두 복수의 인수를 입력할 수 있다. 물론 이때는 입력할 인수를 리스트로 묶어 입력한다. index에 '반'과 '성별'을 리스트로 묶어 입력하고, columns에 '비고'를 지정하자.

---

[4] 판다스를 교육하면 엑셀의 피벗 테이블에서 우클릭으로 세부 정보를 표시하는 것처럼 판다스의 피벗 테이블에서 우클릭 등의 방법으로 세부 정보를 표시하는 방법을 문의하는 사람들이 실제로 많다. 세부 정보가 반드시 필요하다면 원시 데이터에서 불리언 인덱싱으로 필터링을 수행해 해당 그룹의 원시 데이터만 추출하거나, **12.3.2. 그룹바이 객체**에서 학습해 그룹별로 데이터 프레임을 분리하자.

[코드 11-4] 반과 성별(index), 비고(columns)로 나누어 평균 점수 구하기

```
df.pivot_table('점수', index=['반', '성별'], columns='비고')
```

반	성별	비고 수시	정시
A	남	97.0	NaN
	여	NaN	83.0
B	남	86.5	NaN
	여	64.0	NaN
C	남	NaN	89.5
	여	99.0	NaN

매개변수 index에 복수의 열을 입력해 피벗 테이블로 멀티 인덱스를 보유한 데이터 프레임을 반환한다. 그리고 그룹에 해당하는 데이터가 존재하지 않는 셀은 NaN을 반환한다.[5]

이번에는 복수의 집계 함수를 사용하자. 반과 성별로 나누어 피벗 테이블을 만들되 평균 점수와 인원수를 구하자. 인원수는 'count'로 집계한다.

[코드 11-5] 반(index)과 성별(columns)로 나누어 평균 점수와 인원수 구하기

```
df.pivot_table('점수', index='반', columns='성별', aggfunc=['mean', 'count'])
```

반	mean 남	여	count 남	여
A	97.0	83.0	1	2
B	86.5	64.0	2	1
C	89.5	99.0	2	1

복수의 인수를 입력하면, 결과로 멀티 인덱스를 보유한 데이터 프레임을 반환할 때가 많으니 멀티 인덱스를 다뤄야 한다. 14장에서 멀티 인덱스를 학습하지만, 멀티 인덱스를 익히기 전에는 [코드 4-63]처럼 단일 인덱스로 변환하는 것도 좋은 방법이다.

---

[5] **6.4.3. 결측값 대체하기(fillna)**의 fillna 함수를 사용하거나, pivot_table 함수의 매개변수 fill_value로 결측값의 처리가 가능하다.

11.1.5 인수로 함수를 입력하는 방법

pivot_table 함수는 차원 축소를 하고자 집계 함수를 입력해야 하기에 함수를 인수로 입력하는 방법에 대해 알아보자. 판다스에서는 pivot_table 함수뿐 아니라 이전에 학습한 apply 함수 등 인수로 함수를 입력해야 할 때가 자주 발생하며,[6] 그때도 아래의 방법으로 함수를 입력한다.

1. 대상에 적용되는 함수를 입력한다.

pivot_table 함수에 인수로 입력하는 집계 함수는 시리즈가 적용 대상인 함수여야 한다. 시리즈에 적용되는 함수라면 사용자 정의 함수와 lambda 함수도 입력할 수 있다.[7] 참고로 시리즈에 apply를 사용할 때는 셀에 적용되는 함수, 데이터 프레임에 apply를 사용할 때는 시리즈에 적용되는 함수를 인수로 입력해야 한다.

2. 메서드가 아닌 함수 형태로 입력한다.

함수를 인수로 입력하기에 메서드가 아닌 함수를 입력해야 한다. null이 아닌 값의 개수를 세는 함수는 pd.Series.count이다. 시리즈에 적용할 때는 s.count()의 형태로 메서드로 사용하지만 인수로 입력할 때는 함수 형태인 pd.Series.count로 입력해야 한다.

3. 자주 쓰이는 함수는 문자열로 해당 함수를 호출할 수 있으니 문자열을 입력한다.

2번의 함수 형태가 너무 기므로 코드의 간결성을 위해 일부 함수는 문자열을 입력해 해당 함수를 호출할 수 있다. 그래서 [코드 11-5]에서 인원수를 셀 때 'count'를 입력하였다. 그 밖에도 'sum', 'max', 'min', 'first', 'last' 등의 많은 함수를 문자열로 입력한다.

pivot_table 함수뿐 아니라, 함수의 인수로 입력하는 대부분의 함수에서 위 방법이 준용되니, 숙지하자.

11.1.6 그룹화에만 적용되는 집계 함수(first, last)

일반적으로 pivot_table에 쓰이는 집계 함수는 일반적인 통계 함수이며 대부분 시리즈에도 적용이 가능하다. 예를 들어 평균을 구하는 함수 mean은, 점수 열에 적용해도 평균을 구하거나 pivot_table 함수에 입력해 그룹을 나누어 평균을 구할 수 있다. 하지만 first 함수와 last 함수는 pivot_table 함수 혹은 groupby 함수처럼 그룹을 나누는 함수와 함께 사용할 때만 사용이 가능한 특별한

---

[6] 이전에 학습한 apply, map 함수, 이후의 agg, transform, pipe 등의 함수의 경우 함수를 인수로 입력한다.
[7] 그렇지만 실제로 pivot_table 함수에 사용자 정의 함수를 적용할 때는 드물다. pivot_table 함수는 간단한 구조의 피벗 테이블을 만들 때만 사용한다. 사용자 정의 함수 등을 사용해 다소 복잡한 구조의 피벗 테이블을 생성할 때는 주로 groupby 함수를 사용하기 때문이다.

집계 함수이다.

first 함수는 각 그룹에서 null이 아닌 값 중에 첫 번째 값을 반환한다. last 함수는 각 그룹에서 null이 아닌 값 중에 마지막 값을 반환한다. [코드 11-1]의 df1으로 실습하자. df1으로 제품별 첫 번째 판매량을 집계해 보자. aggfunc='first'를 입력하자.

[코드 11-6] 제품별로 첫 번째 판매량을 집계

```
df1.pivot_table('판매량', index='제품', aggfunc='first')
```

이번에는 제품별 마지막 판매량을 집계해 보자. aggfunc='last'를 입력하자.

[코드 11-7] 제품별로 마지막 판매량을 집계

```
df1.pivot_table('판매량', index='제품', aggfunc='last')
```

first와 last는 그룹화를 할 때만 적용이 가능한 집계 함수이다.

	제품	판매량
0	A	NaN
1	B	2.0
2	A	3.0
3	B	4.0
4	B	NaN
5	A	6.0

df1

제품	판매량
A	3.0
B	2.0

[코드 11-6]
집계 함수 first 적용
각 그룹별로 null이 아닌
첫 번째 값을 반환

제품	판매량
A	6.0
B	4.0

[코드 11-7]
집계 함수 last 적용
각 그룹별로 null이 아닌
마지막 값을 반환

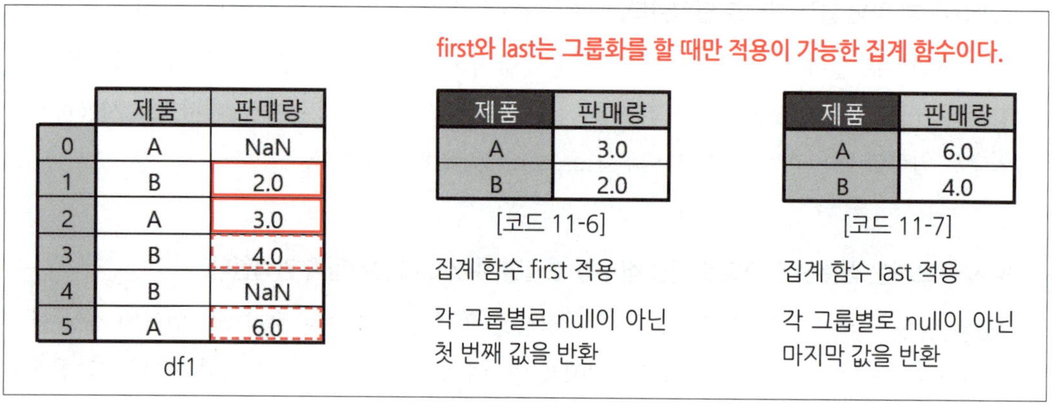

[그림 11-8] 집계 함수 first와 last

[그림 11-1]의 df에서 반과 성별로 그룹을 나누어 해당 그룹의 1등 명단을 표로 만들자. 동점이 없으니 동점자 처리는 하지 않는다. 점수가 높은 순으로 정렬한 뒤 이름 열에 first 함수를 적용하는 피벗 테이블을 만들면, 그룹별 1등의 명단이 작성된다.

[코드 11-8] 반(index)과 성별(columns)로 나누어 1등의 명단 생성하기

```
(df.sort_values('점수', ascending=True)
    .pivot_table('이름', index='반', columns='성별', aggfunc='first')
)
```

점수가 높은 순으로 정렬 후 반과 성별로 그룹을 나눠 그룹에서 가장 먼저 등장하는 이름을 피벗한다.

	이름	성별	반	점수	반등수	비고
8	안지선	여	C	99	1등	수시
0	김판다	남	A	97	1등	수시
7	장범준	남	C	92	2등	정시
5	송중기	남	B	89	1등	수시
1	강승주	여	A	88	2등	정시
6	최진환	남	C	87	3등	정시
4	박상현	남	B	84	2등	수시
2	권보아	여	A	78	3등	정시
3	조민영	여	B	64	3등	수시

df.sort_values('점수', ascending=False)
오름차순 정렬

반	남	여
A	김판다	강승주
B	송중기	조민영
C	장범준	안지선

[코드 11-8] 결과

정렬한 뒤 first 함수를 집계 함수로 사용해 각 그룹의 1등의 명단을 피벗한 결과를 얻는다.

[그림 11-9] 집계 함수 first와 문자열 피벗

집계 함수 first 함수와 last 함수는 수치형 데이터에만 적용되는 것이 아니기에 문자열 피벗에도 활용된다.

11.1.7 문자열 피벗(pivot)

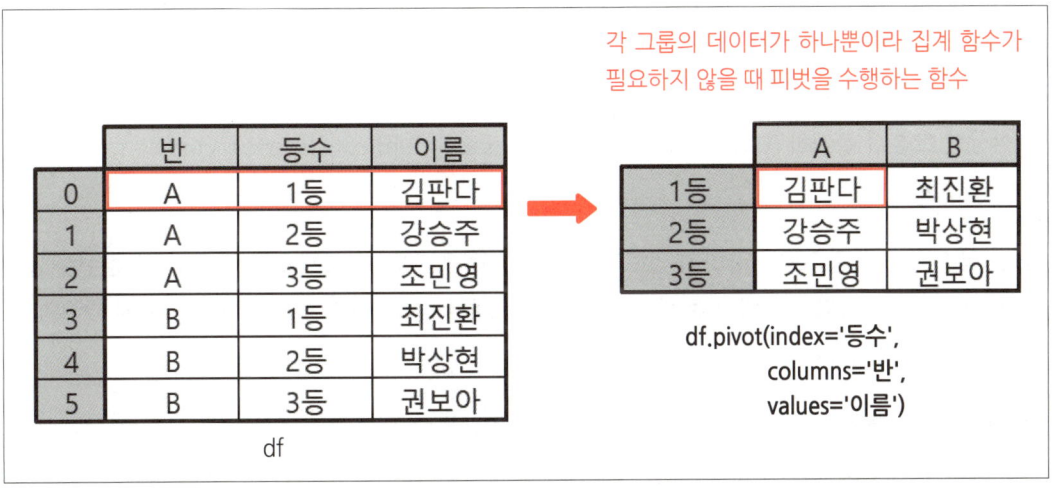

[그림 11-10] 판다스 pivot 함수

> ● 판다스 pivot
>
> 집계 함수 없이 피벗 테이블을 만드는 함수. 주로 문자열 피벗에 쓰인다.
>
> pivot 함수의 주요 매개변수와 인수, 기본값
>
> ```
> df.pivot(index=None, columns=None, values=None)
> ```
>
> pivot 함수의 매개변수는 pivot_table 함수의 index, columns, values와 동일하다. 다만 매개변수의 순서가 pivot_table 함수와 다르고, 집계 함수를 적용하지 않기에 매개변수 aggfunc는 존재하지 않는다.

앞서 first 함수를 활용해 문자열 피벗을 수행했다. 이처럼 pivot_table 함수에 특정 집계 함수를 지정해 문자열 피벗을 수행하기도 하나, 통상은 판다스에서는 pivot_table 함수 대신 pivot 함수를 사용해 문자열의 피벗을 수행한다.

pivot_table 함수에서 집계 함수가 필요했던 이유는 여러 개의 데이터가 하나의 그룹에 소속되어 차원을 축소해야 했기 때문이다. 만약 모든 그룹에 각각 하나의 데이터만 소속된다면 어떨까? 한 그룹에 하나의 데이터만 소속된다면 굳이 집계 함수가 필요하지는 않을 것이다. 그때 사용하는 함수가 pivot 함수이다. pivot 함수는 집계 함수 없이 피벗 테이블을 만드는 함수이다. 집계 함수 없이 사용하기에 반드시 하나의 그룹에는 둘 이상의 데이터가 소속되지 않아야 한다. 만약 소속된 데이터가 2개 이상인 그룹이 존재하면 ValueError: Index contains duplicate entries, cannot reshape 에러가 발생한다.

pivot 함수는 집계 함수를 사용하지 않으니 문자열 피벗에 쓰인다. df로 실습하자. df의 점수는 동점자가 없어 등수도 동일한 사람이 존재하지 않는다. 그래서 pivot 함수를 사용한다. 다음과 같은 코드로 반별 등수 명단을 작성하자.

[코드 11-9] pivot 함수로 반(index), 반등수(columns)로 나누어 이름을 피벗

```
df.pivot(index='반', columns='반등수', values='이름')
```

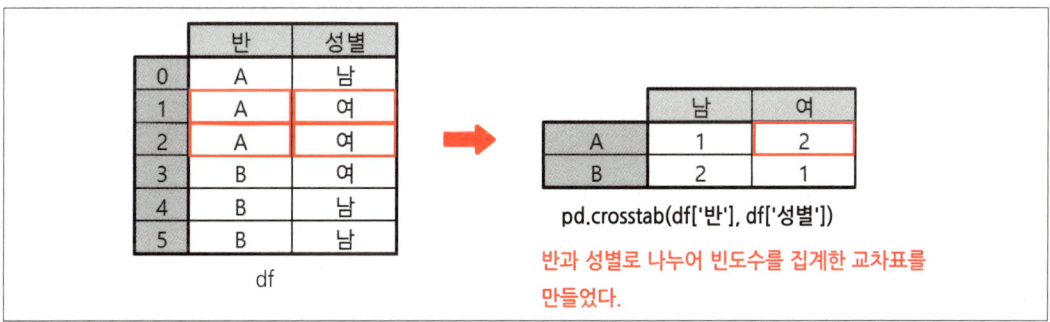

[그림 11-11] pivot 함수와 문자열 피벗

각 반의 등수에 따라 명단을 반환했다. 이런 간단한 문자열 피벗은 pivot 함수를 사용한다.

11.1.8 빈도수를 집계하는 교차표 생성하기(crosstab)

[그림 11-12] 판다스 crosstab 함수

● **판다스 crosstab**

빈도수를 집계해 교차표를 생성하는 함수이다.

crosstab 함수는 빈도수를 집계해 교차표를 생성하는 함수이다. 실습에 쓰일 변수 df를 생성하자.

[코드 11-10] crosstab 함수 실습 예제 코드

```
data = {'반': ['A', 'A', 'A', 'B', 'B', 'B'],
        '성별': ['남', '여', '여', '여', '남', '남']}
df = pd.DataFrame(data)
df
```

기본적으로 빈도수는 value_counts 함수로 집계하며 pivot_table 함수의 집계 함수로 count 함수를 사용하여 집계하기도 한다. 하지만 value_counts 함수는 교차표가 아닌 시리즈를 생성하며, pivot_table 함수로 빈도수를 집계해 교차표를 생성하려면 최소 세 개의 열을 지정해야 한다. 따라서 [그림 11-12]의 df처럼 열이 두 개뿐일 때 pivot_table 함수를 사용하여 빈도수를 파악하려면 의미가 없는 집계용 열을 추가해야 한다.

이때 사용하는 함수가 crosstab 함수이다. 입문 단계일 때는 알아야 할 함수가 많아지는 것을 꺼리기에 pivot_table 함수로 빈도수를 집계하지만 crosstab 함수가 워낙 간편하기에 숙련자일수록 많이 사용하는 함수이다.

df로 실습하자. crosstab 함수는 메서드로 사용할 수 없고 반드시 함수 pd.crosstab 형태로 사용해야 한다. 빈도수를 파악할 열들을 인덱싱해서 각각 시리즈로 입력한다.

[코드 11-11] 반(index), 성별(columns)을 나누어 crosstab 함수로 인원수 집계

```
pd.crosstab(df['반'], df['성별'])
```

결과는 [그림 11-12]와 같다. 간편해서 자주 쓰이는 함수이다.

엑셀 예제 14 타이타닉 침몰 사고에서 과연 여성과 아이를 먼저 구조했을까?

흔히 타이타닉 침몰 사고 당시 여성과 아이부터 구조하였다고 알려져 있다. 과연 실제로 그러했는지 엑셀 예제 1에서 사용한 타이타닉 침몰 사고의 승객 통계 데이터를 활용해 검증해 보자. 남성의 생존율과 여성의 생존율 그리고 15세 이하의 생존율을 비교하면 확인된다.

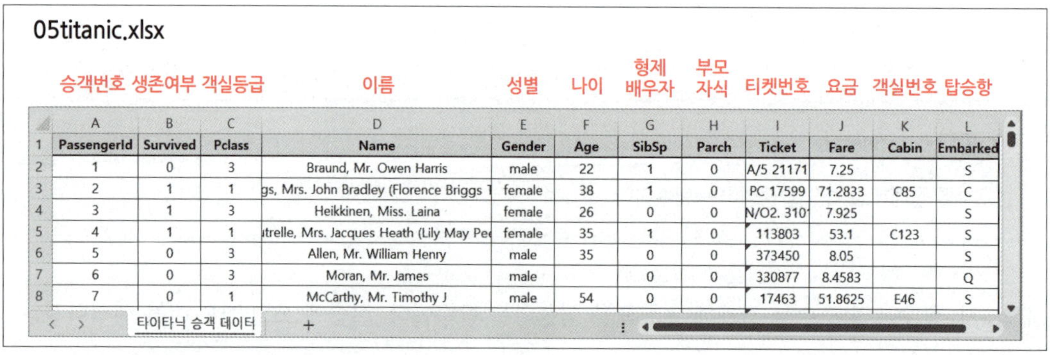

	A	B	C	D	E	F	G	H	I	J	K	L
1	PassengerId	Survived	Pclass	Name	Gender	Age	SibSp	Parch	Ticket	Fare	Cabin	Embarked
2	1	0	3	Braund, Mr. Owen Harris	male	22	1	0	A/5 21171	7.25		S
3	2	1	1	gs, Mrs. John Bradley (Florence Briggs T	female	38	1	0	PC 17599	71.2833	C85	C
4	3	1	3	Heikkinen, Miss. Laina	female	26	0	0	N/O2. 310	7.925		S
5	4	1	1	itrelle, Mrs. Jacques Heath (Lily May Pee	female	35	1	0	113803	53.1	C123	S
6	5	0	3	Allen, Mr. William Henry	male	35	0	0	373450	8.05		S
7	6	0	3	Moran, Mr. James	male		0	0	330877	8.4583		Q
8	7	0	1	McCarthy, Mr. Timothy J	male	54	0	0	17463	51.8625	E46	S

[그림 11-13] 타이타닉 침몰 사고의 승객 통계 데이터

주요 데이터 설명(모든 데이터는 엑셀 예제 1 참고)

- Passengerld: 승객의 고유 ID
- Survived: 생존 여부, 0은 사망, 1은 생존을 의미
- Pclass: 객실 등급, 1등석, 2등석, 3등석으로 구분
- Gender: 승객의 성별. male, female로 구분
- Age: 승객의 나이
- Fare: 승객이 티켓을 구매할 때 지불한 요금

> 남성과 여성 그리고 15세 이하의 생존율을 비교하라.

먼저 엑셀 파일의 시트를 데이터 프레임으로 불러와 변수 df_titanic으로 지정하자.

[코드 11-12] 타이타닉 엑셀 파일에서 데이터 프레임 불러오기

```
import pandas as pd
pd.options.display.max_rows = 6 # 6행까지만 출력
pd.options.display.float_format = '{:.3f}'.format # 소수점 셋째 자리 출력
url1 = 'https://github.com/panda-kim/book1/blob/main/05titanic.xlsx?raw=true'
df_titanic = pd.read_excel(url1)
df_titanic
```

출력된 df_titanic은 4장의 엑셀 예제 1에서 확인한다. 새로운 데이터 세트에서 데이터 프레임을 불러오면 info 함수 describe 함수를 적용해 보는 것은 필수이다. 각자 데이터 세트를 확인하자.

남성, 여성 그리고 15세 이하의 생존율을 비교하면 여성과 아이를 먼저 구조했는지 확인한다. 다만 타이타닉 침몰 사고 때 객실 등급이 생존율에 큰 영향을 끼쳤으므로 객실 등급별 생존율을 구해서 비교하자.

생존율은 어떻게 구할 수 있을까? Survived 열에 죽음은 0으로 생존은 1로 표현된다. 0과 1로만 이루어진 배열에서 평균은 1의 비율이기에 Survived 열의 평균을 구하면 생존율이 구해진다. 성별과 객실 등급으로 나누어 생존율을 구하자. 변수 df_titanic에 pivot_table 함수를 적용하고, 성별과 객실 등급으로 나누어 Survived 열의 평균을 집계하자. aggfunc='mean'은 기본값이라 생략이 가능하다. 결과는 새로운 변수 df_result로 지정하자.

[코드 11-13] 성별(index)과 객실 등급(columns)으로 나누어 생존율 구하기

```
df_result = df_titanic.pivot_table(
    values='Survived', index='Pclass', columns='Gender'
)
df_result
```

남성의 생존율을 기준으로 여성과 아이의 생존율을 비교할 것이므로 df_result의 열의 순서를 조정하자. 또한 df_result에 아이의 생존율을 추가할 것이므로 pivot_table 함수로 생성된 인덱스명 'Gender'는 어울리지 않으므로 제거하자.

[코드 11-14] **df_result의 열 순서를 male, female로 변경하고 인덱스명 삭제**

```
df_result = df_result[['male', 'female']].rename_axis(None, axis=1)
df_result
```

이번에는 15세 이하인 아이의 생존율을 구한다. Age 열로 조건문을 생성해 15세 이하의 데이터만 필터링한다. 필터링 결과에 pivot_table 함수를 적용해 등급에 따른 생존율을 구하고 결과를 새로운 변수 df_child로 지정한다.

[코드 11-15] **객실 등급(columns)으로 나누어 15세 이하의 생존율을 구하기**

```
cond = df_titanic['Age'] <= 15
df_child = df_titanic[cond].pivot_table(values='Survived', index='Pclass')
df_child
```

df_child를 df_result에 'Under 15' 열로 생성하자.

[코드 11-16] **df_result에 15세 이하의 생존율을 열로 생성하기**

```
df_result['Under 15'] = df_child['Survived']
df_result
```

[코드 11-16]을 실행한 뒤 df_result를 출력해 확인하면 모든 객실 등급에서 남성의 생존율보다 여성과 아이의 생존율이 유의미하게 높았다. 타이타닉 침몰 사고에서 여성과 아이를 먼저 구조한 것이 사실이다.

Gender	female	male			male	female				Survived			male	female	Under 15
Pclass				Pclass				Pclass				Pclass			
1	0.97	0.37		1	0.37	0.97		1		0.83		1	0.37	0.97	0.83
2	0.92	0.16		2	0.16	0.92		2		1.00		2	0.16	0.92	1.00
3	0.50	0.14		3	0.14	0.50		3		0.43		3	0.14	0.50	0.43
df_result				df_result				df_child				df_result			
[코드 11-13]				[코드 11-14]				[코드 11-15]				[코드 11-16]			

[그림 11-14] [코드 11-13]~[코드 11-16]의 실행 결과

결과를 한눈에 파악하기 좋게 시각화하자. plot 함수를 사용하면 손쉽게 그래프를 그릴 수 있다. 이번에는 세 개 색상의 헥스 코드로 색상을 지정하자.[8]

[코드 11-17] df_result를 시각화

```
colors = ['#111558', '#3496c6', '#cce8c8'] # 헥스 코드로 색상 설정
df_result.plot(kind='bar', color=colors, width=.9)
```

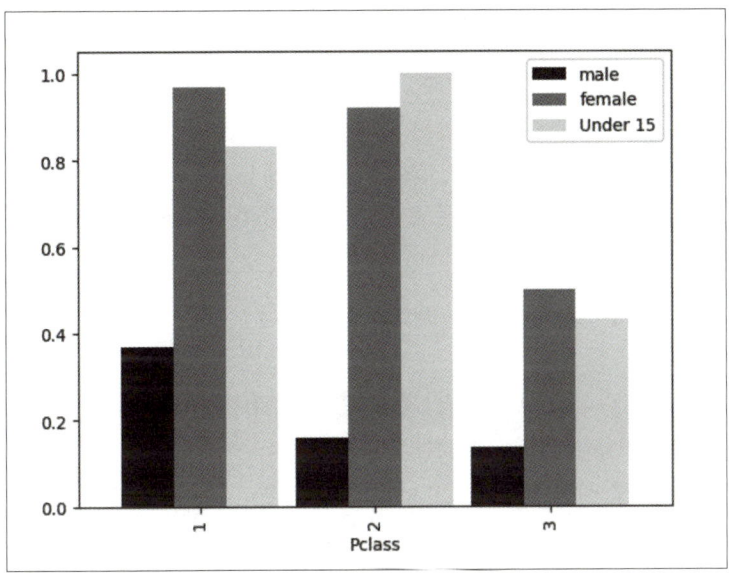

[그림 11-15] 남성과 여성 그리고 15세 이하의 생존율을 비교

그래프를 통해 타이타닉 침몰 사고에서 여성과 아이가 먼저 구조된 사실이 한눈에 파악된다. 제임스 카메론 감독의 1998년 개봉작 영화 '타이타닉'에서는 남자 주인공인 잭 도슨(레오나르도 디카프리오 분)만 사망한다. 잭 도슨이 3등석 남성이었고, 여자 주인공인 로즈 드윗 뷰케이터(케이트 윈슬렛 분)는 1등석 여성이었다. 구조 결과 통계를 확인하면 당연한 결과로도 볼 수 있다.

지금까지 배운 내용을 통해 피벗 테이블을 활용해 원시 데이터가 쉽게 요약된다. 이것이 피벗 테이블 학습의 끝은 아니다. 복잡한 구조의 피벗 테이블은 다음 장에서 배울 groupby 함수로 생성한다.

---

[8] 헥스 코드를 이용해도 plot 함수에 색상을 지정할 수 있다. 관련 내용은 **15.3.1. 색상**에서 학습한다.

11.2 언피벗

피벗 테이블은 많이들 알지만 언피벗(unpivot)은 생소한 독자들이 있을 것이다. 언피벗은 피벗의 반대이며 언피벗을 수행하면 마치 원시 데이터처럼 개별 사례인 행과 특성인 열을 가진 데이터 구조로 변환된다.

11.2.1 언피벗이 필요한 이유

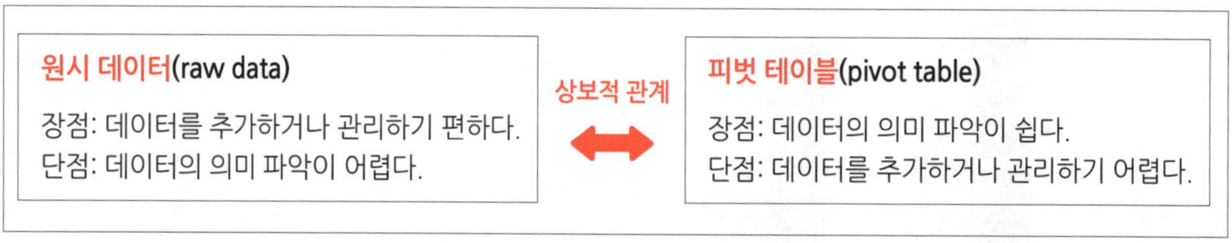

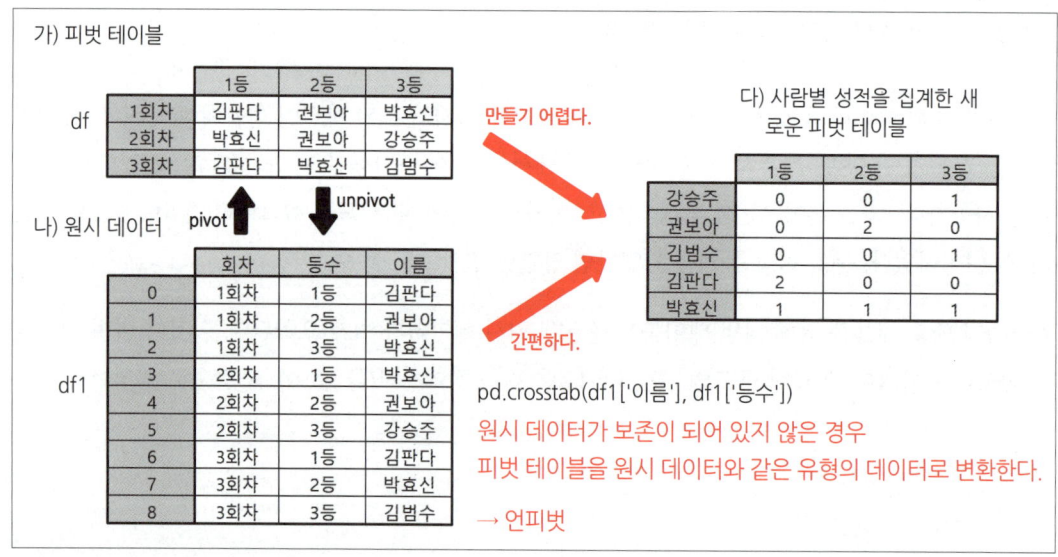

[그림 11-16] 원시 데이터(raw data)와 피벗 테이블(pivot table)의 상보적 관계

원시 데이터는 데이터 추가 및 관리에 편리하고 피벗 테이블은 데이터 의미 파악에 용이하다. 각자 장점이 있으므로 역할에 맞게 활용하고 서로 보완해야 하지만 실무 데이터는 그렇지 않을 때가 많다. 원시 데이터는 무겁고 다루기 어려워 피벗 테이블만 남겨서 사실상 피벗 테이블로 데이터를 관리할 때가 많다.

	1등	2등	3등
1회차	김판다	권보아	박효신
2회차	박효신	권보아	강승주
3회차	김판다	박효신	김범수

	회차	등수	이름
0	1회차	1등	김판다
1	1회차	2등	권보아
2	1회차	3등	박효신
3	2회차	1등	박효신
4	2회차	2등	권보아
5	2회차	3등	강승주
6	3회차	1등	김판다
7	3회차	2등	박효신
8	3회차	3등	김범수

	1등	2등	3등
강승주	0	0	1
권보아	0	2	0
김범수	0	0	1
김판다	2	0	0
박효신	1	1	1

[그림 11-17] 언피벗이 필요한 이유

[그림 11-17]은 노래 경연 예능의 결과가 집계된 데이터이다. 가)는 각 회차의 입상자 피벗 테이블이다. 우리는 다)처럼 각 사람의 성적을 집계하는 새로운 피벗 테이블을 만들고 싶다. 이때 피벗 테이블

에서 새로운 피벗 테이블을 만들기는 쉽지 않다. 그래서 나)처럼 원시 데이터도 필요하다. 원시 데이터가 있다면 얼마든지 새로운 피벗 테이블을 만들 수 있다. 그런데 원시 데이터는 무겁고 다루기 힘들다는 이유로 데이터로 가)처럼 피벗 테이블만 보존했다면 어떻게 해야 할까?

이럴 때 필요한 것이 언피벗이다. 언피벗은 피벗의 반대이며 가)의 피벗 테이블을 나)처럼 원시 데이터와 유사한 구조의 데이터로 만드는 작업이다. 데이터 관리 용도로 피벗 테이블만 남겨서는 안 되고 원시 데이터도 함께 보존해야 하지만, 이미 원시 데이터가 보존되지 않은 때는 언피벗으로 피벗 테이블을 원시 데이터와 유사한 데이터로 변환한다.

또한 언피벗을 수행하면 원시 데이터의 장점을 그대로 계승하기에 데이터의 추가도 수월하다. 언피벗을 하면 원시 데이터와 구조가 되어 행 추가만 해도 손쉽게 개별 사례들을 추가하고, 새로운 열을 추가하는 것으로 새로운 특성을 생성한다. 언피벗을 수행하면 데이터 관리가 용이하다. 원시 데이터가 이미 사라졌을 때는 언피벗을 적극 활용하자.

판다스는 크게 두 가지 방법으로 언피벗을 수행한다. 첫째, stack 함수와 reset_index 함수를 조합해 언피벗을 수행한다. 이 방법에 쓰이는 두 함수는 모두 이미 학습한 함수라 추가 학습이 필요하지 않은 것이 장점이다. 둘째, melt 함수로 언피벗을 수행한다. melt 함수는 언피벗 전용 함수인 만큼 간편하게 언피벗을 수행할 수 있는 장점이 있다. 상황에 맞게 적절한 방법을 선택하자.

11.2.2 stack 함수로 언피벗

첫 번째 언피벗 방법은 stack 함수와 reset_index 함수의 조합으로 언피벗을 수행한다. 실습에 사용할 변수 df를 생성하자.

[코드 11-18] stack과 reset_index로 언피벗 실습 예제 코드

```
import pandas as pd
pd.options.display.max_rows = 10 # 10행까지만 출력 코드
data1 = {'1등': {'1회차': '김판다', '2회차': '박효신', '3회차': '김판다'},
         '2등': {'1회차': '권보아', '2회차': '권보아', '3회차': '박효신'},
         '3등': {'1회차': '박효신', '2회차': '강승주', '3회차': '김범수'}}
df = pd.DataFrame(data1)
df
```

변수 df는 [그림 11-17]의 피벗 테이블에 해당하는 df와 같다.

stack은 앞서 다른 멀티 인덱스에 활용하는 함수이다.[9] stack은 언피벗을 위한 함수는 아니지만 언

---

[9] **4.4.2. 멀티 인덱스의 구조 변경하기(stack, unstack)** 에서 stack 함수를, **4.3.2. 인덱스 리셋하기(reset_index)** 에서 reset_index 함수를 확인할 수 있다.

피벗에 활용한다. 언피벗된 상태는 데이터가 하나의 열로 늘어선 상태이다. stack을 해도 시리즈가 되면서 데이터가 한 줄로 늘어선다. 이때 reset_index로 인덱스를 모두 열로 만들면 언피벗된 데이터 프레임이 된다. df로 실습하자.

[코드 11-19] stack과 reset_index로 언피벗하기

```
df.stack().reset_index()
```

결과에서 열 이름은 따로 설정해야 한다. 언피벗한 뒤 set_axis 함수로 원하는 열 이름을 설정하고 결과는 df1으로 지정하자.

[코드 11-20] [코드 11-19]의 결과에서 열 이름을 설정해 변수 df1으로 지정

```
df1 = df.stack().reset_index().set_axis(['회차', '등수', '이름'], axis=1)
df1
```

이 과정들을 그림으로 나타내면 다음과 같다.

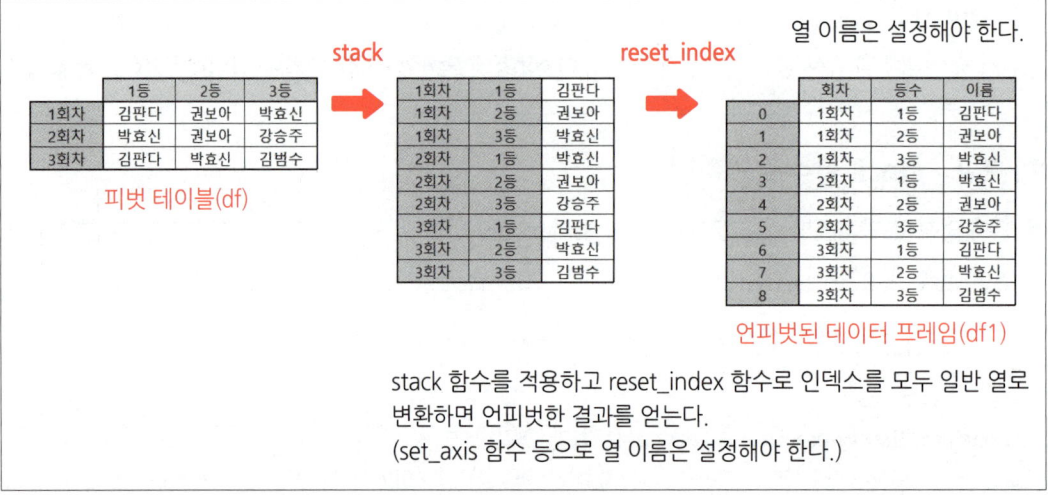

[그림 11-18] stack 함수와 언피벗의 관계

언피벗을 수행했으니 df1으로 새로운 피벗 테이블을 만들자. 각 사람의 등수의 빈도수를 집계하자. pivot_table 함수도 사용이 가능하지만,[10] 빈도수를 집계하는 것이기에 crosstab 함수를 사용하는 것이 더 간편하다.

10　df1.pivot_table('회차', index='이름', columns='등수', aggfunc='count').fillna(0)

[코드 11-21] 각 사람의 입상 빈도수를 집계

```
pd.crosstab(df1['이름'], df1['등수'])
```

결과는 [그림 11-17]의 다)와 같다.

각 회차의 등수를 나타내던 [그림 11-17]의 가) 테이블이 각 사람의 입상 실적을 집계한 다) 테이블로 변환되었다. 언피벗을 수행하면 새로운 피벗 테이블을 손쉽게 생성할 수 있다. 예시의 가)는 매우 간단한 구조의 피벗 테이블이고, 변환하려는 다)도 간단한 구조라 언피벗하지 않아도 원하는 결과에 도달할 것이다. 그렇지만 주어진 피벗 테이블과 새로운 피벗 테이블이 복잡할수록 언피벗을 하고 다시 피벗 테이블을 만드는 것이 훨씬 효율적이다.

11.2.3 melt 함수로 언피벗

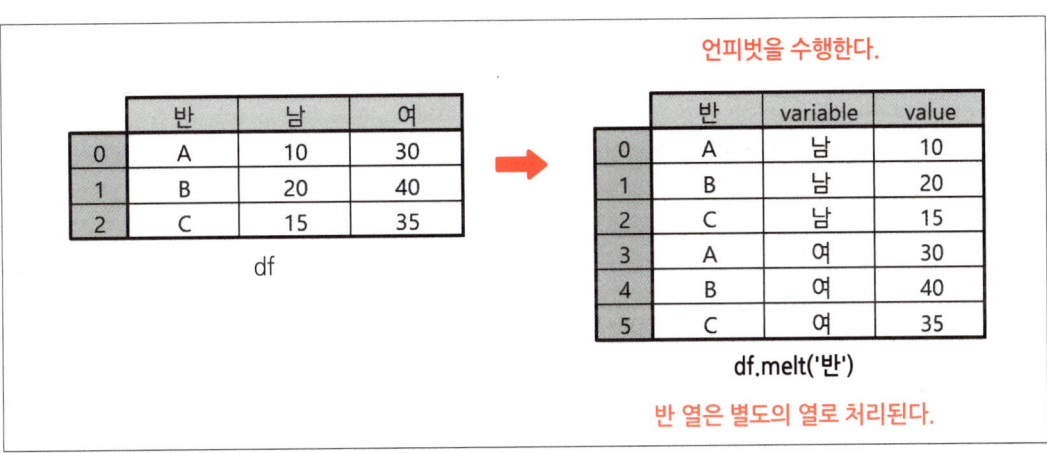

[그림 11-19] 판다스 melt 함수

● **판다스 melt**

데이터 프레임의 언피벗을 수행하는 함수

melt 함수의 주요 매개변수와 인수, 기본값

```
df.melt(id_vars=None, value_vars=None, var_name='variable', value_name='value')
```

- **id_vars**: 인덱스처럼 언피벗하지 않고 별도의 열로 처리될 열을 지정한다.
- **value_vars**: 언피벗을 수행할 열을 지정한다. 기본값으로 id_vars에 지정되지 않은 모든 열을 언피벗한다.
- **var_name**: 언피벗 후 생성되는 variable 열의 이름을 변경한다.
- **value_name**: 언피벗 후 생성되는 value 열의 이름을 변경한다.

판다스 melt 함수는 언피벗을 위한 함수이며 그래서 더 간편하게 언피벗을 지원한다. 언피벗 후의 열의 이름도 매개변수로 변경할 수 있다. 실습에 쓰일 여러 변수를 생성하자.

[코드 11-22] melt 함수 실습 예제 코드

```
import pandas as pd
data = {'반': ['A', 'B', 'C'], '남': [10, 20, 15], '여': [30, 40, 35]}
df = pd.DataFrame(data)
df1 = df.set_index('반')
```

df를 언피벗하자. df의 반 열은 언피벗 대상이 아니기에 인덱스로 설정되어야 한다. 그러나 반 열이 일반 열로 설정되어 있기에 stack 함수로 df의 언피벗을 수행하려면 반 열을 인덱스로 설정하고[11] 언피벗을 수행해야 한다.

그에 반해 melt 함수는 stack 함수로 언피벗할 때의 인덱스처럼[12] 언피벗을 수행하지 않을 열을 지정할 수 있다. 매개변수 id_vars에 '반'을 입력하면 반 열의 데이터는 제외하고 나머지 데이터가 언피벗된다. df에 melt 함수를 적용하고 id_vars에 '반'을 입력하자. 물론 id_vars는 첫 번째 매개변수이기에 생략하고 인수만 입력한다. 또한 언피벗을 수행할 열은 value_vars에 지정한다. 남, 여 열 모두 언피벗을 수행하자.

[코드 11-23] melt 함수로 언피벗하기

```
df.melt('반', value_vars=['남', '여'])
```

[그림 11-19]처럼 언피벗을 수행한 결과를 얻는다.

기본값으로 id_vars에 지정되지 않은 모든 열을 value_vars에 지정하기에, 이때는 생략해도 [코드 11-23]과 같은 결과를 얻는다.

[코드 11-24] value_vars를 생략해도 [코드 11-23]과 같은 결과를 얻는다.

```
df.melt('반')
```

melt 함수는 언피벗 후 열 이름을 지정하는 언피벗의 과정도 손쉽게 처리한다. variable 열의 이름은 var_name에 지정하고, value 열의 이름은 value_name에 지정한다. [그림 11-19]의 variable 열과 value 열을 각각 성별과 인원수로 설정하자.

---

11 df.set_index('반')
12 stack 함수로 언피벗할 때를 기준으로 인덱스가 어떻게 처리되는지 기준으로 생각해야 헷갈리지 않는다. stack 함수로 업피벗할 때는 인덱스가 언피벗되지 않고 보존되지만, melt 함수로 언피벗하면 인덱스는 버려지고 id_vars로 지정된 열이 언피벗되지 않고 보존된다.

[코드 11-25] 언피벗 결과에서 열 이름 설정하기

```
df.melt('반', var_name='성별', value_name='인원수')
```

결과는 각자 확인하자.

입문자는 매개변수가 많은 함수를 까다롭게 여기며, 특히 melt 함수의 매개변수들을 이해하기 어려워하는 경향이 있다. 하지만 id, variable(혹은 var), value, name의 뜻을 이해하면 직관적으로 이해된다. id는 언피벗되지 않고 인덱스처럼 처리하는 것을 의미하고, variable(혹은 var)은 열을 의미한다. value는 언피벗되는 데이터이며, name은 열의 이름 변경을 의미한다. 그래서 id_vars는 인덱스(id)처럼 처리할 열(vars)을 입력한다. value_vars는 언피벗되는(value) 열(vars)을 입력한다. value_name은 언피벗된(value) 데이터의 열 이름(name)을 변경한다.

처음에는 모든 매개변수를 한 번에 입력하기보다 하나씩 입력해 결과를 확인하는 것이 좋다. 이렇게 하면 각 매개변수의 역할을 직접 확인하며 melt 함수를 더 쉽게 이해하며 정확한 코드를 작성할 수 있다.

11.2.4 stack 함수와 melt 함수의 언피벗 수행의 차이점

stack 함수와 melt 함수는 언피벗을 수행하는 점은 동일하지만 차이점이 있다.

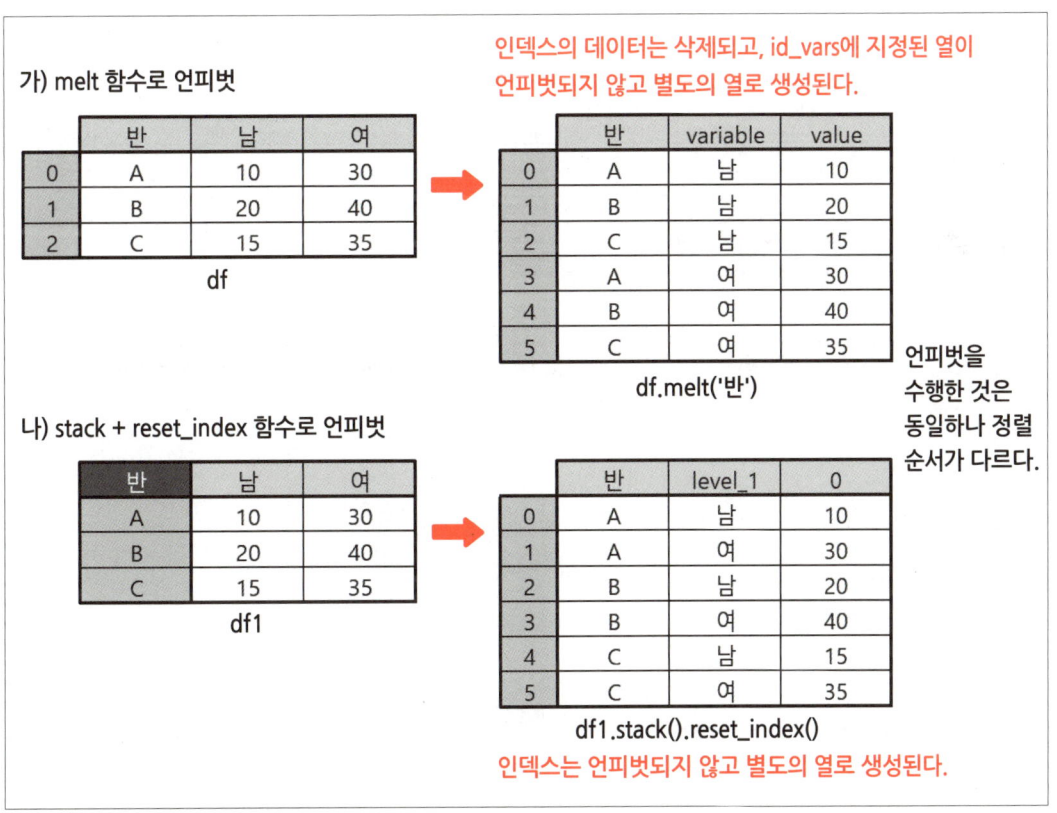

[그림 11-20] stack 함수와 melt 함수의 언피벗 수행의 차이점

melt 함수는 인덱스를 보존하지 않아 통상은 인덱스에 필요한 데이터가 존재한다면 stack 함수를 사용한다. 그리고 두 함수의 언피벗 결과는 정렬 순서가 다르다. 정렬 상태로 둘 중 특정 함수를 선택할 때도 있으나 일반적인 언피벗의 목적은 새로운 피벗 테이블을 생성하는 것이기에 정렬 상태의 의미는 아주 크지 않다.

stack 함수와 melt 함수 모두 언피벗을 수행하므로 본인에게 편한 함수로 언피벗을 시도하면 된다. 또한 앞서 살펴본 것처럼 상황마다 편리한 함수가 따로 있다. 매개변수가 많은 것을 어려워하는 입문자의 특성상 stack 함수를 쓰다가, 열 이름까지 설정하는 melt 함수로 자연스럽게 넘어간다.

엑셀 예제 15 마트의 매출 데이터로 다양한 새로운 피벗 테이블 생성하기

원시 데이터로 데이터를 관리해야 하지만 피벗 테이블만 남을 때가 실무에서 종종 발생한다. 이럴 때 피벗 테이블을 기반으로 새로운 방향의 피벗 테이블을 생성하려면 함수에 대한 이해와 숙련도가 필요하다. 그에 반해 언피벗을 활용하면 쉽게 새로운 방향의 피벗 테이블을 생성한다.

엑셀 파일 17mart.xlsx에는 2023년 8월, 9월의 지점별·제품별 매출 데이터가 수집되어 있다. 지점을 구분하는 데이터와 제품을 구분하는 데이터도 함께 제공되므로 언피벗을 활용하여 다양한 새로운 피벗 테이블을 만들어 보자.

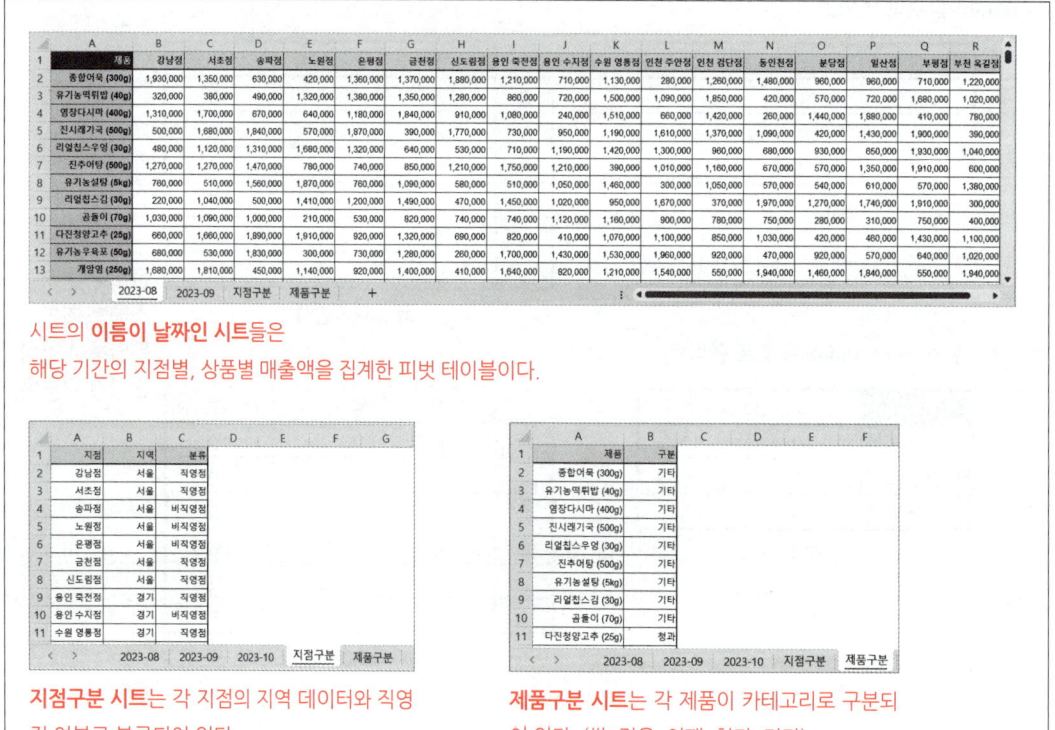

[그림 11-21] 실습 엑셀 파일 17mart.xlsx 소개

먼저 2023-08 엑셀 시트를 데이터 프레임으로 불러와 변수 df1으로 지정한다.

[코드 11-26] 첫 번째 시트만 데이터 프레임으로 불러오기

```
import pandas as pd
pd.options.display.float_format = '{:.2f}'.format # 소수점 둘째 자리 출력
pd.options.display.max_rows = 6 # 6행까지만 출력
url2 = 'https://github.com/panda-kim/book1/blob/main/17mart.xlsx?raw=true'
df1 = pd.read_excel(url2)
df1
```

200행과 18열의 데이터 프레임을 불러온다.

월별 매출 데이터를 언피벗해서 결합하자.

원시 데이터와 같은 구조로 변환하고자 df1의 언피벗이 필요하다. 제품 열을 인덱스처럼 처리하기에 언피벗의 두 방법 중 melt 함수를 사용하는 것이 편리할 것이다. 언피벗 후의 열 이름은 지점과 매출로 지정하자.

[코드 11-27] 첫 번째 시트 언피벗하기

```
df1.melt('제품', var_name='지점', value_name='매출')
```

id_vars로 지정된 제품 열을 제외하고 200행과 17열의 데이터가 언피벗되어 3,400행으로 변환되었다. 이런 방식으로 두 개 시트의 언피벗을 수행한 후 2023-08과 2023-09의 데이터를 연결하자. 각 시트를 구분할 날짜 열을 생성하는 코드도 추가한다.

[코드 11-28] 첫 번째와 두 번째 시트를 언피벗하고 연결

```python
# 첫 번째 시트 언피벗
df1 = pd.read_excel(url2)
df1 = df1.melt('제품', var_name='지점', value_name='매출')
df1['날짜'] = '2023-08' # 각 시트에 맞게 날짜 데이터 생성

# 두 번째 시트 언피벗
df2 = pd.read_excel(url2, sheet_name=1)
df2 = df2.melt('제품', var_name='지점', value_name='매출')
df2['날짜'] = '2023-09' # 각 시트에 맞게 날짜 데이터 생성

# df1과 df2를 concat로 연결하고, 결과를 변수 df_mart로 지정
df_mart = pd.concat([df1, df2]).reset_index(drop=True)
df_mart
```

	제품	지점	매출	날짜
0	종합어묵 (300g)	강남점	1930000	2023-08
1	유기농떡튀밥 (40g)	강남점	320000	2023-08
2	염장다시마 (400g)	강남점	1310000	2023-08
...	...	...	...	...
6797	생선가스 (300g)	부천 옥길점	1490000	2023-09
6798	게맛살 (178g)	부천 옥길점	1740000	2023-09
6799	멸치가루 (120g)	부천 옥길점	410000	2023-09

6800 rows × 4 columns

만약 많은 시트를 언피벗해서 취합한다면 반복문을 사용하는 것이 좋다.

원시 데이터와 같은 구조의 df_mart가 생성되었으니 얼마든지 새로운 특성을 추가할 수 있다. 지점구분과 제품구분 시트를 merge 함수로 병합하자.

[코드 11-29] df_mart에 지점구분 시트를 병합

```python
df_mart = df_mart.merge(pd.read_excel(url2, sheet_name=2), how='left')
df_mart
```

[코드 11-30] df_mart에 제품 구분시트를 병합

```
df_mart = df_mart.merge(pd.read_excel(url2, sheet_name=3), how='left')
df_mart
```

	제품	지점	매출	날짜	지역	분류	구분
0	종합어묵 (300g)	강남점	1930000	2023-08	서울	직영점	기타
1	유기농떡튀밥 (40g)	강남점	320000	2023-08	서울	직영점	기타
2	염장다시마 (400g)	강남점	1310000	2023-08	서울	직영점	기타
...	...	...	...	...	...	...	...
6797	생선가스 (300g)	부천 옥길점	1490000	2023-09	경기	직영점	기타
6798	게맛살 (178g)	부천 옥길점	1740000	2023-09	경기	직영점	기타
6799	멸치가루 (120g)	부천 옥길점	410000	2023-09	경기	직영점	기타

6800 rows × 7 columns

17mart.xlsx 파일의 모든 데이터가 정리된 원시 데이터가 생성되었다. df_mart로 새로운 피벗 테이블을 얼마든지 만들 수 있다. 마트 매출 데이터를 다각도로 살펴보자.

> 서울, 인천, 경기 지역별로 구분해 월별 총매출액을 구하라.

지역과 날짜로 구분하여 총매출을 피벗 테이블로 만들자. 원시 데이터와 같은 구조인 언피벗된 데이터가 있으면 pivot_table 함수로 쉽게 새로운 피벗 테이블이 생성된다.

[코드 11-31] 지역(index)과 날짜(columns)를 구분해 매출 합계 구하기

```
df_mart.pivot_table('매출', index='지역', columns='날짜', aggfunc='sum')
```

날짜	2023-08	2023-09
지역		
경기	1318210000	1299740000
서울	1544910000	1544090000
인천	870330000	896060000

> 청과 제품군의 총매출량을 월별로 직영점과 비직영점 비교하기

직영점과 비직영점을 구분해 월별로 청과 제품군의 총매출량을 비교하자. 먼저 청과 제품군의 데이터만 필터링하고, 분류 열로 그룹을 나누어 매출의 합을 피벗 테이블로 만들자.

[코드 11-32] 청과 제품군의 총매출량을 월별로 직영점과 비직영점 비교하기

```
cond = df_mart['구분'] == '청과'
df_mart[cond].pivot_table('매출', index='날짜', columns='분류', aggfunc='sum')
```

분류	비직영점	직영점
날짜		
2023-08	72030000	97290000
2023-09	72080000	92360000

이 외에도 다각도로 피벗 테이블을 만들어 매출 데이터를 파악한다.

피벗 테이블을 언피벗된 상태로 만들면 데이터와 특성을 추가하기 쉽고 다시 원하는 피벗 테이블로 만들어 새로운 방향의 데이터 요약이 가능하다. 원시 데이터가 없어 새로운 피벗 테이블을 만들 때 고통받지 말고 언피벗을 활용하자. 어떠한 고민과 숙련도 없이 언피벗과 피벗만 반복해도 새로운 방향으로 데이터를 살펴볼 수 있다. 설령 앞으로 판다스에 대한 공부를 지속하지 않더라도 언피벗을 아는 것은 매우 중요하며, 언피벗의 개념을 알게 된 것이 데이터를 다루는 상황에 지속해서 큰 도움이 될 것이다.

CHAPTER

12

데이터 그룹화하기

QR코드를 통해 Chapter 12에 포함된 코드와 풀 컬러 그림을 확인할 수 있습니다. 또한 판다스와 구글 코랩의 버전 업데이트에 따른, 변동이 필요한 코드, 변동된 코드 출력 정보도 확인할 수 있습니다.

12.1 groupby 함수로 열 가공하기
12.2 groupby 함수로 집계하기
12.3 groupby 심화

12.1 groupby 함수로 열 가공하기

이 장에서 학습할 groupby 함수는 판다스에서 가장 중요한 함수이다. 이를 통해 원시 데이터를 그룹으로 나누어 함수를 적용할 수 있다. 그룹 내 함수 적용으로 열을 가공할 수 있으며 pivot_table 함수보다 수준 높은 그룹 집계도 가능하다. 먼저 그룹으로 나누어 열을 가공하는 기법부터 학습한다.

12.1.1 groupby 함수가 필요한 이유

우리가 판다스를 배우는 목적은 원시 데이터를 능숙하게 다루려는 것이다. 원시 데이터는 많은 특성을 가진다. 그래서 원시 데이터를 다루면 특성으로 그룹을 나누어 함수를 적용해야 할 일이 반드시 발생한다.

[그림 12-1] 원시 데이터의 구조와 groupby 함수의 필요성

[그림 12-1]은 각 학생의 성적 데이터이다. 해당 데이터에는 시도명의 데이터가 있으니 지역 내 석차를 구하자. 지역 내 석차는 당연히 같은 지역끼리 순위를 매겨야 할 것이다. 우리는 rank 함수를 적용해 석차를 부여하나, 여러 지역의 데이터가 섞여 있어 그냥 rank 함수를 사용하면 지역 내 석차를 구할 수 없다. 이럴 때 필요한 것이 groupby 함수이다.

12.1.2 그룹 내에서 함수 적용하기(groupby)

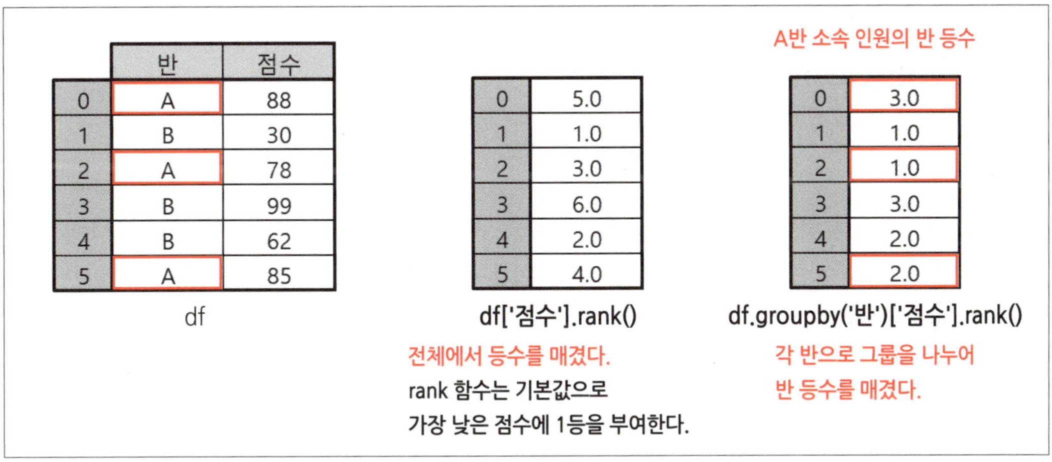

[그림 12-2] 판다스 groupby 함수

● **판다스 groupby**

그룹 내에서 함수를 적용하게 해주는 함수

groupby 함수의 주요 매개변수와 인수, 기본값

```
df.groupby(by=None, level=None, as_index=True, sort=True, group_keys=True)
```

- **by**: 그룹을 나누는 기준을 지정한다. 주로 열을 지정하며 복수라면 리스트로 입력한다.
- **level**: 인덱스로 그룹을 나눌 때, 기준 레벨을 지정한다.
- **as_index**: groupby 함수로 집계할 때 그룹이 인덱스가 될지 지정한다.
- **sort**: 그룹의 키로 정렬할지 지정한다.
- **group_keys**: groupby와 apply를 함께 사용할 때, 그룹의 키를 인덱스에 추가할지 지정한다.

판다스 groupby 함수는 그룹의 기준을 지정해 그룹 내에서 함수를 적용하게 해주는 함수이다. 실습에 쓰일 변수 df를 생성하자.

[코드 12-1] groupby 함수 실습 예제 코드

```
import pandas as pd
data1 = {'반': ['A', 'B', 'A', 'B', 'B', 'A'],
         '점수': [88, 30, 78, 99, 62, 85]}
df = pd.DataFrame(data1)
df
```

먼저 오름차순으로 전체 등수를 구하자. 점수 열을 인덱싱해서 rank 함수를 적용하자. rank 함수는 기본값으로 가장 낮은 점수에 1등을 부여하는 오름차순 방식으로 순위를 부여한다.

[코드 12-2] 오름차순으로 전체 등수 구하기

```
df['점수'].rank()
```

groupby 함수를 사용하면 전체가 아닌 반의 등수를 구할 수 있다. df에 groupby 함수를 적용하고, 그룹의 기준이 되는 열인 '반'을 입력한 뒤, 점수 열을 인덱싱하여 rank 함수를 적용하면 반으로 그룹을 나누어 순위를 구한다.

[코드 12-3] 오름차순으로 반 등수 구하기

```
df.groupby('반')['점수'].rank()
```

결과는 [그림 12-2]에서 확인한다. 기존의 순위를 구하는 코드에 groupby 함수가 추가되면 그룹을 나누어 함수를 적용한다.

아래는 groupby 함수로 그룹을 나누어 rank 함수를 적용하는 과정을 이해하기 쉽도록 도식화한 것이다. groupby 함수를 적용하면 그룹 나누기, 함수 적용하기, 합치기의 세 가지 단계로 작업을 수행한다고 생각하면 이해하기 편하다.

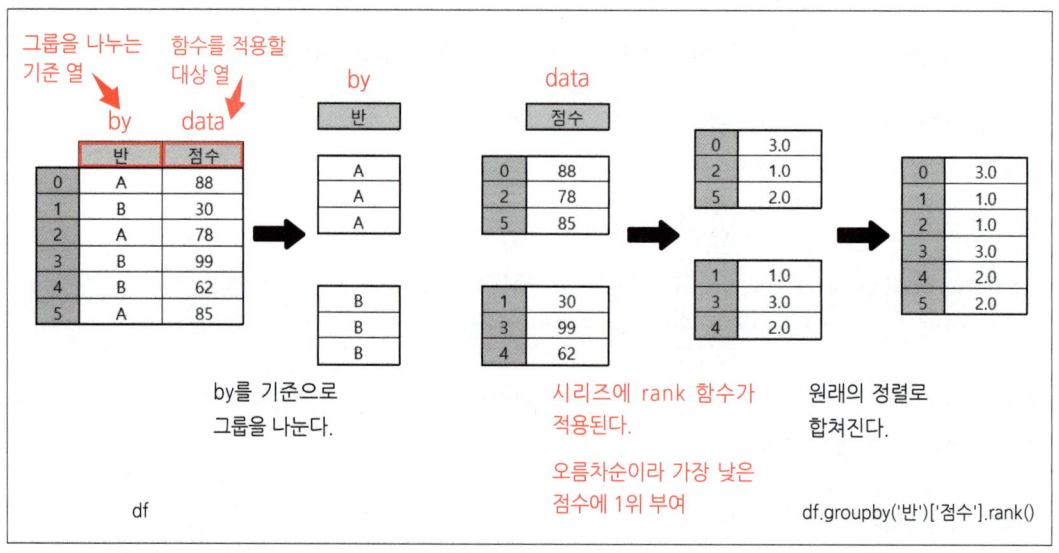

[그림 12-3] groupby 함수로 rank 함수 적용 과정 도식화

먼저 그룹 나누기 과정을 살펴보자. groupby 함수의 매개변수 by에 입력된 반 열을 기준으로 그룹을 나눈다. 그룹의 기준을 이제부터 by로 지칭한다. 함수가 적용될 대상인 점수 열이 그룹으로 나뉜다. 함수가 적용되는 대상은 이제부터 data로 지칭한다. 그룹으로 나뉜 data는 기존의 인덱스를 보

유한 시리즈이다.

다음으로 함수 적용하기 과정을 살펴보자. 적용할 함수는 등수를 매기는 rank 함수이다. 그룹으로 나눈 시리즈에 각각 rank 함수를 적용한다. 그래서 B반의 점수인 30, 99, 62는 1.0, 3.0, 2.0의 등수를 받는다. rank 함수는 시리즈에 적용했을 때 시리즈를 반환하는 함수이므로 이때도 시리즈를 반환한다.

마지막으로 합치는 과정이다. 그룹으로 나누어 rank 함수를 적용했던 시리즈들은 하나의 시리즈로 합쳐진다. 원본 데이터인 df의 정렬 순서대로 합친다. 그래서 점수 열과 같은 인덱스 순서의 시리즈가 반환된다.

groupby는 위와 같은 과정을 통해 그룹 내에서 함수를 적용한다. 그래서 groupby 함수를 사용하려면 위 과정에서 필요한 세 가지를 지정해야 한다.

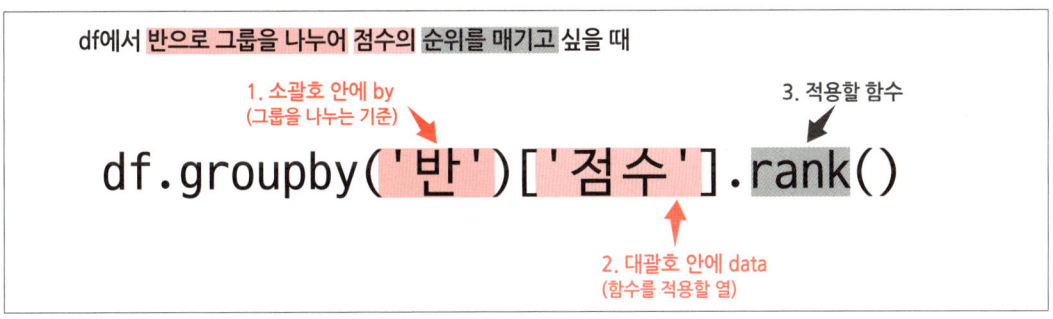

[그림 12-4] groupby 함수를 적용할 때 지정해야 할 세 가지

첫째 그룹을 나누는 기준 by를 지정한다. 보통은 by는 그룹을 나누는 기준 열이다.[1] by는 groupby 함수의 매개변수이기에 by에 전달될 값은 groupby 함수의 소괄호 안에 입력한다. 두 번째로 그룹을 나누어 함수를 적용할 data를 지정해야 한다. data는 대괄호 인덱싱으로 열을 지정한다. 그래서 data는 groupby 함수 다음의 대괄호에 입력한다.[2] 마지막으로 적용할 함수를 지정한다. 메서드 형태로 사용하기에 가장 마지막에 적용할 함수가 위치한다. 요약하면 groupby 함수를 사용하려면 by와 data와 적용할 함수 이 세 가지를 위치에 맞게 지정해야 한다.

12.1.3 groupby 함수로 순위 매기기(rank)

앞으로 다양한 열 가공하기 함수들을 groupby 함수와 함께 적용하는 것을 실습할 것이다. 다양한 함수로 실습하면서 groupby 함수의 세 가지를 차근히 지정하자.

rank 함수부터 실습을 시작한다. 이미 groupby 함수의 소개에서 rank 함수를 사용했으니 내림차순

---

[1] 입문 때는 보통 열로 기준을 나누고, 숙련자는 인덱스나 그루퍼도 사용한다. **12.3.4. 그루퍼** 참고
[2] 연상하기 쉽도록 '大이터는 大괄호 안에' 입력한다고 기억하자.

으로 순위를 매겨서 순위를 부여해 보자. [코드 12-1]의 df로 실습하자. 반 열을 기준으로 그룹을 나누어 점수 열에 rank 함수를 적용하기에 by는 반, data는 점수, 함수는 rank를 지정한다. 내림차순으로 순위를 부여하니까 ascending=False를 입력하는 것도 잊지 말자.

[코드 12-4] 내림차순으로 반 등수 구하기

```
df.groupby('반')['점수'].rank(ascending=False)
```

결과로 df에 반등수 열을 생성하자.

[코드 12-5] [코드 12-4]의 결과를 df에 반등수 열로 생성하기

```
df ['반등수'] = df.groupby('반')['점수'].rank(ascending=False)
df
```

	반	점수
0	A	88
1	B	30
2	A	78
3	B	99
4	B	62
5	A	85

df

0	1.0
1	3.0
2	3.0
3	1.0
4	2.0
5	2.0

df.groupby('반')['점수'].rank(ascending=False)
내림차순으로 반 등수 부여하기

	반	점수	반등수
0	A	88	1.0
1	B	30	3.0
2	A	78	3.0
3	B	99	1.0
4	B	62	2.0
5	A	85	2.0

열로 생성했다.

[코드 12-5]

[그림 12-5] 그룹으로 나누어 내림차순으로 반 등수 부여하기

엑셀 예제 16 동명이인 구분하기

엑셀 파일 18name.xlsx는 각 사람의 생년월일과 주소가 기재된 데이터이다. 이 데이터에는 많은 동명이인이 존재한다. 생일 순으로 동명이인을 구분한 데이터를 만들자. 동명이인의 구분은 [그림 12-6]과 같은 처리 방식을 따른다.

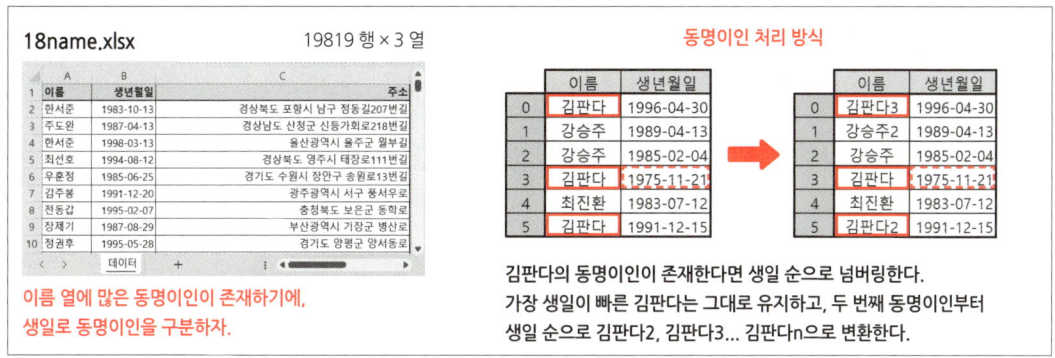

[그림 12-6] 실습 엑셀 파일 18name.xlsx 소개

동명이인을 생일순으로 넘버링해서 처리하자.

먼저 엑셀 시트를 데이터 프레임으로 불러와 변수 df_name으로 지정하자.

[코드 12-6] 동명이인 엑셀 파일에서 데이터 프레임 불러오기

```
import pandas as pd
pd.options.display.max_rows = 6 # 6행까지만 출력
url2 = 'https://github.com/panda-kim/book1/blob/main/18name.xlsx?raw=true'
df_name = pd.read_excel(url2)
df_name
```

먼저 동명이인이 존재하는지 확인하자. 중복을 확인하는 duplicated 함수로 확인한다.[3] duplicated 함수는 지정된 열에서만 중복 여부를 판단할 수 있다. 이름 열에서만 중복을 따져 sum 함수를 적용하면 동명이인의 인원수를 파악한다.

[코드 12-7] 동명이인 인원수 파악하기

```
df_name.duplicated('이름').sum()
```

```
9224
```

---

[3] 6.5.2. 중복 데이터 확인 및 제거(duplicated, drop_duplicates) 참고

처리해야 할 동명이인이 9224명이다.

이름과 생년월일이 모두 일치하는 사람은 없을까? 이런 사람들이 존재하면 생년월일만으로 동명이인을 구분할 수 없다. 마찬가지로 duplicated 함수로 확인하자.

[코드 12-8] 이름과 생년월일이 모두 같은 사람 파악하기

```
df_name.duplicated(['이름', '생년월일']).sum()
```

```
0
```

이름과 생년월일이 모두 같은 사람은 없다. 생년월일만으로 동명이인이 모두 구분된다.

동명이인은 다음과 같은 방법으로 처리한다.

> 1. 이름으로 그룹을 나누어 동일 이름 내에서 생일 순으로 순위를 매긴다.
> 2. 1순위는 그대로 두고, 2순위부터 이름에 순위를 표기한다.

이름으로 그룹을 나누어 동일 이름 내에서 생년월일의 순위를 매기자. 그룹 내에서 함수를 적용하기에 groupby 함수를 사용하며, by는 이름, data는 생년월일, 적용할 함수는 rank이다.

[코드 12-9] 이름으로 그룹을 나누어 생일 순으로 순위 매기기

```
df_name.groupby('이름')['생년월일'].rank()
```

```
0        2.0
1        1.0
2        4.0
         ...
19816    1.0
19817    3.0
19818    1.0
Name: 생년월일, Length: 19819, dtype: float64
```

동명이인 내에서 생년월일의 순위를 매긴 시리즈가 반환된다.

이 순위를 이름에 합쳐줄 것이라 1.0처럼 실수의 형태여서는 안 된다. astype 함수를 이용하여 정수로 변환하자. 또한 문자열은 문자열만 합치므로 이름과 순위를 합치고자 순위를 문자열로 변환하자. 두 번 자료형을 바꾼 결과는 변수 s로 지정하자.

[코드 12-10] [코드 12-9]의 결과를 정수로 변환하고, 문자열로 변환해 변수 s로 지정

```
s = df_name.groupby('이름')['생년월일'].rank().astype('int').astype('str')
s
```

이제 이름 열과 변수 s를 합쳐 이름 열을 수정하면 완성된다. 덧셈 연산자로 문자열도 합친다. 단, 순위가 '1'이면 넘버링하지 않으므로 이 부분을 해결해야 한다. 여러 방법이 있지만 간편하게 replace 함수로 '1'을 빈 문자열('')로 치환하자.[4]

[코드 12-11] s의 '1'을 빈 문자열('')로 치환한 후 이름 열에 더하기

```
df_name['이름'] = df_name['이름'] + s.replace('1', '')
df_name
```

	이름	생년월일	주소
0	한서준2	1983-10-13	경상북도 포항시 남구 정동길207번길
1	주도완	1987-04-13	경상남도 산청군 신등가로218번길
2	한서준4	1998-03-13	울산광역시 울주군 월부길
...	...	...	...
19816	홍무열	1977-01-04	경상북도 칠곡군 어로4길
19817	차도건3	1992-03-10	경기도 남양주시 경춘북로546번길
19818	백동범	1992-08-25	제주특별자치도 제주시 삼무로7길

19819 rows × 3 columns

동명이인 처리 방식에 맞게 변환되었는지 한서준 씨의 데이터를 사용하여 확인해 보자. 판다스의 문자열 함수 str.contains를 사용하여[5] 불리언 인덱싱을 수행하면 한서준 씨와 동명이인인 데이터를 모두 필터링한다.

[코드 12-12] 한서준 씨의 데이터로 동명이인 처리 여부 확인

```
df_name[df_name['이름'].str.contains('한서준')]
```

	이름	생년월일	주소
0	한서준2	1983-10-13	경상북도 포항시 남구 정동길207번길
2	한서준4	1998-03-13	울산광역시 울주군 월부길
912	한서준3	1987-07-01	대전광역시 서구 복수동로51번길
11369	한서준	1975-12-30	전라남도 목포시 노송길11번길

---

4   6.7.1. 데이터 치환하기(replace) 참고
5   10.2.6. 문자열 포함 여부 확인하기(str.contains 외) 참고

가장 생년월일이 빠른 1975-12-30의 한서준 씨를 제외하고, 나머지 동명이인들이 2부터 생년월일 순서로 넘버링되었다.

결과가 필요할 때 to_excel 함수로 파일을 저장한다.

[코드 12-13] 결과를 엑셀 파일로 저장

```
df_name.to_excel('ch12_name.xlsx', index=False)
```

12.1.4 groupby 함수로 행 간의 연산하기(shift 외)

groupby 함수와 사용할 수 있는 함수는 rank 함수만은 아니다. 이번에는 shift 함수를 비롯해 행 간의 연산을 수행하는 함수들을 실습해 보자. 실습에 사용할 변수 df는 판다전자와 성심당의 주식 종가 데이터이다.

[코드 12-14] 그룹을 나누어 행 간의 연산 실습 예제 코드

```
import pandas as pd
pd.options.display.max_rows = 8 # 8행까지만 출력
data = [['2025-01-03', '판다전자', 10000],
        ['2025-01-03', '성심당', 2000],
        ['2025-01-04', '성심당', 1600],
        ['2025-01-04', '판다전자', 12000],
        ['2025-01-05', '판다전자', 15000],
        ['2025-01-05', '성심당', 2000],
        ['2025-01-06', '판다전자', 13500],
        ['2025-01-06', '성심당', 2400]]

df = pd.DataFrame(data, columns=['날짜', '종목', '종가'])
df
```

df에 전일 종가를 새로운 열로 만들고자 한다. 이전에 학습한 shift 함수를 이용하면 시리즈를 지정한 만큼 밀 수 있다. 단일 종목만 있었다면 전일 종가 데이터를 쉽게 열로 만들었을 것이다. 하지만 df는 판다전자와 성심당의 데이터가 섞여 있어 그냥 shift 함수를 사용할 수는 없다.

따라서 각 종목의 전일 종가 데이터를 생성하고자 그룹화 작업이 필요하다. 종목으로 그룹을 나누어 종가 열에 shift 함수를 적용하기에, by는 종목, data는 종가, 적용할 함수는 shift이다. 결과는 df에 전일종가 열로 생성하자.

[코드 12-15] 그룹을 나누어 전일종가 열 생성하기

```
df['전일종가'] = df.groupby('종목')['종가'].shift()
```

```
df
```

종목에 맞추어 전일종가 열을 만들었다. 결과는 [그림 12-7]에서 확인하자.

shift와 비슷한 함수 diff와 pct_change 함수도 groupby와 사용한다. 이번에는 전일 대비 등락 열과 등락률 열을 만들어 보자.

[코드 12-16] 그룹을 나누어 전일 대비 등락 열 생성하기

```
df['등락'] = df.groupby('종목')['종가'].diff()
df
```

[코드 12-17] 그룹을 나누어 전일 대비 등락률 열 생성하기

```
df['등락률'] = df.groupby('종목')['종가'].pct_change()
df
```

	날짜	종목	종가	전일종가	등락	등락률
0	2025-01-03	판다전자	10000	NaN	NaN	NaN
1	2025-01-03	성심당	2000	NaN	NaN	NaN
2	2025-01-04	성심당	1600	2000.0	-400.0	-0.20
3	2025-01-04	판다전자	12000	10000.0	2000.0	0.20
4	2025-01-05	판다전자	15000	12000.0	3000.0	0.25
5	2025-01-05	성심당	2000	1600.0	400.0	0.25
6	2025-01-06	판다전자	13500	15000.0	-1500.0	-0.10
7	2025-01-06	성심당	2400	2000.0	400.0	0.20

groupby + shift , diff, pct_change

성심당의 데이터는 성심당의 데이터끼리 상호 작용을 하고
판다전자의 데이터는 판다전자의 데이터끼리 상호 작용을 한다.

[그림 12-7] groupby 함수와 shift, diff, pct_change

shift, diff, pct_change 등의 행 간의 연산을 하는 함수들도 groupby 함수와 함께 사용하면 여러 종목의 데이터가 섞여 있을 때도 손쉽게 처리가 가능하다.

12.1.5 groupby 함수로 전후방 값으로 결측값 대체하기(ffill, bfill 함수)

전후방 값으로 결측값을 대체하는 함수 ffill과 bfill 역시 groupby 함수와 함께 사용한다. 실습에 사용될 변수 df1을 생성하자.

[코드 12-18] 그룹을 나누어 결측값 대체하기 실습 예제 코드

```
data1 = [['2025-01-03', '판다전자', 10000, float('nan')],
```

```
            ['2025-01-03', '성심당', 2000, float('nan')],
            ['2025-01-04', '성심당', 1600, 1],
            ['2025-01-04', '판다전자', 12000, float('nan')],
            ['2025-01-05', '판다전자', 15000, 2],
            ['2025-01-05', '성심당', 2000, float('nan')],
            ['2025-01-06', '판다전자', 13500, float('nan')],
            ['2025-01-06', '성심당', 2400, float('nan')]]

df1 = pd.DataFrame(data1, columns=['날짜', '종목', '종가', '구매'])
df1
```

df1은 [코드 12-14]의 df와 유사하지만 구매 일자를 나타내는 구매 열이 존재한다. 2025년 1월 4일에 성심당 주식을 처음 구매했으며 첫 구매라서 해당 행의 구매 열은 1로 표기된다. 2025년 1월 5일에 판다전자 주식을 구매했으며 두 번째 구매이기에 해당 행의 구매 열은 2로 표기된다.

전방값으로 결측값을 대체하는 ffill 함수를 활용하면, 각 종목의 구매일 이전과 구매일 이후의 데이터가 구분된다. 종목으로 그룹을 나누어 구매 열의 결측값을 전방값으로 대체하기에, by는 종목, data는 구매, 적용할 함수는 ffill이다. 결과를 df1에 보유 열로 생성하자.

[코드 12-19] 그룹을 나누어 전방값으로 결측값 대체하기

```
df1['보유'] = df1.groupby('종목')['구매'].ffill()
df1
```

	날짜	종목	종가	구매	보유
0	2025-01-03	판다전자	10000	NaN	NaN
1	2025-01-03	성심당	2000	NaN	NaN
2	2025-01-04	성심당	1600	1.0	1.0
3	2025-01-04	판다전자	12000	NaN	NaN
4	2025-01-05	판다전자	15000	2.0	2.0
5	2025-01-05	성심당	2000	NaN	1.0
6	2025-01-06	판다전자	13500	NaN	2.0
7	2025-01-06	성심당	2400	NaN	1.0

df1['보유'] = df1.groupby('종목')['구매'].ffill()
종목으로 그룹을 나누어 종목 내에서 전방값으로
결측값을 대체한다.

[그림 12-8] groupby 함수와 ffill 함수

위 결과를 다양한 불리언 인덱싱에 활용해 구매일 이후의 데이터를 필터링한다.

[코드 12-20] 보유 이후의 주가 데이터만 필터링

```
df1[df1['보유'].notna()]
```

[코드 12-21] 첫 번째 구매 종목의 구매 이후 주가 추이

```
df1[df1['보유'].eq(1)]
```

[코드 12-22] 두 번째 구매 종목의 구매 이후 주가 추이

```
df1[df1['보유'].eq(2)]
```

	날짜	종목	종가	구매	보유
2	2025-01-04	성심당	1600	1.0	1.0
4	2025-01-05	판다전자	15000	2.0	2.0
5	2025-01-05	성심당	2000	NaN	1.0
6	2025-01-06	판다전자	13500	NaN	2.0
7	2025-01-06	성심당	2400	NaN	1.0

df1[df1['보유'].notna()] — 구매 이후의 데이터

	날짜	종목	종가	구매	보유
2	2025-01-04	성심당	1600	1.0	1.0
5	2025-01-05	성심당	2000	NaN	1.0
7	2025-01-06	성심당	2400	NaN	1.0

df1[df1['보유'].eq(1)] — 첫 번째 구매 종목의 구매 이후 추이

	날짜	종목	종가	구매	보유
4	2025-01-05	판다전자	15000	2.0	2.0
6	2025-01-06	판다전자	13500	NaN	2.0

df1[df1['보유'].eq(2)] — 두 번째 구매 종목의 구매 이후 추이

[그림 12-9] groupby 함수와 ffill 함수를 적용한 결과로 다양한 필터링

12.1.6 groupby 함수로 누적 합 구하기(cumsum)

누적 합을 구하는 cumsum 함수도 groupby 함수와 함께 자주 활용되므로 숙지하자. 실습에 사용될 변수 df를 생성하자.

[코드 12-23] 그룹을 나누어 누적 합 구하기 실습 예제 코드

```
import pandas as pd
data = [['2021-01-01', '김판다', 10000], ['2021-01-01', '강승주', 2000],
        ['2021-01-02', '김판다', 20000], ['2021-01-02', '강승주', 5000],
        ['2021-01-03', '강승주', 8000], ['2021-01-03', '김판다', 5000]]
df = pd.DataFrame(data, columns=['날짜', '이름', '입금액'])
df
```

df는 각 인원의 날짜별 입금액이 나타내는 데이터 프레임이다. 각 인원의 누적 입금액을 구하자. 이름 열로 그룹을 나누어 입금액 열에 cumsum 함수를 적용하기에 by는 이름이고, data는 입금액, 적용할 함수는 cumsum이다. 결과로 누적입금 열을 생성하자.

[코드 12-24] df에서 각 사람의 누적 입금액 구하기

```
df['누적입금'] = df.groupby('이름')['입금액'].cumsum()
df
```

	날짜	이름	입금액	누적입금
0	2021-01-01	김판다	10000	10000
1	2021-01-01	강승주	2000	2000
2	2021-01-02	김판다	20000	30000
3	2021-01-02	강승주	5000	7000
4	2021-01-03	강승주	8000	15000
5	2021-01-03	김판다	5000	35000

df['누적입금'] = df.groupby('이름')['입금액'].cumsum()
이름 열이 김판다인 행에서는 김판다의 입금액만 누적 합을 구한다

[그림 12-10] groupby 함수와 cumsum 함수

또한 cumsum 함수는 불 자료형의 특성과 결합해 그룹의 기준도 만들 수 있다. 실습할 새로운 변수 df1을 생성하자.

[코드 12-25] cumsum 함수로 그루퍼 생성 실습 예제 코드

```
pd.options.display.max_rows = 10 # 10행까지만 출력
data1 = [['07:35', 'A', 'Log_in', float('nan')],
         ['07:36', 'A', 'Buy', 2000.0],
         ['07:37', 'A', 'Log_out', float('nan')],
         ['10:30', 'B', 'Log_in', float('nan')],
         ['11:20', 'B', 'Buy', 4000.0],
         ['11:32', 'A', 'Log_in', float('nan')],
         ['11:33', 'B', 'Log_out', float('nan')],
         ['11:36', 'A', 'Buy', 5000.0],
         ['11:37', 'A', 'Log_out', float('nan')],
         ['13:05', 'A', 'Log_in', float('nan')]]
df1 = pd.DataFrame(data1, columns=['시간', '회원코드', '로그', '구매금액'])
df1
```

df1은 쇼핑몰의 로그 데이터이다. 시간에 따라 각 회원의 로그 기록을 나타낸다. 이 데이터를 각 회원의 로그인을 기준으로 추가로 그룹을 나누자.

먼저 'Log_in'에 해당하는 행인지 True, False로 반환해 로그인 열로 생성하자.

[코드 12-26] 각 행이 로그인 데이터인지 불(bool)로 반환하는 로그인 열 생성

```
df1['로그인'] = df1['로그'] == 'Log_in'
df1
```

생성된 로그인 열은 True와 False로 이루어지므로, 회원코드로 그룹을 나누어 누적 합을 구하면 각 회원의 활동을 로그인 기준으로 다시 그룹이 나뉜다. by는 회원코드, data는 로그인, 적용할 함수는 cumsum이다.

[코드 12-27] 회원마다 로그인을 기준으로 그룹 나누기

```
df1['그룹'] = df1.groupby('회원코드')['로그인'].cumsum()
df1
```

	시간	회원코드	로그	구매금액	로그인	그룹
0	07:35	A	Log_in	NaN	True	1
1	07:36	A	Buy	2000.0	False	1
2	07:37	A	Log_out	NaN	False	1
3	10:30	B	Log_in	NaN	True	1
4	11:20	B	Buy	4000.0	False	1
5	11:32	A	Log_in	NaN	True	2
6	11:34	B	Buy	3000.0	False	1
7	11:35	B	Log_out	NaN	False	1
8	11:36	A	Buy	5000.0	False	2
9	11:37	A	Log_out	NaN	False	2

A의 첫 번째 로그인의 활동

df1['로그인'] = df1['로그'] == 'Log_in'
df1['그룹'] = df1.groupby('회원코드')['로그인'].cumsum()

회원마다 몇 번째 로그인에서 발생한 데이터인지 구분할 수 있다.

[그림 12-11] groupby 함수와 cumsum 함수를 활용해 그루퍼 생성하기

이렇게 기존의 열을 가공해 그룹을 나누는 기준을 생성한 것을 그루퍼라고 한다.[6] 빅데이터를 다루면 그루퍼를 생성해야 할 일이 빈번하다. cumsum 함수와 groupby 함수를 조합해 그루퍼를 생성하는 것은 알아두면 좋은 기법이다.

생성된 그룹 열을 기반으로 피벗 테이블을 만든다. 로그인 횟수를 구분한 그룹 열과 회원코드 열을

---

[6] 12.3.4. 그루퍼 참고. 지금은 groupby 함수를 배우는 초기이기에 이번에는 그루퍼를 그룹 열로 생성했지만, 보통의 숙련된 판다스 유저들은 그루퍼를 굳이 열로 생성하지 않고 사용한다.

기준으로 피벗 테이블을 생성하자. groupby 함수로 피벗 테이블을 생성하는 것도 가능하지만 아직 학습하지 않았으니, pivot_table 함수로 피벗 테이블을 생성한다.

[코드 12-28] 회원코드 열(index)과 그룹 열(columns)로 나누어 구매금액의 합 집계

```
df1.pivot_table('구매액', index='회원코드', columns='그룹', aggfunc='sum')
```

회원마다 로그인을 기점으로 구매 액수를 따로 집계한다. 결과는 각자 확인해 보자.

12.1.7 groupby 함수로 순번 구하기(cumcount)

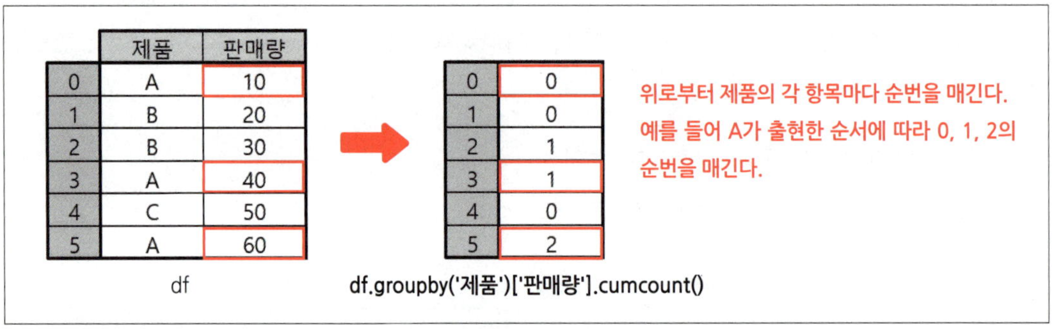

[그림 12-12] 판다스 cumcount 함수

● **판다스 cumcount**

그룹으로 나누어 순번을 매기는 함수. 반드시 그룹화를 수행하는 함수[7]와 함께 사용한다.

cumcount 함수의 주요 매개변수와 인수, 기본값

```
DataFrameGroupBy[8].cumcount(ascending=True)
```

- **ascending**: 오름차순 혹은 내림차순으로 순번을 부여할 것을 지정한다. 기본값은 True이며 오름차순이고 위로부터 순번을 부여하며 순번의 시작은 0이다.

판다스 cumcount 함수는 마치 엑셀의 countif 함수처럼 등장에 따라 순번을 매기는 함수이다. 반드시 그룹을 나누는 함수와 함께 사용해야 한다. 실습에 쓰일 변수 df를 생성하자.

---

[7] groupby, resample 함수 등 그룹을 나누는 함수
[8] DataFrameGroupBy 객체는 그룹바이 객체를 의미한다. groupby 혹은 그룹화 함수를 적용해 그룹으로 나뉜 객체이다.
　　[코드 12-30]의 df.groupby('제품')이 그룹바이 객체이다.

[코드 12-29] cumcount 함수 실습 예제 코드

```python
import pandas as pd
data = {'제품': ['A', 'B', 'B', 'A', 'C', 'A'],
        '판매량': [10, 20, 30, 40, 50, 60]}
df = pd.DataFrame(data)
df
```

제품으로 그룹을 나누어 순번을 매겨보자. groupby 함수를 적용하고 by는 제품을 지정하고 적용할 함수로 cumcount를 지정한다. cumcount 함수는 특정 열에 적용하는 함수가 아니라서 별도의 인덱싱 없이 바로 사용할 수 있다.

[코드 12-30] 제품으로 그룹을 나누어 순번 생성하기

```python
df['순번'] = df.groupby('제품').cumcount()
df
```

결과는 [그림 12-12]에서 확인하자. 각 제품마다 순번을 부여한다. 0부터 시작하는 순번을 부여하는데, 만약 여러분이 1부터 부여된 순번을 원한다면 cumcount 적용 결과에 1을 더한다.

생성한 순번으로 교차표를 만든다. 그룹으로 순번을 매긴 결과와 pivot 함수를 조합해 피벗을 수행하는 기법은 문자열 피벗에도 자주 쓰이니 숙지하자.

[코드 12-31] 제품(index)과 순번(columns)으로 그룹을 나누어 판매량을 피벗하기

```python
df.pivot(index='제품', columns='순번', values='판매량')
```

cumcount 함수는 반드시 그룹화를 수행하는 함수와 함께 사용해야 한다. 그룹을 나누지 않고 행 전체에 순번을 매기는 것에는 cumcount 함수를 사용할 수 없으나 다양한 방법으로 행의 순번을 매긴다.

[코드 12-32] 그룹을 나누지 않을 때 전체의 순번을 매기는 방법

```python
import numpy as np
df['전체순번'] = range(0, len(df))   # 기본 파이썬의 방법 [9]
df['전체순번'] = np.arange(0, len(df))  # 넘파이의 방법
df['전체순번'] = pd.RangeIndex(0, len(df))  # 판다스의 방법
```

---

[9] 1부터 순번을 부여하고 싶다면 range(1, len(df) + 1)을 사용하자. 넘파이와 판다스는 벡터화 연산을 지원해 결과에 1을 더하면 1부터 순번을 매긴다.

제품별 순번은 groupby와 cumcount로 생성한다.

	제품	판매량	순번	전체순번
0	A	10	0	0
1	B	20	0	1
2	B	30	1	2
3	A	40	1	3
4	C	50	0	4
5	A	60	2	5

전체 순번은 groupby 함수를 적용하지 않으니
cumcount 함수로는 생성할 수 없다.
(그렇지만 다양한 다른 방법들이 가능하다.)

pivot →

제품	0	1	2
A	10.0	40.0	60.0
B	20.0	30.0	NaN
C	50.0	NaN	NaN

df.pivot(index='제품', columns='순번', values='판매량')

groupby와 cumcount로 순번을 매겨 피벗하는 것은
자주 쓰이는 기법이니 숙지하자.

[그림 12-13] cumcount 함수를 활용한 피벗

엑셀 예제 17 주식 ohlcv 데이터로 groupby 함수를 사용해 다양한 열 가공하기

다음 엑셀 파일 19stock2.xlsx 파일은 시가 총액이 높은 16개 종목의 ohlcv 데이터를 하나의 시트에 포함한다.[10] 이렇게 여러 종목이 합쳐진 원시 데이터는 데이터를 추출하기에 편리하다. 예를 들어 16개 종목에서 상한가 데이터를 한 번에 추출할 수 있다. 다만 여러 종목이 섞여 있다면 데이터의 처리가 다소 쉽지 않은데, 그것도 이미 groupby 함수를 학습했으므로 무리가 없다.

10 거래일 기준 등락률이 45% 이상 상승한 주식 종목을 찾아보자. 10 거래일 기준 등락률이 45% 이상 상승했다는 것은 총 11 거래일의 데이터가 연관 있다는 의미이다. 1일 차 종가와 11일 차 종가를 비교했을 때 45% 이상 상승했다면 우리가 찾는 주식이다. 해당 종목을 찾았다면 상승한 기간의 데이터만 따로 추출하자. 참고로 이 엑셀 파일은 시가 총액 상위 종목의 2020년 1월 2일부터 2023년 12월 28일까지 4년간의 데이터가 수집되어 있다.

19stock2.xlsx　　15792 행 × 10 열

	A (날짜)	B (종목명)	C (영문명)	D (종목코드)	E (시가)	F (고가)	G (저가)	H (종가)	I (거래량)
1	Date	Name	Company	Code	Open	High	Low	Close	Volume
2	2020-01-02	SK하이닉스	SK Hynix	000660	96000	96200	94100	94700	2342070
3	2020-01-02	한화	Hanwha	000880	24950	25000	24300	24350	159418
4	2020-01-02	신세계	Shinsegae	004170	289500	296500	289500	292500	48510
5	2020-01-02	삼성전자	Samsung Elec	005930	55500	56000	55000	55200	12993228
6	2020-01-02	GS건설	GS Engineerir	006360	30900	31000	30500	30500	221803
7	2020-01-02	삼성SDI	Samsung SDI	006400	237000	237500	231500	232000	186494
8	2020-01-02	롯데케미칼	Lotte Chemic	011170	213361	213837	208122	208123	110030
9	2020-01-02	현대모비스	Hyundai Mob	012330	254500	256000	247500	247500	214585
10	2020-01-02	LG디스플레이	LG Display	034220	15204	15250	15019	15112	1342465

ohlcv

여러 종목이 통합된 주가 데이터에서 원하는 데이터를 추출해 보자.

10 거래일 기준 등락률이 45% 이상인 주식 종목을 찾고 상승한 구간의 데이터도 함께 추출하자.

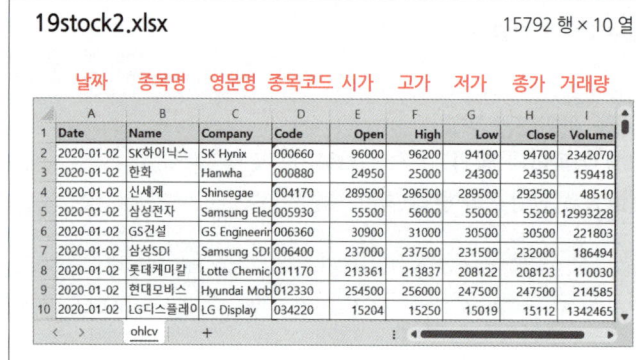

[그림 12-14] 실습 엑셀 파일 19stock2.xlsx 소개

10 Ran Aroussi, 앞의 라이브러리

10 거래일 기준 등락률이 45% 이상 상승한 주식 종목과 데이터 찾기

먼저 엑셀 시트를 데이터 프레임으로 불러와 변수 df_stock으로 지정하자.

[코드 12-33] 주가 엑셀 파일에서 데이터 프레임 불러오기

```
import pandas as pd
pd.options.display.max_rows = 6 # 6행까지만 출력
url2 = 'https://github.com/panda-kim/book1/blob/main/19stock2.xlsx?raw=true'

# Code 열의 dtype을 문자열로 지정하기
df_stock = pd.read_excel(url2, dtype={'Code': 'str'})[11]
df_stock
```

어떤 종목의 데이터를 가지는지 궁금하다. Name 열의 유일 값을 확인하자.

[코드 12-34] 종목명의 유일 값 확인하기

```
df_stock['Name'].unique()
```

```
array(['SK하이닉스', '한화', '신세계', '삼성전자', 'GS건설', '삼성SDI', '롯데케미칼', '현대모
비스', 'LG디스플레이', 'NAVER', '카카오', 'LG화학', '셀트리온', '현대백화점', 'KB금융', '삼성
바이오로직스'], dtype=object)
```

코스피를 주도하는 쟁쟁한 종목들의 데이터가 수집되어 있다. info 함수와 describe 함수도 각자 적용해 데이터 프레임의 정보를 파악하자.

먼저 10 거래일 기준으로 등락률을 파악하자. pct_change 함수에 인수로 10을 입력하면 10 거래일 기준의 등락률을 손쉽게 얻는다. 다만 여러 종목이 섞여 있기에, 같은 종목끼리 함수를 적용하고자 groupby 함수와 함께 사용해야 한다. Name, Code, Company 열이 모두 종목을 구분하는 키가 될 수 있지만, 여기서는 Company 열을 기준으로 그룹을 나누자. 결과는 df_stock에 Change_10d 열로 생성한다.

[코드 12-35] 10 거래일 기준의 등락률 생성하기

```
df_stock['Change_10d'] = df_stock.groupby('Company')['Close'].pct_change(10)
df_stock
```

---

11 read_excel 함수의 매개변수 dtype을 활용하면 해당 열의 자료형을 지정할 수 있다. 코드 열을 수치형이 아닌 문자열로 읽을 수 있는 코드이다. [코드 3-22] 참고

	Date	Name	Company	Code	Open	High	Low	Close	Volume	Change_10d
0	2020-01-02	SK하이닉스	SK Hynix	000660	96000	96200	94100	94700	2342070	NaN
1	2020-01-02	한화	Hanwha	000880	24950	25000	24300	24350	159418	NaN
2	2020-01-02	신세계	Shinsegae	004170	289500	296500	289500	292500	48510	NaN
...	...	...	...	...	...	...	...	...	...	...
15789	2023-12-28	현대백화점	Hyundai Department	069960	51300	52000	51100	51800	80416	0.023715
15790	2023-12-28	KB금융	KB Financial	105560	52700	54100	52500	54100	1211536	0.050485
15791	2023-12-28	삼성바이오로직스	Samsung Biologics	207940	729000	760000	727000	760000	132038	0.084165

15792 rows × 10 columns

우리가 궁금했던 기간 동안 10 거래일 기준 등락률이 45% 이상으로 크게 상승한 주식을 찾아보자. 종목들이 코스피를 주도하는 시가 총액이 높은 주식이기에 이런 상승률을 보이기 쉽지 않다. Change_10d 열로 조건문을 생성하고 45% 이상 상승한 주식을 필터링하자.

[코드 12-36] '10 거래일 기준의 등락률이 45% 이상이다' 조건문 생성하기

```
cond = df_stock['Change_10d'] >= 0.45
df_stock[cond]
```

	Date	Name	Company	Code	Open	High	Low	Close	Volume	Change_10d
1014	2020-04-02	롯데케미칼	Lotte Chemical	011170	173832	178118	163354	171927	300474	0.542735
1713	2020-06-09	한화	Hanwha	000880	28000	28950	26050	28950	10872062	0.473282
4039	2021-01-08	현대모비스	Hyundai Mobis	012330	358500	395500	332000	359500	5326204	0.473361

롯데케미칼, 한화, 현대모비스가 10 거래일 기준으로 45% 이상 상승한 적이 있다. 언제 상승했는지 Date 열로 날짜도 확인할 수 있다. 참고로 이 날짜들은 상승의 마지막 날이다.[12]

45% 이상 상승한 종목은 추출되었다. 우리는 상승한 주식 종목을 알아내는 것 외에도, 상승 기간의 데이터도 따로 추출해야 한다. 이를 위해 [코드 12-36]의 상승일에 해당하는 데이터는 1을 부여하고 나머지는 NaN을 부여한 Sign 열을 생성하자. 조건에 따라 값을 부여하는 것은 불리언 마스킹이고 이때 불리언 인덱싱으로 배정하는 방식이 간편하다.[13]

[코드 12-37] 조건에 맞는 행을 구분하는 Sign 열 생성하기

```
df_stock.loc[cond, 'Sign'] = 1
df_stock
```

---

[12] 헷갈리는 독자들은 8.7.3. 행 간의 변동률 구하기(pct_change)에서 함수를 다시 살펴보자.
[13] 불리언 마스킹 기법 중에 True일 때 값을 부여하고, 아니면 NaN인 새로운 열을 생성하는 것은 불리언 인덱싱으로 배정하는 것이 가장 간편하다. 물론 다른 불리언 마스킹 기법으로도 수행할 수 있다. [그림 8-18] 불리언 마스킹과 수치형 데이터의 범주화 정리 참고

Sign 열의 값이 1인 행이 상승일의 마지막이므로 후방값으로 결측값을 대체하는 함수 bfill을 이용하면 상승 기간의 데이터만 1로 변환된다. ffill, bfill 함수 모두 매개변수 limit로 대체하는 값의 개수를 제한한다.[14] limit=10을 입력하면 1과 가까운 10개의 데이터만 결측값을 1로 대체한다. 물론 여러 종목의 데이터가 섞여 있기에 groupby 함수와 함께 사용해야 한다.

[코드 12-38] 각 종목 내에서 후방값으로 결측값 10개 채우기

```
df_stock['Sign'] = df_stock.groupby('Company')['Sign'].bfill(limit=10)
```

[코드 12-38]은 반드시 한 번만 실행되어야 한다. 여러 번 실행하면 실행마다 추가로 결측값을 10개씩 1로 대체한다.

잘 적용되었는지 확인하고자 Sign 열에서 1의 개수를 확인하자.

[코드 12-39] Sign 열에서 1의 개수 확인하기(1과 NaN만 존재하니 sum 함수로 확인)

```
df_stock['Sign'].sum()
```

```
33
```

33행의 데이터가 1임을 확인한다. [코드 12-37]에서 마지막 상승일을 1로 생성했고, [코드 12-38]로 상승 기간에 속하는 10개의 1을 추가 생성했기에 세 종목에서 각 11행의 데이터가 1을 보유한다.

상승 기간에 속하는 모든 데이터를 추출하자. Sign 열의 값이 1이라면 상승 기간의 데이터이다. 결과를 변수 df_result1으로 지정하자.

[코드 12-40] 10 거래일 기준 등락률이 45% 이상 상승한 데이터 구간 모두 추출하기

```
df_result1 = df_stock[df_stock['Sign'] == 1].copy()[15]
df_result1
```

---

14 매개변수 limit를 사용하는 것은 8.6.1의 [코드 8-48] 참고
15 df_result1에 코드를 적용한 결과가 기존의 변수 df_stock에 영향을 미치지 않도록 copy 함수를 적용한다.

	Date	Name	Company	Code	Open	High	Low	Close	Volume	Change_10d	Sign
854	2020-03-19	롯데케미칼	Lotte Chemical	011170	134303	137637	109062	111443	328861	-0.362400	1.0
870	2020-03-20	롯데케미칼	Lotte Chemical	011170	115253	141923	113824	140495	316899	-0.161929	1.0
886	2020-03-23	롯데케미칼	Lotte Chemical	011170	126683	136208	122397	130970	254849	-0.198249	1.0
...	...	...	...	...	...	...	...	...	...	...	...
4007	2021-01-06	현대모비스	Hyundai Mobis	012330	288500	295000	282000	283500	691832	0.134000	1.0
4023	2021-01-07	현대모비스	Hyundai Mobis	012330	286000	314500	285500	304500	1402113	0.222892	1.0
4039	2021-01-08	현대모비스	Hyundai Mobis	012330	358500	395500	332000	359500	5326204	0.473361	1.0

33 rows × 11 columns

세 종목의 상승 기간 동안의 데이터만 추출되었다. 종목당 11행이 추출되어 총 33행이다.

df_result1의 일자별 피벗을 수행하자. 상승 기간 1일 차부터 11일 차까지의 데이터를 피벗하면, 세 종목의 상승 기간 추이가 하나의 테이블로 확인된다. groupby와 cumcount 함수를 조합해 순번을 만들어 Day 열로 생성한다. pivot 함수로 Day 열과 Company 열로 그룹을 나누어 Close 열의 피벗을 수행하자.[16] 피벗을 수행한 결과는 df_result2로 지정한다.

[코드 12-41] 각 종목의 주가 변화 피벗하기

```
pd.options.display.max_rows = None # 행의 출력 제한 없음
df_result1['Day'] = df_result1.groupby('Company').cumcount() + 1
df_result2 = df_result1.pivot(index='Day', columns='Company', values='Close')
df_result2
```

Company	Hanwha	Hyundai Mobis	Lotte Chemical
Day			
1	19650	244000	111443
2	20200	251000	140495
3	20050	251000	130970
4	20100	250000	141923
5	20400	251000	156211
6	20400	255500	158592
7	21050	287000	165260
8	20900	291000	172404
9	21200	283500	183834
10	22850	304500	174309
11	28950	359500	171927

각 종목의 상승 기간의 주가를 일 차에 따라 한눈에 확인한다. 이런 점이 피벗의 장점이다. 모두 50%

---

16   12.1.7. groupby 함수로 순번 구하기(cumcount) 참고

가까이 상승한 것도 확인이 가능하다.

plot 함수를 사용해 간단한 그래프도 그릴 수 있다. subplots=True[17]를 입력하면 각 열의 데이터를 분리해서 그래프를 생성한다. 매개변수 layout에 튜플 (3, 1)을 입력해 3×1의 형태로 그래프를 배치하고, grid=True로 눈금도 표시하자.

[코드 12-42] 각 종목의 상승 구간 주가 추이 시각화

```
df_result2.plot(subplots=True, layout=(3, 1), grid=True)
```

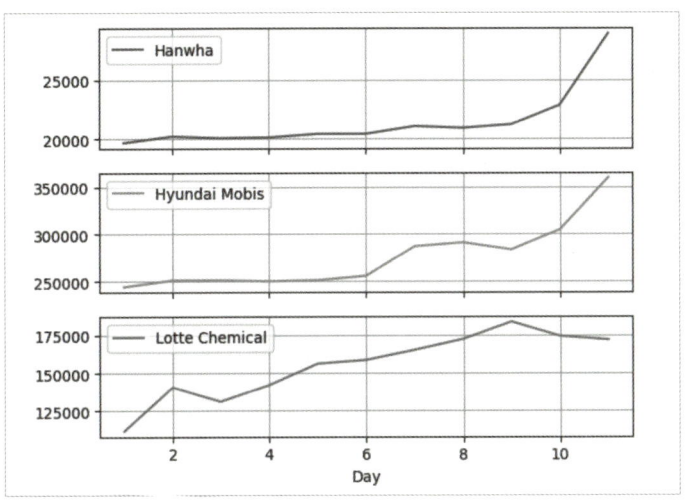

예제를 통해 이 장에서 배운 groupby 함수와 열 가공 함수의 조합을 대부분 복습했다. groupby 함수를 활용하면 여러 종목의 데이터가 섞여 있더라도 손쉽게 처리가 가능하다.

12.1.8 집계 결과를 열로 생성하기(transform)

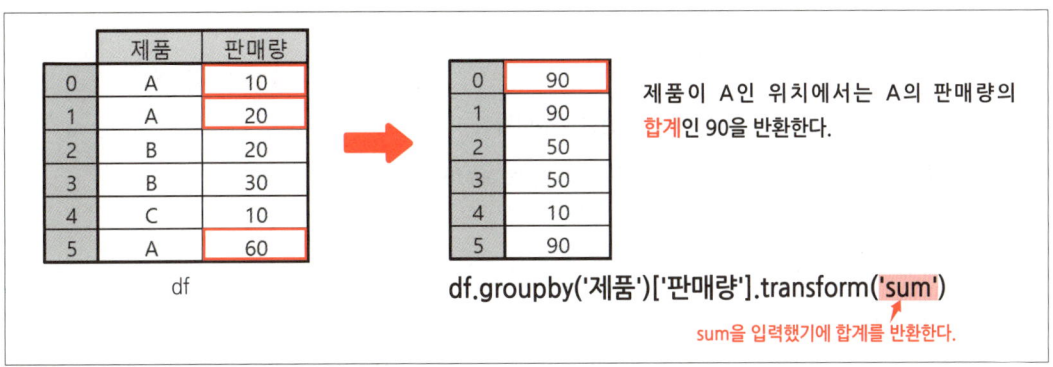

[그림 12-15] 판다스 transform 함수

---

17   subplots는 하위 그래프를 뜻한다. **15.3.3. 영역을 분할해 하위 그래프 생성하기** 참고

● **판다스 transform**

주로 groupby 함수와 사용해 집계 결과로 시리즈를 생성하는 함수. groupby 함수에 사용자 정의 함수를 적용해 열을 생성할 때도 쓰인다.

groupby 함수와 transform 함수를 조합하면, 집계 결과를 시리즈로 생성할 수 있다. 생성된 시리즈는 기존 데이터 프레임의 열로 만들 수 있으며, 꽤 유용한 특성이다. 실습에 쓰일 변수 df를 생성하자.

[코드 12-43] 집계 결과를 열로 생성하기 실습 예제 코드

```
import pandas as pd
data = {'제품': ['A', 'A', 'B', 'B', 'C', 'A'],
        '판매량': [10, 20, 20, 30, 10, 60]}
df = pd.DataFrame(data)
df
```

df는 각 제품의 판매량을 나타내는 데이터이다. 각 제품의 전체 판매량을 별도의 열로 추가하려 한다. transform 함수와 groupby 함수를 조합하면 집계 결과를 시리즈로 반환한다.

제품으로 그룹을 나누어 판매량 열에 transform 함수를 적용한다. transform 함수에 인수 'sum'을 입력하면 집계 결과를 시리즈로 반환한다.[18]

[코드 12-44] 각 제품의 전체 생산량을 시리즈로 생성하기

```
df.groupby('제품')['판매량'].transform('sum')
```

결과는 [그림 12-15]에서 확인하자.

생성된 시리즈는 df에 열로 생성하자.

[코드 12-45] [코드 12-43]의 결과를 제품총판매 열로 생성하기

```
df['제품총판매'] = df.groupby('제품')['판매량'].transform('sum')
df
```

각 제품의 총판매량이 열로 생성되었기에 연산으로 쉽게 비중도 파악된다.

---

18   sum 함수를 문자열 'sum'으로 입력한 것은 **11.1.5. 인수로 함수를 입력하는 방법**을 참고하자.

[코드 12-46] 각 행의 판매량의 제품 내 비중 파악하기

```
pd.options.display.float_format = '{:.3f}'.format # 소수점 셋째 자리 출력
df['비중'] = df['판매량'] / df['제품총판매']
df
```

transform 함수를 활용해 집계 결과를 열로 생성하면 필터링에도 활용된다. 데이터가 2행 이상인 제품만 필터링하려면 transform 함수에 'count'를 입력해 2와 비교하자.

[코드 12-47] 2행 이상의 제품 데이터만 필터링

```
cond = df.groupby('제품')['판매량'].transform('count') >= 2
df[cond]
```

	제품	판매량	제품총판매	비중
0	A	10	90	0.111
1	A	20	90	0.222
2	B	20	50	0.400
3	B	30	50	0.600
4	C	10	10	1.000
5	A	60	90	0.667

df

transform 함수를 사용하면 제품 각 그룹의 판매량을 집계해 열로 만들 수 있다.
결과를 활용해 비중도 계산할 수 있다.

	제품	판매량	제품총판매	비중
0	A	10	90	0.111
1	A	20	90	0.222
2	B	20	50	0.400
3	B	30	50	0.600
5	A	60	90	0.667

```
cond = df.groupby('제품')['판매량'].transform('count') >= 2
df[cond]
```

조건문으로도 활용해 필터링할 수 있다.
2행 이상의 데이터를 가진 제품의 데이터만 필터링했다.

[그림 12-16] transform 함수의 다양한 활용

12.1.9 transform 함수로 사용자 정의 함수 적용하기

transform 함수의 인수로 사용자 정의 함수도 입력할 수 있다. 그룹마다 최댓값과 최솟값의 차이를 구해 열로 만들자. lambda 함수를 사용할 것인데, 입문자는 lambda 함수를 이해하기 어려울 수 있어 일단 간단한 구조의 시리즈를 만들어 변수 x로 지정하자. 그런 후 시리즈 x에서 최댓값과 최솟값의 차이를 구하는 코드를 생성하자.

[코드 12-48] 시리즈 x에서 최댓값과 최솟값의 차이를 구하는 코드

```
x = pd.Series([1, 2, 4, 5]) # 시리즈 x 생성
x.max() - x.min() # 최댓값과 최솟값의 차이
```

[코드 12-48]이 lambda 함수를 생성하는 코드이다. [코드 12-43]의 df에 lambda 함수를 적용해 제품별 최대 판매량과 최소 판매량의 격차를 시리즈로 생성하자.

[코드 12-49] 그룹별 최댓값과 최솟값의 차이를 시리즈로 생성하기

```
df.groupby('제품')['판매량'].transform(lambda x: x.max() - x.min())
```

제품이 A이면 50을 반환하고, B이면 10, C이면 0을 반환하는 시리즈를 얻는다. [그림 12-17]에서 확인하자.

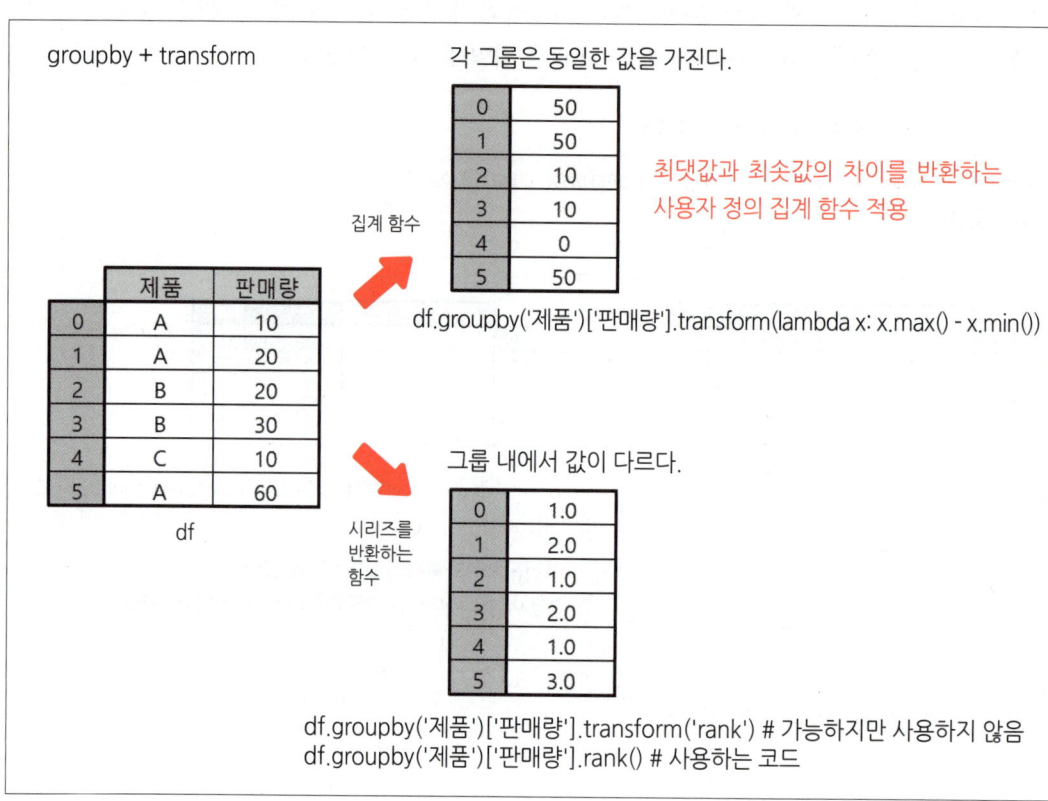

[그림 12-17] transform 함수로 집계 함수를 적용할 때와 아닐 때의 차이

transform 함수에 집계 함수만 입력하는 것은 아니다. rank 함수처럼 열 가공하는 함수도 입력한다. 이때 집계 함수가 아니기에 그룹 내에서 모두 동일한 값을 갖지 않는다.

df에서 제품으로 그룹을 나누어 판매량의 등수를 매기자. transform 함수를 적용해 'rank'를 입력한 코드를 작성하고 그룹바이 객체에 바로 rank 함수를 메서드로 적용한 코드도 작성해 두 코드의 결과를 비교하자.

[코드 12-50] groupby와 transform 함수로 rank 함수 적용하기

```
df.groupby('제품')['판매량'].transform('rank') # 가능하지만 사용하지 않음
df.groupby('제품')['판매량'].rank() # 사용하는 코드
```

둘의 결과는 같다. 집계 함수가 아닌 열 가공 함수도 transform 함수에 입력할 수 있다. 그렇지만 대부분의 열 가공 함수는 그룹바이 객체에 바로 메서드로 적용하기에 사용할 실익이 없다.

열 가공 함수이지만 메서드로 활용할 수 없다면 transform 함수가 좋은 방법이다. 대부분의 열 가공 함수가 메서드로 활용할 수 있으나, cut 함수나 qcut 함수처럼[19] 메서드로 활용할 수 없는 함수들이 일부 존재한다. 또한 사용자 정의 함수는 태생적으로 메서드로 활용할 수 없으니 transform 함수가 필요하다. 실습할 변수 df1을 생성하자.

[코드 12-51] transform 함수의 다양한 실습 예제 코드

```
data1 = {'상품종류': ['스낵', '스낵', '스낵', '핸드폰', '핸드폰', '핸드폰'],
         '상품코드': ['S001', 'S002', 'S003', 'P001', 'P002', 'P003'],
         '가격': [6000, 10000, 4000, 10000, 1000000, 500000]}
df1 = pd.DataFrame(data1)
df1
```

df1은 각 상품의 카테고리 분류와 가격에 대한 데이터이다. 각 상품을 가격에 따라 저가, 중가, 고가로 균등 분할해 또 다른 범주화를 수행하려고 한다. 전체의 1/3은 저가, 전체의 1/3은 중가, 전체의 1/3은 고가로 분류하되, 같은 상품 종류 내에서 분류하자. 스낵은 스낵끼리 가격을 비교해 저가와 고가를 분류하는 것이 합리적이다.

qcut 함수를 활용하면 손쉽게 범주화가 가능하다. 그렇지만 qcut 함수는 반드시 pd.qcut인 함수 형태로 사용해야 하기에 transform 함수가 필요하다. 또한 qcut 함수는 매개변수가 많이 필요한 함수이므로 lambda 함수로 사용하는 것이 더욱 편리하다.[20]

lambda 함수를 쉽게 생성하고자 시리즈 x를 생성하자. x를 균등 분할해 저가, 중가, 고가를 부여하는 코드를 만들자. qcut 함수의 q에 정수를 입력하면 균등 분할한다.

[코드 12-52] 시리즈를 균등 분할해 범주화하는 lambda 함수를 생성하는 코드

```
x = pd.Series([6000, 10000, 4000])
pd.qcut(x, q=3, labels=['저가', '중가', '고가'])
```

```
0    중가
1    고가
2    저가
dtype: category
```

---

19 8.5. 수치형 데이터의 범주화 참고
20 [코드 12-53]과 [코드 12-54]를 비교해 보면, 일반적으로 [코드 12-53]을 더 직관적으로 생각한다.

```
Categories (3, object): ['저가' < '중가' < '고가']
```

시리즈 x가 가격에 따라 저가, 중가, 고가로 분류되는 것을 확인한다. 이 [코드 12-52]가 lambda 함수를 생성하는 코드이다.

상품의 종류에 따라 그룹을 나누어 분류해야 하기에 groupby 함수에 transform 함수를 적용하고 lambda 함수를 입력하자. 결과는 df1에 분류 열로 생성한다.

[코드 12-53] 상품종류에 따라 가격대를 범주화하기

```
df1['분류'] = df1.groupby(['상품종류'])['가격'].transform(
    lambda x: pd.qcut(x, q=3, labels=['저가', '중가', '고가'])
)
```

	상품종류	상품코드	가격	분류
0	스낵	S001	6000	중가
1	스낵	S002	10000	고가
2	스낵	S003	4000	저가
3	핸드폰	P001	10000	저가
4	핸드폰	P002	1000000	고가
5	핸드폰	P003	500000	중가

[코드 12-53]

같은 10000원이지만
스낵은 고가, 핸드폰은 저가로 분류되었다.

[그림 12-18] groupby와 transform 함수로 qcut 함수 적용하기

상품종류에 따라 그룹을 나누고, 가격대를 저가, 중가, 고가로 범주화했다. 같은 10000원이라도 스낵은 고가로, 핸드폰은 저가로 분류된다. 이렇듯 transform 함수는 그룹바이 객체에 사용자 정의 함수를 적용할 수 있다.

혹시 lambda 함수가 아직 어렵다면, 아래처럼 qcut 함수의 매개변수와 인수를 transform 함수에 입력한다.

[코드 12-54] lambda 함수를 사용하지 않고 [코드 12-53]의 결과 얻기

```
df1['분류'] = df1.groupby(['상품종류'])['가격'].transform(
    pd.qcut, q=3, labels=['저가', '중가', '고가']
)
```

엑셀 예제 18 그룹을 나누어 표준점수를 구해 학생들의 성적 부여하기

엑셀 파일 20score.xlsx는 대학 국어 성적 데이터이다. 수강생은 주로 1, 2학년이지만 저학년 때 미처 수강하지 않았거나 재수강하는 3학년도 일부 포함된다. 그래서 학년과 관계없이 점수만으로 학점을 부여하는 것은 저학년에게 부당하다.

학년을 나누어 표준점수를 구해 학점을 부여하자.

표준점수에 따른 학점의 기준
0 이하: C
0 초과 1이하: B
1이상: A

나이의 결측값도 처리하자

[그림 12-19] 실습 엑셀 파일 20score.xlsx 소개

표준점수(Z-score)는 데이터가 평균에서 얼마나 떨어져 있는지를 표준편차 단위로 나타낸 값이다. 통계적으로 유의미한 데이터이며, 특히 정규 분포에서는 표준점수를 이용해 해당 데이터의 백분위수를 알 수 있다. 예를 들어 데이터의 표준점수가 1이라면 백분위수가 84.13%이며 이는 전체 데이터에서 상위 15.87%임을 의미한다. 학년으로 나누어 표준점수를 구해서, 표준점수를 기반으로 학점을 부여하면 학년 내에서의 상대적 위치에 따라 학점이 부여된다.

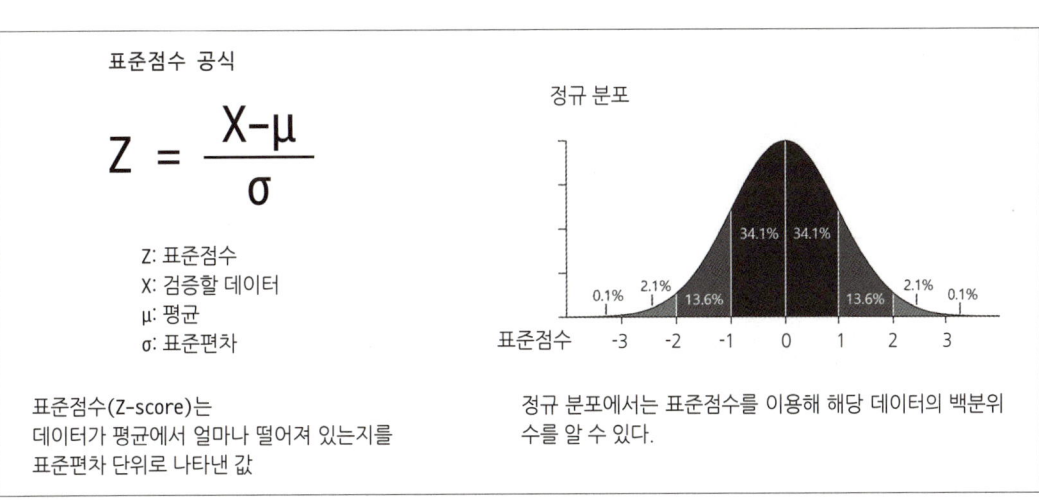

[그림 12-20] 표준점수 소개[21]

---

21   M. W. Toews(이미지 작성자), "68-95-99.7 규칙", 위키백과, 2024년 4월 26일 접속, https://ko.wikipedia.org/wiki/68-95-99.7_규칙

> 학년별로 표준점수를 구해 학점을 부여하자.

먼저 엑셀 시트를 데이터 프레임으로 불러와 변수 df_score로 지정하자.

[코드 12-55] 학생 성적 파일에서 데이터 프레임 불러오기

```
import pandas as pd
pd.options.display.max_rows = 6 # 6행까지만 출력
pd.options.display.float_format = '{:.2f}'.format # 소수점 첫째 자리 출력
url3 = 'https://github.com/panda-kim/book1/blob/main/20score.xlsx?raw=true'
df_score = pd.read_excel(url3)
df_score
```

	학년	성별	나이	점수
0	3	남	NaN	71
1	3	여	24.00	95
2	1	여	NaN	71
...	...	...	...	...
397	1	남	20.00	72
398	3	여	NaN	55
399	2	남	21.00	53

400 rows × 4 columns

성적을 처리 전에 학습 점검 차원에서 나이 열의 결측값을 처리하자. 대학생은 학년에 따라 나이가 다르지만 군대 등의 이유로 성별도 나이에 영향을 준다. 그래서 성별과 학년을 기준으로 그룹을 나누어 평균 나이로 결측값을 대체하자. 이는 더 실질적인 값으로 결측값을 대체하여 정확성을 높여준다.

groupby 함수에 성별과 학년을 리스트로 입력하여 그룹을 나눈다. transform 함수로 그룹의 평균을 계산하여 시리즈를 생성한다. 마지막으로 fillna 함수에 생성된 시리즈를 입력하여 결측값을 그룹별 평균으로 대체한다.

[코드 12-56] 나이의 결측값을 학년과 성별의 평균 나이로 대체하기

```
df_score['나이'] = df_score['나이'].fillna(
    df_score.groupby(['학년', '성별'])['나이'].transform('mean')
)
df_score
```

나이의 결측값이 소속 학년과 성별의 평균 나이로 대체된다.

이번에는 성적 처리를 하고자 학년으로 그룹을 나누어 표준점수를 생성하자. [그림 12-20]에 표기된 표준점수의 공식을 활용해 lambda 함수를 만들어 transform 함수에 입력하자.

[코드 12-57] 학년으로 그룹을 나누어 점수의 표준점수 구하기

```
df_score['표준점수'] = df_score.groupby('학년')['점수'].transform(
    lambda x: (x - x.mean()) / x.std()
)
df_score
```

결과는 표준점수 열로 생성했다. 구간을 나누는 cut 함수로 학점을 부여하자.[22] 학점의 기준은 [그림 12-19]에서 확인하자. 양쪽 경계는 음의 무한대인 float('-inf')와 양의 무한대인 float('inf')로 설정하자. 표준점수가 이미 학년에 따라 생성된 결과이므로 groupby 함수와 함께 적용할 필요는 없다.

[코드 12-58] 표준점수가 0 이하는 C, 0~1은 B, 1 초과는 A로 학점 부여

```
df_score['학점'] = pd.cut(
    df_score['표준점수'],
    bins=[float('-inf'), 0, 1, float('inf')],
    labels=['C', 'B', 'A'],
)
df_score
```

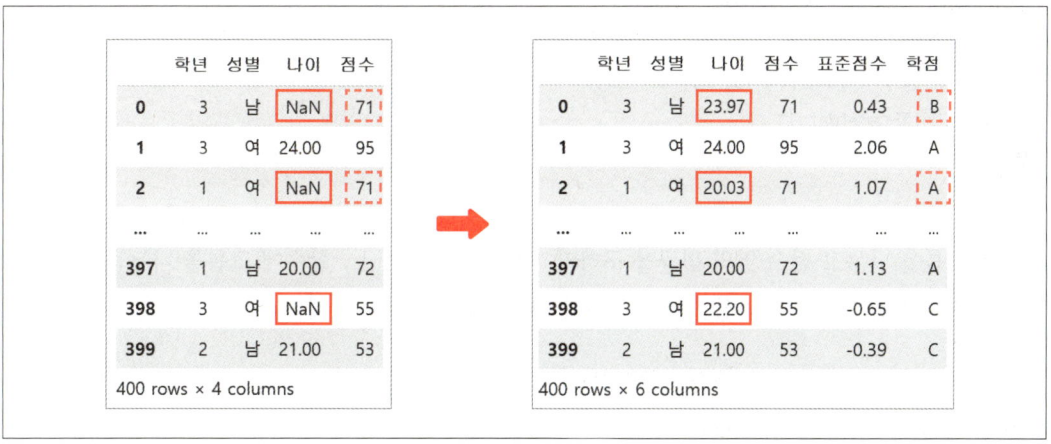

df_score를 출력하면 첫 행의 3학년은 71점으로 B학점을 받았지만, 세 번째 행의 1학년은 71점으로 A학점을 받은 것을 확인하자. 또한 각 그룹에 맞춰 학년과 성별에 따라 나이의 결측값이 다르게 대체된 것도 확인하자.

---

22   8.5.1. 수치로 구간을 나누어 범주화(cut) 참고

결과는 to_excel 함수로 파일로 저장하자.

[코드 12-59] 결과를 엑셀 파일로 저장

```
df_score.to_excel('ch12_score.xlsx', index=False)
```

12.2 groupby 함수로 집계하기

이제까지 groupby 함수와 사용했던 함수들은 rank 함수처럼 시리즈에 적용하면 시리즈를 반환하는 열 가공 함수였다. groupby 함수와 집계 함수를 적용하면 마치 pivot_table 함수를 적용했을 때처럼 그룹으로 나누어 집계할 수 있다.

12.2.1 groupby 함수로 집계 함수 적용하기

groupby 함수와 집계 함수를 적용할 변수 df를 생성하자.

[코드 12-60] groupby 함수로 집계하기 실습 예제 코드

```
import pandas as pd
pd.options.display.float_format = '{:.2f}'.format # 소수점 둘째 자리 출력
data1 = {'반': ['A', 'B', 'A', 'B', 'B', 'A'],
         '점수': [88, 30, 78, 99, 62, 85]}
df = pd.DataFrame(data1)
df
```

반으로 그룹을 나누고 점수 열의 평균을 구하자. 이전처럼 groupby 함수에 그룹을 나누는 기준으로 반을 입력하고 점수 열을 인덱싱한 다음 집계 함수인 mean을 적용한다.

[코드 12-61] 반으로 그룹을 나누어 점수의 평균 구하기

```
df.groupby('반')['점수'].mean()
```

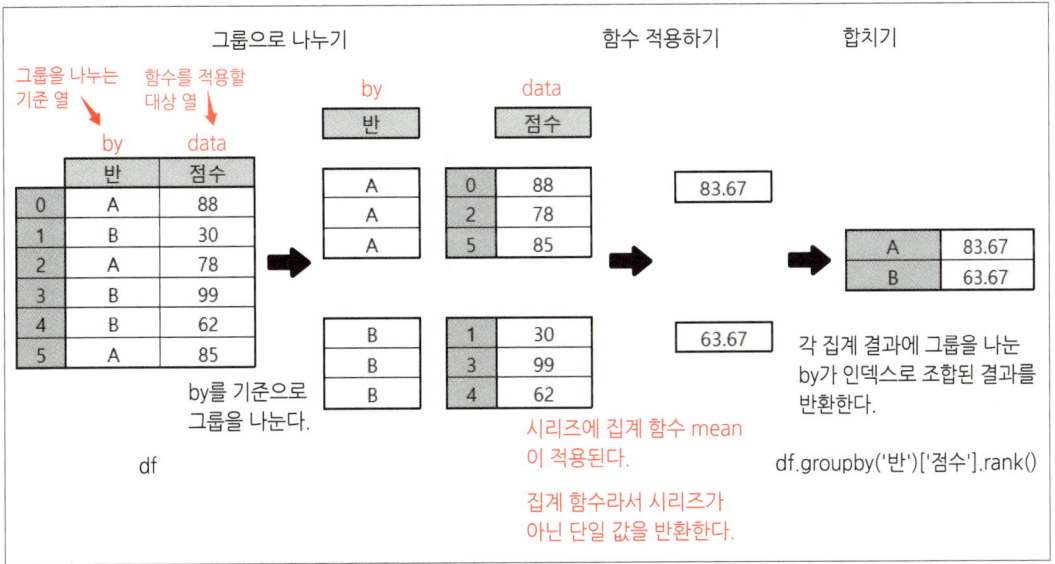

[그림 12-21] groupby 함수로 집계 함수 mean 적용 과정 도식화

[그림 12-21]은 groupby 함수를 통해 mean 함수를 적용하는 과정을 이해하기 쉽게 도식화한 것이다. [그림 12-3]과 비교해 보는 것도 도움이 될 것이다. 집계 함수를 적용할 때도 그룹으로 나누고, 함수를 적용하며, 합치는 과정은 세 단계로 수행된다.

그룹 나누기 과정은 기존의 groupby 과정과 동일하다. by에 입력된 반 열을 기준으로 그룹을 나눈다. 함수 적용 과정은 차이가 있다. 적용할 함수가 집계 함수 mean이므로 시리즈가 차원이 축소되어 시리즈가 아닌 단일 값을 반환한다. 마지막으로 합치는 과정에서 각 그룹을 나누었던 by가 인덱스가 되어 집계 결과를 반환한다.

12.2.2 groupby 함수로 집계하기와 피벗 테이블의 차이

groupby 함수를 사용하면 그룹 집계를 수행할 수 있다. 11장에서 학습한 pivot_table 함수 역시 그룹 집계를 수행한다. 그렇다면 groupby 함수의 그룹 집계와 피벗 테이블은 어떤 차이가 있을까?

결론부터 말하면 두 방식은 기본적으로 결과의 구조만 다를 뿐 비슷한 기능을 수행한다. 실습에 쓰일 변수 df1을 생성해 두 함수의 실행 결과를 비교해 보면 이것이 확인된다.

[코드 12-62] groupby와 pivot_table 비교 실습 예제 코드

```
import pandas as pd
pd.options.display.float_format = '{:.2f}'.format # 소수점 둘째 자리 출력
data1 = [['김판다', 'A', '남', 95, 90], ['최진환', 'B', '남', 93, 90],
         ['조민영', 'B', '여', 88, 80], ['박연준', 'A', '남', 85, 70],
```

```
            ['강승주', 'B', '여', 78, 90], ['안지선', 'A', '여', 72, 70]]
df1 = pd.DataFrame(data1, columns=['이름', '반', '성별', '국어', '영어'])
df1
```

먼저 groupby 함수로 반과 성별로 그룹을 나누어 국어 열의 평균을 구하자. 복수의 열을 기준으로 그룹을 나눌 때는 리스트로 묶어 by에 입력한다.

[코드 12-63] groupby 함수로 반과 성별로 그룹을 나누어 국어 평균을 집계

```
df1.groupby(['반', '성별'])['국어'].mean()
```

반과 성별로 나누어 평균을 집계한 시리즈가 생성된다.

다음으로 pivot_table 함수로 반과 성별로 나누어 국어 평균을 집계한 피벗 테이블을 생성하자.

[코드 12-64] pivot_table 함수로 반(index)과 성별(columns)로 국어 평균을 집계

```
df1.pivot_table('국어', index='반', columns='성별', aggfunc='mean')
```

반과 성별로 나누어 평균을 집계한 교차표가 생성된다.

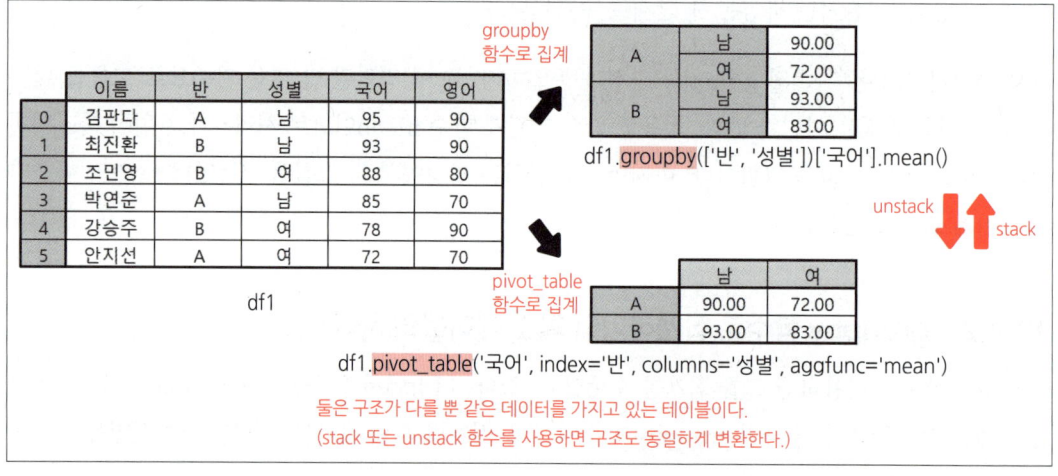

[그림 12-22] groupby 함수와 pivot_table 함수의 집계 차이

groupby 함수와 pivot_table 함수로 집계한 결과는 데이터 구조만 다를 뿐 동일한 집계 결과를 얻는다. 인덱스와 컬럼즈의 상호 이동으로 데이터의 구조를 변경하는 stack, unstack 함수를 이용하면 두 결과의 구조도 동일하게 할 수 있다. 아래 코드를 참고하라.

[코드 12-65] groupby 결과에 unstack 함수를 적용하면 pivot_table 결과와 같다.

```
df1.groupby(['반', '성별'])['국어'].mean().unstack()
```

pivot_table 함수를 생성할 때 반과 성별을 index에 리스트로 묶어 입력하면, groupby 함수의 적용 결과와 구조도 완전히 같다.

[코드 12-66] pivot_table에서 index만 지정하면 groupby 결과와 같다.

```
df1.pivot_table('국어', index=['반', '성별'], aggfunc='mean')
```

pivot_table 함수와 groupby 함수는 코드도 구조가 동일하다.

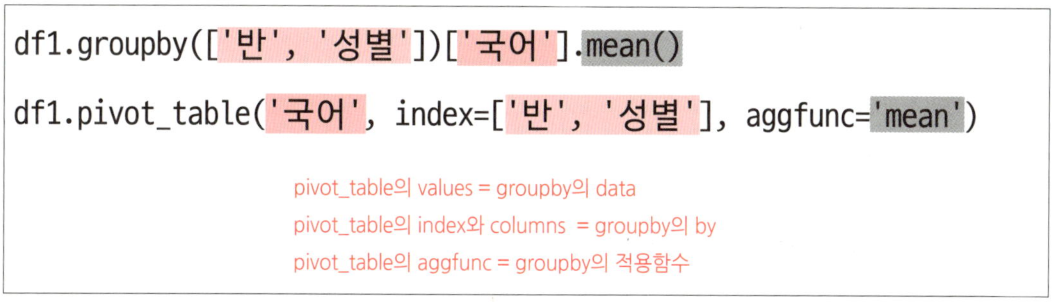

```
df1.groupby(['반', '성별'])['국어'].mean()
df1.pivot_table('국어', index=['반', '성별'], aggfunc='mean')
```

pivot_table의 values = groupby의 data
pivot_table의 index와 columns = groupby의 by
pivot_table의 aggfunc = groupby의 적용함수

[그림 12-23] groupby 함수와 pivot_table 함수의 코드 구조

두 함수는 동일한 집계 결과를 반환할 수 있지만 간단한 교차표를 만들 때는 pivot_table 함수가 더 편리하다. 반면 복잡한 구조의 피벗 테이블은 오히려 groupby 함수가 뛰어나다. 예를 들어 복수의 열을 집계할 때 groupby 함수가 더 편리하다. groupby 함수로 복수의 열을 한 번에 집계할 때는 복수의 열을 리스트로 묶어 대괄호에 입력한다. 이때 대괄호 인덱싱에 리스트가 입력되기에 이중 대괄호가 된다. pivot_table 함수로도 복수의 열을 집계하는 것이 가능하지만 groupby 쪽이 더 편리하다.

[코드 12-67] groupby 함수로 복수의 열을 집계하기

```
df1.groupby(['반', '성별'])[['국어', '영어']].mean()
```

복수의 열에 groupby 함수를 적용해 집계하면 결과는 시리즈가 아닌 데이터 프레임을 반환한다.

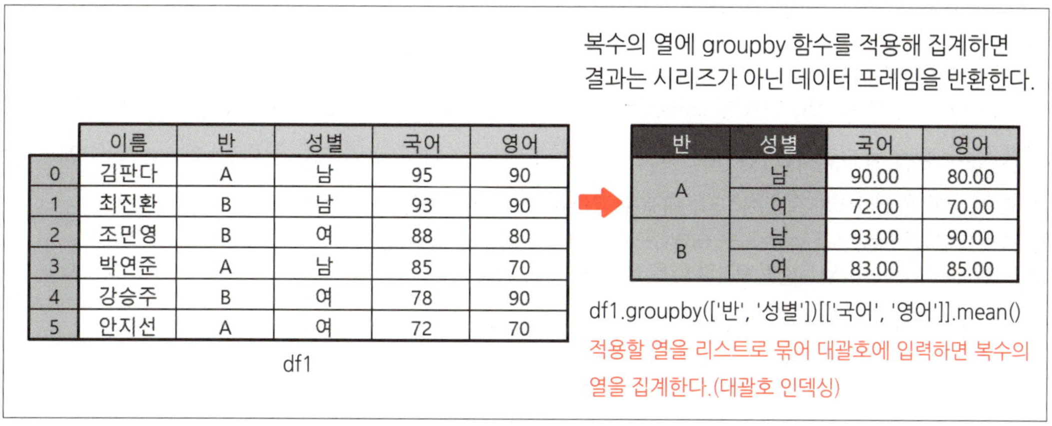

	이름	반	성별	국어	영어
0	김판다	A	남	95	90
1	최진환	B	남	93	90
2	조민영	B	여	88	80
3	박연준	A	남	85	70
4	강승주	B	여	78	90
5	안지선	A	여	72	70

df1

반	성별	국어	영어
A	남	90.00	80.00
A	여	72.00	70.00
B	남	93.00	90.00
B	여	83.00	85.00

df1.groupby(['반', '성별'])[['국어', '영어']].mean()
적용할 열을 리스트로 묶어 대괄호에 입력하면 복수의 열을 집계한다.(대괄호 인덱싱)

[그림 12-24] groupby 함수로 복수의 열 집계하기

또한 groupby 함수는 agg 함수와 조합해 맞춤형 피벗 테이블 생성이 용이하다. agg 함수는 맞춤형 집계에 큰 강점을 가지기에 groupby 함수의 장점이다.[23]

12.2.3 groupby 함수와 agg 함수로 집계하기

agg 함수는 aggregate의 약자로 집계 함수를 적용하는 것에 특화된 함수이다. 여러 가지 간편한 부가 기능을 제공한다. 여러 집계 함수를 동시에 적용할 수 있고 열마다 다른 집계 함수를 사용할 수 있다.

---

agg 함수의 장점

1. 여러 집계 함수를 동시에 적용할 수 있다.
   → 복수의 집계 함수를 리스트로 묶어 인수로 입력

2. 열마다 다른 집계 함수를 사용할 수 있다.
   → 적용할 열과 집계 함수를 딕셔너리의 키와 밸류로 묶어 인수로 입력

3. 열마다 다른 집계 함수를 사용하고, 집계된 열 이름을 지정할 수 있다.
   → 열 이름을 매개변수로 입력하고, 집계 함수를 적용할 열과 함수를 튜플로 묶어 인수로 입력

[그림 12-25] agg 함수의 장점

[코드 12-62]의 df1을 사용하여 실습한다. df1에서 반과 성별을 기준으로 그룹을 나누어 국어의 최고 점수와 최저 점수를 동시에 구하자. 반과 성별을 리스트로 묶어 by에 입력하고, 국어 열을 대괄호로 인덱싱한 후 agg 함수를 적용한다. agg 함수의 인수로 최댓값을 구하는 'max'와 최솟값을 구하는 'min'을 리스트로 묶어 입력한다.

[코드 12-68] groupby와 agg로 여러 집계 함수 동시에 적용하기

```
df1.groupby(['반', '성별'])['국어'].agg(['max', 'min'])
```

열마다 다른 집계 함수도 적용해 보자. 영어 열은 평균을 집계하고, 국어 열은 인원수를 집계하자. 적용할 열과 집계 함수를 딕셔너리의 키와 밸류로 묶어 agg 함수의 인수로 입력한다. agg 함수에서 함수를 적용할 열을 개별 지정하므로 대괄호 인덱싱은 생략한다.

[코드 12-69] groupby와 agg로 열마다 다른 집계 함수 적용하기

```
df1.groupby(['반', '성별']).agg({'영어': 'mean', '국어': 'count'})
```

---

[23] 그 밖에 추후 학습할 13장의 resample, 15장의 rolling 함수 등 다른 함수들과 조합해 사용하기에 groupby 함수가 편리하다.

집계 결과의 열 이름은 집계 대상 열과 동일한데 집계 결과의 열 이름을 수정해야 할 때도 있다. agg 함수는 집계 결과의 열 이름도 지정할 수 있다. 영어 열의 평균을 영어평균 열로 생성하고, 국어 열의 평균을 구해 국어평균 열로 생성하며, 국어 열의 개수를 인원수 열로 생성하자. 결과 열 이름을 매개 변수로 입력하고, 적용할 열과 집계 함수를 튜플로 묶어 인수로 입력한다.

[코드 12-70] groupby와 agg로 열마다 다른 집계 함수 적용하고 열 이름도 지정

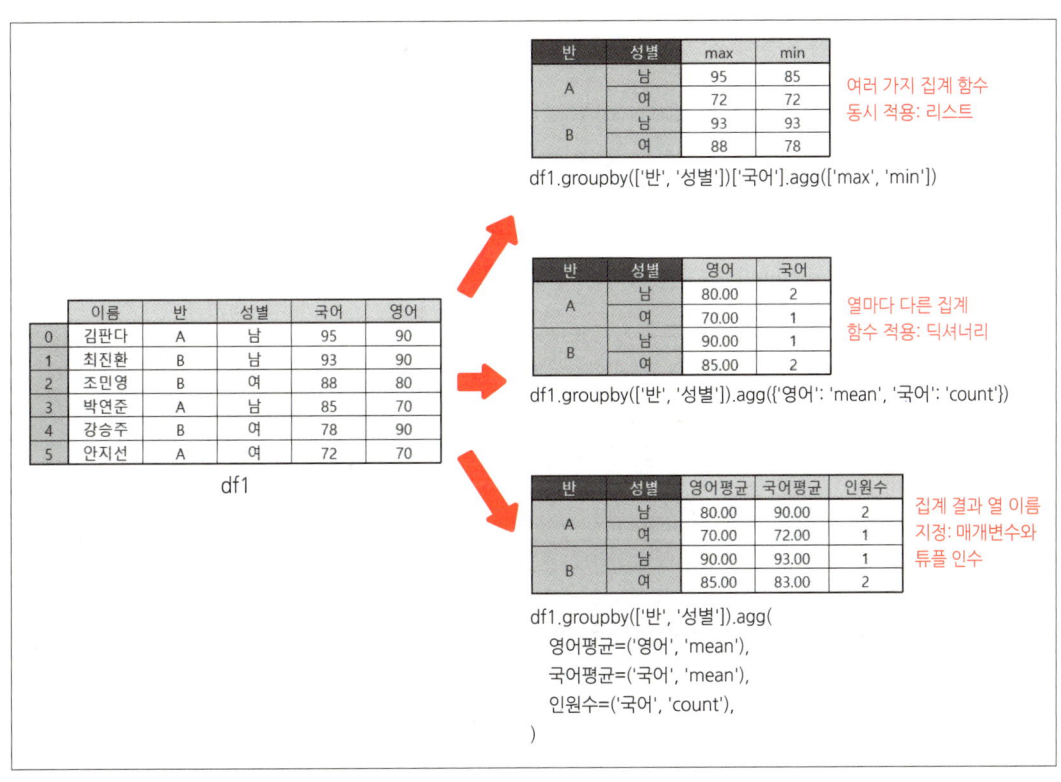

[그림 12-26] groupby 함수와 agg 함수로 집계하기

결과는 [그림 12-26]에서 확인하자. 이처럼 groupby 함수와 agg 함수를 함께 사용하면 다양한 맞춤형 집계를 수행한다. agg 함수는 집계의 핵심이므로 반드시 숙지해야 한다.

12.2.4 문자열의 결합(join)

파이썬에는 문자열을 결합하는 join 함수가 있다. 구분자를 지정하고 결합 대상인 배열을 입력하면 배열의 문자열을 구분자로 구분해 하나로 결합한다. 리스트뿐 아니라 시리즈에도 사용한다.

[코드 12-71] 배열의 문자열을 하나로 결합하는 파이썬의 join 함수

```
s = pd.Series(['A', 'BC', 'DEF'])
'/'.join(s)
```

A/BC/DEF

시리즈에 적용 가능한 함수이지만 단독으로 groupby 함수에 적용할 수 없다. groupby 함수와 조합하는 함수는 메서드 형태여야 하는데, join 함수는 판다스 함수가 아니므로 시리즈에 메서드로 적용할 수 없기 때문이다. 이처럼 메서드로 사용할 수 없는 집계 함수는 agg 함수와 조합해 사용한다.

df1에서 각 영어 점수에 해당하는 인원의 이름을 슬래시(/)로 묶어보자. 집계 결과는 학생 열로 지정하자. 영어 열로 그룹을 나누어 agg 함수를 적용한 후, agg 함수의 매개변수로 학생을 입력하고, 함수를 적용할 대상 열인 '이름'과 적용할 함수 '/'.join을 튜플 인수로 입력하자.

[코드 12-72] 그룹을 나누어 파이썬의 join 함수로 문자열 결합하기

```
df1.groupby('영어').agg(학생=('이름', '/'.join))
```

	이름	반	성별	국어	영어
0	김판다	A	남	95	90
1	최진환	B	남	93	90
2	조민영	B	여	88	80
3	박연준	A	남	85	70
4	강승주	B	여	78	90
5	안지선	A	여	72	70

df1

영어	학생
70	박연준/안지선
80	조민영
90	김판다/최진환/강승주

df1.groupby('영어').agg(학생=('이름', '/'.join))

해당 점수를 기록한 인원을 집계한다.

join 함수는 메서드 형태로 시리즈에 적용할 수 없기에 agg 함수가 필수이다.

[그림 12-27] join 함수로 집계하기

join 함수는 문자열을 집계하는 유용한 함수라 알아두는 것이 좋다.

12.2.5 agg 함수로 사용자 정의 함수 적용하기

사용자 정의 함수 역시 메서드 형태로 사용할 수 없기에 agg 함수에 입력해야 한다. 이때 적용할 사용자 정의 함수는 반드시 차원이 축소되는 집계 함수여야 한다. 생성한 사용자 정의 함수가 집계 함수가 아니라면 transform 함수를 활용한다.

국어 열의 최대와 최소의 격차를 lambda 함수로 집계하자. 최대와 최소의 격차는 차원이 축소되는 집계 함수이기에 agg 함수로 적용한다.

[코드 12-73] 국어 열의 최대와 최소 격차 구하기

```
df1.groupby('반').agg(
    최대_최소=('국어', lambda x: x.max() - x.min())
)
```

물론 최대와 최소를 각각 집계해 뺄셈을 해도 격차를 구할 수 있지만, lambda 함수를 사용해 한번에 집계한다면 agg 함수에 lambda 함수를 입력한다.

조건에 맞는 대상만 집계할 때도 lambda 함수가 유용하다. where 함수를 사용하면[24] 조건에 맞지 않는 대상을 NaN으로 변환한다. mean처럼 판다스의 집계 함수는 NaN을 제외하고 집계를 수행한다. 그래서 where 함수와 mean 함수를 조합하면 조건에 맞는 대상의 평균만을 구한다. df1에서 남학생들의 국어 점수 평균을 집계해 보자.

[코드 12-74] where 함수를 이용해 조건에 맞는 값만 평균을 구하기

```
cond = df1['성별'] == '남'
df1['국어'].where(cond).mean()
```

```
91.0
```

남학생의 국어 점수만 집계해 평균 91을 반환한다. 이 기법은 groupby와 활용할 수 있다.

국어 성적의 각 반 남학생 평균과 여학생 평균 그리고 전체 평균을 비교하자. where 함수로 lambda 함수를 생성해 agg 함수에 입력하자.[25] 여학생의 평균을 구할 때는 조건문에 비트 연산자 ~(not)을 적용한다.

[코드 12-75] 반으로 나누어 국어 점수의 남여 평균과 전체 평균 비교

```
cond = df1['성별'] == '남'
df1.groupby('반').agg(
    국어_남자_평균=('국어', lambda x: x.where(cond).mean()),
    국어_여자_평균=('국어', lambda x: x.where(~cond).mean()),
    국어_전체_평균=('국어', 'mean')
)
```

---

[24] 8.4.2. 판다스 함수로 불리언 마스킹(mask, where) 참고. mask 함수도 사용이 가능하다.
[25] where 함수로 lambda 함수를 생성해 agg에 사용하지 않는다면, 조건에 맞는 대상만 불리언 인덱싱하고 집계한 뒤 그 결과를 concat으로 결합해 하나의 데이터 프레임으로 생성할 수도 있다. 코드는 다소 복잡해지지만 이 방법이 agg와 lambda 함수의 조합보다 더 빠른 방법이기에 빅데이터를 다룰 때는 오히려 필터링 후 집계하고 concat으로 결합하는 것을 더 선호한다.

```
1. 국어 열의 최대, 최소 간의 격차 집계하기
```

반	최대_최소
A	23
B	15

```
df1.groupby('반').agg(
    최대_최소=('국어', lambda x: x.max() - x.min())
)
```

```
2. 조건에 맞는 대상만 집계하기
```

반	국어_남자_평균	국어_여자_평균	국어_전체_평균
A	90.00	72.00	84.00
B	93.00	83.00	86.33

사용자 정의 함수를 활용해 맞춤형 집계가 가능하다.

```
cond = df1['성별'] == '남'
df1.groupby('반').agg(
    국어_남자_평균=('국어', lambda x: x.where(cond).mean()),
    국어_여자_평균=('국어', lambda x: x.where(~cond).mean()),
    국어_전체_평균=('국어', 'mean')
)
```

[그림 12-28] agg 함수로 다양한 사용자 정의 함수 적용하기

사용자 정의 함수 lambda를 잘 활용하면 다양한 맞춤형 집계를 수행할 수 있다.

12.2.6 agg 함수와 transform 함수의 차이

지금까지 함수를 적용하는 함수인 agg 함수와 transform 함수를 새롭게 학습했다. 두 함수의 차이점은 다음과 같다.

- **agg 함수**: 집계할 때 사용하며, 집계 함수만 입력이 가능하고, 집계 결과를 반환한다.
- **transform 함수**: 열을 생성할 때 사용하며 열을 만들 수 있는 시리즈를 반환한다. 시리즈를 생성하는 다양한 함수를 입력할 수 있으며 집계 함수를 입력해도 시리즈를 반환한다.

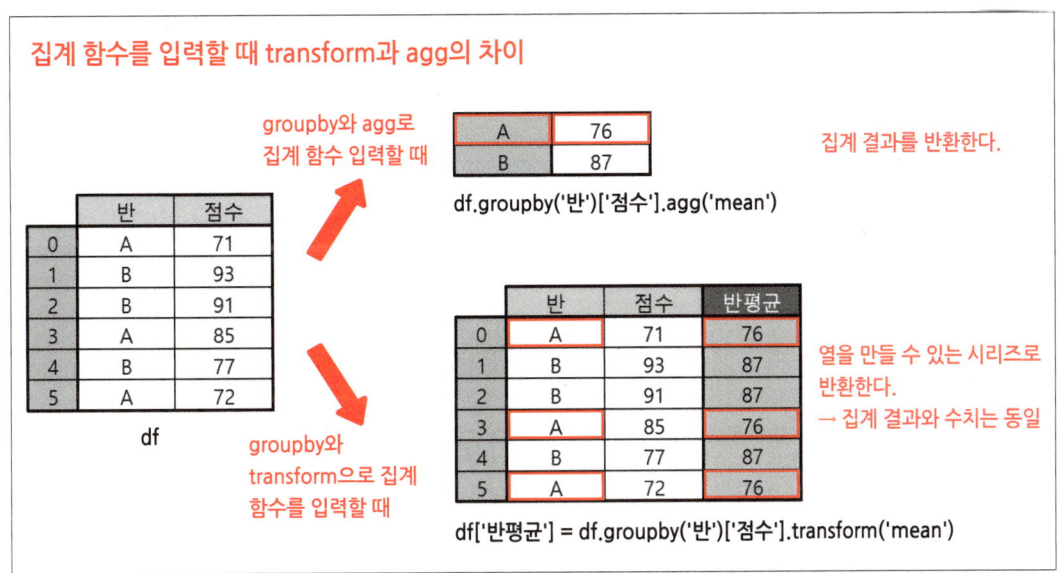

[그림 12-29] 집계 함수를 입력할 때 transform과 agg의 차이

엑셀 예제 19 타이타닉 침몰 사고의 승객 통계 데이터로 다양한 집계하기

이제 친숙한 타이타닉 침몰 사고의 승객 통계 데이터를 다양하게 집계해 보자. 객실 등급으로 그룹을 나누어 인원수, 전체 생존율, 각 성별의 생존율, 아이 생존율, 요금 평균, 최고령, 최연소 나이를 구하자. 데이터를 다각도로 요약한 피벗 테이블을 생성해 결과를 분석하자.[26]

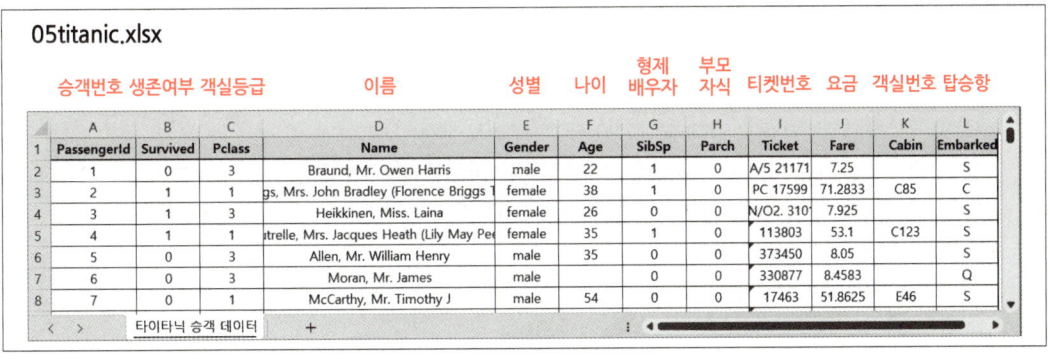

[그림 12-30] 타이타닉 침몰 사고의 승객 통계 데이터

---

26 아이 생존율을 구할 때는 15세 이하를 아이로 분류하자. 데이터에 대한 추가적인 설명이 필요하다면 4장의 엑셀 예제 1을 참고하자.

객실 등급으로 그룹을 나누어 인원수, 전체 생존율, 각 성별의 생존율, 아이 생존율, 요금 평균, 최고령, 최연소 나이를 구하자.

먼저 엑셀 시트를 데이터 프레임으로 불러와 변수 df_titanic으로 지정하자.

[코드 12-76] 타이타닉 엑셀 파일에서 데이터 프레임 불러오기

```
import pandas as pd
pd.options.display.max_rows = 6 # 6행까지만 출력 코드
pd.options.display.float_format = '{:.2f}'.format # 소수점 둘째 자리 출력
url4 = 'https://github.com/panda-kim/book1/blob/main/05titanic.xlsx?raw=true'
df_titanic = pd.read_excel(url4)
df_titanic
```

객실 등급으로 그룹을 나누어 인원수, 전체_생존율, 남성_생존율, 여성_생존율, 아이_생존율, 요금_평균, 최고령_나이, 최연소_나이 열을 생성하자. groupby 함수와 agg 함수를 조합하여 다각도로 집계한다. 생존율은 Survived 열의 평균으로 구하고, 남성의 생존율과 같이 조건에 해당하는 평균만 구할 때는 lambda 함수를 활용한다.

[코드 12-77] 타이타닉 침몰 사고의 승객 통계 데이터로 다양한 집계하기

```
cond1 = df_titanic['Gender'] == 'male' # 남성 구분 조건문
cond2 = df_titanic['Age'] <= 15 # 아이 구분 조건문

df_titanic.groupby('Pclass').agg(
    인원수=('Survived', 'count'),
    전체_생존율=('Survived', 'mean'),
    남성_생존율=('Survived', lambda x: x.where(cond1).mean()),
    여성_생존율=('Survived', lambda x: x.where(~cond1).mean()),
    아이_생존율=('Survived', lambda x: x.where(cond2).mean()),
    요금_평균=('Fare', 'mean'),
    최고령_나이=('Age', 'max'),
    최연소_나이=('Age', 'min')
)
```

Pclass	인원수	전체_생존율	남성_생존율	여성_생존율	아이_생존율	요금_평균	최고령_나이	최연소_나이
1	216	0.63	0.37	0.97	0.83	84.15	80.00	0.92
2	184	0.47	0.16	0.92	1.00	20.66	70.00	0.67
3	491	0.24	0.14	0.50	0.43	13.68	74.00	0.42

타이타닉 침몰 사고의 승객 통계 데이터로 다양한 각도의 피벗 테이블이 생성되었다. 생성한 피벗 테이블을 기반으로 아래처럼 보고서를 작성한다.

📎 **타이타닉 침몰 사고의 생존율 분석**

1. 성별과 생존율

같은 객실 등급일 때 여성의 생존율이 압도적으로 높습니다.

특히 1, 2등급 여성의 생존율은 90%를 상회할 정도로 매우 높습니다.

3등급 여성의 생존율은 50%로 1등급 여성에 비해 낮지만, 남성 중에 가장 생존율이 높은 1등급 남성보다(37%) 높습니다.

2. 계층과 생존율

1등급 승객의 생존율이 가장 높으며(63%), 2등급(47%), 3등급(24%) 순입니다.

3. 15세 이하의 아이의 생존율

같은 객실 등급일 때 전체 생존율에 비해 아이의 생존율이 높습니다.

특히 1, 2등급 아이의 생존율은 80%를 상회합니다.

4. 요금과 생존율

객실 등급의 영향으로 요금이 높을수록 생존율이 높아지는 경향을 보입니다.

5. 기타

나이가 알려진 승객 중 최고령 승객은 80세, 최연소 승객은 0.42세 아기입니다.

3등급 승객이 가장 많았지만, 생존율은 가장 낮았습니다.

결론

타이타닉호 사고에서 여성, 1등급 승객, 아이가 유리했습니다.

성별, 계층, 연령, 요금이 생존율에 영향을 미쳤습니다.

12.3 groupby 심화

각 단원에 대한 심화적인 내용은 14~15장에서 일괄적으로 다룰 것이다. 그러나 groupby 함수는 심화된 내용을 정확하게 숙지하면 13장의 시계열 데이터 학습에도 도움이 되므로 간략하게 짚고 넘어가자.

12.3.1 groupby 함수의 여러 가지 매개변수

groupby 함수를 처음 소개했을 때 여러 매개변수가 있지만 따로 다루지 않았다. groupby 함수의 매개변수들은 먼저 groupby 함수에 대한 학습이 선행되어야 학습하기 쉽다. 실습할 변수 df와 df1을 생성하자.

[코드 12-78] groupby 함수 심화 실습 예제 코드

```
import pandas as pd
pd.options.display.max_rows = 8 # 8행까지만 출력 코드
pd.options.display.float_format = '{:.1f}'.format # 소수점 첫째 자리 출력
data1 = [[1, 'A', '반장', '물리001', 94],
         [1, 'A', '부반장', '화학001', 90],
         [2, 'A', '부반장', '화학002', 85],
         [2, 'A', '반원', '물리002', 95],
         [1, 'B', '부반장', '물리003', 86],
         [1, 'B', '반장', '화학003', 75],
         [1, 'B', '반원', '화학004', 80]]
df = pd.DataFrame(data1, columns=['학년', '반', '직책', '학생코드', '점수'])
df1 = df.set_index(['학년', '반']).copy()
```

df는 학생마다 학년, 반, 반에서의 직책, 점수가 나타나고, 학생코드 열에는 선택 과목이 표현된 코드가 입력된다. df1은 df와 유사한 데이터이지만, 학년과 반의 데이터가 인덱스에 위치한다.

as_index는 집계 후 그룹을 인덱스에 위치시킬지, 일반 열로 만들지를 결정하는 매개변수이다. 기본값은 True라 이제까지의 집계 결과는 각 그룹이 인덱스에 위치했다. False를 입력하면 일반 열로 생성된다. 학년과 반으로 그룹을 나누어 평균 점수를 구하자.

[코드 12-79] groupby 함수의 매개변수 as_index 활용하기

```
df.groupby(['학년', '반'], as_index=False)['점수'].mean()
```

각 그룹이 인덱스가 아닌 일반 열이 되므로 집계 결과도 시리즈가 아니라 데이터 프레임으로 반환된다. as_index=False를 사용하지 않고 집계 결과에 추가로 reset_index 함수를 적용해도 동일한 결과를 얻는다.

df의 데이터는 2학년 A반이 1학년 B반보다 먼저 등장하지만, [코드 12-79]의 결과를 [그림 12-31]에서 확인하면 1학년 B반이 2학년 A반보다 우선한다. 그룹의 정렬을 수행한 후 집계하기 때문이다. sort=False를 입력하면 정렬을 수행하지 않는다.

[코드 12-80] groupby 함수의 매개변수 sort 활용하기

```
df.groupby(['학년', '반'], sort=False)['점수'].mean()
```

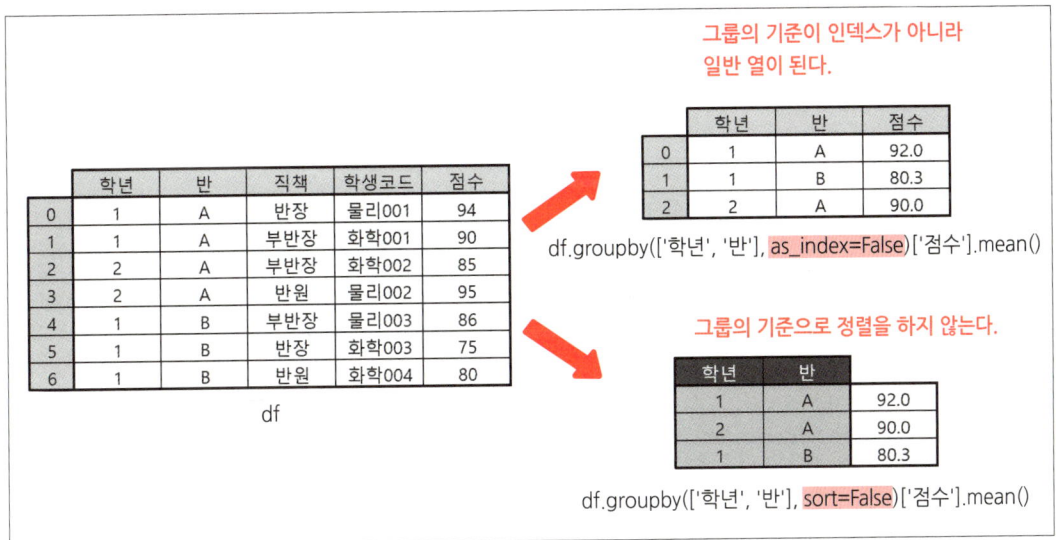

[그림 12-31] groupby 함수의 매개변수 as_index와 sort

df1처럼 그룹의 기준이 인덱스에 위치한다면, by 대신 level로 그룹을 나누는 기준을 지정한다.

[코드 12-81] 인덱스를 기준으로 그룹화하기

```
df1.groupby(level=[0, 1])['점수'].mean()
```

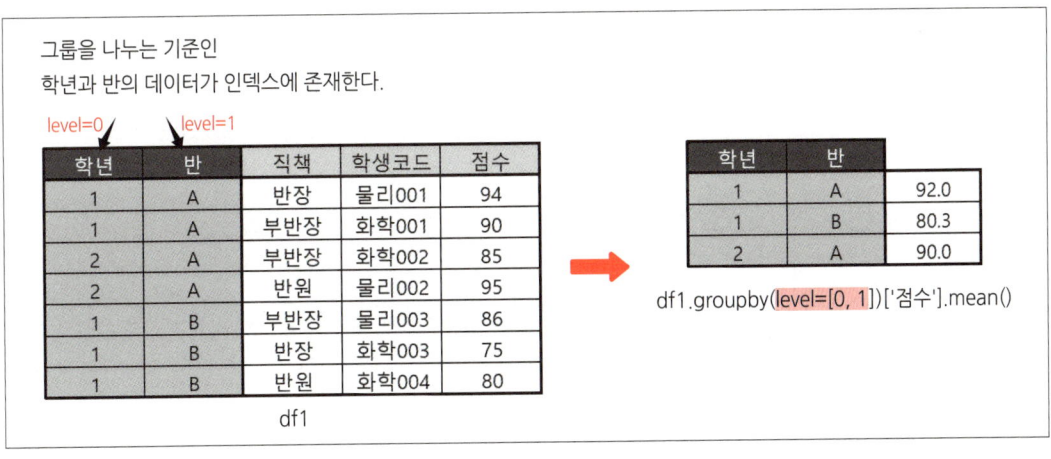

[그림 12-32] groupby 함수의 매개변수 level

12.3.2 그룹바이 객체

데이터 프레임에 groupby 함수를 적용한 결과가 그룹바이 객체이다. 그룹바이 객체만 따로 출력해보자.

[코드 12-82] 그룹바이 객체 확인하기

```
df.groupby(['학년', '반'])
```

```
<pandas.core.groupby.generic.DataFrameGroupBy object at 0x7acd5c19b460>
```

그룹바이 객체는 객체의 클래스와 메모리 주소를 나타내는 형식으로 출력된다.

list 함수를 그룹바이 객체에 적용해 육안으로 확인해 보자.

[코드 12-83] list 함수를 적용해 그룹바이 객체를 육안으로 확인하기

```
list(df.groupby(['학년', '반']))
```

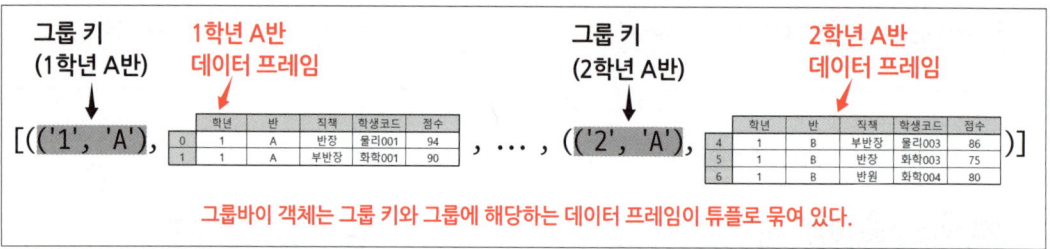

[그림 12-33] list 함수로 확인한 그룹바이 객체

그룹바이 객체는 그룹의 키와 해당 그룹에 속하는 데이터 프레임이 튜플로 묶인 구조이다. 그래서 다음과 같은 코드로 그룹으로 분할된 데이터 프레임을 리스트에 담을 수 있다.

[코드 12-84] 데이터 프레임을 그룹으로 분할해 리스트에 담기

```
dfs = [i for key, i in df.groupby(['학년', '반'])]
dfs
```

또한 그룹바이 객체도 변수로 지정할 수 있다. 동일한 그룹바이 객체를 반복해서 사용한다면 변수로 지정하는 것이 훨씬 편리하다. 학년과 반으로 나누어 점수의 평균을 구한 뒤 그룹 내 표준편차를 더하자. 반복해서 그룹바이 객체를 사용할 것이니 변수 g로 지정하자.

[코드 12-85] 그룹바이 객체를 변수로 지정하기

```
g = df.groupby(['학년', '반'])
g['점수'].mean() + g['점수'].std()
```

12.3.3 groupby 함수와 head, tail, sample

데이터의 순서에 따라 일부만 가져오게 하는 head 함수와 tail 함수[27]도 groupby 함수와 조합한다. 각 그룹에서 가장 위의 데이터만 추출하자.

[코드 12-86] 각 그룹에서 가장 위의 데이터만 추출

```
g.head(1)
```

무작위로 추출하는 sample 함수[28]도 groupby 함수와 조합된다. 그룹마다 1행씩 추출하자. 이때 random_state로 시드를 부여해 고정된 무작위 추출을 수행하자.

[코드 12-87] 각 그룹에서 무작위로 데이터 추출(난수 고정)

```
g.sample(1, random_state=0)
```

1. head 함수나 tail 함수로 그룹별 데이터 일부 추출하기

	학년	반	직책	학생코드	점수
0	1	A	반장	물리001	94
2	2	A	부반장	화학002	85
4	1	B	부반장	물리003	86

그룹바이 객체를 변수로 지정
g = df.groupby(['학년', '반'])
g.head(1)
← 그룹마다 첫 행 추출

2. sample 함수로 그룹별 데이터 무작위 추출하기

	학년	반	직책	학생코드	점수
1	1	A	부반장	화학001	90
6	1	B	반원	화학004	80
2	2	A	부반장	화학002	85

시드부여(고정된 무작위 추출)
g.sample(1, random_state=0)
← 그룹마다 무작위로 1행 추출

[그림 12-34] groupby 함수와 head, sample 함수로 데이터 추출하기

12.3.4 그루퍼

groupby 함수는 열뿐만 아니라 인덱스를 기준으로도 그룹을 나눈다. 그리고 입력한 배열을 기준으로도 그룹을 나눈다. 그룹의 기준을 데이터 프레임 내부에서 지정하는 것이 아니라 외부의 배열로 지정할 때, 그룹의 기준이 되는 배열을 그루퍼라고 한다.

---

27   3.5.2. 데이터 프레임의 일부만 가져오기(head, tail) 참고
28   6.3.6. 무작위로 데이터 추출하기(sample) 참고

df의 학생코드 열은 각 학생의 선택 과목을 나타낸다. 선택 과목을 기준으로 집계를 수행하자. 학생코드 열에서 선택 과목의 데이터를 추출해 별도의 열을 생성하면 groupby 함수가 적용된다.

이때 별도의 열을 생성하지 않고 가장 위 행부터 차례로 그룹을 지정해 리스트로 입력해도 그룹을 나눌 수 있다. df의 선택 과목 순서는 '물리', '화학', '화학', '물리', '물리', '화학', '화학'이다. 지정된 그룹을 리스트로 만들고 변수 grp1으로 지정하자. 변수 grp1을 groupby에 입력해도 그룹 집계를 수행한다.

[코드 12-88] 리스트로 그루퍼를 입력해 그룹을 나누어 집계하기

```
grp1 = ['물리', '화학', '화학', '물리', '물리', '화학', '화학']
df.groupby(grp1)['점수'].mean()
```

```
물리    91.7
화학    82.5
Name: 점수, dtype: float64
```

변수 grp1이 그룹을 나누는 기준이 되는 배열이고 이를 그루퍼라고 지칭한다. 다만 리스트로 직접 생성하는 방식은 지나치게 번거롭다. 7행 정도라면 가능하지만 빅데이터에서는 불가능하다. 주로 원본 데이터를 처리한 결과를 그루퍼로 활용한다.

df의 학생코드 열에서 각 셀의 앞 두 글자만 인덱싱하면 과목의 데이터가 된다. 판다스의 문자열 다루는 기법으로 학생코드 열의 앞 두 글자만 인덱싱한 시리즈를 그루퍼로 사용하자.

[코드 12-89] 학생코드 열의 인덱싱 결과로 그루퍼를 생성해 집계하기

```
grp2 = df['학생코드'].str[:2]
df.groupby(grp2)['점수'].mean()
```

결과는 [코드 12-88]과 동일하다. 그루퍼를 활용하면 별도의 열을 생성하지 않고 기존 데이터를 가공하는 것만으로 그룹 집계가 가능하다. 그루퍼는 원본 데이터를 변환하지 않는 장점이 있으며, 특히 열이 없는 시리즈에 groupby 함수를 적용할 때는 대부분 그루퍼를 사용한다.

12.3.5 transform 함수를 활용한 다양한 그룹 필터링(all, any)

이미 학습한 것처럼 groupby 함수와 transform 함수를 활용하여 그룹 필터링을 수행한다. 이번에는 특정 데이터의 존재 여부로 그룹을 필터링하자.

df를 복제한 df2에서 반장이 존재하는 반의 데이터만 추출하자. 반장 여부를 True, False로 반환하는 반장 열을 생성하자. 그리고 학년과 반으로 그룹을 나누어 반장 열에 transform 함수를 적용한다.

transform 함수에 집계 함수 any[29]를 입력한다. 그러면 True가 하나라도 존재하는 그룹에만 True 인 시리즈를 생성하기에 반장이 존재하는 반을 필터링한다.

[코드 12-90] 반장이 존재하는 반만 필터링

```
df2 = df.copy()
df2['반장'] = df2['직책'].eq('반장')
cond1 = df2.groupby(['학년', '반'])['반장'].transform('any')
df2[cond1]
```

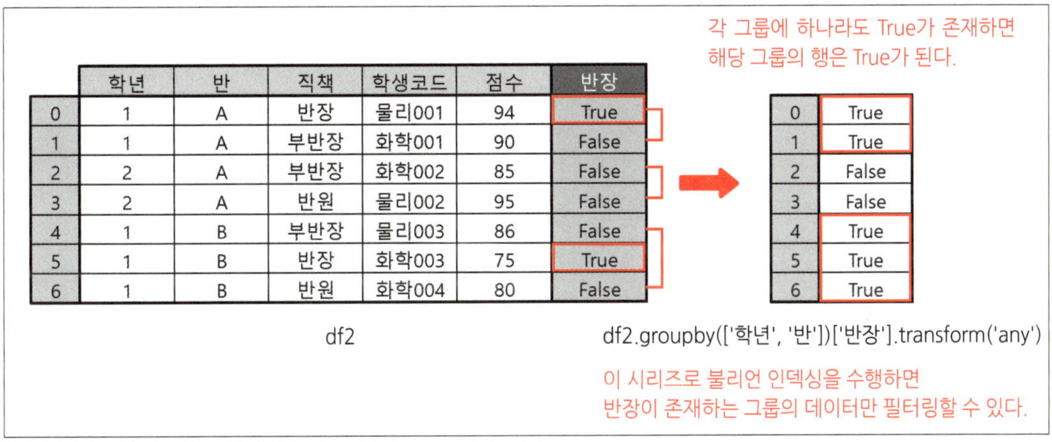

[그림 12-35] transform 함수에 any 함수 적용하기

any 함수와 all 함수를 transform 함수와 조합해 특정 데이터를 보유한 그룹 전체를 필터링하는 것 은 유용한 기법이다.

그루퍼를 사용하면 별도의 열을 생성하지 않고도 깔끔하게 같은 작업을 수행한다. 이번에는 df를 사 용하여 실습하자. 반장 여부를 True나 False로 반환하는 시리즈를 만들고, 그루퍼를 사용해 그룹을 나누자. 이때 시리즈 df['학년']과 시리즈 df['반']이 그루퍼가 된다. 복수의 그루퍼를 사용하므로 리 스트로 묶어 입력한다.

[코드 12-91] 그루퍼를 생성해 [코드 12-90] 수행

```
cond2 = df['직책'].eq('반장').groupby([df['학년'], df['반']]).transform('any')
df[cond2]
```

그루퍼는 코드를 깔끔하게 전개하고 원본 데이터를 변환하지 않는 것이 장점이다. 다만 입문자가 코

---

[29] **5.4.4. 그 외 다양한 통계 함수** 참고. any는 불리언에 적용하는 집계 함수로 하나라도 True일 때 True를 반환하고 나머지는 False를 반환하 는 함수이다.

드를 읽기 힘들다는 단점이 있다. 그루퍼는 [그림 12-4]의 groupby 함수 적용 구조를 따르지 않으므로 groupby 함수에 대한 이해도를 높인 후 사용하는 것이 좋다.

엑셀 예제 20   아우디 중고차 가격 집계하기

엑셀 파일 21audi.xlsx는 아우디 중고차 가격 데이터이다.[30] 아우디 시리즈와 연식에 따라 중고차 가격을 분석하자.

[그림 12-36] 실습 엑셀 파일 21audi.xlsx 소개

> 모델의 시리즈와 연식으로 아우디 중고차 매매 가격을 집계하자.

먼저 엑셀 시트를 데이터 프레임으로 불러와 변수 df_audi로 지정하자.

[코드 12-92] 아우디 중고 가격 엑셀 파일에서 데이터 프레임 불러오기

```
import pandas as pd
pd.options.display.max_rows = 6 # 6행까지만 출력 코드
pd.options.display.float_format = '{:.2f}'.format # 소수점 둘째 자리 출력
url5 = 'https://github.com/panda-kim/book1/blob/main/21audi.xlsx?raw=true'
df_audi = pd.read_excel(url5)
df_audi
```

---

[30] Mysar Ahmad Bhat, "Audi Used Car Listings", Kaggle, 2023년 5월 3일 접속, https://www.kaggle.com/datasets/mysarahmadbhat/audi-used-car-listings

	model	year	price	mileage	mpg	engine_size
0	A1	2017	12500	15735	55.40	1.40
1	A6	2016	16500	36203	64.20	2.00
2	A1	2016	11000	29946	55.40	1.40
...	...	...	...	...	...	...
10170	A3	2020	17199	609	49.60	1.00
10171	Q3	2017	19499	8646	47.90	1.40
10172	Q3	2016	15999	11855	47.90	1.40

10173 rows × 6 columns

먼저 seaborn 라이브러리로 시각화에 쓰일 색상을 생성하자.[31] magma 팔레트에서 20개의 색상을 추출한다.

[코드 12-93] seaborn 라이브러리로 시각화에 쓰일 색상 생성

```
import seaborn as sns

# magma 팔레트에서 색상 20개 추출하기
c = sns.color_palette('magma', 20)
c
```

아우디의 중고 가격의 맞춤형 분석 전에 우선 일반적인 분석을 수행하자. 모델과 연식에 따라 중고 가격의 평균을 시각화하자. [코드 12-93]에서 생성한 색상을 활용한다.

[코드 12-94] 모델에 따른 중고차 평균 가격 시각화[32]

```
df_audi.groupby('model')['price'].mean().plot(
    kind='barh', color=c, width=.8
)
```

[코드 12-95] 연식에 따른 중고차 평균 가격 시각화[33]

```
(df_audi.astype({'year':'str'})
.groupby('year')['price'].mean()
.plot(marker='o', color=c[5])
```

---

31 seaborn 라이브러리의 설치가 필요하다면 !pip install seaborn을 실행하라. 구글 코랩은 별도의 설치가 필요 없다.
32 [코드 12-93]의 색상을 사용했으며, kind='barh'로 수평 막대그래프를 생성했다.
33 연도의 데이터가 정수이기에 문자열로 변환해 집계를 수행했다. 다음 장에서 시계열을 학습하고 나면 DatetimeIndex로 처리한다.
    그 밖에 marker='o'는 선 그래프에 마커를 삽입하는 코드이며, color=c[5]는 [코드 12-93]의 색상 중 여섯 번째 색상으로 그래프 색을 지정한 코드이다. plot 함수에 사용된 매개변수는 **15.3.2. plot 함수의 매개변수**를 참고하자.

)

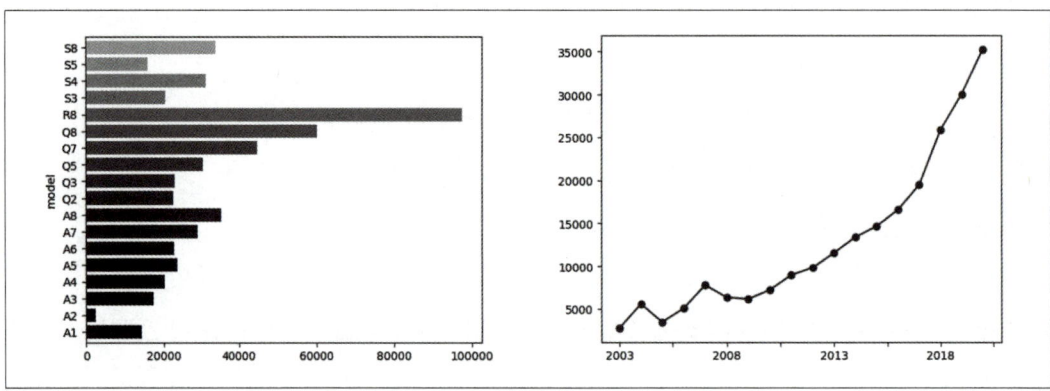

[그림 12-37] 모델과 연식에 따른 평균 중고차 가격 분석

맞춤형 집계를 하도록 모델 데이터로 아우디 시리즈를 분류해야 한다. 모델명이 알파벳 A로 시작할 때 A 시리즈, Q로 시작할 때 Q 시리즈로 분류한다. 그 외 R 시리즈, S 시리즈 등이 분포한다. model 열의 첫 글자를 인덱싱하고 '-Series'를 붙여 아우디 시리즈명을 생성하자. 결과는 그루퍼로 사용할 변수 grp1을 지정하자.

[코드 12-96] 아우디 모델을 분류한 그루퍼 생성

```
grp1 = df_audi['model'].str[0] + '-Series'
grp1
```

```
0        A-Series
1        A-Series
2        A-Series
          ...
10170    A-Series
10171    Q-Series
10172    Q-Series
Name: model, Length: 10173, dtype: object
```

다음으로 연식을 범주화하자. 전체 표본수를 균등하게 분할하여 old, middle, new 세 가지 범주로 구분하자. 균등 분할은 qcut 함수를 사용한다. 결과는 변수 grp2로 지정해 그루퍼로 사용한다.

[코드 12-97] 아우디 연식을 균등 분할한 그루퍼 생성

```
grp2 = pd.qcut(df_audi['year'], q=3, labels=['old', 'middle', 'new'])
grp2
```

```
0        middle
1        old
2        old
        ...
10170    new
10171    middle
10172    old
Name: year, Length: 10173, dtype: category
Categories (3, object): ['old' < 'middle' < 'new']
```

그루퍼 grp1과 grp2로 그룹을 나누어 가격 열의 평균을 구하자. 피벗 테이블과 같은 교차표로 집계할 unstack 함수도 적용하자.

[코드 12-98] 아우디 모델과 연식에 따라 중고차 가격 평균 집계하기

```
df_audi.groupby([grp1, grp2])['price'].mean().unstack()
```

year / model	old	middle	new
A-Series	13346.65	23154.13	30518.29
Q-Series	18890.82	29696.99	38727.65
R-Series	55956.20	117187.00	138965.00
S-Series	17222.14	33752.64	45388.00

R 시리즈 모델이 가장 높은 평균 가격을 보이며, A 시리즈 모델이 가장 낮은 평균 가격을 보인다. 연식은 모든 시리즈에서 오래될수록 가격이 낮다.

결과를 시각화하면 다음과 같다.[34]

[코드 12-99] 아우디 중고차 가격 집계 결과 시각화

```
(df_audi
 .groupby([grp1, grp2])['price'].mean().unstack()
 .plot(kind='bar', width=.9, rot=0, color=c[4::7])
)
```

---

[34] rot=0은 x축의 라벨들이 수평을 유지하는 코드이다. c[4::7]은 c의 다섯 번째 색상부터 일곱 칸씩 건너뛰어 색상을 선택한다. 해당 슬라이싱 기법은 15.4.11. 시리즈나 데이터 프레임을 역순으로 변환하기 참고

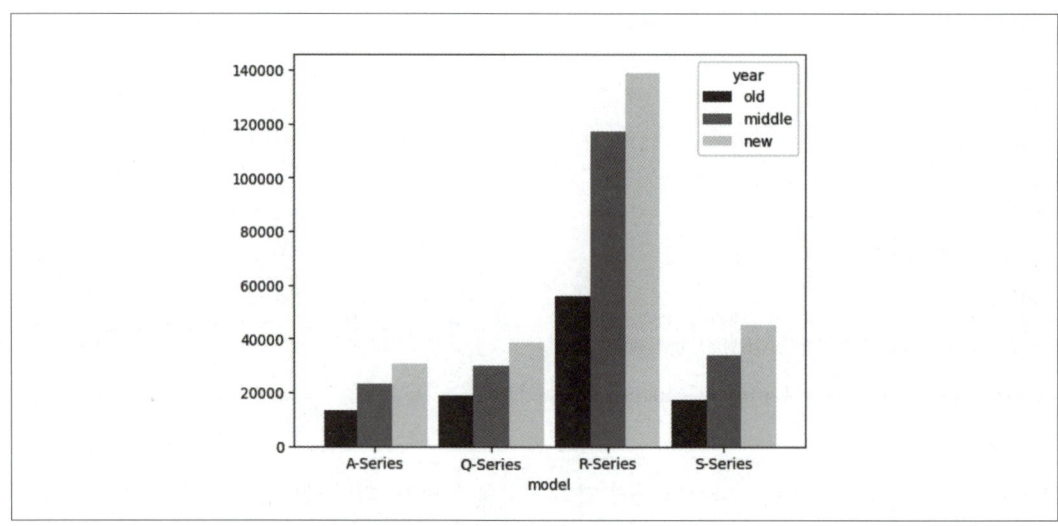

[그림 12-38] 모델과 연식에 따른 아우디 중고차 가격 분석

이 정도 수준을 이해하고 적용한다면 앞으로 groupby 함수를 손쉽게 다룰 것이다. 또한 groupby 함수의 원리를 제대로 파악했다면, 판다스의 중요한 개념들을 대부분 이해한 것이다. 판다스의 그룹화 기능은 데이터 연산과 시계열 분석 등과 더불어 판다스의 주요 기능 중 하나로 꼽힌다. 이 기능을 익히는 과정에서 어려움을 겪었을지도 모르지만 이를 잘 활용해 그 매력을 충분히 경험하기를 바란다.

CHAPTER

13

시계열 데이터

QR코드를 통해 Chapter 13에 포함된 코드와 풀 컬러 그림을 확인할 수 있습니다. 또한 판다스와 구글 코랩의 버전 업데이트에 따른, 변동이 필요한 코드, 변동된 코드 출력 정보도 확인할 수 있습니다.

13.1 시계열 데이터 소개

13.2 시계열 데이터로 변환 및 인덱싱

13.3 시계열 데이터 생성과 주기

13.4 시계열 데이터 그룹화하기

13.5 특정 시계열 데이터 추출

13.6 그 외 시계열 데이터를 다루는 함수들

13.1 시계열 데이터 소개

시계열 데이터는 시간의 흐름에 따라 수집된 데이터를 의미한다. 대부분의 데이터는 시간의 흐름에 따라 발생하기에 시계열 데이터를 다루는 기능을 익히는 것은 중요하다. 판다스는 금융 데이터를 다루고자 만들어진 라이브러리이기에 시계열 데이터 처리에 특화되어 있다. 이번 장에서는 시계열 데이터로의 변환, 생성 그리고 시계열에서 가장 중요한 함수인 시계열 데이터 기반의 그룹화 함수 resample 함수를 학습한다.

13.1.1 시계열 데이터의 종류

판다스에서 주로 다루는 시계열 데이터는 timestamp, period, timedelta 세 종류가 있다.

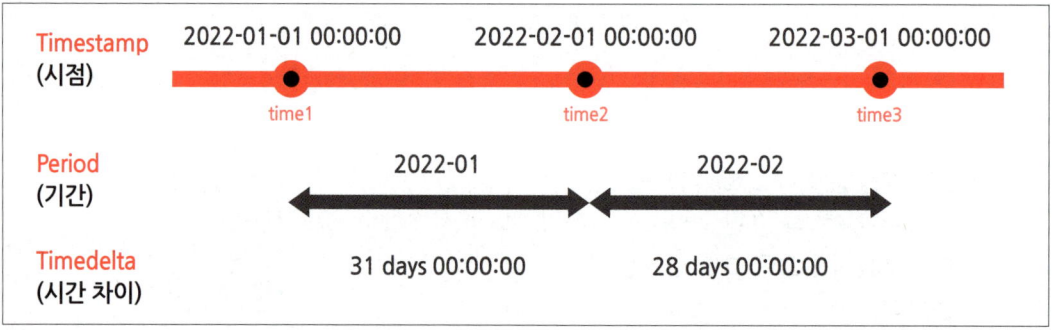

[그림 13-1] 판다스의 시계열 데이터

timestamp는 time1, time2, time3처럼 특정 시점을 가리키는 시계열 데이터이다. 기본적으로 날짜와 시간이 모두 표기되며 표기 가능한 최소 시간 단위는 ns이다. ns는 nano second 즉 10^{-9}초를 의미한다.

period는 time1과 time2 사이의 기간을 나타내는 시계열 데이터이다. 예를 들어 [그림 13-1]에서 time1과 time2 사이의 기간은 2022년 1월이므로 2022-01로 표현된다. 이는 해당 기간을 전부 포함한다는 의미이다.

timedelta는 time1과 time2 사이의 시간 차이를 나타내는 시계열 데이터이다. 두 시점의 정확한 시간 차이는 31days 00:00:00이다. 이러한 시간 차이를 timedelta라고 한다.

```
┌─────────────────────────────────────────────────────────────────────┐
│         기간 내 판매량을 기록한 데이터 프레임                         │
│                                                                      │
│            날짜      판매량              날짜        판매량          │
│      0   2022-01      20         0   2022-01-01      20             │
│      1   2022-02      30         1   2022-02-01      30             │
│      2   2022-03      50         2   2022-03-01      50             │
│                                                                      │
│      기간을 좌측처럼 period로 나타내야 정확하지만                    │
│      우측처럼 해당 월별 첫째 날의 timestamp를 대표로 기간을 나타낼 수 있다. │
│                                                                      │
│         시간 경과별 몸무게를 기록한 데이터 프레임                     │
│                                                                      │
│            일차     몸무게              일차       몸무게            │
│      0   1 days     65.50         0     1         65.50             │
│      1   2 days     65.48         1     2         65.48             │
│      2   3 days     65.46         2     3         65.46             │
│                                                                      │
│      시간 차이를 좌측처럼 timedelta로 나타내는 것이 정확하겠지만      │
│      우측처럼 수치형 데이터로 시간 차이를 나타낼 수 있다.             │
│                      → 결국 가장 중요한 것은 timestamp를 다루는 것이다. │
└─────────────────────────────────────────────────────────────────────┘
```

[그림 13-2] 판다스에서 timestamp가 가장 중요한 이유

세 가지 종류의 시계열 데이터는 모두 각자의 쓰임이 있으며 세 자료형에 모두 숙달되면 당연히 편리하다. 다만 period와 timedelta는 다른 자료형으로 대체해서 다룰 수 있다. 그렇기에 시계열에서 가장 중요한 학습 목표는 timestamp 데이터를 다루는 것이다.

13.1.2 datetime 자료형

┌───┐
│ **timestamp와 datetime의 관계**   │
│   │
│ 1640962800 → 정수 형식의 timestamp   │
│ 2022-01-01 00:00:00 → 날짜와 형식의 timestamp (**datetime**)   │
│ timestamp를 날짜와 시간 형식으로 표현한 자료형이 datetime 자료형이다. │
│   │
│ **datetime의 출력**   │
│   │
│ 원칙적으로 datetime은 timestamp(시점)를 나타내기에 날짜와 시간이 모두 출력된다. │
│ 예) 2022-01-01 00:10:01   │
│   │
│ 다만 모든 데이터가 00:00:00이라면 시간을 생략하고 날짜만 출력한다.   │
│ 예) 2022-01-01 00:00:00 → 2022-01-01   │
└───┘

[그림 13-3] datetime 자료형

timestamp 데이터가 날짜와 시간 형식으로 기록된 자료형이 datetime 자료형이다. 이번 단원에서는 timestamp를 datetime 자료형으로 다루는 방법을 배우는 것이 가장 중요하다. datetime은 기본적으로 날짜와 시간이 합쳐진 자료형이지만 열의 모든 셀의 시간이 00:00:00이면 해당 열은 시간을 생략하고 날짜만 출력한다.

13.1.3 시계열 데이터의 학습 주안점

이번 단원의 1차적인 학습 목표는 다음 다섯 가지를 정확하게 익히는 것이다.

시계열 단원 학습 주안점
1. 변환(to_datetime 함수)
2. 주기
3. 생성(date_range 함수)
4. 그룹화와 그룹 집계(resample 함수)
5. 특정 시계열 데이터 추출(dt 접근자와 다양한 메서드)

[그림 13-4] 시계열 단원 학습 주안점

먼저 시계열 데이터로 변환하는 방법을 배운다. 특히 datetime 자료형으로 변환해야 한다. 시리즈는 to_datetime 함수로 변환한다. 파일에서 데이터 프레임을 불러올 때 datetime 자료형으로 미리 지정할 수도 있는데, 이때는 매개변수 parse_dates를 사용한다. 다음으로 시계열 데이터의 생성과 그룹화에 쓰일 주기를 알아야 한다. 학습된 주기를 기반으로 시계열 데이터를 생성하는 것도 학습한다.

주기를 기반으로 일명 시계열의 groupby 함수라 불리는, resample 함수를 사용해 시계열 데이터를 손쉽게 그룹화를 수행하는 방법도 배운다. 이전까지의 대부분 과정은 resample 함수로 향해 가는 과정이며, resample 함수를 숙지하는 것이 시계열 단원에서 입문자 수준의 최종 목표이다.

마지막으로 시계열 데이터에서 특정 데이터만 추출하고자 dt 접근자와 함께 사용되는 다양한 속성과 메서드를 활용한다. 특히 dt.strftime 함수로 datetime 자료형을 원하는 형태의 문자열로도 바꿀 수 있다.[1]

---

[1] dt 접근자와 메서드를 사용하면 예를 들어 2026-02-15에서 연도 데이터 2026을 추출한다. dt 접근자와 strftime 메서드를 사용하면 예를 들어 2026-02-15의 datetime을 '02/15/26'처럼 원하는 포맷의 문자열로 변환한다.

13.2 시계열 데이터로 변환 및 인덱싱

13.2.1 시계열 데이터로 변환하기(to_datetime)

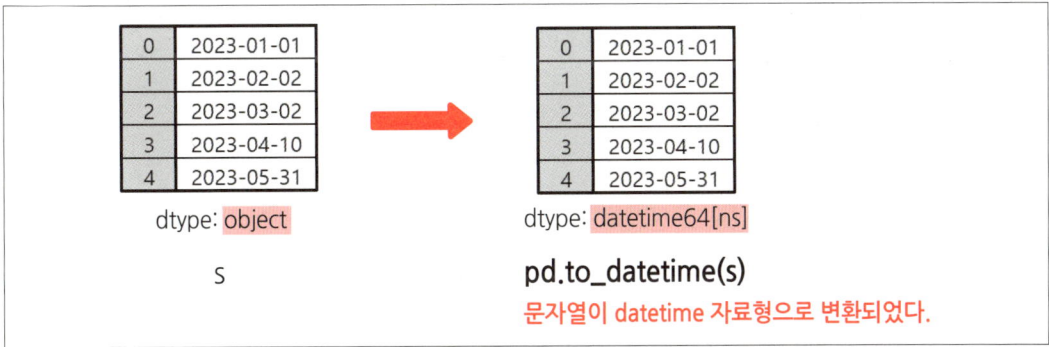

[그림 13-5] 판다스 to_datetime 함수

● **판다스 to_datetime**

datetime 자료형으로 변환하는 함수

to_datetime 함수의 주요 매개변수와 인수, 기본값

```
pd.to_datetime(arg, errors='raise', utc=False, format=None, origin='unix')
```

- **arg**: datetime으로 변환할 데이터를 입력한다. 단일 값이거나 1차원 배열만 가능하다.
- **errors**: 변환 불가능한 데이터를 처리하는 방법을 지정한다.[2]
- **utc**: 시간대(timezone)가 포함된 데이터를 협정 세계시(UTC)로 변환할지 지정한다.
- **format**: 문자열의 날짜 표기 형식을 지정한다.[3]
- **unit**: timestamp가 숫자로 주어질 때 숫자의 기본 단위를 지정한다. 기본값은 'ns'이며 nano second이다.
- **origin**: timestamp가 숫자로 주어질 때 기준 날짜를 지정한다.

---

[2] errors의 기본값인 'raise'는 에러를 발생시킨다. 'coerce'는 NaT로 변환한다. 'ignore'는 변환하지 않고 원본을 유지한다. (변환할 수 있는 다른 데이터도 전혀 변환하지 않는다.) 대부분 'coerce'를 사용한다. 6.6.2. 수치형으로 변환하기(to_numeric)의 to_numeric 함수의 errors와 유사하다.

[3] **13.5.2. 문자열로 변환하기(strftime)**의 [표 13-4]에 소개된 지시자를 사용한다. 예를 들어 2023년 1월 3일이 '03/01/2023'으로 표현된 데이터라면 '%d/%m/%Y'로 지정하면 원하는 날짜로 인식한다.

판다스 to_datetime 함수는 데이터를 datetime 자료형으로 변환하는 함수이다. 실습에 사용할 변수 s와 s1을 생성하자.

[코드 13-1] to_datetime 함수 실습 예제 코드

```
import pandas as pd
data = ['2023-01-01', '2023-02-02', '2023-03-02', '2023-04-10', '2023-05-31']
s = pd.Series(data)
s1 = pd.Series(['2022-01-03', '김판다'])
```

시리즈 s1을 datetime 자료형으로 변환하자. to_datetime 함수는 메서드로 사용할 수 없고 함수 pd.to_datetime 형태로 사용한다.

[코드 13-2] to_datetime 함수로 datetime 자료형으로 변환하기

```
pd.to_datetime(s)
```

결과는 [그림 13-5]처럼 datetime 자료형으로 변환된다.

to_datetime 함수는 단일 값 또는 1차원 배열만 인수로 입력되어 시리즈만 변환한다. 그렇지만 큰 불편함은 없다. 하나의 데이터 프레임에서 여러 열의 시계열 데이터를 가질 때가 흔하지 않기 때문이다. 만약 데이터 프레임 전체에 to_datetime 함수를 적용해야 하는 상황이라면 apply 함수와 함께 사용해야 한다.[4]

to_datetime 함수에 errors='coerce'를 입력하면 변환 불가능한 데이터가 섞여 있을 때 NaT로 변환하고, 나머지 데이터를 datetime으로 변환한다. NaT(Not a Time)는 시계열 데이터에서 사용되는 null이다.

[코드 13-3] errors='coerce'로 datetime 자료형으로 변환하기

```
print(s1, '\n') # s1과 빈 행을 출력하는 코드
pd.to_datetime(s1, errors='coerce')
```

```
0    2022-01-03
1          김판다
dtype: object


0    2022-01-03
```

---

[4] df.apply(pd.to_datetime) 혹은 df.apply(pd.to_datetime, errors='coerce')

```
1          NaT
dtype: datetime64[ns]
```

13.2.2 기타 시계열 변환 함수들

판다스에는 timestamp뿐 아니라 period와 timedelta 자료형이 있기에 다양한 시계열 변환 함수가 존재한다. 시계열 데이터 생성 함수와 변환 함수를 정리하면 다음과 같다.

	timestamp	period	timedelta
단일 값 생성	pd.Timestamp	pd.Period	pd.Timedelta
배열 생성	pd.date_range	pd.period_range	pd.timedelta_range
변환	pd.to_datetime	to_period	pd.to_timedelta

[표 13-1] 시계열 데이터 변환 및 생성

[표 13-1]에서 짙은 색으로 표현된 함수일수록 사용 빈도가 높은 함수이다. datetime 자료형을 정확히 다루는 것이 입문자의 목표이므로, to_datetime 함수와 13.3.2에서 학습할 date_range 함수는 정확히 숙달해야 한다.

그 밖에 입문자 수준에서도 추가로 학습해야 할 두 개의 함수를 여기서 실습하자. timedelta 자료형을 생성하면 기존 datetime과 연산이 수행된다. [코드 13-2]의 결과를 변수 s2에 저장하고 날짜를 모두 2일씩 더해보자. Timedelta 함수를 사용하여 2일의 시간 차이를 생성하면 연산이 수행된다.

[코드 13-4] 시계열 데이터 날짜를 2일씩 더하기

```
s2 = pd.to_datetime(s)
s2 + pd.Timedelta('2 day')
```

2일씩 더해진 결과를 [그림 13-6]에서 확인하자. 이런 연산에 Timedelta 함수가 사용된다.[5]

period 자료형으로 변환해야 할 상황도 가끔 발생한다. s2를 to_period 함수를 사용하여 분기의 period 자료형으로 변환하자. 분기로 변환하고자 주기를 'Q'로 입력한다.[6]

---

[5] 다만 Timedelta 자료형은 시분초와 일(day)까지의 단위를 다루고, 그 이상의 시간 차이를 다루는 단위가 없다. 한 달, 1년 등의 단위는 시간 차이가 불명확하기 때문이다. 그래서 한 달 후, 1년 후와 같은 연산 결과는 주로 **13.6.2. 시간 간격 생성하기(DateOffset)**에서 학습하는 DateOffset 함수를 사용한다.

[6] 주기는 **13.3.1. 주기**에서 학습할 예정이다.

[코드 13-5] 분기의 period 자료형으로 변환하기

```
s2.dt.to_period(freq='Q')
```

0	2023-01-01		0	2023-01-03		0	2023Q1
1	2023-02-02		1	2023-02-04		1	2023Q1
2	2023-03-02		2	2023-03-04		2	2023Q1
3	2023-04-10		3	2023-04-12		3	2023Q2
4	2023-05-31		4	2023-06-02		4	2023Q2

dtype: datetime64[ns] / s2

dtype: datetime64[ns] / s2 + pd.Timedelta('2day')
2일씩 더해졌다.

dtype: period[Q-DEC] / s2.dt.to_period(freq='Q')
분기(Q)를 주기로 하는 period 자료형을 생성한다.

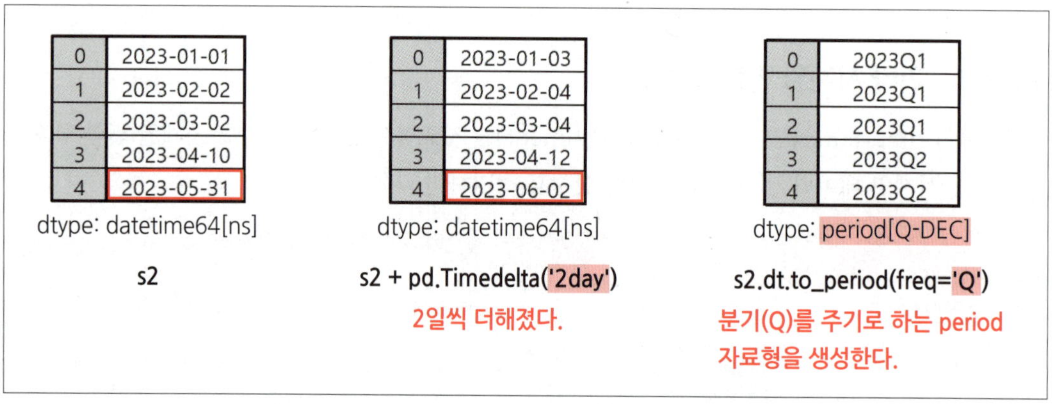

[그림 13-6] 여러 가지 시계열 변환 함수들

to_period 함수를 사용하면 분기가 기준인 period 자료형으로 변환된다. to_period 함수를 사용할 때 주의할 점은 datetime 자료형인 시리즈에 dt 접근자와 메서드로 사용해야 하는 점이다.[7]

그 밖에 [표 13-1]의 함수들은 이름 정도만 확인하자. 판다스에 충분히 익숙해지고 나면 해당 함수들을 별도로 학습하지 않아도 유용하게 사용할 것이다.

13.2.3 파일에서 datetime 자료형을 지정하여 데이터 프레임 불러오기

엑셀 파일이나 CSV 파일에서 데이터 프레임을 불러올 때 datetime 자료형으로 지정할 수 있다. 매개변수 parse_dates에 datetime 자료형으로 지정할 열 이름이나 로케이션을 리스트로 묶어 입력하자. 이때 주의할 점은 대상 열이 하나의 열이라도 리스트에 묶어 입력한다.

```
pd.read_excel('파일 경로명', parse_dates=['열 이름'])
```

시계열 데이터는 인덱스가 되면 유용한 점이 많아 매개변수 index_col을 통해 시계열 인덱스로 지정하여 데이터 프레임을 불러올 때가 많다. 이는 엑셀 예제 21에서 실습한다.

13.2.4 DatetimeIndex의 인덱싱과 슬라이싱

datetime 자료형으로 변환을 익혔으니 이제 변환의 장점을 살펴보자. datetime 자료형은 인덱싱과 슬라이싱을 간편하게 수행하여 원하는 기간의 데이터를 손쉽게 추출할 수 있다. 하지만 이러한 간편

---

[7] dt.to_period로 사용해야 한다는 말이다. dt 접근자는 **13.5.1. 특정 시계열 데이터 추출하는 다양한 메서드(dt 접근자)**에서 학습한다. 변환할 객체가 DatetimeIndex일 때는 dt 접근자를 사용하지 않는다.

함을 활용하려면 다음 두 가지 요건을 충족해야 한다.

1. 객체의 인덱스가 datetime 자료형이어야 한다. (DatetimeIndex)
2. DatetmeIndex가 시간순으로 정렬되어야 한다.

DatetimeIndex는 datetime 자료형 인덱스를 지칭하는 클래스이다. 객체가 시계열 인덱스를 보유하고 시간순으로 정렬되어야 효율 높은 인덱싱과 슬라이싱이 가능하다. 실습할 변수 s를 생성하자.

[코드 13-6] DatetimeIndex의 인덱싱과 슬라이싱 실습 예제 코드

```
import pandas as pd
date = ['2025-12-31 00:30:10', '2026-01-10 16:40:10', '2026-01-10 18:50:10',
        '2026-02-01 07:00:10', '2026-02-12 16:40:10', '2026-04-01 19:20:10']
s = pd.Series([10, 20, 30, 40, 50, 60], index=pd.to_datetime(date))
s
```

인덱싱과 슬라이싱을 수행할 시리즈 s가 DatetimeIndex를 보유하는지 확인하자. info 함수를 사용하여 시리즈 s의 정보를 출력하면, 인덱스의 클래스가 확인된다.

[코드 13-7] info 함수로 시리즈 s의 DatetimeIndex 보유 여부 확인하기

```
s.info()
```

```
<class 'pandas.core.series.Series'>
DatetimeIndex: 6 entries, 2025-12-31 00:30:10 to 2026-04-01 19:20:10
Series name: None
Non-Null Count  Dtype
--------------  -----
6 non-null      int64
dtypes: int64(1)
memory usage: 96.0 bytes
```

시리즈 s는 DatetimeIndex를 보유하기에 인덱싱과 슬라이싱을 수행한다. 먼저 2026년의 데이터만 추출하자. loc 인덱서에 문자열 '2026'을 입력하면 2026년의 데이터만 인덱싱한다.

[코드 13-8] 2026년의 데이터 인덱싱

```
s.loc['2026']
```

2026년 1분기 데이터를 추출하려면 문자열 '2026Q1'을 입력한다.

[코드 13-9] 2026년 1분기의 데이터 인덱싱

```
s.loc['2026Q1']
```

슬라이싱도 수행하자. 2026년 1월부터 2026년 2월까지의 데이터를 슬라이싱하자. 간편한 문자열로 슬라이싱이 가능하다.

[코드 13-10] 2026년 1월에서 2026년 2월의 데이터 슬라이싱

```
s.loc['2026/1':'2026/2']
```

2026년 1월 10일 18시 이후의 데이터를 슬라이싱하자.

[코드 13-11] 2026년 1월 10일 18시 이후의 데이터 슬라이싱

```
s.loc['2026/1/10 18':]
```

DatetimeIndex를 보유한 객체는 간편한 인덱싱과 슬라이싱을 통해 필요한 기간의 데이터만 추출할 수 있다. 이렇게 판다스는 시계열 데이터 처리에 강점을 가진 라이브러리이다.

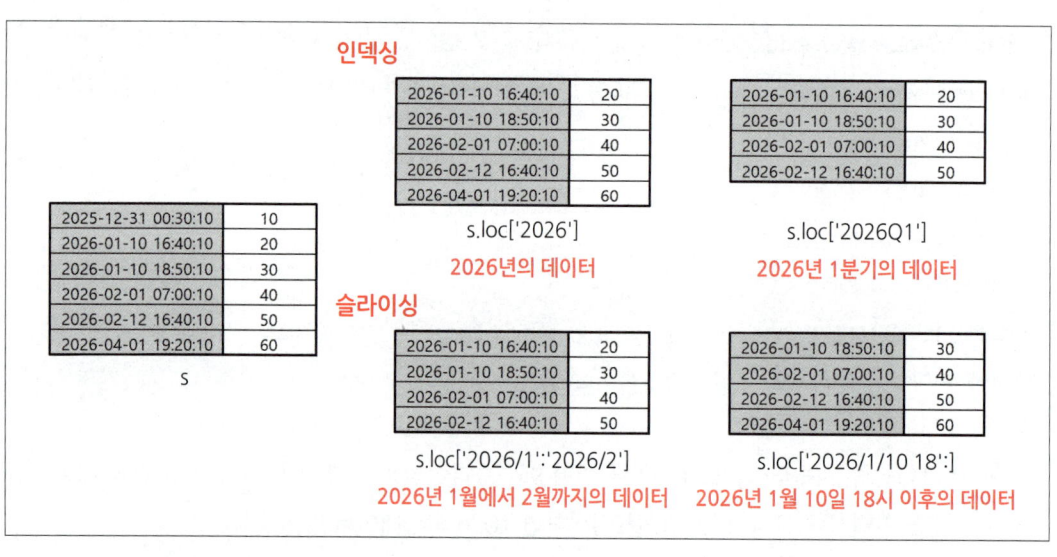

[그림 13-7] DatetimeIndex의 인덱싱과 슬라이싱

13.2.5 특정 시간대의 데이터 추출하기(at_time, between_time)

날짜와 관계없이 시간만으로 데이터를 추출하는 것은 인덱싱으로는 불가능하기에 관련 함수를 활용해야 한다. at_time 함수는 날짜와 관계없이 일치하는 시간의 데이터만 추출한다. 시, 분, 초가 모두 정확하게 일치하는 데이터만 추출한다.

[코드 13-12] 날짜와 관계없이 시간이 16:40:10인 데이터 추출하기

```
s.at_time('16:40:10')
```

날짜와 관계없이 07시부터 18시까지의 데이터만 추출하려면 between_time 함수를 사용한다. 이때 입력하는 시각은 '07'처럼 0을 포함한 두 자리 문자열 형태로 입력해야 한다.

[코드 13-13] 날짜와 관계없이 07시에서 18시 사이의 데이터만 추출하기

```
s.between_time('07', '18')
```

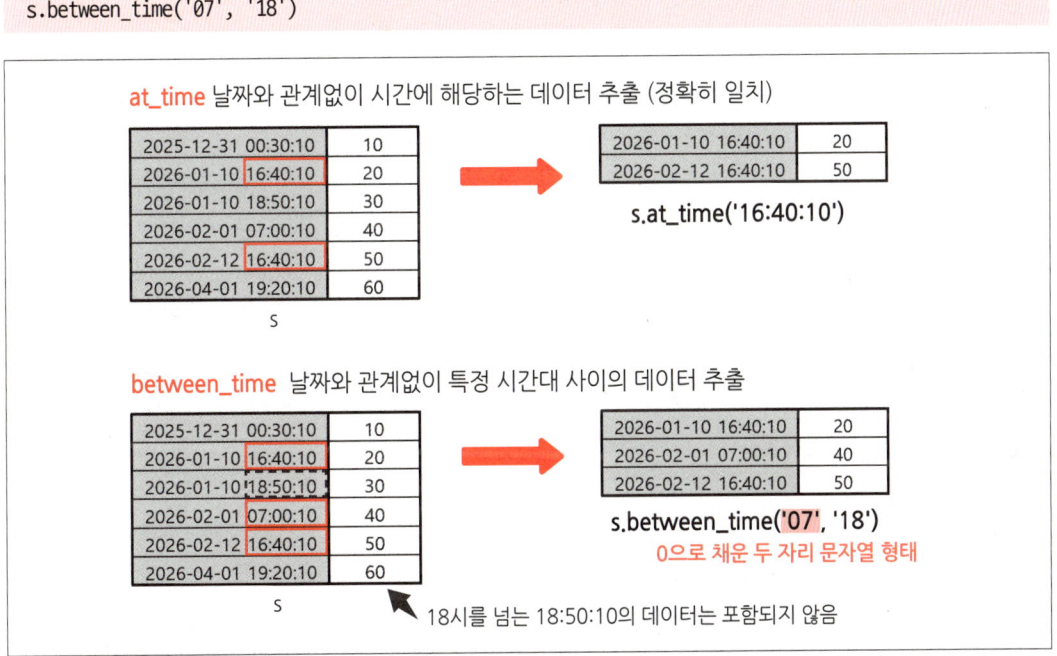

[그림 13-8] 날짜와 관계없이 시간으로 데이터를 추출하는 at_time 함수와 between_time 함수

엑셀 예제 21   시계열 데이터가 포함된 온라인 쇼핑몰 데이터 다루기 (1)

엑셀 파일 22.ecomerce.xlsx에는 온라인 쇼핑몰 방문자의 행동 기록이 시간과 함께 수집되어 있다. 방문자가 어떤 물품의 페이지에서 V(view), C(cart), B(buy) 등의 행동을 했는지 확인할 수 있다. 해당 파일을 DatetimeIndex를 보유한 데이터 프레임으로 불러오자.

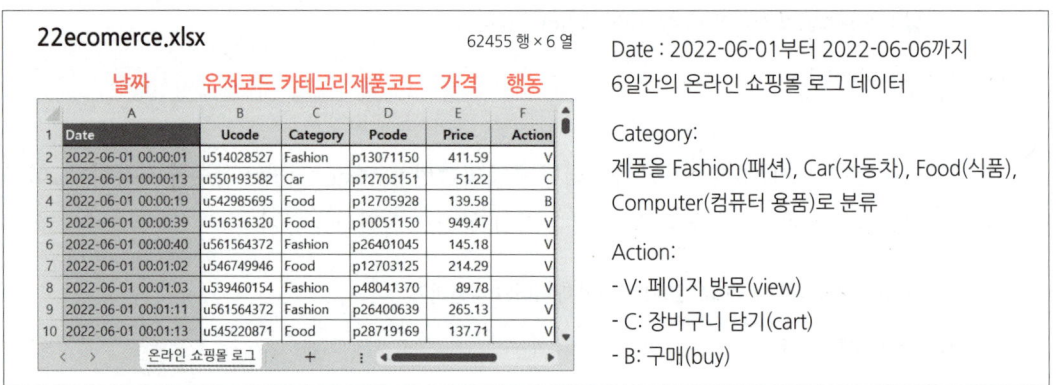

[그림 13-9] 실습 엑셀 파일 22ecomerce.xlsx 소개

엑셀 파일을 DatetimeIndex를 보유한 데이터 프레임으로 불러오기

read_excle 함수로 데이터 프레임으로 불러올 때 매개변수 parse_dates를 사용하여 Date 열을 datetime 자료형으로 변환하자. 단수의 열을 지정할 때도 리스트로 묶어 입력해야 한다는 점에 유의한다. 또한 DatetimeIndex로 지정하고자 매개변수 index_col로 Date 열을 인덱스로 설정하자. 결과는 변수 df_ec로 지정하자.

[코드 13-14] 온라인 쇼핑몰 로그 데이터 파일에서 데이터 프레임 불러오기

```
import pandas as pd
pd.options.display.max_rows = 6 # 6행까지만 출력
url1 = 'https://github.com/panda-kim/book1/blob/main/22ecomerce.xlsx?raw=true'
df_ec = pd.read_excel(url1, parse_dates=['Date'], index_col='Date')
df_ec
```

	Ucode	Category	Pcode	Price	Action
Date					
2022-06-01 00:00:01	u514028527	Fashion	p13071150	411.59	V
2022-06-01 00:00:13	u550193582	Car	p12705151	51.22	C
2022-06-01 00:00:19	u542985695	Food	p12705928	139.58	B
...	...	...	...	...	...
2022-06-06 23:59:29	u534987603	Food	p71018150	115.81	V
2022-06-06 23:59:43	u553673695	Food	p30400010	584.75	V
2022-06-06 23:59:50	u524946851	Food	p54900011	64.35	V

62455 rows × 5 columns

DatetimeIndex로 지정되었는지 info 함수로 확인하자.

[코드 13-15] info 함수로 df_ec의 DatetimeIndex 보유 여부 확인하기

```
df_ec.info()
```

```
<class 'pandas.core.frame.DataFrame'>
DatetimeIndex: 62455 entries, 2022-06-01 00:00:01 to 2022-06-06 23:59:50
Data columns (total 5 columns):
 #   Column    Non-Null Count  Dtype
---  ------    --------------  -----
 0   Ucode     62455 non-null  object
 1   Category  62455 non-null  object
 2   Pcode     62455 non-null  object
 3   Price     62455 non-null  float64
 4   Action    62455 non-null  object
dtypes: float64(1), object(4)
memory usage: 4.9+ MB
```

변수 df_ec가 DatetimeIndex를 보유하니 인덱싱과 슬라이싱을 수행하자. 먼저 2022년 6월 3일의 데이터만 추출한다. 간편한 인덱싱만으로 지정한 기간의 데이터를 얻는다.

[코드 13-16] 2022년 6월 3일의 데이터 추출하기

```
df_ec.loc['2022-06-03']
```

다음으로 2022년 6월 3~4일의 00시부터 03시까지의 데이터만 추출한다. 먼저 날짜로 슬라이싱한 후 between_time 함수를 사용하여 00시부터 03시까지의 데이터를 추출한다.

[코드 13-17] 2022년 6월 3일과 6월 4일의 00시부터 03시까지의 데이터만 추출

```
df_ec.loc['2022-06-03':'2022-06-04'].between_time('00', '03')
```

결과는 각자 확인해 보자. 시간 순으로 정렬된 DatetimeIndex를 보유하면 원하는 기간의 데이터를 손쉽게 가져온다.

13.3 시계열 데이터 생성과 주기

주어진 데이터를 시계열 데이터로 바꾸는 것이 변환이라면 무에서 유를 창조하는 것이 생성이다. 판다스에서는 date_range 함수를 사용하여 원하는 기간의 DatetimeIndex를 손쉽게 생성한다. 시계열 데이터 생성에는 주기가 사용되는데, 주기는 추후 시계열의 그룹화에도 활용되는 중요한 학습 포인트이다.

13.3.1 주기

주기는 date_range 함수로 특정 주기의 DatetimeIndex를 생성하거나 resample 함수로 그룹 내 함수 적용을 수행할 때 사용된다.

문자	timestamp
Y	연도의 마지막 날
Q	분기의 마지막 날
M	월의 마지막 날
W	한 주의 마지막인 일요일[8]
D	일
H	시각
T	분
S	초
B	휴일을 제외한 평일

---

[8] resample 함수로 그룹 집계에 사용될 때는 월요일부터 일요일이 한 주로 구성된다.

YS, QS, MS	연도, 분기, 월의 첫날
W-MON, W-TUE 등	요일
Q-FEB	분기의 마지막 날(12월, 1월, 2월이 4Q인 분기 기준)

[표 13-2] timestamp의 주기

가벼운 마음으로 천천히 읽어보자. 주기가 어떻게 사용되는지는 13.3.2에서 date_range 함수를 실습하면서 함께 다룰 예정이니 조바심을 낼 필요는 없다. 분기 기준은 두 가지 종류가 있는데 'Q-DEC'와 'Q-FEB' 기준이 존재하니 알아두자.

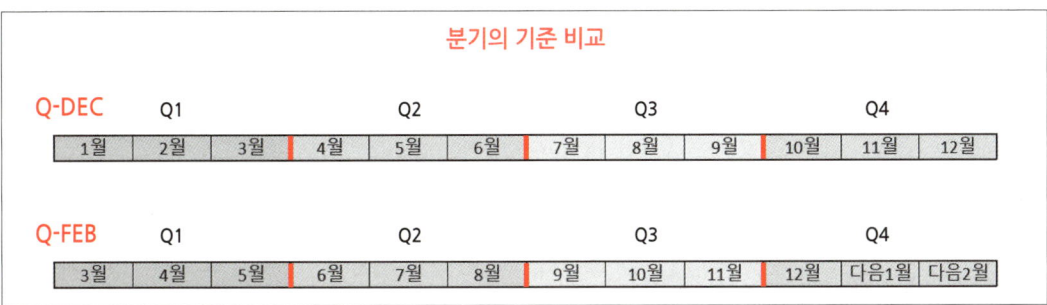

[그림 13-10] 분기의 기준 비교

13.3.2 시계열 데이터 생성(date_range)

> ● 판다스 date_range
>
> 고정된 주기를 가진 DatetimeIndex를 생성한다.
>
> date_range 함수의 주요 매개변수와 인수, 기본값
>
> ```
> pd.date_range(start=None, end=None, periods=None, freq='D')
> ```
>
> - **start**: 시작 시점을 지정한다. start, end, period 셋 중에 둘만 지정해도 된다.
> - **end**: 끝 시점을 지정한다.
> - **period**: 생성할 배열의 개수를 지정한다.
> - **freq**: 배열에 적용될 고정된 주기를 지정한다.

date_range 함수는 datetime 자료형 배열인 DatetimeIndex를 생성하는 함수이다. 시작 날짜와 마지막 날짜, 반환할 배열의 개수 등을 입력하고 주기를 설정한다. 그러면 기간 내에서 주기에 해당하는 모든 시점을 배열로 생성한다.

2015-01-03부터 2025-01-14까지 모든 날짜를 배열로 생성하자. pd.date_range 함수에 시작일과 마지막 일자를 입력하면 주기의 기본값이 'D'이기에 모든 날짜를 배열로 생성한다.

[코드 13-18] 2025-01-03부터 2025-01-14까지 모든 날짜를 배열로 생성하기

```
pd.date_range('2025-01-03', '2025-01-14')
```

```
DatetimeIndex(['2025-01-03', '2025-01-04', '2025-01-05', '2025-01-06',
               '2025-01-07', '2025-01-08', '2025-01-09', '2025-01-10',
               '2025-01-11', '2025-01-12', '2025-01-13', '2025-01-14'],
              dtype='datetime64[ns]', freq='D')
```

결과는 DatetimeIndex로 반환하지만 반드시 인덱스로 사용할 필요는 없다. DatetimeIndex도 리스트나 어레이처럼 시리즈로 변환하거나 열로 생성할 수 있는 배열이다.

이번에는 2015-01-03부터 4개의 날짜를 생성하자. periods=4를 입력하자.

[코드 13-19] 2025-01-03부터 4개의 날짜를 배열로 생성하기

```
pd.date_range('2025-01-03', periods=4)
```

```
DatetimeIndex(['2025-01-03', '2025-01-04', '2025-01-05', '2025-01-06'], dtype='datetime64[ns]',
 freq='D')
```

매개변수 start, end, periods 셋 중에 둘만 입력해도 배열을 생성한다.

특정일을 기준으로 오늘까지 모든 날짜도 생성한다. 2024년 3월 30일부터 오늘까지의 모든 날짜를 생성하자. 매개변수 end에 문자열 'today'를 입력한다.

[코드 13-20] 2024-03-30부터 오늘까지 모든 날짜를 배열로 생성하기

```
pd.date_range('2024-03-30', 'today')
```

결과는 실습 날짜에 따라 다르니 각자 확인해 보자.

이제까지는 주기에 기본값인 'D'가 적용되어 모든 날짜가 배열로 생성되었다. 이번에는 주기를 월을 의미하는 'M'으로 지정해 4개의 시점을 배열로 생성하자.

[코드 13-21] 2025-01-03부터 월의 마지막 날 4개를 배열로 생성하기

```
pd.date_range('2025-01-03', periods=4, freq='M')
```

```
DatetimeIndex(['2025-01-31', '2025-02-28', '2025-03-31', '2025-04-30'], dtype='datetime64[ns]',
 freq='M')
```

주기 'M'이 월의 마지막 날을 뜻하기에 2025-01-03 이후로 월의 마지막 날에 해당하는 4개의 시점을 배열로 생성한다.

일반적으로는 월의 마지막 시점보다는 시작 시점이 필요할 때가 많다. 주기를 'MS'로 지정해 4개의 시점의 배열을 생성하자.

[코드 13-22] 2025-01-03부터 월의 첫날 4개를 배열로 생성하기

```
pd.date_range('2025-01-03', periods=4, freq='MS')
```

```
DatetimeIndex(['2025-02-01', '2025-03-01', '2025-04-01', '2025-05-01'], dtype='datetime64[ns]',
freq='MS')
```

마찬가지로 2025-01-03 이후로 월의 첫날에 해당하는 4개의 시점을 배열로 생성한다.

주기는 숫자와 결합해 사용할 수 있다. 주기를 '2MS'로 지정하면 2025-01-03 이후의 월의 첫날에 해당하는 시점부터 2개월 주기로 4개의 시점을 배열로 생성하자.

[코드 13-23] 2025-01-03부터 2개월 주기로 첫날 4개를 배열로 생성하기

```
pd.date_range('2022-01-03', periods=4, freq='2MS')
```

```
DatetimeIndex(['2025-02-01', '2025-04-01', '2025-06-01', '2025-08-01'], dtype='datetime64[ns]',
freq='2MS')
```

영업일(business day)만 배열로 생성할 수도 있다. 주기를 'B'로 지정해 2025-01-03부터 2025-02-03까지 영업일을 전부 배열로 생성하자.

[코드 13-24] 2025-01-03부터 2025-02-03까지 영업일만 배열로 생성하기

```
pd.date_range('2025-01-03', '2025-02-03', freq='B')
```

```
DatetimeIndex(['2025-01-03', '2025-01-06', '2025-01-07', '2025-01-08',
               '2025-01-09', '2025-01-10', '2025-01-13', '2025-01-14',
               '2025-01-15', '2025-01-16', '2025-01-17', '2025-01-20',
               '2025-01-21', '2025-01-22', '2025-01-23', '2025-01-24',
               '2025-01-27', '2025-01-28', '2025-01-29', '2025-01-30',
               '2025-01-31', '2025-02-03'],
              dtype='datetime64[ns]', freq='B')
```

시간 단위로 주기를 입력하는 것도 가능하다. 주기를 '10T'로 지정해 2025-01-03 00:00:00 이후로 10분 간격으로 4개의 배열을 생성하자.

[코드 13-25] 2025-01-03 00:00:00부터 10분 주기로 배열 생성하기

```
pd.date_range('2025-01-03', periods=4, freq='10T')
```

```
DatetimeIndex(['2025-01-03 00:00:00', '2025-01-03 00:10:00',
               '2025-01-03 00:20:00', '2025-01-03 00:30:00'],
              dtype='datetime64[ns]', freq='10T')
```

시간 주기는 timedelta 자료형처럼 여러 주기를 섞어 사용할 수 있다.[9] 주기를 '10T 30S'로 지정해 2025-01-03 00:00:00 이후로 10분 30초 간격으로 4개의 배열을 생성하자.

[코드 13-26] 2025-01-03 00:00:00부터 10분 30초 주기로 배열 생성하기

```
pd.date_range('2025-01-03', periods=4, freq='10T 30S')
```

```
DatetimeIndex(['2025-01-03 00:00:00', '2025-01-03 00:10:30',
               '2025-01-03 00:21:00', '2025-01-03 00:31:30'],
              dtype='datetime64[ns]', freq='630S')
```

시계열 데이터의 생성은 주로 샘플 코드를 만들 때나 업샘플링을 수행할 때 쓰인다.[10]

그 밖에 영업일만 배열로 생성하는 bdate_range 함수도 있으며 공휴일을 지정할 수 있어 date_range 함수의 주기 'B'보다 더 유용하다. bdate_range 함수는 추후 13.6.4에서 학습하자. period 배열을 생성하는 period_range 함수와 timedelta 배열을 생성하는 timedelta_range 함수가 있지만 자주 쓰이지는 않으며, 모두 date_range 함수와 비슷한 방식으로 사용한다. 판다스에 익숙해지면 자연스럽게 활용할 수 있다.

---

[9] timedelta 자료형에도 존재하는 단위인 D(일), H(시), T(분), S(초)만 서로 섞어 사용한다. timedelta 자료형에 존재하지 않는 단위인 M(월), Y(년) 등에 해당하는 여러 주기를 섞을 수는 없다.

[10] 13.6.5. 업샘플링(asfreq 외) 참고

13.4 시계열 데이터 그룹화하기

월별 매출의 합계를 구하거나 분기별 평균 순이익을 구해야 할 때처럼, 시간순으로 수집된 원시 데이터를 기간에 따라 그룹을 나누는 것은 앞으로 계속해서 수행할 작업이다. 그룹화는 판다스의 가장 중요한 기능이며 시계열 데이터의 그룹화는 그룹화 중에서도 특히 기능이 뛰어나다.

13.4.1 그룹화로 열 가공하기(resample)

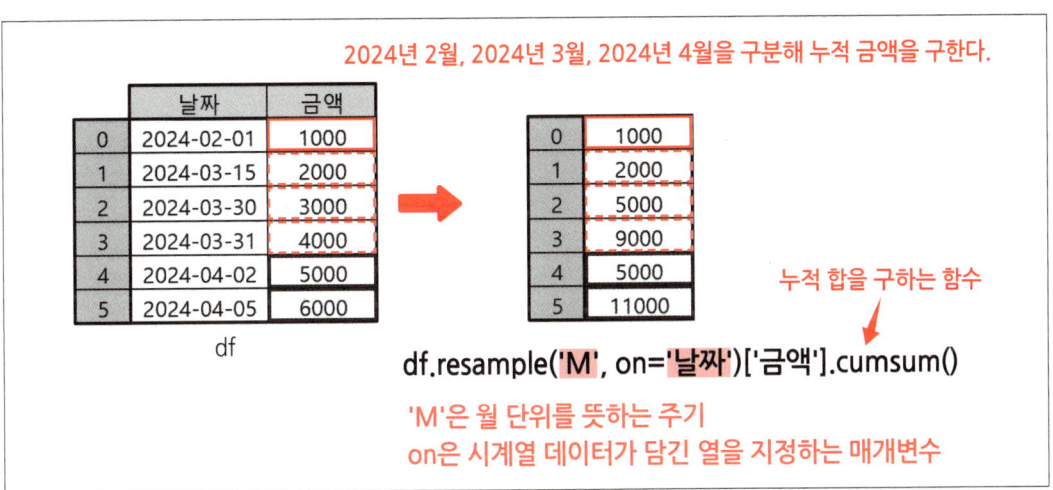

[그림 13-11] 판다스 resample 함수

● **판다스 resample**

시간의 흐름에 따라 그룹화해서 함수를 적용하는 함수

resample 함수의 주요 매개변수와 인수, 기본값

```
df.resample(rule, on=None, level=None, origin='start_day')
```

- **rule**: 집계할 기준 주기를 입력한다.(예: 일 단위 집계라면 'D', 월 단위 집계라면 'M' 또는 'MS')
- **on**: 시계열 데이터를 보유한 열을 지정한다. 지정된 열은 반드시 datetime 자료형이어야 한다. DatetimeIndex를 보유한 객체는 on을 지정할 필요가 없다.
- **level**: 멀티 인덱스일 때 시계열 데이터가 존재하는 인덱스의 레벨을 지정한다.
- **origin**: 일, 시, 분, 초의 주기에서 기간의 시작점을 지정한다. 기본값은 'start_day'이며 시계열 데이터의 첫 번째 날짜의 00:00:00이 시작점이다.

시계열의 그룹화는 시계열의 groupby라고 불리는 resample 함수를 사용한다. 실습에 쓰일 변수 df를 생성하자.

[코드 13-27] resample 함수 실습 예제 코드

```
import pandas as pd
data = {'날짜': ['2023-01-01', '2023-01-15', '2023-01-30',
                '2023-01-31', '2023-02-02', '2023-02-05'],
        '금액': [1000, 2000, 3000, 4000, 5000, 6000]}
df = pd.DataFrame(data)
df
```

df는 일자별 입금액을 수집한 데이터 프레임이다. 먼저 시계열 관련 함수를 사용하려면 날짜 데이터를 datetime 자료형으로 변환해야 한다. to_datetime 함수를 사용해 변환하자.

[코드 13-28] 날짜 열을 datetime 자료형으로 변환하기

```
df['날짜'] = pd.to_datetime(df['날짜'])
df
```

월별 입금액의 누적 합을 구하자. resample 함수에 주기를 입력하면 특정 기간으로 그룹이 나뉜다. 월별 그룹화하도록 주기로 'M' 혹은 'MS'를 입력하고, 시계열 데이터가 존재하는 열을 on에 지정한다. resample 함수로 그룹을 나누었으니 금액 열에 cumsum 함수를 적용하면 월별 누적 금액이 계산된다.

[코드 13-29] 금액 열의 월별 누적 합 구하기

```
df.resample('M', on='날짜')['금액'].cumsum()
```

결과는 [그림 13-11]에서 확인하자. 월로 구분해 금액의 누적 합을 구한다. resample 함수와 주기를 활용해 손쉽게 기간을 나누어 함수를 적용한다.

이 외에도 rank, shift, ffill 등의 다양한 열 가공 함수를 resample 함수와 함께 사용한다. 또한 transform 함수[11]를 이용하여 집계 결과를 열로도 생성한다. 예를 들어 각 월의 금액 합산을 시리즈로 생성한다.

[코드 13-30] 월별로 그룹을 나누어 집계 결과를 시리즈로 생성하기

```
df.resample('M', on='날짜')['금액'].transform('sum')
```

---

[11] 12.1.8. 집계 결과를 열로 생성하기(transform) 참고

각자 실습해 보자. 2월인 행은 1000, 3월은 9000, 4월은 11000인 시리즈를 반환한다.

13.4.2 resample 함수와 groupby 함수 비교

resample 함수의 적용 코드와 결과는 groupby 함수와 매우 유사하다. 변수 df1을 생성해 두 함수를 비교하자. df1은 datetime인 날짜 외에도 연도와 월을 표현한 월 열을 가진다.

[코드 13-31] groupby 함수와 resample 함수 비교 예제 코드

```
data1 = {'날짜': ['2024-02-01', '2024-03-15', '2024-03-30',
                '2024-03-31', '2024-04-02', '2024-04-05'],
        '월': ['2024-02', '2024-03', '2024-03',
               '2024-03', '2024-04', '2024-04'],
        '금액': [1000, 2000, 3000, 4000, 5000, 6000]}
df1 = pd.DataFrame(data1)
df1['날짜'] = pd.to_datetime(df1['날짜']) # datetime으로 변환
df1
```

resample 함수로 월별 입금액의 누적 합을 구하자. [코드 13-29]와 동일하다.

[코드 13-32] resample 함수로 월별 누적 합 구하기

```
df1.resample('M', on='날짜')['금액'].cumsum()
```

이번에는 groupby 함수로 월 열로 그룹을 나누어 월별 입금액의 누적 합을 구하자.

[코드 13-33] groupby 함수로 월별 누적 합 구하기

```
df1.groupby('월')['금액'].cumsum()
```

	날짜	월	금액
0	2024-02-01	2024-02	1000
1	2024-03-15	2024-03	2000
2	2024-03-30	2024-03	3000
3	2024-03-31	2024-03	4000
4	2024-04-02	2024-04	5000
5	2024-04-05	2024-04	6000

df1

0	1000
1	2000
2	5000
3	9000
4	5000
5	11000

두 함수 모두 행마다 월별 누적 금액을 구한다.

df1.resample('M', on='날짜')['금액'].cumsum()
　　　　　　　그룹의 기준　함수 적용 대상　적용할 함수

df1.groupby('월')['금액'].cumsum()

[그림 13-12] resample 함수와 groupby 함수 비교

두 코드의 결과는 동일하다. 또한 resample 함수와 groupby 함수의 구조도 매우 유사하다. groupby 함수로 그룹을 나누는 코드를 resample 함수로 대체한다고 생각하면 학습에 더욱 효과적일 것이다.

차이가 있다면 resample 함수는 시계열로 변환된 열이 필요하고, groupby 함수는 df1의 월 열처럼 시계열의 특정 정보를 담는 별도의 열이 필요하다. 시계열로 변환하는 것이 열을 생성하는 것보다 편해 resample 함수를 더욱 선호한다. df1에서 분기별 누적 합을 구해야 한다면, resample 함수는 주기만 'Q'로 변경하면 분기별 누적 합이 생성된다.

[코드 13-34] resample 함수로 분기별 누적 합 구하기

```
df1.resample('Q', on='날짜')['금액'].cumsum()
```

groupby 함수는 판다스에서 가장 중요한 함수이며 시계열의 groupby라 불리는 resample 함수는 판다스의 시계열에서 가장 중요한 함수이다.

13.4.3 그룹 집계하기(resample)

groupby 함수가 그룹 내에서 함수를 적용해 열을 가공하거나 집계한다. 마찬가지로 resample 함수도 그룹 집계가 가능하다. 실습에 사용할 변수 df를 생성하자.

[코드 13-35] resample 함수와 집계 함수 실습 예제 생성 코드

```
date = pd.date_range('2024-01-30 19:00', periods=6, freq='9h')
data = {'날짜': date,
        '매출': [10000, 20000, 30000, 40000, 50000, 60000],
        '마진': [1000, 2000, 4000, 6000, 7000, 8000]}
df = pd.DataFrame(data)
df
```

	날짜	매출	마진
0	2024-01-30 19:00:00	10000	1000
1	2024-01-31 04:00:00	20000	2000
2	2024-01-31 13:00:00	30000	4000
3	2024-01-31 22:00:00	40000	6000
4	2024-02-01 07:00:00	50000	7000
5	2024-02-01 16:00:00	60000	8000

df

2024년 1월 30일에 개업한 가게의 3일간의 매출 데이터

1월 30일: 매출합 10,000 / 판매 건수 1건
1월 31일: 매출합 90,000 / 판매 건수 3건
2월 01일: 매출합 110,000 / 판매 건수 2건

1월: 매출합 100,000 / 판매 건수 4건 / 일평균 매출 50,000
2월: 매출합 110,000 / 판매 건수 2건 / 일평균 매출 110,000

[그림 13-13] resample 함수를 사용하여 집계 함수 적용을 실습할 예제 df 소개

df는 2024년 1월 30일에 개업한 가게의 3일간 매출 데이터이다. resample 함수와 집계 함수를 적용해 다양한 집계를 수행하자.

먼저 일자별 매출의 합을 구한다. resample 함수에 주기인 'D'를 입력하고 on='날짜'를 입력하면 주기에 따라 기간이 나뉜다. 그런 다음 매출 열을 인덱싱하고 sum 함수를 적용하여 합계를 계산한다.

[코드 13-36] 일자별 매출 합 집계

```
df.resample('D', on='날짜')['매출'].sum()

날짜
2024-01-30    10000
2024-01-31    90000
2024-02-01    110000
Freq: D, Name: 매출, dtype: int64
```

주기를 변경하는 것만으로 월 매출 합계를 구할 수 있다. 주기로 'M'을 입력하자.

[코드 13-37] 월별 매출 합 집계

```
df.resample('M', on='날짜')['매출'].sum()

날짜
2024-01-31    100000
2024-02-29    110000
Freq: M, Name: 매출, dtype: int64
```

월 매출 합계가 집계되었으나 날짜가 월의 마지막을 기준으로 표기되었다. 통상적으로 월의 첫날로 표기되는 것을 선호하므로 주기로 'MS'를 입력하자.

[코드 13-38] 월별 매출 합 집계(월의 첫날로 표기)

```
df.resample('MS', on='날짜')['매출'].sum()

날짜
2024-01-01    100000
2024-02-01    110000
Freq: MS, Name: 매출, dtype: int64
```

resample 함수도 groupby 함수와 마찬가지로 복수의 열에 집계 함수를 적용할 수 있다. 매출 열과 마진 열의 월별 합을 구하자. 복수의 열을 집계하면 결과는 시리즈가 아닌 데이터 프레임을 반환한다.

[코드 13-39] 월별 매출 합과 마진 합 집계

```
df.resample('MS', on='날짜')[['매출', '마진']].sum()
```

날짜	매출	마진
2024-01-01	100000	13000
2024-02-01	110000	15000

resample 함수를 사용하여 월별 집계를 수행했다. 하지만 표기되는 인덱스는 2024-01처럼 기간이 아닌 특정 시점인 2024-01-01로 반환되어 불편함을 느낄 수 있다.

resample 함수는 datetime에 적용되며 결과도 datetime을 기준으로 집계된다. 이는 단점이 아니며 결과가 datetime으로 반환되어 연속해서 resample 함수를 사용할 수 있다. 일자별로 집계된 [코드 13-36]의 결과를 다시 월별로 집계하자. 월별 일 평균 매출금액을 집계하자. [코드 13-36]에 다시 resample 함수를 적용하여 월별 평균을 집계한다. 이때 코드 13-36의 결과는 시리즈이고 DatetimeIndex를 보유하기에 on은 지정하지 않고 주기로 'MS'만 입력한다.

[코드 13-40] 월별 일평균 매출

```
df.resample('D', on='날짜')['매출'].sum().resample('MS').mean()
```

```
날짜
2024-01-01     50000.0
2024-02-01    110000.0
Freq: MS, Name: 매출, dtype: float64
```

결과를 [그림 13-13]의 월별 일 평균 매출과 비교해 확인하자.

집계 결과를 DatetimeIndex로 반환하기에 resample 함수를 연속해서 적용할 수 있다는 점은 장점이다. 그럼에도 인덱스를 2024-01. 2024-02처럼 기간으로 변환하는 것이 필요하다면 to_period 함수를 사용하자.[12]

13.4.4 resample 함수에 agg 함수 적용하기

13.2.3에서 학습한 agg 함수는 groupby 함수와 조합해 다양한 맞춤형 집계를 편리하게 지원한다. agg 함수는 resample 함수와 조합해 다양한 맞춤형 집계를 수행하는 것도 가능하다.

---

[12] 13.5.3. period 자료형으로 변환하기(to_period) 참고

[코드 13-35]의 df를 이용해 [그림 13-13] 우측의 집계 결과를 도출하자. 먼저 일자별 매출 합과 판매 건수를 집계하자. 생성할 열 이름을 매개변수로 입력하고, 적용할 열과 집계 함수를 튜플로 묶어 입력하면 맞춤형 집계가 가능하다. 일별 집계 결과는 변수 tmp로 지정하자.[13]

[코드 13-41] 매출 합과 매출 건수 집계(일 기준)

```
tmp = df.resample('D', on='날짜').agg(
    매출합=('매출', 'sum'), 매출건수=('매출', 'count')
)
tmp
```

날짜	매출합	매출건수
2024-01-30	10000	1
2024-01-31	90000	3
2024-02-01	110000	2

일별 집계 결과를 기반으로 월별 집계를 다시 수행하자. 월 매출 합, 월별 일평균 매출, 총매출 건수를 집계하자. [코드 13-41]의 tmp에 다시 resample 함수로 집계를 수행한다. tmp는 이미 DatetimeIndex를 보유하므로 on으로 별도의 열을 지정할 필요가 없다.

[코드 13-42] 매출 합, 일 평균 매출, 매출 건수 집계(월 기준)

```
tmp.resample('MS').agg(
    매출합계=('매출합', 'sum'),
    일평균_매출=('매출합', 'mean'),
    매출건수=('매출건수', 'sum'),
)
```

날짜	매출합계	일평균_매출	매출건수
2024-01-01	100000	50000.0	4
2024-02-01	110000	110000.0	2

결과를 [그림 13-13]과 비교해 확인하자. agg 함수는 맞춤형 집계를 간편하게 수행하는 강력한 무기이다.

---

13 tmp는 temporary의 약자로 중간 결과를 잠시 사용하고자 변수로 지정할 때 변수명으로 사용한다.

13.4.5 groupby 함수와 resample 함수를 동시에 적용하기

일반 열로 그룹을 나누고 기간에 따라 집계를 수행해야 할 때가 있다. 그때는 groupby 함수와 resample 함수를 동시에 사용한다. 실습할 예제 df1을 생성해 보자.

[코드 13-43] groupby와 resample 동시에 적용 실습 예제 코드

```python
import pandas as pd
date = pd.date_range('2024-01-30 19:00', periods=6, freq='9h')
data1 = {'날짜': date,
         '제품': ['A', 'B', 'A', 'A', 'B', 'A'],
         '매출': [10000, 20000, 30000, 40000, 50000, 60000]}
df1 = pd.DataFrame(data1)
df1
```

제품별로 일자별 판매량을 집계한다. 제품별로 그룹을 나누어야 하므로 groupby 함수를 사용하며 시계열 데이터의 집계이므로 resample 함수도 함께 사용한다. 이때 반드시 그룹바이 객체에 resample 함수를 적용해야 한다. 그룹바이 객체는 groupby 함수를 적용한 결과를 지칭하므로, groupby 함수를 먼저 사용해야 한다는 뜻이다.

[코드 13-44] 제품으로 그룹을 나누어 일자별 매출 합을 집계

```python
df1.groupby('제품').resample('D', on='날짜')['매출'].sum()
```

일자와 제품으로 구분되어 매출의 합이 집계된 시리즈가 생성되었다. 교차표가 필요하다면 unstack 함수를 사용하자.

[코드 13-45] [코드 13-44]의 결과를 교차표로 생성하기

```python
df1.groupby('제품').resample('D', on='날짜')['매출'].sum().unstack(0)
```

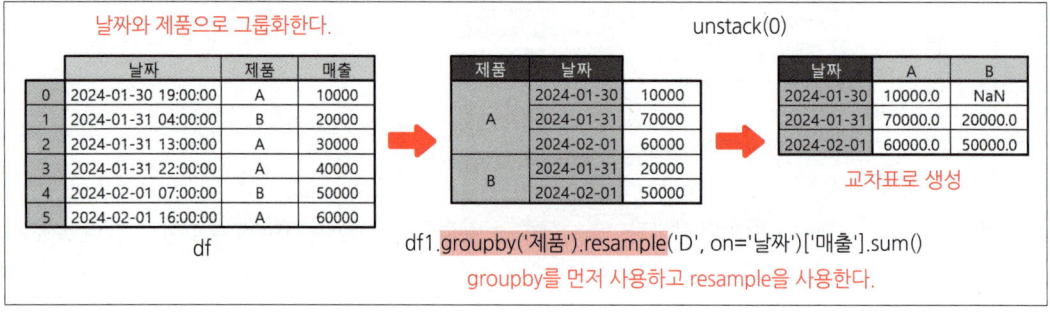

[그림 13-14] groupby 함수와 resample 함수를 동시에 적용하기

주의할 점은 앞서 언급했듯 먼저 groupby 함수를 사용하고 그 후에 resample 함수를 사용해야 한다. 또한 집계 함수만 적용한다. 열 가공 함수들을 적용할 때는 resample 함수 대신 13.6.3에서 학습하는 Grouper 함수를 사용한다.

시계열과 일반 열로 동시에 그룹화하기

1. groupby와 resample을 사용한다.
   장점: 새로운 함수를 배우지 않아도 된다.
   단점: 집계 함수만 가능하다. 반드시 순서를 지켜야 한다.
   (순서를 쉽게 연상하려면 그룹화니까 ㄱ→ㄹ 순서, 혹은 group이니까 g→r 순서)

2. Grouper 함수로 그루퍼를 생성해 groupby 함수에 입력한다.
   장점: 집계 함수, 열 가공 함수 모두 가능하다.
   단점: 새로운 함수를 배워야 한다.

[그림 13-15] 시계열과 일반 열로 동시에 그룹화하기

엑셀 예제 22   시계열 데이터가 포함된 온라인 쇼핑몰 데이터 다루기 (2)

앞서 실습해 보았던 엑셀 예제 21의 온라인 쇼핑몰 데이터를 다양한 기간으로 집계를 수행하자. 해당 데이터는 2022-06-01 00:00:00부터 2022-06-07 23:59:59까지의 데이터이다. 먼저 순 방문자 수와 페이지 뷰를 집계한다. 실습을 통해 resample 함수의 장점이 여러분에게 더욱 와닿도록 6시간 간격으로 집계하자.

순 방문자 수와 페이지 뷰 수를 6시간마다 집계한다.

먼저 순 방문자 수와 페이지 뷰의 차이를 살펴보자. 순 방문자 수는 해당 기간 유저 코드의 유일 값 개수를 의미하며 페이지 뷰는 방문자가 열어본 모든 페이지의 개수를 의미한다. 한 명의 유저가 여러 번의 페이지를 열어보므로 당연히 순 방문자 수보다 페이지 뷰가 많을 것이다.

Date	Ucode	...	Action
2022-06-01 00:01:00	u001	...	V
2022-06-01 00:05:00	u001	...	V
2022-06-01 00:15:00	u002	...	V
2022-06-01 00:30:00	u003	...	V
2022-06-01 01:01:00	u002	...	V
2022-06-01 02:01:00	u001	...	V

왼쪽의 데이터라면

순 방문자는 3명
(Ucode 열의 유일 값의 개수: nunique)

페이지 뷰는 6이다.
(행의 수: count)

[그림 13-16] 순 방문자 수와 페이지 뷰의 차이

6시간 간격으로 집계하려면 resample 함수의 주기를 '6H'로 설정해야 한다. 시간이 주기일 때 resample 함수에서 주기의 시작 시점은 첫 번째 데이터 날짜의 00:00:00이다. 그래서 기본값으로도 2022년 6월 1일 00:00:00부터 6시간 간격으로 데이터를 집계한다. 순 방문자는 nunique 함수, 페이지 뷰는 count 함수를 사용하여 집계한다. agg 함수를 사용하면 맞춤형 집계가 더욱 간편하다. 아래 코드를 실행하기에 앞서 먼저 [코드 13-14]를 실행해 변수 df_ec를 불러와야 한다.

[코드 13-46] 6시간마다 순 방문자 수와 페이지 뷰를 집계하기

```
(df_ec.resample('6H')
 .agg(Unique_visitor=('Ucode', 'nunique'), Page_view=('Action', 'count'))
)
```

Date	Unique_visitor	Page_view
2022-06-01 00:00:00	1483	2332
2022-06-01 06:00:00	2039	3592
2022-06-01 12:00:00	3372	5673
...	...	...
2022-06-06 06:00:00	1345	2216
2022-06-06 12:00:00	2038	3229
2022-06-06 18:00:00	1070	1572

24 rows × 2 columns

집계 결과를 선 그래프로 시각화하자. 선 그래프의 마커도 지정하고, 색상을 컬러 팔레트로 지정하고자 colormap='RdBu'[14]를 입력한다. 매개변수 title로 제목도 지정한다.

[코드 13-47] 6시간마다 순 방문자 수와 페이지 뷰를 집계한 결과 시각화

```
title1 = 'Unique visitor vs Page view (per 6H)'
(df_ec.resample('6H')
 .agg(Unique_Visitor=('Ucode', 'nunique'), Page_view=('Action', 'count'))
 .plot(marker='o', colormap='RdBu', title=title1)
)
```

---

14   팔레트를 사용할 때는 매개변수로 colormap을 사용해야 한다. 'RdBu'는 matplotlib 라이브러리의 컬러 팔레트 중 하나이다. 빨간색에서 파란색까지 그러데이션 색상을 지원한다. **15.3.1. 색상** 참고.

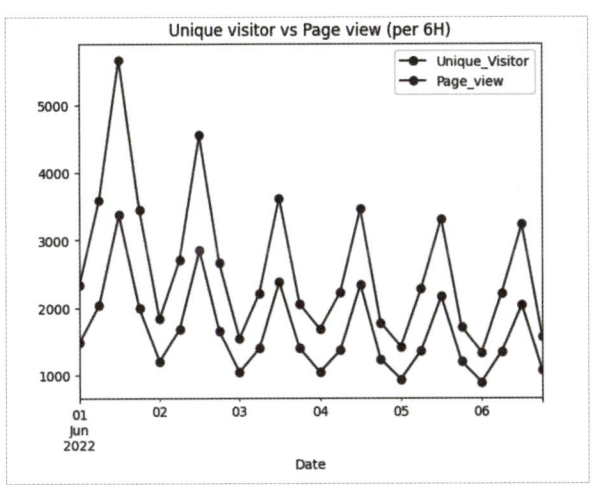

총방문자보다 페이지 뷰가 더 많았는데 이는 당연한 결과이다. 그래프를 살펴보면 총방문자와 페이지 뷰는 양의 상관관계가 있으며 시각에 따른 경향성도 나타난다. 추후 엑셀 예제 23에서 시각으로 그룹을 나누어 집계해 시각에 따른 경향성을 파악하자.

이번에는 각 카테고리의 판매 금액을 합산한다. 마찬가지로 6시간 간격으로 합산한다.

> 각 카테고리의 판매 금액을 6시간마다 집계한다.

Action 열의 값은 V(view), B(buy), C(cart)로 분류되기에 판매 금액을 합산하고자 Action 열이 'B'인 데이터만 추출한다. Action 열이 'B'인 데이터에서 Price 열을 집계하면 판매 금액이 합산된다. 기간과 카테고리 두 가지 기준으로 그룹을 나누어야 하므로 groupby 함수와 resample 함수를 함께 사용한다. 교차표를 생성하고자 unstack 함수도 사용한다.

[코드 13-48] 6시간마다 각 카테고리의 매출 금액 집계하기

```
cond = df_ec['Action'] == 'B'
df_ec[cond].groupby('Category').resample('6H')['Price'].sum().unstack(0)
```

Category Date	Car	Computer	Fashion	Food
2022-06-01 00:00:00	96.67	250.18	NaN	4062.26
2022-06-01 06:00:00	375.46	1498.62	279.78	3684.50
2022-06-01 12:00:00	238.59	178.87	955.11	4459.44
...	...	...	...	...
2022-06-06 06:00:00	1055.11	128.68	55.86	245.29
2022-06-06 12:00:00	213.10	421.35	334.49	1365.58
2022-06-06 18:00:00	NaN	249.96	NaN	967.18

24 rows × 4 columns

집계 결과를 시각화하자. 하나의 그래프로 생성한다면, [코드 13-49]를 사용한다. 카테고리에 따라 별도의 그래프를 생성하고 싶다면, [코드 13-50]처럼 subplots=True를 입력하고 매개변수 layout 으로 배치도 지정하자.[15]

[코드 13-49] 6시간마다 각 카테고리의 매출 금액 집계 시각화

```
title2 = 'Sales Amount by Category ($ / 6H)'
(df_ec[cond]
 .groupby('Category')
 .resample('6H')['Price'].sum().unstack(0)
.plot(marker='o', colormap='RdBu', title=title2)
)
```

[코드 13-50] 6시간마다 각 카테고리의 매출 금액 집계 시각화(subplot)

```
(df_ec[cond]
 .groupby('Category')
 .resample('6H')['Price'].sum().unstack(0)
.plot(marker='o', colormap='RdBu', title=title2, subplots=True, layout=(2, 2))
)
```

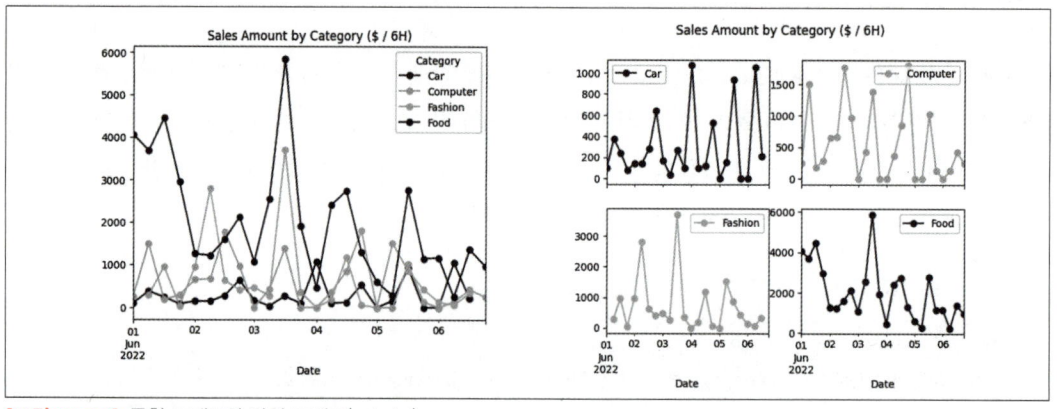

[그림 13-17] 통합 그래프와 하위 그래프(subplot)

시각화 결과를 분석하면, 6월 3일에 식료품 판매가 가장 높은 매출액을 기록하며 고점을 기록했고 의외로 자동차 판매 금액이 부진했다. 해당 온라인 쇼핑몰의 주력 상품은 식료품과 패션잡화로 보인다.

resample 함수는 판다스 학습의 고통에 대한 보상처럼 강력한 기능을 제공한다. 한 번 사용하면 resample 없이 시계열 데이터를 집계하는 것은 상상할 수 없을 정도로 강력하다.

---

15 subplots가 True이면 매개변수 layout에 입력된 배치로 개별 그래프가 생성된다. **15.3.3. 영역을 분할해 하위 그래프 생성하기** 참고

13.5 특정 시계열 데이터 추출

시계열 데이터는 연도, 분기, 월, 일, 시, 분, 초, 요일 등의 다양한 데이터를 포함한다. 시계열 데이터에서 특정 데이터만 추출하여 열을 가공하거나 필터링하는 작업이 필요할 때가 있다. 판다스는 dt 접근자와 함께 사용하는 다양한 속성과 메서드를 통해 특정 데이터를 추출할 수 있다.

13.5.1 특정 시계열 데이터 추출하는 다양한 메서드(dt 접근자)

판다스에는 시계열 데이터에서 특정 데이터만 반환하는 여러 속성(attribute)과 함수가 있다.

속성 또는 함수	추출 대상	예 (2025-02-03 18:10:30)	자료형
year	연도	2025	int
quarter	분기	1	int
month	월	2	int
day	일	3	int
hour	시	18	int
minute	분	10	int
second	초	30	int
weekday	요일[16]	0	int
dayofyear	연중 몇 번째 날	34	int
days_in_month	소속 달의 총일수	28	int
date	날짜 부분만	2025-02-03	object (datetime.date)
time	시간 부분만	18:10:30	object (datetime.time)
day_name()	요일의 영문명	Monday	object (str)
month_name()	월의 영문명	February	object (str)
isocalendar()	연도, 주, 요일[17]을 데이터 프레임으로 반환	데이터 프레임	int
normalize()	시간을 00:00:00으로 변환(날짜만 표기된다)	2025-02-03	datetime64[ns]

[표 13-3] 시계열 데이터의 특정 데이터만 반환하는 다양한 속성(attribute)과 함수

---

[16] 요일을 숫자로 표현했을 때, 월요일이 0, 일요일이 6인 요일을 반환
[17] 요일을 숫자로 표현했을 때, 일요일이 0, 토요일이 6인 요일을 반환

실습할 변수 s1과 s2를 생성하자.

[코드 13-51] 다양한 시계열 데이터 추출 실습 예제 코드

```
import pandas as pd
idx = pd.date_range('2023-11-03', periods=6, freq='43D 9H 10T 13S')
s1 = pd.Series(idx)
s2 = pd.Series([10, 20, 30, 40, 50, 60], index=idx)
```

시리즈 s1에서 연도, 분기, 월, 일, 시, 분, 초 등의 주요 데이터를 추출하자.

[코드 13-52] 시계열 시리즈 s1에서 다양한 시계열 데이터 추출 실습

```
s1.dt.year   # 연도
s1.dt.quarter # 분기
s1.dt.month  # 월
s1.dt.day    # 일
s1.dt.hour   # 시각
s1.dt.minute # 분
s1.dt.second # 초
```

분기나 월에 연도의 데이터는 포함되지 않는다.

	s1		연도: s1.dt.year		분기: s1.dt.quarter		월: s1.dt.month
0	2023-11-03 00:00:00	0	2023	0	4	0	11
1	2023-12-16 09:10:13	1	2023	1	4	1	12
2	2024-01-28 18:20:26	2	2024	2	1	2	1
3	2024-03-12 03:30:39	3	2024	3	1	3	3
4	2024-04-24 12:40:52	4	2024	4	2	4	4
5	2024-06-06 21:51:05	5	2024	5	2	5	6

	일: s1.dt.day		시: s1.dt.hour		분: s1.dt.minute		초: s1.dt.second
0	3	0	0	0	0	0	0
1	16	1	9	1	10	1	13
2	28	2	18	2	20	2	26
3	12	3	3	3	30	3	39
4	24	4	12	4	40	4	52
5	6	5	21	5	51	5	5

[그림 13-18] 특정 시계열 데이터를 추출하는 다양한 속성

시리즈에 dt 접근자를 먼저 적용하고 [표 13-3]의 속성들을 적용하면 다양한 시계열 데이터가 추출된다. 이때 유의할 점은 분기나 월의 데이터에는 연도가 포함되지 않는다는 점이다. 따라서 2023Q1

과 2024Q1은 모두 1을 반환하므로 분기별 집계에는 적합하지 않다. 물론 분기별 집계는 어차피 resample 함수를 사용하므로 크게 불편하지 않다.

datetime에서 시간을 표기에서 제외하고 싶을 때는 여러 방법이 있지만 주로 normalize 함수를 사용한다. 이 함수는 시각을 00:00:00으로 표준화하여 날짜만 출력하도록 한다. 이러면 시간을 출력하지 않을 뿐 00:00:00의 데이터를 가진다. datetime 자료형을 유지하면서 시간을 표기하지 않아 여러 시계열 함수를 적용할 수 있는 것이 장점이다.

[코드 13-53] 시간을 제외하고 날짜만 출력하기

```
s1.dt.normalize()
```

```
0    2023-11-03
1    2023-12-16
2    2024-01-28
3    2024-03-12
4    2024-04-24
5    2024-06-06
dtype: datetime64[ns]
```

[표 13-3]의 나머지 속성과 함수는 각자 실습해 보자. 다양한 데이터가 추출된다.

[표 13-3]의 속성과 함수는 데이터 프레임을 대상으로 사용할 수는 없다. 다만 인덱스에는 적용이 가능하다. DatetimeIndex에 적용할 때는 dt 접근자를 사용하지 않아야 한다.

> **시계열 인덱스에 적용할 때 (예: DatetimeIndex)**
> → dt 접근자 없이 속성과 함수 사용
>
> **시리즈에 적용할 때 (예: 자료형이 datetime64[ns]인 시리즈)**
> → dt 접근자와 함께 속성과 함수 사용

[그림 13-19] [표 13-3]의 속성과 함수를 시리즈에 적용할 때와 인덱스에 적용할 때의 차이

아래 코드로 s2의 DatetimeIndex에서 다양한 실습을 수행하자. 결과는 인덱스로 반환되지만 내포하는 데이터는 [코드 13-52]의 데이터와 동일하다.

[코드 13-54] DatetimeIndex에서 다양한 시계열 데이터 추출 실습

```
s2.index.year # 연도
s2.index.quarter # 분기
s2.index.month # 월
s2.index.day # 일
```

```
s2.index.hour    # 시각
s2.index.minute  # 분
s2.index.second  # 초
```

시계열 데이터를 인덱스로 사용하면 여러 장점이 있다. dt 접근자 없이도 데이터에 접근할 수 있으며 resample 함수에서 시계열 열을 지정할 필요가 없다. 또한 인덱싱과 슬라이싱이 간편하고, DatetimeIndex를 보유한 객체에서만 사용 가능한 between_time 등의 함수도 활용할 수 있다.

하지만 인덱스는 키(key) 역할을 해서 엑셀 예제 17처럼 중복된 timestamp가 존재하면 인덱스로 지정했을 때 많은 기능에서 문제가 발생한다. 따라서 중복되지 않은 시계열 데이터만 인덱스로 만드는 것이 좋다.

13.5.2 문자열로 변환하기(strftime)

시계열 데이터에서 특정 데이터만 추출하여 문자열로 반환할 수 있다. strftime 함수를 dt 접근자와 함께 사용하고 지시자(directive)를 이용하여 문자열의 표기 형식을 지정한다.

지시자	뜻	예(2025-02-03 18:10:30)
%y	연도의 뒤 두 자리	25
%Y	연도	2025
%m	월, 0으로 채움	02
%B	월, 영문명	February
%b	월, 영문 약자	Feb
%w	요일(0이 일요일)	1
%A	요일, 영문명	Monday
%a	문자 요일, 영문 약자	Mon
%d	일, 0으로 채움	03
%H	시각, 24시 기준, 0으로 채움	18
%I	시각, 12시 기준, 0으로 채움	06
%p	AM과 PM의 구분	PM
%M	분, 0으로 채움	10
%S	초, 0으로 채움	30
%q	분기(period 자료형일 때만 사용하는 지시자)	1

[표 13-4] 표기 형식을 지정하는 지시자(directive)

[표 13-4]의 지시자들을 원하는 표기 형식으로 조합해 strftime 함수에 입력하면 된다. 이 표는 암기할 필요 없이 필요할 때 찾아보자.

[코드 13-51]의 s1을 사용하여 실습해 보자. datetime을 '%m/%d/%y' 형식의 문자열로 변환하자. 예를 들어 2023/11/03 00:00:00의 datetime을 '11/03/23' 형식의 문자열로 변환한다. strftime 함수에 지시자와 구분자를 적절하게 조합해 원하는 문자열을 만들 수 있다.

[코드 13-55] datetime을 '%m/%d/%y' 형식의 문자열로 변환

```
s1.dt.strftime('%m/%d/%y')
```

[코드 13-55]는 datetime 객체로부터 시간 정보를 제거하고 날짜 정보만 문자열로 변환했다. 이처럼 데이터의 일부만 문자열 형식으로 추출하는 것도 가능하다. 예를 들어, 연도와 월 정보만 조합하여 2023/11/03 00:00:00을 '2023/11'의 문자열로 변환할 수 있다.

[코드 13-56] datetime을 '%Y/%m' 형식의 문자열로 변환

```
s1.dt.strftime('%Y/%m')
```

시계열 데이터에서 일부만 추출할 수 있다.

	s1		s1.dt.strftime('%m/%d/%y')		s1.dt.strftime('%Y/%m')
0	2023-11-03 00:00:00	0	'11/03/23'	0	'2023/11'
1	2023-12-16 09:10:13	1	'12/16/23'	1	'2023/12'
2	2024-01-28 18:20:26	2	'01/28/24'	2	'2024/01'
3	2024-03-12 03:30:39	3	'03/12/24'	3	'2024/03'
4	2024-04-24 12:40:52	4	'04/24/24'	4	'2024/04'
5	2024-06-06 21:51:05	5	'06/06/24'	5	'2024/06'

[그림 13-20] 시계열 데이터에서 원하는 정보만 문자열로 변환하기(strftime)

to_datetime 함수로 시계열 데이터 변환을 수행할 때도 지시자가 사용된다. 데이터의 날짜 형식이 일반적이지 않을 때 매개변수 format에 지시자로 날짜 형식을 지정하면, 정확히 날짜를 읽어 datetime 자료형으로 변환한다.

13.5.3 period 자료형으로 변환하기(to_period)

앞서 resample 함수로 기간을 나누어 집계했을 때, 집계 결과가 DatetimeIndex로 반환되어 기간을 명확하게 표현하지 못하는 불편함이 있다. 이 문제를 해결하려면 period 자료형을 사용하는 것이 좋다.

[코드 13-51]의 변수 s2를 사용하여 분기별 합을 수행해 변수 tmp에 저장하자. 명확히 기간을 표현하고자 to_period 함수를 사용하여 DatetimeIndex를 분기를 나타내는 PeriodIndex로 변환하자. PeriodIndex는 period 자료형 인덱스를 지칭하는 클래스이다. 생성된 PeriodIndex를 인덱스로 지정하면 집계의 기간이 명확하게 표현된다.

[코드 13-57] 분기별로 집계한 뒤, 인덱스를 PeriodIndex로 변환

```
tmp = s2.resample('Q').sum()
tmp.set_axis(tmp.index.to_period('Q'))
```

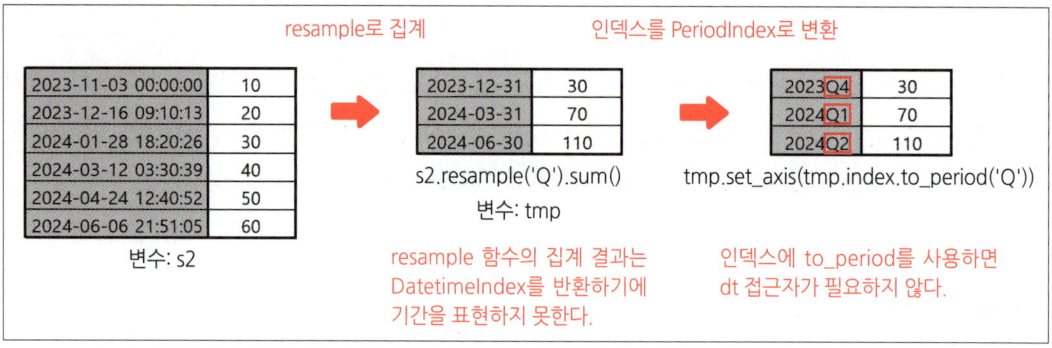

[그림 13-21] resample 결과의 DatetimeIndex를 PeriodIndex로 변환하기

엑셀 예제 23 시계열 데이터가 포함된 온라인 쇼핑몰 데이터 다루기 (3)

엑셀 예제 22에서 6시간 간격으로 순 방문자 수와 페이지 뷰 수를 집계한 결과, 같은 일자에서도 시각에 따라서도 유의미한 차이가 나타났다. 그래서 이번에는 시각에 따라 총 페이지 뷰를 집계한다. 날짜와 관계없이 00시의 페이지 뷰와 01시, 02시,…, 23시의 데이터를 집계해 페이지 뷰의 수를 계산하자.

날짜와 관계없이 시각의 총 페이지 뷰를 집계한다.

시간의 흐름에 따라 기간을 나누는 것이 아니므로 resample 함수로 집계할 수 없다. 6월 1일의 00시는 0그룹이고, 6월 1일의 01시는 1그룹이고, 다시 6월 2일의 00시는 0그룹이다. 시계열 데이터이지만 시간 순서대로 구간을 나누는 것이 아니기에 resample 함수로 집계할 수 없다. 시각 데이터를 [표 13-3]의 hour 메서드로 추출한 후 열로 만들고, groupby 함수로 집계하자. df_ec는 Datetime-Index를 보유하기에 hour 메서드에 dt 접근자는 사용할 필요가 없다. 아래 코드를 실행하기에 앞서 먼저 [코드 13-14]를 실행해 변수 df_ec를 불러와야 한다.

[코드 13-58] 시각의 데이터를 hour 열로 생성

```
df_ec['hour'] = df_ec.index.hour
df_ec
```

	Ucode	Category	Pcode	Price	Action	hour
Date						
2022-06-01 00:00:01	u514028527	Fashion	p13071150	411.59	V	0
2022-06-01 00:00:13	u550193582	Car	p12705151	51.22	C	0
2022-06-01 00:00:19	u542985695	Food	p12705928	139.58	B	0
...	...	...	...	...	...	...
2022-06-06 23:59:29	u534987603	Food	p71018150	115.81	V	23
2022-06-06 23:59:43	u553673695	Food	p30400010	584.75	V	23
2022-06-06 23:59:50	u524946851	Food	p54900011	64.35	V	23

62455 rows × 6 columns

생성된 hour 열로 그룹을 나눈 뒤 count 함수를 적용해 시각별 페이지 뷰를 집계하자.

[코드 13-59] 6일간의 데이터를 시각으로 그룹을 나누어 페이지 뷰 구하기

```
df_ec.groupby('hour')['Action'].count()
```

시각에 따라 집계한 결과를 시각화하자.

[코드 13-60] [코드 13-59]의 결과를 시각화

```
title3 = 'Distribution of page views by hour'
(df_ec
 .groupby('hour')['Action'].count()
 .plot(marker='o', colormap='RdBu', title=title3)
)
```

```
hour
0       1036
1        988
2       1810
        ...
21      1507
22      1486
23      1460
Name: Action, Length: 24,
dtype: int64
```

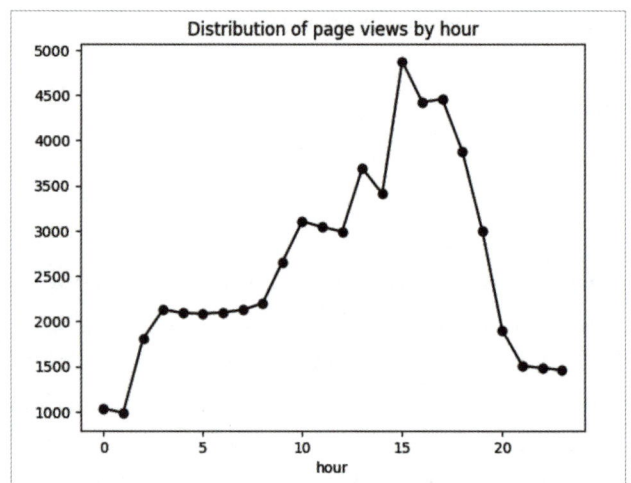

다음과 같은 분석 결과를 도출한다.

> 📎 **시각에 따른 온라인 쇼핑몰 페이지 뷰 변화**
>
> 2022년 6월 1일에서 2022년 6월 6일까지의 기간 중에 3~8시에는 도합 2,500건 이하의 페이지 뷰를 기록합니다. 9시부터는 이전보다 페이지 뷰가 증가합니다. 13~18시는 가장 활발한 시간대이며, 특히 15시에는 도합 5,000건에 가까운 페이지 뷰를 기록합니다. 18시 이후에는 큰 폭으로 감소하며, 22시 이후부터 새벽 2시까지는 2,000건 이하의 낮은 페이지 뷰를 기록합니다.

13.6 그 외 시계열 데이터를 다루는 함수들

시계열의 변환, 생성, 주기, 집계, 특정 데이터 추출까지 흐름에 맞춰 학습했다면 이제 시계열의 핵심을 모두 익혔다고 할 수 있다. 축하한다. 이 외에도 상황에 따라 필요한 함수들을 소개한다.

13.6.1 시간대 변환

시계열 데이터를 다루면 시간대(time zone)를 변환할 필요가 있을 때가 있다. 판다스에서 생성된 시계열 데이터는 기본적으로 기준 시간대를 가지지 않는다. 따라서 시간대를 변환하려면 먼저 tz_localize 함수로 시간대를 지정하고, 이후 tz_convert 함수를 사용하여 원하는 시간대로 변환해야 한다. 두 함수 모두 시계열 시리즈에 적용할 때는 dt 접근자와 함께 사용한다.

[코드 13-51]의 s1이 대한민국 표준 시간대로 측정된 timestamp라고 가정하자. 이를 동부 표준시(EST)로 변환하려면 먼저 tz_localize 함수에 'Asia/Seoul'을 입력하여 대한민국 표준 시간대로 지정하고, 그다음에 tz_convert 함수에 'EST'를 입력하여 동부 표준시로 변환한다.

[코드 13-61] 시간대 지정하기('Asia/Seoul')

```
s1.dt.tz_localize('Asia/Seoul')
```

[코드 13-62] 시간대를 지정하고 동부 표준시(EST)로 변환하기

```
s1.dt.tz_localize('Asia/Seoul').dt.tz_convert('EST')
```

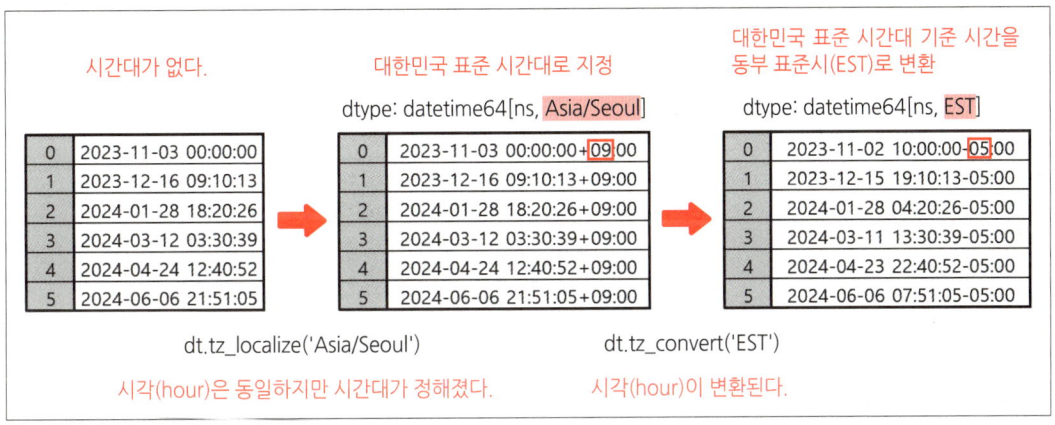

[그림 13-22] 시간대(time zone) 설정과 변환

결과는 시간대가 설정된 자료형을 얻는다. 단순히 두 시간대의 시차를 적용해 14시간만 조정하는 것이 아니라, 기준 시간대도 포함된 datetime 자료형을 얻는다.

13.6.2 시간 간격 생성하기(DateOffset)

13.6.1에서 시간대를 별도로 설정하지 않고 단순히 14시간의 시간차를 조정한다면 13.2.2에서 학습한 Timedelta 함수로 14시간을 생성해 연산해도 된다.

[코드 13-63] 자료형을 그대로 두고 14시간의 시차만 조정하기

```
s1 - pd.Timedelta('14h')
```

다만 14시간과 같은 명확한 시간 간격은 timedelta 자료형으로 생성할 수 있지만 3개월처럼 불확실한 시간 간격은 timedelta 자료형으로 생성할 수 없다. 3개월은 89~92일이 될 수 있기 때문이다.

이런 불확실한 시간 간격은 DateOffset 함수로 생성한다. DateOffset 함수는 반드시 함수 형태인

CHAPTER 13 시계열 데이터 **459**

pd.DateOffset으로 사용해야 한다. DateOffset 함수의 months=3을 입력하면 3개월의 시간 간격이 생성된다. 생성된 시간 간격을 s1과 더하면 s1에서 3개월 후에 해당하는 datetime을 얻는다.

[코드 13-64] 3개월 후의 datetime으로 변환하기

```
s1 + pd.DateOffset(months=3)
```

시간 간격을 생성하는 매개변수들은 복수형의 영어 단어이다. DateOffset 함수에는 단수형의 이름인 매개변수도 존재하니 유의하자. months=3은 3개월 후의 시간 간격을 생성하지만, month=3은 datetime의 월 데이터를 3으로 변환한다.

[코드 13-65] [코드 13-64]의 매개변수를 months가 아니라 month로 입력한 결과

```
s1 + pd.DateOffset(month=3)
```

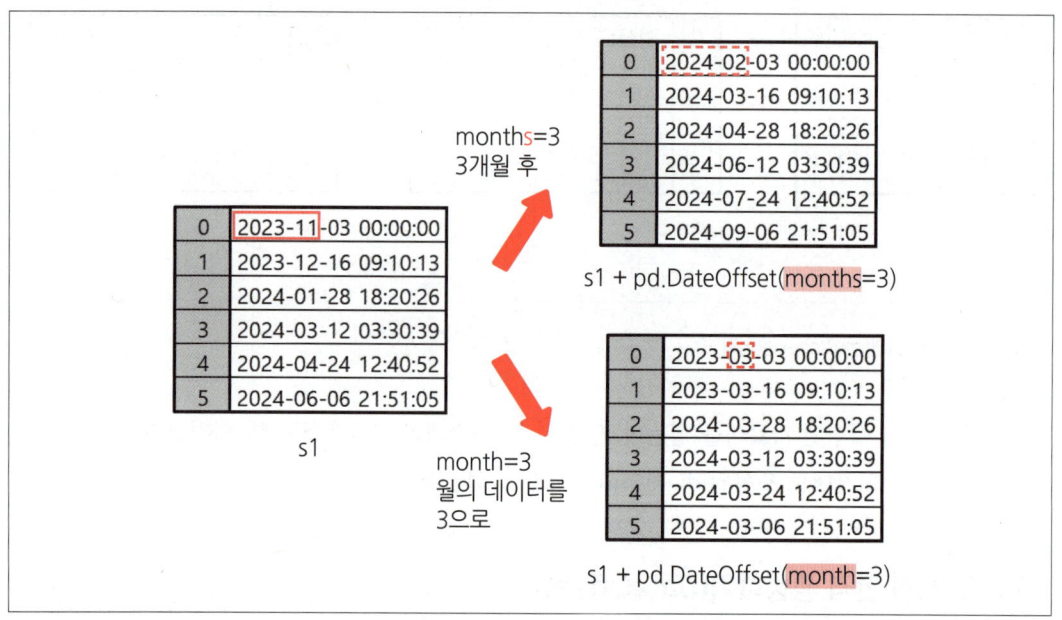

[그림 13-23] DateOffset 함수

months뿐 아니라 years, weeks 등의 매개변수로 다양한 시간 간격을 생성한다.

13.6.3 시계열 그루퍼 생성하기(Grouper)

13.4.5에서 groupby 함수와 resample 함수를 동시에 적용하여 시계열 데이터와 일반 열을 동시에

그룹화하고 집계를 수행했다. Grouper 함수를 사용하여 시계열 그루퍼[18]를 생성한 후 groupby 함수를 사용하는 방법도 가능하다.

[코드 13-43]의 df1을 이용하여 실습해 보자. 일자별 판매량을 제품별로 집계할 것이다. [코드 13-44]처럼 groupby 함수와 resample 함수를 연속해서 사용해도 되지만 Grouper 함수로 생성한 그루퍼를 groupby 함수에 입력해도 된다.

[코드 13-66] Grouper 함수를 이용해 시계열 그루퍼를 생성해 집계하기

```
df1.groupby(['제품', pd.Grouper(key='날짜', freq='D')])['매출'].sum()
```

결과는 [코드 13-44]의 실행 결과와 같으며 [그림 13-14]에서 확인하자.

[코드 13-44]와 [코드 13-66]을 비교하면, 두 코드는 구조가 유사하다. 따라서 resample 함수에 익숙한 사용자라면 Grouper 함수를 사용하기 쉽다.

```
df1.groupby(['제품', pd.Grouper(key='날짜', freq='D')])['매출'].sum()

df1.groupby('제품').resample(rule='D', on='날짜')['매출'].sum()
```

Grouper 함수를 사용할 때와 resample을 사용할 때는 유사한 코드 구조를 가진다.
(Grouper 함수가 groupby 안에 입력되는 것이 다르다.)

[그림 13-24] Grouper 함수와 resample 함수로 집계할 때의 코드 구조 비교

코드 구조도 비슷하고 결과도 똑같은데 resample 함수 대신 Grouper 함수를 사용하는 이유는 다음과 같다. Grouper 함수를 사용하면 groupby와 resample의 적용 순서에 구애받지 않는다. 또한 resample 함수는 단독으로는 열 가공 함수들을 적용할 수 있지만 그룹바이 객체에 resample을 사용할 때 열 가공 함수를 적용할 수 없다는 단점이 있다. 이 문제도 Grouper 함수로 해결이 가능하다.

Grouper 함수로 시계열 데이터와 일반 열로 그룹을 나누어 열 가공 함수를 적용하는 실습을 수행하자. 시계열 그루퍼를 생성해 groupby 함수에 입력한다. 열 가공 함수는 cumsum을 적용하자.

[코드 13-67] Grouper 함수로 시계열과 일반 열을 동시에 그룹화해 열 가공하기

```
df1.groupby(['제품', pd.Grouper(key='날짜', freq='D')])['매출'].cumsum()
```

---

18 그루퍼는 그룹을 나누는 기준을 배열로 생성한다. 12.3.4. 그루퍼 참고

13.6.4 영업일만 배열로 생성하기(bdate_range)

date_range 함수의 주기 'B'로 영업일을 생성하면, 토요일과 일요일을 제외한 날짜를 생성한다. 그러나 이 방식은 특정 국가의 공휴일을 반영하지 못하는 한계가 있다.

일	월	화	수	목	금	토
				1	2	3
4	5	6	7	8	9	10
11	12	13	14	15	16	17
18	19	20	21	22	23	24

[그림 13-25] 2024년 8월 달력

지금부터 2024-08-09부터 8개의 영업일을 배열로 생성한다. 결과를 2024년 8월 달력과 비교해 확인하자. date_range 함수로 영업일만 생성하도록 주기는 'B'를 입력한다.

[코드 13-68] 2024-08-09부터 8개의 영업일을 배열로 생성(date_range)

```
pd.date_range('2024-08-09', periods=8, freq='B')
```

```
DatetimeIndex(['2024-08-09', '2024-08-12', '2024-08-13', '2024-08-14',
               '2024-08-15', '2024-08-16', '2024-08-19', '2024-08-20'],
              dtype='datetime64[ns]', freq='B')
```

date_range 함수로는 대한민국의 기념일인 광복절을 제외한 배열을 생성하지 못한다.

이러한 문제를 해결하고자 bdate_range 함수를 사용한다. bdate_range 함수는 사용자가 지정한 공휴일을 제외한 영업일을 생성한다. 이 기능은 특히 금융 분석이나 비즈니스 캘린더를 관리할 때 유용하다. 사용자는 매개변수 holidays로 특정 공휴일을 지정하거나 매개변수 weekmask로 영업 요일을 지정할 수도 있다.

bdate_range 함수로 2024-08-09부터 8개의 영업일을 배열로 생성한다. 매개변수 holydays에 설정할 공휴일인 광복절을 리스트로 묶어 입력하자. 사용자 지정 공휴일을 반영하려면 주기는 custom을 뜻하는 'C'로 입력해야 한다.

[코드 13-69] 2024-08-09부터 광복절을 제외한 8개의 영업일을 배열로 생성

```
holidays = ['2024-08-15']
pd.bdate_range('2024-08-09', periods=8, freq='C', holidays=holidays)
```

```
DatetimeIndex(['2024-08-09', '2024-08-12', '2024-08-13', '2024-08-14',
               '2024-08-16', '2024-08-19', '2024-08-20', '2024-08-21'],
```

```
            dtype='datetime64[ns]', freq='C')
```

광복절을 제외하고 8개의 영업일을 반환한다.

bdate_range 함수는 영업일의 요일도 지정한다. 우리 회사는 토요일에도 출근해 영업일을 생성할 때 토요일도 포함해야 한다고 한다. weekmask에 근무 요일을 문자열로 입력하면 토요일도 영업일에 포함된 결과를 얻는다.

[코드 13-70] 2024-08-09부터 토요일을 포함한 8개의 영업일을 배열로 생성

```
weekmask = 'Mon Tue Wed Thu Fri Sat'
holidays = ['2023-08-15']
pd.bdate_range(
    '2023-08-09', periods=8, freq='C', holidays=holidays, weekmask=weekmask
)
```

```
DatetimeIndex(['2023-08-09', '2023-08-10', '2023-08-11', '2023-08-12',
               '2023-08-14', '2023-08-16', '2023-08-17', '2023-08-18'],
              dtype='datetime64[ns]', freq='C')
```

13.6.5 업샘플링(asfreq 외)

resample 함수를 활용해 시계열 데이터를 집계하면 샘플 숫자가 줄어 다운샘플링(downsampling)이라고 한다. 반대로 데이터를 세분화해 샘플의 수를 늘리는 업샘플링(upsampling)도 가능하다.

resample 함수도 업샘플링을 수행하며 그 밖에 다양한 방법이 존재한다. 업샘플링을 실습할 변수들을 생성하자.

[코드 13-71] 업샘플링 실습 예제 코드

```
import pandas as pd
idx1 = pd.to_datetime(['2024-08-14 09', '2024-08-14 11', '2024-08-19 09'])
idx2 = pd.to_datetime(['2024-08-14', '2024-08-16', '2024-08-19'])
s1 = pd.Series([10, 20, 50], index=idx1)
s2 = pd.Series([10, 20, 50], index=idx2)
```

먼저 resample 함수를 사용해 업샘플링을 수행하자. s1은 주식의 구매 일지로, 이를 활용해 일자별 주식 보유량을 산출한다. 구매하지 않은 날짜에도 주식을 보유하기에 보유 일지를 생성하려면 업샘플링이 필요하다. resample 함수는 데이터가 없는 구간까지 모두 생성하므로 일자별로 집계하는 것만으로도 업샘플링을 수행한다.

[코드 13-72] 일자별 구매량 집계하기

```
s1.resample('D').sum()
```

주식 구매량을 업샘플링한 후 누적 합계를 계산하면 주식의 보유량이 파악된다.

[코드 13-73] 일자별 구매량의 누적 합으로 일자별 보유량 구하기

```
s1.resample('D').sum().cumsum()
```

resample 함수로 집계한 결과 존재하지 않던 구간도 0으로 채워진다. 그래서 이를 바탕으로 누적 합계를 집계하기 편리하다. 만약 데이터가 없는 구간을 NaN으로 생성하길 원한다면 sum 함수에 min_count=1을 입력하자.[19]

[코드 13-74] [코드 13-72]에서 데이터가 없는 구간은 NaN을 생성하기

```
s1.resample('D').sum(min_count=1)
```

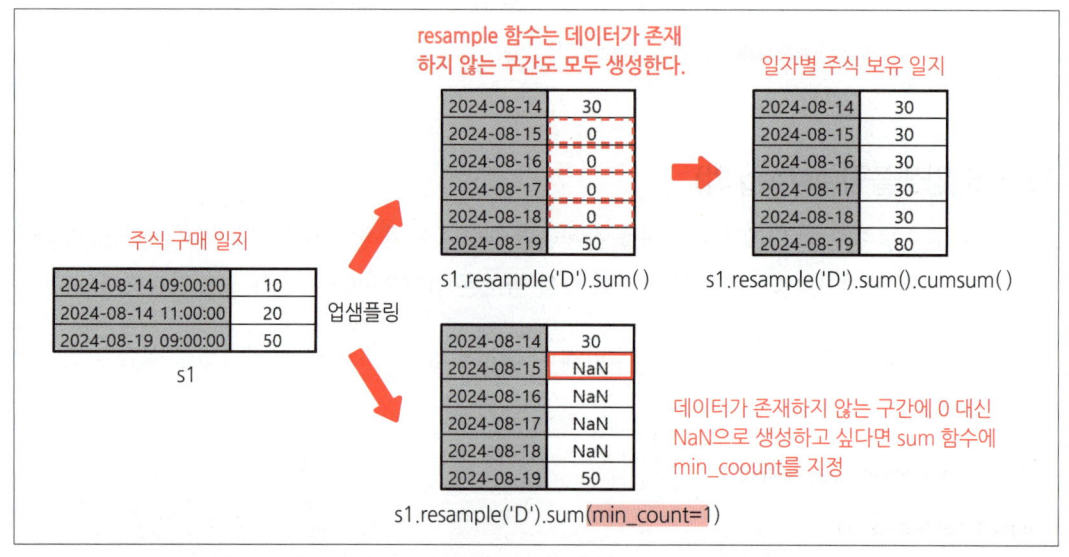

[그림 13-26] resample 함수로 업샘플링

resample 함수는 시간 흐름에 따라 데이터를 연속해서 구분하며 데이터가 없는 구간도 생성한다. 이 덕분에 시계열 데이터에 대한 업샘플링이 가능하다. 특히 resample 함수가 업샘플링을 수행할 때 갖는 장점은 특정 날짜에 복수의 데이터가 존재하더라도 집계를 수행하며 업샘플링이 가능하다는 점이다.

---

19 sum 함수는 데이터가 존재하지 않는 구간도 기본값으로 0을 생성한다. 데이터가 존재하는 구간만 합을 집계하려면 min_count=1로 합을 집계할 최소 데이터 개수를 설정한다. mean, std 등의 다른 집계 함수들은 기본값으로도 데이터가 존재하지 않는 구간은 NaN을 생성한다.

asfreq 함수로도 업샘플링을 수행한다. asfreq 함수는 업샘플링을 하는 함수이기에 사용법이 간편하며 데이터가 존재하지 않는 일자를 NaN으로 반환한다.

[코드 13-75] asfreq 함수로 업샘플링 수행

```
s2.asfreq('D')
```

[코드 13-75]의 결과로 누적 합을 구하려면 NaN을 0으로 대체한 뒤 누적 합을 구해야 한다. fillna 함수를 사용하거나, asfreq 함수의 fill_value의 매개변수를 이용해 결측값을 대체한다.

[코드 13-76] 일자별 구매량의 누적 합으로 일자별 보유량 구하기

```
s2.asfreq('D', fill_value=0).cumsum()
```

asfreq 함수는 특정 주기로 데이터를 필터링하는 데도 사용된다. 이렇게 asfreq 함수는 간편하게 다양한 용도로 사용한다는 점이 장점이다. 다만 객체가 DatetimeIndex를 보유해야 함수를 적용한다는 단점도 존재한다.

[코드 13-77] 2일 간격으로 데이터 필터링

```
s2.asfreq('2D')
```

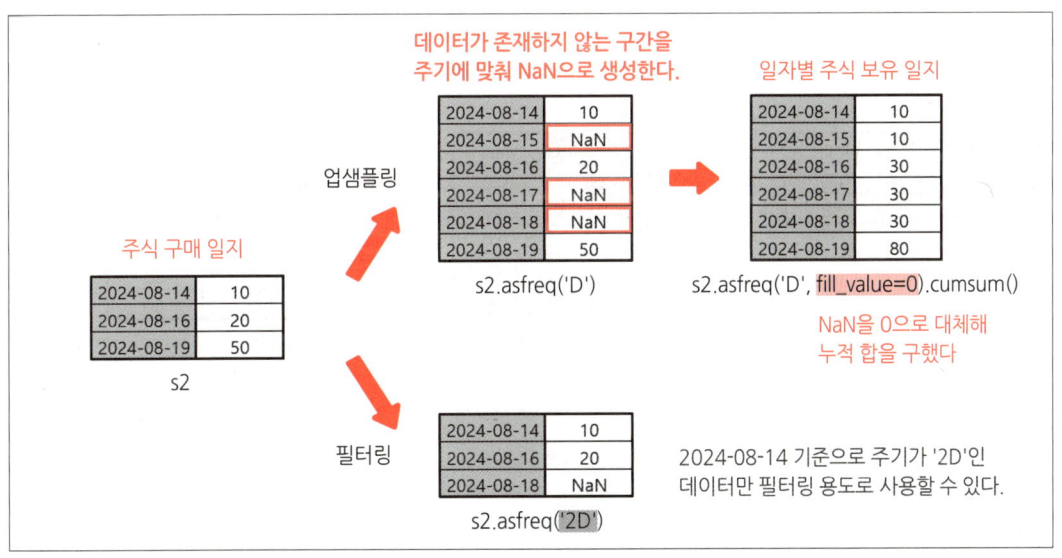

[그림 13-27] asfreq 함수로 업샘플링

reindex 함수도 업샘플링에 사용된다. reindex 함수에 인덱스나 컬럼즈의 순서를 재배열해서 데이터를 재배열을 하는 함수이다.[20] reindex 함수에 업샘플링된 시계열 배열을 입력하면 데이터가 업

---

20 4.3.7. 데이터 재배열하기(reindex) 참고

샘플링 기준으로 재배열된다. 업샘플링된 시계열 배열은 date_range 함수나 bdate_range 함수 등으로 생성한다.

주식 구매 일지 s2로 주식 보유 일지를 생성하자. 단 영업일 기준으로 생성하자. 재배열할 영업일을 bdate_range 함수로 생성해 reindex 함수에 입력한다. 우리가 배열을 직접 생성하기에 업샘플링의 기간과 구성을 자유롭게 지정한다.

[코드 13-78] 생성한 시계열 배열과 reindex 함수로 업샘플링 수행

```
holidays = ['2024-08-15']
date = pd.bdate_range(
    '2024-08-12', end='2024-08-20', freq='C', holidays=holidays
)
s2.reindex(date)
```

reindex 함수도 데이터가 없는 일자는 NaN을 반환하니까 0으로 대체해 누적 합을 구하자. 마찬가지로 fillna 함수를 사용하거나 reindex 함수의 매개변수 fill_value를 사용하면 결측값을 대체한다.

[코드 13-79] 일자별 구매량의 누적 합으로 일자별 보유량 구하기

```
s2.reindex(date, fill_value=0).cumsum()
```

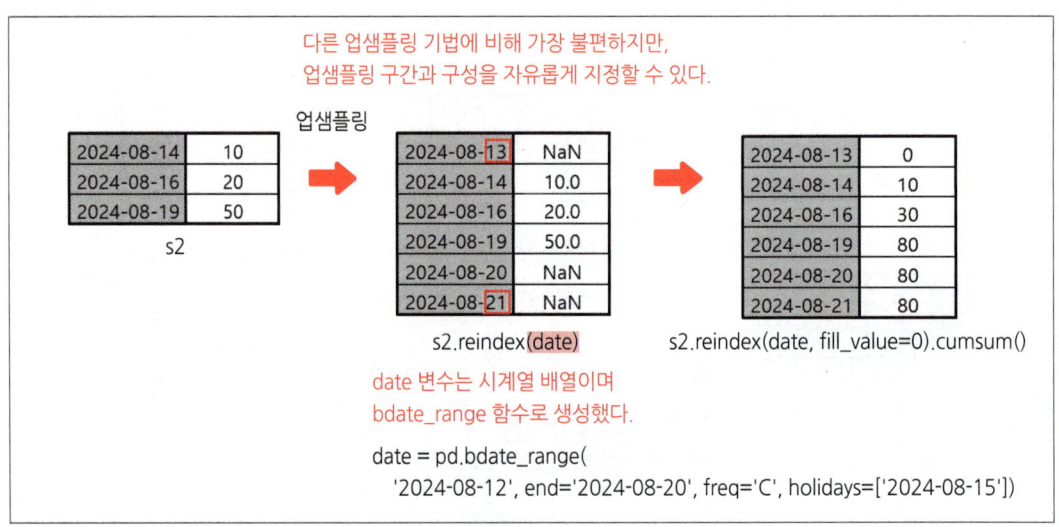

[그림 13-28] reindex 함수와 시계열 배열 생성으로 업샘플링

reindex 함수와 시계열 배열 생성을 이용한 업샘플링은 다소 불편하지만, 업샘플링 구간과 구성을 자유롭게 지정한다는 장점이 크다. 판다스 숙련자라면 reindex를 사용하는 것이 좋다.

엑셀 예제 24 비트코인 구매 일지의 업샘플링 수행하기

엑셀 파일 23btc.xlsx에는 개인이 비트코인을 구매한 일지와 비트코인의 일자별 가격이 수집되어 있다. 첫 번째 시트에는 비트코인의 구매 내역만 기록되어 있다. 비트코인 한 종목만 구매하였고 매도는 이루어지지 않았다. 구매가 여러 번 이루어진 날도 있고 구매가 전혀 이루어지지 않은 날도 많다. 두 번째 시트에는 일자별 비트코인의 종가가 기록되어 있다.[21]

이 구매 일지와 비트코인 가격을 기반으로 업샘플링을 수행해 2020년 12월 28일부터 2024년 3월 4일까지의 일자별 수익 일지를 작성하려 한다. 수익 일지에는 일자별 구매 금액, 구매량, 누적 구매량, 누적 구매 금액, 비트코인 종가, 평균 매수 단가, 순수익, 수익률 등을 포함해야 한다.

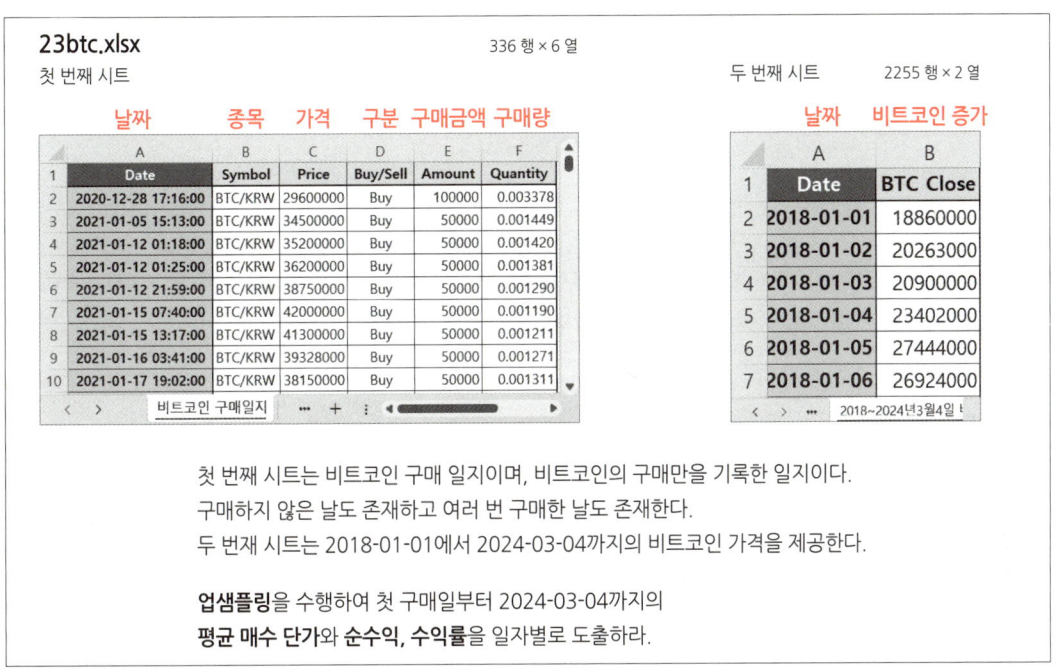

[그림 13-29] 실습 엑셀 파일 23btc.xlsx 소개

> 업샘플링을 수행하여, 평균 매수 단가와 순수익, 수익률을 일자별로 도출하라.

먼저 첫 번째 시트를 데이터 프레임으로 불러와 변수 df_coin으로 지정하자. Date 열을 시계열 인덱스로 지정하자.

---

21 Jonghun Yoo and Brayden Jo, "Pyupbit 라이브러리", 2024년 3월 4일 접속, https://pypi.org/project/pyupbit/0.2.10/

[코드 13-80] 비트코인 구매 일지 엑셀 파일에서 데이터 프레임 불러오기

```
import pandas as pd
pd.options.display.max_rows = 6 # 6행까지만 출력
url2 = 'https://github.com/panda-kim/book1/blob/main/23btc.xlsx?raw=true'
df_coin = pd.read_excel(url2, index_col='Date', parse_dates=['Date'])
df_coin
```

	Symbol	Price	Buy/Sell	Amount	Quantity
Date					
2020-12-28 17:16:00	BTC/KRW	29600000	Buy	100000	0.003378
2021-01-05 15:13:00	BTC/KRW	34500000	Buy	50000	0.001449
2021-01-12 01:18:00	BTC/KRW	35200000	Buy	50000	0.001420
...	...	...	...	...	...
2023-10-08 19:44:00	BTC/KRW	37850000	Buy	378500	0.010000
2023-10-09 18:50:00	BTC/KRW	37500000	Buy	375000	0.010000
2023-10-11 11:32:00	BTC/KRW	37200000	Buy	372000	0.010000

336 rows × 5 columns

df_coin의 업샘플링을 수행하자. 여러 번 구매한 날도 있으므로 일자별 구매량과 구매 금액을 resample 함수로 집계하자. 집계 후 reindex 함수를 적용해 2020-12-28일부터 2024-03-04일까지의 업샘플링을 수행하자. 데이터가 존재하지 않는 일자는 0을 부여하자.

[코드 13-81] 일자별 구매 금액과 구매량을 집계 후, 2024-03-04일까지 업샘플링

```
tmp = df_coin.resample('D')[['Amount', 'Quantity']].sum()
date = pd.date_range('2020-12-28', '2024-03-04')
tmp = tmp.reindex(date, fill_value=0)
tmp
```

	Amount	Quantity
2020-12-28	100000	0.003378
2020-12-29	0	0.000000
2020-12-30	0	0.000000
...	...	...
2024-03-02	0	0.000000
2024-03-03	0	0.000000
2024-03-04	0	0.000000

1163 rows × 2 columns

업샘플링 결과 336행의 데이터가 1,163행이 되었고 구매가 없는 날짜의 데이터는 0을 반환한다. 결과는 변수 tmp로 지정한다.

tmp로 일자별 누적 구매 금액과 누적 구매량을 구하자. cumsum 함수를 적용하면 누적 합을 반환하며 add_prefix 함수[22]로 열 이름을 일괄 변경하자.

[코드 13-82] 누적 구매 금액과 누적 구매량 구하기(add_prefix로 열 이름 변환)

```
tmp.cumsum().add_prefix('Cum ')
```

	Cum Amount	Cum Quantity
2020-12-28	100000	0.003378
2020-12-29	100000	0.003378
2020-12-30	100000	0.003378
...	...	...
2024-03-02	228047871	7.495755
2024-03-03	228047871	7.495755
2024-03-04	228047871	7.495755

1163 rows × 2 columns

비트코인의 일자별 가격을 활용하고자 엑셀 파일의 두 번째 시트를 불러온다. 이 시트에는 2018-01-01부터 2024-03-04까지의 비트코인 데이터가 기록되어 있다. 모든 데이터가 필요한 것은 아니고 구매 일지가 시작하는 2020-12-28부터 필요하기에, 인덱싱을 수행한 후 결과를 변수 df_btc로 지정한다.

[코드 13-83] 엑셀 파일의 두 번째 시트를 불러와 2020-12-28 이후의 자료만 인덱싱

```
df_btc = pd.read_excel(
    url2, sheet_name=1, index_col='Date', parse_dates=['Date']
).loc['2020-12-28':]
df_btc
```

	BTC Close
Date	
2020-12-28	30249000
2020-12-29	30498000
2020-12-30	31891000
...	...
2024-03-02	86383000
2024-03-03	87982000
2024-03-04	88616000

1163 rows × 1 columns

---

22   add_prefix 함수는 **14.1.1. 열 이름 일괄적으로 변경하기(add_prefix, add_suffix)**에서 학습한다.

tmp와 [코드 13-82]로 생성된 결과와 비트코인 가격인 df_btc를 concat 함수를 사용하여 결합하자. 결과는 변수 out에 저장하자.

[코드 13-84] tmp와 tmp의 누적 합과 비트코인 가격을 가로 방향으로 연결하기

```
out = pd.concat([tmp, tmp.cumsum().add_prefix('Cum '), df_btc], axis=1)
out
```

	Amount	Quantity	Cum Amount	Cum Quantity	BTC Close
2020-12-28	100000	0.003378	100000	0.003378	30249000
2020-12-29	0	0.000000	100000	0.003378	30498000
2020-12-30	0	0.000000	100000	0.003378	31891000
...	...	...	...	...	...
2024-03-02	0	0.000000	228047871	7.495755	86383000
2024-03-03	0	0.000000	228047871	7.495755	87982000
2024-03-04	0	0.000000	228047871	7.495755	88616000

1163 rows × 5 columns

일자별 구매 금액, 구매량, 누적 구매 금액, 누적 구매량, 비트코인 종가가 기록된 수익 일지 열을 생성했다. 여기에 일자별 평균 매수 단가, 순수익, 수익률 열을 추가하여 분석에 활용하자. 추가 데이터의 생성 공식은 아래를 참고하라.

> **WACB**
> 평균 매수 단가 = 누적 구매 금액 ÷ 누적 구매량
>
> **Profit**
> 순수익 = (누적 구매량 × 비트코인 종가) - 누적 구매 금액
>
> **ROI(%)**
> 수익률(%) = (순수익 ÷ 누적 구매 금액) × 100

[그림 13-30] WACB(평균 매수 단가), Profit(순수익), ROI(%)(수익률) 공식

[코드 13-85] 변수 out에 분석에 필요한 열 생성하기

```
# WACB(평균 매수 단가) 열 생성하기
out['WACB'] = out['Cum Amount'] / out['Cum Quantity']
```

```
# Profit(순수익) 열 생성하기
out['Profit'] = out['Cum Quantity'] * out['BTC Close'] - out['Cum Amount']

# ROI(%)(수익률) 열 생성하기
out['ROI(%)'] = (out['Profit'] / out['Cum Amount']) * 100
out
```

	Amount	Quantity	Cum Amount	Cum Quantity	BTC Close	WACB	Profit	ROI(%)
2020-12-28	100000	0.003378	100000	0.003378	30249000	2.959999e+07	2.192617e+03	2.192617
2020-12-29	0	0.000000	100000	0.003378	30498000	2.959999e+07	3.033833e+03	3.033833
2020-12-30	0	0.000000	100000	0.003378	31891000	2.959999e+07	7.739917e+03	7.739917
...	...	...	...	...	...	...	...	...
2024-03-02	0	0.000000	228047871	7.495755	86383000	3.042360e+07	4.194579e+08	183.934150
2024-03-03	0	0.000000	228047871	7.495755	87982000	3.042360e+07	4.314436e+08	189.189938
2024-03-04	0	0.000000	228047871	7.495755	88616000	3.042360e+07	4.361959e+08	191.273846

1163 rows × 8 columns

2020년 12월 28일부터 2024년 3월 4일까지의 수익 일지를 완성했다. 이제 여러 시각화를 통해 일자별 수익 변동을 살펴본다.

먼저 비트코인 가격과 일자별 평균 매수 단가를 비교한다. 긴 기간의 데이터를 일자별 그래프로 나타내면 가독성이 떨어져 14일 주기로 데이터를 추출해 시각화한다. asfreq 함수를 활용하면 이 과정이 손쉽게 진행된다. 일자별 매수량도 면적 그래프로 추가하고 이를 이중 y축 그래프로 구성한다.[23]

[코드 13-86] 비트 코인 가격과 평균 매수 단가 시각화

```
# 비트코인 가격을 14일 주기로 추출해 시각화
(out['BTC Close']
 .asfreq('14D')
 .plot(color='black', grid=True, lw=2, ls='--', legend=True)
)

# 평균 매수단가(WACB)를 14일 주기로 추출해 시각화
(out['WACB']
 .asfreq('14D')
 .plot(color='red', grid=True, lw=3, ylabel='Price (10M KRW)', legend=True)
)
```

23 asfreq 함수는 [그림 13-27] 참고. 그 외 grid=True는 눈금선을 생성, lw=2와 lw=3은 선 두께, ylabel은 y축의 이름을 지정, ls='--'은 점선 그래프, legend=True는 범례를 생성, kind='area'는 면적그래프로 설정, alpha=0.2는 투명도, secondary_y=True는 이중 y축을 설정하고자 입력하는 매개변수와 인수이다. **15.3.2. plot 함수의 매개변수**를 참고하자.

```
# 일자별 매수량의 면적그래프를 이중 y축(secondary_y)으로 생성
out['Quantity'].plot(
    kind='area', color='black', alpha=0.2, secondary_y=True,
    legend=True, ylabel='Quantity (BTC)'
)
```

다음으로 일자별 수익률과 순수익을 시각화하자. 마찬가지로 14일 주기로 데이터를 추출해 시각화하자. 순수익은 면적그래프로 추가하고 이중 y축 그래프로 구성하자.[24]

[코드 13-87] 수익률과 누적 수익 시각화

```
# 수익률(ROI(%)) 시각화
(out['ROI(%)']
    .asfreq('14D')
    .plot(color='darkblue', legend=True, grid=True,
          lw=3, ylabel=('ROI (%)'), ylim=(-50, 300))
)

# 순수익의 면적그래프를 이중 y축(secondary_y)으로 생성
(out['Profit']
    .asfreq('14D')
    .plot(kind='area', stacked=False, alpha=0.2, color='darkblue',
          secondary_y=True, legend=True, ylabel='Profit (100M KRW)')
)
```

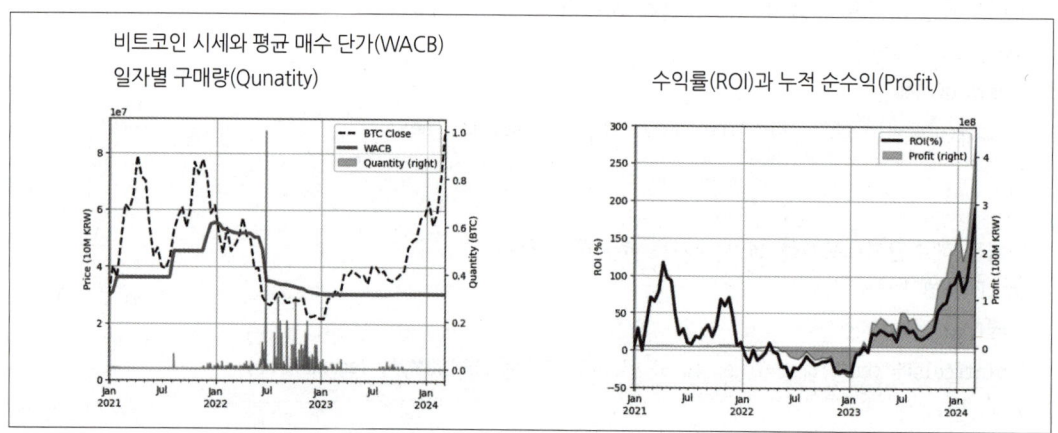

[그림 13-31] 비트코인 수익 시각화

---

24 대부분의 매개변수는 [코드 13-86]과 유사하다. 그 외 ylim=(-50, 300)은 y축의 범위 지정, stacked=False는 음수인 값을 면적으로 표현하려면 적층 방식(stacked)으로 지정하지 않아야 하기 때문에 입력하는 매개변수와 인수이다.

시각화 결과를 보면 2022년 봄부터 2023년 초까지 어려움을 겪었지만 적극적인 주가 매수로 대응하여 성과를 얻은 투자로 평가된다.

대부분의 데이터가 시계열 데이터를 가지고 있고 시계열 데이터 분석은 판다스의 강력한 기능이 두드러지는 분야이다. 판다스의 탁월한 시계열 처리 능력은 판다스를 통해 데이터 분석 능력을 크게 끌어올릴 수 있는 이유이다.

CHAPTER

14
판다스 심화 1

QR코드를 통해 Chapter 14에 포함된 코드를 확인할 수 있습니다. 또한 판다스와 구글 코랩의 버전 업데이트에 따른 변동이 필요한 코드, 변동된 코드 출력 정보도 확인할 수 있습니다.

14.1   알아두면 유용한 판다스 함수들

14.2   알아두면 유용한 넘파이 함수들

14.3   인덱스 클래스

14.4   멀티 인덱스

14.1 알아두면 유용한 판다스 함수들

지금까지 판다스의 큰 줄기를 학습하였고 이번 장에서는 알아두면 유용한 함수와 난이도가 있어 미루었던 멀티 인덱스 등의 추가 학습을 진행할 예정이다.

14.1.1 열 이름 일괄적으로 변경하기(add_prefix, add_suffix)

add_prefix 함수와 add_suffix 함수를 이용해 열 이름을 일괄적으로 변경할 수 있다.

[코드 14-1] 실습 예제 코드

```
import pandas as pd
data = [[1, 1, 8], [6, 9, 8], [2, 8, 7], [6, 9, 1]]
df = pd.DataFrame(data, columns=['A', 'B', 'C'])
df
```

[코드 14-2] add_prefix 함수와 add_suffix 함수 실습

```
# 열 이름에 접두사 'Col' 추가
df.add_prefix('Col')

# 열 이름에 접미사 '_column' 추가
df.add_suffix('_column')
```

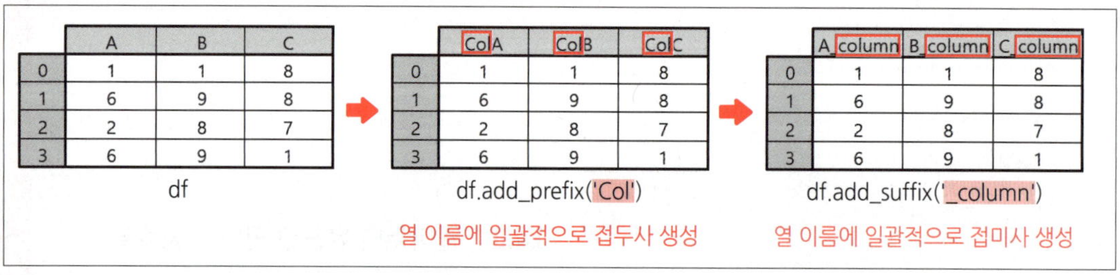

[그림 14-1] add_prefix 함수와 add_suffix 함수

14.1.2 열의 데이터를 반환한 뒤 삭제하기(pop)

pop 함수는 특정 열의 데이터를 반환하면서 동시에 데이터 프레임에서 해당 열을 삭제한다. pop 함수를 적용하면 원본 데이터 프레임이 변경되므로 df를 복제한 df1을 사용하여 실습하자. df1에 B 열과 C 열의 합을 새로운 열로 생성하고, B 열과 C 열은 df1에서 삭제하자.

[코드 14-3] pop 함수 실습

```
df1 = df.copy() # 코드 14-1의 df를 복제한 df1 준비
df1['B + C'] = df1.pop('B') + df1.pop('C')
df1
```

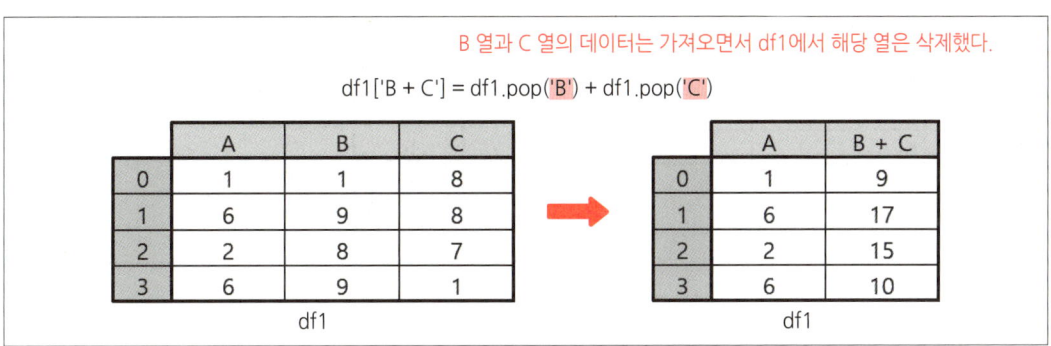

[그림 14-2] pop 함수

위의 경우 pop 함수를 사용하면 별도의 삭제가 필요 없어 편리하지만, 원본을 변경하는 함수이므로 주의가 필요하다. pop 함수는 주로 함수 적용 결과에 사용된다. 판다스의 함수 적용 결과는 원본과 무관해 추가로 pop 함수를 사용해도 원본을 변경하지 않기 때문이다.

14.1.3 특정 위치에 열 생성하기(insert)

대괄호 인덱싱으로 열을 생성하면 새로운 열은 항상 가장 마지막 위치에 생성된다. 특정 위치에 열을 추가하려면 insert 함수를 사용한다. insert 함수 역시 원본 데이터를 변경하므로 실습하려면 원본 데이터 프레임 df를 복제한 df1을 사용하자.

[코드 14-4] insert 함수 실습

```
df1 = df.copy() # 코드 14-1의 df를 복제한 df1 준비

# 모든 열의 합을 맨 왼쪽에 total 열로 생성
df1.insert(0, 'total', df1.sum(axis=1))
df1
```

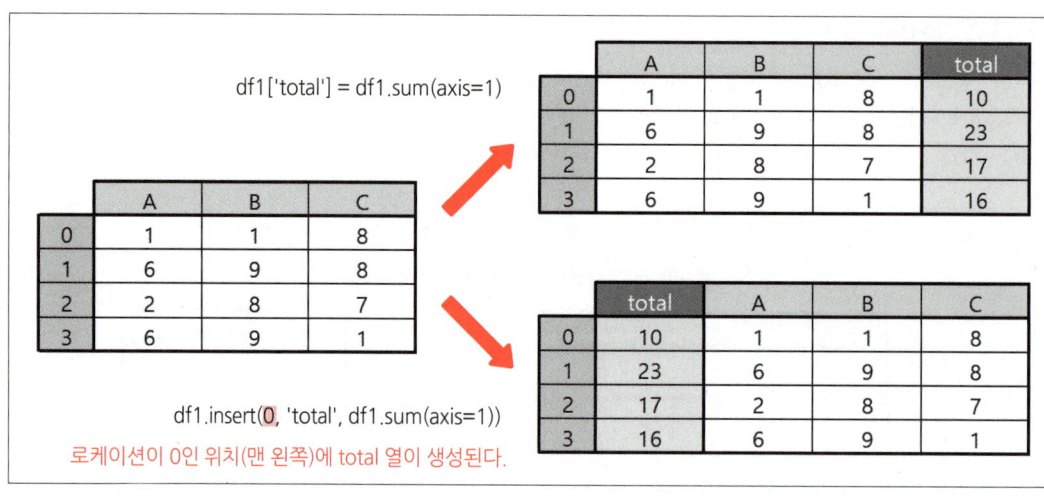

[그림 14-3] insert 함수

insert 함수는 사용하기 편리하지만, 역시 원본 데이터를 수정하기에 안정성 측면에서 단점이 있다.[1] 그 점에 유의해서 사용하자. 또한 insert 함수는 pop 함수와 조합해 열의 위치를 수정하는 방법으로도 쓰인다.

[코드 14-5] insert 함수와 pop 함수를 조합해 C 열을 맨 왼쪽으로 이동

```
df1.insert(0, 'C', df1.pop('C'))
df1
```

14.1.4 열 생성하기(assign)

assign 함수로 열 생성을 할 수 있다. 원본 데이터를 변경하지 않으므로 안정적이며 복수의 열도 한 번에 생성한다. 생성할 열 이름과 부여할 값을 각각 assign 함수의 매개변수와 인수로 입력하자. [코드 14-1]의 df에 count_val 열과 total 열을 생성하자.

[코드 14-6] assign 함수로 개수와 합을 열로 생성하기

```
df.assign(count_val=3, total=df.sum(axis=1))
```

---

[1] 하지만 이제까지 사용해온 대괄호 인덱싱을 통해 값을 배정하는 방식 역시 원본 데이터를 변경하는 것이므로, 이는 큰 문제가 되지 않는다고 생각할 수 있다. 두 방식 모두 원본을 변경하기에, 숙련자들은 원본 데이터를 변경하지 않으면서 열을 생성하는 14.1.4의 assign 함수를 많이 사용한다.

	A	B	C
0	1	1	8
1	6	9	8
2	2	8	7
3	6	9	1

df

→

	A	B	C	count_val	total
0	1	1	8	3	10
1	6	9	8	3	23
2	2	8	7	3	17
3	6	9	1	3	16

열의 레이블을 매개변수로 입력한다.

df.assign(count_val=3, total=df.sum(axis=1))

복수의 열을 한 번에 생성할 수 있으며 단일 값을 입력할 수도 있고, 시리즈 와 같은 배열을 입력할 수도 있다.

함수를 적용해도 df를 변경하지 않는다!

[그림 14-4] assign 함수

assign 함수는 lambda 함수를 인수로 받을 수도 있는데 여기서 lambda 함수의 x는 assign 함수가 적용되는 데이터 프레임을 나타낸다. 불리언 인덱싱, pipe, mask 함수 등도 lambda 함수를 인수로 받으며, 이 기법은 메서드를 연속해서 사용할 때 매우 유용하다. 고급 판다스 유저가 되려면 반드시 익혀야 하는 기법이다. df에 2를 곱한 뒤 각 행의 합을 열로 생성해 보자.

[코드 14-7] 함수 적용 후 assign 함수를 사용할 때는 인수로 lambda 함수를 입력

```
df.mul(2).assign(total=lambda x: x.sum(axis=1))
```

특정 함수에서 인수로 lambda 함수 사용하는 기법(assign, pipe, mask, 불리언 인덱싱 등)

```
df2 = df.mul(2)
df2.assign(total=df2.sum(axis=1))
```

두 코드는 동일하지만 아래 코드가 연속적인 메서드(chain method)를 사용하기 편리하여 df.mul(2)를 lambda 함수의 x로 사용한다.

```
df.mul(2).assign(total=lambda x: x.sum(axis=1))
```

여기서 x는 assign 함수가 적용된 df.mul(2)와 같다.
x의 역할이 위 코드의 df2의 역할과 동일하다.

[그림 14-5] assign 함수에 인수로 lambda 함수 입력하기

14.1.5 쿼리문으로 필터링하기(query)

판다스는 필터링에 주로 불리언 인덱싱을 사용하지만 쿼리문을 활용한 방식도 가능하다. 쿼리문은 데이터 베이스에 정보를 요청하거나 조작하는 명령어이다. 쿼리문에 익숙한 독자라면 query 함수를 통해 쿼리문을 입력하여 필터링을 수행할 수 있으며, DB와 쿼리문에 익숙하지 않다면 이미 학습한 불리언 인덱싱으로 필터링을 수행하는 것이 낫다.

[코드 14-8] query 함수 실습 예제 코드

```
data = {'국어': [92, 88, 93, 95, 72],
        '영어': [82, 73, 62, 99, 92],
        '총 점': [174, 161, 155, 194, 164]}
idx = ['김판다', '강승주', '조민영', '최진환', '박연준']
df = pd.DataFrame(data, index=idx)
df
```

국어가 90점보다 높은 데이터를 query 함수로 필터링하자.

[코드 14-9] 국어가 90점보다 높은 데이터 필터링

```
df.query('국어 > 90')
```

쿼리문에 외부 변수를 사용할 때는 @(at) 기호를 사용해 지칭한다. 90을 변수 n으로 지정해 외부 변수를 활용해 쿼리문으로 필터링하자.

[코드 14-10] 외부 변수 n으로 국어가 90점보다 높은 데이터 필터링

```
n = 90
df.query('국어 > @n')
```

두 열 간의 비교도 가능하다.

[코드 14-11] 영어에 10점을 더한 값보다 국어가 높은 데이터 필터링

```
df.query('국어 > 영어 + 10')
```

논리 연산도 가능하다.

[코드 14-12] 국어가 80보다 크고 영어가 80보다 큰 데이터 필터링

```
df.query('(국어 > 80) & (영어 > 80)')
```

공백이 존재하는 열 이름을 지칭할 때는 백틱(backtick, `) 기호를 활용한다.

[코드 14-13] 열 이름에 공백이 존재하면 백틱(`) 기호를 활용

```
df.query('`총 점` > 170')
```

인덱스의 데이터를 활용하여 필터링을 수행하고 싶다면 index로 지정한다. 또한 문자열을 사용할 때는 쿼리문의 따옴표와 다른 종류의 따옴표를 사용해야 한다. 만약 쿼리문이 작은따옴표로 이루어

져 있다면 문자열은 큰따옴표로 지정한다.

[코드 14-14] 인덱스는 index로 지정, 문자열은 다른 종류의 따옴표를 사용

```
df.query('index == "강승주"')
```

query 함수로 필터링 수행하기

	국어	영어	총 점
김판다	92	82	174
강승주	88	73	161
조민영	93	62	155
최진환	95	99	194
박연준	72	92	164

df

	국어	영어	총 점
김판다	92	82	174
조민영	93	62	155
최진환	95	99	194

df.query('국어 > 90')
혹은
n = 90
df.query('국어 > @n')
외부 변수는 @ 기호 사용

	국어	영어	총 점
강승주	88	73	161
조민영	93	62	155

df.query('국어 > 영어 + 10')

	국어	영어	총 점
김판다	92	82	174
최진환	95	99	194

df.query('(국어 > 80) & (영어 > 80)')

	국어	영어	총 점
김판다	92	82	174
최진환	95	99	194

df.query('`총 점` > 170')
열의 레이블에 공백이 있다면
백틱(`)기호 사용

	국어	영어	총 점
강승주	88	73	161

df.query('index == "강승주"')
인덱스는 index로 지칭하고
문자열은 쿼리문과 다른 따옴표 사용

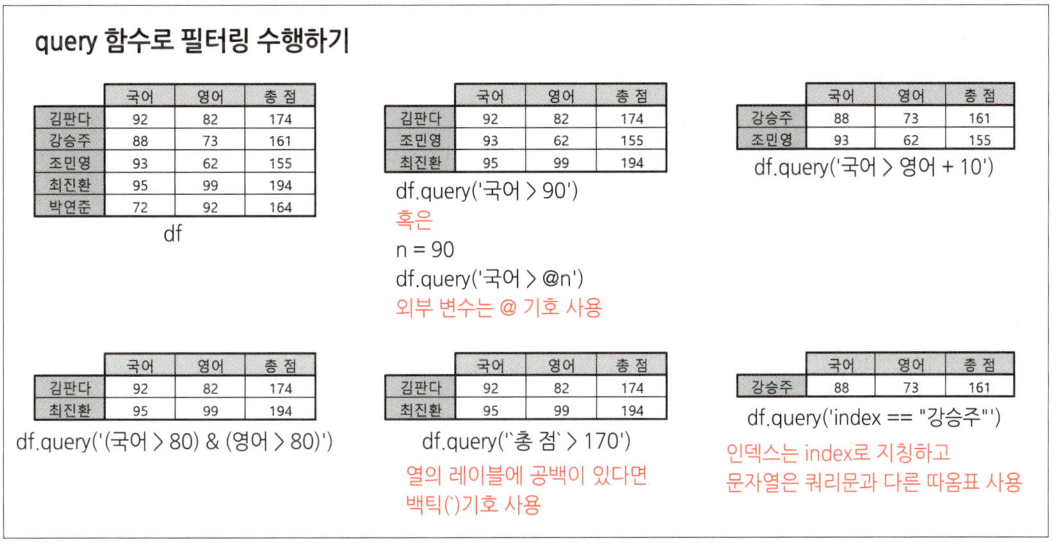

[그림 14-6] 쿼리문을 이용해 필터링 수행하기(query 함수)

query 함수는 쿼리문에 익숙할 때 고려하는 방법이며, 익숙하지 않다면 굳이 쿼리문을 배워 query 함수를 사용하기보다는 불리언 인덱싱으로 필터링을 수행하기를 권장한다. query 함수는 함수 적용 결과에 연속 메서드로 필터링을 수행하는 장점이 있으나, 불리언 인덱싱도 15.4.6에서 학습하는 불리언 인덱싱에 lambda 함수를 적용하는 기법으로 해당 장점을 구현할 수 있다.

14.1.6 행이나 열의 로케이션 반환하기(get_loc)

get_loc 함수는 인덱스 클래스에 적용하여 입력된 행 이름이나 열 이름을 기반으로 해당 행이나 열의 로케이션을 반환한다. df에서 조민영 씨의 로케이션을 확인하고자 df.index에 get_loc 함수를 적용하자.

[코드 14-15] get_loc 함수로 조민영 행의 로케이션 반환하기

```
df.index.get_loc('조민영')
```

```
2
```

조민영 씨의 데이터는 세 번째에 위치한 행이므로 로케이션 2를 반환한다.

14.1.7 인덱스 클래스를 데이터 프레임이나 시리즈로 변환하기 (to_frame, to_series)

판다스에는 get_loc 함수처럼 인덱스 클래스를 대상으로 하는 다양한 함수가 존재하지만, 이러한 함수들은 데이터 프레임이나 시리즈에 적용하는 함수들에 비해 상대적으로 비중이 낮게 다루어졌다. 그러나 인덱스 클래스를 세밀하게 처리할 수 없는 것은 아니다. 인덱스 클래스를 데이터 프레임이나 시리즈로 변환해 처리할 수 있기 때문이다.[2]

[코드 14-16] 인덱스 클래스를 데이터 프레임이나 시리즈로 변환하기

```
# 인덱스를 데이터 프레임으로 변환하기
df.index.to_frame()


# 인덱스를 시리즈로 변환하기
df.index.to_series()
```

	국어	영어	총점
김판다	92	82	174
강승주	88	73	161
조민영	93	62	155
최진환	95	99	194
박연준	72	92	164

df

	0
김판다	김판다
강승주	강승주
조민영	조민영
최진환	최진환
박연준	박연준

df.index.to_frame()

김판다	김판다
강승주	강승주
조민영	조민영
최진환	최진환
박연준	박연준

df.index.to_series()

> 인덱스를 데이터 프레임이나 시리즈로 변환할 때, 기존의 인덱스는 그대로 유지된다.
> 이러한 특성은 결과물과 기존 데이터 프레임의 상호 작용을 수행하기에 적합하다.
> 예를 들어 결과를 기존 df와 연결하기에 편리하다. (concat을 axis=1로 수행)

[그림 14-7] 인덱스를 데이터 프레임이나 시리즈로 변환하기(to_frame, to_series 함수)

생성된 객체는 기존의 인덱스를 보유하는데, 이는 기존 df와 상호 작용을 수행하기에 적합하다. 인덱스뿐만 아니라 컬럼도 변환할 수 있다. 그 밖에 to_frame 함수는 시리즈를 한 개의 열을 가진 데이터 프레임으로 변환할 때도 쓰인다. to_frame 함수는 특히 멀티 인덱스를 다룰 때 유용하다.

get_loc 함수와 to_frame, to_series 함수는 인덱스 클래스를 다루는 함수 중에 특히 유용한 함수이기에 14.1에서 소개하며, 인덱스 클래스를 다루는 다른 함수들은 14.3과 14.4에서 학습한다.

---

[2] to_frame, to_series 함수로 인덱스 클래스를 데이터 프레임이나 시리즈로 바꾼 뒤, 원하는 작업을 수행하고, 다시 set_axis 등의 함수로 인덱스나 컬럼으로 설정해도 된다. 물론 번거롭지만 지나치게 많은 함수를 학습하는 것보다 나을 수 있다.

14.1.8 데이터 프레임 연결하기(join)

데이터 프레임의 연결은 concat 함수로 수행한다.[3] concat 함수로도 충분하지만 axis=1인 가로 방향으로 연결할 때는 join 함수도 많이 사용한다. [코드 14-8]의 df와 아래 코드로 생성된 df1을 axis=1의 방향으로 연결해 보자.

[코드 14-17] join 함수로 데이터 프레임 연결하기

```
data1 = {'국어_등수': [3, 4, 2, 1, 5], '영어_등수': [3, 4, 5, 1, 2]}
df1 = pd.DataFrame(data1, index=df.index)

# concat 함수로 연결하기(axis=1)
pd.concat([df, df1], axis=1)

# join 함수로 연결하기
df.join(df1)
```

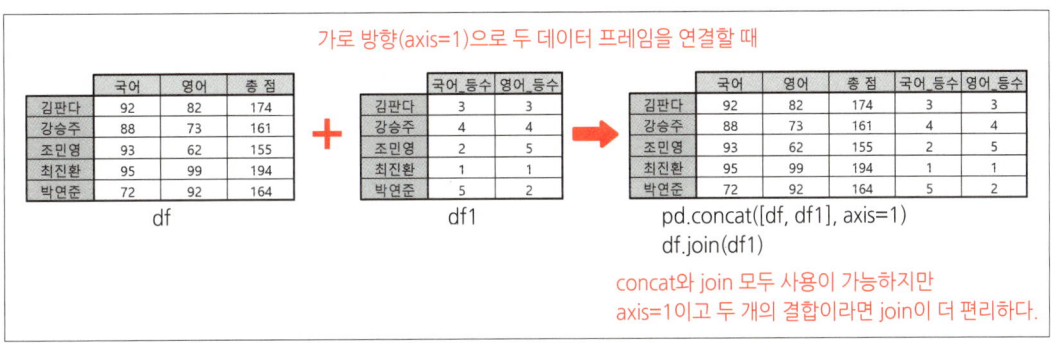

[그림 14-8] join 함수로 데이터 프레임 연결하기

가로 방향으로 연결할 때 concat 함수와 join 함수[4]를 모두 사용하지만, join 함수가 더 간결하고 연속적인 메서드로 사용된다. 이는 두 개의 데이터 프레임을 가로 방향으로 연결할 때 유용하며 셋 이상의 데이터 프레임을 연결할 때와 세로 방향 연결에는 여전히 concat 함수가 유용하다.

14.1.9 연속적인 메서드 사용하기(pipe)

[그림 14-8]의 결과를 print 함수를 적용해서 출력하는 상황을 가정하자. 데이터 프레임을 join 함수로 연결한 후, 결과를 출력하는 상황에서 print 함수는 파이썬의 내장 함수라 메서드 형태로는 사

---

3 7.1.1. 데이터 프레임 연결하기(concat) 참고
4 12.2.4. 문자열의 결합(join)에서 다루었던 join 함수는 파이썬의 join 함수이며 문자열의 결합에 쓰이고, 14.1.8에서 학습한 데이터 프레임을 연결하는 판다스의 join 함수와는 다르다.

용할 수 없다. 그러나 pipe 함수를 이용하면 print 함수처럼 메서드 형태로 사용할 수 없는 함수들도 연속 메서드에 포함해 연속적인 작업 흐름을 유지할 수 있다. 이때 pipe 함수에 print 함수를 인수로 입력한다.

[코드 14-18] pipe 함수로 print 함수 적용하기

```
# print 함수를 함수 형태로 적용하기
print(df.join(df1))

# pipe 함수에 print 함수를 인수로 입력해 연속 메서드 형태로 적용하기
df.join(df1).pipe(print)
```

```
print(df.join(df1))
df.join(df1).pipe(print)
```

둘은 같은 결과를 반환하지만
pipe 함수를 활용하면 함수 형태로 사용해야 하는 함수도 메서드로 적용된다.
→ 연속 메서드(chain method) 사용 가능

[그림 14-9] pipe 함수로 연속 메서드(chain method) 사용하기

입문자에게 pipe 함수는 도대체 왜 쓰는지 이해하기 힘든 함수이다. 그러나 판다스의 숙련자가 되면 pipe 함수는 자주 쓰이는 소중한 함수가 된다. 연속적인 메서드는 코드 작성, 읽기, 유지 보수하는 과정에서 다양한 이점을 제공하기 때문이다.

[그림 14-5]에서도 소개했듯이 pipe 함수는 lambda 함수를 인수로 받는다. 이 기법에 익숙해지면 별도의 변수를 지정하지 않고도 연속 메서드를 수행한다. '총점' 열로 정렬한 뒤 영어 점수에서 국어 점수를 뺀 시리즈를 얻자. pipe 함수를 사용하면 별도의 변수 지정도 필요 없고 연속 메서드만으로 결과를 얻는다.

[코드 14-19] pipe 함수에 lambda 함수 적용하기

```
# 함수 적용 결과를 변수 df2로 지정하고 영어 점수에서 국어 점수를 빼기
df2 = df.sort_values('총 점')
df2['영어'] - df2['국어']

# 위 작업을 변수 지정 없이 pipe 함수로 연속 메서드로 수행하기
df.sort_values('총 점').pipe(lambda x: x['영어'] - x['국어'])
```

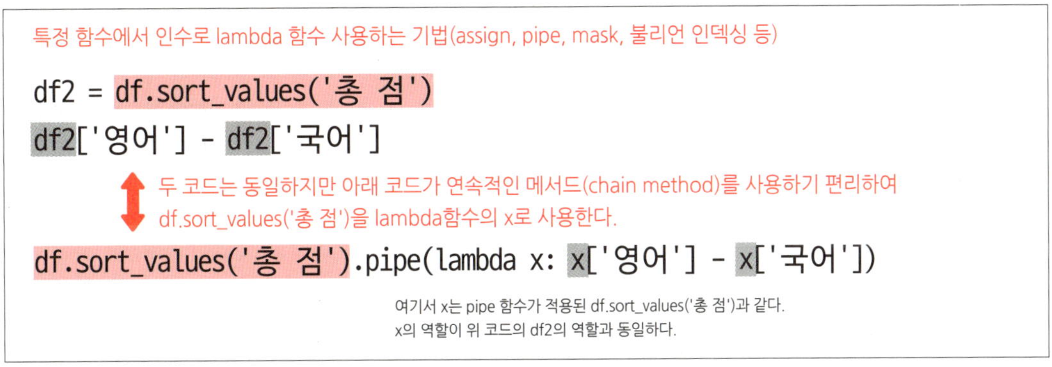

> 특정 함수에서 인수로 lambda 함수 사용하는 기법(assign, pipe, mask, 불리언 인덱싱 등)
>
> df2 = df.sort_values('총 점')
> df2['영어'] - df2['국어']
>
> ↕ 두 코드는 동일하지만 아래 코드가 연속적인 메서드(chain method)를 사용하기 편리하여
> df.sort_values('총 점')을 lambda함수의 x로 사용한다.
>
> df.sort_values('총 점').pipe(lambda x: x['영어'] - x['국어'])
>
> 여기서 x는 pipe 함수가 적용된 df.sort_values('총 점')과 같다.
> x의 역할이 위 코드의 df2의 역할과 동일하다.

[그림 14-10] pipe 함수에 lambda 함수를 인수로 입력하기

14.1.10 범주형 데이터 인코딩하기(factorize)

factorize 함수를 사용하면 범주형 데이터의 인코딩을 간편하게 수행한다. factorize 함수는 인코딩 결과와 유일 값의 배열을 튜플로 반환한다.[5] 인코딩 결과는 넘파이의 어레이로 제공되지만, 이를 기존 데이터의 열로 추가하거나 시리즈로 변환하는 데 문제가 없다.

[코드 14-20] 범주형 데이터 인코딩하기

```
import pandas as pd

# 실습에 쓰일 시리즈 생성
s = pd.Series(['바나나', '사과', '바나나', '귤', '바나나'])

# 범주형 데이터 인코딩하기
code, uniq = pd.factorize(s)

# 인코딩 결과인 변수 code를 사용해 시리즈 생성하기
s1 = pd.Series(code, index=s.index)
s1
```

---

[5] [코드 14-20]에서 pd.factorize(s)는 (인코딩 결과, 유일 값의 배열)인 튜플을 반환한다.
예) (array([0, 1, 0, 0, 2]), Index(['바나나', '사과', '귤'], dtype='object'))
그래서 보통 인코딩 결과와 유일 값의 배열을 각각 code와 uniq 변수로 지정한다.

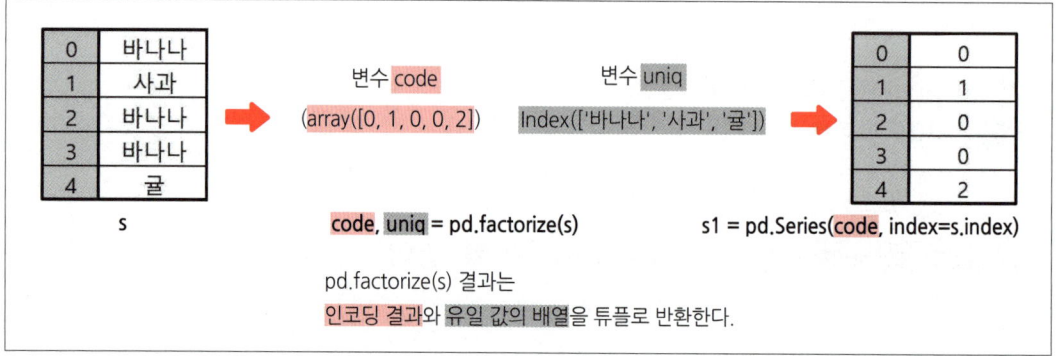

[그림 14-11] factorize 함수로 범주형 데이터 인코딩하기

범주형 데이터인 시리즈 s를 인코딩해서 시리즈 s1을 생성했다.

factorize 함수는 s.factorize()처럼 메서드로도 사용할 수 있으나, 결과가 튜플이기에 판다스 함수를 연속 메서드로 사용할 수 없으니 큰 실익이 없다. 함수 형태인 pd.factorize를 사용해도 된다.

만약 여러분이 열을 수정하는 과정 등 이유로 인코딩 결과만 남기고 기존 범주형 데이터를 제거했다면, 유일 값의 배열인 변수 uniq를 활용하면 쉽게 다시 복원된다.

[코드 14-21] 인코딩 결과인 s1으로 범주형 데이터 복원하기

```
uniq[s1]
```
```
Index(['바나나', '사과', '바나나', '귤', '바나나'], dtype='object')
```

14.1.11 원 핫 인코딩 수행하기(get_dummies)

인코딩을 수행할 때 각 범주를 열로 분리해 해당 범주의 존재 여부를 0 또는 1로 표현할 수 있다. 이런 인코딩을 원 핫 인코딩(one-hot encoding)이라고 한다. 판다스에서는 get_dummies 함수로 원 핫 인코딩을 수행한다. 단 get_dummies 함수의 결과는 0과 1 대신에 False와 True를 반환한다. [코드 14-20]의 시리즈 s의 원 핫 인코딩을 수행하자.

[코드 14-22] get_dummies 함수로 원 핫 인코딩 수행하기

```
pd.get_dummies(s)
```

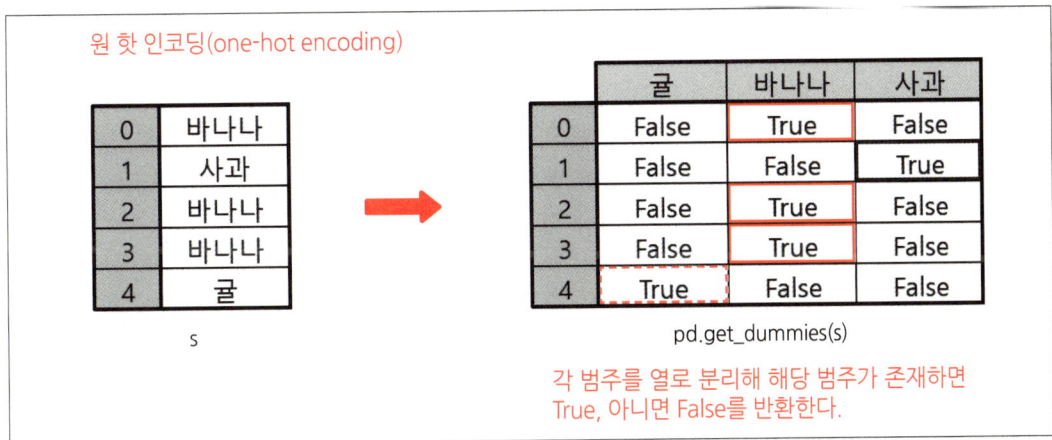

[그림 14-12] get_dummies 함수로 원 핫 인코딩 수행하기

14.1.12 문자열 시리즈의 원 핫 인코딩 수행하기(str.get_dummies)

get_dummies 함수가 범주형 데이터에 대한 원 핫 인코딩을 수행한다면, str.get_dummies 함수는 문자열로 이루어진 시리즈에서 구분자로 분리해 원 핫 인코딩을 수행한다. 실습에 쓰일 df를 생성하고, 이름 열에서 슬래시(/)를 구분자로 사용하여 원 핫 인코딩을 수행하자.

[코드 14-23] 문자열 시리즈의 원 핫 인코딩(str.get_dummies)

```
import pandas as pd

# 실습에 쓰일 데이터 프레임 생성
data = {'수강완료': ['판다스A', '판다스B', '판다스C'],
        '이름': ['김판다/강승주', '김판다/조민영', '강승주']}

df = pd.DataFrame(data)

# 문자열 시리즈를 구분자(/)로 분리해 원 핫 인코딩
df['이름'].str.get_dummies('/')
```

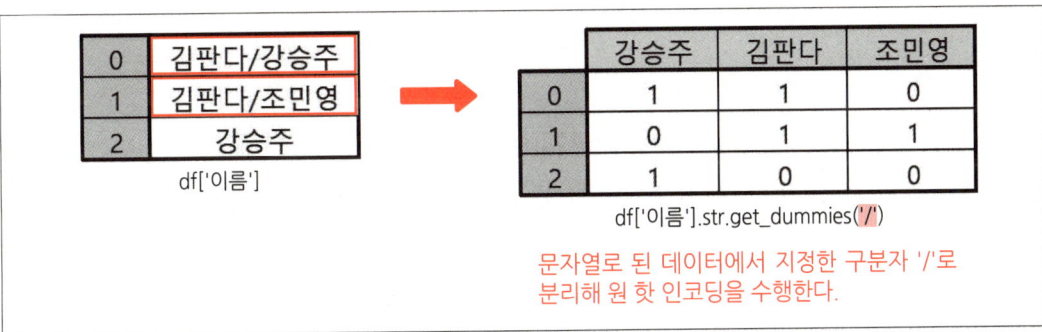

[그림 14-13] str.get_dummies 함수로 문자열을 분리해 원 핫 인코딩

14.1.13 셀의 리스트를 행으로 전개하기(explode)

explode 함수를 사용하면 셀 안에 존재하는 리스트의 각 원소를 별도의 행으로 확장할 수 있다. 이는 별도의 라이브러리를 활용한 프로그래밍으로 데이터 프레임으로 생성해서 셀 안에 리스트가 존재하거나, str.split 함수로 문자열을 분리하여 셀 안에 리스트를 우리가 생성했을 때 유용하다. [코드 14-23]에서 생성한 df를 복제한 df1으로 explode 함수를 실습해 보자.

[코드 14-24] 셀의 리스트를 행으로 전개하기

```
df1 = df.copy() # 코드 14-23의 df를 복제한 df1 준비

# 이름 열의 문자열을 구분자로 분리해 리스트로 생성
df1['이름'] = df1['이름'].str.split('/')

# df1의 이름 열의 리스트를 행으로 분리하기
df1.explode('이름')
```

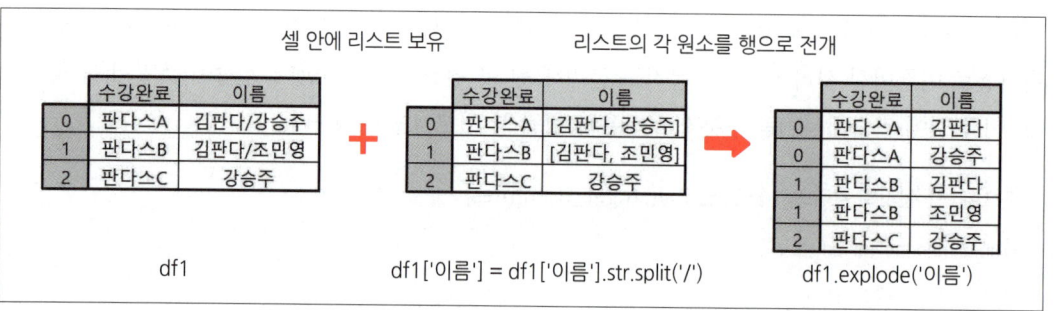

[그림 14-14] explode 함수로 셀의 리스트를 행으로 전개하기

앞서 학습한 assign 함수로 열을 수정하면 원본을 변경하지 않기에 안정적이며 연속 메서드를 사용하기도 편리하다.

[코드 14-25] [코드 14-24]를 원본을 변경하지 않는 assign 함수로 수행하기

```
df.assign(이름=df['이름'].str.split('/')).explode('이름')
```

셀 안의 리스트를 행이 아니라 각 열로 전개하고 싶다면 15.4.17을 참고한다.

14.1.14 복수 열을 기준으로 인코딩하기(ngroup)

하나의 열을 인코딩하는 작업은 factorize 함수로 수행한다. 만약 여러 열을 기준으로 인코딩을 수행하고자 한다면 groupby 함수와 ngroup 함수를 조합한다. ngroup 함수는 몇 번째 그룹인지 반환하기에 자연스럽게 인코딩을 수행한다. 기본적으로 groupby 함수는 그룹 키로 정렬한 결과를 반환해,

출현 순서대로 인코딩하려면 sort=False를 입력해야 한다.

[코드 14-26] 복수 열의 데이터를 기준으로 인코딩하기

```
# 실습에 쓰일 데이터 프레임 생성
import pandas as pd
data = {'제품': ['새우깡', '양파링', '새우깡', '새우깡', '자갈치'],
        '할인': [True, False, False, True, True],
        '판매량': [10, 20, 30, 40, 50]}
df = pd.DataFrame(data)

# 제품 열과 할인 열을 그룹화해서 인코딩 수행
df.groupby(['제품', '할인'], sort=False).ngroup()
```

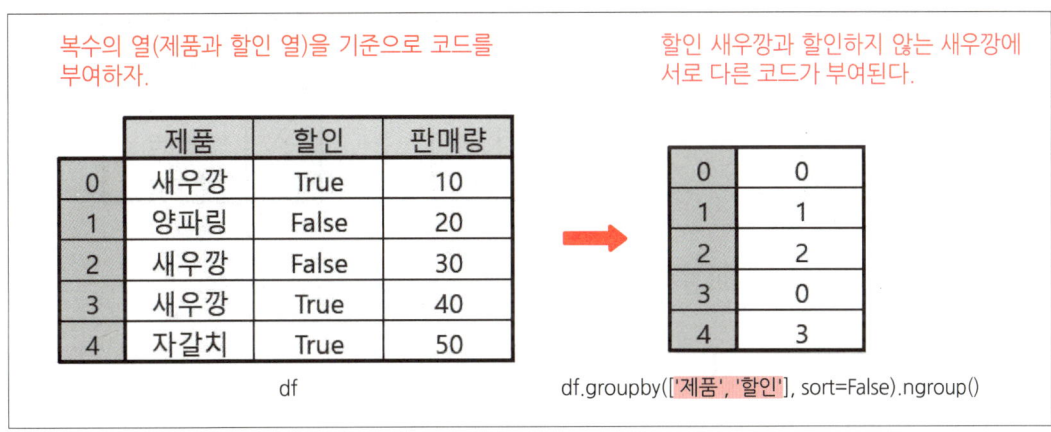

[그림 14-15] 복수 열을 기준으로 인코딩

14.1.15 데이터 프레임이나 시리즈가 완전히 동일한지 확인하기(equals)

두 시리즈나 데이터 프레임이 완전히 동일한지 확인이 필요할 때, 단순 비교 연산만으로는 확인하기 어렵다. 판다스에서 null을 나타내는 NaN 때문인데, NaN은 자기 자신과의 동등 비교에서조차 False를 반환한다. 물론 null을 따로 분리하여 확인하는 방법도 있지만, equals 함수를 사용하면 이러한 확인 작업이 간단히 수행된다.

[코드 14-27] 두 시리즈가 완전히 동일한지 확인하기

```
import pandas as pd

# 동일한 데이터로 s1과 s2 생성하기
data = [1, 2, 3, float('nan')]
s1 = pd.Series(data)
```

```
s2 = pd.Series(data)

# 동등 비교 연산(==)으로는 확인할 수 없다. (NaN == NaN 은 False)
print((s1 == s2).all())

# equals 함수로 확인하는 것이 편리하다.
s1.equals(s2)
```

```
False  # (s1 == s2).all()의 결과
True   # s1.equals(s2)의 결과
```

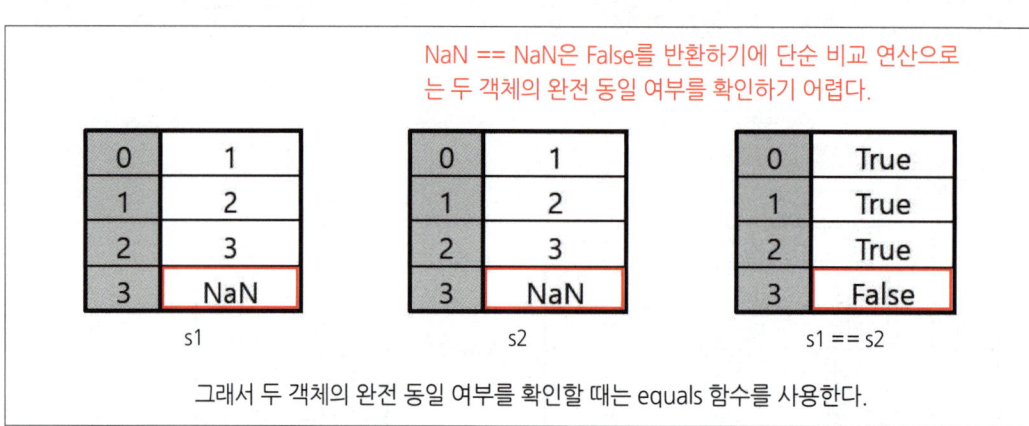

[그림 14-16] equals 함수가 필요한 이유

14.1.16 두 객체의 서로 다른 부분 반환하기(compare)

equals 함수로 데이터 프레임의 동일 여부도 확인된다. 아래 코드로 df1과 df2를 비교하자.

[코드 14-28] compare 함수 실습 예제 코드

```
# 실습에 쓰일 데이터 프레임 생성
import pandas as pd
data1 = {'국어': {'A': 83, 'B': 73, 'C': 69, 'D': 79},
         '영어': {'A': 0, 'B': 96, 'C': 82, 'D': 70}}
data2 = {'국어': {'A': 83, 'B': 73, 'C': 69, 'D': 79},
         '영어': {'A': 100, 'B': 96, 'C': 82, 'D': 70}}

df1 = pd.DataFrame(data1)
df2 = pd.DataFrame(data2)

# df1과 df2가 동일한지 확인
```

```
df1.equals(df2)
```

```
False
```

False가 반환되었기에 두 데이터 프레임은 동일하지 않다.

그러면 df1과 df2의 어떤 부분이 차이가 있을까? 두 객체의 차이는 compare 함수로 확인할 수 있다.

[코드 14-29] df1과 df2가 어떤 부분에서 차이가 있는지 확인

```
df1.compare(df2)
```

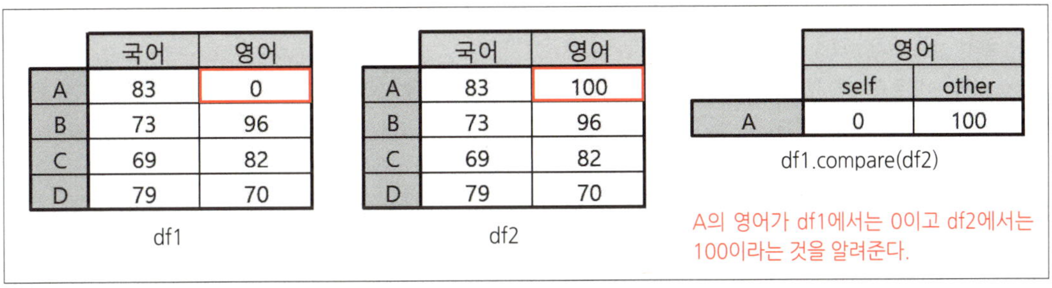

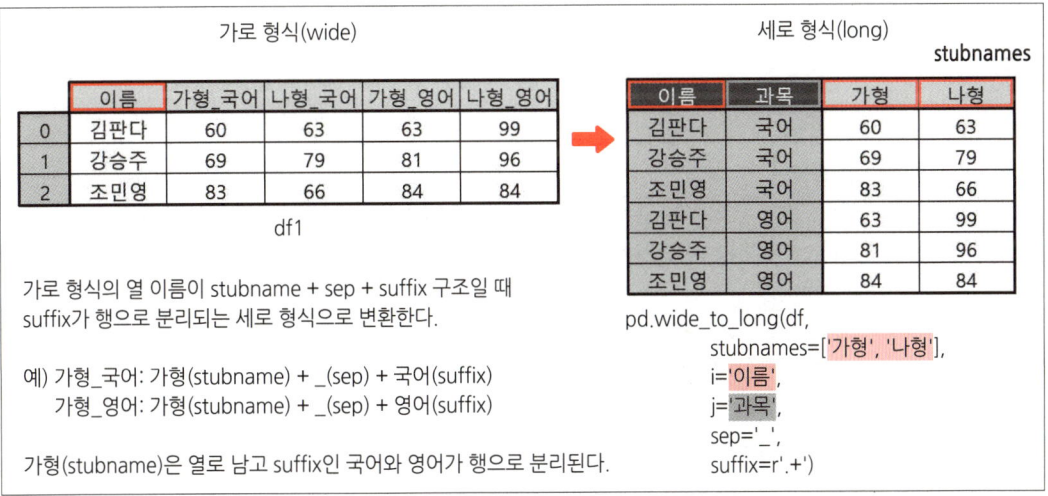

[그림 14-17] compare 함수로 두 객체의 차이 반환하기

14.1.17 가로 형식 데이터 프레임을 세로 형식으로 변환하기(wide_to_long)

[그림 14-18] 판다스 wide_to_long 함수

● **판다스 wide_to_long**

가로 형식(wide) 데이터 프레임을 세로 형식(long)으로 변환하는 함수

wide_to_long 함수의 주요 매개변수와 인수, 기본값

```
pd.wide_to_long(df, stubnames, i, j, sep='', suffix='\d+')
```

- **df**: 변환할 데이터 프레임을 입력한다.
- **stubnames**: 세로 형식(long)일 때의 열의 이름들을 지정한다.
- **i**: melt 함수의 id_vars처럼, 언피벗을 수행하지 않을 열을 지정한다.
- **j**: suffix가 위치할 인덱스명을 지정한다.
- **sep**: stubname과 suffix를 구분하는 구분자를 지정한다.
- **suffix**: 가로 형식일 때 열 이름의 접미사 부분의 정규 표현식 패턴을 입력한다. 기본값은 '\d+'이다.[6]

wide_to_long 함수는 가로 형식(wide)의 데이터 프레임을 세로 형식(long)으로 변환하는 데 사용한다. 이는 일종의 언피벗 작업을 수행하는 함수이며, melt 함수나 stack 함수에 비해 사용하는 상황이 제한적이다. 하지만 그 제한적인 조건에 해당될 때는 매우 효율적으로 원하는 결과를 얻는 함수이다.

wide_to_long 함수는 가로 형식 데이터에서 세로 방향으로 확장할 열이 'stubname+sep+suffix'의 구조를 가져야 한다. 이 구조를 충족할 때, suffix가 행으로 분리되어 세로 형식으로의 변환이 이루어진다. 아래의 예시 코드를 통해 실습해 본다.

[코드 14-30] wide_to_long 함수 실습하기

```python
# 실습에 쓰일 데이터 프레임 생성
import pandas as pd
data = {'이름': ['김판다', '강승주', '조민영'],
        '가형_국어': [60, 69, 83], '나형_국어': [63, 79, 66],
        '가형_영어': [63, 81, 84], '나형_영어': [99, 96, 84]}
df = pd.DataFrame(data)

# 가로 형식(wide) 데이터 프레임을 세로 형식(long)으로 변환
pd.wide_to_long(
    df, i='이름', stubnames=['가형', '나형'], j='과목', sep='_', suffix=r'.+'
)
```

결과는 [그림 14-18]에서 확인하자.

---

6   '\d+'는 정규 표현식이고 모든 숫자를 의미한다. suffix='.+'를 입력하면 구분자 이후의 모든 문자를 suffix로 인식한다.

14.1.18 HTML 표에서 데이터 프레임 불러오기(read_html)

read_html 함수를 사용해 웹 페이지에 있는 테이블을 데이터 프레임으로 가져온다. read_html 함수는 해당 페이지에 있는 모든 테이블을 리스트에 담아 반환한다.

[코드 14-31] HTML 테이블에서 데이터 프레임 불러오기

```python
import pandas as pd
pd.options.display.max_rows = 6 # 6행까지만 출력
pd.options.display.max_columns = 10 # 10열까지만 출력


url1 = 'https://www.baseball-reference.com/leagues/majors/' \
'2024-standard-batting.shtml'

# 페이지의 모든 HTML 테이블을 dfs에 리스트로 담기
dfs = pd.read_html(url1)

# dfs에서 팀 순위 테이블 인덱싱
dfs[0]
```

[그림 14-19] 메이저 리그의 2024년 팀 타격 성적[7]을 데이터 프레임으로 불러오기

간단한 함수로 편리하게 웹페이지의 모든 표를 데이터 프레임으로 불러온다. 여러 개의 데이터 프레임을 리스트로 묶어 반환하기에 우리에게 필요한 표만 가져오려면 인덱싱으로 지정해야 한다. 또한 우리가 웹 페이지에서 볼 때는 표처럼 보이지만, 실제로 HTML로 작성된 표가 아닐 때는 불러오지 못하니 그 점에도 유의하자.

---

[7] "2024 Major League Baseball Standard Batting", Baseball-Reference, 2024년 4월 26일 접속, https://www.baseball-reference.com/leagues/majors/2024-standard-batting.shtml

14.2 알아두면 유용한 넘파이 함수들

판다스는 넘파이 기반으로 구축된 라이브러리이므로, 데이터 프레임에 다양한 넘파이 함수를 적용할 수 있다. 그리고 일부 넘파이 함수들은 판다스 함수로는 대체할 수 없을 만큼 유용하다. 이전에 불리언 마스킹에서 배운 np.where 함수, np.select 함수처럼, 알아두면 유용한 넘파이 함수들을 소개한다. 넘파이 함수들은 판다스 객체에 메서드로 사용할 수 없으므로 np.where처럼 함수 형태로 사용한다.

14.2.1 넘파이의 난수 생성 함수

넘파이의 random 함수를 활용하면 난수의 배열이 생성되므로, 데이터 프레임 또한 쉽게 생성할 수 있다. 데이터 관련 코딩을 수행할 때 샘플 코드를 만드는 것은 매우 중요하므로 이를 기억해 두는 것이 좋다.

- **rand: 0부터 1 사이의 균일 분포를 따르는 난수를 생성**

    `np.random.rand(d1, d2, ..., dn)`

예) np.random.rand(3, 2)
: 3행×2열의 0~1 사이의 균일 분포 난수 어레이를 생성한다.

- **randn: 표준 정규 분포를 따르는 난수를 생성**

    `np.random.randn(d1, d2, .., dn)`

예) np.random.randn(3, 2)
: 3행×2열의 표준 정규 분포 난수 어레이를 생성한다.

- **randint: 입력한 범위의 정수 난수를 생성**

    `np.random.randint(low, high, size)`

예) np.random.randint(10, 20, (3, 2))
: 3행×2열의 10 이상 20 미만 정수의 난수 어레이를 생성한다.

- **choice: 주어진 리스트에서 주어진 확률에 따라 무작위로 선택해 배열을 생성**

    `np.random.choice(a, size, p)`

> 예) np.random.choice(['A', 'B'], size=(3, 2), p=[0.3, 0.7])
>
> : A를 0.3, B를 0.7의 확률로 추출해 3행×2열의 난수 어레이를 생성한다.
>
> ● **seed**: 난수 시드를 지정
>
> 예) np.random.seed(0)

choice 함수와 randint 함수를 이용하여 데이터 프레임을 생성하자. 또한 난수를 고정하도록 시드도 지정하자. 반 열에는 choice 함수를 활용해 'A'와 'B' 중 하나를 선택하여 할당한다. 국어 열과 수학 열에는 randint 함수를 사용하여 정수인 난수로 이루어진 배열을 생성하여 배치한다.

[코드 14-32] 넘파이의 random 함수를 활용해 데이터 프레임 생성하기

```python
import pandas as pd
import numpy as np

np.random.seed(0) # 난수 고정
data = {'반': np.random.choice(['A', 'B'], size=5, p=[0.6, 0.4]),
        '국어': np.random.randint(60, 100, 5),
        '영어': np.random.randint(30, 70, 5)}
df = pd.DataFrame(data)
df
```

결과는 [그림 14-20]의 df로 확인한다.

14.2.2 두 배열 중 큰 값 반환하기(np.fmax)

두 개의 배열을 비교하여 각 로케이션에서 큰 값을 반환하는 것은 np.fmax 함수를 사용하면 간결하다. 두 배열이 하나의 데이터 프레임이라면 집계 함수를 사용할 수 있고, 그렇지 않다 해도 불리언 마스킹이 가능하지만 np.fmax의 사용은 그 간결함 때문에 선호된다. [코드 14-32]로 생성한 df에서 국어 점수와 영어 점수에 30점의 가산점을 더한 값 중 더 큰 값을 반환하자.

[코드 14-33] 영어에 가산점 30을 주고 국어 점수와 비교해 높은 점수 반환

```python
np.fmax(df['국어'], df['영어'] + 30)
```

	반	국어	영어
0	A	81	54
1	B	96	42
2	B	83	31
3	A	66	68
4	A	84	69

df

국어와 영어 중 높은 점수 반환

0	81
1	96
2	83
3	68
4	84

df[['국어', '영어']].max(axis=1)

국어와 영어+30 중 높은 점수 반환

0	84
1	96
2	83
3	98
4	99

np.fmax(df['국어'], df['영어'] + 30)

하나의 데이터 프레임에 속한 값은 집계를 할 수 있지만
그렇지 않은 경우는 np.fmax로 높은 값을 반환하는 것이 편리하다.
(물론 불리언 마스킹도 가능하지만 np.fmax가 더욱 간편하다.)

[그림 14-20] np.fmax 함수로 두 배열 중 큰 값 반환하기

또한 np.fmin 함수를 사용하면 두 개의 배열을 비교하여 각 로케이션에서 작은 값을 반환한다.

14.2.3 각 행이나 각 열을 개별적으로 정렬하기(np.sort)

sort_values 함수를 사용해, 특정 열의 값을 기준으로 정렬한다. 각 행이나 열을 개별적으로 정렬한다면 np.sort 함수가 유용하다.

[코드 14-34] np.sort 함수로 각 행을 개별적으로 정렬하기

```python
# 실습에 쓰일 데이터 프레임 생성
np.random.seed(1) # 난수 고정
df1 = pd.DataFrame(np.random.randint(60, 100, (5, 4)))
print(df1) # 변수 df1 출력

# np.sort 함수로 정렬하고 결과(어레이)를 df1에 배정
df1[:] = np.sort(df1, axis=1)
df1
```

	0	1	2	3
0	97	72	68	69
1	71	65	75	60
2	76	61	72	67
3	66	85	80	97
4	78	80	71	88

df1

각 행마다 개별적으로 정렬이 수행된다.

	0	1	2	3
0	68	69	72	97
1	60	65	71	75
2	61	67	72	76
3	66	80	85	97
4	71	78	80	88

df1[:] = np.sort(df1, axis=1)

np.sort 함수는 넘파이 어레이를 반환하므로
기존 데이터 프레임에 결과를 배정한다.

[그림 14-21] np.sort 함수로 개별적 정렬하기

판다스 객체에 넘파이의 함수를 적용할 때, 결과를 판다스 객체로 반환하기도 하나 넘파이의 어레이로 반환하기도 한다. np.sort 함수는 결과로 어레이를 반환한다. 데이터 프레임 형태를 유지하려면 결과를 원래의 df1에 배정하거나, DataFrame 함수를 사용하여 반환된 어레이를 기반으로 새로운 데이터 프레임으로 생성해야 한다.[8]

14.3 인덱스 클래스

판다스와 데이터 프레임의 강력함은 인덱스와 컬럼즈에 기인한다. 그런데도 불구하고 인덱스 클래스의 생성이나 인덱스 클래스에 직접 적용되는 함수에 대해서는 거의 다루지 않았다. 물론 데이터 프레임에 함수를 적용하여 인덱스 클래스를 조작하는 방법들은 학습했지만[9] 인덱스 클래스 자체도 유용한 클래스이다.

14.3.1 인덱스 클래스 생성하기

인덱스 클래스는 pd.Index 함수로 생성한다.

[코드 14-35] 인덱스 클래스 생성하기

```
import pandas as pd
pd.Index(['A', 'B', 'C'])
```

```
Index(['A', 'B', 'C'], dtype='object')
```

RangeIndex는 pd.RangeIndex 함수로 생성한다. 시작과 끝을 차례로 입력하며 이때 우측 경계는 RangeIndex에 포함되지 않는다. 2와 8을 입력하면 2부터 7까지의 RangeIndex를 반환한다.

[코드 14-36] 2부터 7까지의 RangeIndex 생성하기

```
pd.RangeIndex(2, 8)
```

```
RangeIndex(start=2, stop=8, step=1)
```

---

[8] pd.DataFrame(np.sort(df1, axis=1), index=df1.index, columns=df1.columns)
[9] **4.3. 인덱스와 컬럼즈를 다루는 함수들**의 대부분의 함수가 데이터 프레임에 함수를 적용해 인덱스와 컬럼즈를 조작하는 함수들이다.

인덱스나 컬럼즈의 변경에 사용되는 set_axis 함수를 사용하거나 직접 배정할 때, 반드시 인덱스 클래스를 생성할 필요는 없다. 리스트를 이용해도 인덱스나 컬럼즈를 쉽게 변경할 수 있다. 그래서 인덱스 클래스를 직접 생성하는 방법에 대한 설명을 생략했던 것이다.

그렇지만 인덱스로 설정하는 목적이 아니어도 인덱스 클래스는 사용된다. 인덱스 클래스 역시 하나의 배열이고 집합 연산을 쉽게 하는 장점이 있으며, 인덱스 클래스도 시리즈나 리스트로 변환할 수 있다.

14.3.2 인덱스 클래스에 적용하는 함수들

인덱스 클래스에 적용하는 다양한 함수를 실습하자. 이 함수들 역시 적용 결과가 인덱스 클래스의 원본도 변경하지 않는 것에 유념하자. 또한 인덱스 클래스에 함수를 적용하는 것이 해당 인덱스 클래스를 보유한 데이터 프레임 객체를 변경하는 것도 아니다. set_axis로 인덱스나 컬럼즈를 새롭게 설정해야 데이터 프레임의 인덱스나 컬럼즈가 변경된다. 실습할 변수들을 생성하자.

[코드 14-37] 인덱스 클래스에 적용하는 함수 실습 예제 코드

```
idx1 = pd.Index(['A', 'B', 'C'])
idx2 = pd.Index(['B', 'C', 'D'])
print(idx1)
print(idx2)
```

```
Index(['A', 'B', 'C'], dtype='object') # idx1
Index(['B', 'C', 'D'], dtype='object') # idx2
```

두 인덱스 클래스를 append 함수로 연결한다.

[코드 14-38] append로 두 인덱스 클래스 연결하기

```
idx1.append(idx2)
```

```
Index(['A', 'B', 'C', 'B', 'C', 'D'], dtype='object')
```

인덱스 클래스에 원소를 추가하는 용도로도 사용하지만, 인수는 반드시 인덱스 클래스를 입력하기에 추가할 원소들을 인덱스 클래스로 생성한 후 append 함수를 사용해야 한다.

[코드 14-39] append로 idx1에 'D'와 'E' 추가하기

```
idx1.append(pd.Index(['D', 'E']))
```

```
Index(['A', 'B', 'C', 'D', 'E'], dtype='object')
```

인덱스 클래스에 하나의 원소만 추가하고 싶다면 insert 함수를 사용한다. 추가될 위치도 지정할 수 있다.

[코드 14-40] insert로 idx1에 로케이션이 1인 위치에 'D' 추가하기

```
idx1.insert(1, 'D')
```

```
Index(['A', 'D', 'B', 'C'], dtype='object')
```

인덱스 클래스의 원소는 drop 함수로 삭제한다.

[코드 14-41] drop으로 idx1에서 'A' 삭제하기

```
idx1.drop('A')
```

```
Index(['B', 'C'], dtype='object')
```

[코드 14-5]에서 수행한, 열을 특정 위치로 이동시키는 것은 인덱스 클래스에 drop 함수와 insert 함수를 적용해 인덱스 클래스의 원소를 이동시키는 방법으로도 가능하다. 물론 이 결과가 원본을 변경하는 것은 아니며, 위치가 바뀐 새로운 인덱스 클래스로 인덱싱을 추가로 수행해야 한다. [코드 14-1]의 df를 실행한 뒤 아래 코드를 실행해 보자.

[코드 14-42] df에서 C 열을 가장 왼쪽으로 옮기기

```
cols = df.columns.drop('C').insert(0, 'C')
df[cols]
```

이 방법은 [코드 14-5]에 비해 복잡해 보이나 원본을 변경하지 않는 장점이 있다.

repeat 함수로 인덱스 클래스의 각 원소가 반복되는 새로운 인덱스 클래스를 생성한다.

[코드 14-43] repeat로 인덱스 클래스의 각 원소 반복하기

```
print(idx1.repeat(2))
idx1.repeat([1, 2, 3])
```

```
Index(['A', 'A', 'B', 'B', 'C', 'C'], dtype='object') # idx1.repeat(2)
Index(['A', 'B', 'B', 'C', 'C', 'C'], dtype='object') # idx1.repeat([1, 2, 3])
```

인덱스 클래스 간의 집합 연산은 매우 간편하다. 두 인덱스 클래스 idx1과 idx2로 실습해 보자. union 함수는 두 인덱스 클래스의 합집합으로 새로운 인덱스 클래스를 생성한다.

[코드 14-44] idx1과 idx2의 합집합

```
print(idx1)
print(idx2)
idx1.union(idx2)
```

```
Index(['A', 'B', 'C'], dtype='object') # idx1
Index(['B', 'C', 'D'], dtype='object') # idx2
Index(['A', 'B', 'C', 'D'], dtype='object') # idx1.union(idx2)
```

intersection 함수는 두 인덱스 클래스의 교집합으로 새로운 인덱스 클래스를 생성한다.

[코드 14-45] dx1과 idx2의 교집합

```
idx1.intersection(idx2)
```

```
Index(['B', 'C'], dtype='object')
```

difference 함수는 차집합으로 새로운 인덱스 클래스를 생성한다.

[코드 14-46] idx1에서 idx2를 제외한 차집합

```
idx1.difference(idx2)
```

```
Index(['A'], dtype='object')
```

특히 차집합의 매우 간결한 코드로 특정 배열에 속하는 원소들을 일괄 삭제하므로 알아두자.

14.4 멀티 인덱스

멀티 인덱스는 복잡한 데이터를 계층적으로 조직하고 효율적인 접근 및 조작에 활용된다. 판다스는 기본적으로 원시 데이터를 다루는 라이브러리이며, 대부분의 원시 데이터는 단일 인덱스로 이루어진다. 그러나 피벗 테이블로 만든 결과를 다시 조작하거나 피벗 테이블로 원본 데이터를 관리할 때는 멀티 인덱스를 다루는 능력이 필요하다. 미뤄왔던 멀티 인덱스를 지금부터 학습하자.

14.4.1 멀티 인덱스의 생성

멀티 인덱스는 pd.MultiIndex 함수로 생성한다. 매개변수 levels에 각 레벨에서 원소의 유일 값을 입력하고, 매개변수 codes에 각 레벨에서 원소의 배열을 코드로 입력한다. 매개변수 names로 각 레벨의 인덱스명을 지정한다. 결과는 튜플이 포함된 인덱스가 생성된다. 멀티 인덱스는 원소가 튜플인 인덱스이다.

[코드 14-47] 멀티 인덱스 생성

```
idx = pd.MultiIndex(levels=[['A', 'B'], ['C', 'D']],
                    codes=[[0, 0, 1, 1], [0, 1, 0, 1]],
                    names=['lev_0', 'lev_1'])
idx
```

```
MultiIndex([('A', 'C'),
            ('A', 'D'),
            ('B', 'C'),
            ('B', 'D')],
           names=['lev_0', 'lev_1'])
```

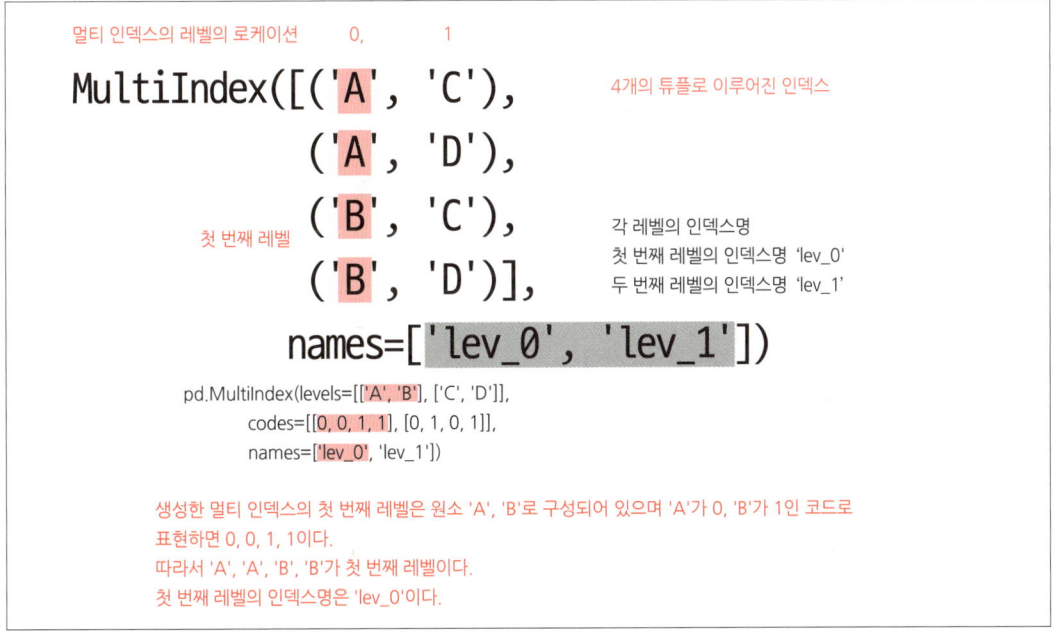

[그림 14-22] 멀티 인덱스의 구조

생성한 멀티 인덱스로 멀티 인덱스를 가진 시리즈를 생성하자. pd.Series 함수의 인덱스를 지정할 때 변수 idx를 지정한다.

[코드 14-48] 멀티 인덱스로 시리즈 생성

```
s = pd.Series([1, 2, 3, 4], index=idx)
s
```

```
lev_0  lev_1
A      C      1
       D      2
B      C      3
       D      4
dtype: int64
```

멀티 인덱스를 보유한 시리즈를 생성했다.

다만 [코드 14-47]로 멀티 인덱스를 생성하려면 각 레벨의 원소를 코드화하여 입력해야 한다. 이 방법으로 멀티 인덱스를 생성하는 것은 지나치게 번거로워, 더 간결한 방법으로 멀티 인덱스를 생성하는 여러 가지 메서드를 지원한다. 지원되는 메서드들은 pd.MultiIndex에 적용한다.

from_product 메서드로 곱집합을 생성해 멀티 인덱스를 생성한다.

[코드 14-49] from_product: 곱집합을 생성해 멀티 인덱스 생성

```
pd.MultiIndex.from_product([['A', 'B'], ['C', 'D']], names=['lev_0', 'lev_1'])
```

from_tuples 메서드로 입력된 튜플을 활용해 멀티 인덱스를 생성한다.

[코드 14-50] from_tuples: 튜플로 멀티 인덱스 생성

```
tuple1 = [('A', 'C'), ('A', 'D'), ('B', 'C'), ('B', 'D')]
pd.MultiIndex.from_tuples(tuple1, names=['lev_0', 'lev_1'])
```

from_frame 메서드로 데이터 프레임을 멀티 인덱스로 변환한다.

[코드 14-51] from_frame: 데이터 프레임을 멀티 인덱스로 변환

```
data = {'lev_0': ['A', 'A', 'B', 'B'],
        'lev_1': ['C', 'D', 'C', 'D']}
df = pd.DataFrame(data)
pd.MultiIndex.from_frame(df)
```

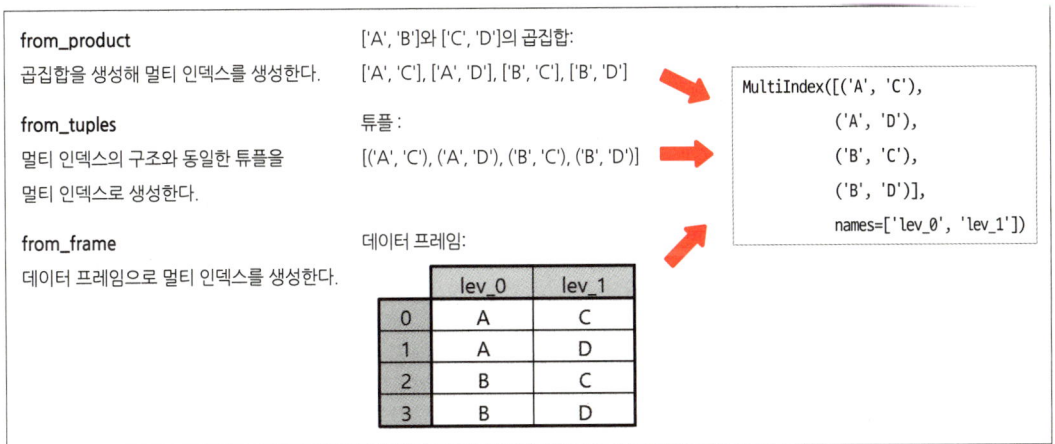

[그림 14-23] 여러 가지 메서드로 멀티 인덱스 생성하기

결과는 [그림 14-23]에서 확인하자. 모두 [그림 14-22]와 동일한 멀티 인덱스를 반환한다. from_product 메서드는 멀티 인덱스를 생성하는 것뿐 아니라, 곱집합을 배열로 생성하는 유용한 메서드이다. from_frame 메서드는 멀티 인덱스의 직접 조작이 어려운 유저에게는 크게 도움이 되는 메서드이다. to_frame으로 멀티 인덱스를 데이터 프레임으로 변환한 다음, 데이터 프레임을 조작하고 from_frame으로 다시 멀티 인덱스로 변환하는 방법으로 멀티 인덱스를 조작한다.[10]

모든 메서드에서 names 매개변수로 인덱스명을 지정한다. 인덱스명은 단일 인덱스에서는 크게 필요가 없지만 멀티 인덱스에서는 유용하다. 판다스는 키와 로케이션을 모두 활용한다는 것이 장점이고, 멀티 인덱스를 다룰 때 인덱스명이 키로 활용된다.

직접 데이터 프레임을 생성하는 것이 아니라, 엑셀 파일과 CSV 파일에서 데이터 프레임을 불러올 때 멀티 인덱스를 지정해야 할 때도 있다. 이때는 매개변수 header 혹은 index_col로 멀티 인덱스를 지정한다. 멀티 인덱스로 지정할 열이나 행의 로케이션을 리스트로 묶어 입력한다.

[코드 14-52] 파일에서 데이터 프레임을 불러올 때 멀티 인덱스 지정하기

```
url1 = 'https://github.com/panda-kim/book1/blob/main/24multiidx.xlsx?raw=true'
pd.read_excel(url1, header=[0, 1, 2], index_col=[0, 1])
```

---

10 **14.1.7. 인덱스 클래스를 데이터 프레임이나 시리즈로 변환하기(to_frame, to_series)** 참고. 물론 멀티 인덱스를 직접 조작하는 것이 가장 좋지만, 학습이 부족할 때 매우 유용하다.

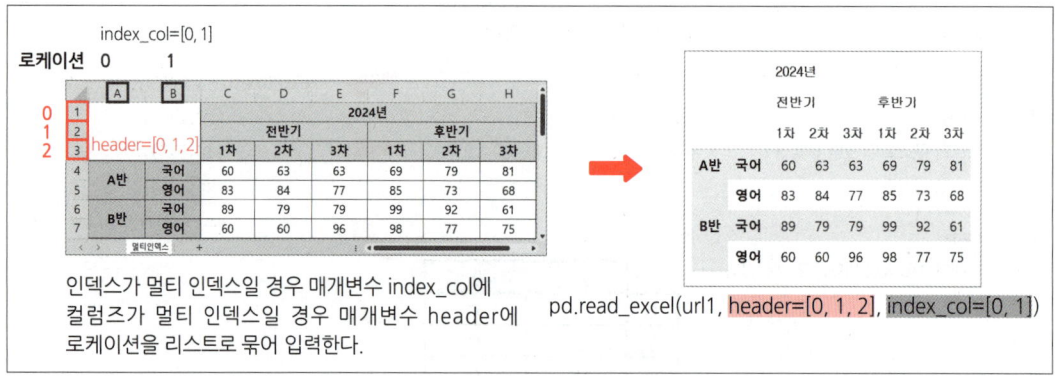

[그림 14-24] 파일에서 데이터 프레임을 불러올 때 멀티 인덱스 지정하기

키를 튜플 형태로 보유한 딕셔너리를 생성해 멀티 인덱스를 보유한 데이터 프레임을 생성하기도 한다. [코드 4-61]을 참고하자. 간단한 구조의 데이터 프레임이라면 이 방식도 간편하다. 복잡한 구조를 만들기 번거롭고, 멀티 인덱스만을 생성할 수 없으며 반드시 해당 멀티 인덱스를 보유한 데이터 프레임을 함께 생성해야 한다는 단점이 있다.

14.4.2 멀티 인덱스를 보유한 데이터 프레임의 인덱싱

멀티 인덱스를 가진 데이터 프레임의 인덱싱은 멀티 인덱스를 다루는 데 큰 장애물로 작용하니 정확하게 숙지하도록 학습한다.

[코드 14-53] 멀티 인덱스를 보유한 데이터 프레임의 인덱싱 실습 예제 코드

```
import pandas as pd
import numpy as np
# 멀티 인덱스 생성
idx1 = pd.MultiIndex.from_product([['A반', 'B반'], ['국어', '영어']])
cols1 = pd.MultiIndex.from_product(
    [['2024년', '2025년'], ['전반기', '후반기'], ['1차', '2차', '3차', '4차']]
)

# 무작위로 4×16의 어레이를 생성해 데이터 프레임 생성
np.random.seed(0) # 난수 고정
data = np.random.randint(60, 100, (4, 16))
df = pd.DataFrame(data, index=idx1, columns=cols1)
df
```

		0	2024년								2025년							
		1	전반기				후반기				전반기				후반기			
		2	1차	2차	3차	4차	1차	2차	3차	4차	1차	2차	3차	4차	1차	2차	3차	4차
A반	국어		60	63	63	99	69	79	81	96	83	66	84	84	72	61	98	99
	영어		83	84	77	97	85	73	68	69	80	76	65	75	60	78	95	84
B반	국어		89	79	79	74	99	92	61	69	92	91	70	83	95	71	88	94
	영어		60	60	96	65	98	77	75	64	91	61	61	99	95	98	71	78
0	1																	

[그림 14-25] 멀티 인덱스의 인덱싱을 실습할 df

df는 인덱스와 컬럼즈에 모두 멀티 인덱스를 보유한 데이터 프레임이다. 인덱스에는 2개의 레벨이 존재하며 컬럼즈에는 3개의 레벨이 존재한다. 인덱싱을 수행 후 결과를 [그림 14-25]와 비교하자.

기본적인 인덱싱은 대괄호 인덱서로도 수행된다. 멀티 인덱스는 튜플 구조를 가지므로 원하는 열의 튜플을 입력하여 인덱싱한다. 2024년 전반기 1차 성적만 추출하자. 단일 열이라서 시리즈로 추출된다.

[코드 14-54] 멀티 인덱스의 인덱싱은 튜플을 입력한다.

```
df[('2024년', '전반기', '1차')]
```

```
A반   국어    60
     영어    83
B반   국어    89
     영어    60
Name: (2024년, 전반기, 1차), dtype: int64
```

원칙적으로 튜플로 모든 레벨을 입력해야 하지만 최상위 레벨의 이름을 입력하면 하위 레벨을 모두 가져온다. 2024년의 데이터만 인덱싱하자. 이는 대괄호 인덱서뿐 아니라 loc 인덱서에도 적용되는 공통 특징이다.

[코드 14-55] 최상위 레벨만 입력해도 하위 레벨을 모두 가져온다.

```
df['2024년']
```

		전반기				후반기			
		1차	2차	3차	4차	1차	2차	3차	4차
A반	국어	60	63	63	99	69	79	81	96
	영어	83	84	77	97	85	73	68	69
B반	국어	89	79	79	74	99	92	61	69
	영어	60	60	96	65	98	77	75	64

멀티 인덱스를 사용하더라도 여전히 iloc 인덱서로 로케이션 기반 인덱싱을 수행할 수 있다. iloc 인덱서를 사용하여 첫 번째, 세 번째, 네 번째 열만 인덱싱하자. 2024년 전반기 1차, 3차, 4차 성적만 추출한다.

[코드 14-56] iloc 인덱서로 첫 번째, 세 번째, 네 번째 열 인덱싱

```
df.iloc[:, [0, 2, 3]]
```

		2024년		
		전반기		
		1차	3차	4차
A반	국어	60	63	99
	영어	83	77	97
B반	국어	89	79	74
	영어	60	96	65

멀티 인덱스의 인덱싱은 간단한 인덱싱이면 대괄호 인덱서로 수행한다. 급할 때는 로케이션을 일일이 세어서 iloc 인덱서를 사용해도 좋다. 단 각 레벨의 요소를 활용해 특정 그룹의 데이터를 추출하는 정석적인 인덱싱은 loc 인덱서로 수행한다.

> **대괄호 인덱서**: 간단한 인덱싱
> **iloc 인덱서**: 로케이션을 세어서 사용. 급할 때 사용하자.
> **loc 인덱서**: 각 레벨의 요소를 인덱싱과 슬라이싱하는 정석적인 인덱싱

[그림 14-26] 멀티 인덱스의 인덱싱을 수행할 때 각 인덱서의 역할

loc 인덱서로 인덱싱과 슬라이싱을 수행할 때는 기존의 인덱싱 기법처럼 행의 인덱싱과 열의 인덱싱을 콤마로 구분해 입력한다. 또한 튜플로 각 레벨에서 인덱싱 대상을 지정한다. 각 레벨에서 인덱싱 대상을 지정할 때는 기존의 인덱싱 기법과 마찬가지로 'A반'처럼 단일 대상을 입력하거나, ['A반', 'B반']처럼 복수의 대상을 리스트로 묶어 입력할 수 있다.

다만 슬라이싱은 반드시 slice 함수로 슬라이스 객체를 생성해야 한다. 1차부터 3차까지 슬라이싱은 '1차':'3차'가 아니라 slice('1차', '3차')를 입력한다. 대상을 전부 가져올 때는 콜론(:)만 사용하지 않고 slice(None)을 입력한다.

slice 함수가 익숙하지 않다면 pd.IndexSlice를 활용한다. pd.IndexSlice 객체에 기존 슬라이싱 기법을 사용한다. 간결함을 위해 편의적으로 pd.IndexSlice 객체를 변수 ids로 지정하고, 레벨에 맞추어 콤마로 구분해 변수 ids에 인덱싱을 수행한다. 기존의 슬라이싱처럼 콜론(:), '1차':'3차'와 같은 방식의 슬라이싱을 입력한다.

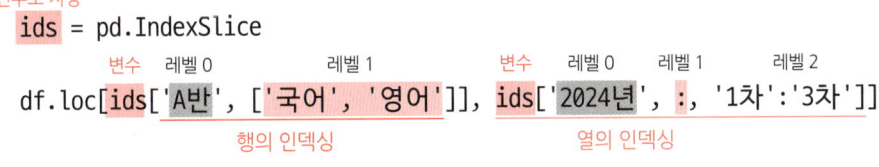

[그림 14-27] loc 인덱서로 멀티 인덱스를 보유한 데이터 프레임의 인덱싱과 슬라이싱

실습해 보자. 먼저 행의 인덱싱을 수행하자. 레벨 0에서는 A반만 가져오자. 레벨 1에서는 국어, 영어를 모두 가져오자. ['국어', '영어']를 사용하거나 전 과목이 국어와 영어뿐이니 slice(None)을 사용한다. 다음으로 열의 인덱싱을 수행하자. 레벨 0에서는 2024년을 가져오자. 레벨 1에서는 전후반기를 모두 가져오자. slice(None)을 입력한다. 레벨 2에서는 1차에서 3차까지 가져오자. 1차에서 3차까지 슬라이싱을 하기 위해 slice('1차', '3차')를 입력한다.

[코드 14-57] loc 인덱서와 slice 함수로 인덱싱

```
df.loc[('A반', ['국어', '영어']), ('2024년', slice(None), slice('1차', '3차'))]
```

행으로 A반과 국어, 영어를 가져왔고, 열로 2024년과 전후반기, 1차에서 3차를 가져왔다.

IndexSlice 객체로 동일한 인덱싱을 수행하자. IndexSlice 객체는 변수 ids로 지정한다. 기존처럼 슬라이싱 방식을 사용할 수 있다.

[코드 14-58] loc 인덱서와 IndexSlice 객체로 인덱싱

```
ids = pd.IndexSlice
df.loc[ids['A반', ['국어', '영어']], ids['2024년', :, '1차':'3차']]
```

결과는 [코드 15-57]과 같다. 기존의 슬라이싱 방식을 사용할 수 있는 것이 장점이다.

이번에는 후반기 1차, 2차, 3차 시험의 각 반의 통합 평균을 구해보자. 해당 시험에서 각 반의 국어와 영어의 평균을 구한다. 먼저 후반기 1차, 2차, 3차 시험만 인덱싱한 다음, groupby 함수를 인덱스에 적용해 각 반의 평균을 구하자.[11]

[코드 14-59] 후반기 1차, 2차, 3차 시험의 각 반의 통합 평균 구하기(slice)

```
(df.loc[:, (slice(None), '후반기', slice('1차', '3차'))]
  .groupby(level=0).mean()
)
```

	2024년			2025년		
	후반기			후반기		
	1차	2차	3차	1차	2차	3차
A반	77.0	76.0	74.5	66.0	69.5	96.5
B반	98.5	84.5	68.0	95.0	84.5	79.5

2024년 후반기 1차 시험의 A반 성적은 국어 69점, 영어 85점이었기에 평균이 77점이 맞다. loc 인덱서로 멀티 인덱스에서 정확한 데이터에 접근하고 각종 통계를 생성한다.

---

11 12.3.1. groupby 함수의 여러 가지 매개변수에서 열이 아닌 인덱스로 그룹을 나누는 방법을 참고

slice 함수 대신 IndexSlice를 활용하려면 아래 코드를 사용한다.

[코드 14-60] 후반기 1차, 2차, 3차 시험의 각 반의 통합 평균 구하기(IndexSlice)

```
ids = pd.IndexSlice
(df.loc[:, ids[:, '후반기', '1차':'3차']]
  .groupby(level=0).mean()
)
```

결과는 [코드 14-59]와 같다.

인덱싱은 아니지만 마치 인덱싱과 같은 결과를 반환하는 xs 함수도 있다. 하나의 레벨에서만 데이터를 추출하면 인덱싱보다 코드가 간결하다. xs 함수를 사용해 전반기 성적만 추출하자. '전반기'를 입력하고, 컬럼즈의 두 번째 레벨이기에 axis=1과 level=1도 입력한다.[12]

[코드 14-61] xs 함수로 전반기 성적만 추출하기

```
df.xs('전반기', axis=1, level=1)
```

		2024년				2025년			
		1차	2차	3차	4차	1차	2차	3차	4차
A반	국어	60	63	63	99	83	66	84	84
	영어	83	84	77	97	80	76	65	75
B반	국어	89	79	79	74	92	91	70	83
	영어	60	60	96	65	91	61	61	99

14.4.3 멀티 인덱스를 다루는 함수들

이미 소개된 stack과 unstack 외에 멀티 인덱스를 다루는 함수들을 소개한다. 대부분은 데이터 프레임에 적용하여 인덱스를 다루는 함수들이며 일부는 인덱스 클래스에 직접 적용한다. 실습할 변수 df를 생성하자.

[코드 14-62] 멀티 인덱스를 다루는 함수들 실습 예제 코드

```
import pandas as pd
import numpy as np
# 멀티 인덱스 생성
cols1 = pd.MultiIndex.from_product([['전반기', '후반기'], ['1차', '2차']])
```

---

12 인덱싱을 사용하면 df.loc[:, (slice(None), '전반기', slice(None))].droplevel(1, axis=1)처럼 코드를 써야 하기에 xs 함수가 간편하다.

```python
# 무작위로 5×4의 어레이를 생성해 데이터 프레임 생성
np.random.seed(2) # 난수 고정
data = np.random.randint(60, 100, (5, 4))
df = pd.DataFrame(data, columns=cols1)
df
```

droplevel 함수로 멀티 인덱스의 레벨을 삭제한다. df에 droplevel 함수를 적용하고 삭제할 레벨 0을 입력한다. 컬럼즈를 삭제하고자 axis=1도 입력한다.

[코드 14-63] 컬럼즈의 멀티 인덱스 중에 첫 번째 레벨 삭제하기

```python
df.droplevel(0, axis=1)
```

swaplevel 함수로 멀티 인덱스의 레벨을 맞교환한다. df에 swaplevel 함수를 적용하고 맞교환할 레벨 0과 1을 입력한다. 컬럼즈를 맞교환하니까 axis=1도 입력한다. 통상적으로 상위 레벨로 정렬된 결과를 바라므로 sort_index 함수로 결과를 정렬한다.

[코드 14-64] 컬럼즈의 첫 번째 레벨과 두 번째 레벨의 맞교환

```python
df.swaplevel(0, 1, axis=1).sort_index(axis=1)
```

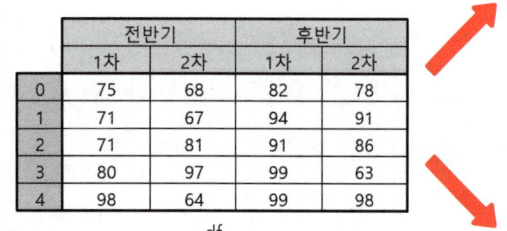

[그림 14-28] droplevel과 swaplevel

swaplevel, droplevel 함수는 모두 인덱스 클래스에도 직접 사용할 수도 있으나, 결과를 기존 데이터 프레임에 새롭게 할당해야 하므로 주로 데이터 프레임에 적용한다.

get_level_value 함수로 각 레벨의 인덱스를 추출한다. get_level_value는 인덱스 클래스에 직접 적용하는 함수이며, 추출할 레벨을 입력한다. 두 번째 레벨의 인덱스만 추출하자.

[코드 14-65] 컬럼즈의 두 번째 레벨만 추출

```
df.columns.get_level_values(1)
```

```
Index(['1차', '2차', '1차', '2차'], dtype='object')
```

nlevels 속성으로 멀티 인덱스의 레벨 수를 확인한다. 인덱스 클래스에 직접 적용한다.

[코드 14-66] 컬럼즈의 레벨 수 확인하기

```
df.columns.nlevels
```

```
2
```

기존의 함수들도 멀티 인덱스인 데이터 프레임에도 활용할 때가 많다. 예를 들어 열이나 행을 삭제하는 drop 함수도 매개변수 level을 활용하면 멀티 인덱스에도 사용할 수 있다. 두 번째 레벨에 존재하는 2차 열을 삭제하자.

[코드 14-67] 두 번째 레벨에서 2차 열 삭제하기

```
df.drop('2차', axis=1, level=1)
```

drop 함수뿐 아니라 매개변수 level이 존재하는 함수들은 멀티 인덱스에 맞추어 사용한다.

연산의 브로드 캐스팅도 멀티 인덱스에 맞춰 수행된다. 두 번째 레벨에서 1차 열에만 100을 더하자. 먼저 시리즈를 생성한 후 연산 함수를 사용하여 연산을 수행할 때 레벨을 맞추면 해당 레벨을 기준으로 브로드 캐스팅이 수행된다.

[코드 14-68] 두 번째 레벨이 1차인 열만 100 더하기

```
s = pd.Series([100, 0], index=['1차', '2차'])
df.add(s, level=1)
```

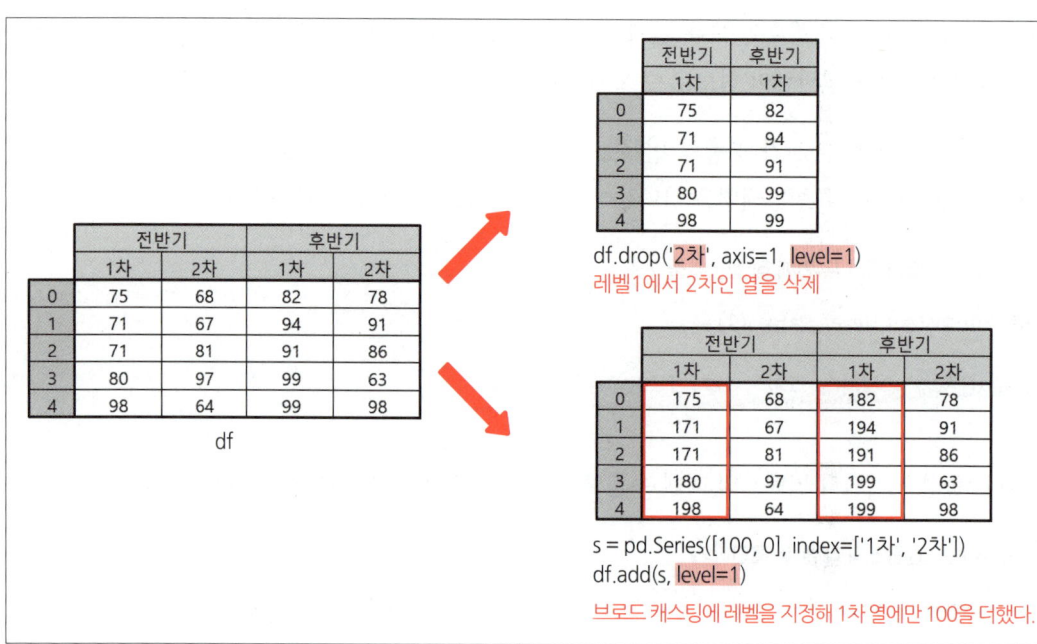

[그림 14-29] 기존의 함수를 멀티 인덱스인 데이터 프레임에 적용(drop, 브로드 캐스팅)

set_axis 함수로 멀티 인덱스도 설정한다. 인덱스 클래스의 첫 번째 레벨부터 차례로 리스트로 묶어 멀티 인덱스를 입력한다. 이 방법은 새로운 레벨을 추가하기 편하다. df의 컬럼즈에 세 번째 레벨의 인덱스를 추가하자. get_level_value 함수로 첫 번째 레벨과 두 번째 레벨을 차례로 반환해 리스트에 입력하고 마지막에 새로운 인덱스를 추가하자.

[코드 14-69] 컬럼즈에 세 번째 레벨 추가하기

```
lv2 = ['첫 번째', '두 번째', '세 번째', '네 번째']
df.set_axis(
    [df.columns.get_level_values(0), df.columns.get_level_values(1), lv2],
    axis=1
)
```

[그림 14-30] set_axis 함수로 멀티 인덱스에 레벨 추가하기

set_axis 함수는 pd.MultiIndex로 생성된 멀티 인덱스도 설정한다. 그래서 [코드 14-69]와 같은 기법을 모르더라도, 멀티 인덱스를 데이터 프레임으로 변환한 뒤 데이터 프레임에서 열을 추가하고 그 결과를 다시 from_frame 메서드로 멀티 인덱스로 변환해 set_axis 함수로 기존 데이터 프레임에 설정하면 된다.

[코드 14-70] to_frame 함수로 데이터 프레임으로 변환 후 세 번째 레벨 추가하기

```python
# 컬럼즈를 데이터 프레임으로 변환하고 lv2 열을 생성하고 df1으로 지정
df1 = df.columns.to_frame().assign(lv2=lv2)

# df1을 from_frame 메서드로 멀티 인덱스로 변환해 변수 col2로 지정
col2 = pd.MultiIndex.from_frame(df1, names=[None, None, None])

# col2를 df의 컬럼즈로 지정
df.set_axis(col2, axis=1)
```

새로운 레벨을 추가할 때가 아니어도 from_frame 메서드는 멀티 인덱스의 직접 조작을 어렵게 느낄 때 크게 도움되는 메서드이다. to_frame으로 멀티 인덱스를 데이터 프레임으로 변환한 다음, 데이터 프레임을 조작하고 from_frame으로 다시 멀티 인덱스로 변환하는 방법으로 멀티 인덱스를 조작하는 것이 최후의 보루가 되어줄 것이다.

14.4.4 구간 인덱스

멀티 인덱스는 아니지만 유사한 기능을 제공하는 구간 인덱스(IntervalIndex)에 대해서도 학습해 보자. 구간 인덱스는 데이터를 특정 범위의 구간으로 그룹화하는 효과적인 방법을 제공한다. 이 방법을 사용하면 연속적인 데이터를 구간별로 나누어 분석하거나 구간별 집계를 수행하는 작업을 더 쉽게 수행한다. 구간 인덱스를 활용함으로써 데이터 분석의 유연성과 효율성을 높인다.

구간 인덱스를 생성할 때는 IntervalIndex 함수에 구간을 나타내는 인터벌 객체를 배열 형태로 입력한다. 인터벌 객체 생성에는 추가로 Interval 함수를 사용해야 하므로 다소 번거로운 방식이다.

[코드 14-71] 인터벌 객체로 구간 인덱스 생성하기

```python
idx1 = pd.IntervalIndex([pd.Interval(1, 3), pd.Interval(3, 5)])
idx1
```

```
IntervalIndex([(1, 3], (3, 5]], dtype='interval[int64, right]')
```

생성한 idx1은 1 초과 3 이하와 3 초과 5 이하의 두 개의 구간을 보유한 구간 인덱스이다. 구간에서 경계가 소괄호로 표현되면 경계 불포함을 의미하며, 대괄호는 경계를 포함하는 것을 의미한다.

구간 인덱스는 사용 목적을 이해하는 것이 중요하다. 구간 인덱스를 가진 시리즈나 데이터 프레임은 해당 구간의 값들로 인덱싱을 수행한다. 예를 들어 1 초과 3 이하 구간 인덱스에 '가', 3 초과 5 이하 구간 인덱스에 '나' 값을 가지는 시리즈 s를 만들어 보자. 이 시리즈를 2, 5, 3으로 인덱싱하면 '가', '나', '가'를 각각 반환한다.

[코드 14-72] 구간 인덱스를 사용한 인덱싱

```
s1 = pd.Series(['가', '나'], index=idx1)
s1.loc[[2, 5, 3]]
```

```
(1, 3]    가
(3, 5]    나
(1, 3]    가
dtype: object
```

소속 구간의 데이터를 인덱싱으로 쉽게 가져온다. 이러한 장점에도 불구하고, 구간 인덱스를 생성하는 [코드 14-71]의 과정은 지나치게 번거롭다. 하지만 걱정하지 않아도 된다. 멀티 인덱스를 생성할 때처럼 구간 인덱스를 생성하는 다양한 메서드가 제공된다. 데이터 프레임으로 구간 인덱스를 생성한다. 실습할 변수 df1과 df2를 생성하자.

[코드 14-73] 구간 인덱스를 생성할 데이터 프레임 생성

```
data1 = {'min': [80, 60, 40, 0],
         'max': [100, 79, 59, 39],
         'grade': ['A', 'B', 'C', 'D']}
data2 = {'이름': ['김판다', '강승주', '조민영'],
         '점수': [77, 58, 92]}

df1 = pd.DataFrame(data1)
df2 = pd.DataFrame(data2)
```

df1은 학점 기준을 나타내며, 각 학점의 최소 점수와 최대 점수를 포함한다. 예를 들어 A 학점은 80점 이상 100점 이하의 범위에 해당하며 양쪽 경계를 모두 포함한다. df2는 학생들의 점수를 나타낸다. df1의 학점 기준에 따라 df2에 학점 열을 추가하자. merge_asof 함수를 사용하거나 cut 함수를 이용한 방법도 가능하지만, 구간 인덱스를 생성하는 것이 가장 간편하다.

	min	max	grade
0	80	100	A
1	60	79	B
2	40	59	C
3	0	39	D

df1 — 학점 기준 (최대 최소 경계 모두 포함)

	이름	점수	학점
0	김판다	77	B
1	강승주	58	C
2	조민영	92	A

df2 — df1의 학점 기준을 이용해 df2에 학점 열을 생성하자. 구간 인덱스를 활용하는 방법이 가장 간편하다.

[그림 14-31] 데이터 프레임으로 구간 인덱스를 생성해 구간에 해당하는 값 부여하기

df1을 기반으로 구간 인덱스를 만들어 보자. IntervalIndex의 from_arrays 메서드를 활용하면 구간 인덱스가 손쉽게 설정된다. 구간의 최소 경계 배열과 구간의 최대 경계 배열을 차례로 입력해야 한다. 따라서 df1의 min 열과 max 열을 차례로 입력한다. 양쪽 경계를 모두 포함해야 하므로 closed='both'도 추가하자.

[코드 14-74] 데이터 프레임으로 구간 인덱스 생성하기

```
idx2 = pd.IntervalIndex.from_arrays(df1['min'], df1['max'], closed='both')
idx2
```

```
IntervalIndex([[80, 100], [60, 79], [40, 59], [0, 39]], dtype='interval[int64, both]')
```

df1의 grade 열을 인덱싱하여, 생성한 구간 인덱스 idx2를 인덱스로 설정하자. 그러면 구간 인덱스를 갖는 시리즈가 만들어진다. 이 시리즈를 df2의 점수 열로 인덱싱하면 기준에 맞는 학점이 반환된다. 이 결과를 df2의 학점 열로 추가한다. 결과에서 밸류즈만을 추출하여 열로 생성한다.[13]

[코드 14-75] 구간 인덱스를 활용해 df2에 학점 열 생성하기

```
s2 = df1['grade'].set_axis(idx2)
df2.assign(학점=s2.loc[df2['점수']].values)
```

결과는 [그림 14-31]과 같다. 구간 인덱스는 구간별로 값을 할당할 때 매우 유용하다. 인덱싱 외에도 구간 인덱스와 cut 함수를 활용할 때도 있다.[14]

---

[13] 인덱스가 구간 인덱스인 시리즈가 반환되기에 df2와 인덱스가 다르다. 인덱스가 다른 시리즈로는 df2의 열로 생성할 수는 없다. 따라서 values 속성으로 밸류즈만 추출해 열로 생성한다.
[14] **15.4.24. 구간 인덱스로 범주화하기** 참고

멀티 인덱스와 구간 인덱스는 판다스 학습 과정에서 가장 어려운 부분으로 꼽힌다. 해당 내용을 무사히 학습했다면 이보다 어려운 내용은 없다. 다음 장에서도 유용한 함수들과 판다스를 실제 활용할 때 중요한 팁을 소개할 예정이다. 그 내용 역시 데이터 분석 역량을 한층 더 향상하는 데 큰 도움이 될 것이다.

CHAPTER

15
판다스 심화 2

QR코드를 통해 Chapter 15에 포함된 코드와 풀 컬러 그림을 확인할 수 있습니다. 또한 판다스와 구글 코랩의 버전 업데이트에 따른, 변동이 필요한 코드, 변동된 코드 출력 정보도 확인할 수 있습니다.

15.1 　이동 집계와 누적 집계
15.2 　카테고리 자료형
15.3 　시각화
15.4 　판다스 팁

15.1 이동 집계와 누적 집계

14장에 이어 15장에서도 유용한 이동 집계 함수와 누적 집계 함수, 카테고리 자료형, 시각화와 판다스 운용에 필요한 실용적인 팁에 대한 추가적인 내용을 학습하자. 먼저 데이터의 이동 평균이나 누적 평균 등의 통계를 쉽게 계산해 시계열 데이터 분석에서 매우 유용한 판다스의 rolling 함수와 expanding 함수를 학습한다.

15.1.1 이동 집계(rolling)

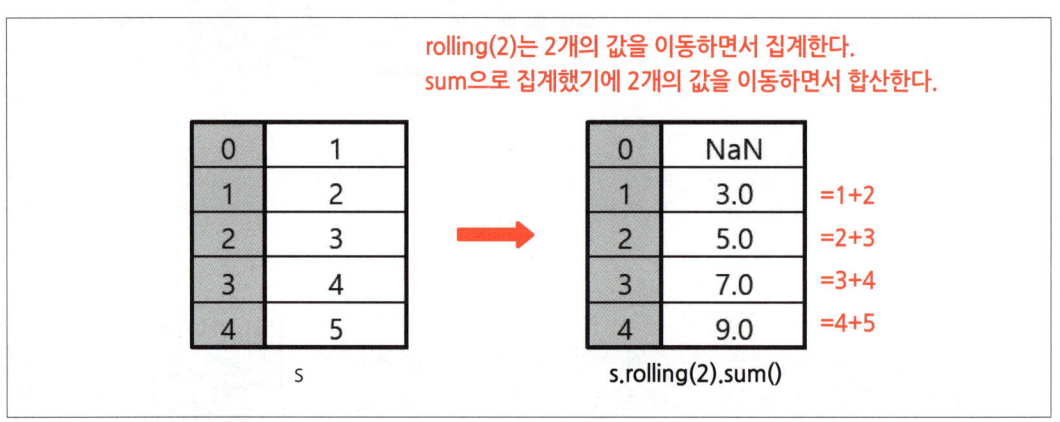

[그림 15-1] 판다스 rolling 함수

> ● **판다스 rolling**
>
> 데이터 프레임이나 시리즈의 이동 집계를 수행하는 함수
>
> rolling 함수의 주요 매개변수와 인수, 기본값
>
> ```
> df.rolling(window, min_periods=None, center=False, on=None)
> ```
>
> - **window**: 이동 집계를 하는 이동 창 크기를 지정한다.
> - **min_periods**: 최소 관측 수를 지정한다. 충족하지 못하면 NaN을 반환한다.
> - **center**: 창을 인덱스의 중앙으로 설정할지에 대해 지정한다.
> - **on**: 창의 기준 열을 지정한다.

판다스 rolling 함수는 데이터 프레임이나 시리즈의 이동 집계를 수행하는 함수이다. 이동 집계는 주가의 20일 이동 평균선을 연상하면 이해하기 편하다. 실습에 쓰일 변수 s를 생성하자.

[코드 15-1] 이동 집계와 누적 집계 실습 예제 코드

```
import pandas as pd
s = pd.Series([1, 2, 3, 4, 5])
s
```

s의 이동 집계를 수행하자. s에 rolling 함수를 적용하고 2를 입력하고 sum 함수를 적용해, 해당 행과 직전 행 2개의 합을 구한다. 즉, 이동하면서 2개 행을 계속해서 집계한다. 직전 행이 존재하지 않는 가장 위 행은 NaN을 반환한다.

[코드 15-2] 이동하면서 2개 행의 합을 집계

```
s.rolling(2).sum()
```

결과는 [그림 15-1]에서 확인하자.

평균을 집계하려면 적용하는 집계 함수만 변경해 mean을 적용한다.

[코드 15-3] 이동하면서 2개 행의 평균을 집계

```
s.rolling(2).mean()
```

이번에는 이동하면서 3개 행의 합을 집계하자.

[코드 15-4] 이동하면서 3개 행의 합을 집계

```
s.rolling(3).sum()
```

최소 관측 수를 충족하지 못하는 상위 2개 행은 NaN이 반환된다.

min_periods=1을 입력하면 최소 관측 수가 1로 지정된다. 창의 크기인 3개 행이 충족되지 않아도 주어진 상황에서 합을 반환한다.

[코드 15-5] 최소 관측 수를 1로 지정

```
s.rolling(3, min_periods=1).sum()
```

크기가 3인 창을 설정하면 해당 행과 한 칸 위의 행, 두 칸 위의 행이 하나의 창으로 설정된다. center=True로 창의 설정 방식을 가운데로 지정하면 해당 행과 한 칸 위의 행, 한 칸 아래의 행이 하나의 창으로 설정된다.

[코드 15-6] 창의 설정 방식을 가운데로 지정

```
s.rolling(3, center=True).sum()
```

[그림 15-2] 다양한 rolling 함수 적용 결과

15.1.2 누적 집계(expanding)

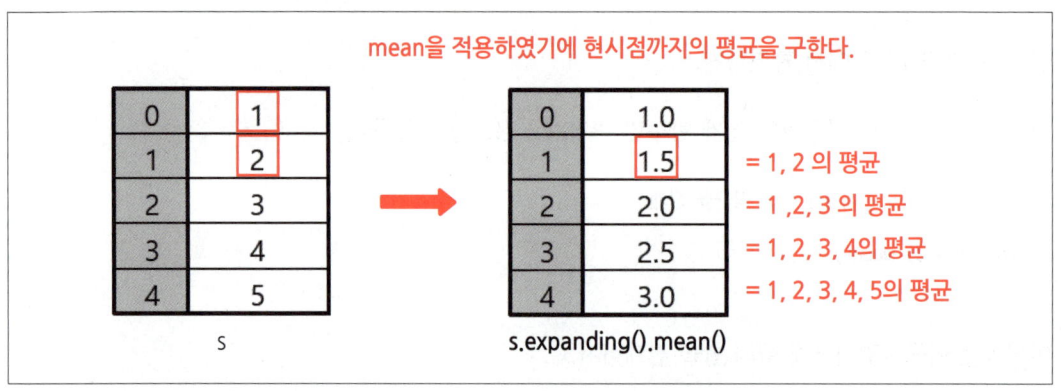

[그림 15-3] 판다스 expanding 함수

> ● **판다스 expanding**
> 데이터 프레임이나 시리즈에서 현시점까지의 누적 집계를 수행한다.

rolling 함수가 정해진 창의 크기만큼 이동하면서 집계 함수를 적용했다면, expanding 함수는 현시점까지의 모든 값을 집계한다. s에서 누적 평균을 구하자.

[코드 15-7] expanding 함수로 누적 평균 구하기

```
s.expanding().mean()
```

결과는 [그림 15-3]에서 확인한다. rolling 함수를 숙지하면 exanding 함수를 쉽게 사용할 수 있다. 참고로 expanding 결과에 sum을 적용하면 cumsum 함수와 결과가 같다.

15.1.3 이동 집계와 누적 집계 심화

이번 장에서는 이동 집계와 누적 집계에 대해 심층적으로 학습한다. 먼저 시계열 데이터를 기준으로 이동 집계를 수행하고, 그룹화하여 이동 집계를 수행하는 방법도 살펴본다. 이동 집계에 비해 상대적으로 누적 집계는 간단하고, rolling 함수 사용법을 익히면 expanding 함수 사용법도 쉽게 익힌다. 따라서 이번 학습은 이동 집계를 중심으로 진행한다.

먼저 시계열 데이터에서 이동 집계를 학습하자. 실습에 쓰일 변수를 생성하자.

[코드 15-8] 시계열 이동 집계 실습 예제 코드

```
import pandas as pd
dates = ['2023-01-01', '2023-01-02', '2023-01-03', '2023-01-05', '2023-01-10']
df1 = pd.DataFrame({'날짜': pd.to_datetime(dates), '수량': [1, 2, 3, 4, 5]})
df1
```

rolling 함수는 창 크기 대신 시계열 주기를 입력하면 해당 주기의 이동 집계가 수행된다. 단, 데이터 인덱스가 DatetimeIndex가 아니면, 매개변수 on에 시계열 데이터가 존재하는 열을 지정해야 한다. df1에서 3일 주기의 이동 합을 집계하자.

[코드 15-9] 3일 주기로 이동 합 집계

```
df1.rolling('3d', on='날짜').sum()
```

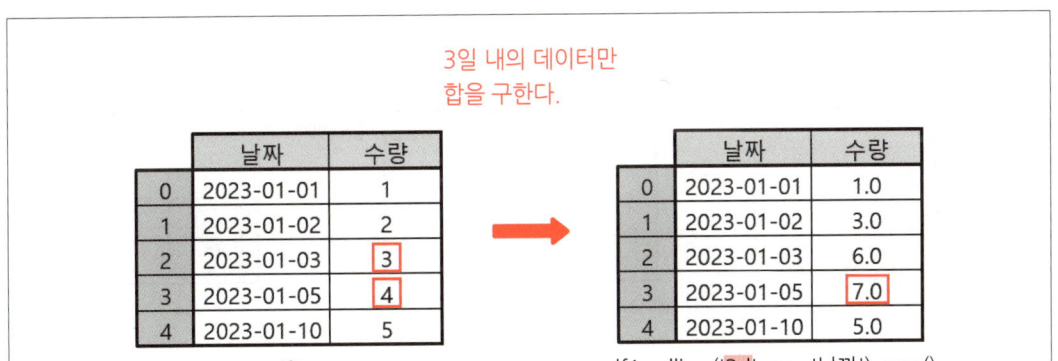

[그림 15-4] 시계열 데이터를 기준으로 이동 집계

기준이 되는 날짜 열은 datetime 자료형이어야 하고, 시계열 데이터가 기준이면 창을 이동하면서 입력된 주기 내의 데이터만 합을 집계한다. 주기가 '3d'라면 각 행에서 3일 이내의 데이터만 이동 집계한다. 시계열 데이터의 이동 집계 기능을 살펴보며 다시금 판다스 시계열 분석 능력의 강력함을 느낀다.

아래 코드로 변수를 생성해 이번에는 그룹화하여 이동 집계를 수행하는 방법을 학습하자.

[코드 15-10] groupby와 이동 집계 실습 예제 코드

```
data1 = {'이름': ['A', 'A', 'A', 'B', 'B', 'B'],
         '수량':[1, 2, 3, 4, 5, 6]}
df2 = pd.DataFrame(data1)
df2
```

그룹으로 나누어 이동 집계를 수행할 때는 groupby 함수로 그룹바이 객체를 생성한 후 rolling 함수를 적용한다. 수량 열에만 이동 집계를 적용해 합을 생성하자.

[코드 15-11] 이름으로 그룹을 나누어 이동 집계

```
df2.groupby('이름').rolling(2)['수량'].sum()
```

결과는 그룹으로 나누어 이동 집계를 훌륭히 수행하지만, 그룹의 키가 별도의 인덱스로 생성되어 멀티 인덱스를 보유한 시리즈를 반환한다. droplevel 함수[1]로 추가된 인덱스를 삭제해 기존 데이터 프레임에 열로 추가할 수 있다.

[코드 15-12] 결과를 열로 생성하기

```
df2['이동_합'] = df2.groupby('이름').rolling(2)['수량'].sum().droplevel(0)
```

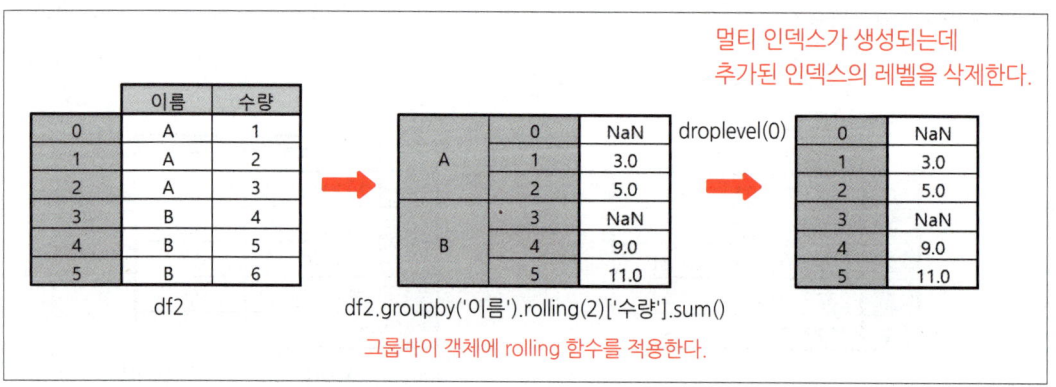

[그림 15-5] groupby 함수와 rolling 함수 함께 적용하기

간편하게 그룹으로 나누어 이동 집계를 수행한다. rolling 함수 대신 expanding 함수를 적용해 그룹으로 나누어 누적 집계를 수행한다.

---

1. **14.4.3. 멀티 인덱스를 다루는 함수들**에서 droplevel 함수를 학습했다.

15.2 카테고리 자료형

일상생활에서 우리는 다양한 데이터를 범주화하여 분류한다. 예를 들어, 학생을 초등학생, 중학생, 고등학생, 대학생으로 분류하거나 의류를 상의, 하의, 외투 등으로 분류한다. 이처럼 데이터를 범주에 따라 분류하기에, 수집된 데이터 역시 범주에 따라 분류된 형태로 얻을 때가 많다.

[그림 15-6] 일상생활에서 데이터의 범주화

판다스에서 이러한 범주화된 데이터를 카테고리(category) 자료형으로 사용하면 여러 장점이 있다. 특히 빅데이터를 다룰 때 그 장점이 크게 드러난다. 카테고리 자료형을 사용해 데이터 처리 효율성을 높이고 메모리 사용량을 줄이며 데이터 분석 속도를 향상할 수 있다.

15.2.1 카테고리 자료형을 사용하는 이유

범주형 데이터를 문자열로 사용하지 않고 카테고리 자료형으로 변환하는 이유는 메모리 사용량을 줄이고, 주어진 순서대로 정렬하는 목적이다. 실습할 변수 df를 생성하자.

[코드 15-13] 카테고리 자료형 실습 예제 코드

```
import pandas as pd
import numpy as np
pd.options.display.max_rows = 6
np.random.seed(0) # 시드 고정
data = {'종류': np.random.choice(['바지', '셔츠', '코트'], 1000000),
        '사이즈': np.random.choice(['S', 'M', 'L', 'XL'], 1000000)}
df = pd.DataFrame(data)
df
```

df의 종류 열과 사이즈 열은 범주형 데이터로 구성되며, 도합 100만 행의 데이터이다.

memory_usage 함수로 df의 메모리 사용량을 확인해 보자.

[코드 15-14] 메모리 사용량 확인

```
df.memory_usage()
```

```
Index        128
종류      8000000
사이즈    8000000
dtype: int64
```

종류 열과 사이즈 열은 각각 8MB의 메모리를 사용한다.

범주형 데이터인 df를 카테고리 자료형으로 변환해 메모리 사용량을 대폭 절감할 수 있다. astype 함수도 범주형 데이터 변환이 가능하다.

[코드 15-15] 카테고리 자료형으로 변환 후 메모리 사용량 확인

```
df.astype('category').memory_usage()
```

```
Index        128
종류      1000132
사이즈    1000204
dtype: int64
```

종류 열과 사이즈 열의 메모리 사용량이 각각 1MB로 대폭 절감된다.

빅데이터 처리 과정에서 메모리 절감은 필수적인 요소이다. 카테고리 자료형을 사용해 메모리 부족 문제를 방지하고, 대량의 데이터를 더 효율적으로 관리하고 처리할 수 있다.

카테고리 자료형을 사용하는 또 다른 장점은 사용자가 임의의 정렬 순서를 지정할 수 있다는 것이다. 문자열은 알파벳 순으로 정렬되지만 카테고리 자료형을 사용하면 사용자가 원하는 특정 순서대로 데이터를 정렬한다. 이러한 특성은 카테고리 자료형 변환 과정에서 확인하자.

15.2.2 카테고리 자료형으로 변환하기

> ● **판다스 Categorical**
> 데이터 프레임의 행이나 열을 삭제하는 함수
>
> Categorical 함수의 주요 매개변수와 인수, 기본값
>
> ```
> pd.Categorical(values, categories=None, ordered=False)
> ```
>
> - **values**: 카테고리 자료형으로 변환할 데이터를 입력한다.
> - **categories**: 범주를 지정한다. 기본값으로 유일 값의 집합을 범주로 지정한다.
> - **ordered**: 범주의 순서를 지정한다.

이번 장에서는 카테고리 자료형 변환을 학습한다. astype 함수도 카테고리 자료형 변환이 가능하지만, 범주의 순서 지정이나 임의의 범주 설정이 불가능하다. 이러한 문제를 해결하고자 카테고리 자료형으로 변환은 주로 Categorical 함수를 사용한다. 실습에 쓰일 변수를 생성하자.

[코드 15-16] 카테고리 자료형 변환 실습 예제 코드

```
import pandas as pd
data1 = {'종류': ['바지', '셔츠', '양말', '셔츠', '셔츠', '모자'],
         '사이즈': ['S', 'XL', 'L', 'S', 'M', 'S']}
df1 = pd.DataFrame(data1)
df1
```

df1은 [그림 15-7]에서 확인하자.

일단 종류 열을 astype 함수로 카테고리 자료형으로 변환하자.

[코드 15-17] 종류 열을 카테고리 자료형으로 변환(astype)

```
df1['종류'].astype('category')
```

```
0    바지
1    셔츠
2    양말
3    셔츠
4    셔츠
5    모자
```

```
Name: 종류, dtype: category
Categories (4, object): ['모자', '바지', '셔츠', '양말']  # 범주의 순서가 없다.
```

astype 함수로 카테고리 자료형으로 변환하면 범주의 순서를 부여할 수 없다. 물론 종류 열의 경우 순서를 부여하는 것이 중요하지 않기에 문제가 되지 않는다.

이번에는 사이즈 열을 카테고리 자료형으로 변환하자. 사이즈 열은 S-M-L-XL의 순서를 부여하고 싶다. 이때는 Categorical 함수를 사용한다. 메서드가 아닌 함수 형태로 사용해야 하며, 카테고리 자료형으로 변환할 시리즈를 입력하고, 매개변수 categories에 모든 범주를 순서대로 입력한다. ordered=True를 입력하면 카테고리 자료형으로 변환하면서 categories에 입력된 순서대로 범주의 순서를 부여한다.

[코드 15-18] 사이즈 열을 카테고리 자료형으로 변환(Categorical)

```
pd.Categorical(df1['사이즈'], categories=['S', 'M', 'L', 'XL'], ordered=True)
```

```
['S', 'XL', 'L', 'S', 'M', 'S']
Categories (4, object): ['S' < 'M' < 'L' < 'XL']  # 범주의 순서가 있다.
```

결과는 카테고리 객체를 반환하지만, 1차원 배열이기에 열을 수정하거나 시리즈를 생성할 수 있다. 결과로 사이즈 열을 수정하고 부여된 순서를 활용해 정렬도 수행하자. df1을 종류와 사이즈 열로 정렬하면, 먼저 종류로 정렬을 수행하고 종류가 동일하면 사이즈 열에 부여된 순서 S-M-L-XL 순으로 정렬한다.

[코드 15-19] 사이즈 열을 카테고리 자료형으로 변환하고 정렬하기

```
df1['사이즈'] = pd.Categorical(
    df1['사이즈'], categories=['S', 'M', 'L', 'XL'], ordered=True
)
df1.sort_values(['종류', '사이즈'])
```

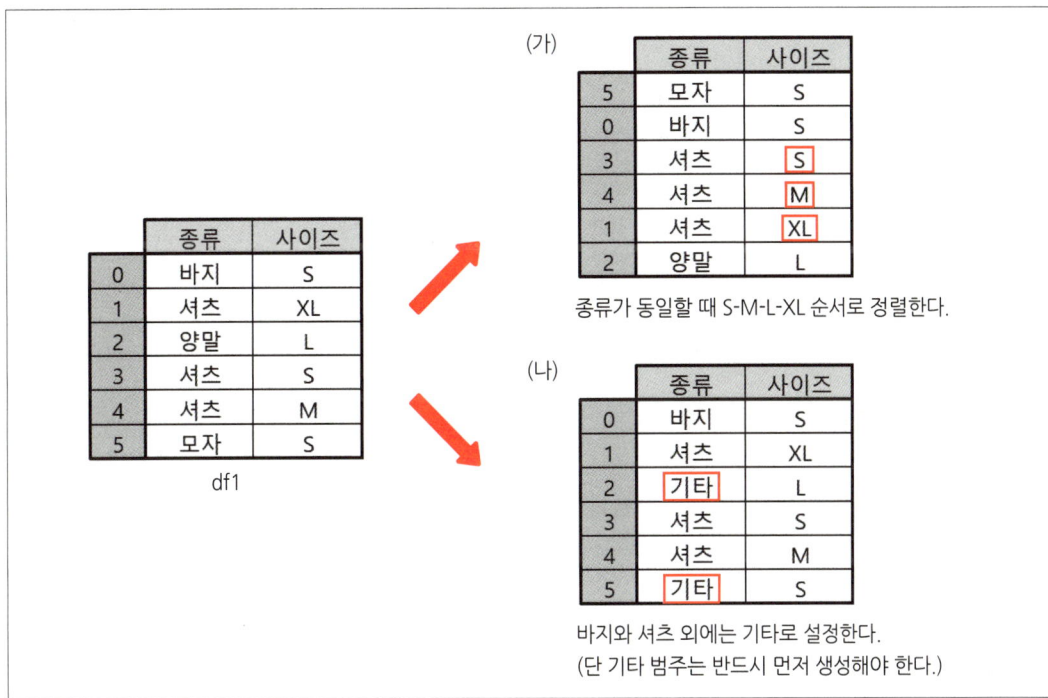

[그림 15-7] 카테고리 자료형으로 변환 실습

결과는 [그림 15-7]의 (가)에서 확인하자.

이번에는 종류 열을 카테고리 자료형으로 변경한다. 단, 바지와 셔츠는 범주로 구분하지만 그 외의 상품들은 기타로 분류하자. Categorical 함수에 바지와 셔츠를 범주로 설정하면, 바지와 셔츠가 아닌 모든 값은 NaN으로 반환된다.

[코드 15-20] 종류 열을 바지, 셔츠로 범주화하기

```
pd.Categorical(df1['종류'], categories=['바지', '셔츠'], ordered=True)
```

```
['바지', '셔츠', NaN, '셔츠', '셔츠', NaN]
Categories (2, object): ['바지' < '셔츠']
```

바지와 셔츠의 범주를 설정하고 생성된 NaN에 fillna 함수로 '기타'를 부여하면 바지와 셔츠 외의 모든 값이 '기타'로 변환된다고 생각할 수 있다. 그러나 카테고리 자료형의 문제는 존재하지 않는 범주를 값으로 부여할 수 없다. 따라서 NaN에 '기타'를 부여하려면 먼저 기타 범주를 생성하고 fillna 함수로 결측값을 대체해야 한다.

Categorical 함수로 바지, 셔츠, 기타 세 가지 범주를 설정해 카테고리 자료형으로 변환하자. 그러면

바지, 셔츠, 기타와 동일하지 않은 값은 NaN으로 반환되는데 이때 fillna로 결측값을 '기타'로 대체하자. 그러면 바지와 셔츠 이외의 모든 범주는 기타로 설정된다. 결과로 종류 열을 수정하자.

[코드 15-21] 종류 열을 바지, 셔츠, 기타로 범주화하기

```
df1['종류'] = pd.Categorical(
    df1['종류'], categories=['바지', '셔츠', '기타'], ordered=True
    ).fillna('기타')
```

결과는 [그림 15-7]의 (나)에서 확인하자. 바지, 셔츠 외의 모든 값은 기타로 변경되었다.

카테고리 자료형은 존재하는 범주의 값만 부여한다는 점은 자주 에러를 유발하는 문제이므로 유의해야 한다. 이런 이유로 카테고리 자료형을 다루기 어려운 입문자들에게 문자열로 변환해 데이터를 다루는 방법을 추천했다.[2] 입문자는 빅데이터를 다루지 않아 범주화의 장점을 누리기가 힘들고, 오히려 카테고리 자료형으로 인해 발생하는 어려움이 더 크기 때문이다.

15.2.3 카테고리 자료형의 다양한 메서드

다루기 예민한 카테고리 자료형이기에 판다스에는 카테고리 자료형을 다루는 다양한 속성과·메서드가 존재한다. 주의할 점은 모든 속성과 메서드는 cat 접근자에 사용해야 한다는 것이다. 실습할 df2를 생성하자.

[코드 15-22] 카테고리 자료형에 다양한 메서드 적용 실습 예제 코드

```
import pandas as pd
data2 = {'종류': ['바지', '셔츠', '기타', '셔츠', '셔츠', '기타'],
         '사이즈': ['S', 'XL', 'L', 'S', 'M', 'S']}
df2 = pd.DataFrame(data2).astype('category')

df2['사이즈'] = pd.Categorical(
    df2['사이즈'], categories=['S', 'M', 'L', 'XL'], ordered=True
)
df2
```

df2는 [그림 15-7]의 (나)와 유사한 데이터 프레임이다. 종류 열은 순서가 부여되지 않은 카테고리 자료형이고, 사이즈 열은 S-M-L-XL의 순서가 부여된 카테고리 자료형이다.

사이즈 열의 모든 범주를 확인하자. cat 접근자에 categories 속성을 적용하자.

---

2   cut 혹은 qcut 함수는 결과를 카테고리 자료형으로 반환한다. 다루는 데이터가 빅데이터가 아니거나 아직은 카테고리 자료형을 다루기 어렵다면, cut 함수와 qcut 함수의 결과도 astype('str')로 변환해 문자열로 다루기를 추천한다.

[코드 15-23] 사이즈 열의 범주 확인

```
df2['사이즈'].cat.categories
```

```
Index(['S', 'M', 'L', 'XL'], dtype='object')
```

카테고리 자료형은 주어진 순서에 따라 인코딩이 가능하다. codes 속성을 적용하자.

[코드 15-24] 사이즈 열 인코딩

```
df1['사이즈'].cat.codes
```

```
0    0
1    3
2    2
3    0
4    1
5    0
dtype: int8
```

카테고리 자료형으로 변환하지 않았다면 굳이 인코딩하고자 카테고리 자료형으로 변환할 필요는 없고,[3] 카테고리 자료형이라면 codes 속성을 활용해 인코딩을 수행하자.

앞서 보았듯이 카테고리 자료형은 범주에 존재하지 않는 값을 부여할 수 없어 범주를 추가해야 할 때가 있다. 이때는 add_categories 메서드를 사용할 수 있다.

[코드 15-25] 사이즈 열에 새로운 범주 추가하기

```
df1['사이즈'].cat.add_categories('기타')
```

```
0    S
1    XL
2    L
3    S
4    M
5    S
Name: 사이즈, dtype: category
Categories (5, object): ['S' < 'M' < 'L' < 'XL' < '기타']  # 기타가 범주로 추가
```

---

[3] 인코딩은 factorize 함수를 사용하는 것이 가장 간편하니 **14.1.10. 범주형 데이터 인코딩하기(factorize)**를 참고하자.

종류 열은 순서가 부여되지 않은 카테고리 자료형이다. 순서를 부여하자. 유일 값의 출연에 따라 순서를 부여할 때는 as_ordered 메서드를 적용한다.

[코드 15-26] 종류 열에 순서 부여하기(as_ordered)

```
df1['종류'].cat.as_ordered()
```

```
0    바지
1    셔츠
2    기타
3    셔츠
4    셔츠
5    기타
Name: 종류, dtype: category
Categories (3, object): ['바지'<'셔츠'<'기타']  # 순서가 부여된다.
```

바지, 셔츠, 기타 순으로 등장하기에 해당 순서를 부여한다.

내가 지정한 임의의 순서를 부여하고 싶다면 reorder_categories 메서드를 적용하자.

[코드 15-27] 종류 열에 순서 부여하기(reorder_categories)

```
df1['종류'].cat.reorder_categories(['기타', '셔츠', '바지'], ordered=True)
```

```
0    바지
1    셔츠
2    기타
3    셔츠
4    셔츠
5    기타
Name: 종류, dtype: category
Categories (3, object): ['기타' < '셔츠' < '바지']  # 지정한 순서가 부여된다.
```

카테고리 자료형에 적용하는 속성과 메서드를 정리하면 다음 표와 같다.

속성과 메서드	구분	기능
categories	속성	범주를 반환
codes	속성	인코딩
add_categories	메서드	범주를 추가

remove_categories	메서드	범주를 삭제
as_ordered	메서드	범주에 순위를 부여
as_unordered	메서드	범주에 부여된 순위를 제거
reorder_categories	메서드	범주에 지정한 순위를 부여
rename_categories	메서드	범주의 이름 변경

[표 15-1] 카테고리 자료형의 순서와 메서드

카테고리 자료형을 다루는 다양한 속성과 메서드는 여러분의 편의를 돕고자 존재한다. 다양한 속성과 메서드를 활용하는 데 어려움을 겪더라도 걱정할 필요는 없다. 필요하면 Categorical 함수를 이용해 다시 카테고리 자료형을 생성하면 된다. Categorical 함수로 종류 열을 다시 카테고리 자료형으로 설정하고, 원하는 순서를 설정하자.

[코드 15-28] 종류 열에 순서 부여하기(Categorical)

```
pd.Categorical(df1['종류'], categories=['기타', '셔츠', '바지'], ordered=True)
```

```
['바지', '셔츠', '기타', '셔츠', '셔츠', '기타']
Categories (3, object): ['기타' < '셔츠' < '바지']
```

Categorical 함수로도 대부분의 작업이 문제없이 수행된다. 학습에 여유가 생긴다면 다양한 메서드와 속성을 적용해 여러분의 작업을 더 편하게 수행하자.

15.3 시각화

시각화는 복잡한 데이터를 쉽게 이해하고 해석하게 하는 중요한 도구로서, 판다스의 plot 함수는 시각화 작업을 간편히 수행하게 도와준다. plot 함수의 간결한 시각화는 데이터 분석 과정에서 신속하게 인사이트를 도출하는 데 큰 장점이 있다. matplotlib 라이브러리와 결합할 때 plot 함수의 활용 범위가 확장되어 더 다양하고 복잡한 시각화를 구현하지만, 판다스 시각화의 핵심 가치가 간결함이라는 점을 잊어서는 안 된다. 간결한 시각화를 하고자 plot 함수의 다양한 매개변수로 지원되는 범위 내에서 다양한 기법을 탐색해 보자.

15.3.1 색상

시각화에서 색상은 중요한 요소이다. 판다스에서도 데이터를 시각화할 때 색상의 선택과 사용을 중요하게 고려해야 한다. 판다스의 plot 함수는 매개변수 color와 colormap으로 색상을 세밀하게 지정한다. plot 함수는 matplotlib 라이브러리를 기반으로 작성되어, 다양한 색상 옵션을 이해하고 적용하려면 해당 라이브러리의 색상과 팔레트를 참조해야 한다.

색상을 개별적으로 지정하고 싶다면, 원하는 색상을 약자, 이름, 헥스 코드 등으로 매개변수 color에 입력한다. 여러 색상을 지정할 때는 리스트로 묶어 입력한다. 대표적인 색상은 다음과 같은 간단한 약자로 사용한다.

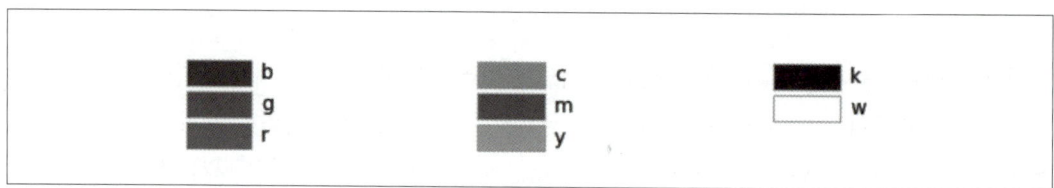

[그림 15-8] matplotlib의 대표적 색상

15.3의 소개되는 색상들이 지면에서 정확히 구분되지 않지만, 각 단원의 QR코드로 제공된 링크에서 확인되니 QR코드를 적극 활용하자.

명칭이 있는 색상은 다음과 같다.

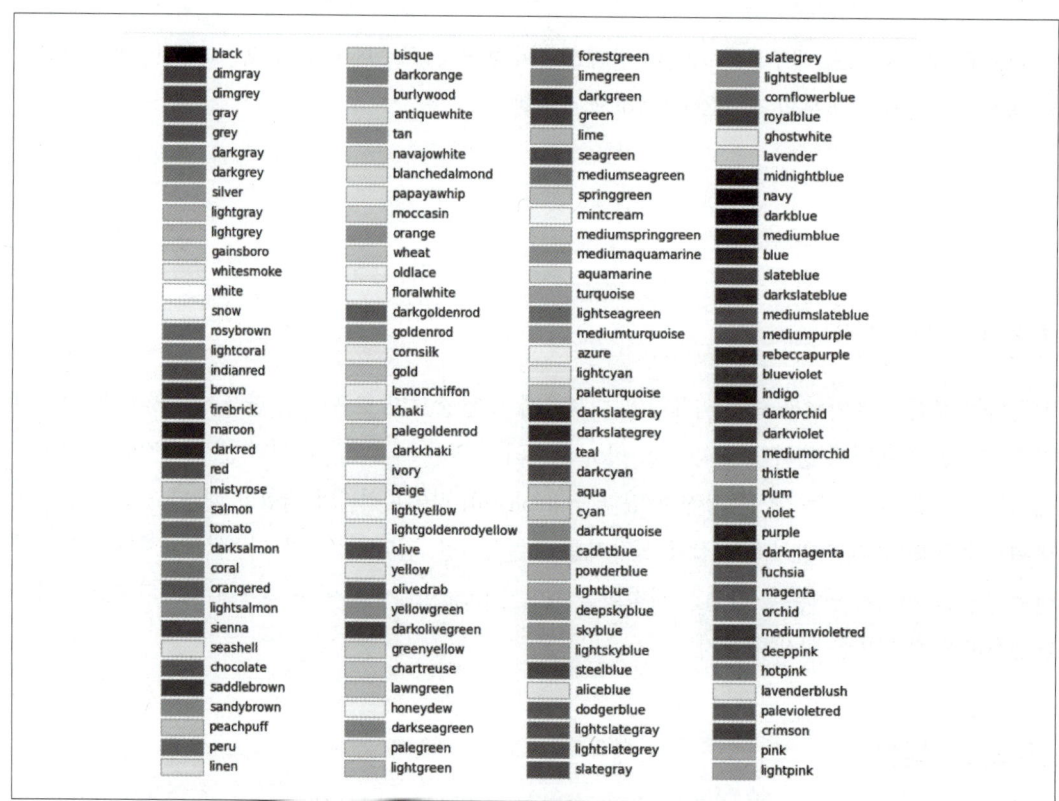

[그림 15-9] matplotlib에서 지원하는 색상 이름

헥스 코드를 사용해 원하는 색상도 지정할 수 있다.[4] 시각화에 적합한 색상 조합의 헥스 코드를 제공하는 다양한 웹사이트가 있으니, 이 사이트들을 참고하여 헥스 코드를 선택하자.

[그림 15-10] 시각화에 적합한 색상 조합의 헥스 코드를 제공하는 colorhunt(좌), lolcolors(우)[5]

다수의 색상을 지정해야 한다면 일일이 지정하는 방식은 번거롭다. matplotlib은 아래처럼 색상 팔레트를 지원하므로 색상 팔레트를 사용하자.

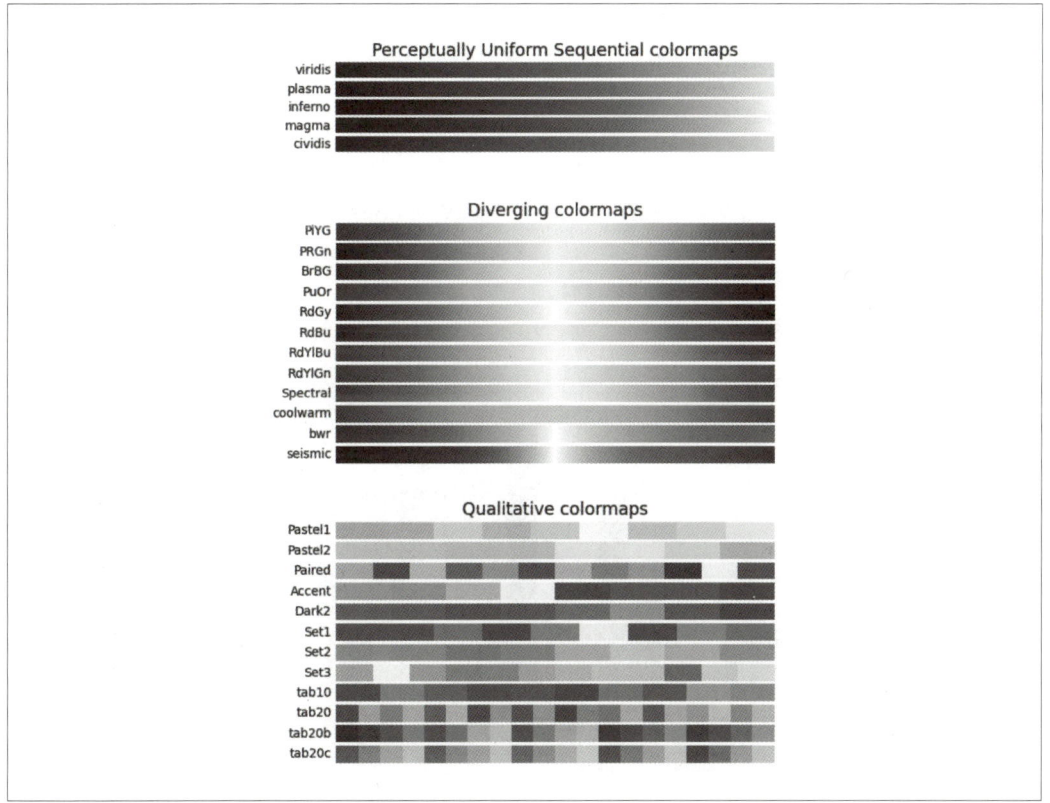

[그림 15-11] matplotlib의 다양한 색상 팔레트

---

4   엑셀 예제 14의 [코드 11-17] 참고
5   colorhunt의 url은 https://colorhunt.co/이고 lolcolors의 url은 https://www.webdesignrankings.com/resources/lolcolors/이다. 검색으로도 쉽게 찾을 수 있다.

색상 팔레트의 정확한 색상은 QR코드로 제공된 링크 페이지에서 확인되며, 해당 페이지에서 matplotlib에서 제공하는 추가적인 색상 팔레트도 확인된다.

주의할 점은 색상 팔레트는 매개변수 colormap에 입력해야 한다는 점이다. 아래 코드로 실습에 쓰일 변수를 생성하자.

[코드 15-29] 색상 지정 실습 예제 코드

```
import pandas as pd
data = [[1, 2], [2, 3], [4, 1]]
df = pd.DataFrame(data, index=['A', 'B', 'C'], columns=['col1', 'col2'])
df
```

df의 막대그래프를 생성하자. 각 열은 빨간색과 은색으로 색상을 지정한다. 빨간색은 약자 'r'로 지정하고 은색은 'silver'로 이름이 지정된 색상이니 매개변수 color에 'r'과 'silver'를 리스트로 묶어 입력한다.

[코드 15-30] 색상을 빨간색과 은색으로 지정

```
df.plot(kind='bar', color=['r', 'silver'])
```

이번에는 색상 팔레트 viridis를 색상으로 지정하자. 매개변수 colormap에 'viridis'를 입력한다.

[코드 15-31] 색상을 팔레트 viridis로 지정

```
df.plot(kind='bar', colormap='viridis')
```

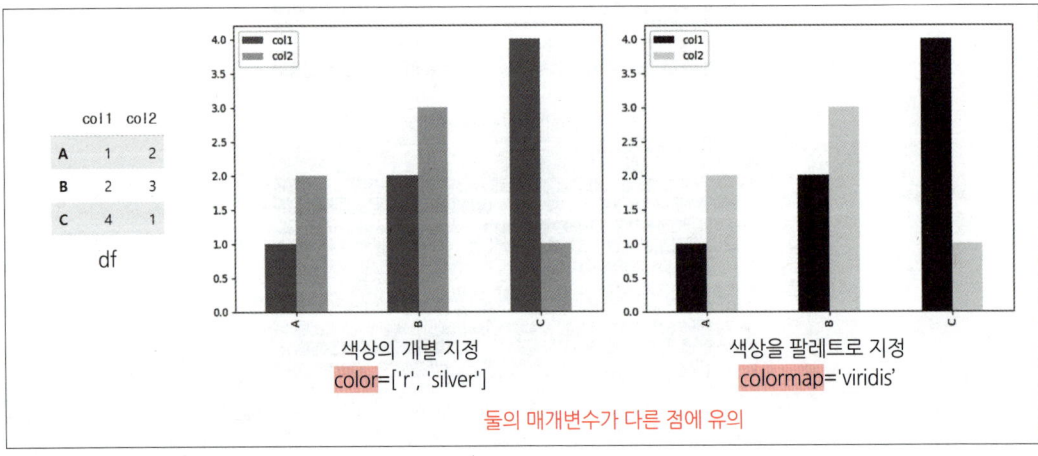

[그림 15-12] 색상을 지정하거나 색상 팔레트를 지정해 시각화

색상 팔레트에서 개별 색상도 추출한다. 여러 가지 방법이 있지만 seaborn 라이브러리를 활용하는 방법이 가장 간편하다.[6]

[코드 15-32] 색상 팔레트에서 색상 추출

```
import seaborn as sns
# 팔레트 viridis에서 10개의 색상 추출
colors = sns.color_palette('viridis', 10)
colors
```

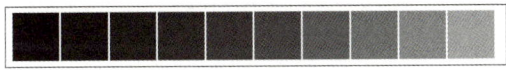

추출된 색상은 인덱싱과 슬라이싱을 하기에, 일부 원소만 추출해 시각화에 사용한다. plot 함수에 개별 색상을 지정할 때는 매개변수 color를 사용해야 한다.

[코드 15-33] 변수 colors의 첫 번째 색상과 마지막 색상으로 시각화

```
df.plot(kind='bar', color=[colors[0], colors[-1]])
```

결과는 각자 확인해 보자.

15.3.2 plot 함수의 매개변수

판다스의 plot 함수는 판다스 객체에 적용하여 매우 간결하게 그래프를 제공하지만, 모든 시각화 기능을 제공하지는 못한다. plot 함수는 matplotlib 라이브러리를 기반으로 하기에, 더 복잡하고 세밀한 시각화를 원한다면 matplotlib을 학습해야 한다. 그러나 이때 추가적인 학습이 필요하며 matplotlib 라이브러리의 함수와 기법들은 plot 함수만큼 간결하지 않다.

plot 함수에서 제공하는 다양한 매개변수로도 어느 정도는 맞춤형 그래프를 그리는 것이 가능하므로 plot 함수의 매개변수를 먼저 학습하자. 만약 그 이상의 기능이 필요하다면 별도로 matplotlib 라이브러리를 학습하길 추천한다.

판다스 plot 함수의 주요 매개변수는 다음과 같다.

---

[6] [코드 12-93]에서 해당 기법으로 색상을 추출했으니 참고하자. 이 방법도 seaborn 라이브러리를 설치해야 하지만, 구글 코랩은 seaborn이 이미 설치되어 있으니 불러오기(import)만 해서 사용할 수 있다.

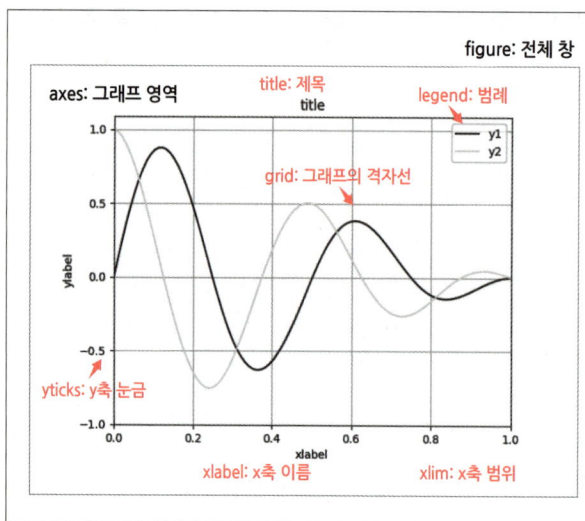

[그림 15-13] 판다스 plot 함수의 주요 매개변수

- **kind**: 그래프 유형. 'line', 'bar', 'barh', 'hist', 'box', 'area', 'pie', 'scatter', 'hexbin' 등을 선택할 수 있다.
- **x, y**: 각각 x축과 y축의 데이터를 열로 지정. 기본값으로 인덱스가 x축, 모든 열이 y축으로 지정된다.
- **figsize**: 전체 창의 가로, 세로 크기를 인치 단위로 튜플로 지정
- **title**: 그래프 제목을 지정
- **legend**: 범례 표시 여부
- **grid**: 그래프의 격자선 표시 여부
- **xlabel, ylabel**: x축과 y축의 이름 지정. 기본값으로 열 이름, 인덱스명 등이 지정된다.
- **xlim, ylim**: x축과 y축의 범위
- **xticks, yticks**: x축과 y축의 눈금
- **color**: 색상(개별 색상 지정)
- **colormap**: 색상(색상 팔레트 지정)

다음 코드로 삼각함수를 활용한 그래프를 그려 다양한 주요 매개변수를 실습하자.[7]

[코드 15-34] plot 함수의 주요 매개변수 실습

```
# 데이터 생성
import pandas as pd
import numpy as np
```

---

[7] 삼각 함수는 [표 8-1] 수학의 연산을 수행하는 넘파이 함수들을 참고하자.

```python
x = pd.RangeIndex(100) / 100 # 0부터 0.99 까지 0.01의 등차수열
y1 = np.sin(4 * 3.14 * x) * (1 - x) # sin 함수를 포함한 연산
y2 = np.cos(4 * 3.14 * x) * (1 - x) # cos 함수를 포함한 연산
df1 = pd.DataFrame({'x': x, 'y1': y1, 'y2': y2})

# 그래프 생성
df1.plot(x='x', y=['y1', 'y2'], kind='line', figsize=(6, 4), title='title',
        legend=True, grid=True, xlabel='xlabel', ylabel='ylabel',
        xlim=(0, 1), yticks=[-1, -0.5, 0, 0.5, 1], colormap='viridis'
)
```

[그림 15-13]과 동일한 그래프를 생성할 수 있으며, 매개변수에 다양하게 수정한 값을 인수로 입력해 각 매개변수의 역할을 확인한다.

소개한 주요 매개변수 외에도 다양한 매개변수를 활용해 맞춤형 그래프를 그린다.

- **ax**: 그래프를 그릴 그래프 영역을 지정하는 매개변수. matplotlib 등의 다른 라이브러리와 조합해 여러 개의 하위 그래프를 생성할 때 사용한다. 하위 그래프 관련 내용은 15.3.3에서 추가로 학습하고 [코드 15-39]에서 매개변수 ax를 활용해 하위 그래프를 생성하는 코드를 익힌다.
- **subplots**: 여러 개의 열을 여러 개의 하위 그래프로 그리도록 설정한다. 마찬가지로 하위 그래프 관련 내용은 15.3.3에서 추가로 학습한다.
- **layout**: 하위 그래프의 배치 구도를 지정한다. 튜플로 (행, 열)을 입력한다.
- **rot**: x축 눈금 이름의 회전 각도를 설정한다.
- **colorbar**: 산포도(scatter plot) 등에서 색상 바를 그래프에 추가할지 여부를 지정한다.
- **stacked**: 막대그래프나 면적그래프를 누적 그래프로 지정한다.
- **secondary_y**: 이중 y축으로 설정한다.
- **backend**: 판다스 plot의 기반 라이브러리를 지정한다. 기본값은 matplotlib이지만 plotly, pandas_bokeh 등으로 지정할 수 있다.

또한 kind 매개변수에 따라 다양한 추가 매개변수도 존재한다. 예를 들어 kind='bar'일 때 매개변수 width로 막대의 너비를 지정한다.

kind	매개변수	기능
line	lw	선 두께
line	ls	선 스타일('-', '-.', '--' 등)
line	marker	마커('.', 'o', 's' 등)
bar	width	막대 너비

[표 15-2] 그래프 종류에 따른 매개변수(자주 쓰이는 매개변수)

[표 15-2]에서 소개된 매개변수 외에도 각 그래프 유형에 맞춤형으로 제공되는 매개변수가 무수히 많으며, 이는 대부분 matplotlib 라이브러리의 각 그래프 유형별 매개변수를 그대로 차용한다. 따라서 다양하고 세밀한 설정을 원한다면 matplotlib 공식 문서를 참고하자.

matplotlib의 스타일 기능을 사용하면 그래프에 다양한 테마를 적용할 수 있으며, 테마 적용 결과는 plot 함수의 그래프에도 적용된다. 사용 가능한 matplotlib의 테마는 아래 코드로 확인한다.

[코드 15-35] matplotlib의 테마 확인

```
import matplotlib.pyplot as plt[8]
plt.style.available
```

적용 가능한 여러 테마 중에 'bmh' 테마를 사용해 그래프를 생성하자.

[코드 15-36] matplotlib으로 bmh 테마를 설정 후 plot으로 시각화

```
plt.style.use('bmh')
df1.plot(x='x', colormap='viridis')
```

seaborn 라이브러리의 테마 적용[9]도 plot 함수의 결과에 적용된다.

[코드 15-37] seaborn으로 darkgrid 테마를 설정 후 plot으로 시각화

```
import seaborn as sns
sns.set_theme(style='darkgrid')
df1.plot(x='x', colormap='viridis')
```

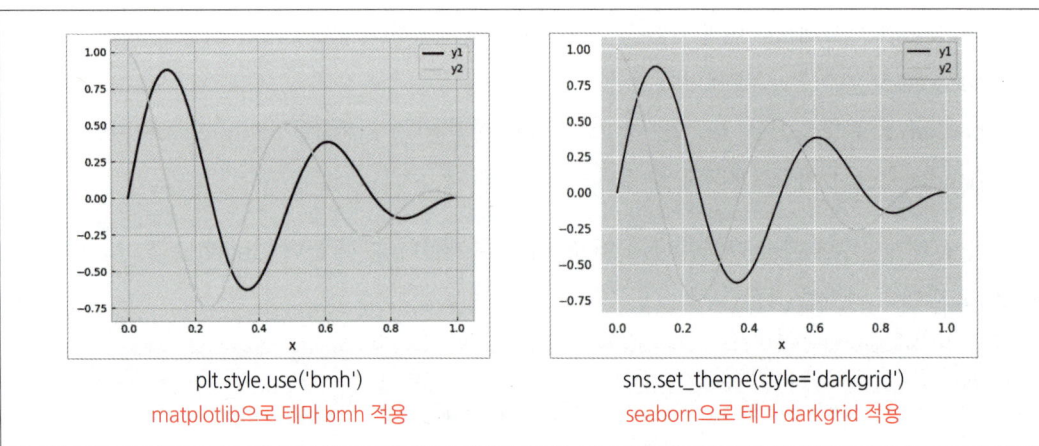

[그림 15-14] matplotlib와 seaborn으로 테마 적용하기

---

8   matplotlib 라이브러리는 대부분의 사용자가 그래프 작성과 시각화 작업에 필요한 주요 기능을 pyplot을 통해 사용하므로 matplotlib.pyplot만 plt로 불러올 때가 많다. 필요한 기능만을 로드함으로써 메모리 사용도 최적화하고, 코드도 더 간결하게 유지한다.
9   white, dark, whitegrid, darkgrid, ticks의 테마를 지정한다.

판다스 plot 함수의 다양한 매개변수와 기법들을 모두 암기하기보다는 필요할 때마다 찾아서 사용하는 것이 더 현명한 접근 방법이다. 지나치게 복잡하고 예술적인 그래프를 작성하려는 시도 역시 피하자. 어디까지나 간결한 시각화를 통해 데이터 분석을 빠르고 효율적으로 수행하는 것이 판다스 plot 함수의 가장 큰 장점이다.

15.3.3 영역을 분할해 하위 그래프 생성하기

복수의 그래프를 그리고자 영역을 분할할 필요가 있을 때, 이렇게 분할된 각 영역에 그려진 그래프를 하위 그래프(subplots)라고 한다. 하위 그래프는 데이터의 다양한 측면을 동시에 비교하고 분석하는 데 유용하게 사용된다.

판다스 plot의 매개변수 subplots로 하위 그래프를 생성한다. 하위 그래프의 배치 구도는 매개변수 layout으로 행, 열의 튜플을 입력해 지정한다. [코드 15-34]의 y1 열과 y2 열을 1행×2열의 하위 그래프로 분리해 시각화하자.

[코드 15-38] 판다스 plot 함수로 하위 그래프(subplots) 생성하기

```python
import matplotlib.pyplot as plt
plt.style.use('default') # style을 기본값으로

# 그래프 생성
df1.plot(x='x', y=['y1', 'y2'], subplots=True, layout=(1, 2),
        figsize=(8, 3), color=['navy', 'salmon'], lw=3
)
```

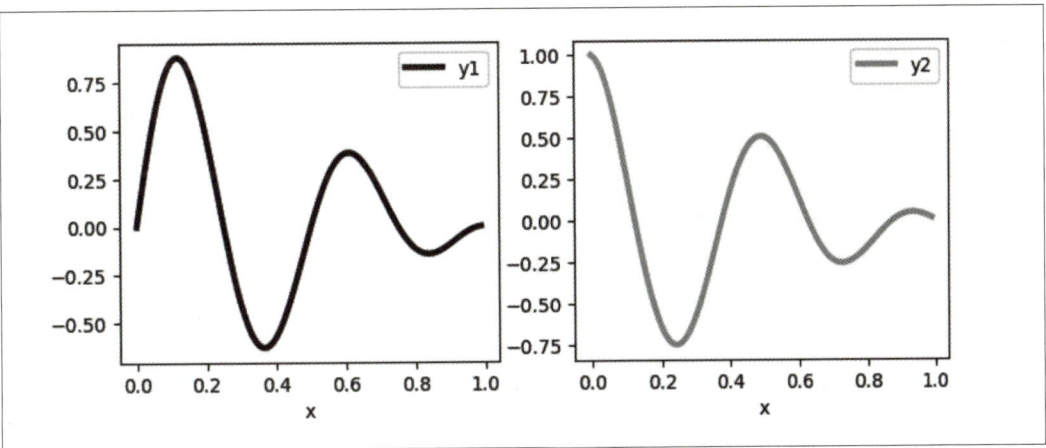

[그림 15-15] 데이터 프레임의 각 열을 분리해 subplots 생성하기

다만 이 방식으로는 하나의 데이터 프레임으로 생성된 데이터만 하위 그래프로 생성할 수 있다. 다양

한 시리즈를 하위 그래프로 배치하려면 이 방식으로는 어렵다. 그래서 matplotlib으로 하위 그래프를 생성하자.

matplotlib 라이브러리는 subplots 함수를 사용하여 하위 그래프를 생성한다. 이 함수에 하위 그래프의 구조를 행과 열로 입력하고, 전체 그림(figure)의 크기도 함께 지정한다. 이 과정을 통해 전체 틀에 해당하는 figure 객체와 각 그래프 영역을 나타내는 axes 객체가 생성된다. 이들을 각각 변수 fig와 axes로 지정하자.

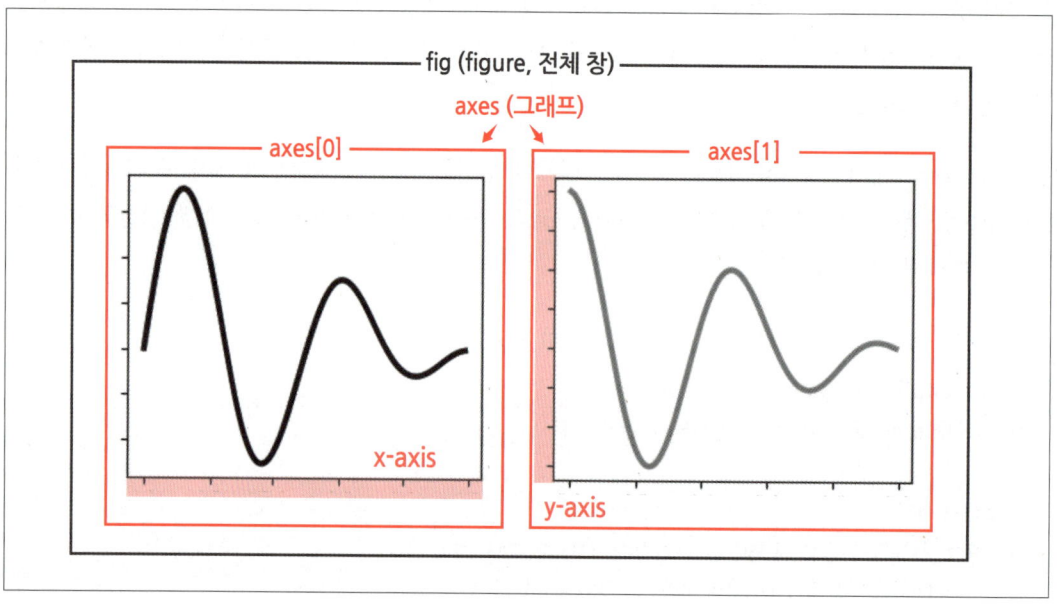

[그림 15-16] matplotlib 기반 그래프에서 figure와 axes, axis의 차이

axes를 인덱싱해 특정 그래프를 그릴 영역을 선택한다. 판다스의 plot 함수로 그래프를 그린 후 매개변수 ax로 그래프를 그릴 위치의 axes 영역을 지정하면, 해당 위치에 그래프가 생성된다. df1의 y1 열을 axes[0] 영역에, y2 열을 axes[1] 영역에 하위 그래프로 생성하자.

[코드 15-39] matplotlib으로 하위 그래프(subplots) 생성하기

```
# axes는 1행 2열, 전체 figure는 크기가 8 inch×3 inch의 하위 그래프 생성
fig, axes = plt.subplots(1, 2, figsize=(8, 3))

# 판다스 plot으로 그래프를 그릴 영역을 매개변수 ax로 지정
df1.plot(x='x', y='y1', ax=axes[0], lw=3, color='navy')
df1.plot(x='x', y='y2', ax=axes[1], lw=3, color='salmon')
```

결과는 [그림 15-15]와 같다. 이 방식으로는 하나의 데이터 프레임이 아닌 다양한 객체로 그래프를 각기 생성해 각자의 영역에 그린다.

15.4 판다스 팁

판다스에서 데이터 처리 작업을 더 효율적으로 수행하거나 원하는 포맷으로 만드는 팁과 유용한 코드들이 존재한다. 이를 활용하면 사용자는 데이터 분석 과정에서 시간을 절약하고 코드의 가독성을 높일 수 있다.

15.4.1 과학적 표기법

수치형 데이터들을 유효숫자(significant figures)를 이용해 표기할 때가 있다. 이를 과학적 표기법이라고 한다. 주로 실험 데이터를 처리할 때 많이 사용한다.

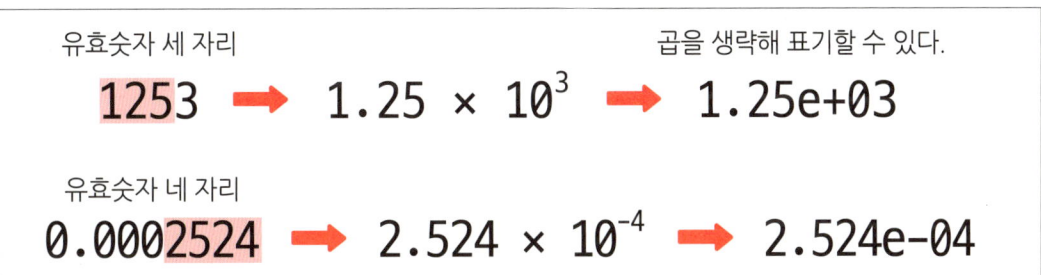

[그림 15-17] 유효숫자 표기법

판다스에서 데이터 프레임의 수치형 데이터를 과학적 표기법으로 표현하고 싶다면 출력 옵션을 변경하자. 유효숫자 세 자리, 즉 소수점 이하에 2개의 유효숫자를 출력하는 코드는 아래와 같다.

[코드 15-40] 유효숫자 세 자리의 과학적 표기법

```
import pandas as pd
pd.options.display.float_format = '{:.2e}'.format
s = pd.Series([1.12, 2342, 33])
s
```

```
0   1.12e+00
1   2.34e+03
2   3.30e+01
dtype: float64
```

15.4.2 자릿수마다 쉼표로 구분하기

숫자의 가독성을 높이고자, 숫자를 세 자리마다 쉼표로 구분하려 한다. 마찬가지로 판다스의 출력 옵션을 설정해 숫자를 세 자리마다 쉼표로 구분하여 자릿수를 명확히 할 수 있다.

[코드 15-41] 자릿수마다 쉼표로 구분하기

```
pd.options.display.float_format = '{:,}'.format
s
```

```
0      1.12
1    2,342.0
2       33.0
dtype: float64
```

소수점 출력 옵션을 지정하는 코드이므로 '{:,.1f}'.format과 같은 코드로 설정해 소수점의 자릿수도 한 자리로 지정하면서 세 자리마다 쉼표도 적용할 수 있다.

소수점 처리 출력 옵션을 원래대로 복구하고 싶다면 다음 코드를 실행한다.

[코드 15-42] 소수점 처리 출력 옵션 리셋하기

```
pd.options.display.float_format = None
```

출력 옵션을 변경하지 않고 데이터를 변환해 자릿수를 적용한다. map 함수로 시리즈의 각 셀에 format 함수를 적용하면 데이터가 변환된다. 다만 이때 수치형 데이터가 문자열로 변환되어 연산하거나 통계를 낼 수 없으므로 주의가 필요하다.

[코드 15-43] 수치형 데이터를 자릿수가 구분된 문자열로 변환하기

```
s.map('{:,}'.format)
```

```
0      1.12
1    2,342.0
2       33.0
dtype: object  # 자료형이 object로 변환된다
```

출력뿐 아니라 데이터의 변환이 필요할 때만 [코드 15-43]을 사용하자.

15.4.3 소수를 백분율로 표현하기

소수를 백분율로 표현하는 것도 [코드 15-43]과 유사한 방법으로 수행할 수 있다. 시리즈 s1을 생성한 뒤, 소수점 둘째 자리까지 표기된 백분율로 나타내 보자.

[코드 15-44] 수치형 데이터를 %로 표기된 문자열로 변환하기

```
s1 = pd.Series([0.1, 0.2, 0.452])
s1.map('{:.2%}'.format)
```

```
0    10.00%
1    20.00%
2    45.20%
dtype: object # 자료형이 object로 변환된다.
```

마찬가지로 수치형 데이터가 문자열로 변환되어 연산하거나 통계를 낼 수 없으므로 주의가 필요하다.

15.4.4 엑셀 파일의 모든 시트 한 번에 합치기

하나의 엑셀 파일이 동일한 구조의 여러 개의 시트를 보유할 때가 많다. 엑셀 파일 25sheet.xlsx는 각 반을 시트로 나누어 학생들의 국어 점수와 영어 점수를 수집한 파일이다. 이 파일의 모든 시트를 합쳐 하나의 데이터 프레임으로 불러오자.

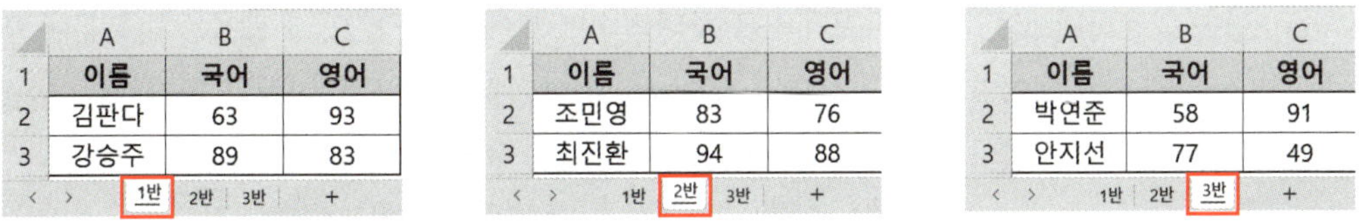

	A	B	C
1	이름	국어	영어
2	김판다	63	93
3	강승주	89	83

1반 2반 3반 +

	A	B	C
1	이름	국어	영어
2	조민영	83	76
3	최진환	94	88

1반 2반 3반 +

	A	B	C
1	이름	국어	영어
2	박연준	58	91
3	안지선	77	49

1반 2반 3반 +

세 개의 시트는 반으로 구분된 동일한 구조의 데이터이다.

➡ **하나의 데이터 프레임으로 생성하자.**

[그림 15-18] 동일한 구조의 시트를 가진 엑셀 파일 25sheet.xlsx

read_excel 함수를 사용하여 엑셀 파일을 데이터 프레임으로 불러올 때 sheet_name=None을 입력해 모든 시트를 데이터 프레임으로 불러온다. 이때 시트명과 각 시트의 데이터 프레임으로 구성된 딕셔너리를 반환한다.

[코드 15-45] 엑셀 파일의 모든 시트를 데이터 프레임의 딕셔너리로 생성하기

```
import pandas as pd
url1 = 'https://github.com/panda-kim/book1/blob/main/25sheet.xlsx?raw=true'
dfs = pd.read_excel(url1, sheet_name=None)
dfs
```

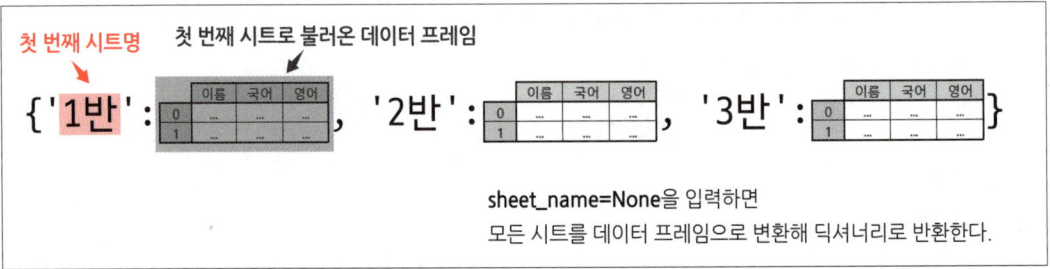

[그림 15-19] read_excel 함수의 sheet_name=None

dfs는 시트명을 키, 데이터 프레임을 밸류로 하는 딕셔너리 구조를 가진다. 이 딕셔너리를 효율적으로 다루고자 파이썬의 items 함수를 활용하자. items 함수를 사용하면 딕셔너리의 키와 밸류를 튜플 형태로 반환한다. 임의의 딕셔너리를 만들어 items 함수를 실습하자.

[코드 15-46] 딕셔너리를 튜플로 변환하는 items 함수

```
dict1 = {'key1': 'val1', 'key2': 'val2', 'key3': 'val3'}
dict1.items()
```

```
dict_items([('key1', 'val1'), ('key2', 'val2'), ('key3', 'val3')])
```

dfs.items()를 활용하면 모든 데이터 프레임을 하나의 리스트에 담는다. 이 과정에는 반복문이 필요하며[10] 리스트에 모든 데이터 프레임을 담은 후 concat 함수를 사용하여 이들을 연결한다. 이렇게 하면 모든 시트가 연결된 하나의 데이터 프레임이 생성된다.

[코드 15-47] 엑셀의 모든 시트를 하나로 연결하기

```
df = pd.concat([sheet for name, sheet in dfs.items()])
```

다만 각 시트는 반을 구분하였는데 결과인 df는 반이 구분되지 않는다. 시트명을 기반으로 반을 구분하는 새로운 열을 생성해야 한다. 각 데이터 프레임에 assign 함수로 반 열을 추가하고,[11] 하나의 데이터 프레임을 생성하자.

[코드 15-48] 시트명을 열로 생성하고 모든 시트 하나로 연결하기

```
df1 = pd.concat([sheet.assign(반=name) for name, sheet in dfs.items()])
df1
```

10　[코드 15-47]은 리스트 안에서 for 문을 사용했다. 이러한 기법을 리스트 내포(list comprehension)라고 한다.
11　**14.1.4. 열 생성하기(assign)** 참고. 리스트 내포에서 열을 생성하기 위해 assign 함수가 필요하다.

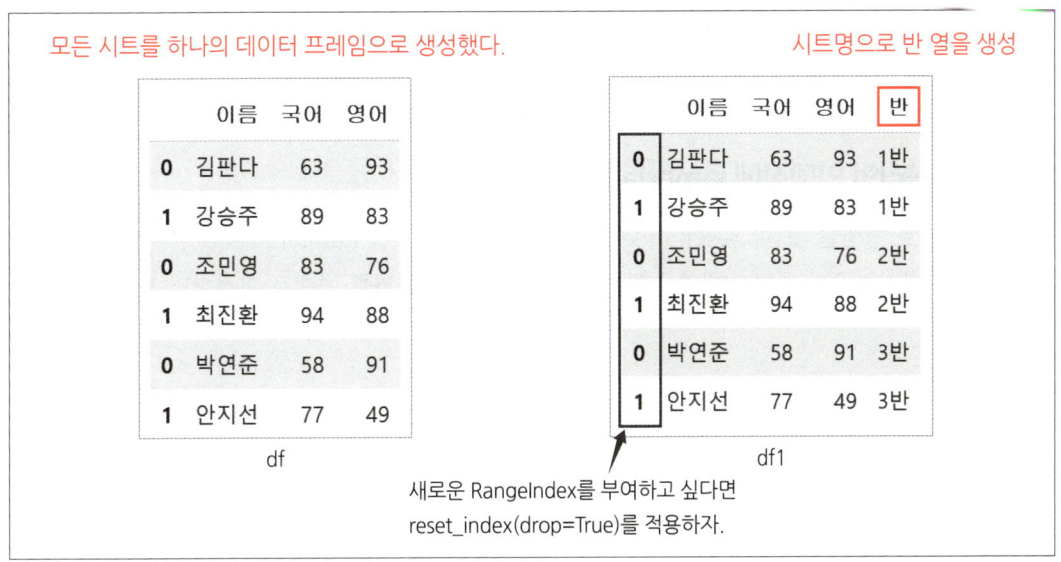

[그림 15-20] 모든 시트를 하나의 데이터 프레임으로 생성

결과의 인덱스는 각 시트에서의 RangeIndex를 보유한다. 새로운 RangeIndex를 부여하고 싶다면 reset_index 함수를 drop=True로 사용하자.

15.4.5 하나의 데이터 프레임을 그룹으로 시트를 나누어 엑셀 파일로 저장하기

반대로 데이터 프레임을 그룹으로 나누어 각각의 시트에 저장하자. [코드 15-48]로 생성한 df1을 하나의 엑셀 파일에 저장하되 반으로 나누어 별도의 시트로 저장하자. 이 과정에는 ExcelWriter 함수를 사용한다.

먼저 저장할 파일명을 'ch15_sheet.xlsx'로 지정해 파일을 pd.ExcelWriter로 생성한다. with 문을 이용해 파일을 열어두는 동안, df1을 반 열로 그룹을 나누어 데이터 프레임을 분할한다.[12] 분할된 데이터 프레임에서 반복문을 통해 각 시트로 저장한다. 이때 그룹 키를 시트명으로 지정해 시트로 저장한다. 그러면 데이터 프레임을 반으로 구분하여 각 시트에 저장한다.

[코드 15-49] 반으로 시트를 분리해 하나의 엑셀 파일로 저장하기

```
with pd.ExcelWriter('ch15_sheet.xlsx') as writer:
    for key, d in df1.groupby('반'):
        d.to_excel(writer, sheet_name=key, index=False)
```

---

12   12.3.2. 그룹바이 객체 참고

파이썬 기초 지식이 부족하면 위의 코드가 다소 어렵게 느껴질 수 있다. 하지만 코드를 이해하지 못해도 파일명과 groupby의 by로 입력된 '반'을 수정해서 사용하면 충분하다.

15.4.6 불리언 인덱싱에 lambda 함수 입력하기

[코드 15-48]로 생성한 df1에 reset_index 함수를 적용해 새로운 RangeIndex를 부여하자. 함수를 적용한 후에 다시 2반의 데이터만 추출해 보자. 함수의 적용 결과를 변수로 지정하면 불리언 인덱싱이 가능하다.

함수 적용 결과를 변수로 지정하는 대신 불리언 인덱싱이 적용되는 대상을 lambda 함수의 인수 x로 받는다. 앞서 assign 함수와 pipe 함수에서의 lambda 함수 기법과 동일하다.

[코드 15-50] 불리언 인덱싱에 lambda 함수 입력하기

```
df1.reset_index(drop=True)[lambda x: x['반'].eq('2반')]
```

```
특정 함수에 lambda 함수 사용하는 기법(assign, pipe, mask, 불리언 인덱싱 등)

df2 = df1.reset_index(drop=True)
df2[df2['반'].eq('2반')]
         ↕  두 코드는 동일하지만 아래 코드가 연속적인 메서드(chain method)를 사용하기 편리하여
            df1.reset_index(drop=True)를 lambda 함수의 x로 사용한다.
df1.reset_index(drop=True)[lambda x: x['반'].eq('2반')]
                                     여기서 x는 불리언 인덱싱이 적용된 df1.reset_index(drop=True)와 같다.
                                     x의 역할이 위 코드의 df2의 역할과 동일하다.
```

[그림 15-21] 불리언 인덱싱에 lambda 함수 입력하기

2반의 데이터만 필터링되니 결과는 각자 확인해 보자. 변수를 지정하지 않고 연속적인 메서드를 사용하는 것은 판다스 숙련자에게 매우 편리한 기법이니 숙련자가 되려면 알아두자.[13]

15.4.7 rename 함수에 lambda 함수를 적용해 열 이름 변경하기

열 이름을 규칙적으로 변경해야 하는 상황에 rename 함수가 유용하다. rename 함수는 매퍼를 인수로 입력받으며, 딕셔너리나 시리즈뿐만 아니라 함수도 매퍼 역할을 한다. 특히 함수를 인수로 입력할 때는 사용자 정의 함수인 lambda 함수도 입력할 수 있다는 점이 매우 유용하다. 실습에 사용할 변수 df를 생성하자.

---

[13] query 함수를 연속 메서드를 유지하면서 필터링을 수행할 수 있는데, 각각 장단점이 있다. 일반적으로는 판다스 입문자들이 쿼리문에 익숙하지 않으며, 판다스의 다양한 불리언 기법들을 소화하는 것 때문에 불리언 인덱싱을 사용하는 것이 더 유리하다.

[코드 15-51] 실습 예제 코드

```
import pandas as pd
data = {'학생코드': ['A-003', 'B-002', 'C-001', 'D-004'],
        '1차': [50, 70, 90, 70], '2차': [60, 80, 80, 60]}
df = pd.DataFrame(data)
df
```

열 이름에 '차'가 존재하면 열 이름에 접미어로 점수를 추가하자. lambda 함수로 사용자 정의 함수를 생성하면 쉽게 열 이름이 변경된다.

[코드 15-52] 열 이름에 '차'가 존재하면 접미어로 점수를 추가

```
df.rename(lambda x: x + '점수' if '차' in x else x, axis=1)
```

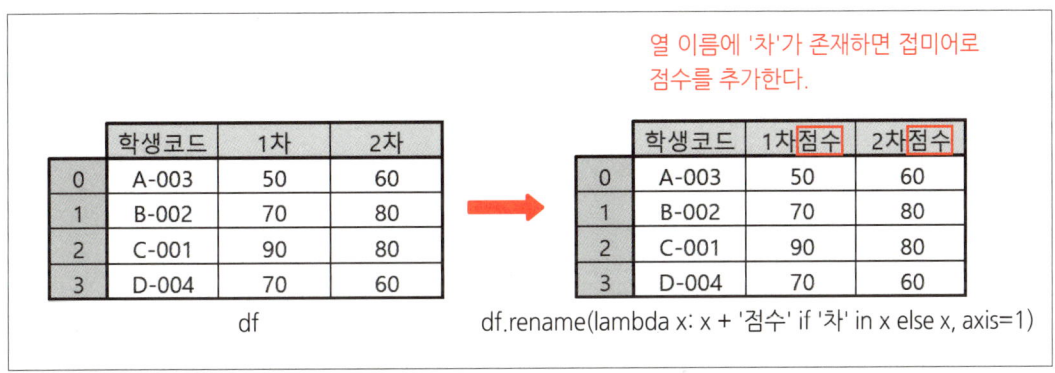

[그림 15-22] rename 함수에 lambda 함수 입력하기

add_prefix나 add_suffix 함수로 일괄적으로 접두어나 접미어를 추가할 수 있으며, 그 외의 규칙에서는 rename 함수에 lambda 함수를 적용해 열 이름을 변경한다.

15.4.8 정렬의 기준에 함수를 적용해 정렬하기(매개변수 key)

[그림 15-22]의 df에서 학생코드 열은 현재 학생코드 전체를 기준으로 정렬된 상태이다. 이번에는 학생코드 열의 하이픈(-) 이후 부분을 기준으로 정렬을 수행하자. 판다스의 문자열 함수를 활용하면 이러한 작업이 손쉽고, 학생코드 열 내에서 하이픈 이후의 부분만을 추출하여 정렬 기준으로 사용할 수 있다.

[코드 15-53] 학생코드 열에서 하이픈(-) 이후 부분 추출하기

```
df['학생코드'].str.split('-').str[1]
```

```
0    003
1    002
2    001
3    004
Name: 학생코드, dtype: object
```

위의 결과를 새로운 열로 추가해 정렬에만 활용하고, 이후 drop을 사용해 삭제해 원하는 결과를 얻는다. 하지만 sort_values 함수의 key 매개변수를 활용해 훨씬 더 간단하게 정렬한다. key 매개변수에 함수를 지정해 해당 함수를 기준 열에 적용한 결과를 기반으로 정렬을 수행한다. 이 방법은 함수를 적용한 결과로 정렬을 진행하며 실제 열의 값을 변경하지는 않는다.

학생코드 열을 기준으로 정렬하되 하이픈 이후의 부분을 기준으로 정렬을 수행해 보자. key 매개변수에 하이픈 이후 부분을 추출하는 시리즈를 반환하는 lambda 함수를 지정하면, 해당 함수가 생성하는 시리즈를 기준으로 정렬을 수행한다.

[코드 15-54] 학생코드 열에서 하이픈(-) 이후 부분을 기준으로 정렬하기

```
df.sort_values('학생코드', key=lambda x: x.str.split('-').str[1])
```

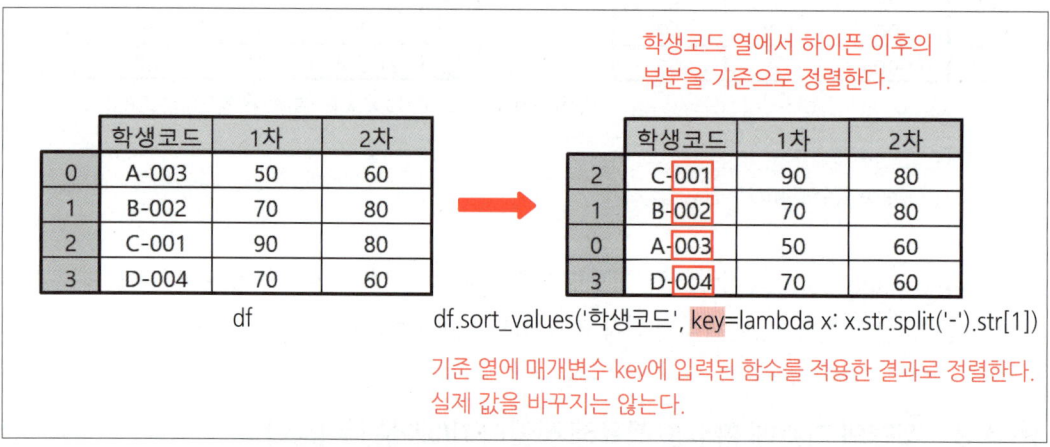

[그림 15-23] sort_values 함수의 매개변수 key

정렬하고자 별도의 열을 생성하고 정렬 후 새로운 열을 삭제하는 방식보다, 매개변수 key에 lambda 함수를 적용하는 방식이 원본을 변경하지 않으면서 코드 작성 역시 간결한 기법이다.

15.4.9 정규 표현식의 캡처 그룹으로 문자열의 위치 교환하기

학생코드 열에서 하이픈 전후의 문자열을 맞교환하자. 예를 들어 'A-003'을 '003-A'로 변환하는 작

업이다. 이 과정에서 정규 표현식의 캡처 그룹[14]을 활용해 패턴을 생성하고, str.replace 함수에 생성된 패턴을 적용해 쉽게 변환할 수 있다.

df의 학생코드 열로 실습해 보자. 하이픈 이전 부분을 첫 번째 캡처 그룹으로, 하이픈 이후 부분을 두 번째 캡처 그룹으로 지정한다. 결과를 교환할 때는 이 두 캡처 그룹의 순서를 바꾼다. 이때 첫 번째 캡처 그룹은 '\1'로, 두 번째 캡처 그룹은 '\2'로 지칭한다.[15]

[코드 15-55] 학생코드 열에서 하이픈 전후의 문자열을 맞교환

```
df['학생코드'].str.replace(r'(.+)-(\d+)', r'\2-\1', regex=True)
```

```
0    003-A
1    002-B
2    001-C
3    004-D
Name: 학생코드, dtype: object
```

[그림 15-24] 정규 표현식의 캡처 그룹으로 문자열의 위치 교환하기

정규 표현식이 어렵게 느껴질 때 하이픈을 기준으로 문자열을 두 부분으로 나눈 후, 이를 역순으로 결합하는 방법도 제안한다. 그렇지만 캡처 그룹으로 문자열의 위치를 교환하는 방법이 더 유용하다. 특히 [코드 15-56]의 변수 s처럼 일부 패턴에 맞지 않을 때는 캡처 그룹을 사용해 패턴에 맞을 때만 위치를 교환할 수 있다. s에서 하이픈이 존재할 때만 하이픈 전후의 문자열을 맞교환하자.

[코드 15-56] 시리즈 s에서 하이픈이 존재하면 하이픈 전후의 문자열을 맞교환

```
s = pd.Series(['A-003', 'B-002', 'C001', 'D-004'])
s.str.replace(r'(.+)-(\d+)', r'\2-\1', regex=True)
```

---

14 캡처 그룹은 정규 표현식 패턴에서 소괄호로 묶인 그룹을 의미한다. **10.3. 정규 표현식**을 참고하자.
15 각 패턴에는 정규 표현식이라는 의미에서 접두사 r을 사용했다. 보다 안전한 코드가 된다.

```
0    003-A
1    002-B
2     C001
3    004-D
dtype: object
```

s에서 'C001'은 하이픈이 없어 그대로 유지되었고, 나머지 문자열은 위치가 교환되었다. 이 기법으로는 패턴에 부합하는 문자열의 위치만 간편하게 바꾼다.

15.4.10 파이썬의 join 함수로 정규 표현식 패턴 생성하기

학생코드 열에서 A, B 또는 C를 포함하는지 확인할 때는 str.contains 함수와 or를 나타내는 정규 표현식의 메타 문자 '|'를 사용한다.

[코드 15-57] 학생코드 열이 문자 A, B, C를 포함하는지 확인

```
df['학생코드'].str.contains(r'A|B|C')
```

```
0     True
1     True
2     True
3    False
Name: 학생코드, dtype: bool
```

만약 확인하려는 대상이 A, B, C처럼 짧고 입력하기 쉬운 것이 아니라 리스트나 시리즈로 주어진다면, join 함수를 사용해 정규 표현식 패턴을 생성할 수 있다.

[코드 15-58] join 함수로 정규 표현식 패턴 생성하기

```
target = ['A', 'B', 'C']
pat = r'|'.join(target)
pat
```

```
'A|B|C'
```

확인하거나 추출해야 할 대상이 시리즈로 주어질 때가 많으므로 join 함수를 사용하여 정규 표현식 패턴을 생성하자.

15.4.11 시리즈나 데이터 프레임을 역순으로 변환하기

슬라이싱은 [start:end:step]의 구조로 이루어지며, 통상은 범위에 해당하는 모든 값을 슬라이싱으로 가져오기에 step이 생략될 때가 많지만 step을 활용하면 원하는 데이터를 가져오는 데 도움이 된다. s[::n]의 코드로 슬라이싱하면 n 칸씩 건너뛰며 원소를 가져온다. 예를 들어 s[::2]를 실행하면 시리즈 s에서 두 칸씩 건너뛰며 원소를 가져온다.

또한 슬라이싱의 step을 사용한 기법은 순서를 역순으로 변환할 때도 사용한다. s[::-1]을 실행하면 시리즈 s가 역순으로 변환되며, 이는 데이터 프레임이나 리스트, 문자열에도 동일하게 적용된다.[16] 판다스에서는 열의 순서를 역순으로 조정하거나 그루퍼를 생성할 때 쓰이는 기법이다.

[코드 15-59] 시리즈 s를 역순으로 변환하기

```
s = pd.Series([1, 2, 3, 4])
s[::-1]
```

```
3    4
2    3
1    2
0    1
dtype: int64
```

15.4.12 오브젝트 열 내에서 개별 원소의 자료형 파악하기

열의 자료형이 문자열일 때 판다스에서는 이를 오브젝트 자료형으로 표시한다. 그러나 오브젝트 자료형은 문자열만을 포함하는 것이 아니라 다양한 자료형이 혼합된 열도 오브젝트로 분류된다. 따라서 오브젝트 자료형 열에서 문자열이 아닌 다른 자료형이 포함된 것을 모르고 반복문 등을 실행할 때 에러가 발생한다. 오브젝트 자료형 열의 각 원소가 어떤 자료형인지 정확히 파악하려면 다음과 같은 코드를 사용한다.

[코드 15-60] 오브젝트 시리즈의 개별 원소 자료형 파악하기

```
s1 = pd.Series(['A', 'B', 'A', float('nan'), 'A'])
s1.map(type).astype('str').value_counts()
```

```
<class 'str'>      4
<class 'float'>    1
dtype: int64
```

시리즈 s1의 개별 원소는 문자열이 4개, 실수가 1개이다.

---

16   [코드 9-6]에서 문자열을 역순으로 변환할 때 사용되었다.

결측값인 NaN은 실수 자료형으로 분류된다. 이 결측값이 코드 실행 중 에러를 일으킬 때가 잦다. 따라서 null 여부와 개별 자료형을 함께 확인하는 것이 좋은 방법이다.

[코드 15-61] null 여부와 개별 원소 자료형 함께 파악하기

```
pd.crosstab(s1.map(type).astype('str'), s1.isna())
```

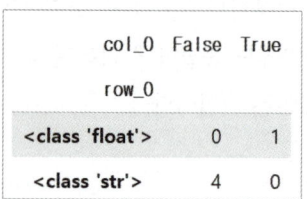

True 열이 null을 나타낸다. 시리즈 s1의 개별 원소는 문자열이 4개, 실수가 1개이며 실수인 자료형은 모두 null이다. 고로 존재하는 실수 자료형은 전부 결측값 NaN이다.

코드를 점검하고자 오브젝트 열의 개별 원소 자료형을 파악하는 것이 유용하다. 그러나 판다스 문자열 함수들은 문자열 이외의 자료형도 에러를 일으키지 않고 결측값으로 처리하므로 판다스 문자열 함수들을 사용하는 습관을 들이는 것이 더 중요하다.

15.4.13 비중이 낮은 범주를 통합하기

범주형 데이터를 수집했을 때 지나치게 다양한 범주가 존재할 때가 있다. 이때 일정 비중 이하의 범주들을 '기타'와 같은 범주로 통합하는 것이 좋다. 실습할 변수 s1을 생성하자.

[코드 15-62] 비중이 낮은 범주를 통합하기 위한 실습 예제 코드

```
import pandas as pd
pd.options.display.float_format = '{:.3f}'.format # 소수점 셋째 자리 출력
s1 = pd.Series(['A', 'B', 'A', 'A', 'C', 'D'])
s1
```

```
0    A
1    B
2    A
3    A
4    C
5    D
dtype: object
```

각 범주의 비중은 value_counts 함수의 normalize=True로 파악한다.

[코드 15-63] 각 범주의 비중 파악하기

```
s2 = s1.value_counts(normalize=True)
s2
```

```
A    0.500
B    0.167
C    0.167
D    0.167
Name: proportion, dtype: float64
```

A는 전체의 50%를 차지하며 나머지는 각각 16.7%의 비중을 가진다.

비중이 20% 미만인 모든 범주를 '기타'로 통합하자. 불리언 인덱싱을 사용해 20% 미만인 범주를 선별한 후, replace 함수를 활용하여 이들 범주를 모두 '기타'로 변경한다. 범주를 나타내지만 카테고리 자료형이 아니라 문자열 자료형이라 가능한 기법이다.

[코드 15-64] replace 함수로 20% 미만의 범주를 기타로 통합

```
s2 = s1.value_counts(normalize=True)
target1 = s2[s2 < 0.2].index
s1.replace(target1, '기타')
```

```
0    A
1    기타
2    A
3    A
4    기타
5    기타
dtype: object
```

A를 제외한 모든 범주가 '기타'가 되었다.

카테고리 자료형으로 변환하면서 비중이 20% 미만인 범주를 '기타'로 통합하고 싶다면, 비중이 20% 이상인 범주들과 '기타'를 categories에 입력한 다음 NaN을 '기타'로 치환하자.[17] 20% 미만인 범주들을 tolist 함수를 적용해 리스트로 변환 후, 리스트의 연결을 사용했다.

---

17   카테고리 자료형은 존재하지 않는 범주를 값으로 부여할 수 없어 fillna 함수로 결측값을 대체하기 이전에 '기타' 범주를 생성해야 한다.

[코드 15-65] 카테고리 자료형으로 변환하면서 20% 미만의 범주를 기타로 통합

```
target2 = s2[s2 >= 0.2].index.tolist()
pd.Categorical(
    s1, categories=target2 + ['기타'], ordered=True
    ).fillna('기타')
```

```
['A', '기타', 'A', 'A', '기타', '기타']
Categories (2, object): ['A' < '기타']
```

15.4.14 map 함수로 멀티 인덱스를 단일 인덱스로 변환하기

멀티 인덱스의 사용이 어렵게 느껴진다면 단일 인덱스로 변환하여 사용하는 것을 고려해 보자. 실습할 변수 df를 생성하자.

[코드 15-66] 단일 인덱스로 변환 실습 예제 코드

```
import pandas as pd
cols = pd.MultiIndex.from_product([['A', 'B'], ['가격', '수량']])
df = pd.DataFrame([[1000, 2, 2000, 3], [1000, 3, 2200, 4]], columns=cols)
df
```

map 함수는 인덱스 클래스에도 적용이 가능하며 매퍼로 join 함수를 입력하면 두 레벨의 멀티 인덱스가 하나로 묶인다.

[코드 15-67] map 함수로 멀티 인덱스를 단일 인덱스로 변환하기

```
df.columns.map('_'.join)
```

```
Index(['A_가격', 'A_수량', 'B_가격', 'B_수량'], dtype='object')
```

set_axis 함수로 df의 컬럼즈를 위 결과로 변경하면 기존의 멀티 인덱스와 유사한 의미를 가진 단일 인덱스로 변환된다.

[코드 15-68] 데이터 프레임을 단일 인덱스로 변경하기

```
df.set_axis(df.columns.map('_'.join), axis=1)
```

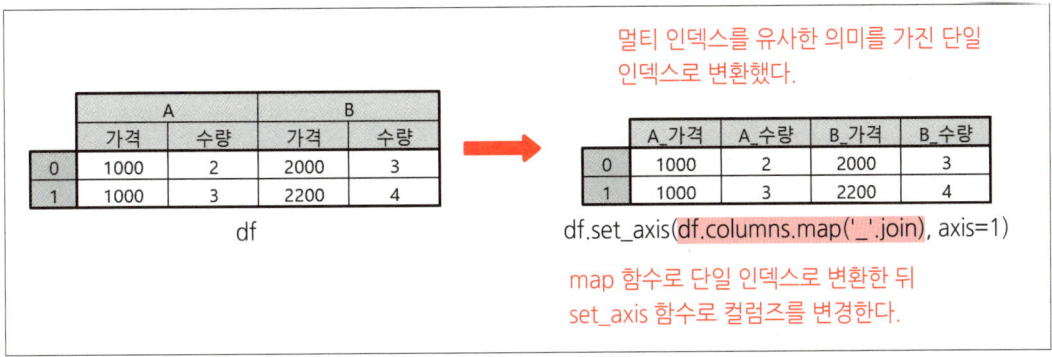

[그림 15-25] map 함수로 멀티 인덱스를 단일 인덱스로 변환하기

멀티 인덱스를 다루기 어렵거나 단일 인덱스 형식으로 변환하는 것이 필요하면 map 함수와 join 함수를 활용해 보자.

15.4.15 cummin과 cummax 함수로 특정 시점 기준으로 필터링

cummin과 cummax 함수는 각각 누적 최솟값과 누적 최댓값을 계산하는 데 사용된다. 이 함수들을 불 시리즈에 적용하면, 다양한 조건문을 만들어 불리언 인덱싱에 효과적으로 활용된다. 실습할 s1을 생성하자.

[코드 15-69] cummin과 cummax 실습 예제 코드

```
import pandas as pd
pd.options.display.float_format = '{:..1f}'.format # 소수점 첫째 자리 출력
s1 = pd.Series([1500, 2500, 3500, 1500, 1000])
s1

0    1500
1    2500
2    3500
3    1500
4    1000
dtype: int64
```

s1을 주가로 생각하자. 처음 3000원을 돌파한 이후의 주가에 대한 평균을 구해보자. 이럴 때 cummax 함수를 활용한다. 먼저 주가가 3000원을 넘었는지 확인하는 조건문을 생성하고 생성된 조건문에 cummax 함수를 적용하면, 조건문에서 True가 처음 나타난 이후로는 모두 True가 반환된다.

[코드 15-70] 각 셀이 처음 3000원을 돌파한 이후의 데이터인지 확인

```
s1.ge(3000).cummax()
```

```
0    False
1    False
2    True
3    True
4    True
dtype: bool
```

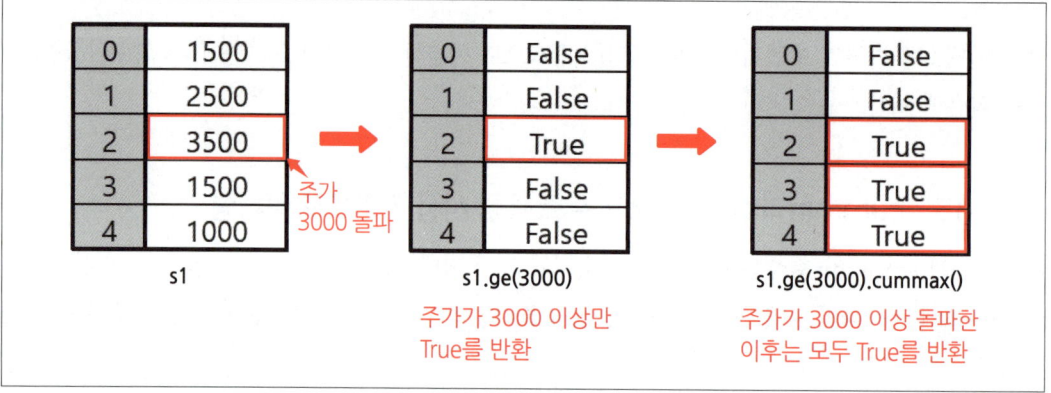

[그림 15-26] 최초 돌파 시점 이후의 데이터만 True로 반환하기

위 조건문을 where 함수에 입력 후 평균을 구하면 주가가 3000원을 처음 돌파한 이후 데이터의 평균만을 구한다. 3500, 1500, 1000이었으니 평균은 2000이다.

[코드 15-71] 처음 3000원을 돌파한 이후의 주가 평균

```
s1.where(s1.gt(3000).cummax()).mean()
```

```
2000.0
```

그밖에도 조건문으로 불리언 인덱싱도 수행해 돌파 이후의 데이터만 필터링할 수 있다.

마찬가지 방식으로 cummin 함수도 활용한다. 변수 s2를 생성하자.

[코드 15-72] 시작부터 연속된 NaN 제거하기 실습 예제 코드

```
s2 = pd.Series([None, None, 3500, None, 1000, None])
s2
```

```
0    NaN
```

```
1      NaN
2    3500.0
3      NaN
4    1000.0
5      NaN
dtype: float64
```

s2에서 시작 지점부터 연속되는 NaN 값을 제거해 보자. 첫 번째와 두 번째 행은 시작 지점부터 연속된 NaN이므로 제거되어야 한다. 그러나 3500.0 데이터 이후의 NaN은 제거하지 않는다. isna 함수와 cummin 함수를 이용하여 시작부터 연속된 NaN인지 여부를 확인하자.

[코드 15-73] 각 셀이 시작부터 연속된 NaN인지 확인하기

```
s2.isna().cummin()
```

```
0     True
1     True
2    False
3    False
4    False
5    False
dtype: bool
```

불리언 인덱싱으로 시작부터 연속된 NaN을 제거하자.

[코드 15-74] 시작부터 연속된 NaN만 제거하기

```
s2[~s2.isna().cummin()]
```

```
2    3500.0
3      NaN
4    1000.0
5      NaN
dtype: float64
```

시작부터 연속된 NaN인 첫 번째, 두 번째 행만 제거되었다. cummin과 cummax 함수로 특정 시점 이후의 데이터 필터링을 할 수 있다.

15.4.16 NaN이 아닌 첫 번째 값 반환하기

판다스에서는 NaN이 아닌 첫 번째 값과 마지막 값을 반환하는 first와 last 함수가 있지만,[18] 이들은 그룹화 함수와 함께 사용되어야 한다. 일반 시리즈에서 NaN이 아닌 첫 번째 값과 마지막 값을 찾을 때는 ffill과 bfill 함수를 활용해 각각의 값을 인덱싱한다. s2에서 NaN이 아닌 첫 번째 값을 찾아보자. NaN을 전부 후방값으로 대체한 다음 첫 번째 값을 인덱싱한다.

[코드 15-75] NaN이 아닌 첫 번째 값 반환하기

```
s2.bfill().iloc[0]
```

```
3500.0
```

s2에서 NaN이 아닌 마지막 값을 반환하자. NaN을 전방값으로 대체한 다음 마지막 값을 인덱싱한다.

[코드 15-76] NaN이 아닌 마지막 값 반환하기

```
s2.ffill().iloc[-1]
```

```
1000.0
```

조건에 맞는 첫 번째 값을 찾을 때도 이 기법은 응용될 수 있다. where 함수를 적용한 후 같은 기법을 사용한다. s1에서 2000보다 큰 첫 번째 값을 반환하자.[19]

[코드 15-77] 2000보다 큰 첫 번째 값 반환하기

```
s1.where(s1 > 2000).bfill().iloc[0]
```

```
2500.0
```

15.4.17 셀 안의 리스트와 딕셔너리를 별도의 열로 확장하기

다른 라이브러리나 프로그래밍 언어에 의해 처리된 데이터를 판다스 데이터 프레임으로 변환하는 과정에서 종종 셀 안에 리스트나 딕셔너리가 생성될 때가 발생한다. 이런 데이터를 별도의 열로 확장해보자. 실습할 변수 s1과 s2를 생성하자.

---

[18] **11.1.6. 그룹화에만 적용되는 집계 함수(first, last)** 참고
[19] 물론 s1[s1>2000].iloc[0]처럼 조건에 따라 불리언 인덱싱으로 필터링한 후 인덱싱해도 같은 결과를 얻는다. 다만 이 방법은 조건에 맞는 행이 존재하지 않을 때 에러가 발생한다.

[코드 15-78] 셀 안의 리스트와 딕셔너리를 새로운 열로 확장 실습 예제 코드

```
import pandas as pd
s1 = pd.Series([[1, 2, 3], [4, 5, 6], [7, 8]])
s2 = pd.Series([{'col1': 1, 'col2': 2}, {'col2': 3}, {'col2': 4, 'col1': 5}])
```

s1은 셀 안에 리스트를 포함하는 시리즈로 tolist 함수를 이용해 이 시리즈를 리스트로 변환하면 2차원 리스트가 된다. 2차원 리스트는 데이터 프레임으로 변환될 수 있으며 변환 과정에서 리스트의 각 원소는 데이터 프레임의 별도 열로 확장된다.

[코드 15-79] 셀 안의 리스트를 새로운 열로 확장하기

```
pd.DataFrame(s1.tolist())
```

s2는 셀 안에 딕셔너리를 포함하는 시리즈이며, 이때 데이터 처리는 더욱 간편하다. 판다스의 json_normalize 함수에 s2를 입력하면 시리즈 내의 각 딕셔너리 원소가 새로운 열로 변환되며, 딕셔너리의 키가 열 이름으로 사용된다. 이 방법으로, 딕셔너리 구조의 데이터를 효율적으로 데이터 프레임 형태로 전환할 수 있다.

[코드 15-80] 셀 안의 딕셔너리를 새로운 열로 확장하기

```
pd.json_normalize(s2)
```

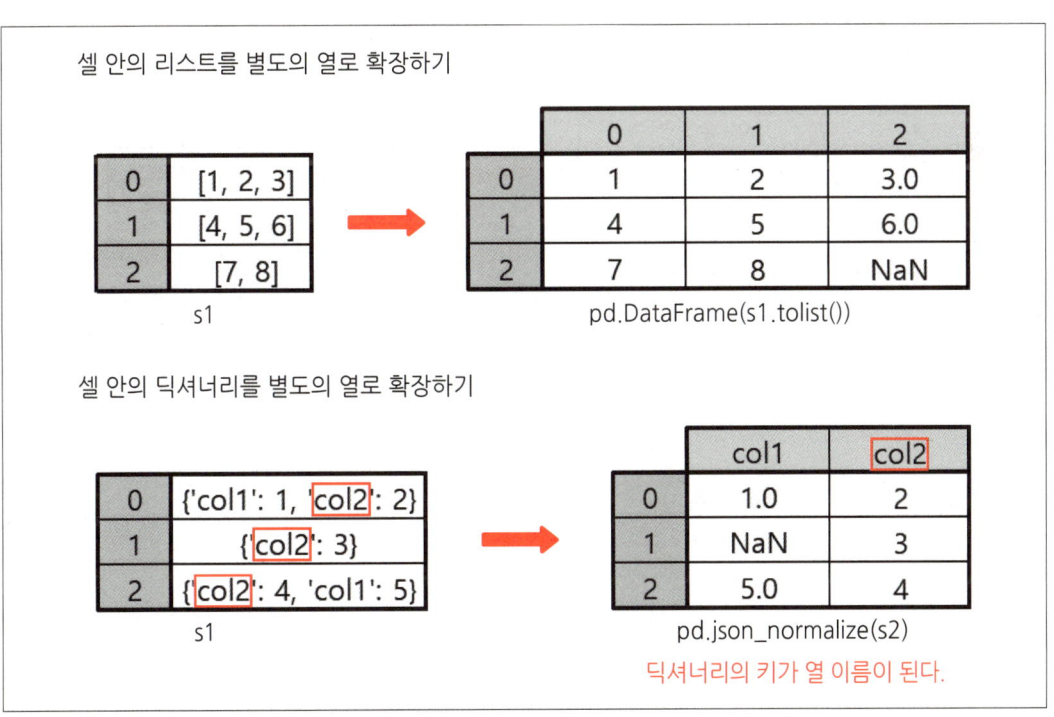

[그림 15-27] 셀 안의 리스트와 딕셔너리를 별도의 열로 확장하기

15.4.18 수치형 데이터인 열만 집계하기

판다스의 통계 함수들을 numeric=True를 입력해 수치형 데이터에만 적용되도록 설정할 수 있다. 이 기능은 특히 groupby 함수와 함께 사용될 때 유용하며, 집계 열을 별도로 지정하지 않아도 수치형 데이터에 대해서만 그룹 집계를 자동으로 수행한다. 실습할 변수 df를 생성하자.

[코드 15-81] 실습 예제 코드

```python
import pandas as pd
data = {'이름': ['김판다', '강승주', '조민영', '최진환'],
        '팀': ['운용', '주식', '주식', '주식'],
        'A종목': [10, 20, 30, 40],
        'B종목': [50, 60, 70, 80]}
df = pd.DataFrame(data)
df
```

df를 팀으로 그룹화한 후 합계를 집계할 때, sum 함수에 numeric=True를 입력하면 집계를 수행할 특정 열을 지정하지 않아도 된다. 이 옵션을 사용하면 수치형 데이터를 가진 열에서만 합계가 계산된다. 이 방법은 데이터 분석 과정에서 여러 유형의 데이터가 섞여 있을 때 수치형 데이터에 대한 연산을 간편하게 수행하게 해준다.

[코드 15-82] 팀으로 그룹을 나누어 수치형 데이터인 모든 열의 합 집계하기

```python
df.groupby('팀').sum(numeric_only=True)
```

	이름	팀	A종목	B종목
0	김판다	운용	10	50
1	강승주	주식	20	60
2	조민영	주식	30	70
3	최진환	주식	40	80

df

→

팀	A종목	B종목
운용	10	50
주식	90	210

df.groupby('팀').sum(numeric_only=True)

그룹 집계를 수행할 열을 지정하지 않아도
수치형 데이터의 열에서만 그룹 집계를 수행한다.

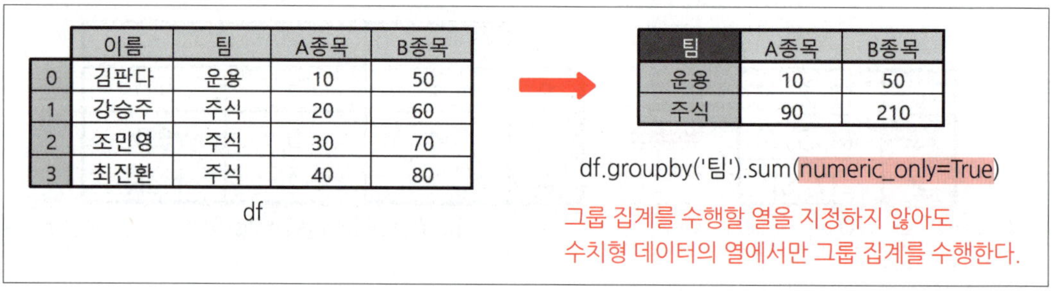

[그림 15-28] 수치형 데이터만 집계하기

다수의 열이 수치형 데이터일 때 동시에 그룹 집계를 수행하면 자주 쓰이는 기법이다.

15.4.19 그룹마다 소계를 집계한 행 생성하기

그룹별로 합계를 구해 데이터에 소계 행을 추가하려는 경우를 종종 본다. 그러나 이는 데이터 처리에서 좋지 않은 습관이다. 데이터에 소계를 직접 추가하는 것은 데이터의 명확성을 해치고 처리 과정을 복잡하게 만든다. 특히 원시 데이터는 깨끗하게 유지하며 별도의 집계 단계를 통해 필요한 정보를 도출하는 것이 바람직하다.

피벗 테이블 역시 대체로 소계 생성을 권장하지 않지만, 단순히 보고용으로만 사용하는 피벗 테이블에서는 필요에 따라 활용하는 기능이니 방법을 학습해 보자. groupby와 apply를 활용하는 기법을 연습하기에 좋은 기회이기도 하다.

그룹별로 나뉜 개별 데이터 프레임을 원하는 데이터 프레임으로 변환하는 사용자 정의 함수가 존재한다면, 이를 groupby와 apply를 함께 사용하면 각 그룹의 사용자 정의 함수가 적용된다. 데이터 프레임의 최상위 행에 합계를 집계하는 사용자 정의 함수 subtotal을 정의한 뒤 df에 groupby와 apply로 적용해 그룹마다 함수를 적용하자.

[코드 15-83] 팀별로 소계를 집계한 행 생성하기

```
# 데이터 프레임의 최상위에 합계를 집계한 행을 생성하는 사용자 정의 함수
def subtotal(d):
    d.loc[-1] = d.sum(numeric_only=True)
    return d.sort_index()

# df에 subtotal 함수 적용하고 출력해 함수 subtotal의 기능 확인
print(subtotal(df))

# subtotal 함수를 그룹마다 적용해 소계를 생성하고, 결측값 대체
(df.groupby('팀', sort=False, group_keys=False).apply(subtotal)
    .reset_index(drop=True)
    .assign(이름=lambda x: x['이름'].fillna('소계'),
            팀=lambda x: x['팀'].bfill())
)
```

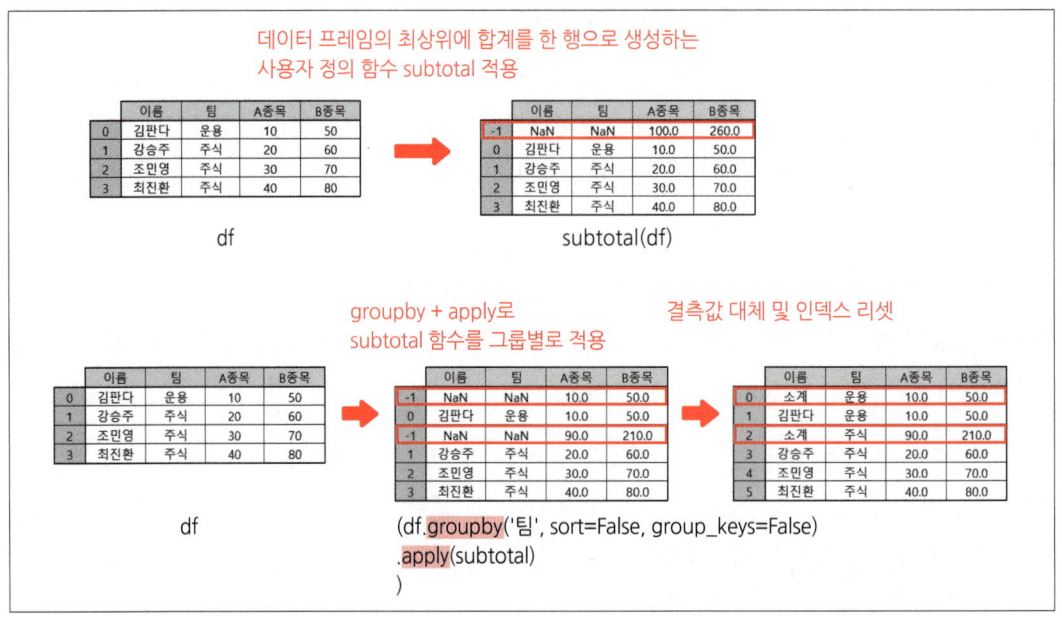

[그림 15-29] groupby와 apply로 그룹마다 소계 생성하기

apply 함수를 사용하는 이유는 transform이나 agg와 같은 함수들은 데이터 프레임 전체에 적용해도 각 열에 개별적으로 시리즈를 대상으로 함수가 적용되는 반면, apply는 그룹으로 나뉜 데이터 프레임 전체에 함수를 적용할 수 있기 때문이다. 그래서 [코드 15-83]으로 생성한 subtotal처럼 데이터 프레임 전체에 작동하는 사용자 정의 함수를 적용하고자 할 때는 apply 함수가 유일한 선택지이다. 이때 그룹 키가 인덱스에 영향을 주지 않기 위해 group_keys=False를 입력한다. 그 외 reset_index와 fillna 함수는 결측값 대체 및 인덱스 리셋으로 세부적인 부분을 조정하는 코드이다.

소계를 집계한 행을 추가하듯이 그룹을 기준으로 데이터의 구조가 바뀔 때, 데이터 프레임을 데이터 프레임으로 변환하는 사용자 정의 함수를 생성하고 그룹바이 객체에 사용자 정의 함수를 apply와 함께 적용하면 그룹마다 사용자 정의 함수가 적용된다.

15.4.20 복수의 열을 순서와 상관없이 동일한 그룹을 설정해 그룹화하기

복수의 열로 그룹화할 때, 때로는 열의 순서와 상관없이 동일한 그룹으로 간주하고 그룹화를 해야 할 때가 있다. 실습할 df1을 생성하자.

[코드 15-84] 순서와 상관없이 동일한 그룹화 실습 예제 코드

```
import pandas as pd
import numpy as np
data1 = {'선택1': ['지학', '화학', '물리', '생물', '물리'],
```

```
          '선택2': ['생물', '물리', '화학', '지학', '화학'],
          '점수': [40, 50, 60, 70, 70]}
df1 = pd.DataFrame(data1)
df1
```

df1에서 선택1 열과 선택2 열은 각각 선택한 과목을 나타내며, 과목의 순서와 관계없이 동일한 과목 조합을 선택한 학생들을 동일한 그룹으로 간주하여 평균 점수를 계산하자. 예를 들어 선택1에 '화학'을, 선택2에 '물리'를 선택할 때와 선택1이 '물리'이고 선택2가 '화학'을 선택할 때를 동일한 그룹으로 취급한다.

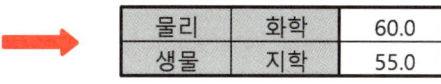

[그림 15-30] 순서와 관계없이 그룹화

np.sort 함수로 각 행을 따로 정렬한다.[20] 선택1 열과 선택2 열의 각 행의 정렬을 수행한 뒤 df1에 다시 배정해 선택1과 선택2 열로 그룹을 나누어 평균을 구한다. 정렬 결과를 다시 배정하는 것은 원본을 변경하므로 df1을 복제한 df2로 실습하자.

[코드 15-85] 선택1과 선택2 순서와 관계없이 그룹화해서 평균 점수 구하기

```
df2 = df1.copy() # df1을 복제한 df2
# df1의 선택1과 선택2를 행마다 정렬을 수행해 배정한다.
df2[['선택1', '선택2']] = np.sort(df2[['선택1', '선택2']])
df2.groupby(['선택1', '선택2'])['점수'].mean()
```

```
선택1  선택2
물리   화학     60.0
생물   지학     55.0
Name: 점수, dtype: float64
```

---

20 14.2.3. 각 행이나 각 열을 개별적으로 정렬하기(np.sort) 참고

원본을 변경하지 않으려면 각 행을 따로 정렬한 결과에 T(transpose) 속성을 적용한 뒤 tolist 함수를 적용해 그루퍼를 생성하자. 생성된 그루퍼로 그룹 집계를 수행한다.

[코드 15-86] 기존 데이터를 변경하지 않고 그루퍼 사용하기

```
# 그루퍼 생성
grp = np.sort(df1[['선택1', '선택2']]).T.tolist()
df1.groupby(grp)['점수'].mean()
```

[코드 15-85]와 동일한 결과를 얻는다.

15.4.21 엑셀의 날짜 데이터를 숫자로 불러올 때 datetime으로 변환하기

엑셀에서 날짜 데이터를 판다스에서 숫자로 종종 불러오며, 이러한 데이터에 판다스의 시계열 함수를 사용하려면 datetime 자료형으로 변환해야 한다. 실습할 변수 s를 생성하자.

[코드 15-87] 숫자 데이터를 날짜로 변환 실습 예제 코드

```
import pandas as pd
s = pd.Series([44929, 45060])
s
```

```
0    44929
1    45060
dtype: int64
```

변수 s는 엑셀에서 불러온 날짜 데이터는 아니지만 엑셀에서 날짜를 숫자로 불러올 때 이와 유사한 형식을 가진다. 엑셀에서 사용하는 날짜의 수치형 표기는 1899년 12월 30일을 기준으로 하루 단위로 얼마나 떨어져 있는지를 나타내는 수치이다. 기준일과 단위를 지정해 숫자를 datetime으로 변환하자. to_datetime 함수의 매개변수 unit에 기준 단위를 입력하고, 매개변수 origin에 기준 날짜를 입력하면 숫자가 datetime으로 변환된다.

[코드 15-88] 기준일과 단위를 지정해 숫자를 datetime으로 변환하기

```
s1 = pd.to_datetime(s, unit='D', origin='1899-12-30')
s1
```

```
0    2023-01-03
1    2023-05-14
dtype: datetime64[ns]
```

15.4.22 기간의 마지막 날짜와의 차이 구하기

특정 timestamp에서 해당 소속 기간의 마지막 날과의 차이를 계산하는 작업은 특히 금융 분야에서 필요하다. 예를 들어 2023년 1월 3일은 2023년 1분기의 마지막 날과 87일의 차이가 있다. 이러한 계산은 특정 기간에 대한 금융적 이벤트나 결산 정보를 정확히 파악하는 데 도움을 준다.

[코드 15-88]로 생성된 s1의 각 셀에서 속한 분기의 마지막 날짜와의 차이를 구하자. s1은 datetime 자료형이기에 먼저 to_period 함수를 이용해 분기의 period 자료형으로 변환한다. 다시 to_timestamp 함수[21]를 적용해 datetime 형태로 변환해 각 날짜가 속한 분기의 마지막 날을 얻는다. 이 과정에서 dt 접근자를 사용하는 것이 필수이다.

[코드 15-89] 각 셀이 속한 분기의 마지막 날짜 구하기

```
s1.dt.to_period('Q').dt.to_timestamp('Q')
```

```
0   2023-03-31
1   2023-06-30
dtype: datetime64[ns]
```

[코드 15-89]의 결과와 s1의 날짜 차이를 구해 원하는 결과를 얻는다.

[코드 15-90] 속한 분기의 마지막 날짜와의 차이 구하기

```
s1.dt.to_period('Q').dt.to_timestamp('Q') - s1
```

```
0   87 days
1   47 days
dtype: timedelta64[ns]
```

[코드 15-89]를 사용하는 대신 offsets 메서드를 활용하여 각 셀이 속한 분기의 마지막 날짜를 더 간편하게 구한다. [코드 15-89]는 다양한 함수를 유연하게 활용한다는 장점이 있고, offsets 메서드는 기간의 마지막 날짜를 찾는 작업에 특화되어 더 간편하다.

[코드 15-91] offsets 함수로 각 셀이 속한 분기의 마지막 날짜 구하기

```
s1 + pd.offsets.QuarterEnd()
```

결과에 s1을 빼서 마찬가지로 날짜 차이를 얻는다.

---

21   **13.2.2. 기타 시계열 변환 함수들**에서 to_period와 to_timestamp를 참고하자.

15.4.23 시계열 주기로 데이터 이동하기

shift 함수를 사용해 데이터를 이동할 수 있다. 시계열 주기를 입력하면 특정 주기로 데이터가 이동된다. 실습에 쓰일 변수 s를 생성하자.

[코드 15-92] shift 함수에 시계열 주기 입력 실습 예제 코드

```
date = ['2024-05-01', '2024-05-03', '2024-05-04']
s = pd.Series([1, 2, 3], index=pd.to_datetime(date))
s
```

```
2024-05-01    1
2024-05-03    2
2024-05-04    3
dtype: int64
```

shift 함수에 시계열 주기 '2D'를 입력해 전체 인덱스가 '2D'만큼 더해진 결과를 얻는다.

[코드 15-93] 시계열 주기 '2D'만큼 데이터 이동하기

```
s.shift(freq='2D')
```

```
2024-05-03    1
2024-05-05    2
2024-05-06    3
dtype: int64
```

15.4.24 구간 인덱스로 범주화하기

데이터를 구간으로 범주화할 때 비어 있는 구간이 존재하면 구간 인덱스[22]와 cut 함수를 조합하여 범주화를 수행한다. 실습할 변수 df1과 df2를 생성하자.

[코드 15-94] 구간 인덱스로 범주화 실습 예제 코드

```
import pandas as pd
data1 = {'날짜': pd.date_range('2025-01-03', periods=6, freq='20D'),
         '구매량': [10, 20, 30, 40, 50, 60]}
data2 = {'시작': pd.to_datetime(['2025-01-01', '2025-02-01', '2025-03-03']),
         '종료': pd.to_datetime(['2025-01-10', '2025-02-15', '2025-03-27']),
```

---

[22] 14.4.4. 구간 인덱스 참고

```
                '할인': ['새해할인', '1주년할인', '신학기할인']}
df1 = pd.DataFrame(data1)
df2 = pd.DataFrame(data2)
```

df1에는 각 날짜의 구매량이 기록되어 있고 df2에는 할인 행사 기간이 나타난다. df2의 할인 기간을 참고하여 df1에 할인 열을 추가하려고 한다. 할인 기간을 기준으로 데이터를 범주화할 계획이다. 이를 위해 cut 함수를 사용할 수 있으나, df2에는 비어 있는 기간들이 많아 구간 인덱스를 활용하여 cut 함수의 매개변수 bins를 설정한다.

	날짜	구매량	할인
0	2025-01-03	10	새해할인
1	2025-01-23	20	NaN
2	2025-02-12	30	1주년할인
3	2025-03-04	40	신학기할인
4	2025-03-24	50	신학기할인
5	2025-04-13	60	NaN

df1

	시작	종료	할인
0	2025-01-01	2025-01-10	새해할인
1	2025-02-01	2025-02-15	1주년할인
2	2025-03-03	2025-03-27	신학기할인

df2

df2의 시작과 종료 기간을 참고하여 df1에 할인 열을 생성한다.
이것은 df1의 날짜를 df2의 구간으로 범주화하는 것과 같다.
→ 구간 인덱스를 cut 함수의 매개변수 bins의 인수로 입력한다.

[그림 15-31] 비어 있는 구간이 존재할 때 구간 인덱스로 범주화

IntervalIndex의 from_arrays 메서드를 사용하여 df2를 구간 인덱스로 변환하자. 시작과 종료 지점을 모두 포함하는 구간을 원하기에 closed='both'를 입력한다. 생성된 구간 인덱스를 cut 함수의 매개변수 bins에 입력한다. 구간 인덱스를 사용할 때 매개변수 labels로 범주의 이름을 직접 지정하기 어렵다. 하지만 df2의 '할인' 열을 기반으로 시리즈를 생성하고, 이를 매퍼로 사용해 구간 인덱스에 해당하는 범주의 이름을 새롭게 매핑함으로써 원하는 결과를 얻을 수 있다.

[코드 15-95] 구간 인덱스로 범주화하기

```
idx = pd.IntervalIndex.from_arrays(df2['시작'], df2['종료'], closed='both')
df1['할인'] = pd.cut(df1['날짜'], bins=idx).map(df2['할인'].set_axis(idx))
df1
```

결과는 [그림 15-31]에서 확인하자. 비어 있는 구간이 존재할 때 범주화해야 한다면 매우 유용한 기법이니 활용하길 바란다.

15.4.25 인덱스의 데이터를 사용해 apply 함수 적용하기

인덱스의 데이터를 사용해 apply를 적용해야 할 때가 있다. 실습할 변수 df를 생성하자.

[코드 15-96] 인덱스의 데이터를 사용해 apply 함수 실습 예제 코드

```
import pandas as pd
data = {'국어': {'A': 62, 'B': 84, 'C': 74},
        '영어': {'A': 65, 'B': 76, 'C': 79},
        '수학': {'A': 68, 'B': 80, 'C': 95}}
df = pd.DataFrame(data)
df
```

	국어	영어	수학
A	62	65	68
B	84	76	80
C	74	79	95

df는 학생의 성적 데이터이다. 각 학생의 최고 점수와 과목을 아래와 같이 출력해 보자.

```
A: 수학의 68점
B: 국어의 84점
C: 수학의 95점
```

행마다 반복적으로 출력을 수행하니 apply 함수를 axis=1로 데이터 프레임에 적용해 print 함수를 사용한다. 이때 학생의 데이터는 인덱스에 포함되어 있고, 과목의 데이터는 컬럼즈에 포함되어 있는데 어떻게 활용할 수 있을까? 일단 axis=1로 apply 함수를 적용하면 행마다 함수가 적용되니 df의 첫 행을 출력해 보자.

[코드 15-97] A 행을 시리즈로 출력

```
df.loc['A']
```

```
국어    62
영어    65
수학    68
Name: A, dtype: int64
```

각 행을 시리즈로 출력했을 때, 컬럼즈의 과목 데이터가 각 시리즈의 인덱스가 되고, 인덱스의 사람 데이터는 Name에 위치한다. axis=1일 때 데이터 프레임의 인덱스의 데이터는 name 속성으로 사

용할 수 있고, 컬럼즈의 데이터는 index 속성으로 사용할 수 있다. 만약 axis=0이라면 데이터 프레임의 인덱스의 데이터는 index 속성으로 사용할 수 있고, 컬럼즈의 데이터는 name 속성으로 사용할 수 있다.

각 사람, 과목, 점수의 데이터를 출력하자. lambda 함수를 적용하고, 사람의 데이터는 x.name으로 사용할 수 있으며, 과목의 데이터는 x.index로 사용할 수 있으나 x.idxmax()로 최고 점수를 받은 과목만 사용한다. 최고 점수는 x.max()로 사용할 수 있다. f-string 기법으로 원하는 데이터를 출력하자.[23]

[코드 15-98] 인덱스의 데이터를 사용해 apply 함수 적용하기

```
df.apply(lambda x: print(f'{x.name}: {x.idxmax()}의 {x.max()}점'), axis=1);
```

각 학생의 최고 점수와 과목이 원하는 형태로 출력된다.

apply 함수가 아닌 for 문을 활용해 반복문을 수행하려면 iterrows 함수를 활용한다. 데이터 프레임에 iterrows 함수를 적용하면 인덱스와 각 행이 튜플로 담긴다. 인덱스는 통상적으로 변수 idx로 지칭하며, 각 행인 시리즈는 변수 row로 지칭한다. 변수 idx로 인덱스의 데이터를 사용할 수 있다.

[코드 15-99] 인덱스의 데이터로 for 문 활용하기(iterrows)

```
for idx, row in df.iterrows():
    print(f'{idx}: {row.idxmax()}의 {row.max()}점')
```

[코드 15-98]과 같은 결과가 출력된다. 판다스에 익숙한 사용자는 apply 함수를 axis=1로 사용하는 것이 간편하고, 기본 파이썬과 반복문에 익숙한 사용자는 iterrows 함수와 for 문을 조합하는 것이 더 간편하다.

여기까지 학습을 마친 당신은 이제 판다스의 마스터라고 할 수 있다. 판다스는 앞으로 당신의 데이터 분석 여정에서 중요한 역할을 할 것이며, 당신이 데이터 분석의 최고가 되도록 도울 것이다. 그러니 당신이 이미 이룬 성취를 자랑스럽게 여기길 바란다.

23　idxmax 함수가 생경하다면 **5.4.4. 그 외 다양한 통계 함수**를 참고하자. f-string 기법은 [코드 2-5] 문자열 포매팅(f-string 기법)을 참고한다.

CHAPTER

16

실전 데이터 분석

QR코드를 통해 Chapter 16에 포함된 코드와 풀 컬러 그림을 확인할 수 있습니다. 또한 판다스와 구글 코랩의 버전 업데이트에 따른, 변동이 필요한 코드, 변동된 코드 출력 정보도 확인할 수 있습니다.

16.1 볼린저 밴드와 주가 동향 분석
16.2 머니볼과 야구 데이터 분석
16.3 축구 국가대표 A매치 결과 분석
16.4 프랜차이즈의 거리 분석
16.5 빅데이터와 증권사 잔고 분석

16.1 볼린저 밴드와 주가 동향 분석

볼린저 밴드(bollinger band)는 금융 시장의 변동성을 분석하고 주가의 상대적 위치를 파악하는 데 사용되는 기술적 분석 도구이다. 이는 주가의 이동 평균선을 기반으로 상단선과 하단선을 구성하여 시장 변동 폭과 추세 방향성을 파악하도록 정보를 제공한다. 이를 통해 투자자와 분석가는 시장의 과매수 또는 과매도 상태를 식별하고, 가능한 가격 변동의 전환점을 예측하여 더 전략적인 투자 결정을 내린다.

볼린저 밴드는 주가의 n일 이동 평균선을 중심선으로 하여, 이를 기준으로 설정한 신뢰 구간을 나타내는 상단선과 하단선으로 구성된다. 상단선과 하단선 사이의 밴드를 볼린저 밴드라고 한다. 일반적으로 n은 20일로 설정되고, 신뢰 구간은 주로 95%로 책정하기에 표준점수로 2를 사용한다.[1] 이는 20일간의 평균 주가 위치를 중심으로 주가가 어느 범위에 위치하는지를 분석자에게 보여준다.

볼린저 밴드(n, z): 볼린저 밴드 상한선과 하산선 사이
볼린저 밴드 상한선: n일 이동 평균+(n일 이동 표준편차×z)
볼린저 밴드 중심선: n일 이동 평균
볼린저 밴드 하한선: n일 이동 평균-(n일 이동 표준편차×z)

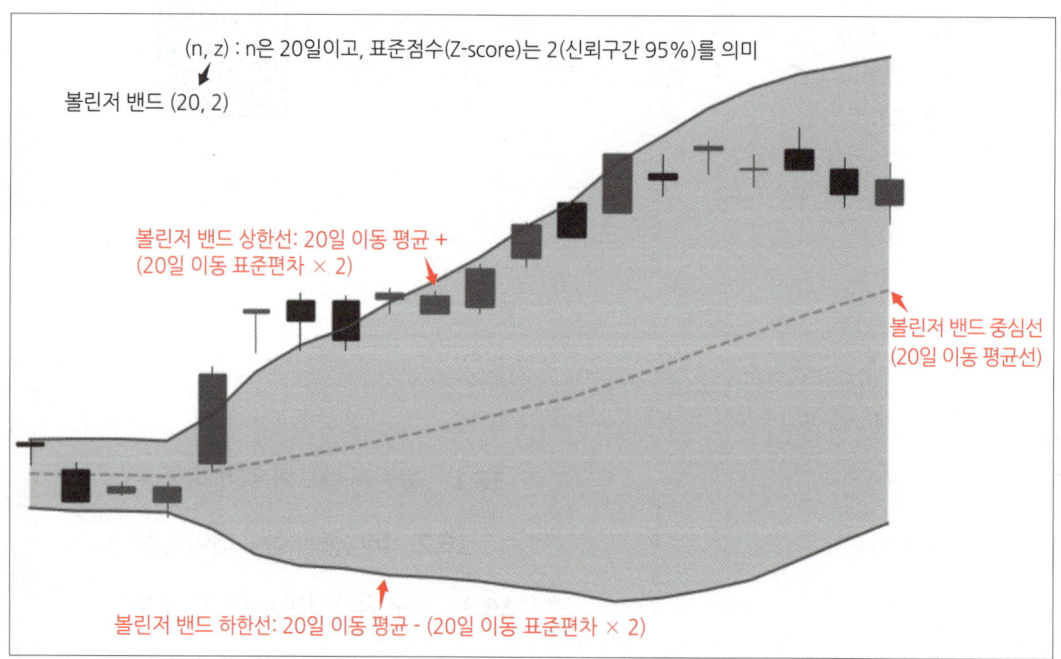

[그림 16-1] 볼린저 밴드

엑셀 파일 26BB.xlsx에는 2020년 1월 2일부터 2024년 4월 11일까지 삼성전자와 카카오의 일자별

---

1 엄밀히 말하면 신뢰구간 95%의 표준점수는 1.96이지만 주로 근사값인 2를 사용한다.

ohlcv 데이터[2]가 담겨 있다. 이 데이터를 활용해 삼성전자와 카카오 각각에 대한 볼린저 밴드의 상한선, 중심선, 하한선의 수치를 새로운 열로 생성하자. 이를 통해 두 기업의 주가 변동성을 분석하고 시장 동향을 파악하는 데 도움이 될 것이다.

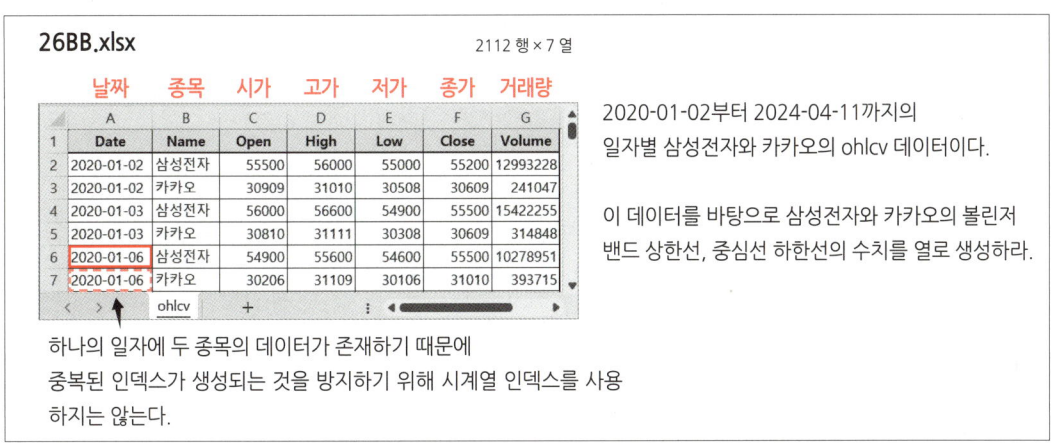

[그림 16-2] 실습 엑셀 파일 26BB.xlsx 소개

먼저 엑셀 파일에서 주가 데이터를 데이터 프레임으로 불러오자.

[코드 16-1] 주가 엑셀 파일에서 데이터 프레임 불러오기

```
import pandas as pd
pd.options.display.max_rows = 6  # 6행까지만 출력
pd.options.display.float_format = '{:.2f}'.format  # 소수점 둘째 자리 출력

url1 = 'https://github.com/panda-kim/book1/blob/main/26BB.xlsx?raw=true'
df = pd.read_excel(url1, parse_dates=['Date'])
df
```

	Date	Name	Open	High	Low	Close	Volume
0	2020-01-02	삼성전자	55500	56000	55000	55200	12993228
1	2020-01-02	카카오	30909	31010	30508	30609	241047
2	2020-01-03	삼성전자	56000	56600	54900	55500	15422255
...	...	...	...	...	...	...	...
2109	2024-04-09	카카오	49100	50100	48850	49250	775713
2110	2024-04-11	삼성전자	83200	84700	82500	84100	16963755
2111	2024-04-11	카카오	48450	48800	47700	48050	1162553

2112 rows × 7 columns

---

2 Ran Aroussi, 앞의 라이브러리

실전 예제에서 데이터 프레임을 불러오면 info 함수를 적용해서 자료형 등의 간단한 정보를 파악하는 것은 항상 습관화되어야 한다. info 함수로 데이터 프레임을 확인하자.

[코드 16-2] info 함수로 데이터 프레임 확인하기

```
df.info()
```

```
<class 'pandas.core.frame.DataFrame'>
RangeIndex: 2112 entries, 0 to 2111
Data columns (total 7 columns):
 #   Column  Non-Null Count  Dtype
---  ------  --------------  -----
 0   Date    2112 non-null   datetime64[ns]
 1   Name    2112 non-null   object
 2   Open    2112 non-null   int64
 3   High    2112 non-null   int64
 4   Low     2112 non-null   int64
 5   Close   2112 non-null   int64
 6   Volume  2112 non-null   int64
dtypes: datetime64[ns](1), int64(5), object(1)
memory usage: 115.6+ KB
```

null이 존재하지 않고 Date 열의 자료형이 datetime인 것을 확인한다.

df에 볼린저 밴드의 중심선, 상한선, 하한선을 새로운 열로 추가하자. 이를 위해 이동 평균 기간 n은 20일로 설정하고, 표준점수는 2로 설정하여 95% 신뢰구간을 가정해 볼린저 밴드를 생성하자. 이동 집계는 rolling 함수로 수행하지만, 여러 종목의 데이터가 포함될 때는 groupby 함수를 함께 사용하여 rolling 함수를 적용해야 한다.[3] 또한 20일 이동 표준편차를 구할 때는 std 함수에 ddof=0을 입력하자.[4]

[코드 16-3] 볼린저 밴드 생성하기

```
# 표본의 크기와 표준점수 지정
n, z = 20, 2 # 20일 이동 평균선 기준, 신뢰도 95%의 표준점수 지정
```

---

[3] groupby와 rolling 함수를 적용하는 것은 [코드 15-12] 참고
[4] 표준편차를 계산할 때 ddof는 자유도(degree of freedom)를 의미한다. 일반적으로 표본집단의 표준편차를 계산할 때 ddof는 1로 설정되어 전체 데이터 수에서 1을 빼고 계산한다. 볼린저 밴드를 구할 때는 주로 ddof=0을 기준으로 생성한다.

```
# 20일 이동 평균(avg)과 20일 이동 표준편차(sd) 구하기
avg = df.groupby('Name').rolling(n)['Close'].mean().droplevel(0)
sd = df.groupby('Name').rolling(n)['Close'].std(ddof=0).droplevel(0)

# 볼린저 밴드의 중심선을 BB_Middle 열로 생성
df['BB_Middle'] = avg

# 볼린저 밴드의 상한선을 BB_Upper 열로 생성
df['BB_Upper'] = avg + (sd * z)

# 볼린저 밴드의 하한선을 BB_Lower 열로 생성
df['BB_Lower'] = avg - (sd * z)

# df 출력
df
```

	Date	Name	Open	High	Low	Close	Volume	BB_Middle	BB_Upper	BB_Lower
0	2020-01-02	삼성전자	55500	56000	55000	55200	12993228	NaN	NaN	NaN
1	2020-01-02	카카오	30909	31010	30508	30609	241047	NaN	NaN	NaN
2	2020-01-03	삼성전자	56000	56600	54900	55500	15422255	NaN	NaN	NaN
...	...	...	...	...	...	...	...	...	...	...
2109	2024-04-09	카카오	49100	50100	48850	49250	775713	52637.50	56759.13	48515.87
2110	2024-04-11	삼성전자	83200	84700	82500	84100	16963755	80075.00	88566.38	71583.62
2111	2024-04-11	카카오	48450	48800	47700	48050	1162553	52310.00	56781.87	47838.13

2112 rows × 10 columns

주가 분석에 볼린저 밴드를 활용하는 것도 유용하지만, 판다스를 사용하여 다양한 이동 집계로 분석 모델을 생성한다는 의미가 더욱 크다. 더욱이 여러 종목의 데이터가 섞여 있을 때도 groupby 함수로 이동 집계를 수행하므로, 다수 종목을 반복해서 분석하는 것보다 훨씬 효율적이다.

16.2 머니볼과 야구 데이터 분석

베넷 밀러 감독의 2011년 개봉작 영화 '머니볼'은 데이터 분석을 스포츠 경영에 적용한 실화를 바탕으로 한다. 주인공 빌리 빈 단장은 기존의 스카우팅 방식에서 탈피해, 저평가된 통계적 지표를 중심으로 선수를 선발하여 팀을 구성해 팀을 큰 성공으로 이끈다. 빌리 빈의 성공은 데이터가 주관적인 판단을 대체하고 객관적인 결과를 도출해 내는 데 어떻게 기여하는지를 보여준다. 데이터 분석은 팀의 예산 한계를 극복하고 경쟁력을 높이는 데 중요한 역할을 하며, 빌리 빈의 혁신적인 접근은 메이저 리그를 통계 중심으로 변화시켜 야구의 역사에 큰 변혁을 가져왔다.

[그림 16-3] 데이터 분석을 스포츠 경영에 접목한 빌리 빈

빌리 빈의 가장 유명하고 혁신적인 행적 중 하나는 전통적으로 중요시되던 타율보다 출루율에 주목한 것이다. 당시 타율은 매우 중요시되는 지표였고, 일반적으로 타율이 높은 타자들의 몸값이 더 높았다. 하지만 빌리 빈은 통계적 분석으로 타율보다는 출루율이 득점 생산성과의 상관관계가 더 높다는 점을 알아냈다. 그래서 빌리 빈은 상대적으로 타율은 낮지만 출루율이 높은 타자들을 저렴한 가격에 확보하여 적은 예산으로 높은 득점 생산성을 달성한다.

엑셀 파일 27moneyball.xlsx에는 2000년부터 2023년까지 메이저 리그 팀의 타격 성적이 수집되어 있다.[5] 이 데이터를 사용하여 경기당 평균 득점과 다른 지표와의 상관관계를 파악하자. 특히 타율보다 출루율이 득점과 더 높은 상관관계를 가지는지 확인해 빌리 빈이 왜 출루율에 주목했는지 함께 알아보자.

---

5   "Major League Leaderboards", FanGraphs, 2024년 1월 24일 접속, https://www.fangraphs.com/leaders/major-league?pos=all&stats=bat&lg=all&qual=0&type=8&month=0&ind=1&team=0%2Cts&rost=&age=&filter=&players=0&startdate=&enddate=&season1=2000&-season=2023&pagenum=1&pageitems=2000000000

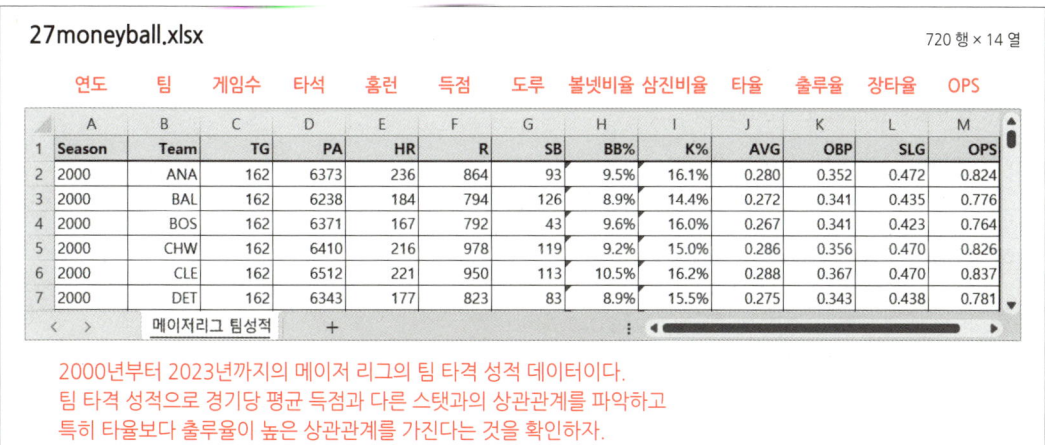

[그림 16-4] 실습 엑셀 파일 27moneyball.xlsx 소개

먼저 엑셀 파일에서 메이저 리그 팀 타격 성적을 데이터 프레임으로 불러오자.

[코드 16-4] 메이저 리그 시즌 팀 성적 파일에서 데이터 프레임 불러오기

```
import pandas as pd
pd.options.display.max_rows = 6 # 6행까지만 출력
pd.options.display.float_format = '{:.3f}'.format # 소수점 셋째 자리 출력
url2 = 'https://github.com/panda-kim/book1/blob/main/27moneyball.xlsx?raw=true'
df1 = pd.read_excel(url2)
df1
```

	Season	Team	TG	PA	HR	R	SB	BB%	K%	AVG	OBP	SLG	OPS
0	2000	ANA	162	6373	236	864	93	9.5%	16.1%	0.280	0.352	0.472	0.824
1	2000	BAL	162	6238	184	794	126	8.9%	14.4%	0.272	0.341	0.435	0.776
2	2000	BOS	162	6371	167	792	43	9.6%	16.0%	0.267	0.341	0.423	0.764
...	...	...	...	...	...	...	...	...	...	...	...	...	...
717	2023	STL	162	6204	209	719	101	9.2%	21.4%	0.250	0.326	0.416	0.742
718	2023	SDP	162	6180	205	752	137	10.6%	21.2%	0.244	0.329	0.413	0.742
719	2023	SFG	162	6095	174	674	57	8.9%	24.5%	0.235	0.312	0.383	0.695

720 rows × 13 columns

실전 예제에서 데이터 프레임을 불러오면 info 함수를 적용해서 자료형 등의 간단한 정보를 파악하는 것은 항상 습관화되어야 한다. info 함수로 데이터 프레임을 확인하자.

[코드 16-5] info 함수로 데이터 프레임 확인하기

```
df1.info()
```

```
<class 'pandas.core.frame.DataFrame'>
RangeIndex: 720 entries, 0 to 719
Data columns (total 13 columns):
 #   Column  Non-Null Count  Dtype
---  ------  --------------  -----
 0   Season  720 non-null    int64
 1   Team    720 non-null    object
 2   TG      720 non-null    int64
 3   PA      720 non-null    int64
 4   HR      720 non-null    int64
 5   R       720 non-null    int64
 6   SB      720 non-null    int64
 7   BB%     720 non-null    object
 8   K%      720 non-null    object
 9   AVG     720 non-null    float64
 10  OBP     720 non-null    float64
 11  SLG     720 non-null    float64
 12  OPS     720 non-null    float64
dtypes: float64(4), int64(6), object(3)
memory usage: 73.2+ KB
```

BB% 열과 K% 열의 자료형이 오브젝트로 반환되었다. '%'의 표기 때문에 수치형이어야 할 전체 데이터가 문자열로 읽혔다. 수치형으로 변환하자.

BB% 열과 K% 열의 '%'를 제거하고 실수형 자료형으로 변환하자. 문자열 함수 str.replace로 '%'를 빈 문자열로 치환한 뒤, 실수형 자료형으로 변환한다. 백분율로 표현된 수치는 100으로 나누어야 실제 값이 되므로 div 함수로 나눗셈도 수행한다.

[코드 16-6] BB% 열과 K% 열을 수치형 데이터로 변환하기

```
df1['BB%'] = df1['BB%'].str.replace('%', '').astype('float').div(100)
df1['K%'] = df1['K%'].str.replace('%', '').astype('float').div(100)
df1
```

	Season	Team	TG	PA	HR	R	SB	BB%	K%	AVG	OBP	SLG	OPS
0	2000	ANA	162	6373	236	864	93	0.095	0.161	0.280	0.352	0.472	0.824
1	2000	BAL	162	6238	184	794	126	0.089	0.144	0.272	0.341	0.435	0.776
2	2000	BOS	162	6371	167	792	43	0.096	0.160	0.267	0.341	0.423	0.764
...	...	...	...	...	...	...	...	...	...	...	...	...	...
717	2023	STL	162	6204	209	719	101	0.092	0.214	0.250	0.326	0.416	0.742
718	2023	SDP	162	6180	205	752	137	0.106	0.212	0.244	0.329	0.413	0.742
719	2023	SFG	162	6095	174	674	57	0.089	0.245	0.235	0.312	0.383	0.695

720 rows × 13 columns

BB% 열과 K% 열의 데이터가 수치형 자료형으로 변환되었다.

[코드 16-6]에서는 문자열 함수가 시리즈에만 적용되므로, 각 열에 개별적으로 문자열 함수를 사용했다. 이는 두 개의 열에만 적용되어 충분히 가능한 방법이다. 하지만 10개 정도의 다수 열을 변환해야 할 때 이 방법은 다소 번거롭다. 그럴 때는 apply 함수를 사용하여 문자열 함수를 적용한다. 이미 df1의 원본이 변경되었으므로, 새롭게 엑셀 파일에서 데이터 프레임을 불러온 후 apply로 문자열 함수를 적용하는 실습을 진행하자.

[코드 16-7] 다수의 열에 문자열 함수를 사용할 때는 apply를 사용한다.

```python
df2 = pd.read_excel(url2)
cols1 = ['BB%', 'K%']
df2[cols1] = (df2[cols1]
              .apply(lambda x: x.str.replace('%', ''))
              .astype('float')
              .div(100)
)
```

다수의 열의 변환을 수행할 때는 [코드 16-6]보다 [코드 16-7]을 사용하자.

야구의 지표에는 크게 타율처럼 타석당 안타수의 비율을 나타내는 비율 지표와 홈런처럼 누적 개수를 따지는 누적 지표가 있다. df1은 비율 지표와 누적 지표가 혼합되어 있다. 경기당 평균 득점과의 상관관계를 구하려면 비율 지표가 더 적절한 대상이다. 따라서 누적 지표를 비율 지표로 변환하자. 타석, 득점, 홈런, 도루는 누적 지표이므로 경기당 비율 지표로 변환한다. 예를 들어 득점을 경기당 득점으로 변환하고, 홈런 수를 경기당 홈런으로 변환하자. TG 열이 경기 수를 나타내므로 브로드 캐스팅으로 손쉽게 연산할 수 있다. 누적 지표를 비율 지표로 변환한 열들은 열 이름의 마지막에 '/G'를 접미어로 추가하자.[6]

---

[6] 15.4.7. rename 함수에 lambda 함수를 적용해 열 이름 변경하기 참고

[코드 16-8] PA, HR, R, SB 열을 경기당 평균 수치로 변경하기

```
# 변경할 열들을 변수 cols로 지정하기
cols = ['PA', 'HR', 'R', 'SB']

# cols 열의 수치를 경기 수(TG)로 나누기
df1[cols] = df1[cols].div(df1['TG'], axis=0)

# cols 열의 이름에 '/G'를 추가하기
df1 = df1.rename(lambda x: x + '/G' if x in cols else x, axis=1)
df1
```

	Season	Team	TG	PA/G	HR/G	R/G	SB/G	BB%	K%	AVG	OBP	SLG	OPS
0	2000	ANA	162	39.340	1.457	5.333	0.574	0.095	0.161	0.280	0.352	0.472	0.824
1	2000	BAL	162	38.506	1.136	4.901	0.778	0.089	0.144	0.272	0.341	0.435	0.776
2	2000	BOS	162	39.327	1.031	4.889	0.265	0.096	0.160	0.267	0.341	0.423	0.764
...	...	...	...	...	...	...	...	...	...	...	...	...	...
717	2023	STL	162	38.296	1.290	4.438	0.623	0.092	0.214	0.250	0.326	0.416	0.742
718	2023	SDP	162	38.148	1.265	4.642	0.846	0.106	0.212	0.244	0.329	0.413	0.742
719	2023	SFG	162	37.623	1.074	4.160	0.352	0.089	0.245	0.235	0.312	0.383	0.695

720 rows × 13 columns

이제 모든 전처리가 끝났으니 corr 함수로 각 열의 상관관계를 구하자.[7] 시즌이나 팀 명과 경기 수는 상관관계를 구할 필요가 없으므로, PA/G 열부터 OPS 열까지 슬라이싱해서 상관관계를 구하자. 생성된 상관관계 데이터 프레임은 df_corr로 지정하자.

[코드 16-9] df1에서 Season, Team, TG를 제외한 열들의 상관관계 구하기

```
df_corr = df1.loc[:, 'PA/G':].corr()
df_corr
```

	PA/G	HR/G	R/G	SB/G	BB%	K%	AVG	OBP	SLG	OPS
PA/G	1.000	0.263	0.719	0.023	0.479	-0.512	0.723	0.833	0.624	0.739
HR/G	0.263	1.000	0.665	-0.166	0.416	0.255	0.122	0.350	0.793	0.676
R/G	0.719	0.665	1.000	0.011	0.520	-0.294	0.696	0.852	0.915	0.946
...	...	...	...	...	...	...	...	...	...	...
OBP	0.833	0.350	0.852	0.045	0.602	-0.545	0.828	1.000	0.758	0.893
SLG	0.624	0.793	0.915	-0.065	0.378	-0.221	0.674	0.758	1.000	0.970
OPS	0.739	0.676	0.946	-0.028	0.484	-0.354	0.772	0.893	0.970	1.000

10 rows × 10 columns

---

7 [표 5-4] 여러 통계 함수와 판다스의 집계 함수들 참고

우리가 궁금한 것은 경기당 평균 득점과 다른 열의 상관관계이므로 R/G 열을 인덱싱하자. 또한 동일한 열의 상관관계는 무조건 1이기에 R/G와 R/G의 상관관계는 의미가 없으니 제외하고, 나머지 결과를 내림차순으로 정렬하자.

[코드 16-10] R/G 열(경기당 평균 득점)과 각 열의 상관관계 확인

```
pd.options.display.max_rows = None # 행 출력 옵션 리셋
s = df_corr['R/G'].drop('R/G').sort_values(ascending=False)
s
```

```
OPS     0.946
SLG     0.915
OBP     0.852
PA/G    0.719
AVG     0.696
HR/G    0.665
BB%     0.520
SB/G    0.011
K%     -0.294
Name: R/G, dtype: float64
```

OPS, SLG(장타율), OBP(출루율) 순으로 경기당 평균 득점과 높은 상관관계를 가진다. 타율의 상관계수는 0.696으로, 상관계수 0.852인 출루율에 비해 현저하게 낮다. 빌리 빈은 이러한 점에 주목했다. 장타율이 높은 타자들은 원래 몸값이 높았고 통계적으로도 그만큼의 효용이 있다. 타율이 높은 타자들 역시 몸값이 높았지만 통계적으로 그만큼의 효용은 없었으며, 출루율이 높으면서 타율이 낮은 타자들은 상대적으로 몸값이 낮지만 효용이 좋은 매물이었다. 빌리 빈은 이런 타자들을 적극적으로 영입하여 적은 예산으로 높은 득점 생산성을 달성하였다.

2차 지표인 OPS도 주목할 만하다. OPS는 출루율과 장타율을 그저 합산한 2차 가공 지표이다. 단순 합산만으로도 상관계수가 0.946에 이르는 매우 높은 득점 상관관계를 가진다. 현대 야구에서는 OPS가 계산도 쉽고 득점 상관관계도 높아 타자의 능력을 쉽게 파악하는 수치로 쓰인다.

각 지표와 경기당 평균 득점과의 상관계수를 시각화하자. seaborn 라이브러리를 활용해 Reds 팔레트에서 9개의 색상을 추출해[8] 수평 막대그래프를 생성하자. 단, 수평 막대그래프는 역순으로 생성되므로, 시리즈 s를 역순으로 배열해 그래프를 그린다.

---

[8] seaborn 라이브러리로 색상 팔레트에서 개별 색상을 추출할 수 있다. [코드 15-32] 참고

[코드 16-11] R/G 열(경기당 평균 득점)과 상관관계 그래프로 확인하기

```
# Reds 팔레트에서 색상 9개 추출하기
import seaborn as sns
c = sns.color_palette('Reds', 9)

# seaborn 라이브러리의 테마 설정
sns.set_theme(style='white')

# s의 역순으로 수평 막대그래프 그리기
s[::-1].plot(kind='barh', color=c, figsize=(6, 4), width=.8)

# 축 테두리 제거
sns.despine(bottom=True, left=True)
```

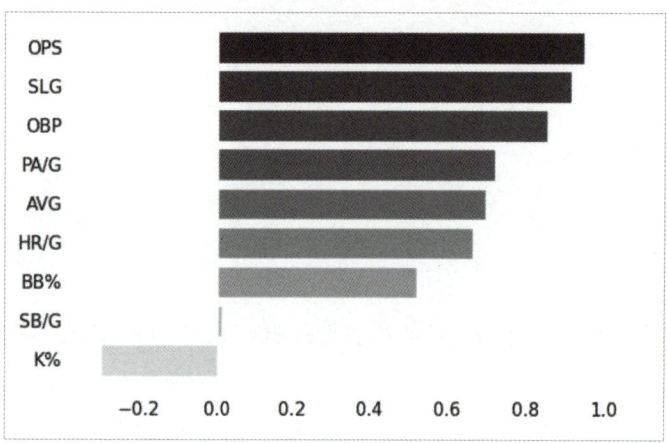

[그림 16-5] 경기당 평균 득점과 각 지표의 상관계수 시각화

경기당 평균 득점 외에도 분석할 만한 가치가 있다. 그렇기에 df_corr 전체를 히트맵 그래프로 표현하자. 히트맵 그래프는 데이터의 크기나 빈도 등을 색상의 강도 차이로 표현하여, 복잡한 정보를 시각적이고도 직관적으로 이해하게 하는 시각화 도구이다. 안타깝게도 판다스의 plot 함수는 히트맵 그래프를 그릴 수 없기에 seaborn 라이브러리의 도움을 받아야 한다. seaborn 라이브러리를 사용해 heatmap 함수로 쉽게 히트맵 그래프를 그리자.[9]

[코드 16-12] df_corr의 상관관계 히트맵 그래프로 표현하기

```
# seaborn의 테마와 그래프 크기 지정
```

---

[9] annot=True은 수치로 히트맵에 표현하는 코드이며, fmt='.2f'는 수치를 소수점 둘째 자리까지 표현하는 코드이다. 히트맵은 양의 상관관계와 음의 상관관계가 모두 중요하므로 cmap='coolwarm'의 코드로 색상 팔레트로 coolwarm을 지정했다.

```
sns.set_theme(style='white', rc={'figure.figsize': (10, 8)})

# df_corr으로 히트맵 그래프 그리기
sns.heatmap(df_corr, annot=True, cmap='coolwarm', fmt='.2f')
```

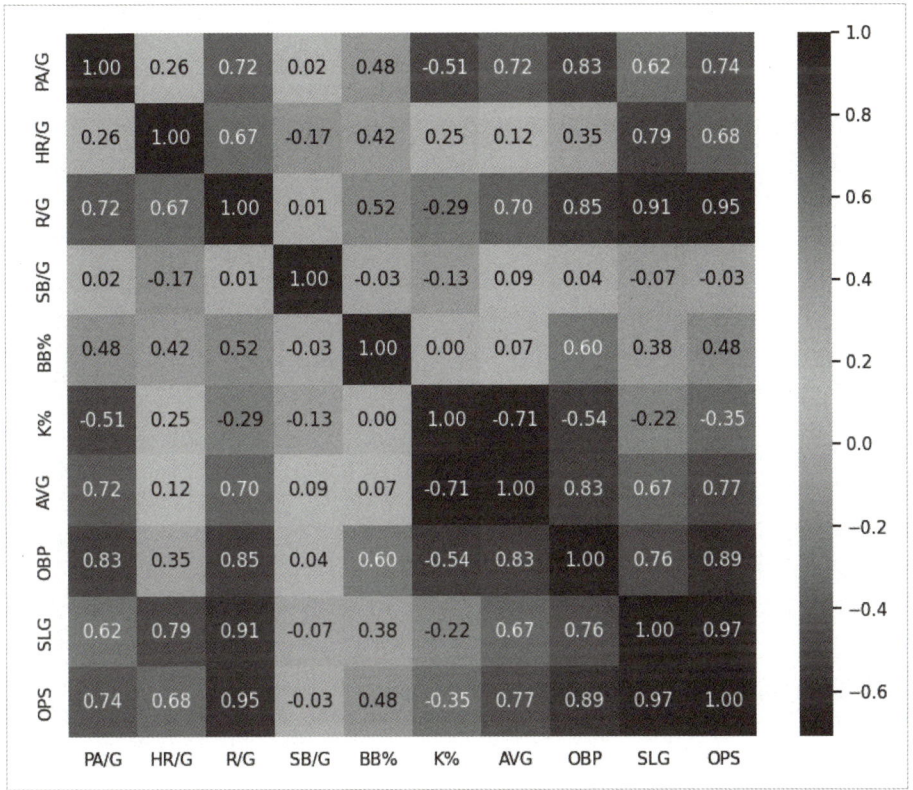

[그림 16-6] 야구 팀 공격 지표들의 상관계수 히트맵 시각화

상관계수를 분석하면 몇 가지 주목할 만한 점이 있다. 삼진율(K%)은 대부분의 공격 지표와 음의 상관관계를 보이며 특히 타율(-0.709)과는 강한 음의 상관관계이지만, 유일하게 홈런과는 양의 상관관계를 보인다. 이는 홈런 타자들이 많은 삼진을 당한다는 속설과 상통한다. 도루(SB/G)는 대부분의 지표와 낮은 상관관계를 보이며, 특히 득점(0.01)과의 상관관계도 낮아, 현대 야구에서 도루의 가치를 점차 낮게 평가하는 이유를 설명한다. 공격 지표는 앞서 설명한 OPS가 가장 높게 평가받는데 대부분의 주요 지표와 높은 상관관계를 보인다.

16.3 축구 국가대표 A매치 결과 분석

앞서 우리는 영화 '머니볼'과 빌리 빈의 실화를 바탕으로 간단한 스포츠 데이터 분석을 실습했다. 이는 상관관계를 기반으로 한 유용한 분석이었지만, 사용된 데이터는 대규모 원시 데이터가 아니므로 대규모 데이터의 분석에 대한 목마름을 느낀다. 다른 모든 분야도 그러하지만, 스포츠 분야는 대규모 원시 데이터를 다루는 것이 특히 중요하다.

[그림 16-7] 축구 국가대표 경기

현재 세계적으로 가장 인기 있는 스포츠는 축구이며, 국가대표 경기는 특히 주목도가 높다. 엑셀 파일 28fifa.xlsx에는 1994년부터 2021년까지 모든 축구 국가대표 경기 결과가 수집되어 있다.[10] 이 데이터를 활용해 다양한 방법으로 경기 결과를 집계하고, 대규모 원시 데이터를 다루는 실습을 수행하자. 단 주의할 점은 이 데이터는 하나의 경기를 홈 팀 입장과 어웨이 팀 입장에서 2행으로 작성된 데이터이다.

---

10 Mohamed Fadl, "International Football Results", Kaggle, 2023년 5월 9일 접속, https://www.kaggle.com/datasets/eng0mohamed0nabil/international-football-results

![28fifa.xlsx 파일 이미지 — 46358 행 × 10 열. 컬럼: date, team, continent, H/A, oppenent, op_continent, scored_goal, conceded_goal, tournament, result. 예시 데이터 행이 7개까지 보이고 '축구A매치' 시트 탭이 있으며, 6행과 7행은 빨간 박스로 강조되어 있고 "하나의 경기가 각각 홈 팀과 어웨이 팀의 입장에서 2행으로 작성되어 있다."라는 설명이 붙어있다.]

[그림 16-8] 실습 엑셀 파일 28fifa.xlsx 소개

- **date**: 경기 날짜
- **team**: 경기를 치른 국가
- **continent**: 해당 국가의 소속 대륙
- **H/A**: Home or Away
- **oppenent**: 상대 팀
- **op_continent**: 상대 팀의 소속 대륙
- **scored_goal**: 득점
- **conceded_goal**: 실점
- **tournament**: 경기 구분(Friendly: 친선 경기, WC: 월드컵, Others: 그 외)
- **result**: 경기 결과(Win: 승리, Draw: 무승부, Lose: 패배)

먼저 엑셀 파일에서 축구 국가대표 A매치 결과 데이터를 데이터 프레임으로 불러오자. Date 열은 datetime 자료형으로 지정해 불러온다.

[코드 16-13] 축구 국가대표 A매치 전적 파일에서 데이터 프레임 불러오기

```python
import numpy as np
import pandas as pd
pd.options.display.max_rows = 6   # 6행까지만 출력
pd.options.display.float_format = '{:.2f}'.format   # 소수점 둘째 자리 출력
url3 = 'https://github.com/panda-kim/book1/blob/main/28fifa.xlsx?raw=true'
df_fifa = pd.read_excel(url3, parse_dates=['date'])
df_fifa
```

	date	team	continent	H/A	oppenent	op_continent	scored_goal	conceded_goal	tournament	result
0	1994-01-02	Barbados	North America	Home	Grenada	North America	0	0	Frendly	Draw
1	1994-01-02	Grenada	North America	Away	Barbados	North America	0	0	Frendly	Draw
2	1994-01-02	Egypt	Africa	Home	Ghana	Africa	1	2	Frendly	Lose
...	...	...	...	...	...	...	...	...	...	...
46355	2021-12-30	Ethiopia	Africa	Away	Sudan	Africa	3	2	Frendly	Win
46356	2021-12-31	Comoros	Africa	Home	Malawi	Africa	1	2	Frendly	Lose
46357	2021-12-31	Malawi	Africa	Away	Comoros	Africa	2	1	Frendly	Win

46358 rows × 10 columns

실전 예제에서 데이터 프레임을 불러오면 info 함수를 적용해서 자료형 등의 간단한 정보를 파악하는 것은 항상 습관화되어야 한다. info 함수로 데이터 프레임을 확인하자.

[코드 16-14] info 함수로 데이터 프레임 확인하기

```
df_fifa.info()
```

```
<class 'pandas.core.frame.DataFrame'>
RangeIndex: 46358 entries, 0 to 46357
Data columns (total 10 columns):
 #   Column         Non-Null Count  Dtype
---  ------         --------------  -----
 0   date           46358 non-null  datetime64[ns]
 1   team           46358 non-null  object
 2   continent      46358 non-null  object
 3   H/A            46358 non-null  object
 4   oppenent       46358 non-null  object
 5   op_continent   46358 non-null  object
 6   scored_goal    46358 non-null  int64
 7   conceded_goal  46358 non-null  int64
 8   tournament     46358 non-null  object
 9   result         46358 non-null  object
dtypes: datetime64[ns](1), int64(2), object(7)
memory usage: 3.5+ MB
```

date 열이 datetime 자료형임과 결측값이 존재하지 않음을 확인할 수 있다.

df_fifa 데이터는 한 경기를 홈 팀과 어웨이 팀의 기준으로 두 개의 행으로 나누어 보유한다. 따라서

team 열을 기준으로 집계하면 모든 팀의 경기 수가 파악된다. 하나의 열로 집계할 때 value_counts 함수를 사용해 보자. 이를 통해 경기 수가 가장 많은 상위 5개 국가를 집계해 보자. value_counts 함수는 결과를 정렬해서 반환하므로 인덱싱만으로 상위 5개 국가의 데이터만 추려낸다.

[코드 16-15] 경기 수가 많은 나라 top 5 구하기

```
df_fifa['team'].value_counts()[:5]
```

```
team
Mexico          496
Saudi Arabia    455
USA             445
Korea           419
Brazil          419
Name: count, dtype: int64
```

결과를 판다스의 plot 함수로 수평 막대그래프를 그려 시각화하자.

[코드 16-16] 경기 수가 많은 나라 top 5 시각화(plot 함수)

```
# seaborn의 테마와 그래프 크기 지정
import seaborn as sns
sns.set_theme(style='white', rc={'figure.figsize': (6, 4)})

# 경기 수가 많은 나라 top5 시각화
df_fifa['team'].value_counts()[:5].plot(kind='barh')
```

plot 함수는 간결한 코드로 시각화를 수행하나 맞춤형 그래프를 생성하기 힘든 한계도 뚜렷하다. 그래서 seaborn과 matplotlib 라이브러리의 함수들을 활용해 사용자 정의 함수를 생성해 시각화를 구현하자.

수평 막대그래프로 시각화하는 사용자 정의 함수 plot_soccer를 생성하는 코드는 다음과 같다. 그래프에 수치를 표현했으며, 1위 팀의 색상을 구분해 plot 함수의 결과물보다는 가독성이 높은 그래프를 생성한다. 다만 코드가 길어 배포된 ipynb 파일에서 복사해서 사용하자.

[코드 16-17] 수평 막대그래프를 생성하는 사용자 정의 함수 plot_soccer 생성

```
import pandas as pd
import numpy as np
import seaborn as sns

# seaborn 라이브러리의 배경 테마를 white로 설정
```

```python
sns.set_theme(style='white')

def plot_soccer(s, title='', f=0, unit='', figsize=(6, 3)):
    """
    수평 막대그래프를 생성하는 사용자 정의 함수

    매개변수(parameter)와 인수(argument):
        s(pandas.Series): 그래프를 그릴 대상인 데이터.
        title(str, optional): 그래프 제목. 기본값은 ''.
        unit(str, optional): 단위 표시. 기본값은 ''.
        f(int, optional): 소수점 자릿수 지정. 기본값은 0.
        figsize(tuple, optional): 그래프 크기 설정. 기본값은 (6, 3).
    """

    # 최대인 국가는 네이비(navy)로 표기, 그 외 회색(darkgrey)으로 표기
    cond1 = s.eq(s.max())
    color = np.where(cond1, 'navy', 'darkgrey')

    # 그래프 생성
    ax = s.plot(kind='barh', color=color, figsize=figsize, width=.8, ylabel='')

    # 제목 설정(글자 크기 15, 볼드체, 왼쪽 정렬)
    ax.set_title(title, fontsize=15, fontweight='bold', loc='left')

    # y축 순서 뒤집기
    ax.invert_yaxis()

    # bar_label 추가(국가명)
    bar_label = ax.bar_label(
        ax.containers[0], labels=s.index, padding=-5, color='white',
        fontsize=12, fontweight='bold'
    )

    # 국가명을 오른쪽 정렬
    for label in bar_label:
        label.set_ha('right')

    # bar_label 추가(수치)
    ax.bar_label(ax.containers[0], padding=10, color='black',
                 fontsize=10, fmt='{:.' + str(f) + 'f} ' + unit)
```

```
# x축과 y축 눈금 제거
ax.set_xticks([])
ax.set_yticks([])

# 축 테두리 제거
sns.despine(bottom=True, left=True)
return ax
```

plot_soccer 함수는 매개변수 s에 그래프를 그릴 대상인 시리즈를 입력하면 수치가 표현된 수평 막대그래프가 생성된다. 매개변수 title에 제목을 지정하고, 매개변수 unit과 f로 표현되는 수치의 형식을 지정한다. 매개변수 figsize로 그래프의 크기도 지정한다.

사용자 정의 함수 plot_soccer로 가장 많은 경기를 치른 나라를 시각화하자. 경기 수를 가장 많이 치른 5개국의 결과를 s로 지정한 뒤 plot_soccer 함수를 적용하자.

[코드 16-18] 경기 수가 많은 나라 top 5 시각화(사용자 정의 함수 plot_soccer)

```
s = df_fifa['team'].value_counts()[:5]
plot_soccer(s, title='Most matches played Ranking', unit='games')
```

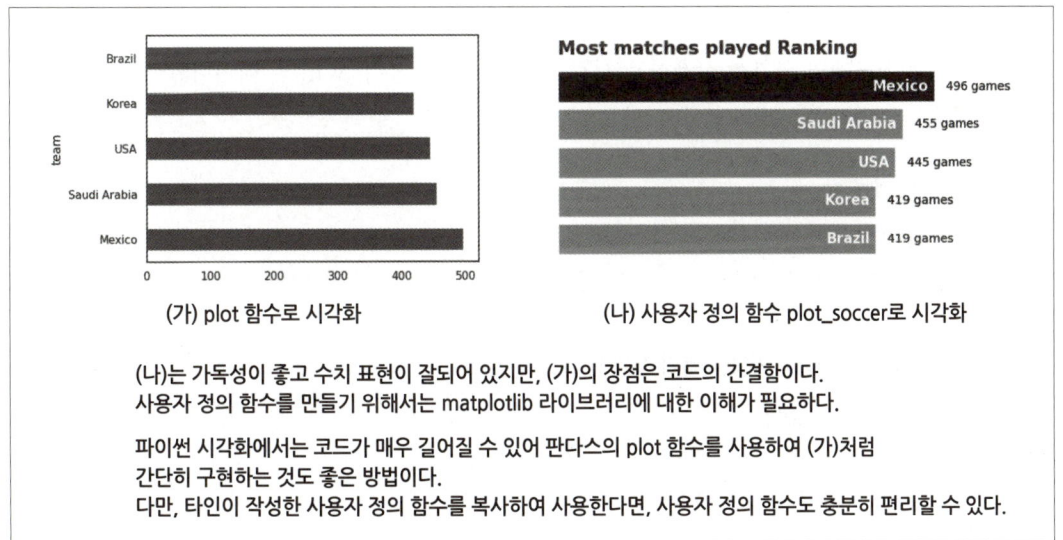

[그림 16-9] plot 함수의 시각화와 사용자 정의 함수 plot_soccer의 시각화 비교

멕시코가 가장 많은 496전을 치렀으며, 한국도 많은 A매치를 치른 국가이다.

[그림 16-9]의 (나)는 가독성이 좋고 수치 표현이 잘되어 있지만, (가)의 장점은 코드의 간결함이다. plot_soccer처럼 사용자 정의 함수를 만들려면 seaborn과 matplotlib 라이브러리에 대한 이해가

필요하며 파이썬 시각화는 코드가 매우 길어진다. 따라서 판다스의 plot 함수를 사용하여 (가)처럼 간단히 구현하는 것도 좋은 방법이다. 다만, 타인이 작성한 사용자 정의 함수를 복사하여 사용한다면, 사용자 정의 함수도 충분히 편리하다. 그렇기에 여러분은 [코드 16-17]을 복사해서 사용하는 정도로 활용하자.

plot_soccer는 판다스 함수가 아니기에 통상적인 방법으로는 메서드로 활용할 수 없다. 그래서 [코드 16-18]에서 결과를 s로 지정한 뒤 함수를 적용한 것이다. 다만 pipe 함수[11]를 사용하면 연속적인 메서드가 구현된다. 상위 5개국의 결과를 변수 s로 지정하지 말고 pipe 함수로 연속 메서드를 사용해 시각화하자.

[코드 16-19] 연속 메서드로 plot_soccer 함수 적용하기(pipe 함수)

```
(df_fifa['team']
 .value_counts()[:5]
 .pipe(plot_soccer, title='Most matches played Ranking', unit='games')
)
```

결과는 [코드 16-18]과 마찬가지로 [그림 16-9]의 (나)와 같다. 연속 메서드는 판다스의 장점이므로, 향후 pipe 함수로 plot_soccer를 적용해 시각화하겠다. 사용자 정의 함수를 사용하고 싶지 않은 독자들은 [코드 16-17]처럼 plot 함수로 시각화를 해도 괜찮다.

가장 승리가 많은 5개의 국가를 집계하고 시각화하자. result 열이 'Win'인 데이터만 필터링한 후에 집계하면 다승 순위가 집계된다.

[코드 16-20] 다승 랭킹 top 5

```
cond1 = df_fifa['result'] == 'Win'
df_fifa.loc[cond1, 'team'].value_counts()[:5]
```

[코드 16-21] 다승 랭킹 top 5 시각화(사용자 정의 함수 plot_soccer)

```
(df_fifa.loc[cond1, 'team']
 .value_counts()[:5]
 .pipe(plot_soccer, title='Top Wins Ranking', unit='wins')
)
```

---

11 14.1.9. 연속적인 메서드 사용하기(pipe) 참고

```
team
Brazil     282
Mexico     256
Spain      233
Germany    232
USA        230
Name: count, dtype: int64
```

축구 명문 브라질이 282승을 거두었으며, 그 뒤로 멕시코, 스페인, 독일 등의 전통적인 강팀들이 뒤따른다.

다승은 강팀을 나타내는 지표이지만 승률 역시 중요하다. 그러나 승률 계산에서 무승부 처리가 핵심인데 축구는 무승부를 어떻게 처리할지 결정하기가 매우 어렵다. 축구에서는 승리에 3점, 무승부에 1점을 부여하므로 무승부 두 번은 승리 한 번과 패배 한 번의 가치와 동일하지 않다. 따라서 무승부 처리 원칙이 필요한 승률 계산보다는 경기당 평균 승점을 집계하는 것이 낫다.

result 열이 'Win'이면 3점, 'Draw'면 1점, 'Lose'면 0점을 부여하는 wp 열을 생성하자. 이런 작업을 조건문을 생성해 불리언 마스킹으로 시도하려는 입문자들이 많은데, 매핑을 사용하는 것이 훨씬 간편하다.[12]

[코드 16-22] 승리는 3점, 무승부는 1점, 패배는 0점을 부여하는 wp 열을 생성

```
m = {'Win':3, 'Draw':1, 'Lose':0}
df_fifa['wp'] = df_fifa['result'].map(m)
df_fifa
```

	date	team	continent	H/A	oppenent	op_continent	scored_goal	conceded_goal	tournament	result	wp
0	1994-01-02	Barbados	North America	Home	Grenada	North America	0	0	Frendly	Draw	1
1	1994-01-02	Grenada	North America	Away	Barbados	North America	0	0	Frendly	Draw	1
2	1994-01-02	Egypt	Africa	Home	Ghana	Africa	1	2	Frendly	Lose	0
...	...	...	...	...	...	...	...	...	...	...	...
46355	2021-12-30	Ethiopia	Africa	Away	Sudan	Africa	3	2	Frendly	Win	3
46356	2021-12-31	Comoros	Africa	Home	Malawi	Africa	1	2	Frendly	Lose	0
46357	2021-12-31	Malawi	Africa	Away	Comoros	Africa	2	1	Frendly	Win	3

46358 rows × 11 columns

wp 열을 토대로 국가별로 경기당 평균 승점을 집계해 상위 5개국을 추려내고 시각화하자. groupby 함수로 wp 열을 집계하면 결과를 얻는다. 상위 5개국을 추려내고자 정렬 후 인덱싱을 수행하자. 정

---

12 [그림 8-18] 불리언 마스킹과 수치형 데이터의 범주화 정리 참고

렬과 인덱싱 대신에 nlargest 함수를 사용해도 좋다.

[코드 16-23] 경기당 평균 승점 랭킹 top 5

```
df_fifa.groupby('team')['wp'].mean().sort_values(ascending=False)[:5]
```

[코드 16-24] 경기당 평균 승점 랭킹 top 5 시각화(사용자 정의 함수 plot_soccer)

```
(df_fifa
 .groupby('team')['wp'].mean()
 .sort_values(ascending=False)[:5]
 .pipe(plot_soccer, title='Average Win Point per game', f=2, unit=' points')
)
```

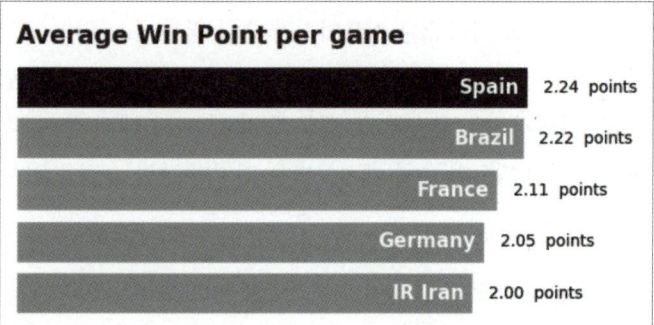

스페인이 경기당 평균 2.24점의 승점으로 가장 높은 승점을 획득하였다. 그 뒤를 브라질, 프랑스, 독일 등의 전통의 강팀들이 뒤따르고 의외로 이란도 높은 경기당 승점을 기록했다.

축구의 꽃은 골이므로 다득점 순위도 집계하고 시각화를 수행하자. scored_goal 열이 득점과 관련된 열이므로, groupby 함수로 그룹을 나누어 scored_goal 열을 합산하자. 이번에는 정렬과 인덱싱으로 상위 국가를 추려내지 말고, nlargest 함수를 사용하자.

[코드 16-25] 다득점 랭킹 top 5

```
df_fifa.groupby('team')['scored_goal'].sum().nlargest(5)
```

[코드 16-26] 다득점 랭킹 top 5 시각화(사용자 정의 함수 plot_soccer)

```
(df_fifa
 .groupby('team')['scored_goal'].sum().nlargest(5)
 .pipe(plot_soccer, title='Most Scored Goals Ranking', unit='goals')
)
```

```
team
Brazil     917
Germany    852
Mexico     834
Spain      757
Japan      753
Name: scored_goal
```

경기당 평균 득점 상위 5개국도 집계하자. groupby 함수로 그룹을 나누어 scored_goal 열의 평균을 구하자.

[코드 16-27] 평균 득점 랭킹 top 5

```
df_fifa.groupby('team')['scored_goal'].mean().nlargest(5)
```

```
team
New Caledonia   2.27
Germany         2.25
Spain           2.20
Brazil          2.19
Australia       2.08
Name: scored_goal, dtype: float64
```

의외의 국가인 New Calegona가 최고 평균 득점을 기록했다. 평균 득점은 비율 지표이므로 소규모 표본으로 인해 발생한 결과일 가능성이 높다.

총전적이 100경기 이상인 국가에 한해 평균 득점을 구하고 시각화하자. groupby 함수와 transform 함수를 조합해 경기 수가 100경기 이상인 국가만 필터링한 후에 집계를 수행한다.

[코드 16-28] 100경기 이상 국가의 평균 득점 랭킹 top 5

```
cond2 = df_fifa.groupby('team')['scored_goal'].transform('count').ge(100)
df_fifa[cond2].groupby('team')['scored_goal'].mean().nlargest(5)
```

[코드 16-29] 100경기 이상 국가의 평균 득점 랭킹 top 5 시각화

```
(df_fifa[cond2]
 .groupby('team')['scored_goal'].mean()
 .nlargest(5)
 .pipe(plot_soccer, title='Average Goals Ranking', f=2, unit='goals')
```

```
)
```

```
team
Germany      2.25
Spain        2.20
Brazil       2.19
Australia    2.08
Netherlands  2.03
Name: scored_goal
```

Average Goals Ranking

- Germany 2.25 goals
- Spain 2.20 goals
- Brazil 2.19 goals
- Australia 2.08 goals
- Netherlands 2.03 goals

독일이 평균 2.25골로 가장 높은 득점력을 자랑했으며 그 뒤를 스페인, 브라질, 호주, 네덜란드 등이 뒤따른다.

전체 게임의 스코어의 빈도수를 파악해 보자. df_fifa는 한 경기당 두 개의 행을 가져 하나의 행만 추출해 스코어를 정리하자. df_fifa.loc[::2]의 코드를 사용하면 홀수 번째의 행만 추출된다.[13] 또한 득점과 실점만 필요하기에 loc 인덱서에서 scored_goal 열과 conceded_goal 열을 인덱싱하자. 결과는 변수 tmp1으로 지정한다.

빈도수를 집계할 때 1:0과 0:1은 같은 스코어로 분류되어야 하기에 np.sort 함수로 행을 정렬한다.[14] np.sort 함수는 결과를 넘파이 어레이로 반환해 다시 데이터 프레임으로 생성해야 한다. 새롭게 생성한 데이터 프레임은 문자열로 자료형을 변환한 뒤 변수 tmp로 지정한다.

[코드 16-30] 경기당 하나의 행에서만 득점과 실점을 추출해, 행마다 개별 정렬

```
tmp = df_fifa.loc[::2, ['scored_goal', 'conceded_goal']]
tmp = pd.DataFrame(np.sort(tmp)).astype('str')
tmp
```

	0	1
0	0	0
1	1	2
2	1	1
...	...	...
23176	0	0
23177	2	3
23178	1	2

23179 rows × 2 columns

---

13 15.4.11. 시리즈나 데이터 프레임을 역순으로 변환하기 참고
14 14.2.3. 각 행이나 각 열의 개별적 정렬(np.sort) 참고

tmp를 문자열로 변환해 1 열과 0 열을 콜론으로 구분해 더하면 문자열이 연결된 시리즈가 생성된다. 생성된 시리즈의 빈도수를 value_counts 함수로 파악하되, 비율로 반환하고자 normalize=True를 입력해 스코어의 비율을 집계하자.

[코드 16-31] 모든 스코어의 비율 집계

```
score = tmp[1].add(':').add(tmp[0]).value_counts(normalize=True)
score
```

```
1:0     0.19
2:0     0.13
2:1     0.13
         ...
21:0    0.00
15:1    0.00
6:4     0.00
Name: proportion, Length: 56, dtype: float64
```

비율을 파악한 결과는 변수 score로 지정했다. score는 56행의 데이터를 가지므로 score의 인덱스를 확인해 모든 국가대표 경기 스코어의 유일 값을 확인하자.

[코드 16-32] 모든 스코어의 유일 값 확인

```
score.index
```

```
Index(['1:0', '2:0', '2:1', '1:1', '0:0', '3:0', '3:1', '4:0', '2:2', '3:2',
       '4:1', '5:0', '4:2', '6:0', '5:1', '7:0', '3:3', '6:1', '4:3', '5:2',
       '8:0', '7:1', '9:0', '8:1', '6:2', '5:3', '10:0', '11:0', '9:1', '7:2',
       '4:4', '8:2', '12:0', '9:2', '5:4', '13:0', '14:0', '10:1', '15:0',
       '17:0', '16:0', '6:3', '12:1', '7:3', '19:0', '11:1', '14:1', '8:3',
       '22:0', '5:5', '31:0', '10:2', '13:1', '21:0', '15:1', '6:4'],
      dtype='object')
```

변수 score는 value_counts 함수를 사용한 결과로, 이미 빈도수로 정렬된 상태이다. 유일 값을 살펴보면 '31:0'이 눈에 띄며, '7:0'의 빈도수가 '3:3'보다 많은 것이 다소 의외의 결과이다.

가장 빈도수가 높은 6개의 스코어를 사용자 정의 함수 plot_soccer로 시각화하자. 비율은 백분율로 나타내는 것이 더 적절하므로 100을 곱한 결과를 시각화하자.

[코드 16-33] 가장 빈도수가 높은 6개의 스코어 시각화

```
plot_soccer(score[:6].mul(100), f=2, unit='%', title='Most Frequent Scores')
```

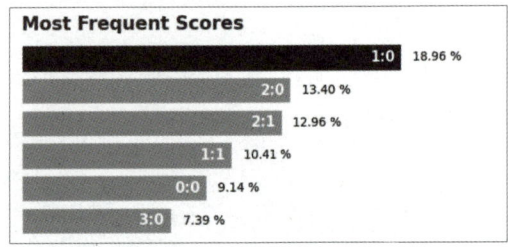

1:0 경기가 가장 많은 18.96%를 차지했으며, 2:0, 2:1, 1:1, 0:0 순으로 그 뒤를 따른다. 빈도수가 높은 대부분의 경기는 양 팀 합쳐 3점 이하의 득점을 기록했다.

df_fifa는 모든 국가의 A매치 전적을 수집한 데이터이다. 한국의 전적만 필터링해 변수 df_kr로 지정하자. 또한 이제까지는 date 열에 중복된 날짜가 많아서 시계열 인덱스를 사용하지 않았다. 한국의 데이터만 추려내면 중복된 날짜가 없으므로 시계열 인덱스를 설정하자.

[코드 16-34] 한국의 데이터만 필터링해 date 열을 인덱스로 설정하고 df_kr로 지정

```
df_kr = df_fifa[df_fifa['team'] == 'Korea'].set_index('date')
df_kr
```

date	team	continent	H/A	oppenent	op_continent	scored_goal	conceded_goal	tournament	result	wp
1994-02-16	Korea	Asia	Home	Romania	Europe	1	2	Frendly	Lose	0
1994-02-26	Korea	Asia	Away	Colombia	South America	2	2	Frendly	Draw	1
1994-03-05	Korea	Asia	Away	USA	North America	0	1	Frendly	Lose	0
...	...	...	...	...	...	...	...	...	...	...
2021-10-12	Korea	Asia	Home	IR Iran	Asia	1	1	Others	Draw	1
2021-11-11	Korea	Asia	Home	United Arab Emirates	Asia	1	0	Others	Win	3
2021-11-16	Korea	Asia	Away	Iraq	Asia	3	0	Others	Win	3

419 rows × 10 columns

시계열 인덱스를 사용하면 여러 가지 장점이 있다. 월드컵 4강을 이룩했던 2002년도의 전적만 필터링하자. 시계열 인덱스는 매우 손쉽게 필터링을 수행한다.

[코드 16-35] df_kr에서 2002년도의 데이터만 필터링

```
df_kr.loc['2002']
```

	team	continent	H/A	oppenent	op_continent	scored_goal	conceded_goal	tournament	result	wp
date										
2002-01-19	Korea	Asia	Home	USA	North America	1	2	Others	Lose	0
2002-01-23	Korea	Asia	Away	Cuba	North America	0	0	Others	Draw	1
2002-01-27	Korea	Asia	Home	Mexico	North America	0	0	Others	Draw	1
...	...	...	...	...	...	...	...	...	...	...
2002-06-29	Korea	Asia	Away	Turkey	Europe	2	3	WC	Lose	0
2002-09-07	Korea	Asia	Away	Korea DPR	Asia	0	0	Frendly	Draw	1
2002-11-20	Korea	Asia	Away	Brazil	South America	2	3	Frendly	Lose	0

23 rows × 10 columns

한국은 아시아에서는 호랑이지만 피파 랭킹은 20~50위권에 해당한다. 한국의 전적을 상대 대륙별로 집계해 평균 득점, 평균 실점, 평균 승점을 구하자.

[코드 16-36] 한국의 상대 대륙별 평균 득점, 평균 실점, 평균 승점 구하기

```
(df_kr
 .groupby('op_continent')[['scored_goal', 'conceded_goal', 'wp']].mean()
)
```

op_continent	scored_goal	conceded_goal	wp
Africa	1.38	1.25	1.57
Asia	1.88	0.69	2.01
Europe	1.21	1.40	1.32
North America	1.34	1.09	1.49
Oceania	1.24	0.76	1.82
South America	0.94	1.11	1.19

역시 아시아 상대로는 높은 승점과 득점, 낮은 실점을 기록했지만, 유럽을 상대로는 득점보다는 실점이 높았으며 특히 남미를 상대로 매우 고전했다.

한국의 연도별 평균 승점을 구하자. 시계열 데이터는 resample 함수를 활용하면 쉽게 집계된다.

[코드 16-37] 한국의 연도별 평균 승점

```
df_kr.resample('Y')['wp'].mean()
```

date

```
1994-12-31    1.29
1995-12-31    1.44
1996-12-31    1.60
                ...
2019-12-31    2.22
2020-12-31    1.50
2021-12-31    2.30
Freq: A-DEC, Name: wp, Length: 28, dtype: float64
```

한국의 연도별 평균 승점을 시각화하자. 아래 코드에서 lw=2는 선 두께를 지정, marker='o'는 원형 마커를 지정, grid=True는 눈금을 표시, xlim=('1993', '2022')는 x축의 범위를 지정하는 코드이다.

[코드 16-38] 한국의 연도별 평균 승점 시각화

```
(df_kr
 .resample('Y')['wp'].mean()
 .plot(lw=2, marker='o', grid=True, xlim=('1993', '2022'), xlabel='Year')
)

# 축 테두리 제거
sns.despine(bottom=True, left=True)
```

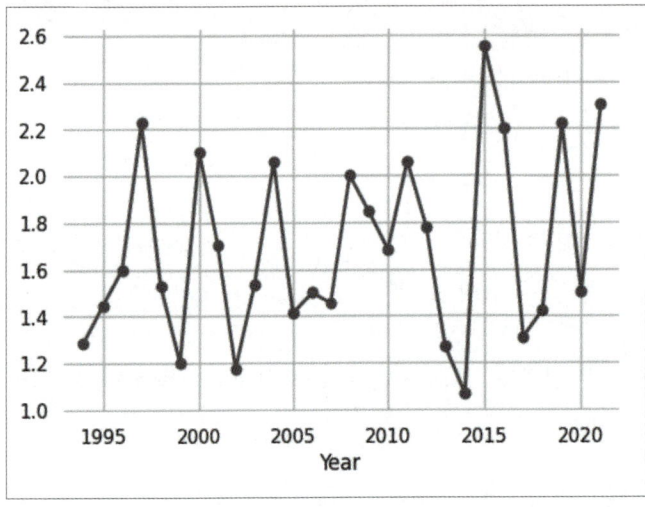

의외로 월드컵 4강에 빛나는 2002년의 평균 승점이 낮다. 2002년에 한국이 세계를 상대로 선전하고 월드컵도 무려 4강에 올랐지만 많은 세계적인 팀과 경기를 치렀다. 아시안컵이 열리는 해에 준우승하는 것이 월드컵보다 더 나은 성과는 아니지만 더 높은 경기당 승점을 기록할 것이다.

판다스를 활용하여 축구 국가대표 A매치 데이터에 대한 다양한 집계를 수행했다. 이제 여러분도 원시 데이터를 분석하여 집계하는 데 자신감을 가질 것이다.

16.4 프랜차이즈의 거리 분석

프랜차이즈와 관련한 여러 재미있는 속설이 있다. 예를 들어, "스타벅스 옆에는 항상 올리브 영이 있다", "횡단보도 옆에는 파리바게뜨가 자리 잡고 있다", "설빙은 주로 2층에 위치한다" 등이다. 이 중에 "스타벅스 옆에 올리브 영이 있다"는 속설이 실제로 얼마나 사실인지를 데이터 분석을 통해 검증해 보고자 한다.

[그림 16-10] 스타벅스 옆에는 항상 올리브 영이 있을까?

유명 커피 프랜차이즈들과 올리브 영의 거리를 분석하자. 이 분석을 통해 스타벅스와 올리브 영이 얼마나 가까이 위치하는지 파악하고, 이 패턴이 다른 커피 프랜차이즈와 어떻게 다른지 비교해 보자. 이를 통해 "스타벅스 옆에는 항상 올리브 영이 있다"는 속설의 진위가 검증될 것이다.

엑셀 파일 29OY.xlsx는 첫 번째 시트에 2022년 서울의 올리브 영의 각 매장의 위도, 경도, 도로명주소 등의 위치 데이터가 수록되어 있다. 두 번째 시트는 2022년 서울의 공차, 스타벅스, 이디야, 커피빈, 할리스, 빽다방 등의 유명 프랜차이즈의 각 매장의 위도, 경도, 도로명주소 등의 위치 데이터가 수록되어 있다. 이 위도와 경도가 수집되므로 이 데이터와 haversine 라이브러리를 활용하면 각 매장 사이의 거리가 계산된다.

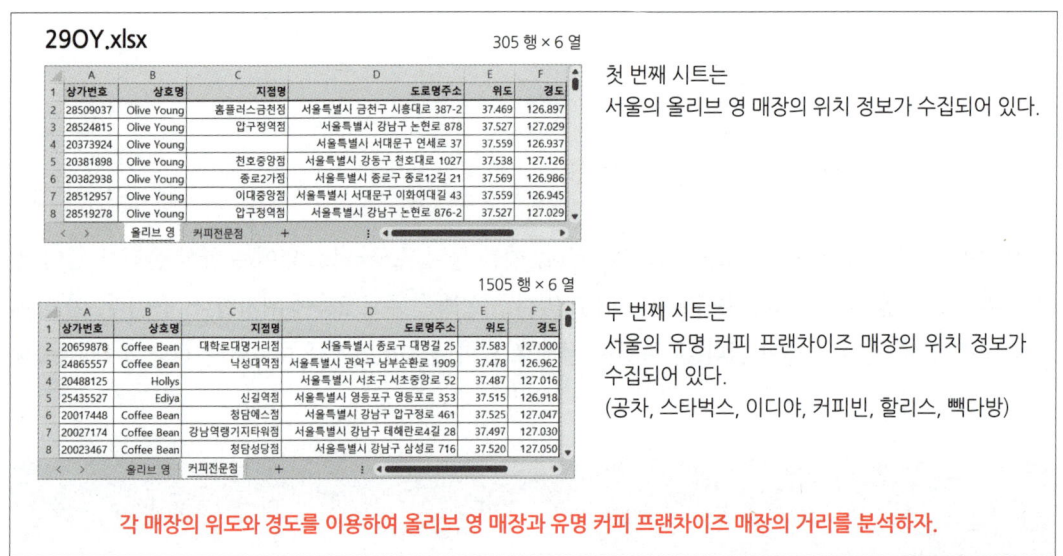

[그림 16-11] 실습 엑셀 파일 29OY.xlsx 소개(2022년 서울 기준 데이터)[15]

먼저 엑셀 파일의 첫 번째 시트에서 올리브 영의 데이터를 데이터 프레임으로 불러와 변수 df_oy로 지정하자.

[코드 16-39] 올리브 영의 위치 데이터를 데이터 프레임으로 불러오기

```
import pandas as pd
pd.options.display.max_rows = 6 # 6행까지만 출력
pd.options.display.float_format = '{:.3f}'.format # 소수점 셋째 자리 출력
url4 = 'https://github.com/panda-kim/book1/blob/main/29OY.xlsx?raw=true'
df_oy = pd.read_excel(url4)
df_oy
```

	상가번호	상호명	지점명	도로명주소	위도	경도
0	28509037	Olive Young	홈플러스금천점	서울특별시 금천구 시흥대로 387-2	37.469	126.897
1	28524815	Olive Young	압구정역점	서울특별시 강남구 논현로 878	37.527	127.029
2	20373924	Olive Young	NaN	서울특별시 서대문구 연세로 37	37.559	126.937
...	...	...	...	...	...	...
302	17018503	Olive Young	롯데마트중계점	서울특별시 노원구 노원로 330	37.647	127.071
303	16982130	Olive Young	공릉역점	서울특별시 노원구 동일로192길 74	37.627	127.077
304	17765282	Olive Young	NaN	서울특별시 성동구 독서당로62가길 12	37.550	127.032

305 rows × 6 columns

---

15 (공공데이터 포털의 상권 정보 데이터를 가공) 대한민국 공식 전사성부, 앞의 데이터

305개의 올리브 영 매장의 데이터를 데이터 프레임으로 불러왔다. 지점명에 결측값이 존재하니 분석에 주의하자. 또한 파일에서 데이터 프레임을 불러온 뒤에는 info 함수와 describe 함수, columns 속성 등을 적용해 보는 것은 필수이다. 각자 적용해 보자.

다음으로 엑셀 파일의 두 번째 시트에서 각 커피 프랜차이즈의 데이터를 데이터 프레임으로 불러와 변수 df_coffee로 지정하자.

[코드 16-40] 커피 프랜차이즈의 위치 데이터를 데이터 프레임으로 불러오기

```
df_coffee = pd.read_excel(url4, sheet_name=1)
df_coffee
```

	상가번호	상호명	지점명	도로명주소	위도	경도
0	20659878	Coffee Bean	대학로대명거리점	서울특별시 종로구 대명길 25	37.583	127.000
1	24865557	Coffee Bean	낙성대역점	서울특별시 관악구 남부순환로 1909	37.478	126.962
2	20488125	Hollys	NaN	서울특별시 서초구 서초중앙로 52	37.487	127.016
...	...	...	...	...	...	...
1502	18437145	Paik's	고대구로병원점	서울특별시 구로구 구로동로 138	37.491	126.884
1503	18516556	Hollys	고덕그라시움후문점	서울특별시 강동구 동남로82길 77-1	37.561	127.161
1504	18448889	Paik's	상계보람점	서울특별시 노원구 한글비석로52길 16	37.665	127.067

1505 rows × 6 columns

1,505행의 커피 프랜차이즈 매장의 데이터를 불러왔다. 마찬가지로 info 함수와 describe 함수, columns 속성 등을 각자 적용해 보자.

각 프랜차이즈의 매장 수를 집계하자.

[코드 16-41] 각 커피 프랜차이즈의 매장 수 집계하기

```
df_coffee['상호명'].value_counts()
```

```
상호명
Starbucks     456
Ediya         428
Coffee Bean   184
Paik's        166
Gong Cha      139
Hollys        132
Name: count, dtype: int64
```

스타벅스가 456개로 가장 많은 매장 수를 보유하고 있다. 이 데이터는 2022년 6월 30일 서울 기준으로 수집된 데이터라는 점에 유의하자.

우리는 거리를 분석하고자 커피 프랜차이즈의 모든 매장과 올리브 영의 모든 매장 사이의 거리를 계산할 것이다. 그러려면 커피 프랜차이즈 매장의 데이터와 올리브 영의 매장 데이터의 곱집합을 생성해야 한다. 판다스의 merge 함수에 how='cross'를 입력하면 곱집합이 생성된다.[16]

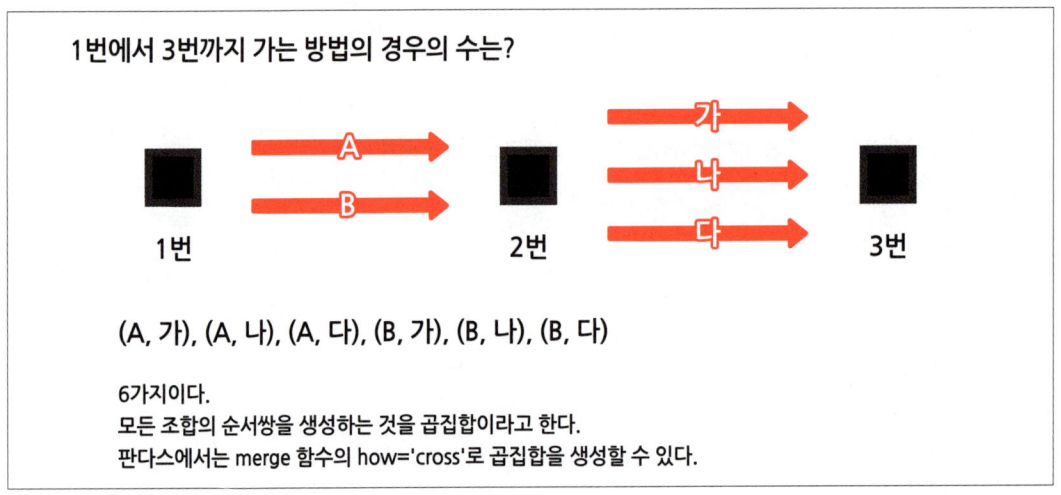

[그림 16-12] 곱집합

커피 프랜차이즈 매장과 올리브 영 매장의 곱집합을 생성해 변수 df_raw로 지정하자.

[코드 16-42] 커피 프랜차이즈 매장과 올리브 영 매장의 곱집합 생성하기

```
df_raw = df_coffee.merge(df_oy, how='cross')
df_raw
```

	상가번호_x	상호명_x	지점명_x	도로명주소_x	위도_x	경도_x	상가번호_y	상호명_y	지점명_y	도로명주소_y	위도_y	경도_y
0	20659878	Coffee Bean	대학로대명거리점	서울특별시 종로구 대명길 25	37.583	127.000	28509037	Olive Young	홈플러스금천점	서울특별시 금천구 시흥대로 387-2	37.469	126.897
1	20659878	Coffee Bean	대학로대명거리점	서울특별시 종로구 대명길 25	37.583	127.000	28524815	Olive Young	압구정역점	서울특별시 강남구 논현로 878	37.527	127.029
2	20659878	Coffee Bean	대학로대명거리점	서울특별시 종로구 대명길 25	37.583	127.000	20373924	Olive Young	NaN	서울특별시 서대문구 연세로 37	37.559	126.937
...	...	...	...	...	...	...	...	...	...	...	...	...
459022	18448889	Paik's	상계보람점	서울특별시 노원구 한글비석로52길 16	37.665	127.067	17018503	Olive Young	롯데마트중계점	서울특별시 노원구 노원로 330	37.647	127.071
459023	18448889	Paik's	상계보람점	서울특별시 노원구 한글비석로52길 16	37.665	127.067	16982130	Olive Young	공릉역점	서울특별시 노원구 동일로 192길 74	37.627	127.077
459024	18448889	Paik's	상계보람점	서울특별시 노원구 한글비석로52길 16	37.665	127.067	17765282	Olive Young	NaN	서울특별시 성동구 독서당로 62가길 12	37.550	127.032

459025 rows × 12 columns

---

16 [표 7-1] merge 함수의 다양한 병합 방식과 [코드 7-14] 참고

1,505개의 커피 프랜차이즈 매장 데이터와 305개의 올리브 영 매장 데이터가 곱집합을 통해 459,025행의 데이터 프레임을 생성했다. 지나치게 큰 데이터는 매장 사이의 거리를 계산하고자 전체의 곱집합을 생성하는 것이 비효율적이지만, 이 정도 규모의 데이터는 곱집합을 생성해 거리를 계산하는 것이 다양한 방식으로 데이터를 활용하는 데 유리하다. 예를 들어 각 거리에 따라 매장과 주소도 별도로 확인할 수 있다.

df_raw의 각 행에 커피 프랜차이즈 매장의 위도와 경도는 위도_x 열과 경도_x 열에 존재하고, 올리브 영 매장의 위도와 경도는 위도_y 열과 경도_y 열에 존재한다. 이 데이터를 바탕으로 두 지점의 거리를 구한다. haversine 라이브러리로 위도와 경도가 알려진 두 지점의 거리를 구한다. apply 함수로 haversine.haversine 함수를 적용해 각 행에서 거리를 연산한 뒤, 결과로 변수 df_raw에 거리 열을 생성하자.[17]

[코드 16-43] 각 행에서 올리브 영과 커피 프랜차이즈의 거리 구하기

```
import haversine

# apply와 lambda 함수로 행마다 haversine.haversine 함수 적용하기
df_raw['거리'] = df_raw.apply(
    lambda x: haversine.haversine(
        [x['위도_x'], x['경도_x']], [x['위도_y'], x['경도_y']], unit='m'
    ),
    axis=1
)
df_raw
```

	상가번호_x	상호명_x	지점명_x	도로명주소_x	위도_x	경도_x	상가번호_y	상호명_y	지점명_y	도로명주소_y	위도_y	경도_y	거리
0	20659878	Coffee Bean	대학로대명거리점	서울특별시 종로구 대명길 25	37.583	127.000	28509037	Olive Young	홈플러스금천점	서울특별시 금천구 시흥대로 387-2	37.469	126.897	15654.999
1	20659878	Coffee Bean	대학로대명거리점	서울특별시 종로구 대명길 25	37.583	127.000	28524815	Olive Young	압구정역점	서울특별시 강남구 논현로 878	37.527	127.029	6730.123
2	20659878	Coffee Bean	대학로대명거리점	서울특별시 종로구 대명길 25	37.583	127.000	20373924	Olive Young	NaN	서울특별시 서대문구 연세로 37	37.559	126.937	6213.600
...	...	...	...	...	...	...	...	...	...	...	...	...	...
459022	18448889	Paik's	상계보람점	서울특별시 노원구 한글비석로52길 16	37.665	127.067	17018503	Olive Young	롯데마트중계점	서울특별시 노원구 노원로 330	37.647	127.071	2083.372
459023	18448889	Paik's	상계보람점	서울특별시 노원구 한글비석로52길 16	37.665	127.067	16982130	Olive Young	공릉역점	서울특별시 노원구 동일로192길 74	37.627	127.077	4339.406
459024	18448889	Paik's	상계보람점	서울특별시 노원구 한글비석로52길 16	37.665	127.067	17765282	Olive Young	NaN	서울특별시 성동구 독서당로62가길 12	37.550	127.032	13200.886

459025 rows × 13 columns

커피 프랜차이즈의 모든 매장과 올리브 영의 모든 매장 사이의 거리를 도출했다.

---

17 haversine 라이브러리가 설치되지 않았다면 먼저 !pip install haversine을 실행해야 한다. 구글 코랩은 매번 설치해야 한다. haversine 라이브러리의 함수와 [코드 16-43]에서 사용하는 각 행에서 복수 열의 데이터로 함수를 적용하는 방법은 9.3.3. 복수 열의 데이터를 입력하는 lambda 함수를 각 행에 적용하기를 참고하자.

모든 커피 프랜차이즈 매장과 모든 올리브 영 매장 사이의 거리를 계산했으므로, 이제 각 프랜차이즈 매장을 기준으로 올리브 영 매장과의 거리를 구하자. 거리 계산을 시작하기 전에 정의를 살펴보면, 하나의 매장 기준으로 305개의 올리브 영과의 거리가 반환되었으므로, 해당 매장에서 올리브 영과의 거리는 반환된 305개의 거리 중 최솟값이다.

[그림 16-13] 커피 프랜차이즈 매장과 올리브 영의 거리의 정의

상가번호_x 열로 각 매장을 구분할 수 있기에 상가번호_x 열을 기준으로 groupby 함수를 적용해 거리의 최솟값을 집계하자. 집계 과정에서 프랜차이즈의 상호명을 유지하고자 first 함수를 추가로 적용하자. 이러한 맞춤형 집계는 agg 함수를 사용하기에 간편하다.[18] 결과는 변수 df_result로 지정하자.

[코드 16-44] 커피 프랜차이즈의 개별 매장에서 올리브 영과의 거리 구하기

```
df_result = (
    df_raw
    .groupby(['상가번호_x'])
    .agg(프랜차이즈=('상호명_x', 'first'), 거리=('거리', 'min'))
    .reset_index()
)
df_result
```

---

18 12.2.3. groupby 함수와 agg 함수로 집계하기 참고

	상가번호_x	프랜차이즈	거리
0	4119889	Gong Cha	68.335
1	4704621	Starbucks	85.269
2	5133712	Starbucks	0.000
...	...	...	...
1502	28520792	Gong Cha	304.308
1503	28521414	Gong Cha	1136.137
1504	28523473	Gong Cha	274.208

1505 rows × 3 columns

각 프랜차이즈 매장과 올리브 영 사이의 거리를 구했다. df_coffee가 1,505행을 보유한 데이터 프레임이기에 df_result도 1,505행을 보유한 데이터 프레임이다.

모든 커피 프랜차이즈 매장에서 올리브 영과의 거리의 평균을 집계하자.

[코드 16-45] 모든 커피 프랜차이즈 매장의 올리브 영과의 평균 거리 집계

```
df_result['거리'].mean()
```

```
368.784679064985
```

평균적으로 커피 프랜차이즈 매장과 올리브 영과의 거리는 369m이다.

프랜차이즈별 올리브 영과의 평균 거리를 집계하자.

[코드 16-46] 커피 프랜차이즈별 올리브 영과의 평균 거리 집계

```
df_result.groupby('프랜차이즈')['거리'].mean()
```

```
프랜차이즈
Coffee Bean    286.101
Ediya          523.555
Gong Cha       278.054
Hollys         326.851
Paik's         330.630
Starbucks      310.567
Name: 거리, dtype: float64
```

프랜차이즈 매장과 올리브 영과의 평균 거리는 이디야가 523m로 가장 멀었고, 공차가 278m로 가장 가까웠다. 스타벅스는 310m로 평균인 369m보다는 가까운 편에 속하지만 특별할 정도는 아니니다.

위 결과를 수평 막대그래프로 시각화하자. 판다스의 plot 함수를 사용하면 손쉽게 시각화가 수행된다. 판다스의 수평 막대그래프는 그래프를 역순으로 그려, [::-1]을 적용해 시리즈를 역순으로 뒤집은 뒤 그래프를 생성하자.

[코드 16-47] 커피 프랜차이즈별 올리브 영과의 평균 거리 시각화

```
(df_result
 .groupby('프랜차이즈')['거리'].mean()
 .plot(kind='barh', ylabel='')
)
```

plot 함수는 매우 간결한 코드로 시각화가 가능하다. 다만 맞춤형 그래프를 생성하는 것에 한계 역시 뚜렷하다. 그래서 이번에도 seaborn과 matplotlib 라이브러리의 함수들을 활용해 사용자 정의 함수를 생성해 시각화를 구현하자.

수평 막대그래프로 시각화하는 사용자 정의 함수 plot_coffee를 생성하는 코드는 다음과 같다. 그래프에 수치를 표현했으며, 스타벅스는 색상을 구분해 plot 함수의 결과물보다는 가독성이 높은 그래프를 생성한다. 코드가 길어 배포된 ipynb 파일에서 복사해서 사용하자. [코드 16-17]에서 생성했던 plot_soccer와 유사한 사용자 정의 함수이다.

[코드 16-48] 수평 막대그래프를 생성하는 사용자 정의 함수 plot_coffee 생성

```
import pandas as pd
import numpy as np
import seaborn as sns

# seaborn 라이브러리의 배경 테마를 white로 설정
sns.set_theme(style='white')


def plot_coffee(s, title='', f=0, unit='', figsize=(6, 3)):
    """
    수평 막대그래프를 생성하는 사용자 정의 함수

    매개변수(parameter)와 인수(argument):
        s(pandas.Series): 그래프를 그릴 대상인 데이터.
        title(str, optional): 그래프 제목. 기본값은 ''.
        unit(str, optional): 단위 표시. 기본값은 ''.
        f(int, optional): 소수점 자릿수 지정. 기본값은 0.
        figsize(tuple, optional): 그래프 크기 설정. 기본값은 (6, 3).
    """
```

```python
# 스타벅스는 초록색(#006c48), 그 외 회색(darkgrey)
cond1 = s.index == 'Starbucks'
color = np.where(cond1, '#006c48', 'darkgrey')

# 그래프 생성
ax = s.plot(kind='barh', color=color, figsize=figsize, width=.8, ylabel='')

# 제목 설정(글자 크기 15, 볼드체, 왼쪽 정렬, 초록색)
ax.set_title(title, fontsize=12, fontweight='bold', loc='left',
             color='#006c48')

# bar_label 추가(프랜차이즈 이름)
bar_label = ax.bar_label(
    ax.containers[0], labels=s.index, padding=-5, color='white',
    fontsize=10, fontweight='bold'
)

# 프랜차이즈 이름을 오른쪽 정렬
for label in bar_label:
    label.set_ha('right')

# bar_label 추가(수치)
ax.bar_label(ax.containers[0], padding=10, color='black',
             fontsize=10, fmt='{:.' + str(f) + 'f} ' + unit)

# x축과 y축 눈금 제거
ax.set_xticks([])
ax.set_yticks([])

# 축 테두리 제거
sns.despine(bottom=True, left=True)
return ax
```

plot_coffee 함수는 매개변수 s에 그래프를 그릴 대상인 시리즈를 입력하면 수치가 표현된 수평 막대그래프가 생성된다. 매개변수 title에 제목을 지정하고, 매개변수 unit과 f로 표현되는 수치의 형식을 지정하자. 매개변수 figsize로 그래프의 크기도 지정한다.

사용자 정의 함수 plot_coffee로 프랜차이즈별 올리브 영과의 평균 거리를 집계하자. 연속 메서드 형태로 사용하고자 pipe 함수로 plot_coffee 함수를 적용한다.

[코드 16-49] 커피 프랜차이즈별 올리브 영과의 평균 거리 시각화

```
(df_result
 .groupby('프랜차이즈')['거리'].mean()
 .pipe(plot_coffee, unit='m',
       title='Average distance to Olive Young'
       )
)
```

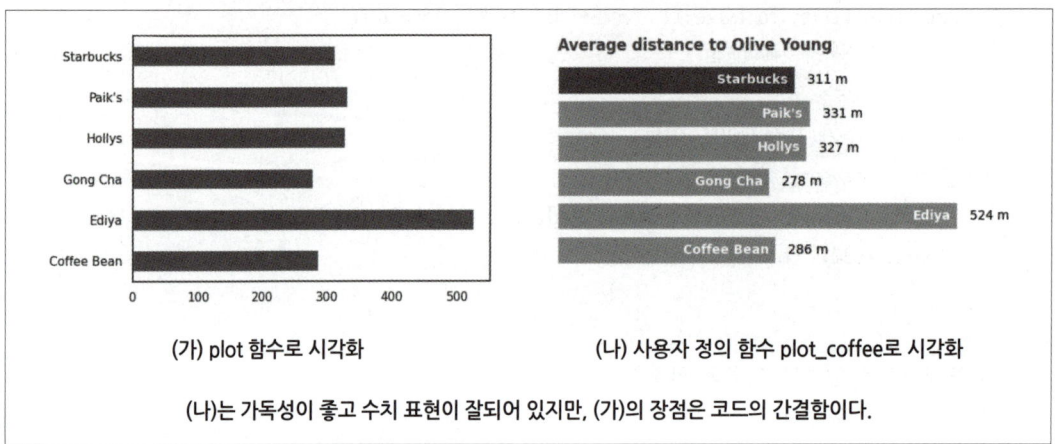

(가) plot 함수로 시각화   (나) 사용자 정의 함수 plot_coffee로 시각화

(나)는 가독성이 좋고 수치 표현이 잘되어 있지만, (가)의 장점은 코드의 간결함이다.

[그림 16-14] plot 함수의 시각화와 사용자 정의 함수로 시각화 비교

스타벅스가 특별히 올리브 영과 가까이 위치하는지 알아보고자 각 매장의 올리브 영과의 평균 거리를 구했다. 하지만 프랜차이즈별로 올리브 영과의 평균 거리를 측정했을 때, 이 거리가 짧다고 해서 반드시 올리브 영이 그 프랜차이즈 옆에 위치한다고 단정할 수는 없다. 이러한 결론은 '평균의 함정'에 빠질 수 있음을 의미한다. 평균을 사용하면 전체 데이터의 분포나 개별적인 특성을 완전히 대표하지 못하고, 오해나 잘못된 결론을 낳을 수 있다. 예를 들어, 평균 거리가 200미터든 500미터든 평균으로만 본다면 모두 먼 거리이며, 평균이 500m라도 200m일 때보다 지근거리에 매장 수가 더 많을 수 있다.

많은 스타벅스 매장이 올리브 영과 가까이 위치하는지 확인하려면 올리브 영의 지근거리에 있는 매장 수를 집계할 필요가 있으며, 이를 통해 더 정확한 위치 관계를 알 수 있다. [코드 16-44]로 생성한 df_result에서 거리가 0m인 행이 눈에 띄므로, 거리가 0m인 매장을 집계해 보자. 우선 df_result에 거리가 0인지 확인하는 0m 열을 추가하자.

[코드 16-50] df_result에 거리가 0m인지 확인하는 0m 열 생성

```
df_result['0m'] = df_result['거리'].eq(0)
df_result
```

	상가번호_x	프랜차이즈	거리	0m
0	4119089	Gong Cha	68.335	False
1	4704621	Starbucks	85.269	False
2	5133712	Starbucks	0.000	True
...	...	...	...	...
1502	28520792	Gong Cha	304.308	False
1503	28521414	Gong Cha	1136.137	False
1504	28523473	Gong Cha	274.208	False

1505 rows × 4 columns

0m 열은 True와 False로 이루어지므로, 프랜차이즈로 그룹을 나누어 합계를 집계하면 거리가 0m 인 매장 수를 반환한다. 집계 결과의 시각화도 함께 진행하자.

[코드 16-51] 프랜차이즈별 올리브 영과 거리가 0m인 매장 수를 집계

```
df_result.groupby('프랜차이즈')['0m'].sum()
```

[코드 16-52] 프랜차이즈별 올리브 영과 거리가 0m인 매장 수를 시각화

```
(df_result
 .groupby('프랜차이즈')['0m'].sum()
 .pipe(plot_coffee, unit='stores',
       title='Stores in the same location with Olive Young'
      )
)
```

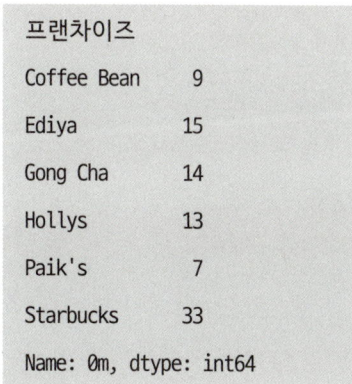

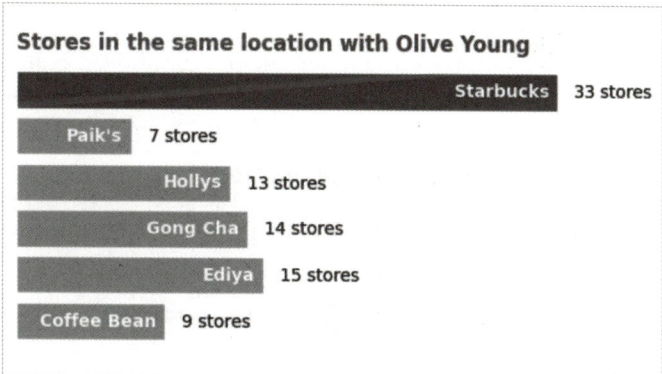

스타벅스가 33개 매장으로 가장 많은 매장 수를 보여주며 이는 스타벅스가 올리브 영과 위치를 공유할 때가 많음을 시사한다. 다음으로는 이디야가 15개 매장으로 뒤를 잇는다. 위치가 동일한 매장 수는 스타벅스가 압도적으로 많기에 "스타벅스 옆에는 항상 올리브 영이 있다"는 속설이 어느 정도 근거가 있다고 판단된다.

어떤 매장들이 올리브 영과 동일한 위치였는지 확인하고 싶다면, [코드 16-43]에서 생성한 df_raw를 이용해서 필터링하자.

[코드 16-53] 올리브 영과 거리가 0m인 매장 확인하기

```
df_raw[df_raw['거리'].eq(0)]
```

	상가번호_x	상호명_x	지점명_x	도로명주소_x	위도_x	경도_x	상가번호_y	상호명_y	지점명_y	도로명주소_y	위도_y	경도_y	거리
1841	20023467	Coffee Bean	청담성당점	서울특별시 강남구 삼성로 716	37.520	127.050	28513303	Olive Young	청담역점	서울특별시 강남구 삼성로 716	37.520	127.050	0.000
5945	23375653	Starbucks	중랑구청점	서울특별시 중랑구 신내로 72	37.605	127.096	25294982	Olive Young	신내점	서울특별시 중랑구 신내로 72	37.605	127.096	0.000
12440	5133712	Starbucks	코엑스몰점	서울특별시 강남구 영동대로 513	37.512	127.059	12517307	Olive Young	코엑스몰점	서울특별시 강남구 영동대로 513	37.512	127.059	0.000
...	...	...	...	...	...	...	...	...	...	...	...	...	...
446002	18095458	Paik's	가산SKV1점	서울특별시 금천구 가산디지털1로 171	37.481	126.881	16244577	Olive Young	NaN	서울특별시 금천구 가산디지털1로 171	37.481	126.881	0.000
449577	18053843	Gong Cha	길음뉴타운점	서울특별시 성북구 길음로 33	37.605	127.022	28514259	Olive Young	길음점	서울특별시 성북구 길음로 33	37.605	127.022	0.000
454132	18330056	Gong Cha	마곡역점	서울특별시 강서구 공항대로 168	37.559	126.826	16640824	Olive Young	마곡역점	서울특별시 강서구 공항대로 168	37.559	126.826	0.000

91 rows × 13 columns

스타벅스 매장이 올리브 영과 동일한 위치에 존재할 때가 많다는 것이 분석 결과이다. 그러나 이것이 스타벅스의 매장 수가 많아 벌어진 현상인지, 아니면 실제로 스타벅스의 위치 선정 비율이 높아서인지를 확인해 보아야 한다.

집계 함수로 mean을 적용하면 위치가 동일한 매장의 비율로 반환된다. 전체 매장에서 비율도 집계하고, 매장별 비율도 집계하자. 결과는 plot_coffee 함수로 시각화하는데, 해당 함수의 매개변수 unit과 f를 활용해 수치를 퍼센트로 표시하자.

[코드 16-54] 모든 프랜차이즈에서 올리브 영과 거리가 0m인 매장 비율 집계

```
df_result['0m'].mean()
```

0.06046511627906977

[코드 16-55] 프랜차이즈별 올리브 영과 거리가 0m인 매장 비율 집계

```
df_result.groupby('프랜차이즈')['0m'].mean()
```

[코드 16-56] 프랜차이즈별 올리브 영과 거리가 0m인 매장 비율 시각화

```
(df_result
 .groupby('프랜차이즈')['0m'].mean().mul(100)
 .pipe(plot_coffee, unit='%', f=1,
       title='Percentage in the same location with Olive Young'
      )
)
```

```
프랜차이즈
Coffee Bean    0.049
Ediya          0.035
Gong Cha       0.101
Hollys         0.098
Paik's         0.042
Starbucks      0.072
Name: 0m
```

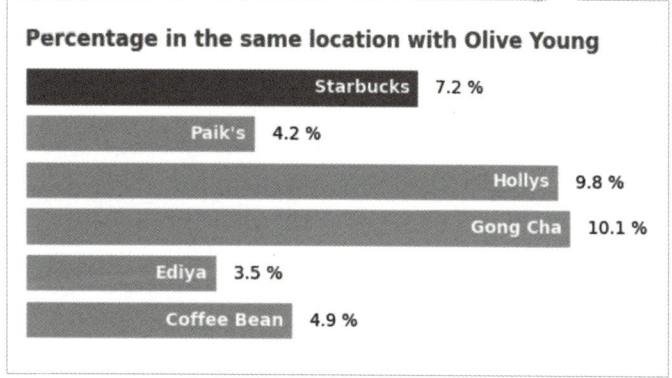

올리브 영과 동일한 위치에 존재하는 전체 프랜차이즈 매장의 비율은 6.0%이고, 스타벅스의 비율은 7.2%로 평균보다는 높다. 그러나 이는 특별히 높은 수치는 아니며, 올리브 영과 동일한 위치에 존재하는 스타벅스 매장 수가 압도적으로 많았던 것은 스타벅스 매장 수가 가장 많아 나타난 결과로 보인다.

반드시 올리브 영과 동일한 위치라야 가까운 것은 아니다. 올리브 영과 20m 이내 정도라면 충분히 근처에 위치한다고 볼 수 있다. 올리브 영과 20m 이내에 위치한 매장 수와 매장 비율을 파악해 보자. 거리가 0m인 매장 수와 비율을 파악하고자 [코드 16-51]에서 별도의 열을 생성하여 집계했다. 하지만 그루퍼를 활용하면 별도의 열을 생성하지 않아도 되므로 더 편리하다. df_result에서 거리가 20m 이하인 조건을 만족하는 시리즈 s를 생성하고, 이 시리즈를 df_result의 프랜차이즈 열과 함께 그룹화하면, 별도의 열이 없어도 그룹 집계가 수행된다. df_result의 프랜차이즈 열이 시리즈 s에 존재하는 열이 아니므로 그루퍼로 사용된다.[19]

[코드 16-57] 그루퍼로 프랜차이즈별 거리가 20m 이내인 매장 수를 집계하기

```
s=df_result['거리'].le(20)
s.groupby(df_result['프랜차이즈']).sum()
```

```
프랜차이즈
Coffee Bean    10
Ediya          16
Gong Cha       14
Hollys         13
Paik's          8
Starbucks      37
Name: 거리, dtype: int64
```

[19] 12.3.4. 그루퍼 참고

[코드 16-58] 그루퍼로 프랜차이즈별 거리가 20m 이내인 매장 비율 집계하기

```
s.groupby(df_result['프랜차이즈']).mean()
```

```
프랜차이즈
Coffee Bean    0.054
Ediya          0.037
Gong Cha       0.101
Hollys         0.098
Paik's         0.048
Starbucks      0.081
Name: 거리, dtype: int64
```

그루퍼를 사용하면 매번 조건마다 열을 생성할 필요가 없으며, [코드 16-57]에서 시리즈 s만 별도로 생성하면 별도의 집계 결과를 얻는다.

"스타벅스 옆에는 항상 올리브 영이 있다"는 속설에 대한 분석 결과는 다음과 같은 결론이 내려진다.

> "스타벅스 옆에는 항상 올리브 영이 있다"는 속설을 검증하고자 2022년 서울 기준으로 올리브 영과 커피 프랜차이즈의 거리를 분석해 전체 매장 수와 평균 거리와, 20m 이내 매장 수와 매장 비율을 집계했습니다. 분석 결과를 종합해 보면, 해당 속설은 전적으로 사실이라고 보기는 어렵지만, 일정 부분 설득력이 있다고 판단됩니다.
>
> 1. 스타벅스의 평균 올리브 영 거리(310m)나 20m 이내 매장 비율(8.1%)은 다른 프랜차이즈에 비해 두드러지게 가까운 편은 아닙니다. 공차는 평균 거리(278m)와 20m 이내 매장 비율(10.1%)로 보아 올리브 영에 가장 근접합니다.
> 2. 하지만 스타벅스가 전체 매장 수가 456개로 가장 많아, 실제 20m 이내에 올리브 영이 있는 매장 개수는 37개로 가장 많습니다.
> 3. 이처럼 스타벅스 매장 수가 압도적으로 많다 보니, 사람들이 스타벅스 주변에서 올리브 영을 자주 마주쳐 "스타벅스 옆에는 항상 올리브 영이 있다"는 인식을 갖게 된 것으로 보입니다.
>
> 따라서 비록 평균 거리나 비율 측면에서는 스타벅스가 두드러지게 올리브 영과 가깝지 않지만, 전체 매장 수가 많아 실제로 스타벅스 주변에서 올리브 영을 자주 만나는 경험을 해 이러한 속설이 생겨났다고 분석됩니다.

올리브 영과의 20m 이내 분석 결과를 시각화하자. 판다스의 plot 함수나 사용자 정의 함수 plot_coffee를 사용해도 훌륭히 시각화하겠으나, matplotlib 라이브러리를 이용해 더 맞춤형 그래프를 생성하자. 해당 코드는 지나치게 길고 matplotlib 라이브러리를 이해해야 하지만 코딩은 코드를 복사 붙여넣기로도 사용하고, 레퍼런스용 코드 역시 필요하기에 여러분에게 제공한다. 코드에 대한 깊은 이해가 필요한 독자들은 개별적으로 matplotlib을 학습하자.

[코드 16-59] 프랜차이즈별 거리가 20m 이내인 매장 수와 매장 비율 시각화

```python
import matplotlib.pyplot as plt

# 그림 및 축 생성
fig, ax = plt.subplots(1, 1, figsize=(10, 5))

# 색상 설정(초록색, 회색, 검은색, 회색)
cmap = ['#006c48', '#dadada', 'black', 'grey']

# 프랜차이즈별 거리가 20m 이내인 매장 수를 집계
s = df_result['거리'].le(20)
s1 = s.groupby(df_result['프랜차이즈']).sum()

# 각 프랜차이즈의 총매장 수 집계하기
s2 = df_result['프랜차이즈'].value_counts().sort_index()

# 수평 막대그래프의 색상 설정 (스타벅스만 초록색과 나머지는 회색)
color_bar = [cmap[0] if cafe == 'Starbucks' else cmap[1] for cafe in s1.index]

# 수평 막대그래프 생성
s1.plot(kind='barh', color=color_bar, width=.5, ylabel='', ax=ax)

# 막대그래프의 레이블 표기 및 정렬
bar_label = ax.bar_label(ax.containers[0], padding=-10, color=cmap[2],
                         fontsize=12, fmt='{:.0f} stores')
for label in bar_label:
    label.set_ha('right') # 막대그래프 레이블의 우측 정렬

# 스타벅스의 막대그래프 레이블만 흰색과 볼드체로 설정
loc_sb = s1.index.get_loc('Starbucks')
label_sb = bar_label[loc_sb]
label_sb.set_color('white')
label_sb.set_fontweight('bold')

# 텍스트 생성
txt = (s1.index + ': ' + s1.div(s2).mul(100).round(1).astype('str') + '%' +
       ' of stores (' + s1.astype('str') + '/' + s2.astype('str') + ')')

# 텍스트 표시 및 수평 구분선 추가
for i in range(0, 6):
```

```python
        if i == loc_sb:
            c, w = cmap[0], 'bold'   # 스타벅스는 초록색, 굵은 글씨
        else:
            c, w = cmap[2], 'normal' # 나머지는 검은색, 일반 글씨
        plt.text(0, i + 0.38, txt[i], size=12, color=c, weight=w) # 텍스트 표시
        plt.axhline(y=i - .3, color='grey', lw=0.3)  # 수평 구분선 추가

# 제목 설정
plt.text(0, 1.05, 'Stores of coffee franchises near Olive Young', size=15,
        weight='bold', color=cmap[2], va='bottom', transform=ax.transAxes)

# 설명 문구 설정
plt.text(1, 1.05, '20m radius / 2022 / Seoul', size=10, color=cmap[2],
        va='bottom', ha='right', transform=ax.transAxes)

# 출처 표시
plt.text(1, 0, 'Source: Public data portal (https://www.data.go.kr/)', size=10,
        color=cmap[3], va='top', ha='right', transform=ax.transAxes)

# 축 눈금 제거
ax.set_xticks([])
ax.set_yticks([])

# 축 테두리 제거
sns.despine(bottom=True, left=True)
```

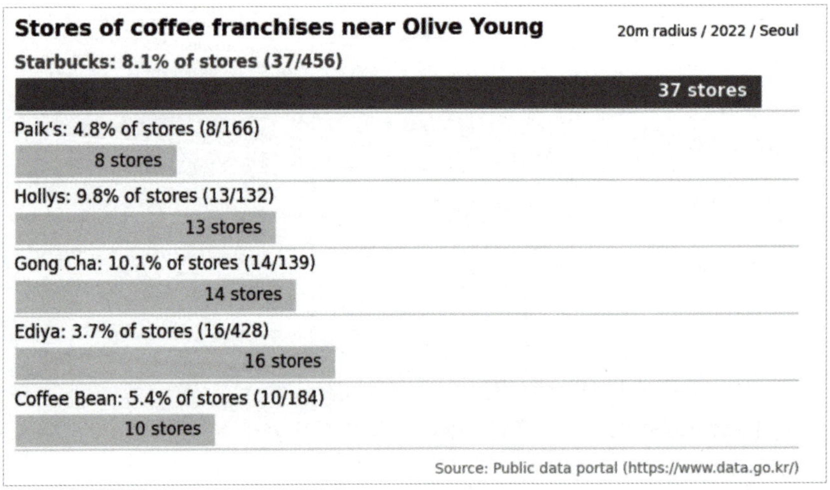

[그림 16-15] 프랜차이즈별 올리브 영 20m 이내의 매장 수와 매장 비율

16.5 빅데이터와 증권사 잔고 분석

대규모 데이터를 효과적으로 관리하고 분석하려면 판다스의 역할이 매우 중요하다. 이번 실습에서는 판다스를 활용하여 빅데이터를 어떻게 처리하고, 얻은 정보를 실무에 어떻게 적용하는지에 대해 진행할 것이다. 이 과정을 통해 독자들은 빅데이터를 자신 있게 다루는 능력을 키우고, 실무에서 필요한 데이터 분석 역량을 강화할 것이다.

```
30secfirm01.csv
```

날짜	팀	종목코드	상품유형	등급	가격	통화	환율	가격(만원)
Date	Team	Ticker	Type	Grade	Price	Currency	Exchange_Rate	Price(KRW)
2023-01-01	TM1	R100	S	AAA	671	KRW	1.00	671
2023-01-01	TM1	R100	S	AAA	265	KRW	1.00	265
2023-01-01	TM1	R100	S	AAA	132	KRW	1.00	132
2023-01-01	TM1	R100	S	AAA	402	KRW	1.00	402
2023-01-01	TM1	R100	S	AAA	133	KRW	1.00	133
2023-01-01	TM1	R100	S	AAA	131	KRW	1.00	131
...	...	...	...	...	...	...	...	...

Date 열: 날짜
Team 열: 보유 팀
Ticker 열: 종목 코드
Type 열: 상품 유형. 채권은 B 주식은 S로 표기되어 있다.
Grade 열: 신용 평가 등급
Price 열: 개별 통화 기준 시장가
Currency: 종목별 개별 통화
대부분 원화(KRW)이지만 USD도 일부 존재한다.
Exchange_Rate : 환율
Price(KRW) 열 : Price 열에 환율을 적용하여 만 원 단위로 변환한 값

각 기간별, 팀별, 상품 유형별 시장가의 합을 구할 것이므로 Date, Team, Ticker, Type, Price(KRW) 열만 필요하다.

[그림 16-16] 실습 CSV 파일 30secfirm01.csv 소개

데이터 파일 30secfirm01.csv는 가상의 증권사의 종목별 잔고 데이터를 담고 있다. 이 파일에는 다양한 열이 포함되며 158,962개의 행과 9개의 열로 구성된다. 빅데이터는 당장 분석에 불필요한 열들을 포함할 때가 많으므로 필요한 열만 데이터 프레임으로 불러오는 실습을 수행하자.

CSV 파일이므로 read_csv 함수를 사용해야 하며 read_csv 함수의 매개변수 nrows에 데이터 프레임으로 불러올 행의 수를 입력하면, 일부 행만 데이터 프레임으로 불러와 메모리가 절약된다. 또한 CSV 파일은 인코딩 방식도 지정해야 한다.[20] 기본값인 UTF-8에서 에러가 발생한다면 대부분의 데이터에서 CP949 방식을 지정하면 정확히 불러올 수 있다.

[코드 16-60] 증권회사 실무 데이터의 2행만 데이터 프레임으로 불러오기

```
import pandas as pd
pd.options.display.max_rows = 6 # 6행까지만 출력
pd.options.display.float_format = '{:.2f}'.format # 소수점 둘째 자리 출력
url5 = 'https://github.com/panda-kim/book1/blob/main/30secfirm01.csv?raw=true'
df_test = pd.read_csv(url5, encoding='cp949', nrows=2)
df_test
```

---

20 3.3.2. CSV 파일에서 데이터 프레임 불러오기(read_csv) 참고

	Date	Team	Ticker	Type	Grade	Price	Currency	Exchange_Rate	Price(KRW)
0	2023-01-01	TM1	R100	S	AAA	671.00	KRW	1.00	671
1	2023-01-01	TM1	R100	S	AAA	265.00	KRW	1.00	265

2개 행만 데이터 프레임으로 불러와 변수 df_test로 지정했다. 일부 행만 우선 불러온 뒤 데이터를 탐색하고, 분석에 필요한 열을 결정해 필요한 열만 전체 행을 데이터 프레임으로 불러온다. 먼저 df_test에 columns 속성을 적용해 열을 확인하자.

[코드 16-61] 2행만 불러온 데이터 프레임에서 columns 확인

```
df_test.columns
```

```
Index(['Date', 'Team', 'Ticker', 'Type', 'Grade', 'Price', 'Currency',
       'Exchange_Rate', 'Price(KRW)'],
      dtype='object')
```

우리는 기간별, 팀별, 상품 유형별 시장가의 합을 구할 것이므로 Date, Team, Ticker, Type, Price(KRW) 열만 필요하다. 필요한 열을 출력 결과에서 복사해 리스트로 묶어 변수 cols로 지정한 다음 read_csv의 매개변수 usecols에 입력하면 해당 열만 데이터 프레임으로 불러온다.

[코드 16-62] 30secfirm01.csv 파일에서 필요한 열만 데이터 프레임으로 불러오기

```
cols = ['Date', 'Team', 'Ticker', 'Type', 'Price(KRW)']
pd.read_csv(url5, encoding='cp949', usecols=cols, parse_dates=['Date'])
```

	Date	Team	Ticker	Type	Price(KRW)
0	2023-01-01	TM1	R100	S	671
1	2023-01-01	TM1	R100	S	265
2	2023-01-01	TM1	R100	S	132
...	...	...	...	...	...
158959	2023-01-31	TM4	W731	B	64
158960	2023-01-31	TM4	W732	B	128
158961	2023-01-31	TM4	W734	B	60

158962 rows × 5 columns

두 번째 데이터 파일 31secfirm02.csv는 첫 번째 CSV 파일과 유사하지만, 집계에 필요한 Date, Ticker, Team, Type, Price(KRW) 열만 보유하며, 총 1,011,732행과 4열로 구성된다. 백만 행이 넘는 이 데이터를 통해 빅데이터를 자신 있게 다루는 능력이 키워진다. 판다스에 익숙해지면 백만 행뿐만 아니라 천만 행이나 그 이상의 데이터도 무리 없이 처리된다.

CSV 파일에서 데이터를 인코딩 방식과 사용할 열만 지정해 데이터 프레임으로 불러오자. Date 열은 datetime 자료형으로 지정하되, 각 날짜마다 복수의 데이터를 보유하기에 인덱스로 지정하지는 말자.

[코드 16-63] 두 번째 31secfirm02.csv 파일에서 데이터 프레임 불러오기

```
url6 = 'https://github.com/panda-kim/book1/blob/main/31secfirm02.csv?raw=true'
cols = ['Date', 'Team', 'Ticker', 'Type', 'Price(KRW)']
df = pd.read_csv(url6, encoding='cp949', usecols=cols, parse_dates=['Date'])
df
```

	Date	Team	Ticker	Type	Price(KRW)
0	2023-01-01	TM1	R100	S	671
1	2023-01-01	TM1	R100	S	265
2	2023-01-01	TM1	R100	S	132
...	...	...	...	...	...
1011729	2023-06-30	TM4	W732	B	63
1011730	2023-06-30	TM4	W733	B	65
1011731	2023-06-30	TM4	W734	B	62

1011732 rows × 5 columns

데이터 프레임을 불러온 뒤에는 info 함수와 describe 함수, columns 속성 등을 적용해 보는 것은 필수이다. 각자 적용해 보자.

먼저 특정 일자의 데이터만 필터링하자. 2023년 3월 31일 데이터만 필터링한다. DatetimeIndex를 보유한다면 인덱싱을 통해 쉽게 필터링이 가능하지만 그렇지 않기에 불리언 인덱싱을 활용하자.

[코드 16-64] 특정 일자(2023-03-31)의 데이터 필터링

```
df[df['Date'].eq('2023-03-31')]
```

특정 기간의 데이터를 필터링도 한다. 2023년 2월 1일부터 2023년 2월 6일까지의 데이터를 필터링하자. 마찬가지로 DatetimeIndex를 보유했다면 슬라이싱으로 가능하지만, 그렇지 않기에 불리언 인덱싱으로 수행하자. 단, 불리언 인덱싱을 사용할 때 조건문은 between 함수로 생성하자.[21] 이 방법은 두 개의 조건문을 논리 연산하기보다 훨씬 간편하다.

[코드 16-65] 특정 기간의 데이터 필터링

```
df[df['Date'].between('2023-02-01', '2023-02-06')]
```

---

21 [그림 6-17] 판다스 between 함수 참고

시점이나 기간으로 필터링 결과는 각자 확인해 보자.

일자별, 팀별 상품, 유형별로 구분해 잔고의 총합을 집계하자. groupby와 resample을 함께 사용해야 하며, 결과에 unstack, swaplevel, sort_index 함수 등을 적용해 인덱스에 날짜와 팀이 구분되는 멀티 인덱스를 보유한 데이터 프레임으로 변환하자.[22]

[코드 16-66] 일자별, 팀별, 상품 유형별 잔고 집계

```
df_result = (
    df.groupby(['Team', 'Type'])
      .resample('D', on='Date')['Price(KRW)'].sum()
      .unstack(1).swaplevel(0, 1).sort_index(level=0)
)
df_result
```

	Type	B	S
Date	Team		
2023-01-01	TM1	NaN	256350.00
	TM3	NaN	33132.00
	TM4	399.00	5284.00
...	...	...	...
2023-06-30	TM4	9581.00	4258.00
	TM5	1608.00	83201.00
	TM6	NaN	30833.00

1085 rows × 2 columns

날짜별, 팀별, 상품 유형별로 나누어 전체 잔고를 집계했고 변수 df_result로 지정했다. 해당 결과를 이용하면 특정 일자의 팀별, 상품 유형별 잔고가 확인된다. 멀티 인덱스를 보유한 데이터 프레임은 최상위 레벨을 인덱싱하면 하위 레벨이 모두 인덱싱된다.[23] df_result에서 각 일자가 최상위 레벨이므로 손쉽게 인덱싱을 수행할 수 있다.

[코드 16-67] 특정 일자(2023-03-31)의 데이터에서 상품 유형별 팀별 잔고 집계

```
df_result.loc['2023-03-31']
```

---

22 groupby 함수와 resample 함수의 적용은 **13.4.5. groupby 함수와 resample 함수를 동시에 적용하기**를 참고하고, swaplevel 함수는 [그림 14-28]에서 확인하자.
23 **14.4.2. 멀티 인덱스를 보유한 데이터 프레임의 인덱싱** 참고

Type	B	S
Team		
TM1	NaN	225832.00
TM2	NaN	59677.00
TM3	NaN	25096.00
TM4	10314.00	6515.00
TM5	1340.00	92821.00
TM6	NaN	43080.00

멀티 인덱스를 다루기 어렵다면, 원시 데이터인 df에서 해당 기간의 데이터를 먼저 필터링하고 groupby 함수와 resample 함수를 이용해 집계하자.

특정 두 일자의 팀별 잔고 변화도 구한다. 각 분기의 마지막 날인 2023년 3월 31일과 2023년 6월 30일의 팀별 잔고 변화를 살펴보자. 두 날짜를 인덱싱한 다음 서로 연산함으로써 손쉽게 변화를 구한다.

[코드 16-68] 특정 두 시점의 팀별 잔고 변화

```
date1 = '2023-03-31'
date2 = '2023-06-30'
df_result.loc[date1].sub(df_result.loc[date2], fill_value=0)
```

Type	B	S
Team		
TM1	NaN	-22029.00
TM2	NaN	-6891.00
TM3	NaN	9203.00
TM4	733.00	2257.00
TM5	-268.00	9620.00
TM6	NaN	12247.00

팀4와 팀5만 채권을 보유하며, 팀6의 주식 잔고가 많이 상승했고 팀1의 주식 잔고가 많이 하락했다.

특정 기간의 팀별 잔고를 상품 유형으로 구분하지 말고 통합해서 집계하자. df_result의 결과에서 기간으로 슬라이싱한 다음 각 행의 합을 구하면 원하는 결과를 얻는다. 결과에 unstack 함수를 적용해 교차표로 생성하자.

[코드 16-69] 특정 기간의 팀별 잔고 집계(전체 집계 결과에서 인덱싱)

```
(df_result
 .loc['2023-02-01':'2023-02-06']
 .sum(axis=1).unstack().astype('int')
)
```

Team Date	TM1	TM2	TM3	TM4	TM5	TM6
2023-02-01	235187	63352	49818	17814	90163	47583
2023-02-02	224894	60800	54397	18789	76511	44405
2023-02-03	255492	57359	49222	16809	82806	41870
2023-02-04	244184	59615	46064	18086	71938	53346
2023-02-05	249285	61033	47126	18442	70335	57485
2023-02-06	225854	62375	46651	19942	71774	51415

마찬가지로 멀티 인덱스를 다루기 어렵다면, 원시 데이터인 df에서 해당 기간의 데이터를 먼저 필터링하고 groupby 함수와 resample 함수를 이용해 집계한다. 이때 유의할 점은 필터링 후 새로운 RangeIndex를 부여해야 복잡한 집계가 수행된다.

[코드 16-70] 특정 기간의 팀별 잔고 집계(필터링 후 집계)

```
(df[df['Date'].between('2023-02-01', '2023-02-06')]
 .reset_index(drop=True)
 .groupby('Team')
 .resample(rule='D', on='Date')['Price(KRW)'].sum()
 .unstack(level=0)
)
```

결과는 [코드 16-69]와 같다.

모든 일자의 데이터를 집계하는 것도 가능하다. 원시 데이터 df에서 일자별 모든 보유 채권의 잔고를 합산해 변수 s로 지정하자. 시계열 집계는 resample 함수를 사용한다.

[코드 16-71] 일자별 잔고 집계

```
s = df.resample('D', on='Date')['Price(KRW)'].sum()
s
```

Date	
2023-01-01	421327
2023-01-02	411415

```
2023-01-03    404047
                ...
2023-06-28    460625
2023-06-29    467692
2023-06-30    459803
Freq: D, Name: Price(KRW), Length: 181, dtype: int64
```

위 결과를 시각화하자. 시각화할 때 6개월의 데이터를 모두 선형 그래프로 표현하면 복잡해지므로, 깔끔하게 2일 주기로 그래프를 생성하자.

[코드 16-72] 일자별 전체 잔고 시각화

```python
import seaborn as sns
# seaborn 라이브러리의 배경 테마를 white로 설정
sns.set_theme(style='white')

# 2일 기준으로 그래프 생성
ax = s[::2].plot(lw=3, color='firebrick')

# y축 눈금 생성
ax.grid(axis='y')

# 축 테두리 제거
sns.despine(bottom=True, left=True)
```

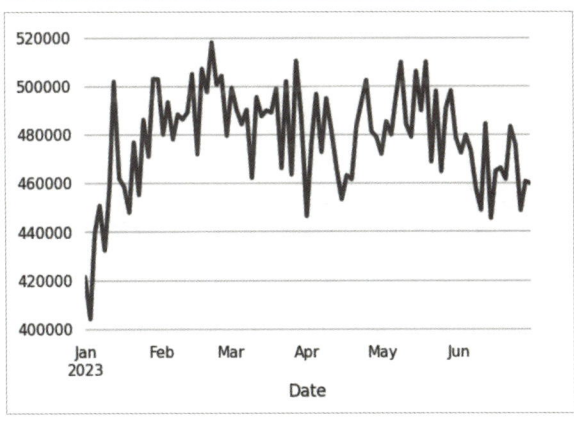

백만 행의 데이터도 쉽게 집계해 일자별 추이를 확인하자.

시리즈 s에 다시 resample 함수를 적용해, 특정 시점의 잔고만 확인할 수 있다. 월별 마지막 날의 잔고만 확인하자.

[코드 16-73] 월별 마지막 날의 잔고 확인

```
s.resample('M').last()
```

```
Date
2023-01-31    502868
2023-02-28    479495
2023-03-31    464675
2023-04-30    481546
2023-05-31    478489
2023-06-30    459803
Freq: M, Name: Price(KRW), dtype: int64
```

2023년 1분기와 2분기를 나누어 분기별 잔고의 추이를 파악하자. 아래 [코드 16-74]와 [코드 16-75] 두 가지 방법으로 분기별 잔고 데이터 프레임을 생성한다. 그루퍼를 생성하는 [코드 16-74]는 깔끔하지만, 그루퍼 사용이 어렵다면 [코드 16-75]처럼 열을 생성하여 pivot 함수를 적용하자.[24]

[코드 16-74] 분기별로 시간의 흐름에 따라 전체 잔고 집계(그루퍼 사용)

```
grp1 = s.index.to_period('Q')
grp2 = s.groupby(grp1).cumcount()
df_quarter = s.groupby([grp1, grp2]).sum().unstack(0)
df_quarter
```

[코드 16-75] 분기별로 시간의 흐름에 따라 전체 잔고 집계(열 생성)

```
df_quarter = s.reset_index()
df_quarter['Q'] = df_quarter['Date'].dt.to_period('Q')
df_quarter['D+'] = df_quarter.groupby('Q').cumcount()
df_quarter = (df_quarter
              .pivot(index='D+', columns='Q', values='Price')
              .rename_axis(index='Date', columns=None)
)
df_quarter
```

---

[24] groupby 함수와 cumcount 함수를 조합해 그룹별 순번을 생성한 피벗하는 기법은 [코드 12-31]에서 학습했다.

Date	2023Q1	2023Q2
0	421327.00	446471.00
1	411415.00	463520.00
2	404047.00	476356.00
...	...	...
88	487432.00	460625.00
89	464675.00	467692.00
90	NaN	459803.00

91 rows × 2 columns

생성한 df_quarter의 각 열을 시각화해서 분기별 잔고의 추이를 살펴보자. 마찬가지로 2일 주기로 선형 그래프를 생성한다.

[코드 16-76] 분기별로 시간의 흐름에 따라 전체 잔고 집계 결과 시각화

```
# 2023년 1분기 시각화
(df_quarter.loc[::2, '2023Q1']
 .plot(lw=2, ls='--', color='darkgrey', legend=True, grid=True, xticks=[])
)

# 2023년 2분기 시각화
(df_quarter.loc[::2, '2023Q2']
 .plot(lw=3, grid=True, legend=True, color='firebrick', xlabel='days')
)

# 축 테두리 제거
sns.despine(bottom=True, left=True)
```

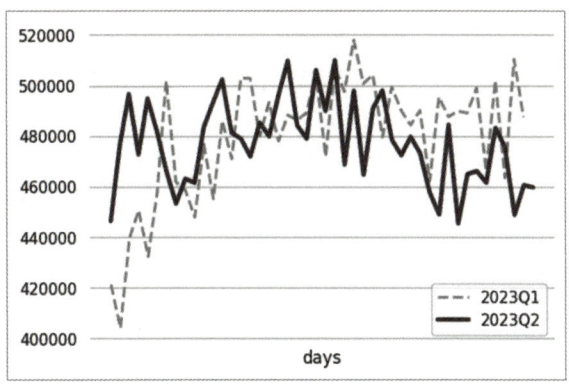

백만 행의 데이터를 다루어 2분기 잔고 추이를 손쉽게 1분기와 비교한다.

[코드 16-76]의 시각화도 충분히 훌륭하지만, 16.4의 프랜차이즈 거리 분석과 마찬가지로 matplotlib 라이브러리를 이용하면 더욱 맞춤형 그래프가 생성된다. 코드가 지나치게 길고 matplotlib 라이브러리를 이해해야 하지만 코딩은 코드를 복사 붙여넣기로도 사용하고, 레퍼런스용 코드 역시 필요하기에 여러분에게 제공한다. matplotlib 라이브러리가 맞춤형 그래프에 얼마나 많은 코드가 필요한지 아는 계기도 될 것이다. 코드에 대한 깊은 이해가 필요한 독자들은 개별적으로 matplotlib을 학습하자.

[코드 16-77] 분기별로 시간에 흐름에 따라 전체 잔고 집계 시각화 (2)

```python
import seaborn as sns
import matplotlib.pyplot as plt

# seaborn 스타일 설정(ticks 테마)
sns.set_theme(style='ticks')

# 색상 변수 정의
c = ['darkgrey', 'firebrick']

# 2023년 1분기 데이터 추출 및 시각화
ax1 = df_quarter.fill().loc[::2, '2023Q1'].plot(
    lw=3, ls='--', color=c[0], yticks=[], figsize=(10, 6),
    xlim=(-5, 105), xticks=[0, 30, 60, 90], xlabel=''
)

# 2023년 1분기 마지막 데이터 좌표 추출
x1, y1 = df_quarter.index[-1], df_quarter.fill()['2023Q1'].iloc[-1]

# 간격을 변수로 설정
itv = 2

# 마커 및 텍스트 표시(2023년 1분기 끝)
plt.plot(x1, y1, marker='o', mfc='white', mec=c[0], ms=7, mew=3)
plt.text(x1 + itv, y1, f'{y1:,.0f}', color=c[0], size=12, va='center')

# 2023년 1분기 첫 데이터 좌표 추출
x2, y2 = df_quarter.index[0], df_quarter['2023Q1'].iloc[0]

# 마커 및 텍스트 표시(2023년 1분기 시작)
plt.plot(x2, y2, marker='o', mfc='white', mec=c[0], ms=7, mew=3)
plt.text(x2 - itv, y2, f'{y2:,.0f}', color=c[0], size=12,
```

```
         va='center', ha='right')

# 2023년 1분기 범례를 그래프 안에서 지칭
plt.text(x2 - itv, y2 + 5000, '2023Q1', color=c[0], weight='bold',
         size=15, ha='right')

# 2023년 2분기 데이터 시각화
df_quarter.loc[::2, '2023Q2'].plot(lw=4, color=c[1], xlabel='')

# 2023년 2분기 마지막 데이터 추출
y3 = df_quarter['2023Q2'].iloc[-1]

# 마커 및 텍스트 표시(2023년 2분기 끝)
plt.plot(x1, y3, marker='o', mfc='white', mec=c[1], ms=7, mew=3)
plt.text(x1 + itv, y3, f'{y3:,.0f}', color=c[1], size=12, va='center')

# 2023년 2분기 첫 데이터 추출
y4 = df_quarter['2023Q2'].iloc[0]

# 마커 및 텍스트 표시(2023년 2분기 시작)
plt.plot(x2, y4, 'o', mfc='white', mec=c[1], ms=7, mew=3)
plt.text(x2 - itv, y4, f'{y4:,.0f}', color=c[1], size=12,
         va='center', ha='right')

# 2023년 2분기 범례를 그래프 안에서 지칭
plt.text(x2 - itv, y4 + 5000, '2023Q2', color=c[1], weight='bold',
         size=15, ha='right')

# x축의 이름 지정
plt.text(-0.01, -0, 'days', transform=ax1.transAxes, size=12,
         va='center', ha='right')

# 제목과 소제목 지정
plt.text(-0.08, 1.07, 'Balance changes over days', size=20, weight='bold',
         transform=ax1.transAxes)

plt.text(-0.08, 1.01, 'Compare 2023Q1 and 2023Q2', color=c[0], size=15,
         transform=ax1.transAxes)

# 축 테두리 제거
sns.despine(left=True)
```

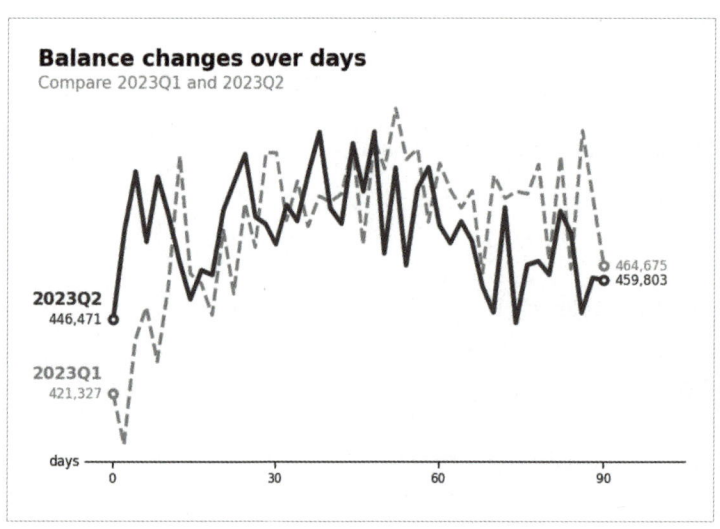

[그림 16-17] matplotlib으로 시간의 흐름에 따른 잔고 변화 시각화

엑셀로 빅데이터를 다루는 사용자들은 데이터 행의 제한이 큰 고민거리이다. 데이터베이스에서 훨씬 큰 규모의 데이터를 일괄적으로 다운받을 수 있음에도 불구하고, 엑셀에서는 빅데이터를 처리하기 어려워 데이터를 일자별로 파편화하여 다운받고 이를 반복해서 집계하여 취합한다. 예를 들어 하루에 2만 행씩 쌓이는 1년 치 데이터 730만 행을 한 번에 처리하지 못해, 일자별로 나누어 엑셀 파일로 데이터를 다운로드한 후 365개의 파일을 일일이 집계하고 반복해서 취합한다. 이는 굉장히 무료한 반복 작업이며 이러한 과정에서 엑셀 자동화에 대한 갈증이 커진다.

판다스는 이러한 문제를 해결하는 강력한 도구이다. 730만 행의 데이터는 판다스로 다루기 어렵지 않은 규모이다. 판다스는 대용량 데이터를 데이터 베이스에서 직접 일괄해서 하나의 파일로 다운로드 받아 효율적으로 처리하고 집계할 수 있다. 비록 판다스가 엑셀 자동화 툴은 아니지만 가장 훌륭한 해결책을 제공한다. 이것이 판다스의 큰 장점이며 판다스를 통해 빅 데이터를 자유자재로 다루게 되었다는 점에서 여러분의 미래는 매우 밝다. 이제 여러분은 데이터 처리의 어려움을 극복하고, 더 전문적인 데이터 분석 역량을 발휘할 것이다.

찾아보기

용어

ㄱ
객체	45
객체 간 연산	242
객체 내 연산	242
결측값	188
곱집합	225, 502, 602
과학적 표기법	541
구간 인덱스	513
구글 코랩	28
그루퍼	413
그룹바이 객체	412
기본값	61
기술 통계	82
깃허브	67

ㄴ
난수 고정	186
내림차순	170
내부 조인	219
넘파이	48
논리 연산	37, 135
누적 통계 함수	154

ㄷ
다운샘플링	463
다중 요건 vlookup	27, 223
대괄호 인덱싱	90
데이터 정제하기	168
데이터 프레임	52
딕셔너리	40

ㄹ
라이브러리	47
로케이션	53
로케이션 인덱싱	101
리스트	37

ㅁ
매개변수	61
매퍼	124
매핑	124, 209

ㅁ
멀티 인덱스	127, 500
메서드	77
메타 문자	328
문자 집합	327
문자열	34
문자열 연결	34
문자열 포매팅 기법	35
문자열 피벗	349

ㅂ
반복문	42
배정	121
백분위수	83, 246, 262
밸류	40
범주형 자료형	199
벡터	132
벡터화 연산	132, 286
변수	32
병합	220
보간	271
볼린저 밴드	572
부동 소수점 자료형	33
불	36
불리언	36
불리언 마스킹(boolean masking)	248
불리언 인덱싱(boolean indexing)	173
불변성(immutable)	39
브로드 캐스팅(broad casting)	146
비교 연산	36, 134
비트 연산자	135

ㅅ
사례(instance)	241
산술 연산	33, 133
산점도(scatter plot)	87
상관관계	159
속성	55, 77
수학적 연산	244
스칼라	132

ㅅ
슬라이싱	95
시리즈	63
실수	33

ㅇ
언피벗	356
업데이트	229
업샘플링	463
연결	216
연산 함수	133
연산자	133
열 가공하기(feature engineering)	240
오름차순	170
오브젝트(object)	56
외부 조인	219
원 핫 인코딩	486
원본 변경하기	114
유일 값(unique value)	83
유일 값의 빈도수	84
유효숫자	541
이상치	193
이스케이프 문자	328
인덱스	53
인덱스 클래스	498
인덱싱	90
인수	61

ㅈ
정규 표현식	325
정수	33
제어문	42
주기	434
중복 데이터 처리	193
지시자	454
집계 함수	153

ㅊ
차원 축소 함수	341
축	155
치환	205

ㅋ
카테고리 자료형	523
캡처 그룹	330
컬럼즈	53
쿼리문	479
클래스	45, 52
키	40
키 인덱싱	96

ㅌ
튜플	39
특성(feature)	241

ㅍ
판다스	24
패턴 수량자	326
표준점수	395
피벗 테이블	341

ㅎ
하위 그래프(subplots)	539
함수	44, 77
행 간의 연산	272
헥스 코드	533
히스토그램	85
히트맵	583

A~B
axis(축)	155
BMI	265

C
cat 접근자	528
category	199
chain method	77
CSV 파일	74

D
datetime	423
DatetimeIndex	429
dt 접근자	452
dtype	56

E~F
EUC-KR	74
figure	536
f-string 기법	35

H~K
haversine 공식	297
KeyError	92

L~N
lambda 함수(람다 함수)	45, 285, 288
matplotlib	86
NaN	80
NaN의 비교 연산	139
NaT	426
Non-Null count	80
null	80

P~R
period	422
plotly	151
RangeIndex	59, 497

S~T
seaborn	417
str 접근자	308
timedelta	422
timestamp	422

U~V
UFT-8	73
ValueError	135

함수/키워드/매개변수/속성

구분	설명	구분	설명
파이썬 함수	파이썬 함수	클래스	판다스 클래스
키워드	파이썬 키워드	매개변수	판다스 함수의 주요 매개변수
넘파이 함수	넘파이 함수	속성	판다스 속성
함수	판다스 함수		

구분		페이지

A
add	함수	133
add_prefix	함수	476
add_suffix	함수	476
agg	함수	402
all	함수	152
and	키워드	36, 135
any	함수	152, 415
append	함수	498
apply	함수	280
asfreq	함수	465
ascending	매개변수	169
assign	함수	478
astype	함수	199
at_time	함수	431
axis	매개변수	155

B
bdate_range	함수	462
between	함수	182
between_time	함수	431

bfill	함수	269

C

cat	속성	528
cat.add_categories	함수	529
cat.as_ordered	함수	530
cat.as_unordered	함수	531
cat.categories	속성	529
cat.codes	속성	530
cat.remove_categories	함수	531
cat.rename_categories	함수	531
cat.reorder_categories	함수	531
Categorical	클래스	525
clip	함수	194
columns	속성	56
combine_first	함수	231
compare	함수	491
concat	함수	216
corr	함수	152
count	함수	152
cov	함수	152
crosstab	함수	351
cumcount	함수	152, 382
cummax	함수	152, 555
cummin	함수	152, 557
cumprod	함수	152
cumsum	함수	152, 379
cut	함수	260

D

DataFrame	클래스	60
date_range	함수	435
DateOffset	함수	460
def	키워드	44, 283
describe	함수	82
diff	함수	274
difference	함수	500
div	함수	133
drop	함수	107
drop_duplicates	함수	195
droplevel	함수	510
dropna	함수	190
dt	속성	452
dt.date	속성	451
dt.day	속성	451
dt.day_name	함수	451
dt.dayofyear	속성	451
dt.days_in_month	속성	451
dt.hour	속성	451
dt.isocalendar	함수	451
dt.minute	속성	451
dt.month	속성	451
dt.month_name	함수	451
dt.normalize	함수	451
dt.quarter	속성	451
dt.second	속성	451
dt.strftime	함수	454
dt.time	속성	451
dt.to_period	함수	428, 455
dt.tz_convert	함수	459
dt.tz_localize	함수	459
dt.weekday	속성	451
dt.year	속성	451
dtypes	속성	81
duplicated	함수	195

E

else	키워드	289
eq	함수	134
equals	함수	489
expanding	함수	520
explode	함수	488

F

factorize	함수	485
ffill	함수	269
fill_value	매개변수	145
fillna	함수	191
filter	함수	111
first	함수	152, 347
floordiv	함수	133
for	키워드	42
format	파이썬 함수	35

G

ge	함수	134
get_dummies	함수	486
get_level_values	함수	511
get_loc	함수	481
groupby	함수	369
Grouper	클래스	461
gt	함수	134

H

head	함수	81
hist	함수	85

I

idxmax	함수	152, 158
idxmin	함수	152
if	키워드	289
iloc	속성	101
index	속성	56
Index	클래스	497
info	함수	80
insert	함수	477
interpolate	함수	271
intersection	함수	500
Interval	클래스	513
IntervalIndex	클래스	513
IntervalIndex.from_arrays	함수	515, 567
isin	함수	181
isna	함수	179, 189
isnull	함수	178
iterrows	함수	569

J

join	파이썬 함수	404
join	함수	483
json_normalize	함수	559

K

key	매개변수	547
kurt	함수	152

L

lambda	키워드	45
last	함수	152, 347
le	함수	134
len	파이썬 함수	35
loc	속성	96
lt	함수	134

M

map	함수	208
mask	함수	250
max	함수	152
mean	함수	152
median	함수	152
melt	함수	359
merge	함수	220
merge_asof	함수	232
min	함수	152
mod	함수	133
mode	함수	152
mul	함수	133
MultiIndex	클래스	501
MultiIndex.from_frame	함수	502
MultiIndex.from_product	함수	502
MultiIndex.from_tuples	함수	502

N

name	속성	569
ne	함수	134
ngroup	함수	489
nlargest	함수	183
nlevels	속성	511
not	키워드	36, 135
notna	함수	178
notnull	함수	178
np.arccos	넘파이 함수	244
np.arcsin	넘파이 함수	244
np.arctan	넘파이 함수	244
np.array	넘파이 함수	49
np.cos	넘파이 함수	244
np.exp	넘파이 함수	244
np.fmax	넘파이 함수	495
np.fmin	넘파이 함수	496
np.log	넘파이 함수	244
np.log10	넘파이 함수	244
np.log2	넘파이 함수	244
np.random.choice	넘파이 함수	494
np.random.rand	넘파이 함수	494
np.random.randint	넘파이 함수	494
np.random.randn	넘파이 함수	494
np.random.seed	넘파이 함수	495
np.select	넘파이 함수	256
np.sin	넘파이 함수	244
np.sort	넘파이 함수	496, 563
np.sqrt	넘파이 함수	244
np.square	넘파이 함수	244
np.tan	넘파이 함수	244
np.where	넘파이 함수	254
nsmallest	함수	183
nunique	함수	83, 448

O

offsets.QuarterEnd	클래스	565
or	키워드	36, 135

P

pct_change	함수	275
Period	클래스	427
period_range	함수	427

pipe	함수	484
pivot	함수	350
pivot_table	함수	343
plot	함수	86, 531
pop	함수	477
pow	함수	133
print	파이썬 함수	40
prod	함수	152

Q

qcut	함수	262
quantile	함수	152
query	함수	479

R

RangeIndex	클래스	497
rank	함수	245
read_csv	함수	73
read_excel	함수	68
read_html	함수	493
reindex	함수	125
rename	함수	123
rename_axis	함수	126
repeat	함수	499
replace	함수	205
resample	함수	439
reset_index	함수	120
rolling	함수	518
round	함수	204

S

sample	함수	185
select_dtypes	함수	112
Series	클래스	63
set_axis	함수	122
set_index	함수	118
shape	속성	81
shift	함수	273
skew	함수	152
sort_index	함수	172
sort_values	함수	169
stack	함수	130
std	함수	152
str	속성	309
str.contains	함수	322
str.endswith	함수	323
str.extract	함수	324
str.extractall	함수	332
str.get_dummies	함수	487
str.len	함수	311
str.lower	함수	309
str.lstrip	함수	313
str.replace	함수	315
str.rstrip	함수	309
str.split	함수	313
str.startswith	함수	323
str.strip	함수	312
str.upper	함수	309
sub	함수	133
sum	함수	152
swaplevel	함수	510

T

T	속성	56
tail	함수	81
Timedelta	클래스	427
timedelta_range	함수	427
Timestamp	클래스	427
to_csv	함수	75
to_datetime	함수	425
to_dict	함수	75
to_excel	함수	75
to_frame	함수	482
to_numeric	함수	202
to_series	함수	482
to_timedelta	함수	427
tolist	함수	127
transform	함수	390
type	파이썬 함수	40

U

unique	함수	83
unstack	함수	130
update	함수	230

V

value_counts	함수	84
values	속성	57
var	함수	152

W

where	함수	250
wide_to_long	함수	492
with	키워드	545

X

xs	함수	509

파이썬의 엑셀, 판다스 라이브러리
엑셀 예제로 배우는 파이썬 데이터 분석

출간일 | 2024년 9월 30일

지은이 | 김판다
펴낸이 | 김범준
기획 · 책임편집 | 임민정 · 한영서
교정교열 | 이혜원
편집디자인 | 이기숙
표지디자인 | 쓰남

발행처 | (주)비제이퍼블릭
출판신고 | 2009년 05월 01일 제300-2009-38호
주소 | 서울시 중구 청계천로 100 시그니처타워 서관 9층 949호
주문 · 문의 | 02-739-0739   **팩스** | 02-6442-0739
홈페이지 | https://bjpublic.co.kr   **이메일** | bjpublic@bjpublic.co.kr

가격 | 40,000원
ISBN | 979-11-6592-296-2 (93000)
한국어판 ⓒ 2024 (주)비제이퍼블릭

이 책은 저작권법에 따라 보호받는 저작물이므로 무단 전재와 무단 복제를 금지하며,
내용의 전부 또는 일부를 이용하려면 반드시 저작권자와 (주)비제이퍼블릭의 서면 동의를 받아야 합니다.

 이 책을 저작권자의 허락 없이 **무단 복제 및 전재(복사, 스캔, PDF 파일 공유)하는 행위**는 모두 저작권법 위반입니다. 저작권법 제136조에 따라 **5년** 이하의 징역 또는 **5천만 원** 이하의 벌금을 부과할 수 있습니다. 무단 게재나 불법 스캔본 등을 발견하면 출판사나 한국저작권보호원에 신고해 주십시오(불법 복제 신고 https://copy112.kcopa.or.kr).

잘못된 책은 구입하신 서점에서 교환해드립니다.